Brigitta Kuster
Grenze filmen

Post_koloniale Medienwissenschaft | Band 6

Editorial

Post_koloniale Medienwissenschaft fragt nach den post_kolonialen Bedingungen und Charakteristika der Medienwissenschaft. Darin geht es um mediale Darstellungspraxen *von* Themen der Kolonialgeschichte und ihren anhaltenden Realitäten, es geht um Medien *in* kolonialen und postkolonialen Räumen, und es geht um Medien *als* Wegbereiter, Instrumente und Agenten der entsprechenden Wissenszirkulation. Es geht darüber hinaus und grundsätzlicher um die Verwobenheit der Epistemologien des globalen Nordens mit einer Geschichte des Otherings und der Ausbeutung. Post_koloniale Medientheorie untersucht Möglichkeitsbedingungen von Darstellung, die sich nur in Bezug auf ein Anderes, auf den/die Anderen herausgebildet haben. Denn mediale Normalisierungen von Weißsein, Zivilisiertheit und Rationalität sprechen technisch und diskursiv mit in den gegenwärtigen Fassungen von Authentizität, Wahrheit, Moral und Moderne. »Post_« verweist dabei nicht auf ein »Danach«, sondern auf Ungleichzeitigkeiten in den hierarchisierten globalen Verbindungen. Die Reihe umfasst daher Studien zu Verschränkungen von Ästhetiken und Kulturgeschichte, von Medialität und Globalisierung, von intersektionalen Fassungen von *race, class, gender* oder von Anerkennung und Alterität im Zeitalter ihrer technischen Reproduzierbarkeit. Futuristische und gegenwärtige Möglichkeitsräume, filmische/künstlerische Entwürfe, ethnografische Bilder und Dinge treten in ihren *media scapes* dazu. Die Postcolonial Studies selbst arbeiten mit Medienkonzepten, reflektieren visuelle und akustische Anrufungen, dezentrierende Topographien, Konnektivität und Grenzen, Schwarzes Kino, Schleier und *double consciousness.* Die Welt als *imagined community* ist eine der Vermittlung.

Die Reihe wird herausgegeben von Ulrike Bergermann.

Brigitta Kuster (Dr. phil.), Künstlerin, Autorin und Cultural Researcher, ist Juniorprofessorin für kulturwissenschaftliche Filmforschung mit Schwerpunkt Gender an der Humboldt-Universität zu Berlin. Ihre Arbeitsschwerpunkte liegen in den Feldern von Video/Film und Visual Studies, zudem bei postkolonialer Theorie, Migrations- und Grenzstudien. Zu ihren jüngsten Veröffentlichungen zählt die Schrift »Choix d'un passé. Transnationale Vergegenwärtigungen kolonialer Hinterlassenschaften« (2016).

Brigitta Kuster

Grenze filmen

Eine kulturwissenschaftliche Analyse audiovisueller Produktionen an den Grenzen Europas

[transcript]

Gedruckt mit Unterstützung der Hochschule für Bildende Künste Braunschweig.

Die vorliegende Arbeit wurde von der Akademie der Bildenden Künste Wien als Dissertation angenommen.

transcript Verlag | Hermannstraße 26 | D-33602 Bielefeld | live@transcript-verlag.de

Bibliografische Information der Deutschen Nationalbibliothek
Die Deutsche Nationalbibliothek verzeichnet diese Publikation in der Deutschen Nationalbibliografie; detaillierte bibliografische Daten sind im Internet über http://dnb.d-nb.de abrufbar.

Umschlagkonzept: Kordula Röckenhaus, Bielefeld
Umschlagabbildung: Brigitta Kuster, Fotografie aufgenommen in Igoumenitsa 2011
Druck: Majuskel Medienproduktion GmbH, Wetzlar
Print-ISBN 978-3-8376-3981-0
PDF-ISBN 978-3-8394-3981-4

Gedruckt auf alterungsbeständigem Papier mit chlorfrei gebleichtem Zellstoff.
Besuchen Sie uns im Internet: *http://www.transcript-verlag.de*
Bitte fordern Sie unser Gesamtverzeichnis und andere Broschüren an unter: *info@transcript-verlag.de*

Inhalt

Dank

Ein Buch schreibt sich immer im Gespräch mit vielen Stimmen und Einflüssen, ihnen allen danke ich. Mein größter Dank für kritische Lektüren und unschätzbare Diskussionen geht an Vassilis S. Tsianos, Gerald Raunig und Ruth Sonderegger. Ulrike Bergermann danke ich besonders für ihr großzügiges Angebot, *Grenze filmen* in die Reihe „Post_koloniale Medienwissenschaft“ aufzunehmen und für tatkräftige Unterstützung. Für die Geschenke der Freundschaft und der Kollegialität, die auf die eine oder andere Weise Eingang in diese Schrift gefunden haben, danke ich Daniel Weiss, Nanna Heidenreich, Birgit Mennel, Angela Melitopoulos, Madeleine Bernstorff, Marie-Hélène Gutberlet, Daho Djerbal, Regina Sarreiter, Moïse Merlin Mabouna, Dimitris Papadopoulos, Stefan Nowotny, Isabell Lorey, Maria Oikonomou-Meurer, Barbara Wolbert sowie meinen langjährigen Kolleginnen Marion von Osten, Marianne Pieper, Regina Römhild und Sabine Hess, in deren Migrationsforschungsprojekten ich vieles lernte.

Einleitung

Vermutlich lässt sich ähnlich wie für das Kino und die kolonialen Territorialisierungen in der Hochzeit des Imperialismus[1] von einer historischen Koinzidenz von Kino und Migration sprechen – eine Setzung, die deutlich über ein Verständnis von Migration als *displacement* hinausgeht und Migration entsprechend nicht als eine transhistorisch gefasste *conditio humana* räumlicher Verlagerungen von (Teilen von) Bevölkerungen auffasst, sondern die Entstehung eines Personenstatus als Migrant*in meint, der an die moderne Idee des Nationalstaats und des Staatsvolks als Souverän gebunden ist. Eine solche Globalgeschichte der Migration und des Kinos zu schreiben, sprengt allerdings die Möglichkeiten der vorliegenden Schrift, die davon ausgeht, dass migrantische Praktiken durch das Wahrnehmungsraster der (Staats-)Grenze erfasst werden und dass grenzüberschreitende Bewegungen von Migrant*innen nicht einfach als Ortswechsel zu begreifen sind, sondern als Bewegungen, die die Raumordnung herausfordern, durchlöchern und den Raum definieren, indem sie ihn durchlaufen. Der Grenzüberschreitung, dem *bordercrossing*, kommt daher in den von den *mobility studies* informierten *migration studies*, die zu einer kritischen Auseinandersetzung mit der Axiomatik von auf Immobilität und Sesshaftigkeit beruhenden Konzepten zur Analytik und Deskription des Sozialen geführt haben, eine herausragende Bedeutung zu. Die Grenze ist entscheidend, weil sich an ihr Migration formiert und von ihr formatiert wird. Aber Grenzen verlaufen nicht nur zwischen dem Anderen und dem Anderen des Anderen (z.B. zwischen einem Innen und einem Außen), sondern sie ‚arbeiten' auch als Begriffs- und Bedeutungsvektoren, und sie re-signifizieren soziale Bewegungen. Dieser Gedanke motiviert das vorliegende Buch und definiert – als Wahrnehmung von Migration durch die kinetische Optik filmischer Bewegungsvorgänge aufgegriffen – ihren Rahmen. Die bewegte Wirklichkeit des Films streift in der Unruhe des Realen umher. Beide sind dem Tatbestand der *kinesis* zugehörig.

Während die meisten filmischen Narrative der Migration vom Abschied oder vom Ankommen handeln – erinnert sei hier etwa an die Aufnahmen der Ankunft auf Ellis Islands, die zu den frühesten der Filmgeschichte gehören –, befasst sich *Grenze filmen* mit dem selten filmfüllend aufgegriffenen Sujet der Grenze bzw. mit filmischen Formen der Grenzpassage oder des Transits und knüpft an meine bisherigen Forschungen und Filmprogramme an.[2] Ihr Fokus auf zeitgenössische filmische

---

1 | Vgl. hierzu etwa Kuster 2010; Shohat/Stam 1994.

2 | Hierbei möchte ich vor allem auf meine Kollaborationen verweisen im Rahmen von *Kleine Pfade – verschränkte Geschichten*, 2008; *Ohne Genehmigung. Die Filme von René Vautier*, 2012; *TRANSITMIGRATION*, 2002-2005 und *Remember Resistance* (RemRes),

Zeit-Räume der europäischen Grenze schließt über die eigentliche Kinematographie hinaus das Medium Video ein und berücksichtigt auch all die analogen wie digitalen Formen, in denen vermeintlich raumlose audiovisuelle Signale statt fotochemisch übertragen nunmehr elektronisch aufgezeichnet, gerechnet und fortbewegt werden. Die hier gemeinte Kinetik des Filmischen ist eine erweiterte. Damit orientiert sich *Grenze filmen* eher als an bild- und kunsttheoretischen oder film- und medienwissenschaftlichen Traditionen an den seit den 1980er Jahren aus feministischer oder postkolonialer Perspektive vermehrt aufgebrachten repräsentationskritischen Debatten in den Geisteswissenschaften und an Fragen nach einem gesellschaftlichen Wandel in der Folge von expandierenden transkulturellen Bilderwelten. Diese Beschäftigungsfelder mündeten in ein interdisziplinäres Forschungsfeld, das sich unter dem Stichwort *visual studies* dem verkörperten, technisch vermittelten und von sozialen Verhältnissen und Hierarchisierungen durchdrungenen Sehen widmet und audiovisuelle Erzeugnisse in einem Gefüge weitreichender sozialer, kultureller und visueller Ordnungen lokalisiert. Filmisches soll nicht nur als nachträgliches Dokument von Wahrnehmungen und Aufzeichnungen aufgegriffen werden, sondern auch als ein*e Akteur*in berücksichtigt werden, die den Zugang zur Wirklichkeit prägt: Im vorliegenden Fall handelt es sich hierbei um die materiell-semiotische audiovisuelle Ko-Produktion des Grenzraums Europa. *Grenze filmen* geht es dabei weniger um ein grundlagentheoretisch-systematisches Unterfangen als vielmehr um eine Schrift im Anschluss an ein historisch-deskriptives Bildverständnis, das sich – als Erweiterung und Vertiefung von Ansätzen aus den *cultural studies* – dem Gebrauch, der Produktion und der Wahrnehmung von (alltags)kulturellen Bildwelten widmet, genauer: der Exposition filmischer Möglichkeiten im Verhältnis zur europäischen Grenze. Auch deshalb sind es nicht bloß Filmklassiker oder im Kino gespielte Filme, die einer cineastischen Hochkultur zuzurechnen sind, die das Material zur Reflexion abgeben, sondern auch die Alltagswelten prägende, meist digitale audiovisuelle Erzeugnisse, wie sie im Fernsehen, im Internet, im Kino oder auf Filmfestivals, auf DVDs, aber auch in Kunstausstellungen oder auf Handydisplays etc. zirkulieren.

Die gegenseitige Bedingtheit von Bewegung und Differenz, die für dieses – am Schnittpunkt von *migration/border studies* und *visual/cultural/film studies* angesiedelte – Buch eine zentrale Rolle spielt, kommt dabei in doppelter Hinsicht zum Tragen: Überqueren und Aufbrechen sind nicht nur scheidende und schneidende Vorgänge, bei denen etwas in sich Geschlossenes zerbrochen oder aufgefächert wird, sondern sie stellen auch den Beginn eines *parcours* der Hoffnung dar, das Einschlagen eines Weges, den Anfang einer Bahnung in Richtung von mehr Potenzialität, mehr Varianz etc. Dies gilt sowohl für die Migration, die kein Resultat von so genannten Push- und Pull-Faktoren ist, sondern an der Grenze entsteht und einem Versprechen folgt, als auch für den filmischen Zeit-Raum und die bildlichen wie sonoren Einfassungen von

2004-2007; *Cours, cours camarade, le vieux monde est derrière toi-The Cinema of Med Hondo*, 2017.

Bewegung, die, wenn sie hier konzeptuell erfasst werden, immer auch von Aspekten einer ‚Philosophie des Films' getragen sind.[3] So hatte etwa der Kinematograph im konkretesten Wortsinne fünfzig Prozent dessen, was beim Schauen vor den Augen lag, im Unsichtbaren belassen. – Dennoch, es geht mir auch diesbezüglich weder darum, eine Wesensbestimmung des Filmischen über das Zelluloid hinaus zu leisten noch sollen audiovisuelle Erzeugnisse als Illustrationen bestimmter Themen oder Konzepte verwendet werden. Vielmehr sind Engfügungen, das heißt verkörperte Nähen zwischen bestimmten Filmen oder filmischen Komplexen, dem Denken, das sie anregen und auslösen, und den materiellen Verhältnissen, aus denen sie erwachsen, anvisiert. Im Umgang mit der Konzeption des Vorstellungsvermögens machte Gilles Deleuze die prägnante Beobachtung, dass die meisten Denker*innen den Film nicht berücksichtigen und entweder an die Bewegung glauben und dabei das Bild übergehen oder aber am Bild festhalten und die Bewegung übergehen (Deleuze 1993 a: 71-72). Im Gegensatz dazu ist es das Anliegen dieses Buches, dicht gedrängte, vielleicht sogar unauflösliche Verbindungsstellen zwischen dem Erschaffen von Audiovisualitäten und der Produktion von Imaginationen, Gedanken, Reflexionen und Konzepten zu stiften – nach Möglichkeit in glücklichen Fügungen und Modulationen. Denn, auch wenn es der Anstrengung des Verfugens bedarf, ist die Fügung selbst immer kontingent, Engfügungen lassen sich weder planen noch systematisch ableiten, sondern es gilt, Kongruenzen, vergleichende oder gegenüberstellende Abschlüsse, Deduktionen oder Syllogismen zu vermeiden, aber auch begriffliche Sfumatos, Schärfenverlagerungen, die voneinander scheinbar klar Unterschiedenes und Konturiertes malerisch und weich ineinander überfließen lässt. Aus diesen Gründen spürt diese, ohne Abbildungen, aber hoffentlich nicht ohne Bilder verfahrende Schrift auch den Korrelationen des Schreibens – der Schreibweisen und Beschreibungen – mit dem Sehen und dem Filmemachen – dem Drehen oder dem Montieren – nach und verkettet unterschiedliche Ansätze und Zugänge – aus *border* und *migration studies*, aus *film* oder *cultural studies* und Philosophie –, ohne sie vereinigen bzw. von ihren je spezifischen Ausdrucksweisen trennen zu wollen. Sie folgt einer „pensée de langue à langue", wie der Philosoph Souleymane Bachir Diagne das Postulat eines mehrsprachigen Denkens nennt[4], wobei ich ergänzen möchte, dass meine theoretischen Referenzen es mir ermöglichen, weder zwischen Sprache und Redeweise zu unterscheiden, noch Zeichen und Bilder vor allem lingu-

3 | Dimitri Liebsch etwa besteht zwar auf dem Unterschied zwischen der Philosophie des Films und der Filmtheorie, die sich - meist im Rückgriff auf Semiotik und Psychoanalyse - dem begreifenden Nachvollzug des Verständnisses von Filmen widme, weist zugleich aber darauf hin, dass zwischen den beiden Annäherungen an den Film eine „‚weiche' Grenze" besteht (Liebsch 2010: 9). Gilles Deleuze, der den Film als Selbstbewegung und Selbstzeitigung des Bildes begreift, hebt die historische Koinzidenz des Denkens der Bewegung in der Philosophie mit dem Aufkommen des Films besonders besonders hervor (Deleuze 2010: 150).

4 | Vgl. http://www.college-de-france.fr/site/alain-mabanckou/symposium-2016-05-02-09h40.htm [zuletzt gesehen am 27.12.2017]

istisch zu rahmen, sondern vielmehr Weisen des Hörensehens, des Wahrnehmens, des Denkens in einem „speaking nearby“, wie Trinh T. Minh-ha sagt, aufeinander zu beziehen. Dies führt zu einem weniger von Systematik geprägten als vielmehr mäandernden und essayistischen Textverlauf, der sich immer wieder auf das Primat des Filmanschauens, auf die Rezeption filmischer Komplexe zurückbesinnt, um davon ausgehend die vielfältigen Beziehungen zwischen Bilder(folgen), Tönen und Konzepten neu zu knüpfen und eng weiterzuschreiben – in einer Intuition, wie Henri Bergson es nennt, oder als eine „pensée du tremblement“ (Édouard Glissant), die aus der Verbindung der wahrnehmbaren mit der intelligiblen Welt entsteht, statt die beiden Welten wie üblicherweise zu trennen. Dabei geht es um den emergenten Charakter filmischer Operationen, um das mit der Grenzüberschreitung im Entstehen Begriffene. Die Schrift selbst vollzieht dabei selbst immer wieder eine Bewegung von Filmbildern und audiovisuellen Gefügen *zu* oder *über* Motive und Figuren von Grenzüberschreitungen hin zu Bild-Ton-Gefügen *als bordercrossing*. Letztere sind weniger Metaphern als vielmehr Metamorphosen, in denen weder ein eigentlicher noch ein übertragener Sinn liegt: Sie sind das, was sie tun – und indem sie das tun, was sie sagen, sind sie taktische Narrative.

Filme warten nicht darauf, dass man sie mit Theorie besser versteht. Wenn Deleuze in seinem Text „Was ist der Schöpfungsakt?“ fragt, was eine Idee im Kino sei und dies mit der Beschreibung einer Disjunktion zwischen einer Stimme, die sich erhebt, während man zugleich das, wovon sie spricht in die Erde versinken sehe, beantwortet, dann beschreibt er nichts anderes als das Entstehen einer Fuge. Fugen und Risse, nicht zuletzt auch bezüglich disziplinarischer Konstellationen und Zuständigkeiten, bilden jeweils den Ausgangspunkt der transdisziplinären Verfugungen in *Grenze filmen*. Ergebnis sind dabei nicht notwendigerweise neue, sondern vielmehr möglichst enge Fügungen, die nichts mit einer Naht oder der „suture“ der psychoanalytischen Filmtheorie zu tun haben, sondern Glücksfälle einer möglichen, aber ganz und gar nicht wesensnotwendigen Passung sind. Und nur in diesem Sinne haben Filme, die mit der Weise zu tun haben, wie Differenz zur Tat schreitet und so Bewegung erzeugt, mit dem Überschreiten von Grenzen zu tun, wie es grundlegend für die Erfahrung der Migration ist. Sicherlich gibt es Affinitäten und historische Koinzidenzen, aber sie folgen keinerlei Unumgänglichkeit.[5]

Das erste Kapitel fokussiert Figurationen der Migration im Zeitraum des *bordercrossing*. Zunächst wird hier der Zeitraum der Grenzüberschreitung als ein Artikulationsraum in zeitgenössischen Dokumentarfilmen und künstlerischen Essayfilmen aufgespannt. Aus den dort stattfindenden konflikthaften Verhandlungen und filmi-

5 | In dieser Hinsicht unterscheidet sich mein Ansatz von Mieke Bals „migratory culture“ (2011) oder „migratory aesthetics“ (2008), mit denen die Literaturwissenschaftlerin und Kulturhistorikerin Überschneidungen und Parallelisierungen der Erfahrungsräume von Migrationsgesellschaften mit dem Medium Video behauptet, welche sie als Boden für Experimente verstanden wissen will.

schen Figurationen schäle ich in drei *case studies*-artigen Untersuchungen drei unterschiedliche Figuren heraus, die ich als Figuren des Entkommens, als „Fluchtwesen" bezeichne.[6] Sie sind verkörperte Tendenzen, die auf eine Öffnung der Grenze zielen, auf jene Zeit-Löcher, die Michel de Certeau als günstige Gelegenheiten bezeichnet (2007: 251; vgl. erstes Kapitel, „Taktisches Erzählen und zeugenschaftliches Zu-Sehen"). Das was diese Fluchtwesen fliehen, ist immer auch ein bestimmter Begriff der Grenze, eine bestimmte Weise der Grenzziehung und somit eine Wissensform, die bestrebt ist, Migrant*innen zu identifizieren, zu vereindeutigen, anzuordnen und zu normalisieren: Das *passing* flieht das Verhältnis des Einen zum Anderen. Dieser binäre Modus authentifiziert, indem er eine Identität attestiert und verifiziert, insofern sie nachweislich nicht einem Anderen entspricht. Beim *passing* wird man mehr als das Eine oder Andere und das heißt mindestens drei. Die Komplizenschaft ist eine Unzertrennlichkeit, die den Modus der unterscheidbaren Eigenheit des Einen vom Anderen flieht bzw. die Identifikation als Modus, in dem der Eine den Anderen empfinden und erkennen kann. – Hier ist man zwar einzig, aber niemals ungeteilt. Das Tier-Werden schließlich flieht das Zählen überhaupt; es entkommt dem Ermessen eines Abstands von einer Norm oder einer Maßeinheit und geht deswegen zwischen dem Einen und dem Anderen hindurch. Es schleicht sich ein und lenkt dabei alles um, es stiftet verdichtete Koexistenzen. Repräsentationskritisch aufgefasst fungieren die Figuren *passing*, Komplizenschaft und Werden als drei unterschiedliche Darstellungsstrategien der grenzüberschreitenden Bewegung, die zugleich den Exzess der Flucht sowie die Nicht-Darstellbarkeit der Bewegung ersetzen. Die Grenze operiert zum einen als ein Reduktionsfaktor für die Repräsentation als Darstellung, zum anderen aber auch als ein Ort, an dem der kontinuierliche Zusammenhang zwischen Wahrnehmung und Handlung zerbricht.[7] Das erste Kapitel mündet anhand von Deleuzes Denken von Filmbildern als Bewegungs- und Zeit-Bilder im Ausblick auf eine Konzeption des Filmischen, das die Figuration von der Übertragung nach den Mustern der Analogie, der Ähnlichkeit und der Metaphorik ‚befreit' hat, und schließt auf Beobachtungen und Überlegungen zur Entfesselung der Zeit von ihrer Unterordnung unter die Bewegung. Zeit wird zur Dauer, indem sie aufhört, metrisch zu sein und einer deduktiven, progressiven Ordnung etwa von Name, Herkunft oder Abstammung zu folgen. Wenn an der Grenze irreduzibel plurale Dauern simultan werden, erscheinen Vergangenheit und Gegenwart ineinander verfugt, Zeit wird unmittelbar bevorstehend, imminent: Im Tanz überquert man die Grenze, nicht im

6 | Auch konträr zu Mieke Bal akzentuiere ich also gerade eher die Spannung und den Streit zwischen grenzüberschreitenden migrantischen und filmischen Strategien. Vgl. Fußnote 5.

7 | Gilles Deleuze konzipiert diesen kontinuierlichen Zusammenhang als sensomotorisches Schema. Interessanterweise bestimmt er das Moment des Zerbrechens des sensomotorischen Schemas in seinen Kinobüchern historisch, als Zäsur des Zweiten Weltkriegs. Mit meiner Konzeption des Werdens des Films bzw. des Film-Werdens im ersten und zweiten Kapitel denke ich gegen die geschichtliche Festlegung eines solchen Bruchs bzw. darüber hinaus.

Gehen, nicht Schritt für Schritt, nicht im zielgerichteten Handeln, sondern in einem Wirbel, mit einer zentrifugalen Bewegung, die aus der Scheidelinie eine Mitte macht und die Grenze als Blockade mit sich fortreißt. – Das gilt insbesondere, wenn die Grenze illegal überschritten werden muss.

Die Loslösung der Grenze aus dieser Ordnung von Diesseits-Jenseits und Vorher-Nachher wird im zweiten Kapitel weiter fortgesetzt und anhand des Konzepts des Film-Werdens entwickelt. Dieses wird in der Auseinandersetzung mit einem filmischen Korpus um eine Person entworfen, die als *sans papiers* fast zwei Jahrzehnte lang auf dem Pariser Flughafen Charles de Gaulle gelebt hat und als „the man who lost his past" galt (Berczeller 2004). Aus dem attribuierten Namen Mehran Karimi Nasseri wurde über die Jahre und die an ihn gestellte Anforderung, jemand zu sein, der irgendwo herkommt und hingehört, „Sir, Alfred Mehran". Diese neue Benennung macht ein Werden im und mit dem Kreuzungspunkt der Produktivität medialer Repräsentanz und europäischer Migrationspolitiken kenntlich und entspricht einem filmischen Produktionsprozess. Im Film kommen die möglichen Anschlüsse, offene Kontaktpunkte für neue Verfugungen immer von seinen Rändern her, vom kleinen Film und vom Kleiner-Werden des Films. Das Film-Werden des Sir, Alfred Mehran verläuft zwischen den Standpunkten Filmen oder Gefilmt-Werden hindurch bzw. quer dazu. Film-Werden überführt das Problem des Mehran Karimi Nasseri mit seiner Identität in eine filmische Angelegenheit. Es ist eine Autopoiese, die aus dem Spannungsverhältnis innerhalb einer „corporeality" entsteht, die sowohl einen Körper als auch ein filmisches Korpus umfasst und lässt sich auch als Teil und Konsequenz der Imagination eines erweiterten Kinos verstehen, welches das herkömmliche Zeit-Raum-Verhältnis, in dem etwa die Zuschauer*in situiert wird, herausfordert: Im Film-Werden entfaltet sich ein neues audiovisuelles Gefüge, in dem die Welt anfängt, Film zu machen (Deleuze 1993 b: 96), so dass ein neues, potenzielles Existenzfeld aufscheint.[8]

---

8 | Das erweiterte Kino spielt hier etwa auf den seit den späten 1950er Jahren gebräuchlichen Begriff des „expanded cinema" an, der zunächst von einer experimentellen Filmszene mit Übergängen zu Performance, Fluxus und Happening beansprucht worden ist. Auch heute noch adressiert das erweiterte Kino (allerdings vorwiegend technisch geprägte) Umgebungen, welche das konventionelle Dispositiv des Kinos bzw. dessen Zeit-Raum-Verhältnisse zwischen Produktion (Kamera), Werk/Film, Projektor/Leinwand und Zuschauer*in in verdunkeltem Raum erweitern (und z.B. auf eine Polysemie von Bildschirmen hin öffnen), dekonstruieren oder unterminieren. Bereits Gene Youngbloods stark kybernetisch orientierte Schrift stellte allerdings die (wenngleich auf das Bewusstsein hin orientierte) Erweiterung audiovisueller gesellschaftlicher Erfahrungsräume heraus: „When we say expanded cinema we actually mean expanded consciousness. Expanded cinema does not mean computer films, video phosphors, atomic light, or spherical projections. Expanded cinema isn't a movie at all: like life it's a process of becoming, man's ongoing historical drive to manifest his consciousness outside of his mind, in front of his eyes." (Youngblood 1970: 9)

Das dritte Kapitel widmet sich der post/kolonialen Tiefe des (film)historischen Raums der „traversée", der Überquerung des Mittelmeers zwischen ‚Europa' und ‚Afrika'. Im Resonanzraum der großen Fährschiffe der Moderne und der nostalgischen franko-arabisch/kabylisch/berberischen Musiken des Exils tauchen heute Videoclips auf, welche die gefährlichen Meeresüberfahrten mit windigen Booten zeigen, von den angeblich ‚undokumentierten' Migrant*innen mit ihren Mobiltelefonen selber aufgenommen und auf *YouTube* verbreitet. „Harraga" heißen diese Akteur*innen, die seit den 1990er Jahren die massenmediale und vor allem (pop-) kulturelle Bühne betreten haben; – ein Begriff, der auf Arabisch „die, welche verbrennen" bedeutet und jene meist jungen Frauen und Männer meint, die ihre Ausweise und persönlichen Dokumente verbrennen, um mit behelfsmäßigen Motorbooten irregulär nach Europa zu gelangen, von wo sie, ohne identifiziert zu sein, nicht so leicht wieder abgeschoben werden können. „El harga", die illegale Bootsfahrt, ist Teil eines Gefüges von Bildern und Tönen, das angeschaut, distribuiert, geteilt und laufend modifiziert, neu angeordnet, weiter entwickelt und angeeignet wird. Während in diesem Kapitel die *traversée* als räumliche Perforierung im Anschluss an den bei Deleuze und Guattari skizzierten Begriff des durchlöcherten Raums reflektiert wird, entspricht ihr auf einer filmischen Ebene eine Erweiterung, die in Fortführung des Werdens des Films als ein nicht stillzustellendes Montage-Gefüge der Affektik in den Blick genommen wird. Affektik bezeichnet die Offenheit, die Diachronizität und Transversalität jeder filmischen *cinéchronie*, sie ist die jeder Filmsequenz, jedem Clip, jedem Stream, jedem *sound bite* innewohnende überspringende Kraft, hier zwischen unterschiedlichen historischen Epochen, Geschwindigkeiten, Bildgedächtnissen, emotionalen Tonalitäten von Migrationsgeschichte(n) und musikalischen Genealogien von Sehnsucht, Armut, (De-)Kolonisierung, Fortschritt, sozialem Aufstieg, Konsum sowie von globalen Jugendkulturen seit den 1960er Jahren (migrantisch, postkolonial, maghrebinisch, Chaâbi, Raï, Hip Hop). Die Filme auf der Überfahrt auf dem Mittelmeer werden als Experimente im Kontakt mit dem Realen aufgegriffen. Mit dem Realen ist hier gleichermaßen das Reale der Filme wie auch das Reale, mit dem sich diese Filme befassen, gemeint. Genauso wie die Filme transversal zu einer vor allem von der Europäisierung vorangetriebenen Kontinentalisierung verlaufen, tragen sie sich quer zur Unterscheidung zwischen einer ‚Außenwelt' sozialer Realitäten und archivierten Innenräumen eines historischen Bilder- und Melodienrepertoires fort. Stattdessen agieren sie in Differenzierung, Transformation, Wiederholung, Transmission, kurz in Affektion und bilden Blöcke von Zeitdauern, die keineswegs eine Subjektform suchen. Verbrennen ist das in *vivo coding*. In der Produktion und Modifikation der filmischen Gefüge der *harraga* bricht sich das Insistieren auf einem Selbstbestimmungsrecht, welches zugleich mit der narratologisch rekonstruierbaren Kohärenz von Story (Herkunft, Biografie, Reisegeschichte), Person (Identität) sowie deren Dokumentierbarkeit (Ausweispapiere, Identifikation) gebrochen hat, Bahn. Die *harga* ist eine – vielversprechende wenngleich zweifellos furchterregende – Existenzform auf einer sich ausdehnenden Grenze.

„Wer hat sich übrigens je von den Ideen eine konkrete Idee gemacht. Wir tragen alle die Last, in Bildern zu denken."
Grafe 2006: 31

Kapitel 1: An die Grenze: *passing*, Komplizenschaft, Tier-Werden & Tanzen/Springen

(K)ein Portrait: das zerrissene Bild

Der Vorpsann des Dokumentarfilms *La photo déchirée* (Das zerrissene Foto) von José Vieira (Frankreich 2001) zeigt ohne Ton während 22 Sekunden, wie die fotografische Brustbildaufnahme einer Person, wie sie üblicherweise zu deren Darstellung im Pass und anderen der Identifizierung dienenden Dokumenten verwendet wird, in zwei Stücke gerissen wird. Erst im Verlauf des Filmes wird der Kontext dieser Handlung, im Zuge derer das Bildnis einer Person seine Unversehrtheit verliert, verständlich. Mittels der Erzählung von Zeitzeug*innen wird nach und nach die Geschichte der Auswanderung von Hunderttausenden rekonstruiert, die während des faschistischen Salazar-Regimes Portugal auf der Flucht vor Armut, Kolonialkriegen und Repression meist in Richtung Frankreich verlassen haben. Diese Migrationsbewegung ab den 1960er Jahren – sie betrifft die Ära der europäischen Arbeitsmigrationen des Fordismus –, die größtenteils mit zwischenstaatlichen Anwerbeverträgen einherging, war weder mit einer legalen Auswanderung noch mit einer legalen Einwanderung verbunden. Die Grenzen zwischen Portugal, Spanien und Frankreich mussten im Geheimen und mit der Hilfe von Schmuggler*innen überquert werden. Der Preis der Reise war sehr hoch, er belief sich etwa auf den jährlichen Durchschnittslohn eine*r Bäuer*in, wobei zahlreiche Emigrant*innen irgendwo in den spanischen Bergen von ihren Schleppern abgesetzt worden sind. In die Irre getrieben und vollkommen abgerissen, starben viele auf dem Weg an Hunger, nur wenigen gelang die Rückkehr nach Hause. Vor diesem Hintergrund entwickelte sich eine bildpolitisch abgestützte Praxis, den Risiken der Reise und dem bedrohlichen Ausgeliefertsein an Schlepper entgegenzutreten: Zu Beginn der Reise wurde die Fotografie der Abreise-Kandidat*in in zwei Teile zerrissen: Die Auswanderer*in behielt die eine Hälfte, die andere wurde der*m Schmuggler*in übergeben.[1] Erst nach der

1 | Siehe kritisch und differenzierend zu den sowohl heroisierenden als auch negativen Schlepper*innen-Stereotypen für die portugiesische Emigration der Zeit Pereira 2010. Victor Pereira beleuchtet hier auch die Interdependenz von Schleppern und Polizei sowie die komplexe soziale Zusammensetzung der Schlepper*innen-Netzwerke: „Pour la plupart ni héros ni escrocs, les passeurs portugais bénéficièrent des contradictions de la politique d'émigration, de la tolérance des autorités françaises puis espagnoles et, parfois, des accommodements opérés au niveau local avec les forces de police." (Ebd.: 15)

erfolgreichen Ankunft in Frankreich schickte die Emigrant*in den mitgeführten Teil des Fotos zurück nach Portugal, um der Familie zu zeigen, dass er oder sie die Grenze sicher überquert hatte. Die Schmuggler*in brachte ihrerseits die andere Hälfte des Fotos der Familie als Beweis, dass sie die Auswanderer*in begleitet hat. Erst nun, wenn die beiden Hälften des Bildes wieder zu einer Gestalt, zu einem Gesicht zusammengefügt werden konnten, bezahlte die Familie die Schmuggler*in.
Der Riss, um den es hier geht, stellt nicht die Abbild-Funktion der Fotografie in Frage, es handelt sich also keinesfalls um eine Krise der Ähnlichkeit der fotografischen Portrait-Darstellung, denn im Gegenteil ist es gerade der Riss, welcher Identifizierbarkeit ermöglicht und sicherstellt, dass jemand nicht verschwindet. Diesen Aspekt scheinen auch John Berger und Jean Mohr (1975 bzw. 1976) herauszuarbeiten, wenn sie die narrative Fotostrecke ihres beeindruckenden Bild-Text-Essays *A Seventh Man* zur Gegenwart der Arbeitsmigrant*innen mit zwei signifikanten grafischen Darstellungen unterbrechen: ein leerer Bildrahmen, dem an der Seite der Schriftzug „Illegaler Emigrant" zugeordnet ist (Berger/Mohr 1976: 88), sowie die diagonal durchgerissene Hälfte der Passfotografie eines portugiesischen Migranten (ebd.: 45).[2] Während Berger und Mohr das zerrissene Bild als ein von den Emigrant*innen ersonnenes „System, um sich zu schützen" (ebd.) auffassen, sprechen sie von der illegalen Emigration als einem „‚offiziellen' inoffiziellen System" (ebd.: 88).

„Er ist ohne Papiere eingetroffen. Als die Begrüßung vorbei war, sah er seinen Vetter fragend an, ohne ein Wort zu sagen." (Ebd.)

Als Akt einer filmischen Artikulation stellt die Zeitlichkeit von 22 Sekunden kommentarlosem Reißen in *La photo déchirée* deutlich heraus, worum wohl auch die Suche nach Begriffen und Bildern bei Mohr und Berger kreist: um bildliche und textliche Antworten auf etwas, das diesen Autor*innen als eine Krise der Repräsentation entgegentritt, oder: Was ins Auge fällt, ist ein offensiver Riss im herkömmlichen Angebot von Darstellungsweisen. Und dieser Riss wird durch eine ebenso entschiedene wie schmerzhafte migrantische Umwidmungs- und Aneignungspraxis vollzogen. Für die in Texten und Bildern zu rekonstruierenden Geschichten der Migration gerät dadurch offenbar etwas durcheinander; der Riss erzeugt eine Turbulenz der anerkannten, spezifisch situierten, perspektivierten und diskursivierten Wahrnehmungs-, Wissens- oder gar Wissenschaftskonzeptionen. Eine solche Krise der Repräsentation, welche z.B. die Disziplin der Ethnologie besonders scharf getroffen

---

2 | Zur portugiesischen Migration schreiben Berger und Mohr: „Bis vor kurzem war die Auswanderung aus Portugal zumeist illegal. Die spanische wie die französische Grenze mussten heimlich überschritten werden. Schmuggler in Lissabon arrangierten solche Grenzgänge. Ihre Gebühr betrug etwa 1000 Mark pro Person. Viele Emigrationswillige wurden, nachdem sie diese Summe bezahlt hatten, betrogen. Sie wurden in die Berge gleich hinter der spanischen Grenze geführt und dort im Stich gelassen." (Berger/Mohr 1976: 44)

hat (siehe etwa Fabian 1983), so der Soziologe und Filmwissenschaftler Norman K. Denzin (1997) charmant, sei eine ebenso einfache wie komplexe Angelegenheit. Sie betreffe die Annahme, dass jegliches wissenschaftliche Schreiben eine narrative Produktion sei, die wie andere soziale Texte auch nach vier Gesichtspunkten analysiert werden könne: „(a) the ‚real' and its representation in the text, (b) the text and the author, (c) lived experience and its textual representations, and (d) the subject and his or her intentional meanings" (ebd.: 4).

In den *migration studies* führte die Auseinandersetzung mit Repräsentationskritik dazu, nicht nur den Konsum von Bildern und die Produktion öffentlicher Bilder der Migration zu berücksichtigen, sondern auch die visuelle Kommunikation *in* der Migration zu adressieren. Allerdings ist dies nach wie vor eher selten der Fall. Für die Migrationsstudien gilt es daher umso mehr, nicht nur Bilder und audiovisuelle mediale Erzeugnisse zu berücksichtigen, die etwas Migrantisches darstellen, sondern diese als in bestimmte (Migrations-)Praxen eingebunden zu begreifen, sie als konstitutive Bestandteile einer Migrationsgeschichte wahrzunehmen (vgl. etwa Wolbert 2001; Konaté 2012). Für die Diskussion filmischer Repräsentationspraxen in ihrem Verhältnis zur grenzüberschreitenden migrantischen Mobilität, die die vorliegende Schrift anvisiert, sind aber auch die (wissens-)politischen Konventionen eines „methodologischen Nationalismus" mit seiner Vorstellung eines nationalstaatlichen Containermodells von Gesellschaft (vgl. Tsianos/Hess/Karakayali 2009)[3] und die Illegalität/Irregularität, die gleichzeitig als ein Innerhalb und Außerhalb des Nationalstaates konstruiert wird, zentral. Die Persistenz illegaler Einwanderer*innen als Anteil an einer europäischen Gesamtbevölkerung stellt jedoch inzwischen das Primat bzw. den Imperativ der Integration, die häufig sowohl politische als auch kulturelle oder wissenschaftliche Debatten und Wissensproduktionen um Migration dominiert, in Frage. Das Regime der an der idealen Entsprechung von Volk und Territorium in der nationalen Souveränität ausgerichteten politischen Repräsentation, wie es für die Zeit der fordistischen Arbeitsmigration typischerweise in die Krise gerät, bezeichnen Dimitris Papadopoulos, Niamh Stephenson und Vassilis Tsianos in ihrem Buch *Escape Routes* als das „double-R axiom of rights and representations" (2008: 3ff.). Das Doppel-R-Axiom wird hier als Grundlage einer nationalstaatlichen Regierungsformation verstanden, bei der das inklusive Versprechen, das Volk als Ganzes an sich zu binden, durch eine Ausgewogenheit von Rechten und Repräsentationen erzielt wird, die Rechtssubjekte hervorbringt. Ab den 1960er und 70er Jahren und im Zuge der Kritik ausgeschlossener, marginalisierter und minorisierter sozialer Gruppen wie etwa der Arbeitsmigrant*innen in den Industriezentren des europäischen Nordens, sei dieses Regime sichtbar in die Krise geraten, so die Autor*innen. Entsprechend

3 | Die Autor*innen kritisieren, dass insbesondere in Deutschland der methodologische Nationalismus ein „Elend der Migrationstheorie" ausmache, wobei sie sich auf das von Ludger Pries analysierte nationalstaatliche Containermodell von Gesellschaft als soziologischer und kulturwissenschaftlicher Wissenspraxis der Moderne beziehen.

scheinen mir die 22 Sekunden Reißen auf einen Akt der Subversion hinzuweisen, der die Unvollständigkeit der Souveränität offenbart: „The double-R axiom not only binds people and territory but also designates the nation state's relation to other states and their people. It simultaneously defines the matrix of positive rights and representation within the national territory, and the non-existence of rights and symbolic presence beyond the nation's borders. Hence, the double-R axiom constantly refers to its exact opposite: to the absence of rights and representation." (Ebd.: 6-7) Genauso wie ‚Repräsentation' in ihrer doppelten Bedeutung als Darstellung und als (politische) Vertretung durch Akte bewerkstelligt wird, bedarf es der Praxen, um sie anzugreifen oder zu transformieren – wobei der Riss durch die Passfotografie, von dem hier die Rede ist, beide Aspekte herausfordert. Diese sind zwar oft sehr eng miteinander verbunden, aber trotzdem keinesfalls identisch. Es ist immer leicht fraglich, ob man der Person, die auf dem Foto im eigenen Pass erscheint, im Falle einer Passkontrolle ausreichend ähnlich sieht, denn nicht die eigene Person garantiert die Echtheit des eigenen Passes, sondern die Passbehörde mit ihren Authentizitätskriterien. Seinen Pass besitzt man nicht, sondern es ist der jeweilige Staat, der durch den Besitz an einem Pass die Entsprechung zwischen mir als seinem staatsbürgerlichen Subjekt und mir selbst bescheinigt. Es besteht immer eine „Lücke zwischen der Person und dem Papier, das sie ausweist" (Groebner 2004: 173). Und diese Lücke zu überspringen, obliegt nicht der Person. Gegenüber der Tendenz zu einer in der Konstitution der Souveränität erreichten Entsprechung zwischen der Reisepass-Fotografie bzw. dem Lichtbilddokument und einer einzelnen (Staatsbürger*innen-) Person führt die Praxis der hier vorgestellten undokumentierten grenzüberschreitenden Mobilität der Portugies*innen eine Störung ein, sie zieht eine Fluchtlinie – und sie entsteht im buchstäblichen Sinne als Riss im Signifikanten, der für das Subjekt einsteht, mitten durch die Portrait-Fotografie hindurch. Gerade die Aufhebung des repräsentativen Ganzen des Abbildes des Subjektes ist es, welche nun die Mobilität einer Person ermöglicht. Auf der Fluchtlinie dieser Entzweiung der Ganzheit einer fotografischen Brustbildaufnahme trägt sich jedoch auch eine Ähnlichkeit fort, denn die Bedingungen der undokumentierten Mobilität erzeugen ihrerseits eine Art von Überprüfung und Absicherung des Verhältnisses zwischen einem Selbst und seinem bevollmächtigten Stellvertreter, die an die fotografische Repräsentation gebunden wird. Im Transit funktioniert die Verwendung des fotografischen Stellvertreters einer Person nicht komplett anders als unter den Bedingungen der politischen Substitution. Auch hier dient die Fotografie – wenngleich nicht als Teil einer staatspolitischen Ordnung, sondern gerade als Nicht-am-Platz-Sein moderner nationalstaatlicher Souveränität – der Bescheinigung und Zertifizierung einer Personenidentifikation. Diese im Transit entstehende Repräsentationspraxis vermag aber keinen neuen transnationalen Raum der Souveränität zu stiften und vollzieht sich gleichwohl auch nicht in einem konstitutiven Außen des Raumes der Souveränität. Vielmehr handelt es sich um eine prekäre dokumentarische Praxis, welche die Grenze bespielt und zur Verhandlungszone ausweitet, ja zu einer Passage macht, die es den Transitmigrant*innen ermöglicht, die Grenze hinter sich zu lassen.[4] Erst im Nachhinein allerdings, also nach dem Wieder-Zusammenfügen der beiden Teile der Fotografie entsteht erneut ein einsichtiges Bildnis einer Person. Es gibt also (k)ein Portrait im Transit. Von dieser Beobachtung ausgehend stehen im Fokus des vorliegenden Kapitels Konfrontationen, Anspruchskonflikte und Verhandlungen um filmische Darstellungsakte an der Grenze bzw. um entsprechende Figuren der Repräsentationskritik. Wenn hier bildpolitische Auseinandersetzungen interessieren, dann insofern sie gegenwärtige und politisch bedeutsame Herausforderungen der europäischen Grenze verdichten, zuspitzen und artikulieren. Mein Akzent liegt dabei auf filmischen Ausdrucksformen, die im Kontext der Bestrebung entstehen, einer migrantischen Subjektivität im Aufzeichnungsmedium Video und als dokumentarisches Format Sichtbarkeit und Anschaulichkeit zu verleihen. Im Kontext kultureller Projekte und Produktionen, die sich mit dem *bordercrossing* auseinandersetzen, beginnen sich umstrittene, mehrdeutige, komplexe, obskure oder scheiternde audiovisuelle Formen, Formationen, Gestalten, Narrative und Figurationen abzuzeichnen, die Virulenzen der Migration einbegreifen, die ich herauszuschälen versuchen will. Erst im zweiten Schritt ist für mich hierbei die Rekonstruktion migrantischer Subjektivität relevant, denn das, was anschließend als eine Aufzeichnung von Migration verstanden und konzeptualisiert wird, ist einem Filmbild nicht vorgängig, sondern entsteht im Film bzw. reproduziert sich durch einen Film. Bilder formatieren Migration, so eine zentrale Feststellung aus meiner Forschung im Rahmen von „Transit Migration" (Kuster 2007: 187f), an die ich hier anschließen möchte. Mit der Beobachtung, dass Bildereignisse auf die Migrationsregime (zurück)wirken, wende ich das von den neuen sozialen und Bürgerrechtsbewegungen, dem Antirassismus, den *cultural* und *postcolonial studies* sowie dem queerpolitischen Feminismus beerbte repräsentationskritische Vokabular gewissermaßen um und frage, welche Subjekte durch die damit verbundenen kritischen Projekte, den aus den institutionalisierten Formen national-sozialer Kompromisse Ausgeschlossenen (vgl. Balibar 1993) Gehör und Handlungsspielräume zu verschaffen, hervorgebracht werden. Denn souveräne Akte, die Rechte gewähren, Zugang zu symbolischer Macht sicherstellen und gleichzeitig umgekehrt Rechte systematisch für nichtig erklären und Repräsentation

4 | Papadopoulos/Stephenson/Tsianos beschreiben das Regime der transnationalen Souveränität als eine Passage des Regierens zwischen der Ära der nationalen Souveränität und gegenwärtig emergenten Formationen der Souveränität, die sie als postliberal bezeichnen. „[...] national sovereignty [...] operates through the process: state - foundational principles - government; [...] transnational sovereignty [...] operates through the process: self-governing actors in relation to state and non-state institutions - ad hoc normative principles - governance. With the emergence of postliberal sovereignty there is no longer either a centralised statist apparatus or a fluid network of negotiation and regulation." (2008: 34) Die zentrale Figur des Postliberalismus sei weder der Staat noch das Individuum. Vielmehr handle es sich um neue Aggregate der Macht, welche bestimmte Segmente des Staates enthalten und in Verbindung mit bestimmten Individuen oder Segmenten sozialer Gruppen artikulieren (ebd. 33).

beschneiden, haben seit den historischen Bildakten der zerrissenen Portrait-Fotografie mitnichten an Relevanz eingebüßt.

Der in *La photo déchirée* nicht gezeigte, sondern bloß suggerierte Akt, die zwei Teile der Fotografie nach dem erfolgreichen Grenzübertritt zusammenzufügen, geht mit der Entstehung einer Bezeichnung für eine neue soziale Lage und Subjektform einher: die so genannten Gastarbeiter*innen. Ihnen gewährte der betreffende Nationalstaat nur eingeschränkte Rechte, eine zusammengeflickte gesellschaftliche Repräsentations-Konfiguration. Auf der Ebene der Darstellung entspricht ihr nicht nur das mit Kleber verfugte Portrait-Foto, sondern auch der „getötete Pass", der „pasaportu öldürmek", ein Ausdruck, der von der Irreversibilität der Bewegung zeugt, welche die nationalstaatliche Ordnung den türkischen Gastarbeiter*innen an der Grenze abverlangte. Als „sterben lassen" bezeichneten Migrant*innen den amtlichen Vorgang, bei dem ihre deutschen Aufenthaltserlaubnisse ungültig gestempelt wurden, so dass sie bei ihrer Rückkehr in die Türkei die Rückerstattung ihrer geleisteten Rentenversicherungsbeiträge geltend machen konnten (Wolbert 1995: 31, 7). Was, wenn analog zu diesen Darstellungs- und Repräsentationspraxen die Migration selbst nichts anderes wäre als eine historische Rahmung, ein Name, der die Mannigfaltigkeit sozialer Bewegungen fixiert und lenkt? Was, wenn Migration also zugleich als Interpretation und Reduktion von etwas gelten muss, das immer bereits im Diskurs der Souveränität re/präsentiert wird?[5] – Das vorliegende Kapitel versucht, die Migration im Moment des *bordercrossing* als eine Bewegung zu entziffern, die in doppeltem Sinne repräsentiert: Sie zeigt und stellt dar *und* sie ersetzt den Exzess der Flucht aus normalisierenden Erfassungen von Körpern. Ausgehend von der Frage, ob die Risse des fordistischen Gastarbeiter*innen-Regimes an der aktuellen europäischen Grenze ihre Entsprechungen haben, soll dabei ergründet werden, welche neuen Dringlichkeiten sich in aktuellen Darstellungspraxen und Konflikten abzeichnen: Welche bislang übermittelte Bildlichkeit und Symbolik der Migration wird aktuell herausgefordert und transformiert? Statt die Migration als ein Narrativ des Reißens, Klebens und Verfugens zu konzipieren, das sich zwischen Herkunfts- und Zielort aufspannt, scheint es heute nötiger denn je, so meine ich, die Grenze, den Transit und die Dauer von Verbindungen im Verhältnis zu einer Differenz in eigener Instanz

5 | Diese Argumentationsfigur entspricht der Bestimmung und Perspektive der „Autonomie der Migration", auch wenn sie genau gegenläufig zu der aufgeworfenen Frage ein nicht-reduktives Verhältnis zwischen der (Trans-)Formation von Souveränität und dem homogenisierenden Sammelbegriff ‚Migration' unterstellt, der sehr bewusst all die spezifizierenden Regulationsformen wie Klimamigrant, Kriegsflüchtling, sexuelle Fluchtgründe, Arbeitsmigrant etc. übergeht, um die ihnen allen gemeinen Kämpfe um Mobilität entgegen den Regimen der Mobilitätskontrolle zu betonen. Papadopoulos und Tsianos (2013: 185) bestimmen die Autonomie der Migration in der Konsequenz doppelt, als migrantische Empirie und als Figuration der Migration, wobei Letzteres, wenngleich weit strenger als bei Papadopoulos/Tsianos mit bildpolitischen Empirien verbunden, exakt das hier verhandelte Thema ist.

zu denken oder als eine Art innere Differenz. Das vorliegende Kapitel kreist deshalb um Erzählungen und narrative Figuren im Bereich des Dokumentarischen und Filmischen, die mit der Antizipation von Re-Inskriptionen im Namen der Migration brechen und sich stattdessen dem Versuch widmen, die Aktualität und Dynamik der Grenze und des Transits in eigener Instanz zu konzipieren. Dabei wird selbstredend immer auch eine politische Frage mitverhandelt: Wie den kulturellen Praxen, den transnationalen Konditionen und Lebensweisen von Migrant*innen in diesem Raum der Passage begegnen? Denn als Konsolidierungen und Verräumlichungen von Konflikten und Auseinandersetzungen aufgegriffen, könnte oder müsste die Grenze gar als ein potentieller Ort der Einwanderung nach Europa gelten...

FILMISCHE FIGURATIONEN UND FIGUREN DER FLUCHT

In ihrer Auseinandersetzung mit Objektivität im für die gegenwärtigen Epistemologien bestimmenden Wissenschaftsdiskurs peilt Donna Haraway Perspektiven an, die „*zugleich* die grundlegende historische Kontingenz aller Wissensansprüche und Wissenssubjekte in Rechnung stellen, eine kritische Praxis zur Wahrnehmung unserer eigenen bedeutungserzeugenden, ‚semiotischen Technologien' entwickeln *und* einem nicht-sinnlosen Engagement für Darstellungen verpflichtet sein können, die einer ‚wirklichen' Welt die Treue halten, einer Welt, die teilweise miteinander geteilt werden kann [...]." (Haraway 1995 a: 78) Zentral für Haraway ist, dass sowohl einer kritischen Affirmation wissenschaftlicher Objektivität als auch dem Sozialkonstruktivismus[6] das „Problem der Metapher" (ebd.: 76), wie sie es nennt, anhaftet. Haraways Aufmerksamkeit gegenüber Metaphoriken soll hier für den Kontext der Produktion audiovisueller Darstellungen im Kontext der europäischen Grenze fruchtbar gemacht werden, indem sie sowohl für das Feld von Grenzregimen und Migrationspolitiken als auch für sonore, bildliche und sprachliche Äußerungen durchgespielt wird. Ausgehend von der problematischen Beziehung zwischen Körpern und Sprache schlägt Haraway eine Perspektive vor, die sie materiell-semiotisch nennt (ebd.: 1995 c), wenngleich sie einräumt, dass einen diese Perspektive nicht völlig davon enthebe, auch hermeneutische Ansätze in Betracht zu ziehen.[7] Während Haraway damit vor allem im Bereich der Natur/Kultur-Unterscheidung im Feld von Wissen und Wissenschaft operiert, um dort sowohl Relativismus als auch totalisierende An-

6 | Mit dem für sie typischen Witz trägt Haraway ihre Kritik an Sozialkonstruktivismus und männlicher Dominanz im Wissenschaftsbetrieb vor: „Wenn es ohnehin nur Texte sind, warum also sollten sie die Jungs dann nicht zurückhaben." (Haraway 1995 a: 77)

7 | Ihre Anforderung an eine solchen Perspektive lautet: „Textuelle Relektüre reicht nicht aus, selbst wenn man den Text als die Welt definiert. Lesen ist, wie aktiv es auch immer sein mag, als Tropus nicht machtvoll genug; wir verwenden die Abweichung nicht entschieden genug. Der Trick besteht darin, Metapher und Materialität in den kulturspezifischen Apparaten körperlicher Produktion zur Implosion zu bringen." (Haraway 1995 d: 139)

sprüche abzuweisen und als „göttliche Tricks" zu denunzieren (Haraway 1995 a: 84, 87, 89, 90), möchte ich ihre Haltung auf den Bereich der filmischen Produktion und Darstellung sowie auf im buchstäblichen wie übertragenen Sinne generierte Evidenzen der Grenz- und Migrationspolitik anwenden und hierbei vor allem den von ihr ausgearbeiteten Aspekt des untrennbaren Verhältnisses von Materialität und Repräsentation im ‚verkörperten Subjekt' herausstellen. Im Unterschied zur Auffassung der Materialisierung und Subjektivierung als performativem Akt, widerspricht Haraway der Abgrenzung von Materiell-Stofflichem und Diskursiv-Repräsentationalem. Da ich mich im Weiteren mit Filmen im Bereich des Dokumentarischen jenseits oder möglichst ohne psychoanalytisch informierte Analysen auseinandersetze, und zudem mit dem Feld des *bordercrossing*, welches bloß in ‚prekärer' oder minoritärer Weise und oft erst als „terminus post quem" artikuliert werden kann, halte ich Haraway als Ausgangspunkt für besonders hilfreich.[8] Darüberhinaus scheint mir eine materiell-semiotische Konzeption anleitend, um über die Kritik an diskriminierenden, vorurteilsgeladenen oder Rassismus befördernden Darstellungen der Migration hinauszugelangen und nicht dabei stehen zu bleiben, die sozial konstruierte Figur der Migrant*in nachzuzeichnen und in einer textualisierten oder filmisch narrativierten Welt der Grenze und der Migration aufzugreifen. Wir müssen auf einer besseren Darstellung der Welt beharren, lautet Haraways Losung, die letztlich mehr auf ‚Artikulation', also darauf, Dinge zusammenzubringen, die normalerweise streng voneinander getrennt werden (Haraway 1995 b: 103), setzt, denn auf Repräsentation.[9] „Artikulieren heißt, mit Bedeutungen versehen. Heißt, Dinge zusammenfügen, schaurige Dinge, riskante Dinge, kontigente Dinge. Ich möchte in einer artikulierten Welt leben. Wir artikulieren, also sind wir." (Haraway 1995 c: 72) Haraway geht es darum, auf das Unerwartete hinweisen zu können (1995 b: 108) und zugleich „durchsetzbare, zuverlässige Darstellungen" zu erzeugen (Haraway 1995 a: 79). Ihr Anliegen ist es, im Schreiben Verwobenes und Begrenztes zu fabri-

8 | Haraways Haltung scheint mir anschlussfähig an Deleuzes Bild- und Filmanalytik, die im Folgenden eine Rolle spielen wird. Hier wird das Filmbild grundlegend als eine „Selbst-Bewegung des Bildes" (Deleuze 1993 b: 96) verstanden und nicht auf eine letztlich an der Linguistik orientierte ‚Filmsprachlichkeit' reduziert.

9 | Auch wenn mir scheint, dass der Begriff der Artikulation bei Haraway unterbestimmt bleibt, so verweist er doch in genereller Weise vor allem auf Projekte des Aufbegehrens gegen wissenschaftliche Orthodoxien. Gerade diese Begriffsunschärfe, welche den Materialismus triggert, ohne sich jedoch in Kontroversen über unterschiedliche marxistische Auslegungen bezüglich der Überarbeitung von Strukturdeterminismen (der Ideologie oder der Ökonomie) zu verlieren, die letztlich dem Feminismus nie zuträglich waren, scheint mir dabei stimmig. Haraways Begriff der Artikulation ist somit selbst als dynamisch zu verstehen und innerhalb eines ebenso umstrittenen wie riskanten feministischen und antirassistischen Projektes anzusiedeln, über welches sie als Autorin keine alleinige oder herausragende Autorität beansprucht, sondern zu dessen Artikulation sie im dreifachen Wortsinne beitragen will: als Konstitution, als Ausdruck und als Teil von etwas, das im Ineinandergreifen entsteht.

zieren, partiale und positionierte Verbindungen und Verkörperungen herzustellen, die sie als Figurationen konzipiert, um Materialität und sprachliche Praxen sowie nicht-linguistische diskursive Konstruktionen zusammen denken zu können.[10] Eine Figuration versteht Haraway als eine Art Schauplatz, an dem sich Besetzungen, Fragen, Ansprüche und Einsätze treffen. Davon ausgehend entsteht eine Figur, die sich dadurch auszeichnet, dass sie Gestalt annimmt und ein Narrativ anleiten kann (Haraway 1995 b: 114).[11] Wenn an der Grenze Figuren der Flucht aus der fixierenden Identifikation entstehen, die im Folgenden Thema sind, dann handelt es sich sicherlich nicht um Zeichen[12], sondern eher um Attraktoren, die Dinge und Zeichen anziehen. Solche Figuren sind keine Abbilder von etwas, sondern neu geschaffene Gestalten *für* etwas, nämlich für Formationen des Fliehens oder Abtauchens und Wegdriftens, etwa aus dem Prozess der Identifikation wie bei der Komplizenschaft. Figuren sind schöpferische Öffnungen. – Und in diesem Sinne spielt auch der metaphorische Aspekt der Grenze eine Rolle: Eine Repräsentation ist das, was sich durch seine eigene Grenze definiert; eine Figuration der Flucht, ist die Versuchsanordnung, mittels der die Dichotomisierung, mit der das Ziehen einer Grenze einhergeht, unterlaufen werden soll. Die Figuren des Entkommens sind ‚Fluchtwesen', sie sind keine Verallgemeinerungen von Einzelfällen, keine begrifflichen Abstraktionen, sondern sie entstammen einem filmischen Repertoire und Handlungsraum. Ihre Kraft jene zweiteilende Macht tendenziell aufzulösen soll sich im Text so fortschreiben,

10 | „Die Metapher des Diskurses ist mir in gewisser Hinsicht unbehaglich, weil sie die Sprache als Zentrum von allem anderen privilegiert. Ich versuche, die Werkzeugkiste offener zu halten. Ich will herausfinden, wer und was auf dem Schauplatz des Konstitutionsprozesses aktiv ist. Wie im Feld der Konstitutionsprozesse Identitäten als Effekte hervorgebracht und wie die Objekte und Subjekte usw. sedimentiert sind." (Haraway 1995 b: 108) – Die bekannteste Figuration von Donna Haraway dürfte die Cyborg sein.

11 | Eine ähnliche Wendung macht etwa die so genannte Figurationssoziologie, wenn sie einen Beziehungsbegriff – der allerdings nur die Interdependenz zwischen Menschen fasst – als Gegenstand der Soziologie ins Zentrum rückt: „Das Geflecht der Angewiesenheit von Menschen aufeinander, ihre Interdependenzen, sind das, was sie aneinander bindet. Sie sind das Kernstück dessen, was hier als Figuration bezeichnet wird, als Figuration aufeinander ausgerichteter, voneinander abhängiger Menschen." (Elias 1976, Bd. 1: LXVII)

12 | Die Figur ist auch etwas entschieden anderes als ein Kollektivsymbol (Jürgen Link). An der heutigen europäischen Grenze könnte als ein Beispiel dafür etwa das Boot gelten. Ich möchte die Figur aber auch deutlich von einer rhetorischen Stilfigur wie der Trope unterschieden wissen, insofern sie nicht die bildhafte Ausprägung einer Begrifflichkeit darstellt, die sich auch abstrakt fassen ließe. Das deutsche Wort „Gestalt" für Umriss und Form, das synonym zur Figur verwendet werden kann, muss allerdings als ein Sonderfall gelten, den ich hier nicht auslote. So hat etwa bei Johann Wolfgang von Goethe die Gestalt die Bedeutung der Idee eines ursprünglichen Ganzen (Urphänomen) angenommen, so dass sie sowohl als Konzept als auch als Erscheinung erfassen werden kann, wenngleich es ihr aber an weiteren Attributen mangelt. Natur selbst ist bei Goethe Beispiel einer Gestalt. Georg Wilhelm Friedrich Hegel und Karl Marx haben ihrerseits Goethes Gestalt weiterentwickelt, der eine im Konzept des Begriffs, der andere im Warenverhältnis.

dass ihnen gegenüber dem Begriff ein gewisser Überschuss erhalten bleibt. Gilles Deleuze bestimmt die Figur als eine „forme à transformation“, als ein Bild, das den fortwährenden Übergang von einer Form zur anderen gewährleistet. Figuren besetzen damit in der triadischen Zirkulation zwischen Konzepten, Erfahrungen und den durch Konstruktionsregeln erreichten Entsprechungen zwischen einem Bild und einem Konzept die Position von Durchgängen, von Passagen (Deleuze 1982/83: cours 32 du 22/02/83 – 2; cours 32 du 22/02/83 – 3 und cours 33 du 01/03/83 – 1).

Auf Donna Haraway zurückzugreifen, ist für mich auch deshalb vielversprechend, weil sie auf die Sensorik und die Fähigkeit des Sehens, kurz, auf *vision*[13] und damit auf eine optische Politik setzt: „Optik ist eine Politik der Positionierung. Visuelle Instrumente vermitteln Standpunkte [...].“ (Haraway 1995 a: 86-87) Eine solche Politik der Positionierung richtet Haraway gegen die von ihr als männlich und weiß bestimmte Dominanz mitsamt ihrem erobernden Blick, der zu repräsentieren und zugleich der Repräsentation zu entgehen bestrebt sei. Ihre Optik steht im Zeichen eines Gegenprojektes zu jener dominanten Optik, die einer entkörperten und vermeintlich vollkommen transparenten Vermittlung der Welt Vorschub leistet sowie die in dieser Vermittlung möglicherweise implizite Gewalt verleugnet – Sichtweisen, die Haraway vor allem in zeitgenössischen Visualisierungstechnologien am Werk sieht, die ihr zufolge ein technologisches Fest unkontrollierter Gefräßigkeit eines kannibalistisch-phallischen Auges feiern (ebd.: 81; Haraway 1995 c). „Ich bin sehr daran interessiert, das Sehen und die Vision von den Technopornographen zurückzufordern.“ (Ebd.: 12) Ein der Spezifik geschuldetes Sehvermögen, welches auch den Standpunkt prothetischer Werkzeuge einschließe – „Optische Instrumente verschieben die Gegenstände.“ (Ebd.: 12) – sei der einzige Weg zu einer umfassenderen *vision* und zu unerwarteten Eröffnungen, so Haraway (1995 a: 91). Hierbei referiert sie auf das physikalische Modell sowie die optische Metapher der Beugung statt der Brechung des Lichts, wobei Interferenzmuster statt gebrochener, reflektierter Bilder entstehen (Haraway 1995 c: 19-21). Die Ablenkung von Lichtwellen an einem Hindernis sei für sie die interessantere optische Metapher, so Haraway. Nicht durch eine geometrische Optik mit Reflexion, Absorption und Transmission sieht Haraway, sondern durch eine Wellenoptik, die von Beugungseffekten handelt. Diese Begrifflichkeiten entleiht sie auch dem Werk der Filmemacherin und Theoretikerin Trinh T. Minh-ha und deren Konzept des „un/an/geeigneten Anderen“: „Die Beugung bringt nicht – wenngleich verschoben – ‚das Selbe‘ hervor, wie Spiegelung und Brechung

13 | In der deutschen Fassung des Textes wird der englische Begriff „vision“ als „Vision“ übertragen, wobei jedoch zugleich auf sein größeres Bedeutungsfeld hingewiesen wird, welches sowohl die ‚eingebildete‘, visionäre wie die optische Wahrnehmung umfasst und sowohl Sicht als auch Sehvermögen, Gesehenes sowie Vorstellung meint. Ich bleibe hier zunächst bei dem englischen Begriff, weil es im Folgenden immer wieder gerade auch um dieses unscharf eingegrenzte Begriffs- und Bedeutungsfeld und seine Wirkmächtigkeit und Deutung geht. Andere deutsche Übertragungen lösen das Übersetzungsproblem von *vision* bei Haraway allerdings anders, etwa als „Sehen und Vision“ (Haraway 1995 c: 14).

es tun. Die Beugung bildet die Überlagerung ab, nicht die Replikation, Spiegelung oder Reproduktion. Ein Beugungsmuster verzeichnet nicht den Ort, wo Differenzen auftreten, sondern den Ort, wo die Wirkungen der Differenz erscheinen." (Ebd.: 21) Statt heilige Ebenbilder, statt Echo und Bauchrednerei, die auf einer „politischen Semiotik der Repräsentation" beruhen, welche Haraway auch als Drama bezeichnet (ebd.: 45), lassen sich so Überlagerungsmuster erkennen.[14] Das, was Überlagerungen oder Interferenzen sehbar machen, beruht „auf der Bearbeitung von kleinen, aber folgenreichen Differenzen" (ebd.: 20). Diffraktion gilt Haraway als „Mittel zur Herstellung wirkungsmächtiger Verbindungen, die Herrschaft übersteigen" (ebd.: 20) und ist eine „nicht unschuldige, vielschichtig-erotische Praxis, die eine Differenz in die Welt einführt, einen Unterschied macht, statt das Selbe lediglich an einen anderen Ort zu verschieben" (Haraway 1995 d: 140). Haraways vielschichtig-erotische Diffraktion lässt sich auch als Opposition zu jener „ID-ologie" verstehen, als welche Jean and John Comaroff den Ort definieren, an dem unterschiedliche Arten von Identitäten darum kämpfen, Ausdruck in der Politik des Alltagslebens zu finden. Diese Praxen der Aushandlung von Differenz, welche die beiden Autor*innen als ID-ologie der Postkolonie beschreiben, gelten nach ihrem Dafürhalten in zunehmendem Maße auch für Nationalstaatsformationen und führen unter dem Einfluss des Neoliberalismus und den damit verbundenen Formen der Mobilität der Arbeitskräfte dazu, dass die politischen Ordnungen auch in „Euroamerika", wie sie betonen, an die Grenzen liberaler Bürgerschaft stoßen (Comaroff 2012: 129ff.).[15] In diesem Sinne ist mit dem Versuch, Figuren der Flucht auszumachen, im weiteren Verlauf eine optische Politik gemeint, die sich nicht in der Suche nach Repräsentation und Rechten von Migrant*innen erschöpft, weil beide über Differenzmarkierungen funktionieren, die eine zu Tage gebrachte und eindeutige Verbindung zwischen der Person, ihrer Herkunft, einem Körper und einer Identität herstellen – genau dem also, dem Migrant*innen potenziell zu entkommen suchen, wenn sie klandestin sind, unterwegs, *on the road*.

14 | Bei der Operation, die Haraway als politische Semiotik der Repräsentation bezeichnet, werde das Repräsentierte „aus den es umgebenden und konstituierenden diskursiven wie nicht-diskursiven Zusammenhängen herausgelöst und in den Herrschaftsbereich des Repräsentanten verbracht". Dies sei eine „magischen Operation", bei der das Repräsentierte gewissermaßen zum Mündel werde. „Das Repräsentierte ist dauerhaft auf den Status dessen reduziert, der Handlungen entgegennimmt, nicht (und niemals) zum Ko-Akteur in einer artikulierten Praxis einander unähnlicher aber miteinander verbundener sozialer Partner wird." (Haraway 1995 c: 45)

15 | Als ein überdies poetisch ausgerichtetes epistemologisches Gegenprojekt zur ID-ologie ließe sich vielleicht auch Édouard Glissants „droit à l'opacité" (Recht auf Opazität) (2009) verstehen. Hier richtet sich die Lichtmetaphorik gegen eine totalisierende Kultur von Aufklärung und Erhellung („comprende autrui"). Das Anrecht auf durch Lichtundurchlässigkeit entstehende Undurchdringlichkeit und Unzugänglichkeit richtet sich bei Glissant gegen die „pensée unique", „contre l'unicité". Dichte Schatten und starke Trübungen verteidigt Glissant als Strategien gegen systematische Transparenzen.

Pass und *passing*

Tricksters oder *impostors* treten in nahezu notwendiger Weise in Erscheinung, wenn man sich Grenzen nähert. Die Täuschung ist eine logische Folge der Grenze bzw. der Grenzüberschreitung, da sie ein unvermeidbares Mittel darstellt, um sich über die jeweils herrschenden Rechte und Normen hinwegzusetzen. In Woody Allen's Film über Personenverwandlungen *par excellence*, *Zelig* (USA 1983) sind es vor allem *racial barriers*, ‚Rassenschranken', die eine Rolle spielen. Ausgangspunkt des Filmes ist das Verschwinden eines Büroangestellten namens Leonard Zelig. Die Suche der Polizei nach dem im großstädtischen New York der 1920er Jahre Vermissten kann sich hierbei auf nur wenige Anhaltspunkte stützen: zwei Fotos, die zwei weiße Männer zeigen, die einander allerdings – im Film deutlich und sichtbar demonstriert – kaum ähneln. Die eine Fotografie stellt Zelig zusammen mit dem Dichter Eugene O'Neill dar und die andere zeigt ihn als Bajazzo.[16] Darüber hinaus ist die Rede von Hinweisen auf jemanden in Chinatown, auf den die Beschreibung Zeligs genau passe, wobei die fragliche Person als sonderbar aussehender Orientale beschrieben wird, der aller Wahrscheinlichkeit nach eine Maskierung trage. Im Handgemenge mit den Ordnungshütern erweist sich die Maske allerdings als nicht zu seiner Verkleidung, sondern zu seinem Aussehen dazu gehörig. Die fragliche Person wird im Polizeiwagen abgeführt und ins Krankenhaus eingeliefert. Die Off-Stimme im Film dazu: „Als er zwanzig Minuten später aus dem Wagen steigt, ist er, kaum zu fassen, kein Chinese mehr, sondern ein Weißer." Im Polizeibericht, der im Film lange eingeblendet wird, steht diesbezüglich:

„Dressed as Chinese person, a disguise which he skilfully and slyly removed and discarded while in the vehicle en route to the hospital. Upon arrival at the hospital he pretended no knowledge of the Chinese costume and appeared meek and reserved. When first arrested he spoke an incomprehensible gibberish and proved to be extremely excitable and difficult to control. After admittance to the hospital he seemed to possess a veritable stockpile of different disguises which he donned mysteriously and at a moment's notice always in an attempt to mock the person he was with. Extremely anti-social, bad manners, low self opinion."

Die Geschichte, die sich im Weiteren um Zeligs Eigenschaft und Fähigkeit entspinnt, sich zu verwandeln bzw. sich so stark mental und physisch an seine jeweilige Umge-

16 | Diese fotografischen Inszenierungen sind sicherlich als Anspielungen auf Zeligs mögliche Biographie zu verstehen. So verbrachte O'Neill, der aus armen Verhältnissen irischer Einwanderer*innen stammte, seine Jugend als Weltenbummler, Vagabund und Trinker, bis ein schwerer gesundheitlicher Zusammenbruch zu einer Kehrtwende in seinem Leben führte. Erst dann wandte er sich der Dichtung zu. Der Bajazzo ist eine clowneske Figur, die auf die italienische „Commedia dell'arte" zurückgeht, wobei es durchaus sein könnte, dass Zelig hier auf Karl Emil Franzos' Bestseller Roman *Der Pojaz* über einen ostjüdischen Jungen, der Schauspieler werden möchte, anspielt.

bung anzupassen, dass er wie die Leute wird, die ihn umgeben, folgt dessen Karriere als „menschliches Chamäleon" unter anderen Exotika im Schausteller-Geschäft und reicht bis nach Nazi-Deutschland.

Ganz offensichtlich ist das Hauptthema des Filmes die optische (Nicht-)Erkennbarkeit von „Rasse"/*race*[17], wobei sich der Film mehr oder weniger implizit mit antisemitischen Stereotypen befasst, etwa der angeblich parasitären jüdischen Existenz und der bedrohlichen Unsichtbarkeit vor allem der assimilierten Juden, die zu karikaturesken Ausarbeitungen physiognomischer Merkmale in antisemitischen bildlichen Darstellungen führte, aber auch zum Rückgriff auf stigmatisierende Markierungen wie dem Judenstern (vgl. Gilman 1992). Woody Allen verhandelt die gesellschaftlichen Grenzen im Verhältnis zu einer Optik der „Rasse"/*race* mit den ästhetischen Mitteln des schwarzweiß abgedrehten und Ende der 1920er Jahre angesiedelten Mockumentary. Die Wichtigkeit der Wirkung der Fotografie auf die kontingente Ordnung des Sichtbaren zeigt sich allerdings historisch schon weit vor den 1920er Jahren. Nicht zuletzt bildet sich ein solches skopisches Regime der Moderne, also ein technisch und kulturell vermitteltes sowie historisch spezifisches Regime des zielgerichteten Sehens, an territorialen Staatsgrenzen aus, die im Zuge der Bindung der modernen Souveränität an das nationale Territorium ausgebildet bzw. durchgesetzt werden.[18] Dass dort in der Folge auch neue Subjektivierungsweisen von aus der Bürgerschaft Ausgestoßenen hervorgebracht werden, davon zeugen etwa die 1852/53 im schweizerischen Staatsauftrag entstandenen Fahndungsfotografien von Heimatlosen und Fahrenden, die als weltweit erster überlieferter Bestand an Polizeifotografien gelten (Gasser/Meier/Wolfensberger 1998). Alan Sekulas (1986) Arbeit zur Entwicklung polizeilicher Archive im 19. Jahrhundert und zum Aufkommen der Fotografie bezieht sich auf die selbe Genealogie der polizeilichen Registrierung von Vagabundierenden. Sekula fokussiert hierbei den „neuen juristischen fotografischen Realismus" als Teil eines Sichtbarkeitsregimes, zu dem neben der Kameraoptik auch Archivtechniken gehören. Es handelt sich um die Organisation einer historisch neuen Form der Unterwerfung unter den Körper, so Sekula, wobei er die Zusammenhänge zwischen Klassifikationssystemen und Klasse auf der einen Seite,

---

17 | Standen die Anführungszeichen bei der Verwendung des deutschen Begriffs „Rasse" ab Mitte der 1980er Jahre zunächst für die Etablierung antirassistischer Kämpfe im deutschsprachigen Raum, in dem Rassismus nach 1945 als offiziell abgeschafft galt, so werden „Rasse" und „race" im deutschsprachigen Diskurs inzwischen auch synonym verwendet. Die vormalige Brisanz der Setzung von Anführungszeichen wird mittlerweile jedoch durch die Gleichsetzung zu antirassistischen Kämpfen sowie deren Institutionalisierung in anglophonen Kontexten, vor allem den USA, abgeschwächt, was sich etwa in der Form eines akademisierten und entpolitisierten Antiessentialismus zeigt. Um dieses Konfliktfeld im Text anwesend zu machen, verwende ich die Schreibweise „Rasse"/*race*.

18 | Martin Jay (1988) spricht von „scopic regimes of modernity", wobei er damit ein umstrittenes Feld meint, in dem drei ideale visuelle Kulturen eine Rolle spielen: klassischerweise der „Cartesian perspectivalism", „the art of describing" nach Sveltlana Alpers und „the baroque" oder „the explosive power of baroque vision".

sowie Sinn und Bedeutung der Fotografie auf der anderen Seite akzentuiert. In ihrer hermeneutischen Dimension sei die fotografische Repräsentation Trägerin einer „doppelten Funktion", da sie einerseits in der Tradition des bürgerlichen Portraits stehend nobilitierend wirke und andererseits repressiv (Sekula 2003: 273).[19] Mit Sekula, der sich für die Verbindung von Fotografie und quantitativen Paradigmen der Sozialforschung interessiert (etwa für die Verbindung von Optik und Statistik, ebd.: 288ff.), lässt sich zudem die Auffassung kontern, dass Bilder eindeutig einem qualitativen Verständnis zuzuschlagen seien und entsprechend auch die seit dem so genannten *pictorial turn* in den Geisteswissenschaften so stark betonte essentielle Polysemantik von Bildern in Frage stellen. Gerade im Bezug auf Bildpolitiken an der Grenze scheint es mir wichtig, im Auge zu behalten, dass sich der indexikalische Wahrheitsanspruch von fotografischen Darstellungen oder Video-Aufzeichnungen und verwandten Visualisierungstechniken heute alles andere als erübrigt hat, insbesondere nicht, wenn man den Einsatz digitaler Bildforensik berücksichtigt, mit Hilfe derer Video als Beweismaterial ausgewertet wird.[20] Anders als Alan Sekula, dessen

---

19 | Diese doppelte Einschreibung scheint mir mit einem Paradox der Identität in Verbindung zu stehen, welches in besonderem Maße die Erfahrung marginalisierter Subjekte prägt und welches José Esteban Muñoz im Rahmen seiner Auseinandersetzung mit queeren Strategien als Politik der Disidentifikation bestimmt (Muñoz 1999). Muñoz's Politik der Disidentifikation grenzt sich dabei ab gegen „identification" auf der einen und „counter-identification" auf der anderen Seite. Das „dis-" versteht er als ein Dazwischen, welches das dominante Zentrum und dessen Wirkungen zwar anerkenne, ohne jedoch in einen simplen Gegendiskurs dazu zu verfallen. Marginalisiert zu sein, ist weit komplexer als einfach entrechtet zu sein, so Muñoz's Ausgangspunkt. Es ist eine Weise, zugleich innerhalb wie außerhalb der Bereiche der Dominanz positioniert zu sein. „Disidentification is meant to be descriptive of the survival strategies the minority subject practices in order to negotiate a majoritarian public sphere that continuously elides or punishes the existence of subjects who do not conform to the phantasm of normative citizenship." (Ebd.: 4) Eine „disidentificatory performance" ist Muñoz zufolge eine Weise der Aneignung, wobei ihm „re-shape", „re-make", „re-write", „re-think" oder „re-cycle" als Vokabeln dienen, mit denen er die Praxis der Überarbeitung normativer sozialer Skripte kennzeichnet, die er vor allem von der Performance-Kunst ableitet.

20 | Nur ein Beispiel: Die Veröffentlichung von Videoaufzeichnungen von Vorfällen an der Grenze zwischen Marokko und Spanien im Februar und im Oktober 2014 – in Ceuta kamen mehrere Migrant*innen in der Folge von Tränengas- und Gummigeschoss-Einsätzen durch die Grenzpolizei ums Leben und in Melilla wurde auf sie eingeprügelt – führten zu einem erhöhten Druck auf das spanische Innenministerium, nicht zuletzt von Seiten der Europäischen Kommission.

Videos über die Vorfälle in Melilla: http://observers.france24.com/en/20141022-melilla-migrants-spanish-civil-guard [zuletzt gesehen am 14.04.2017]; http://www.thelocal.es/20141017/video-shows-melilla-border-guards-beating-african-migrant-immigration-spain [zuletzt gesehen am 14.04.2017]. Zu den Vorfällen in Ceuta: http://www.rt.com/news/spain-rubber-bullets-migrants-184/ [zuletzt gesehen am 14.04.2017]; Spanish police summoned by court over migrant beating, Februar 2015: http://www.expatica.com/es/news/country-news/Spanish-police-summoned-by-court-over-migrant-bea

Schwerpunkt auf dem im 19. Jahrhundert zur Geltung gebrachten „hermeneutischen Paradigma" der Physiognomik und der Phrenologie liegt (ebd.: 279) und der sich entsprechend vorwiegend mit der Differenzierungslinie befasst, die in der Geschichte der Archivierungstechniken von der Vagabund*in zur Verbrecher*in führt, möchte ich hier die historische Linie herausstellen, die sich von der Vagabund*in zur Migrant*in erstreckt.[21] Nicht zuletzt wegen der mit der Migration verbundenen Einschreibung ethnischer und rassialisierter Differenz in den Körper setze ich mich damit auch auf dessen Spur als Träger und Produzent von (Selbst-)Repräsentationen.[22] Hierbei geht es immer auch um die Frage: Welche (Körper-)Bilder oder auch achtungsvollen Selbstportraits haben die Welten der Migration zu Tage gebracht, gegen die die repressive Funktion der Fotografie ankämpfte? Wie bei Woody Allans *Zelig* ist das Problem der Welt der Migration: Migrant*innen sehen alle gleich aus, nicht zuletzt weil die Institutionen ihrer Verwaltung sie gleich machen, z.B. in der Schlange stehend in Ellis Island oder im Anwerbebüro in Istanbul, wo eine bestimmte Körpergröße Voraussetzung für die Ausreise war.[23] Durch Standardmaße geschleust lassen sich aus Migrant*innen mehr oder weniger machen, sie sind ebenso teilbar wie zu vervielfachen, so die Fantasie sowohl von Immigrations- als auch von Emigrationsbehörden.

ting_450010.html [zuletzt gesehen am 14.04.2017]. Zudem: https://www.proasyl.de/news/was-geschah-mit-toumani-samake/ [zuletzt gesehen am 14.04.2017].

21 | In historischen Arbeiten wird als Beleg für den Zusammenhang der Geschichte der Immigration und der Entwicklung von Identifikationstechnologien immer wieder der Fall Argentinien angeführt, wo zwischen 1871 und 1914 an die sechs Millionen Immigrant*innen vor allem aus Spanien und Italien ankamen (Ruggiero 2001; Rodriguez 2004: 399) und 1912 ein „Registro Dactiloscópico del Inmigrado" eingerichtet wurde (ebd.: 411). Eine wichtige historische Figur ist hierbei der argentinische Kriminalist und Begründer der Dactyloskopie Juan Vucetich. Julia Rodriguez kommentiert, wie die Staatsgründer in Argentinien auf der einen Seite die Furcht vor der Immigration und auf der anderen Seite die Abhängigkeit von ebendieser zu regulieren versuchten (ebd.: 406).

22 | Für die Frage, „warum der rassisierte Körper und seine Bedeutungen eine so große Resonanz in den populären Repräsentationen von Differenz und ‚Andersheit' gewann", verweist Stuart Hall auf David Green, der argumentiert, dass Differenz, so sie denn nicht soziokulturell begründet war, nach einer Linie der Determination zwischen dem Biologischen und dem Sozialen verlange, wobei der Körper und seine Sichtbarkeit zum Ort der evidenten Artikulation von Natur und Kultur werde. Dieser Anhaltspunkt, so Stuart Hall, hebe auch die Verbindung zwischen visuellem Diskurs und der Produktion von rassialisiertem Wissen hervor. „Der Körper selbst und seine Unterschiede waren für alle sichtbar, und lieferten auf diese Weise den ‚unwiderlegbaren Beweis' für eine Naturalisierung rassischer Differenz. Die Repräsentation von ‚Differenz' durch den Körper wurde zum diskursiven Ort, über den ein Großteil dieses ‚rassisierten Wissens' produziert und in Umlauf gebracht wurde." (Hall 2004: 128)

23 | Zur Anwerbung durch die „Deutsche Verbindungsstelle" siehe auch Berger/Mohr 1976.

Ende des 19. Jahrhunderts standen chinesische Kandidatinnen der Ausreise in die USA unter dem Generalverdacht der Unmoral bzw. der Prostitution und mussten sich im Rahmen der so genannten Page Law zur Regulation und Beschränkung chinesischer Immigratinnen in die USA komplexen Verfahren der moralischen Zertifizierung unterwerfen, bei denen historisch zum ersten Mal die Fotografie als Methode eingesetzt wurde, um offiziell die Einzigartigkeit eines spezifischen Körpers zu erfassen, wie Eithne Luibhéid erwähnt (2002: 45-46). Nach positiver Begutachtung bekamen die Chinesinnen ein „certificate of good moral character", das sie bei ihrer Ankunft in San Francisco vorzeigen sollten. Ein Foto der entsprechenden Chinesin wurde dem in Hong Kong ausgestellten konsularischen Abfertigungs- und Freigabeschein angeheftet. Derweil schickte der amerikanische Konsul in Hong Kong einen weiteren Abzug der Fotografie sowie einen Brief, der den Charakter der Frau beschrieb, dem Schiff voraus nach San Francisco, so dass die dortigen Beamt*innen bei der Landung bereits im Besitz der Fotografien und Beschreibungen aller zur Einreise berechtigten Frauen waren. Wer ohne Foto landen wollte oder im Aussehen der Fotografie unähnlich erschien, wurde festgenommen und nach Hong Kong zurückgeschickt. So versuchte man sicherzustellen, dass nicht eine andere Frau an der Stelle jener, welche den Abfertigungs- und Freigabeschein erhalten hatte, die Reise antrat bzw. den Ankunftsort erreichte und passierte (ebd.: 45). Sucheng Chan zitiert den Bericht eines Zollaufsehers am Hafen von San Francisco um 1876:

> „When women come here, a letter is sent by the American Consul at Hongkong [*sic*], inclosing [*sic*] photographs of the women, and say-/ing that he is satisfied that they do not come within the prohibited classes. ... Before women are permitted to go on board ships, they must have photographs taken at their own expense, and must swear to a certain state of facts ... [and] produce witnesses who must also swear to a similar state of affairs. If the Consul is satisfied that they are respectable women, tickets are sold to them, and they come here." (Chan 1991: 105-106)

Das hier angewendete Prinzip, dass der Körper einer Person bzw. dessen Evidenz gegen diese Person verwendet werden kann, entspricht dem Prinzip des Passes (vgl. Torpey 2000: 17). Er reguliert Mobilität durch den Austausch von so genannten persönlichen Daten unter Regierungsbeamt*innen. Das unterscheidet ihn von älteren Modellen der Kontrolle der Mobilität wie etwa Passierscheinen, die bloß zu ganz bestimmten Grenzübertritten und nur für ein bestimmtes Zeitfenster berechtigten. Dass die Grenzkontrolle als Personenkontrolle ausgeführt und an einen individualisierten Körper gebunden wird, der dafür zum Sprechen gebracht werden musste, ist ein Kennzeichen der frühen Moderne.[24] Wie John Torpey argumentiert, entspricht

24 | Vgl. hierzu etwa die gegenwärtige Tendenz zu einer „Informatisierung des Körpers" (van der Ploeg 2005) und eine damit verbundene Dividualisierung, wobei durch Datenbanken der Europäischen Union wie etwa Eurodac, VIS oder SIS nicht mehr so sehr ein individualisierter Körper, sondern eine „verkörperte Identität der Migration" (Kuster/Tsi-

das Pass-System einer „monopolization of the legitimate means of movement by states" (ebd.: 4-20). Die für die weibliche chinesische Immigration in die USA erprobte Verwendung von Fotografien zur Kontrolle der Grenzpassage sollte allerdings erst in der zweiten Dekade des 20. Jahrhunderts breite Anwendung erfahren; heutzutage folgt ein Passbild einem international festgeschriebenen Kriterienkatalog nach der *International Standards Organization* (ISO) sowie der *International Civil Aviation Organisation* (ICAO). Wie in anderen europäischen Staaten wurde auch im Deutschen Reich die Passpflicht für alle Ein- oder Ausreisenden im Zuge des Ersten Weltkriegs eingeführt.[25] Eine Fotografie de*r Passinhaber*in, die zusammen mit dem Papier abgestempelt werden musste, wurde nun zur Pflicht, genauso wie eine

anos 2013 a) gestiftet wird. Zur Grenzkontrolle in der frühen Moderne siehe auch Bernhard Siegerts Arbeit über die „Casa de la Contratación" im Sevilla des 16. Jahrhunderts und die Erfindung der Figur des Transatlantik-Passagiers, der eine zeitlich und örtlich beschränkte Lizenz erhält und auf einer Passagierliste auftaucht. Siegert demonstriert in seinem Buch, wie die Mobilität eine*r Passagier*in (und damit auch ihr Korrelat, der sesshafte Mensch) durch die Scheidung von anderen Formen der Mobilität (z.B. Vagabundentum) hervorgebracht wurde. „Die Casa de la Contratación in Sevilla, in der jeder, der Europa verlassen wollte, um nach ‚las Indias' zu reisen, von seiner Herkunft und seinem Leben Zeugnis ablegen musste, ist einer jener Orte, an denen das Erzähltwerden, das Registriertwerden, das Beschriebenwerden aufhört, ein Privileg der Mächtigen zu sein, und beginnt, ein Mittel der Kontrolle zu werden." (Siegert 2006: 21) Siegert, der sich vor allem für die mit den Praktiken der Identifizierung der infamen Menschen verzahnten bürokratischen Akte und Aufschreibe-Systeme interessiert, weist darauf hin, dass das Identitätsmodell der frühen Neuzeit nichts mit dem Bewusstsein eines Individuums zu tun habe (ebd.: 48) und neben dem Zeugenverhör auch den stummen Körper aufruft, der mittels Zeichen (auf seiner Haut) zum sprechen gebracht werden sollte: „Weil die Zeichen, mit deren Hilfe ein Körper wiedererkannt und mit einem Namen, einer Identität und einer Vergangenheit identifiziert werden kann – Muttermale und Narben – eine wesentliche Eigenschaft sprachlicher Zeichen nicht besitzen, nämlich die Eigenschaft, sich vom Körper lösen und frei zirkulieren zu können, sind sie Stepppunkte, an denen die flottierenden Signifikanten der symbolischen Ordnung und die asignifikanten, nomadischen Körper aneinander geknöpft werden können." (Ebd.: 45) Diese Weise der Identifizierung, die sich im Laufe des 14. und 15. Jahrhunderts entwickelt hatte, indem sie mittels der „signa rememorativa" das Symbolische und das Reale aneinander fesselte (ebd.: 44-45), tauchen in heutigen, kontrollgesellschaftlichen Kontexten interessanterweise erneut vermehrt auf, wobei das materiell-semiotische System, dessen sich die Identifizierung nun bedient, digitale biometrische Anwendungen sind (siehe hierzu auch Kuster/Tsianos 2013). In dieser Hinsicht seit dem 19. Jahrhundert charakteristisch ist das Vermessen des Körpers wie etwa bei dem von Alphonse Bertillon entwickelten „portrait parlé", das auf elf Körperlängenmaßen beruhte.

25 | Im Kontext seiner Ausführungen zu den Auswirkungen des Ersten Weltkrieges auf das Passwesen zitiert John Torpey aus B. Travens *Das Totenschiff*, wobei er die Novelle als „screed against passports and other documentary requirements for ordinary travellers" charakterisiert: „I am positive that the great war was fought, not for democracy and justice, but for no other reason than that a cop, or an immigration officer, may have the legal right to ask you, and be well paid for asking you, to show him your sailor's card,

Personenbeschreibung, eine Unterschrift de*r Passinhaber*in sowie ein offizielles Zertifikat, dass die Passinhaber*in auch der Person entspreche, die auf der Fotografie dargestellt werde (ebd.: 112-116; Claes 2010: 55f.). Wenn die Passfotografie hier sicherlich klar im Dienst der Grenzkontrolle und der Regulierung der Mobilität steht, so sind es doch die selben erkennungsdienstlichen Einfassungen mittels eines fotografischen Realismus, welche die portugiesische Emigration mit ihrer Praxis des zerrissenen Bildes für sich zu nutzen wusste. Trotzdem ich dies hervorhebe, begebe ich mich mit der vorliegenden Schrift aber nicht auf den Pfad einer kritischen und nicht-monolithischen Geschichte des fotografischen Realismus für die Migration. Ich werde also etwa nicht nach dem Vorbild Sekulas das Gegeneinander- und Ineinander-Spielen von indexikalischen und symbolischen fotografischen Zeichen in Portraits von Migrant*innen nachzeichnen oder gar so etwas wie eine Ikonologie migrantischer Grenzpassagen entwerfen.[26] Ebenso wenig geht es mir darum, mich in die Auseinandersetzung mit einem vermeintlich unkompromittierten Dokumentarismus einzuschreiben, die sich ihren Weg seit den 1970er Jahren gebahnt hat und neben Alan Sekula nicht zuletzt von Fotografinnen wie Martha Rosler oder Sally Stein angestoßen wurde. Dass die aus der Erschütterung und der Kritik des Abbild-Paradigmas resultierende dichte Beschäftigung mit Politiken der Repräsentation in Kunst- und Filmpraxen allerdings mit einer erhöhten *criticality* gegenüber *jeglicher* Form der Einschreibung von Beschreibungsweisen einherging, quittierte Allan Sekula berechtigterweise mit der ebenso knappen wie scharfen Bemerkung über die seiner Meinung nach ungewöhnliche Tatsache, „dass auch die Geschichte der sozialdokumentarischen Fotografie weitgehend ohne Berücksichtigung der Polizei geschrieben wurde. Was dabei auf dem Spiel steht, ist die Aufrechterhaltung eines gewissen liberal-humanistischen Mythos von den durchwegs wohltätigen Ursprüngen der sozial engagierten Fotografie." (Sekula 2003: 325)

Was mich interessiert, sind die Vorgänge, die Strategien, Konflikte und Verhandlungen am Berührungspunkt zwischen Abbildungsparadigmen und Aufzeichnungsmedien auf der einen Seite und den veränderlichen und flüchtigen Akteur*innen der Migration auf der anderen Seite, die, wie der *chameleon man*, die chinesische Immigrantin oder der portugiesische Gastarbeiter an der Grenze allesamt mit den Möglichkeiten der Modifikation, Verwandlung, Tarnung, Verstellung und Verkleidung von Personen befasst sind. Sie sind Schleuser*innen, Migrant*innen, lokale Informant*innen, geschmierte oder staatsloyale Grenzpolizist*innen, die in ein Setting „von Mimikry und Menschen" (Bhabha 2000: 125-136) verwickelt sind.[27]

or what have you. Before the war nobody asked you for a passport." (Zitiert nach Torpey 2001: 270)

26 | Vgl. hierzu etwa die allerdings recht schematische und knappe ikonologische Skizze der gegenwärtigen illegalen Migration nach Europa bei Falk 2010.

27 | Homi Bhabha charakterisiert hier mit Bezug auf V. S. Naipauls 1967 erschienenen Roman *The mimic men* den „mimic man" auch als „menschliches Chamäleon" oder „Chamäleon-Mensch" (Bhabha 2000: 129-130).

Sie alle agieren auf dem Feld des Sichtbaren, indem sie das Verhältnis von Pass und *passing* austarieren und adjustieren, wie ich im Folgenden ausführen will. Im Latour'schen Sinne lässt sich die Passfotografie eher denn als eine Repräsentation als eine Inskription verstehen, die insbesondere im Verhältnis zur Unbeständigkeit und Volatilität von Migrant*innen an der Grenze als „immutable mobile" auffällt, als „unveränderlich Bewegliches" oder als „unveränderlich mobiles Element", das in der selben Weise in Hong Kong wie in San Francisco aufzutreten vermag (Latour 1986 bzw. 2006).[28] Inskriptionen interessieren sich weniger für das Dargestellte als vielmehr für die Differenz, die eine bestimmte Darstellung in der Welt zu erzielen vermag. Wenn Bruno Latour von „immutable mobiles" spricht, dann fasst er mit diesem Begriff die Fähigkeit, Informationen und Erfahrungen über Raum und Zeit hinweg unverändert zu übertragen.[29] Unveränderlich mobile Elemente verfügen nicht über ein Darstellungsmedium, sondern zeichnen sich durch ihre Eigenschaft als Objekte aus, „die mobil, aber auch unveränderlich, präsentierbar, lesbar und miteinander kombinierbar sind." (Latour 2006: 266) Dies trifft in besonderem Maße auf die Passfotografie als unveränderliche und doch bewegliche Spur zu, die Hin- und Rückbeziehungen zu einer einzelnen *bordercrosser*in* auf beiden Seiten einer Grenze ermöglicht. Der Passfotografie ist es gelungen, die mobilen, veränderlichen, wandelbaren und flüchtigen mobilen Körper zu fixieren, zu individualisieren und durch die gegenseitigen Wechselwirkungen zwischen ihrem Aussehen und ihrer Passfotografie identifizierbar zu machen, das heißt eine möglichst dauerhafte Festschreibung, eine möglichst alle Veränderlichkeiten und Abweichungen einschließende bruchlose Kongruenz zu erreichen. Mit Nachdruck hält Bruno Latour fest, dass „Inskriptionen nicht per se interessant sind, sondern nur, weil sie entweder die Mobilität oder die Unveränderbarkeit von Spuren steigern" (ebd.: 272). Nicht das Passfoto als solches und sein Vermögen, Identität zu repräsentieren, ist von Interesse, sondern das Passfoto als im Verhältnis stehend zu einem *passing*, das bescheinigte *laissez-passer* zu einem tatsächlichen Durchgehen oder Gehen. Während im frühen Neuhochdeutschen „passporten geben" meinte, jemanden zum Verschwinden aufzufordern, so spricht man heute eher davon, jemandem den Laufpass zu

28 | Dieser Text Latours mit dem Titel „Drawing Things Together: Die Macht der unveränderlich mobilen Elemente" lässt sich auch als eine kritische Beschäftigung mit dem abendländischen Okularzentrismus begreifen, den er mit Bezug auf die Studie *The Art of Describing: Dutch Art in the Seventeenth Century* (1983) der Kunsthistorikerin Svetlana Alpers als eine simultane Transformation von Wissenschaft, Kunst, der Theorie des Sehens, der Organisation der Handwerke und der wirtschaftlichen Kräfte analysiert, die zu optischer Konsistenz führt.

29 | Einen ähnlichen Fokus wie Latour legt Siegert an, wenn er die Passagierlisten und Schiffsregister als Festschreibungen der „flottierenden Zeichen in der Zirkulation" (Siegert 2003: 73) bestimmt. Siegerts Listen gehören zu den ersten Akten der „Casa de la Contratación" im Sevilla des frühen 16. Jahrhunderts, einem „staatlichen Kontrollmedium, das die zirkulierenden Dinge zwingt, ihr Sein zu manifestieren" (ebd.: 73). Siehe zu Bernhard Siegerts Arbeit auch die Fußnote 24.

geben, wobei dieser Ausdruck auf den Laufzettel (oder eben Laufpass) zurückgeht, der im 18. Jahrhundert die reguläre Entlassung von Soldaten aus dem Militärdienst bescheinigte und so den Zweifel der Desertion ausräumte. Der englische, vom Verb „to pass" (passieren bzw. vorbei- oder durchgehen) abgeleitete Begriff *passing*, der ganz allgemein die soziale Performanz der Zugehörigkeit zu einer anderen als der eigenen sozialen Gruppe anspricht, geht vermutlich auf den Pass (in Französisch „passeport", das Recht – nicht nur von Personen, sondern insbesondere auch von Waren, einen Hafen zu passieren) zurück, und, wie Juda Bennett zeigt, auf den „slave pass", der – in einfachster und knappster Weise vom Besitzer aufgesetzt und gezeichnet, meist handgeschrieben – einer versklavten Person ermöglichen sollte, eine bestimmte Strecke temporär alleine, das heißt ohne ihren oder seinen Besitzer oder Besitzerin zu durchreisen. Wer nicht im Besitz eines solchen Scheins war, lief Gefahr, erschossen zu werden. „‚Passing' is an inelegant term that most probably comes from the ‚pass' given to slaves so that they might travel without being taken for runaways. The ‚pass' is a slip of paper that allows for free movement, but white skin is itself a ‚pass' that allowed for some light-skinned slaves to escape their masters. ‚Passing,' it needs to be stressed, refers more easily or logically to an ‚act' than a person." (Bennett 1996: 36)[30]

Es scheint mir entscheidend, dass sich mit Latour nicht medientheoretisch, sondern materiell-semiotisch argumentieren lässt. Der Pass oder Passierschein, ein Geleitbrief oder eine Durchreisegenehmigung repräsentiert zwar auch, als Inskription betrachtet sind dabei aber immer beide Verbindungsrichtungen präsent gehalten, das heißt die Reziprozität von Pass und *passing person*, der durchgehenden Person. Analytisch betrachtet verlangen Inskriptionen, die auf die (un)vorteilhaftere Ausgestaltung einer agonistischen Situation zielen, nach einem binokularen Fokus (Latour 2006: 264). Dieser bedeutet, immer beides zugleich im Auge zu behalten, die Agonistik und die technische oder Mediengeschichte. Latour zufolge geht es darum, diese unterschiedlichen Parallaxen „in ein wirkliches *Bin*okular zu verwandeln. Es dauert eine Weile, sie zu fokussieren, aber das, was man am Ende sieht, lohnt hoffentlich das Warten" (ebd.: 264). So muss eingestanden werden, dass es nicht das Medium der Fotografie war, welches den Unterschied für den Erfolg der Grenzkontrolle gemacht hat. Die Technik der Fotografie und die Vorteile ihres Einsatzes an der Grenze waren, wie gezeigt, bereits seit dem Ende des 19. Jahrhunderts bekannt. Die zunehmende Genauigkeit der an der Grenze zu erreichenden Entsprechung zwi-

30 | Zur Anschauung: Die Abbildung eines solchen „slave pass", 1852 für „Boy Barney" von Samuel Grove gezeichnet, findet sich auf http://www.civilwarmo.org/assets/images/680x/CWMO-21.jpg [zuletzt gesehen am 14.04.2017]. Die Abbildung eines anderen Passes, ausgestellt für Benjamin McDaniel, damit er am 1. Juni 1843 von Montpellier nach New Market, Shenandoah County, Virginia reist, findet sich hier: http://digitalgallery.nypl.org/nypldigital/dgkeysearchdetail.cfm?strucID= 299131&imageID=485712 [zuletzt gesehen am 14.04.2017].

schen der reisenden Person oder der Migrant*in und der Passfotografie, der ihr Erfolg geschuldet war, ist mit Latour gesprochen als eine Konsequenz von mehr Mobilisierung und mehr Unveränderbarkeit (ebd.: 274) zu verstehen, wobei eine gesteigerte Unveränderbarkeit ihrerseits wiederum Ergebnis einer Konstellation der Macht ist. Gegenüber einer repräsentationskritischen Perspektive vollzieht Latour so nicht nur eine Verschiebung der Aufmerksamkeit vom Medium zur Botschaft, vom Mittel zum Effekt – im vorliegenden Falle von der Fotografie oder dem Passierschein zur Verbreitung der Idee einer anhaltenden, stabilen und somit nachweisbaren Identität –, sondern auch zum Kontext, der die Wirkung zum Tragen bringt. Den historischen Bezugsrahmen für die weltweite Durchsetzung des modernen Pass-Systems stellen der Erste Weltkrieg, die Russische Revolution, die zerfallenden Empires und die Bildung nationaler Staatsformationen dar, die ihre Bevölkerungen an ein bestimmtes Territorium binden, ihre staatsangehörigen Mitglieder erfassen und mit Pass-Dokumenten ausstatten, die deren Bewegungen regulieren und autorisieren (Torpey 2000).[31] – Im Jahr 2000 gelangt der Geschichtswissenschaftler John Torpey zu einer sozialhistorischen Einschätzung des Passes, die klingt, als würde er sich selbst in einer Tradition zum Schriftsteller B. Traven begreifen, dessen *Totenschiff* (1926) der wohl erste Roman mit einem *sans-papier* als Protagonisten sein dürfte und autobiographische Züge des in Deutschland lebenden migrantischen Anarchisten und Schauspielers Ret Marut aus San Francisco respektive des Maschinenschlossers Otto Feige aus Magdeburg trägt: „Passports and other documents authorizing movement and establishing identity discourage people from choosing identities inconsistent with those validated by the state." (Torpey 2000: 166) *To be sure*, routinierte Passkontrollen und die Einführung der Passfotografie im Zuge des Ersten Weltkrieges sind dabei als Präzisionen im Kontext historischer Settings zu verstehen, die zu einer neuen Art von Sehen an der Grenze führen. Analog zur zentralen Funktion des Archivs bei Sekula für die Herausbildung des juristischen fotografischen Realismus als einem Körperregime ist es bei Latour das „*Staging* einer Szenographie" (Latour 2006: 283), welches dazu führt, dass bestimmte Inskriptionen von unveränderlich beweglichen Elementen ‚einen Unterschied machen'. – Im Fall des Passes und im Besonderen der Passfotografie werden diese Inskriptionen zu permanenten Stellvertretern der von ihnen hervorgebrachten Subjekte und fungieren im rechtlichen wie wissenschaftlichen Sinne sogar als Zeugen.[32] Das gegenwärtige europäische

31 | Just in diese Zeit fällt auch die massenhafte Existenz Staatenloser, die zur Erfindung und zeitweisen Einführung des so genannten Nansen Passes geführt hat. Er ist eigentlich ein Paradox, da, wie Eva Horn schreibt, gilt: „Staatenlose, vom Schutz des Staates Entblößte, gibt es nicht, seit es Staaten, sondern erst, seit es Pässe im modernen Sinne gibt." (Horn 2002: 28)

32 | Bei Sekula taucht die Fotografie als stummes Zeugnis auf (Sekula 2003: 272, 273). Auch Elizabeth Edwards (2003) fasst diesen Gedanken in Worte, und zwar in der Terminologie des virtuellen Zeugen - ein Begriff, der meiner Ansicht nach eine problematische Differenz zum Realen einführt und zudem meiner Verwendung der Virtualität mit Bezug auf Deleuze und Guattari im Folgenden (siehe vor allem das dritte Kapitel) zuwider läuft.

Grenzregime ist sicherlich ein solches *staging*, das in ganz besonderem Maße Dinge zusammen zeichnet, um sie regulierbar und kontrollierbar zu machen: die Visualisierung der Dynamik von Dingen und Körpern in der Migration und die Unveränderbarkeit ihrer Spuren über die Mobilisierung von Identität. Die dabei hervorgebrachte visuelle Kultur verbindet Visualisierungen und Darstellungsakte aus dem Blickwinkel von Polizei und geltendem Recht mit der Despotie der Identifizierung (Kuster 2007: 188).[33] Das ist gemeint, wenn Latour davon spricht, dass Dinge zusammengezogen/gezeichnet werden (*drawing things together*).[34]

‚SICHTBARKEIT' – EINE GRENZE ZIEHEN UND DAGEGEN VERSTOSSEN

Grenzen sind als Vorrichtungen zur Zweiteilung bekannt. Grenzen sind bestimmend für die Unterscheidung des Einen vom Anderen und gelten deshalb auch als essentiell für kognitive und sensorische Prozesse. Da sie einhegen und ausgrenzen, erlauben sie die Etablierung von Kontrasten, Formen oder anderen konzeptuellen Größen, die die Bewegungen von Wahrnehmungen und Gedanken strukturieren. Sie können auch Arbeitsteilungen etablieren, indem sie etwa mit einer Sektorialisierung von Wissen in unterschiedlichen Disziplinen-Feldern verbunden sind. Als kognitive und symbolische sind Grenzen meist verflochten mit geographischen und politischen Demarkationen, von denen ausgehend sich die Figuren der Flucht, von denen hier die Rede ist, artikulieren. In dem Maße, wie der Pass Migrant*innen schafft, bringt das *passing* die Grenze hervor. Mit Latour lassen sich Grenzen aber auch zu agonistischen Feldern aufgespannt aufgreifen, als umstrittene Orte, an denen gegenläufige Bewegungen zusammenkommen, ineinander übergehen bzw. einander fliehen. Jenseits der (In-)Konsistenz polizeilicher und erkennungsdienstlicher Sichten

---

33 | Mit Despotie der Identifizierung meine ich den erzwungenen Akt der Identifizierung als Voraussetzung für den Eintritt in das Feld der Macht. Das entspricht einer Kongruenz von Sichtbarkeit und Macht. Machtanalytisch gilt es daher, statt diese Kongruenz als Identität oder die Abweichung davon als Differenz zu denken, die Vorgänge der Identifikation in den Blick zu nehmen, die immer kontextuell, multipel und relativ sind, auch wenn es sich um selbstreflexive Äußerungen handelt. Im Kontext der grenzüberschreitenden Mobilität scheint es mir diesbezüglich bemerkenswert, dass John Torpey die zumeist subjektiven und subjektivistischen Zugänge zu Identität in den Geisteswissenschaften kritisiert, die seiner Meinung nach dazu tendieren, die Kodifizierungen und Institutionalisierungen zu ignorieren, die Identitäten erst zu sozialer Signifikanz verhelfen – und dies insbesondere in der Migration. Torpey zitiert an der Stelle seinen Kollegen Gerard Noiriel mit den Worten: „It is often overlooked that legal registration, identification documents, and laws are what, in the final analysis, determine the ‚identity' of immigrants." (Zitiert nach Torpey 2000: 13)

34 | Der letzte Satz des Textes von Latour lautet: „Wenn man verstehen möchte, was Dinge zusammenzieht, muss man sich anschauen, was Dinge zusammen zeichnet." (2006: 302)

lässt sich die visuelle Ordnung der Grenze im Sinne Latours als Versammlungsplatz konzipieren, auf dem auch subversive Akteure ihren Auftritt haben können. Wenn hier jedoch insbesondere die klandestinen Anteile der Migration eher Dissimulation als Visualisierung zur ihrer optischen Strategie erheben, wie inskribiert dann die kritische Filmemacher*in den Versammlungsort Grenze, ohne die heimlichen Grenzpassagen einer dominanten Sicht zu unterwerfen, die sie nicht selten im buchstäblichen Sinn dem grellen Licht von Suchscheinwerfern oder optischen Prothesen wie Nachtsichtkameras ausliefert? Auf den ersten Blick scheint Michael Andreas in seinem Aufsatz „Copying Camouflage" (2010) explizit über dieses Problem nachzudenken, wenn er argumentiert, dass nur die Tarnung, die an der Grenze auffliegt, jene meist klandestin operierenden Akteure der Migration erscheinen lasse. Seine Beschäftigung mit Darstellungsmodi von Verstecken, die für die Grenzpassage an der US/Mexikanischen Grenze erprobt werden, steht unter dem Vorzeichen von „Un/Sichtbarkeit" („in/visibility"). Nur die gescheiterten, fehlgeschlagenen Aktionen einer Überschreitung treten auf dem Feld des Sichtbaren auf, so Andreas. Das Problem mit dieser Argumentation – und Michael Andreas steht damit keineswegs alleine, sondern ich führe seine Darlegung hier exemplarisch an – ist, dass sie ein Verständnis von außerhalb der Sichtbarkeit gelegener Unsichtbarkeit zugrunde legt, die entweder von der Idee eines totalen Außen von Visibilitätsregimen ausgeht, oder aber das Unsichtbare als eine Sichtbarkeit konzipiert, die bloß absent ist, also von etwas verdeckt wird oder gewissermaßen unscheinbar ist und dementsprechend problemlos ,visualisiert' werden könnte. In beiden Fällen resultiert der Dualismus der Un/Sichtbarkeit in der immer gleichen Dynamik zwischen Sichtbarmachung des Unsichtbaren oder der Unsichtbarmachung von Sichtbarem und bleibt dabei als ein zweischneidiges Schwert bestehen. Zurück bleibt ein Paradox, das aus einer unentscheidbaren, da parallel geführten Un/Gleichwertigkeit von Un/Sichtbarkeit resultiert.[35] Mag auch ein bestimmter Impetus des Sichtbarmachens in kritischer

35 | Eine geradezu klassische, aus diesem Paradox resultierende Figur ist der blinde Passagier. Siehe hierzu Gutberlet 2007 sowie das zweite Kapitel der vorliegenden Schrift, wo die Figur des blindes Passagiers im Zusammenhang mit dem Unwahrnehmbar-Werden aufgegriffen wird.

Zur kritischen Auseinandersetzung mit der Dynamik von Un/Sichtbarkeit siehe Johanna Schaffers Buch *Ambivalenzen der Sichtbarkeit* (2008). Ich möchte an der Stelle aber vor allem auf die Arbeit von Nicholas Mirzoeff verweisen, der die meiner Ansicht nach eher unproduktive Dichotomie einer symmetrisch angelegtenUn/Sichtbarkeit durchquert, indem er die Visualität mit der Autonomie eines „right to look" kontrastiert. Der „right to look" steht im Widerspruch zum Gesetz des „gaze" und ist ein „claim to a right to the real" und zugleich eine „boundary of visuality" (Mirzoeff 2011: 478, 477). Mirzoeff bestimmt Visualität als imaginäre Praxis, deren historischer Ausgangspunkt auf der Sklavenplantage zu finden sei: „I am not attributing agency to visuality but, as is now commonplace, treating it as a discursive practice for rendering and regulating the real that has material effects, like Michel Foucault's panopticism, the gaze, or perspective." (Ebd.: 476) Nach Mirzoeff folgt auf die Visualität der Sklavenplantage historisch die Visualität des Kolonialismus und daraufhin die aktuelle Visualität des militärisch-industriellen Komplexes.

Absicht erfolgen und für Gleichheit oder Würde eintreten (allzu oft im aufgeklärten Vertrauen auf die positiven Effekte von ‚Öffentlichkeit'), die ihm zu Grunde liegende Asymmetrie bleibt dabei bestehen und ist entweder manichäisch fundiert oder machtanalytisch unterminiert, was die Beziehung zwischen dem Sichtbaren, dem Symbolischen und dem Sozialen angeht – oder anders: zwischen Wahrnehmungs- und Macht*verhältnissen* – oder nochmals anders: zwischen dem Medium einer Inskription und seiner Botschaft samt ihrem Kontext.[36] Hilfreicher für das Verständnis

Die Autonomie des „right to look" dagegen ist mit Mirzoeff als ein Durcharbeiten von Behauptungen der Aufklärung zu verstehen. Im Kontext der Kolonialität führe dies zur Konzeption des Rechts, so Mirzoeff, der mit besonderem Nachdruck das Recht auf Subjektivität postuliert und als zentrales Argument in seinem Text die Anfechtung der Armut platziert (ebd.: 478).

Entgegen einer - wie sie sagt - vorhersehbaren, kritischen Attitüde der Wachsamkeit oder gar ikonophoben Haltung zum Sehen und zum Visuellen, entwirft die chinesisch-US-amerikanische Kulturkritikerin Rey Chow (2004) eine „Ethik der Postvisualität". Damit wendet sie sich gegen eine „trendy vigilance against orientalism", die sie insbesondere in zahlreichen kritischen Kulturdebatten über Filme am Werk sieht, die den „East-West cultural divide" bewohnen (ebd.: 786). Den Grund für dieses Misstrauen gegenüber dem Bild sieht Chow in dessen grundlegender Funktion, das Verhältnis zum Anderen zu konstituieren: „Vision and visuality [...] seem to materialize only as an imagined activity, a metaphorical stand-in for the internal splitting and self-reflection that take place at the level of either the text or the subject." (Ebd.: 676). Ihre „Ethik der Postvisualität" dagegen will die Selbstgefälligkeit und die Vormachtstellung des Visuellen, sowie die Dichotomie von Sehen und Blindheit, Sichtbarkeit und Unsichtbarkeit in dekonstruktiven Akten durcharbeiten. Ein solches Unterfangen schlägt sich weder auf die Seite der Verehrung noch auf die Seite der Verunglimpfung des Sehens, sondern arbeitet die okularzentristischen Traditionen und Metaphoriken in der westlichen Philosophietradition heraus. Chow beschäftigt sich explizit mit dem vieldeutigen, unvorhersehbaren und unvermeidbaren Status der Visualität in aktuellen technologisch vermittelten Bilderfahrungswelten, in denen paradoxerweise die Idee einer dokumentarischen Transparenz und Authentizität mehr und mehr um sich greife. Sie fragt: „What kind of processes - mechanical, electronic, and digital but also cultural and narrative - stand between our ,natural' acts of seeing and the object images ,out there'? How to deal with the seemingly obvious or literal appeal of the visual while being mindful of the complexity of engaging with vision? Can visuality include the possibility of not having vision or not having a visual exchange in the first place, or must it be defined exclusively within the positivistic realm of the optically available/accessible?" (Ebd.: 679)

36 | Ein Beispiel für eine solche ungenaue Machtanalytik ist bei Andreas etwa, dass Andreas etwa gleich zu Beginn seines Textes die folgende ebenso fatale wie unbegründete Axiomatik festsetzt: „Clandestine immigration is a phenomenon which is planned outside the regimes of visibility and outside the supervision of government agencies." (Andreas 2010: 57) Würde Andreas den Begriff des visuellen Regimes ernst nehmen, den er benutzt, so müsste er eingestehen und zu berücksichtigen versuchen, dass einem Regime auch widerständige und subversive Subjektivierungen und Signifikationspraktiken eigen sind. Da ein Regime eine Machtform ist, die eine Fähigkeit zum Sehen unterstellt, welche gerade nicht nur einem „Seeing like a State" (Scott 1998) entspricht, muss ihre

von Klandestinität wäre es meiner Ansicht nach, einen Umweg über die Phänomenologie Merleau-Pontys (1964) zu nehmen, der die Intrinsik des Unsichtbaren im Sichtbaren herausgearbeitet hat. Von einer Einfassung des Unsichtbaren im Sichtbaren ausgehend, ist ihm zufolge das Unsichtbare nicht als Nicht-Sichtbares zu bestimmen, sondern als sein „geheimes Gegenstück", das in kontingenter Weise der Sicht entfernt ist, etwas, das hier ist, ohne Objekt zu sein, sondern das, wodurch Objekte möglich sind.[37] Merleau-Ponty nennt dieses „das *Ineinander* der Anderen in uns und von uns in ihnen" (ebd.: 233).[38] Die unsichtbare Welt ist für Merleau-Ponty die Welt, die uns mit allen und allem anderen verbindet. Gerade im Bezug auf die tiefe Verankerung einer Epistemologie des Sehens im westlichen Denken gilt es –

Existenz in einer Regimeanalytik mit einbezogen werden. Stuart Hall bezieht sich vor allem auf Foucault, um die Zirkulation von Macht als für den Regimegedanken zentral zu charakterisieren. „Das Argument ist, dass jeder - der oder die Mächtige und der oder die Machtlose - wenn auch nicht unter gleichen Bedingungen, in der Zirkulation der Macht gefangen ist. Niemand - weder ihre offensichtlichen Opfer noch ihre Agenten - können vollständig außerhalb ihres Operationsfeldes stehen [...]." (Hall 2004: 148) Als Beispiel für widerständige oder subversive Praxen nennt Hall etwa die Signifizieren genannte Praxis der Parodie weißer Verhaltensweisen durch Versklavte (ebd: 129). Auch Grenz- und Visibilitäts- oder Repräsentationsregime werden durch vielfältige und konträre Sicht-, Darstellungs- und Handlungsweisen stabilisiert. Eine kritische Reflexion der Beweggründe und Effekte von Darstellungsweisen und -praxen illegalisierter Migrant*innen auf Dominanz, Marginalisierung, Abwertung und Exklusion leisten in diesem Zusammenhang Berg/Schwenken (2010). Anhand mehrerer Filmbeispiele spielen die beiden Autor*innen Strategien der Personendarstellung durch, die dem ordnungspolitisch kontaminierten fotografischen Realismus wie auch der Synchronizität als Paradigma des Dokumentarischen im (Video-)Film kritisch zu begegnen vermögen. Nach Stuart Hall, der eine explizite Verbindung zwischen dem visuellem Diskurs und der Produktion von (rassisiertem) Wissen herstellt, beinhalten Repräsentationsregime „das gesamte Repertoire an Bildern und visuellen Effekten, durch das ,Differenz' in einem beliebigen historischen Moment repräsentiert wird" (Hall 2004: 115). Ein Repräsentationsregime dient Hall zufolge der Produktion und der Regierung von machtvoller Differenz. Das Wirken eines Grenzregimes läuft auf dasselbe hinaus.

37 | Merleau-Ponty spezifiziert das Unsichtbare im Verhältnis zum Sichtbaren etwa folgendermaßen: „Der Sinn ist unsichtbar, doch das Unsichtbare ist nicht das Gegenteil des Sichtbaren: das Sichtbare selbst hat eine Gliederung aus Unsichtbarem, und das Unsichtbare ist das geheime Gegenstück zum Sichtbaren, es erscheint nur in ihm, es ist das *Nichturpräsentierbare*, das mir als solches in der Welt gegeben ist - man kann es dort nicht sehen, und jeder Versuch, es dort zu sehen, bringt es zum Verschwinden, aber es liegt auf der Linie des Sichtbaren, es ist dessen virtueller Brennpunkt, es schreibt sich darin ein (zwischen den Zeilen) –" (Merleau-Ponty 1986: 275).

38 | Es sind die Notizen im Anhang von *Le visible et l'invisible*, die die meisten Überlegungen zum Verhältnis des Sichtbaren und des Unsichtbaren enthalten, die Merleau-Ponty immer wieder mit dem Verhältnis zu *autrui*, zum Anderen kurzschließt. Das *Ineinander* erscheint dabei auf Deutsch als „l'intervalle des arbres entre les arbres, ou comme leur commun niveau. Il est la *Urgemeinschaftung* de notre vie intentionnelle, l'*Ineinander* des autres en nous et de nous en eux" (Merleau-Ponty 1964: 233).

insbesondere an der Grenze, die nicht zuletzt ein epistemologisches Instrument ist –, vorsichtig zu sein mit der Metaphorik der Sichtbarkeit. Ein an Donna Haraway geschultes Sehvermögen weiß um die Eingelassenheit der *vision* in das Privileg einer partialen Perspektive, die verkörpert ist und die ihre Fähigkeit zu sehen nicht schärft, um die ganze Welt mit Visibilisierungen zu verschlingen, auch wenn diese eine noch so unveränderliche Beweglichkeit versprechen. Da man allerdings nicht auf keiner Seite einer Grenze stehen kann, ist der Grenze selbst – auch wenn man sie als einen agonistischen Versammlungsplatz sich widerstreitender Tendenzen konzipiert – ein epistemologisches Paradox eingeschrieben, das Michel de Certeau als ihr „theoretisches und praktisches Problem" beschreibt: „da sie durch Kontakte geschaffen werden, sind die Differenzpunkte zwischen zwei Körpern auch ihre Berührungspunkte. Verbindendes und Trennendes ist hier eins. Zu welchen von den Körpern, die Kontakt haben, gehört die Grenze? Weder dem einen noch dem anderen. Heißt das: niemandem?" (de Certeau 1988: 233) Das Problem der Grenze, die ein immer trennendes und verbindendes, auf jeden Fall aber bilaterales Gefüge von Demarkation und Territorialisierung hervorbringt, sei, so de Certeau, der dualen und operationalen Bestimmung des Raumes geschuldet. Diese sei von einer Äußerungsproblematik abhängig, die in einem dialogischen Prozess gründe (ebd.: 232). Denn: „Im Dunkel ihrer Unbegrenztheit unterscheiden sich die Körper also nur dort, wo die ‚Berührungen' ihres Liebes- oder Kriegs-Kampfes auf ihnen eingeschrieben werden." (Ebd.: 233)

Die Frage ‚Zu wem gehört die Grenze?' lässt sich nur anhand von Inskriptionen beantworten. Nach de Certeau spielen hierbei mündliche wie verschriftlichte Geschichten und Erzählungen eine nicht unwesentliche Rolle. Sie sprechen die Grenze aus, und sie tragen die Grenze weiter als mehr oder weniger unveränderlich Bewegliche. Sie sind Akte der Grenzziehung, die immer topologisch sind, also Figuren verzerren, und niemals topisch; sie definieren keine Orte (ebd.: 236). Indem sie den Raum aufteilen, artikulieren, schaffen und gliedern sie fortwährend Räume. De Certeau analysiert Räumlichkeit durch Narrativität, die nicht nur beschreibe, sondern schaffe, manchmal auch distribuiere und performativ in Gang setze. Die Rolle der Erzählung beim Akt der Grenzziehung sei es, die Bildung, Verschiebung oder Überschreitung von Grenzen zu autorisieren (ebd.: 228). Diese Autorisierung versteht de Certeau als eine Überkreuzung zweier gegensätzlicher Bewegungen, nämlich derjenigen, eine Grenze zu setzen und derjenigen, gegen diesen gesetzten Einschnitt durch die Überschreitung zu verstoßen. Grenzen und Brücken, Passagen und Schranken bilden de Certeau gemäß das dynamische Raster sowohl des Raumes als auch der Erzählung. Denn die Dinge, die eine Grenze bilden, die Vermittler der Berührung in der Unbegrenztheit sprechen das aus, was sie überschreitet und von der andern Seite herkommt. Nur insofern schaffen sie eine Grenze, die immer auch ein Übergang ist:

„Ein Fluss, eine Mauer oder ein Baum *bildet* eine Grenze. Diese Dinge haben nicht den Charakter eines Nicht-Ortes, den die kartographische Grenzlinie für eine Grenze voraussetzt. Sie spielen eine vermittelnde Rolle. Eben deshalb lässt die Erzählung sie auch sprechen: ‚Halt!' sagt der Wald, als der Wolf zu ihm kommt. ‚Stop!' sagt der Fluss und lässt seine Krokodile sehen. Und dieser Akteur schafft nur deshalb, weil er das Sprechen der Grenze ist, sowohl die Kommunikation als auch die Trennung; mehr noch, er setzt nur dadurch eine Grenze, dass er ausspricht, was ihn überschreitet und von der anderen Seite kommt […]." (Ebd.: 233)[39]

Eine Grenze kann sich niemals selber aussagen, vielmehr bedarf die Grenze eines Sprechakts, eines Mittlers, der sie zieht und so immer sowohl den Übergang, die Kommunikation als auch die Sperre, die Trennung schafft. Der Zweiseitigkeit der Grenze entspricht ihre Zweideutigkeit. Diese kann Raum greifen als Intervall. Sie kann aber auch als Wandler agieren, etwa indem sie ein Woanders erzeugt, das die Ordnung (des Ortes) verrät. Oder aber sie tritt als Re-Präsentantin auf, die dem, was innerhalb der Grenzen verborgen blieb, sich aber auf der anderen Seite abzeichnet, im Diesseits eine „Ob-jektivität" [*sic*] verschafft, sich also als etwas Entgegengeworfenes ausdrückt oder manifestiert, so de Certeau (ebd.: 235). Die zweideutige Weise der Grenzziehung besteht, wie de Certeau bemerkt, darin, dass „sie […] den Platz dem Fremden [überlässt], den sie angeblich ausschließt" (ebd.: 236). Die Grenze verfügt über eine Art Inneres, das sich in der Grenzziehung für sein Anderes öffnet. Migrant*innen lassen sich nicht anders verstehen denn als Akteure, die aus solchen immer ambivalenten Akten der Grenzziehung resultieren: Halt, sagt das Schengener Abkommen und fährt seine Identifikationstechnologien hoch. Und nichts anderes bedeutet die Losung migrantischer Aktivist*innen in den USA „We didn't cross the border, the border crossed us." Es ist bedeutsam, dass just an dieser Stelle der Argumentation bei de Certeau die rätselhafte Figur einer *verbrecherischen* Narrativität auftaucht, mit ihrer „vielfältigen, hinterhältigen und veränderlichen Kraft" (ebd.: 237). Wie die Verbrecher*in de Certeaus überlebt, indem sie von Ort zu Ort zieht und sich durch den Vorrang des Weges gegenüber dem Zustand charakterisiert (ebd.), so lebt auch die *bordercrosser*in* in den Zwischenräumen der Codes der Grenzziehung und erschließt sich dort ihre Pfade – zumindest für die Dauer der Überquerung. Die Migrant*innen, die durch die Netze der identifikatorischen Äußerungen der Pass- und Grenzkontrollagenturen hindurch schlüpfen, tun dies, indem sie ihre Körper in Bewegung in die ambivalenten Textualitäten und Texturen der Grenzziehung einspeisen, um diese von innen her so zu modifizieren, dass ihnen eine Richtung eignet. Der Körper der *bordercrosser*in* ist in dem Masse undurchsichtig und opak

39 | Im Original allerdings kommt der Wolf aus dem Wald: „Le fleuve, le mur ou l'arbre *fait* frontière. Il n'a pas le caractère de non-lieu que le tracé cartographique suppose à la limite. Il a le rôle médiateur. Aussi bien la narration le fait parler: ‚Arrête', dit la forêt d'où vient le loup. ‚Stop!' dit le fleuve en montrant son crocodile. Mais cet acteur, du seul fait qu'il est la parole de la limite, crée la communication autant que la séparation; bien plus, il ne pose un bord qu'en disant ce qui le traverse, venu de l'autre." (de Certeau 1990: 186-187)

– um im Bild des aufklärerischen Projekts der Grenzziehung zwischen Sichtbarem und Unsichtbarem zu bleiben –, als er sich innerhalb der Grenzziehung bewegt, gestikuliert, marschiert und genießt (ebd.: 238), statt sich in den Text der Ordnung einschreiben zu lassen, so de Certeau. Auf der Grenze, in der Grenze, innerhalb der Codes der Grenzziehung wuchert er als Intervall, Transformator oder vor- wie entgegengeworfener Ausdruck. Er „ist das, was unendlich ein Hier im Verhältnis zu einem Woanders und eine ‚Vertrautheit' im Verhältnis zu einer ‚Fremdheit' erzeugt" (ebd.). – Und Michel de Certeau gießt diese Reflexion in eine Passage, in der er den verbrecherischen Zustand der Erzählung von der sozialen Delinquenz abgrenzt, die ich als Vermächtnis für das Nachdenken über die hier zu entwickelnden Figuren der Flucht aufgreifen möchte: „Eine soziale Delinquenz bestünde darin, die Erzählung wörtlich zu nehmen und sie dort zum Prinzip der körperlichen Existenz zu machen, wo eine Gesellschaft den Subjekten oder Gruppen keine symbolischen Auswege und Raumerwartungen mehr bietet, also dort, wo es nur noch die Alternative von disziplinierter Anpassung oder illegaler Abweichung gibt, das heißt die eine oder andere Form von Gefängnis oder des draußen Umherirrens." (Ebd.)

Wenn wir de Certeau folgen, so lässt sich nicht von einer Grenze als solcher ausgehen, sondern nur von Akten, die sie ziehen und aussprechen. Auch Étienne Balibar bekräftigt die Idee, dass die Bestimmung dessen, was eine Grenze ausmache, *per definitionem* abwegig sei, wie er sagt: „The idea of a simple definition of what constitutes a border is, by definition, absurd: to mark out a border is, precisely, to define a territory, to delimit it and so to register the identity of that territory, or confer one upon it. Conversely, however, to define or identify in general is nothing other than to trace a border, to assign boundaries or borders (in Greek, *horos*; in Latin, *finis* or *terminus*; in German, *Grenze*, in French, *borne*). The theorist who attempts to define what a border is is in danger of going round in circles, as the very representation of the border is the precondition for any definition." (Balibar 2002: 76)[40]

Im Gegensatz zu den legendenhaften Mittlerfiguren wie dem Wald oder den Krokodilen, die bei de Certeau die Grenzziehung aussagen, werden bei Édouard Glissant (2006 a) die Grenzen von Riesen bewacht. Riesen, die beide Seiten der Demarkationslinie überblicken, lösen hier das theoretische und praktische Problem der Grenze. In den meisten Träumen und populären Mythologien ist der Riese gut, denn er kann alles begreifen, von beiden Seiten der Grenze aus, so Glissant, der seine Riesen nicht als Marker der Unermesslichkeit verstanden wissen will, sondern als „conducteur de la Relation". Förmlich das Gegenteil der Akteure der Grenzziehung bei de Certeau, gestalten und leiten die Riesen die notwendige Allianz des

40 | Der Text, der im Buch *La crainte des masses* abgedruckt ist, geht auf einen Vortrag von 1993 zurück. Im weiteren Verlauf charakterisiert Balibar die Funktionsweise der Grenze anhand von drei Aspekten: als Überdeterminierung der Grenze, als ihre Polysemik und ihre Heterogenität.

Hier mit dem Dort an, wobei sie zugleich deren ebenso notwendige Partikularität beschützen und verfechten. Könnte man die Grenze von oben betrachten und ihre beiden Teile erfassen wie ein Riese, dann erschiene einem wohl ihre Darstellung von Differenz nicht mehr als Schranke, nicht mehr als das Eine im Unterschied zu einem Anderen, sondern vielleicht als ein Kippbild, als ein unvermittelter Gestalt- und Wahrnehmungswechsel, als viele Möglichkeiten zugleich... Aber von da aus, wo die Menschen sind, ist die Grenze mit Glissant nur im Überqueren, im Verstoß dagegen. „Il n'est frontière qu'on n'outrepasse", lautet der Titel seines 2006 in *Le Monde diplomatique* veröffentlichten Textes. Glissants Grenzen sind da, damit man die Fülle überschreitet und durch sie hindurch die Differenzen in vollen Zügen teilt. Für Glissant gibt es Grenzen, „um den freien Übergang vom Selben zum Anderen geltend zu machen, um das Wunder des Hier-Dort zu unterstreichen".[41] Allerdings ist es für beide, Glissant und de Certeau unmöglich, den Standpunkt der Grenze zu teilen, wie das Sandro Mezzadra und Brett Neilson mit ihrem Ansatz des „border as method" postulieren, wenn sie davon sprechen, dass die Grenze für sie nicht so sehr Untersuchungsobjekt sei, sondern ein epistemologischer Gesichtspunkt (Mezzadra/Neilson 2013: 18), der es ihnen erlaube, die problematische Unterscheidung zwischen Innen- und Außenseite, Dies- und Jenseits zu akzentuieren.[42] Die Grenze aber ist ein epistemisches Ding[43] und nur der Riese erweist sich über die Grenze hinweg als Riese. Während allerdings Glissants Grenze in der Handlung des *libre passage* des und der Gehenden ist, dessen und derer, der oder die die Grenze überquert, welche bereits im ersten Satz seines Textes als ein überaus alltäglich frequentierter Übergangs- und Transformationsort auftaucht, liegt de Certeaus Grenze vielmehr in den Akten der Demarkation, welche durch die Artikulation von Frontex-Wäldern, Zoll-Krokodilen oder anderen Vermittlungsinstanzen, die ein *laissez-passer* ausstellen, angeleitet werden und ein immer doppeltes Spiel spielen. Statt eine *merveille de l'ici-là*, die man sich im Überqueren erschließt, die man herausfordert, indem man ihr gegenüber eine Richtung einschlägt, ist die Grenze bei de Certeau ein Ort der Übertragung, ein immer zwiespältiger Transporter, der topologisch operiert, Figuren verzerrt und verbrecherische Erzählungen in Umlauf bringt. – Man wird im Weiteren auf der Hut sein müssen, beide Perspektivierungen im Auge zu behalten.

---

41 | Ü.d.A.

42 | Die Analytik der Grenze als Methode adressiert weniger die polysemischen Ränder der Integration bzw. Desintegration, sondern will den Rand einer kulturellen Ordnung als Standpunkt einnehmen, und zwar in doppelter Hinsicht, sowohl epistemologisch als auch gegenstandsbezogen. Sie schließt an Ansätze des *border thinking/pensamiento fronterizo* (Mignolo) an, die explizit mit einem Denken der post/kolonialen Differenz verbunden sind. Vgl. Mezzadra/ Neilson 2013: 14-25.

43 | Hans-Jörg Rheinberger (2005) nennt epistemische Dinge oder Erkenntnisdinge, materielle und auf Dauer gestellte Dinge, die in der Produktion von Wissen insofern eine Rolle spielen, dass sie gewissermaßen Teil haben an der Materialität des untersuchten Sachverhalts, etwas von uns wollen können und uns auch aussprechen können.

Passing down for research

Das *passing*, dieser englische Begriff, der weiter gefasst ist als das Passieren, Durchlaufen oder Überschreiten, beschreibt einen Zeit/Raum, in dem die dominante Perspektivierung der sozialen Identität einer Person – etwa anhand der differenzierenden und identifizierenden Zuordnung zu Kategorien von Geschlecht, Klasse, „Rasse"/*race* oder seltener der sexuellen Orientierung oder einer besonderen (körperlichen) Befähigung – nicht in der üblichen Weise am Werk ist, so dass die Person nicht mit den im Regelfall an diese sozialen Positionen gebundenen gesellschaftlichen Normen und Verhaltensweisen konfrontiert wird. *Passing* ist eine Weise, die dominante Form sozialer Wahrnehmung anzufechten, indem die Durchlässigkeit und Unschärfe von nur scheinbar klar voneinander separierbaren sozialen Welten bespielt wird. *Passing* ist sowohl soziale Praxis wie Darstellungsform, die eine Art ungeschriebene Abmachung, eine Konvention übertritt. Der Ausdruck *passing*, „das Durchgehen als...", „das Sich-Ausgeben als..." entstammt dem US-amerikanischen historischen Kontext der *slavery* und *post-slavery*, wo der klassischste Akt von *passing*, wie weiter oben skizziert, sich auf schwarze Personen mit heller Hautfarbe bezog, die in der gesellschaftlichen Öffentlichkeit als weiße Personen aufgetreten sind – um der Unfreiheit und später auch der Diskriminierung zu entgehen (Bennett 1996; vgl. auch Piper 1996). Den Höhepunkt von *passing*-Erzählungen datiert Bennett auf die Zwischenkriegszeit (1996: 22). Neben Katrin Siegs Arbeit über Figuren des *passing* im Kontext der jüdischen Assimilation in Deutschland in ihrem Buch *Ethnic Drag* (2002) hat Aischa Ahmed (2004) als eine der wenigen die Frage des *passing* aus dem Kontext der US-amerikanischen *color-line* auf den deutschen Kontext übertragen und auf Schwarze deutsche Erfahrungen angewendet.[44] Sie zeigt, wie die Wahrnehmung und die Nichtwahrnehmung von Differenz, die mit bestimmten visuellen Erwartungen und Vorannahmen der ‚weißen' Mehrheitsgesellschaft verbunden sind, im Schwarzen deutschen Alltag komplex verhandelt werden muss. Das Un/Zutreffende eines dominanzkulturell zugänglichen visuellen Vorwissens bzw. der Umgang mit den Effekten der absichtlichen oder unabsichtlichen Desillusionierung desselben steht zur Disposition, wenn es darum geht, als Deutsche*r durchzugehen. Und auch hier spielen Zuschreibungen von Differenz, die im Bereich des zu Sehenden liegen, eine zentrale Rolle. Beides wird auch in *Geschwister – Kardeşler* von Thomas Arslan (Deutschland 1997) verhandelt, einem Film, der vom Alltag dreier jugendlicher Geschwister, Erol, Ahmed und Leyla han-

44 | Schwarze deutsche Erfahrungen benutze ich hier absichtlich mit großem S, um die diesbezügliche Identifikation mit dem politischen Kampfbegriff herauszustellen, der sich weder auf einen biologischen noch kulturellen Begriff von Schwarz-Sein bezieht, sondern sich gerade den Einteilungen und Abstufungen von „Rasse"/*race* entzieht. Ahmed übersetzt *passing* mit „passieren", „um die Konzepthaftigkeit zu betonen und herauszustellen, dass es kein einfaches *Durchgehen* ist, wenn eine Schwarze Person sich als *weiß* identifiziert, sondern dass durch diese Entscheidung etwas *passiert*." (Ahmed 2005: 281)

delt. Die beiden Brüder, die mit türkischem Vater und deutscher Mutter in Berlin-Kreuzberg aufwachsen, stecken in sehr unterschiedlichen Situationen: Der eine ist von der Schule geflogen, geht zum Boxen und hängt oft mit seinen migrantischen Freunden ab. Sein Projekt ist es, in der Türkei den Militärdienst zu absolvieren. Der andere erbringt gute schulische Leistungen, trifft sich oft mit seiner deutschen Freundin und liest abends. Die beiden sehen zudem ziemlich unterschiedlich – und erstaunlich kongruent zu ihren sozialen Zuschreibungen als Deutsch oder Türkisch – aus: Erol hat schwarzes Haar, einen Schnauzbart, eine scharf geschnittene Nase und trägt eine enge Lederjacke, der blondhaarige Ahmed dagegen hat ein eher weiches Gesicht und ist im HipHop-Style angezogen. Ein Gespräch über *passing*:

„Warum hast du vorhin fast nichts gesagt?" - „Was meinst du?" - „Du hast kein Wort mit meinen Freunden geredet." - „Natürlich hab ich mit denen geredet." - „Meinst du, ich merke nicht, dass du denkst, du bist was besseres?" - „Was quatschst du denn da?" - „Und wenn du mit denen redest, dann nur immer deutsch." - „Na und? Ich kann eben besser deutsch als türkisch." - „Du gibst dir ja nicht mal Mühe, Mann." - „Und wenn schon, was ist daran so schlimm?" - „Du kannst dich doch nicht dafür schämen, dass du einen türkischen Vater hast, Alter!" - „Ach, so ein Quatsch."- „Du hast einen türkischen Namen, vergiss das nicht." - „Mann, na und, das weiß ich selber." - „Als ob du dich dafür schämen würdest, ein Türke zu sein." - „Du hast einen türkischen Vater und tust so, als ob du ein richtiger Deutscher wärst." - „He, bitte lass mich in Ruhe mit dem Scheiß und du laberst immer dasselbe. Ich kann's nicht mehr hören." - „Weil du die Wahrheit nicht vertragen kannst." - „Ja ja, du musst es ja wissen. Tu mir einen Gefallen und halt's Maul, ok!" - „Ich soll mein Maul halten? Wie redest du mit deinem Bruder, Mann!"

Der Streit zwischen den beiden Brüdern bzw. die vorwurfsvolle Unterstellung Erols, Ahmed *passe* als Deutscher scheint durch das angeheizt, was das *passing* als Deutscher überhaupt erst ermöglicht. – Und das ist weniger das Verbergen einer Differenz (samt der Scham, ein Türke zu sein), als vielmehr das Fehlen einer ersichtlichen und nachweisbaren Nicht-Differenz im Deutsch-Sein. Etwas Ähnliches zeigt sich auch im obsessiven Versuch, Farbnuancen von Weiß zu erfassen und zu bezeichnen, um Weißsein gegenüber dem Eindringen ‚farbiger' Differenz abzusichern, den die Künstlerin Maria Thereza Alves für das Brasilien der 1970er Jahre aufzeigte.[45] Es ist ein Paradox, durch Bezeichnung und Differenzierung eine nicht bezeichnete Norm herstellen und absichern zu wollen. Aus diesem Grund will ich eine andere Genealogie des *passing* als die bisher skizzierte behaupten, eine, die viel expliziter

45 | In einem Vortrag (im Rahmen des Symposiums „Unmapping the Renaissance", 12.-15. März 2015, Florenz) verwies die Künstlerin Maria Thereza Alves auf eine Volkszählung der Brasilianischen Regierung 1976, bei der man die Wahl hatte zwischen der Selbstbeschreibung als schwarz, weiß, rot, braun und gelb oder aber seine Farbe selbst beschreiben konnte, wobei 134 Farbnuancen vorgeschlagen wurden, die sich interessanterweise allesamt auf die Farbe Weiß bezogen.

mit westlichen Konzepten von Forschung, Wissensproduktion und investigativem Journalismus verbunden ist.[46] Die entsprechenden (wissenschaftlichen) Expeditionen führen nicht nur in imperiale und koloniale Fernen, sondern auch in das Gewimmel der Großstädte der Zeit der Industrialisierung. Die Menge ist ihr Paradigma, das Unglück des Unvermögens, jemals alleine zu sein, als einzigartig herauszuragen: „Es wäre vergeblich, ihm zu folgen, denn ich werde weder ihn noch sein Tun tiefer durchschauen. Das schlechteste Herz der Welt ist ein umfangreicheres Buch als der ‚Hortulus Animae', und vielleicht ist es nur eine der großen Gnadengaben Gottes, dies: ‚Es läßt sich nicht lesen.'" So lauten die Schlusssätze von Edgar Allan Poes 1840 veröffentlichter Novelle *The man of the crowd/Der Mann der Menge*, in der ein namenlos bleibender Icherzähler sich vom Flaneur zum Verfolger wandelt, der sich an die Fersen eines Alten heftet, dessen Bewegungen in der Stadt ihm ebenso rätselhaft erscheinen wie sein in Lumpen gekleidetes Aussehen, unter dem allerdings Diamanten, gute Stoffe und ein Dolch hervorblitzen. Die Novelle bezeichnet diese Gestalt abschließend als Geist und Verkörperung des Verbrechens. Dass dieses sich nicht durchschauen, nicht lesen lasse, erinnert begrifflich an den Moment, in dem ein *passing* auffliegt, an das „being read", das Entziffert-Werden, das immer auch gleichbedeutend ist mit dem Aufdecken des Geheimnisses einer ‚wirklichen Identität', derer man sich bei dem Mann der Menge nicht gewahr werden kann. Es erinnert aber auch an die vielfältige und hinterhältige verbrecherische Narrativität bei de Certeau. Die sonderbare Ambivalenz, die Poes Novelle im Versuch, Eindeutigkeit und Dingfestigkeit herstellen zu wollen, schreibt, entsteht nicht zuletzt im unbeachteten Auge des Beobachters und Icherzählers. Als dieser im Angesicht des von ihm Verfolgten zu stehen kommt und die beiden einander frontal begegnen, geht der Mann der Menge wie ein Passant an ihm vorbei und die Erzählung endet abrupt. Nicht nur die Kriminalistik war es, die dem gefährlich unidentifizierbaren Gewimmel, dieser neuen Unübersichtlichkeit der Großstädte zu begegnen versuchte, sondern auch Untersuchungen, die heute als Anfänge der Soziologie gelten. Anders als bei Expeditionen in die Kolonien, die der professionellen Tropenkleidung bedurften, gingen Expeditionen journalistischer, literarischer oder sozialwissenschaftlicher Art, die weiße, meist männliche Mittelschichtsangehörige Ende des 19., Anfang des 20. Jahrhunderts ‚auf die andere Seite' von Metropolen wie London oder New York, in diese unbekannten Städte[47], diese *terra incognita* führten, mit einer milieuspezifischen Selbst-Authentisierung einher. Die direktionale Überschreitung bezog sich also nicht nur auf den Raum, sondern auch auf den eigenen Körper als ein *passing*

46 | Vgl. hierzu auch mein Video *S., je suis, je lis à haute voix [passing for]*, Brigitta Kuster, D 2005, 17 min., http://films.arsenal-berlin.de/index.php/Detail/Object/Show/object_id/9036 [zuletzt gesehen am 17.04.2017].

47 | Diese unbekannten Gebiete, diese ‚andere Seite' der Städte wurden oft mit den Kolonien und den dortigen Bevölkerungen, den ‚Unzivilisierten' assoziiert. Siehe zur Parallelisierung von metropolitanen Armen und indigenen Bevölkerungen, insbesondere im Bezug auf eine gegen die vagabundierende Bevölkerung aufgerichtete ‚Dialektik der Häuslichkeit' auch Comaroff 2013: vor allem 289 ff.

down. So zeigt etwa eine fotografische Aufnahme den niederländischen Theatermacher und Schriftsteller Herman Heijermans in seiner Vermummung, die er für die Recherche zu seiner Berliner Zeitungsreportage *Nachtasyl* (1908) übergeworfen hatte.[48] Eine solche Aufmachung sollte Armut, Arbeit, Schmutz und Gestank verbinden und erstreckte sich in ihrer vollendeten Form nicht nur auf das Aussehen, sondern auch auf den Geruch, etwa „übel riechender Tabak", ein „nach billigem Whiskey riechender Atem" oder ein „wackliger Gang und hängender Kopf", so der Stadtethnologe Rolf Lindner (2004: 38). „Kaum war ich auf der Straße, als ich auch schon den Unterschied spüren sollte, den meine Kleidung schuf.", schreibt Jack London in seinem Buch *In den Slums* (Lindner 2004: 38). Dass er „in einer Sekunde [...] zu einem der ihren geworden" war, hätte sich ihm daran gezeigt, dass man ihn nicht mehr ‚Herr', sondern ‚Kamerad' nannte (ebd.). Ihre äußerliche und habituelle Adaption zeugte ganz offensichtlich von dem Bild, das sich diese Forschungsreisenden um die Wende vom 19. zum 20. Jahrhundert von jenen Anderen machten, die sie zu verkörpern trachteten, um ihnen zu begegnen. In ethnologischer Manier interpretiert Lindner das die Klasse betreffende *passing* (welches er allerdings Seinswechsel nennt), dieses Eintauchen in das Volk als eine Art *rite de passage*, um die Angst vor dem Anderen zu verlieren und sich so überhaupt erst zu trauen, sich dessen Lebensbereichen zu nähern, von den Ethnolog*innen als das Feld bezeichnet, in dem sie Felderfahrungen machen.[49] Die zentrale Frage für die Wissensproduktion, so Lindner, sei allerdings „erfahrungswissenschaftlicher" Art: „[...] wenn du etwas über das Leben der Anderen herausbekommen möchtest, du es am eigenen Leib erfahren musst, ist eine methodologisch begründete Chance gegeben, ‚andere' Erfahrungen zu machen, eine Lizenz zur *Ersatz*-Erfahrung, die in ansonsten tabuisierte Zonen des sozialen und psychischen Lebens führen kann." (Ebd.: 40) Für Lindner ist der „Reiz (*thrill*)" der Feldforschung eng mit der Herausforderung der Forscher*in verbunden und wird zuweilen auch in Begriffen gefasst, die an die Ethnopsychoanalyse erinnern (ebd.: 41). Lindners *passing*, angesiedelt zwischen dem Genuss einer zeitlich limitierten Überschreitung und einer illegitimen Einverleibung des Anderen, die er als zentrale Komponente jeglicher dokumentarischen Praxis versteht, ist deutlich als eine transgressive Erfahrung bestimmt. Er erwägt den Begriff der „Schwellendisziplin", da sie das *passing* (bei Lindner: den Seinswechsel oder *rite de passage*)

48 | Die Abbildung findet sich hier: http://www.dbnl.org/tekst/_lit003198501_01/_lit003198501_01_0011.php [zuletzt gesehenn am 17.04.2017], oder hier: http://www.dbnl.org/tekst/borg006herm02_01/borg006herm02_01.pdf [zuletzt gesehen am 17.04.2017], oder in Lindner 2004: 39.

49 | Solche Transformationen durch Kleidung, die sich anziehen und ablegen ließ, wurden in den 1910er und 1920er Jahren, wie der Stadtethnologe Rolf Lindner weiter ausführt, auch auf *society*-Anlässe der feinen Gesellschaft ausgeweitet, die als Pendants zu heutigen Unterhaltungs- und Zerstreuungsangeboten wie *slum* oder *poverty tourism* gelten mögen: Bei so genannten „poverty-parties", die bis zum Börsencrash 1929 Mode waren, wurde ganz buchstäblich ein Gesellschaftsspiel um Identität, Differenz und Geschmack betrieben (Lindner 2004: 213).

als Erkenntnischance begreift (ebd.). Wie ich herausstellen möchte, erweist sich *passing for research* aber meist nicht als eine hierarchiefreie und selten als eine transversale Bewegung, sondern als *passing down for research*.[50] Das wohl berühmteste Beispiel hierfür dürfte John Howard Griffin sein, der ,als Schwarzer' – er schluckte hohe Dosen Xanthotoxin – ab 1959 den US-amerikanischen Süden erkundete und seine Feldforschung in Louisiana, Mississippi, Alabama und Georgia als Reportage mit dem Titel *Black like me* veröffentlichte. Fünfundzwanzig Jahre später wurde in Westdeutschland mittels des *passing down as migrant* versucht, der so genannten Mehrheitsgesellschaft verborgenes Wissen über die Lebens- und Arbeitsverhältnisse der Immigrant*innen zugänglich zu machen. Das prominenteste Beispiel hierfür ist sicherlich Günther Wallraffs *Ganz unten. Beschreibung des Schicksals von illegal eingeschleusten Arbeitern* (1985).[51] Das *passing*, welches hierbei die Funktion übernahm, die Erfahrungen von Rassismus zu verifizieren und zu authentifizieren, konkretisier-

50 | Die militante Forschung, aber auch die reflektierte Methodologie der teilnehmenden Beobachtung, deren Ursprung meist in der Schule der Chicagoer Stadtforschung verortet wird, ließen sich markant abgrenzen von dem Versuch, *undercover* zu gehen. Allerdings gehen die in der teilnehmenden Beobachtung entwickelten „mikrosoziologischen" Recherche-Techniken, die vom Individuum und seinen Lebenswelten ausgehen, wie Rolf Lindner betont, von Verfahren aus, wie sie Reporter oder Detektive eingesetzt haben. Auch hier akzentuiert Lindner Findigkeit und Einfallsreichtum als „soziologische Phantasie" und grenzt sich damit von einer Figur der wissenschaftlichen Erkenntnisproduktion ab, deren Bühne die *terra cognita* einer vollkommen ausgemessenen und transparenten naturwissenschaftlichen Exaktheit wäre: „Die Notwendigkeit, die Methodologie zu verfeinern, erwächst ja nur zum kleinsten Teil aus den Erfordernissen der Forschung selbst, sondern ist der qualitativen von der quantitativen Methodenlehre aufgedrängt worden. Erst die vermeintliche Exaktheit des Messens trägt dem qualitativen Vorgehen das Stigma des Defizitären ein. Das hat gerade in der qualitativen Soziologie zu einem Pseudo-Szientismus geführt, der eher einem Forschungsverhinderungsinstrumentarium gleicht, weil er naturwissenschaftliche Exaktheit durch den ,Fetischismus der Methode und Technik' (Mills) nachzuahmen sucht und dadurch Neugier und Vorstellungsvermögen, die eigentlichen Basiselemente qualitativen Vorgehens, verkümmern lässt." (Lindner 2004: 140-141)

51 | Walraffs Informant für diese Arbeit hieß Levent Sinirlioglu, der später die „Institution Walraff" bzw. die „Firma Walraff" anklagte: „Wenn wir unter uns Kollegen über Wallraff reden, fallen Ausrücke, die nicht zitierfähig sind. Wir sind der Meinung, daß wir unten geblieben sind, während Wallraff jetzt oben ist." Levent Sinirlioglu kritisierte zudem die Selbstdarstellungspolitik Walraffs: „Offenen Diskussionen darüber, wie man die entstandene Solidarität nützen könnte, um z.B. über den Zusammenhang von Ausländergesetz und Schwarzarbeit aufzuklären und die ungerechten Bestimmungen abzuschaffen, ging Wallraff aus dem Weg. Er antwortete lieber auf Fan-Fragen wie: ,Hatten Sie keine Angst, entdeckt zu werden?' Es war meist eine reine Personality-Show. [...] [B]ei diesen Selbstdarstellungen wäre ich wohl ein Störfaktor gewesen. Aber ab und zu hat er türkische Kollegen von Thyssen mitgenommen, die er dann wie Koffer bei sich hatte. Denn diese Kollegen konnten kaum deutsch und ihre Rolle beschränkte sich darauf, mit dem Kopf zu nicken, wenn der weiße Mann etwas sagte." (Sinirlioglu 1987)

te sich als eine Art *ethnic drag* oder *ethnic imposture* und bediente sich entsprechend der zirkulierenden Stereotype. Es lässt sich für diese Zeit förmlich von einer Modeerscheinung sprechen, die auch als bildungspolitisches Instrument Schule machte. So machte Gerhard Kromschröder 1982 für die Zeitschrift *Stern* eine Reportage, für die er bei der städtischen Straßenreinigung in Frankfurt am Main anheuerte:

> „Um selbst zu erleben, was dran ist, an der Behauptung, in Deutschland mache sich Ausländerfeindlichkeit breit, habe ich mich in einen Türken verwandelt. Dazu hatte ich mir den blonden Vollbart gestutzt, den verbliebenen Schnauzer, die Augenbrauen und die Haare schwarz gefärbt und mich im Chic der frühen siebziger Jahre eingekleidet: weißes Hemd mit langem Kragen, weit ausladende Krawatte mit farbigem Muster, blaues Sakko und eine helle Hose mit weitem Schlag. Dazu eine flache Mütze, leicht in die Stirn geschoben." (Kromschröder 1983: 13)

Geschlecht bzw. vor allem die Performanz sekundärer Geschlechtsmerkmale spielte für diese Wissensproduktion eine konstitutive Rolle. Während der Journalist Kromschröder sich ausgestattet mit schwarzem Schnauzbart zum kulturellen Botschafter der „Türken in Deutschland" machte, unternahm Marlene Schulz, ausgerüstet mit Kopftuch und einstudiertem gebrochenen Deutsch Ausflüge ins „wirkliche Leben", die ihr Einfühlungsvermögen als Sozialpädagogin schulen sollten (Schulz 1985: 3). Auch wenn diese *passing*-Erzählungen von der Durchlässigkeit und von der Konstruiertheit migrantischer Differenz in Deutschland zeugen mögen, so scheint ihr Erkenntnisgewinn letztlich gering und die Reiteration ziemlich komplett.[52] Eher als sie zu dekonstruieren, bekräftigt die *passing*-Person die bekannten Stereotypen der Kategorie, in die er oder sie eintritt. Dies gilt auch für die unmarkierte Norm eines Deutsch-Seins. Die „verbrecherische Narrativität" (nach de Certeau), die solchen Forschungen und Einfühlungen, die allein der Demonstration der Performanz des Anderen, des Differenten, des Migrantischen dienen, anhaftet, liegt darin, dass sie implizit den Vorwurf einer mangelnden Bereitschaft zur umgekehrten Performanz erheben und damit den Weg einer Art Integrationsleistung nahe legen, bei der es

52 | Solche *passing*-Akte zu Zwecken der Skandalisierung sind sicherlich auch als Symptome für einen naiven Multi-Kulturalismus der 1980er Jahre zu lesen und die Phantasien von Kromschröder, Schulz & Co sind im Kontext der „v/erkennungsdienstlichen" Spannungen des „Ausländerdiskurses" in Westdeutschland in den 1980er Jahren zu interpretieren (Heidenreich 2014). – Im Darstellungsmodus dieser *passing*-Narrative sind die Migrant*innen diejenigen, welche selbst weder gut sehen noch gut besprechen können, was ihnen widerfährt. Dagegen können sie gesehen werden, weil und indem sie durch bestimmte Attribute auffällig sind. Der Drang der multikulturalistischen Einfühlungspädagogik markiert somit nicht nur den Mangel migrantischer Sprecher*innenpositionen, sondern letztlich auch, dass man im Zweifelsfall bereit ist, ohne die Migrant*innen auszukommen. In der Wissensproduktion wiederholte sich folglich die Idee der Gastarbeiter*innen, die man ruft oder wegschickt wie Günther Walraff seinen migrantischen Informanten Levent Sinirlioglu, der für ihn die *bad jobs* erledigte.

einfach nur darum ginge, die altmodische Kleidung und das Kopftuch abzulegen, den Schnauzer zu stutzen... Als ob sich alles ebenso leicht entfernen wie ankleben ließe. Selbstredend liegt kein symmetrisches Verhältnis von *passing up* und *passing down for research* vor, sondern das *passing down* antwortet immer auf ein vorgängiges oder unterstelltes „passing up for flight".

Generell ist das *passing down for research* mit dem Paradox verbunden, denjenigen Klischees zuzuarbeiten, die es doch eigentlich forschend zu kritisieren trachtete. Sein Setting scheint an etwas gebunden, das jener „epistemischen Gewalt" nach Gayatri Chakravorty Spivak verwandt ist, deren Fluchtlinie der Akt des *passing* doch eigentlich einschlägt.[53] Einer solchen Bezwingung oder Überwältigung des oder der Anderen, die seine Spuren löscht, um Erkenntnis zu erzeugen, scheint das *passing down for research* seine Möglichkeit zu schulden. Als Forschungsmethode feiert es gegenwärtig an der europäischen Grenze geradezu eine Renaissance. Wie die Reportagen von Anne Tristan (1994), Fawzi Mellah (2000), Fabrizio Gatti (2010) oder Wolfgang Bauer (2014)[54] sind auch viele Zeitungsberichte und filmische Dokumen-

53 | Nach Spivak ist die epistemische Gewalt grundlegend, denn sie bringt den oder die „kolonisierte Andere" erst hervor: „The clearest available example of such epistemic violence is the remotely orchestrated, far-flung, and heterogeneous project to constitute the colonial subject as Other. This project is also the asymetrical obliteration of the trace of the other." (Spivak 1988: 280-281) Ohne dies näher auszuführen, schreiben María do Mar Castro Varela und Nikita Dhawan (2005: 56): „‚Epistemische Gewalt' (*epistemic violence*) geht für Spivak nicht nur vom Kolonialismus aus, sondern wird in neokolonialen Machtverhältnissen, die schließlich das postkoloniale Subjekt herstellen, fortgeführt."

54 | In ihrem Reportage-Bericht *Clandestine* (1994) beschreibt die französische Autorin Anne Tristan ihre Erlebnisse als Sonja Nuñes Pineda, die von der Dominikanischen Republik über die so genannte *zone d'attente* (Wartezone) auf französischem Territorium nach Frankreich einreist und hier Asyl beantragt. Der Diaspora-Intellektuelle Fawzi Mellah, der sich in der Rolle des *clandestin* auf eine Grenzpassage von Tunesien übers Meer nach Italien und von dort über die Schweiz nach Frankreich aufmacht, gibt in seinem Buch *Clandestin en Mediterranée* (2000) an, nicht nur die, die gehen oder die, die ankommen, sondern das Dazwischen erforschen zu wollen. Anders als in den 1980er Jahren geht es bei diesem Dazwischen weder um die soziale Konstruktion einer kulturellen Identität noch um Ethnie, sondern Mellahs *passing* verhandelt die Widersprüche der postnationalen und postkolonialen Bürgerschaft. Für den Journalisten Fabrizio Gatti begann alles damit, dass er skandalisieren wollte, dass die „centri di detenzione" in Italien, Haftanstalten für Illegale, dazu tendieren, Orte zu sein, zu denen selbst der Presse der Zugang verwehrt wird. Was dort geschieht, bleibt der bürgerlich-liberalen Öffentlichkeit weitgehend verborgen, so die Kritik. Als Roman Ladu, 29 Jahre alt, aus Bukarest, hat sich Fabrizio Gatti Zugang zum Abschiebelager in der via Corelli in Mailand verschafft, um dann im *Corriere della Sera* eine Reportage über die dortigen Bedingungen zu veröffentlichen (19. Januar 2000). Für sein Vorgehen wurde Gatti am 4. Mai 2004 nach dreijährigem Prozess wegen falscher Zeugenschaft und Urkundenfälschung zu 20 Tagen Haft verurteilt. Um das Recht auf Informations- und Pressefreiheit weiterhin einzuklagen, kreierte Gatti weitere Figuren, so für eine Reportage im *L'espresso* am 7. Oktober 2005, den Kurden Bilal Ibrahim el Habib, der in Lampedusa landet. Dessen Fingerabdrücke waren allerdings identisch mit denen

tationen von der Idee und dem Wunsch angeleitet, möglichst nahe an den verborgenen Routen, geheimen Passagen und unzugänglichen Erfahrungen und Tricks von Migrant*innen auf dem Weg hinein in die so genannte Festung Europa berichten zu können. Das *passing down* soll Aktualität produzierende Narrative generieren, die das Publikum ‚auf Augenhöhe' teilhaben lassen. An der klandestin zu überschreitenden Grenze werden die problematischen Effekte des *passing down for research* aber schnell potenziert, markant verstärkt bzw. verdoppelt, weil hier ein zweites *passing*, nämlich das der migrantischen sozialen Praxen, bereits vor sich geht.

„The clothes is the key! For those who burn under tracks, you need new clothes! You put classy things on, then you put sweat pants and a sweat shirt on top. You wear dress shoes and you carry shining cream in your pocket. When you get there, you throw away the sweat clothes, you shine your shoes... You're a new man! Got to have a one use shaver!"[55]

Dieses *passing* arbeitet stark an der optischen Qualität von Differenz: Migrant*innen ziehen Sichtbarkeit und optische Marker als epistemologische Garanten heran, die für bestimmte Bewegungen den Weg ebnen sollen. Wie ein Passant, wie eine Touristin aussehen. Im ganz praktischen Sinne wird dies zu einer Herausforderung, wenn es gilt, trocken auszusehen beim Aussteigen aus einem Fischerboot, gebügelte Hemden zu tragen, wenn man monatelang in eine Decke gewickelt in einer selbst zusammengebastelten Unterkunft gelebt hat. Man muss frisch rasiert sein, auch wenn man keine Dusche nehmen kann. Wer die Grenze auf den irregulären, abweichenden Wegen überschreiten will, muss so regulär wie möglich wirken. Nicht augenfällig sein.

Die Narrative der *passing down researchers* ihrerseits suchen *reality effects* zu produzieren, etwa indem sie bevorzugterweise mit Hilfe kleiner digitaler Kameras filmen, die das Unmittelbar-Dabeisein technisch erleichtern und zudem einen spezifischen ad-hoc-Stil erzeugen. Überhaupt wird an der Grenze filmisch oft mit Authentifizierungsstrategien gearbeitet, welche die gewünschte soziale Tuchfühlung oder *embeddedness* als eine Art techno-imaginative Ästhetik anbieten: Aufnahmen *just-in-time* mit laufenden Migrant*innen, Bilder aus Überwachungskameras, als wagemutig

von Roman Ladu, registriert 2001 in der Via Corelli. Gatti bemerkt dazu: „Quello che mi ha sorpreso è il fatto che a questa identità non abbiano associato il mio vero nome e cognome". (Vgl. http://catania.meridionews.it/articolo/1266/potevo-anche-finire-in-un-carcere-libico/ [zuletzt gesehen am 17.04.2017]). 2007 brachte Gatti das Buch *Bilal. Viaggiare, lavorare, morire da clandestini* heraus (die deutsche Übersetzung erschien 2010), in dem er die Durchquerung der Sahara beschreibt. Der *Zeit*-Reporter Wolfgang Bauer war *undercover* zusammen mit dem Fotografen Stanislav Krupar unterwegs nach Europa aus Ägypten – wobei sein Abenteuer mit einer Abschiebung nach Deutschland endete (vgl. *Über das Meer. Mit Syrern auf der Flucht nach Europa*, Berlin 2014).

55 | Zitat eines *harraga*-Protagonisten im Fim *Tanger le rêve des brûleurs* von Leïla Kilani (MA 2002). Siehe ausführlich zu den *harraga* oder *brûleurs*, das heißt denjenigen, die ihre Papiere verbrennen, um die EU-Außengrenze klandestin zu passieren, das dritte Kapitel.

inszenierte Infrarot-Aufnahmen oder der Einsatz versteckter Kameras dramatisieren und aktualisieren das Geschehen, ohne jedoch die Zusammenhänge dieser Visualisierungstechniken als Mittel der Kontrolle, Überwachung und möglicherweise unerwünschten Registrierung der migrantischen Körper in Erscheinung treten zu lassen. Die Geschichten und Tricks der Migrant*innen werden begehrt und emphatisch nachgezeichnet. Selten wird jedoch reflektiert, wie diese medialen Instrumente oder *passing*-Strategien die *minority experiences* lesbar machen sollen. Genauso wie das *passing* an der Konstruktion des illegalen *bordercrossing* als Gegenstand der Forschung ‚arbeitet', ist es auch Mittel und Methode, diesen Gegenstand zu erforschen. Rolf Lindner meint: „Worum es geht, ist Feldforschung als Feld-Forschung zu begreifen, das heißt als die Erforschung des Feldes, in dem unser Untersuchungsphänomen situiert ist." (Lindner 2004: 142) Aus dieser Haltung folgt zwar: „Es gibt [...] keine Methode, die unabhängig von ihrem Gegenstand ist." (Lindner 2004: 142) Aber es folgt daraus ebenso, dass es einen Unterschied macht, wie die Forschung und die Bildpolitik sich von ihrem Gegenstand prägen und informieren lässt.

DAS VEXIERBILD IM „REAL REALITY-TV" UND DER BEGINN EINER VERLAGERUNG DER *PASSING*-KOKETTERIE

Mehrere der bislang berührten Felder und Aspekte des *passing* – die Bedeutung von „Rasse"/*race*, Klassenverhältnissen und Blickbeziehungen sowie die Produktion einer Differenz zwischen metropolitaner Kultiviertheit und vormoderner Ungeschlachtheit – spielen eine Rolle im Film *Exodus* (UK 2001) von Sorious Samura in Zusammenarbeit mit Donald Cannell. Virtuos ruft Samura hier *passing*-Referenzen auf, verhandelt sie und setzt sie ein, um die Überquerung der europäischen Außengrenze im Verhältnis zu einer TV-tauglichen Bildproduktion in Szene zu setzen. Dies geschieht, wie ich im Folgenden zeige, in doppelter Weise, als Repräsentation von Migration zum einen und als Realisierung einer Grenzpassage zum anderen. Um seine audiovisuellen Sequenzen zu fügen, benutzt Samura die Macht der Autonomie der Migration und das heißt – das Konzept in vereinfachter Weise anwendend – ganz einfach den Umstand, dass die Migrant*innen ihre Migration selbst machen (Karakayali/Tsianos 2007: 16).[56] Umgekehrt setzt Samura die konstitutive Kraft von Filmbildern ein, die als soziale Agenten an der Realisierung eines *bordercrossing* be-

56 | In ihrem Text „After citizenship: autonomy of migration, organisational ontology and mobile commons" geben Papadopoulos/Tsianos (2013) eine wenngleich erneut knappe, so doch komplexere Definition der Autonomie der Migration: „The autonomy of migration thesis highlights the social and subjective aspects of mobility before control. It rejects understanding migration as a mere response to economic and social malaise. Instead migration is autonomous, meaning that it has the capacity to develop its own logics, its own motivation, its own trajectories that control comes later to respond to, not the other way round." (Ebd.: 184) Ausführlich zur Autonomie der Migration siehe zudem Papadopoulos/Stephenson/Tsianos 2008: 202-221.

teiligt sind. Mit meiner Lesart des Filmes als einer in der Figur des *passing* realisierten Mehrfachdeterminierung widerspreche ich dem Bildwissenschaftler William John Thomas Mitchell, der, indem er das Verhältnis von Gesetz, illegaler Migration und Bildern untersucht, Migration als heteronom, ihre Bilder dagegen als autonom zu denken scheint. Der doppelten Bestimmung von Migration und Bildern, die ich hier anvisiere, ist weder durch Deduktion noch durch Reduktion beizukommen, sondern eher mittels einer binokularen Fokussierung in Anlehnung an Bruno Latour, als „,Hin- und Rück'-Beziehung zwischen Objekt und Figur" (Latour 2006: 267). Mitchell, dem das Verdienst zukommt, in seinen Arbeiten die Eigensinnigkeit und Eigengesetzlichkeit von Bildern herausgestellt zu haben, hat zwar zweifellos recht, wenn er von einer „migration of images" spricht und diese Möglichkeit im Anschluss an den lebendigen Charakter von Bildern am Werk sieht (Mitchell 2010: 13). Daraus leitet er jedoch eine wie ich finde problematische kausale Konstitutionsbeziehung von Migration und Bildern ab, wenn er behauptet: „Images ,go before' the immigrant in the sense that, before the immigrant arrives, his or her image comes first, in the form of stereotypes, search templates, tables of classification, and patterns of recognition. At the moment of first encounter, the immigrant arrives as an image-text, whose documents go before him or her at the moment of crossing the border." (Ebd.: 14)

Mein Anliegen, dieser Behauptung am Beispiel von *Exodus* zu widersprechen, ist angeleitet von einer Perspektivierung, welche die Konstitution von Migration an der Grenze, die immer mediengeschichtliche sowie machtdifferentiale Facetten in einem „Binokular" zusammenhalten muss, in beider Hinsicht zu berücksichtigen sucht, als *merveille de l'ici-là*, welches nach Édouard Glissant im Überqueren zur Entfaltung kommt, sowie als doppeldeutige Artikulation und Übertragung der Grenzziehung nach de Certeau. Genauso wie es nicht der oder die Sehende ist, die Visualität und Sichtbarkeit initiiert, sondern die, der oder das Gesehene, das heißt das Zu-sehen-Gegebene, sind es die Bilder, die im Zuge der Migrant*innen migrieren (und nicht, wie Mitchell dies suggeriert, die Migrant*innen im Zuge von Bildern). Auch wenn das Passbild zeitlich vor der Migrant*in ankommt, ist es die Migration, die ihre und andere Bilder *in the first place* zum Zirkulieren bringt.[57] Die Arbeitsweise von Sorious Samura ist die einer kleinen beweglichen Filmcrew. Statt der Zuschauer*in eine Übersicht über die Verhältnisse, die seine Filme unter-

57 | Es ist zwar richtig, dass wir mittels Bildern sehen und gesehen werden. Aber es scheint mir problematisch, wenn Mitchell die Konstruktion des oder der Anderen von einer Art Ontologie des Bildes ableitet. „Since other people, both kinfolk and strangers, can only be apprehended by way of images - stereotypes of gender, race, ethnicity, etc. - the problem of migration is structurally and necessarily bound up with that of images. Migration is not a mere content to be represented in images, but is a constitutive feature of their life, central to the ontology of images as such." (Mitchell 2010: 14) Die optische Qualität von Identität und Differenz wird im Folgenden Gegenstand eingehenderer Diskussion sein.

suchen, zu verschaffen, erzeugt er Realitätseffekte, die von einer vermeintlichen Unmittelbarkeit der sozialen Verhältnisse, in die er sich als ein mikropolitischer Akteur unter anderen mischt, und von einer strikten Abwesenheit von Expertentalks herrühren. Samura bezeichnet seine Methode als „real reality-TV", welches er nicht zuletzt als Kritik an einer eurozentrischen Nachrichtenpolitik versteht.[58] In *Exodus* tritt er selbst mehrere Male vor die Kamera bei seiner Erkundung einer Angelegenheit, an der er selbst Teil hat: der Exodus und das Leben der transnationalen Migrant*innen zwischen dem afrikanischen Kontinent und EU-Europa. Indem Samura hierbei mit dem *passing* spielt und kokettiert, stiftet er eine Überdeterminierung der Transitmigration und der Immigration nach Europa sowie der Bilder ihrer Subjekte. Für die an westeuropäischen Massenmedien geschulten Sehgewohnheiten setzt Samura, der als afrikanischer Journalist nach wie vor eine Ausnahme darstellt, die „race card", wie er selbst sagt, offensiv und bewusst ein. Ganz offensichtlich geht es hier vor allem um die Hautfarbe als Marker von „Rasse"/*race*, also um die Wirkmächtigkeit dessen, was etwa Fanon (1952: 90) ein „schéma épidermique racial" nennt. So lässt Samura sich z.B. filmen, wie er seinen Alltag mit den so genannten „comrades"[59] in einem informellen Lager in den hoch über Ceuta in Marokko gelegenen Bergen verbringt, um diese Identifikation dann wieder zu distanzieren, wenn er sich wie ein Live-Reporter vor diese Szenerie stellt, als deren Akteur er gerade noch posiert hat, und seine Meinung wie Interpretation davon direkt in die Kameralinse blickend kundtut. Samura wechselt hin und her zwischen den Positionen des Reporters und des Migranten. Eher als dass er dabei *passt* – wir wissen ja, dass Samura schwarz ist *und* als Journalist für einen britischen Sender arbeitet –, stellt er den Signifikanten „schwarz" in der optischen Dichotomie von Migrant und Journalist aus. Dieses Arbeiten mit einem Vexierbild – *now you see this, now you see that* – anhand der eigenen Person kommt in *Exodus* zum ersten Mal vor, als Samura erklärt und demonstriert, welcher Praxen und Gegenstände es als Transitmigrant bedarf, um die Sahara zu durchqueren. Vor einer sich bis zum Horizont erstreckenden Dünen-Landschaft aufgestellt, den Kopf von einem Turban umhüllt, packt Samura aus, was er für die Reise durch die Wüste in seinem Rucksack mitführt. Mit starkem Weitwinkel aufgenommen kommentiert er:

---

58 | Der Durchbruch als Fernsehdokumentarist gelang dem in Sierra Leone geborenen Samura mit seinem in Großbritannien produzierten und 1999 in Sierra Leone gedrehten Film *Cry Freetown* über den Bürgerkrieg. Seither realisiert Samura mit seiner Produktionsfirma „Insight News Television" *newsreel*-artige dokumentarische Beiträge, die regelmäßig etwa auf „CNN International" und „Channel 4" (UK) ausgestrahlt werden. Samura ist eine bekannte Stimme in der internationalen Debatte um die mediale Repräsentanz „afrikanischer" Belange.

59 | Die Bezeichnung „comrade" hat mich an den Terminus „collega" erinnert, den Gefährten untereinander im Verfahren der Asylbewerbung und der Aufenthaltsverfestigung verwendet haben, die ich zu Beginn der 2000er Jahre in Deutschland kennengelernt habe. Sie nannten auch Kleidung, die sie untereinander austauschten und die sichtbar aus Kleidersammelstellen stammte und weder *à la mode* war, noch besonders gut sass, „habits de collega". Es galt selbstredend, möglichst nicht nach „habits de collega" auszusehen.

„You always travel as light as possible through the desert. So, bread, torch for the night, spare T-shirt. Mobile phone. Essential is your contact book. Of course you need some cash. But just enough water. No one ever carries enough. In fact, nothing here is anywhere near enough. What you need most of all during this journey is luck.“

Erhebt Samura mit dieser Strategie, welche dem Bildschirm die Perspektive des gesamten Blickfeldes darbietet und so das potenzielle *passing* immer bereits dem *being read* anheim gibt, die Fernsehzuschauer*in zu einem Riesen, der beide Seiten eines arbiträren Kippbildes zu umfassen vermag? Arbeitet er damit nicht eher an der Befriedung der Konflikte um „Rasse“/*race*, Klasse und Migration? Insbesondere weil das Vexierbild, welches Samura beschwört, auch im Hinblick auf die „comrades“ angerufen wird, erzeugt dies Konflikte, in welchen das Wunder des Hier-Dort plötzlich sehr handfest verhandelt wird und der (eindeutigen) Selbstpositionierung eine Entscheidung abfordert. So sehen wir etwa in einer Szene in *Living with Illegals* (UK 2006)[60] Samura, der in Barcelona gerade mit einem Schlepper namens Innocent Kontakt aufgenommen hat, der ihn nach Frankreich bringen soll. Der zweite Passagier für die Fahrt über eine europäische Binnengrenze ist Peter, ein „comrade“, mit dem Samura, unterstützt von seiner Filmcrew, vor der Abfahrt ein Gespräch für den Film führt. Die Fernsehzuschauer*in erfährt, dass Peter bereits seit drei Jahren unterwegs ist und sich die nötigen 600 Euro für die Grenzpassage mit Betteln erarbeitet hat. Für Samura bezahlt die Filmproduktion, heißt es im Off. Alles läuft soweit glatt, aber als Samura und Peter in Perpignon aussteigen, gibt es Streit: Die Schlepper haben mit Peters Wünschen und der Anwesenheit des Filmemachers Samura ihrerseits agiert, indem sie Peter erzählt haben, Samura würde ihn sicherlich auf seiner Reise bis nach Großbritannien mitnehmen. – Samura, im Off:

„However there is an unpleasant surprise waiting for us. Peter tells me off camera that Innocent and his driver promised that I would get him to England. Of course they lied. But this shows the dog-eat-dog world that I'm now part of, where fellow Africans are selling each other out. It's a rude awakening for me.“

Samura, im On, an der Autotür stehend, schreit den Schlepper an:

---

60 | Der einige Jahre nach *Exodus* abgedrehte *Living with Illegals* (UK, 2006) ist Teil der Trilogie *Living with* von Sorious Samura und Elizabeth Jones. Der Film funktioniert formal und inhaltlich sehr ähnlich wie *Exodus*. Hier geht es um den Weg illegaler afrikanischer Einwanderer*innen von Marokko über das europäische Festland bis nach Großbritannien. Punktuell erprobt Samura in dem Film Praxen der illegalen Transitmigrant*innen, etwa, wenn er selbst den Tourist*innen in den Straßen von Barcelona elektronisches Zubehör oder Rosen zum Verkauf anbietet. Samura trägt eine sehr lichtempfindliche und versteckt benutzbare Kamera auf sich, so dass er heikle Momente, in denen er allein unterwegs ist, mitschneiden kann, allerdings schwarzweiß und in niedriger Bildauflösung sowie mit einem deutlich übersteuerten Ton.

„I know the situation! You are not my friend! You are the sort of people who are corrupting Africa. You are the sort of people who are making people like this suffer, general people. You are wicked, you are people who are destroying the continent, people like you."

Samura erklärt die Situation, wieder im Off:

„Peter is angry with the smuggler. If I was him I would be angry too. He is been caught out with all the little money he had and he is now stranded in France. It's time for me to leave. I need to be more careful from now on."

In dieser Szene sieht sich Samura gezwungen, sein Vexierspiel, in dem er entweder als Migrant (im On) oder als britischer Journalist afrikanischer Herkunft (im Off) spricht, auszustellen und aufzugeben, indem er sich eindeutig als Journalist zu erkennen gibt und die Position des potenziellen „comrade" quittiert. In *Exodus* kommt es zu einer ähnlich angespannten Situation, die Samura aber ganz anders bearbeitet und filmisch umsetzt. Statt die beiden Positionen zu vereindeutigen und voneinander zu separieren wie in *Living with Illegals*, verschiebt Samura die Aufmerksamkeit von sich weg, so dass sein bisheriges potenzielles *passing* einem modifizierten Sehen den Weg zu ebnen beginnt.
Statt wie im Falle von Peter um eine flüchtige Bekanntschaft auf dem Weg geht es in *Exodus* um Ossàs, den Samura in dem informellen Lager in den Bergen von Ceuta nach dem ersten Drittel des Filmes kennenlernt. Die beiden führen ein Gespräch über die schwierigen Aussichten als Migrant und über die Gefahren, welche das *bordercrossing* birgt. Samura, sichtlich besorgt, stellt Ossàs abschließend die Frage, ob er sich nicht von seiner Entschlossenheit, Europa zu erreichen, abbringen lasse. Die sich daran anschließende Konversation vermittelt allerdings weniger den Eindruck, dass Samuras Befragung von einer Art soziologischen Motivation, verstehen zu wollen, angeleitet ist, sondern vielmehr von einer brüderlichen Besorgnis und Fürsorglichkeit. Das verdeutlicht auch die Antwort Ossàs', mit der das Gespräch endet. Mir scheint sie von der freundschaftlichen Scheu getragen, an etwas zu rühren, was in dieser Beziehung nur schwer Platz finden könnte.

Samura: „You know my friend, a lot of people have lost their lives on this route."
Ossàs: „Yes."
Samura: „Can I in any way persuade you -?"
Ossàs: „Don't try."
Samura: „You won't go back to Nigeria...?"
Ossàs: „Don't try to persuade me, because you're just going to say it. And I don't think I will hear you."
Samura, im Off: „Ossàs and his friends abandoned the hills the same evening, heading west for Tangier, another weight station for migrants."

Samura selbst trifft bald darauf – im Film sieben Minuten später – in Tanger ein.

Hier erkundet er die Medina, wo zu dieser Zeit zahlreiche Transitmigrant*innen leben. Überraschenderweise begegnet er hier erneut Ossàs.[61] Dieser ist nun damit beschäftigt, das für die Überfahrt durch die Meerenge von Gibraltar mit einem *zodiac* notwendige Geld zu beschaffen. Auf einem Platz in der Medina, der sich wie eine Terrasse gegen das Meer öffnet und der als Treffpunkt von Transitmigrant*innen bekannt war, verabreden sich Ossàs, sein Reisegefährte und Samura zum Gespräch.

Ossàs: „Like I told you, if I get the money, it could be that you won't see me tomorrow. Gone. Just 1000 dollars, that's all that's stopping me. I have to look around for some time before leaving."
Samura, im Off: „Ossàs pooled his money with his friend to make sure one of them could get across and the next day he had disappeared. I did not see him again in Tangier."

Diesmal sind es nur drei Filmminuten und Samura und Ossàs treffen sich abemals zufällig, diesmal in Tarifa auf der Straße.

Samura: „Great! Great, Ossàs! How did it go? I'm curious, I want to know the story..."

Auf diese Bemerkung folgt eine Überblendung von der Straßenszene in ein Setting am Strand, wo Ossàs vor der Kulisse eines Schiffswracks die begehrte Geschichte erzählen soll. Die Szene ist sichtlich inszeniert und das *story telling* wird als Darbietung für den Film hervorgehoben. Alles andere als im Realen aufgegriffen, soll dieses Setting offenbar die Neugier von Publikum und Regie befriedigen oder die Anforderungen an die filmische Dramaturgie einer BBC-Produktion treffen. Auf dem Bildschirm erscheint Ossàs in der Pose des Migranten, der seine Migrationsgeschichte der vorläufigen Ankunft in Europa als eine dramatische Grenzpassage berichtet. Seine Äußerungen fallen indes erstaunlich ausführlich und zugleich wenig einzigartig aus, wir kennen sie aus unzähligen Filmen, Zeitungsartikeln und Reportagen. Ossàs Geschichte entspricht einer Konvention, einem gewissermaßen vorgesehenen Bild der Migration. Die Geschichte, die er erzählt, ist die Migrationsgeschichte, die vor ihm angekommen ist. Es ist nicht *seine* Geschichte, sondern sie entspricht jedermanns Grenzpassage in der illegalen Migration nach Europa. Ossàs wird dadurch zu jedem Migranten, er wird zu *dem* Transitmigranten in einem Film über Migration. Seine Performance ist die eines Migrationsdarstellers. Ossàs *passt* als Migrant.

---

61 | Zufällige Begegnungen, das versuchte *tracking* – praktiziert als Im-Kontakt-Bleiben – und das Verlieren der Spur von Migrant*innen, die man auf dem Weg kennenlernt, gehört zu einer auch in der empirischen Migrationsforschung wohl häufigen Erfahrung, wenngleich sie in der Literatur der *migration studies* kaum je besprochen wird. Noch seltener werden die mit dieser Erfahrung verbundenen Gefühle von Verlust, Traurigkeit und Niederlage von den Forschenden angesprochen. Dass Forschungen im Bereich der Transitmigration häufig von starken Affekten und einer verborgenen Schwermut begleitet sind, kenne ich aus eigener Erfahrung (siehe auch Pieper/Kuster/Tsianos 2011).

„It takes one to know one" – *passing* und die Dreieckskonstellation des Sehens

In ihrem Text „It takes one to know one: Passing and Communities of Common Interest" schreibt Amy Robinson, dass die erfolgreiche *passing*-Person nur insofern aus der Sichtbarkeit verschwinde als sie für die Zuschauer*in Teil jener Kategorie zu sein scheine, in der sie durchgeht (Robinson 1994: 718). – Was ermöglicht es folglich, zu *sehen*, wie Ossàs in *Exodus* als Migrant *passiert*, und wie lässt sich ein solches Sehvermögen fassen? Bei Ossàs handelt es sich augenscheinlich und anders als bei Samuras Koketterie mit dem *passing* um eine Verhandlung weniger offensichtlicher, nicht sofort und leicht erkennbarer sowie schwächer in der Sichtbarkeit verankerter Codes. Im Verhältnis zu dem Spiel um die optische Uneindeutigkeit, die Samura als Filmemacher im Kontext seiner Reportagen erzeugt, adressiert Robinson in ihrer Befragung des *passing*-Settings einen weit diffuseren „skill of reading" (ebd.: 716), den sie als ein intuitives Vermögen bezeichnet.[62] Es geht ihr um eine Art Riecher, der Identität zu entziffern und kulturelle Darstellungen zu ‚lesen' vermag. Die (Nicht-) Mitteilbarkeit der Codes, für die sich Robinson interessiert, wird jeweils von einer „in-group", also einer bestimmten sozialen Gruppe anerkannt (ebd.: 715). Robinson definiert das *passing* als „a hostile encounter between two *ways of reading*", als „two competing discourses of recognition" oder auch als „discursive encounter between two epistemological paradigms" und „a triangular theatre of identity" (ebd.: 716, 724). Aus der Dualität wird also eine Triade. Zum einen will Robinson damit explizit über die inadäquate Dichotomie zwischen Sichtbarkeit und Unsichtbarkeit hinausgehen (ebd.: 716) und zum andern mit Bezug auf Donna Haraways Begriff des situierten Wissens zu einer Politik der Optik beitragen, die das Sehen als eine „performance of *visuality*" neu konzipiert (ebd.: 721). „Not only is the passer's ‚real' identity a function of the lens through which it is viewed, but it is the spectator who manufactures the symptoms of a successful pass by engaging in the act of reading that constitutes the performance of the passing subject." (Ebd.: 728) Robinson versteht das *passing* als eine Szenerie, die Identität hervorbringt und verhandelt, und zwar in der diskursiven Begegnung zwischen einer hegemonialen Zuschauer*innenposition (vertreten durch den „dupe", den oder die Überlistete, Betrogene) und der Sichtweise der „in-group". Das *passing* selbst interpretiert Robinson als „Brechtian drag", bei dem die Maskerade absichtlich herausgestellt wird, um zu markieren, dass jede Identität konstruiert ist (ebd.: 727). Auf den Auftritt Ossàs in *Exodus* bezogen ließe sich mit Robinson sagen, dass die Zuschauer*in ihre Aufmerksamkeit für die Performance des Regisseurs vor der Kamera im Verlaufe des Films immer mehr auf Ossàs verschiebt. Mehr und mehr sieht sie ihn in einer an Samura angelehnten Rolle und

---

62 | Robinson (1994: 720) verweist auch auf die Etymologie des Begriffes Intuition, der sich vom lateinischen Wort „intuitio" ableitet und meint, „etwas auf einen Blick zu erfassen". „Intueri" kann „betrachten" und „erwägen" bedeuten, in passiver Wendung aber auch „angeschaut werden".

zugleich auch als tatsächlichen Transitmigranten. In Tarifa am Strand schließlich vermag sie Ossàs von einem Ort aus zu sehen, von dem sie auf den „apparatus of passing – literally the machinery that enables the performance" (ebd.: 721) schaut und Migration in Ossàs' Personifikation als „drag" wahrnehmen kann. Mit dem Regisseur Samura teilt die Filmzuschauer*in ein vorgängiges Wissen über dessen emotionales Verhältnis zu Ossàs, das erst nun, durch diese affektgeladene Sicht auf die Beliebigkeit seiner *bordercrossing performance* eine Kontur erhält – und zwar als Differenz zum ausbleibenden Erwarteten, als enttäuschter Suspense vielleicht, als eine Lücke, durch die etwas flieht, durch die etwas entkommt. Im Verhältnis zwischen Ossàs und Samura, durch deren Fähigkeit, einander zu sehen, hindurch, in der Art ihres Verbundenseins, die vielleicht sogar mit Solidarität zu tun haben mag, entgeht Ossàs dem Zwang zur Identifikation und hinterlässt einen Abstand, ein Intervall. Denn im Gegensatz zu Robinsons Beschreibung der *passing*-Szenerie gelingt es mir als Zuschauerin nicht, eine sichtbare Gemeinsamkeit zwischen Samura und Ossàs zu erkennen, da Samura in Abweichung von seinem sonst eingesetzten „real reality-TV" Format niemanden teilhaben lässt an dem, was er hier sieht oder gesehen haben mag. Das Feld der Aushandlung, auf das ich blicke, ist keines der Identität, sondern eines, das sich aufspannt zwischen dem öffentlichen Bild des *bordercrossing* (in dem das Grenzregime und das Migrationsregime zur Deckung gebracht sind und die Figur der Migrant*in entsteht, die hier als „drag" erscheint) und der Lücke dessen, was an der Migration sehbar, verstehbar, erkennbar – ja ‚identifizierbar' wird. Diese Lücke lässt sich beinahe beliebig füllen, jede*r Zuschauer*in könnte sie anders füllen. – Einen Hinweis für eine mögliche Verbindungsweise zwischen Ossàs und Samura gibt der Film allerdings vielleicht doch: Eine Szene zu Beginn zeigt Samura, wie er in London zwischen seinen multiplen *bad jobs* hin und her jongliert, als Putzmann, als *burger roaster* in einem Takeaway und als Verkäufer in einem Videoladen. Diese wie *scratching* und *sampling* geschnittene Sequenz erinnert an die Antwort von Stavros, dem Protagonisten aus *America, America* von Elia Kazan (USA 1963)[63] auf die Frage, was ein Migrant sei: Er sei geschlagen worden, ausgeraubt, erschossen, für tot gehalten, er habe Müll gegessen und wie ein Hund gelebt, er sei Lastenträger geworden, ein „Hamal", gibt dieser zurück.

Das Sehbare im Gegensatz zum Sichtbaren im *passing* ist bei Robinson der Anerkennung in einer „specular identification" (ebd.: 720) geschuldet. Sie entsteht von Angesicht zu Angesicht, wie es der von Audre Lorde entliehene Titel ihres Aufsatzes anzeigt: „It takes one to know one." Dieser identitätspolitischen Losung zufolge, die Robinson als Kritik an einem „optischen Modell von Identität" (ebd.: 718) versteht, welches das Sichtbare als epistemologischen Garanten heranzieht, würden Migrant*innen andere Migrant*innen „intuitiv" erkennen – und deswegen auch etwas anderes sehen als das Bild, das entsteht, wenn Migrant*innen der Kamera gegenübertreten, um dort ein (bereits vorhandenes) dominantes oder „öffentliches

63 | Der deutsche Filmtitel lautet *Die Unbezwingbaren*, der britische *The Anatolian Smile*.

Bild" (Virilio 1989)[64] des *bordercrossing* abzugeben. Die hier angesprochene *vision* ist nicht einer optischen, sondern einer verkörperten Seherfahrung geschuldet, die mit Haraway allerdings explizit als Diffraktion und nicht als Reflexion bestimmt wurde. – Und in der Tat bleiben auch die unterschiedlichen „spectatorial positions" im Verhältnis zum *passing* und ihre Beziehungen untereinander in Robinsons kurzem Aufsatz recht vage (Robinson 1994: 723). Sie betont, dass die Simultaneität der zwei gegenläufigen Betrachter*innenpositionen – der Düpierten, die die Hautfarbe fälschlicherweise als mimetisches Zeichen einer rassialisierten Identität liest, und der *passing*-Person – ein epistemologisches Chaos anrichtet. Die dritte Position, der oder die „in-group witness" sehe gleichzeitig von beiden Standpunkten aus und doch „anders", indem er oder sie „doppelt" sehe. Ein stereoskopisches Sehen des *passing* erkenne „a claim to the real pass for truth" und das heiße, das Simulacrum – die Wahrheit, die verhülle, dass es keine Wahrheit gibt.[65]

64 | Als „öffentliches Bild" bezeichnet Virilio die tendenzielle Formierung eines „vollständigen Bildes durch die Ausschließung des Unsichtbaren" (Virilio 1989: 83), die er im Bestreben des europäischen Abendlandes nach souveränistischer und vollständiger gesellschaftlicher Erhellung und Durchdringung begründet sieht. Virilio zufolge entsteht in der Folge der Erfindung des öffentlichen Blicks im Zuge der französischen Revolution im 19. Jahrhundert in optischer wie politischer Hinsicht eine diesem Bild zugrunde liegende neue Art des polizeilichen Sehens. Wenn ich hier im Text auf den Begriff des öffentlichen Bildes rekurriere, ist also nicht bloß das dominante Bild gemeint. Vielmehr soll zudem die Tradition des polizeilichen Sehens akzentuiert werden, die heute erneut zum Tragen kommt, wenn Einsichten in die irreguläre Migration im Namen der Öffentlichkeit gefordert werden. Vgl. auch weiter oben die Auseinandersetzung mit dem juristischen fotografischen Realismus nach Sekula.

65 | Das Konzept des Simulacrums ist, dass es sich nicht auf irgendeine ihm zugrunde liegende Realität zurückführen lässt, sondern beansprucht, selbst Teil dieser Realität zu sein. Abgeleitet vom griechischen „eidôlon" (welches zum Lateinischen „idol" wurde) steht es im Gegensatz zum „eikôn", welches bei Platon als eine Imitation gilt. Baudrillard greift dieses Begriffspaar auf, um das zu denken, was er eine Hyperrealität nennt, eine Art Ableitung des Territoriums von der Karte, indem er ein Zitat aus dem Alten Testament an den Anfang seines Buches stellt: „Le simulacre n'est jamais ce qui cache la vérité - c'est la vérité qui cache qu'il n'y en a pas. Le simulacre est vrai." (Baudrillard 1981: 9) Während ich vermute, dass Robinson sich auf Baudrillard bezieht, verweist Kathrin Sieg darauf, dass die Verwendung des Simulacrums bei Robinson an Judith Butlers originallose Imitation erinnere, gleichwohl Robinson jedoch, wie Sieg herausstellt, einen Begriff von Referentialität beibehalte in der sehr freien Einarbeitung des Brechtschen Verfremdungseffekts im Theater (Sieg 2002: 17). Gerade nicht als Simulacrum, sondern als Reales bestimmt Christopher Hanlon in seiner Auseinandersetzung mit dem *passing* „Rasse"/ *race*. Am Beispiel von Nella Larsens Novelle *Passing* sowie mit Bezug auf Jacques Lacan und dessen auf die sexuelle Differenz bezogene Ordnung des Realen fasst Christopher Hanlon „Rasse"/*race* als etwas, das weder im Bereich des Symbolischen, also etwa in der Sprache, noch im Bereich des Imaginären, also in visuellen und körperlichen Welten erfasst werden könne. Vielmehr müsse „Rasse"/*race* als jenes lacanianische „essential object which isn't object any longer, but this something faced with which all words cease and all categories fail, the object of anxiety *par excellence*" gelten, als jenes Reale also,

V/Erkennen und Zuwenden

Robinsons trianguläre Matrix für Narrative des *passing* in der US-amerikanischen Literatur als Begegnungen zwischen „the passer, the dupe, and a representative of the in-group" (Robinson 1994: 723) weist eine gewisse Ähnlichkeiten auf zum analytischen Dreieck zwischen dem „look", der etwas ins Bild setzt oder von dem etwas ins Bild gesetzt wird, dem „screen", dem Bild, dem Zu-sehen-Gegebenen und dem „gaze", der das Andere als solches im Feld des Visuellen inskribiert, wie es die Filmtheoretikerin Kaja Silverman (1996) entwirft. Lacan überarbeitend erweitert Silverman den „screen", von dem aus die Triangularität zwischen dem „gaze" und dem „look" in Gang gesetzt wird, um die Zuschreibung sozialer Kategorien wie etwa derjenigen des kulturellen Bilderrepertoires. Silvermans Bestimmung des Blicks („look" oder „eye") als „faculty through which the image is appropriated in the guise of ‚self'" (ebd.: 163) scheint mir überaus verwandt mit der spiegelhaften Intuition bei Robinson. Silvermans Blick ist allerdings nicht nur positiv wie bei Robinson als Ort der sozialen Anerkennung bestimmt, sondern ambivalenter auch als Ort der Projektion und der Verleugnung. Er formt sich am „threshold of the visible world" (ebd.: 226) und er ver/kennt folglich. Diesem begehrenden Blick spricht Silverman eine schöpferische, verändernde Kraft zu, wenn sie von einem produktiven Blick spricht. Ein Beispiel dafür ist ihr der Film *Sans Soleil* (1983) von Chris Marker, in dem der Protagonist Krasna die Erinnerungen anderer erinnert. Dadurch finde eine „self-expropriation" (ebd.: 192) statt, indem sich Krasnas Unbewusstes gegenüber dem Anderen geöffnet habe, so Silvermans Argument. Über den Zusammenhang mit einer potentiellen „appropriation" schweigt sich die Autorin allerdings aus. Die Aneignung dürfte Silverman stattdessen eher dem „gaze" zuschlagen, der das Ego konsolidiert und die Demarkation zwischen Ich und Anderem bekräftigt. Silverman

welches sowohl die konzeptuellen Grenzen der symbolischen Ordnung als auch des Imaginären überschreite und somit verstörend wirke (zitiert nach Hanlon 2000: 27). In seinem Aufsatz „The Pleasures of Passing and the Real of Race" argumentiert Hanlon, dass das erfolgreiche *passing* essentialistische rassistische Überzeugungen nicht grundsätzlich in Frage stelle, sondern dieses „something" eines Realen (und nicht eigentlich ein Nichts) darstelle: „[...] racial substance most often resides here, a kernel of alterity that exceeds the literal characteristics that designate alterity itself. If one may embody all of the physical qualities associated with blackness without actually being black, this means that ‚black' is that which bypasses the level of imaginary identification [...], penetrating to the level of the real, the supposed inner stratum of the subject in his or her raw authenicity." (Ebd.: 28-29) Hanlons Thesen stehen damit ganz und gar im Gegensatz zu vielen antirassistischen kulturellen Kritiken, deren Ziel gerade darin besteht, die Gleichsetzung zwischen der Vorstellung von „Rasse"/*race* und einem schwarzen Körper zu unterbrechen. Solche Ansätze, die es vorwiegend auf die Substantialisierung von „rassialisierter"/*racial* Differenz abgesehen hätten, seien einer Auffassung von „Rasse"/*race* als einer bloßen sozialen Illusion verpflichtet und unterlägen damit einer Art historistischen Prämisse von „Rasse"/*race*, so Hanlon, der festhält: „[...] racial difference is in a way what created or inscribed the twentieth-century American subject." (Ebd.: 28)

entwickelt ihre Begrifflichkeit klar innerhalb des diskursiven Raums der lacanianischen Psychoanalyse weiter, wenngleich sie dessen Kernstück, den „gaze" zu historisieren antritt, indem sie argumentiert, die Widerspiegelung von Welt und Subjektivität sei zwar epochenspezifisch, aber kein Merkmal unserer Zeit (Silverman 1997: 42). Eine interessante Verschiebung ergibt sich hierbei für die Position der Kamera, die bei Lacan als Metapher für den radikal de-subjektivierten und entpartikularisierten „gaze" erscheint. Kamera/„gaze" ist für Lacan ein Apparat, dessen Funktion darin besteht, ins Bild zu setzen. Bei Silverman dagegen setzt sich die Kamera an die Stelle des Bildes („screen"), durch welches das Subjekt die durch das Feld des Visuellen vermittelte symbolische Ordnung betritt – im v/erkennenden „gaze"/„look". Silvermans Auflösung der transhistorischen Bestimmung der symbolischen Ordnung lässt „gaze" und „look" tendenziell ineinander übergehen. Auf die Szene des *passing* angewendet, würde das bedeuten, dass ein bestimmter Blick („look") nicht nur den „gaze" repräsentieren kann – wie etwa im Falle des *dupes* in der Szenerie des *passing* –, sondern tendenziell auch mit ihm übereinstimmen kann. Und wenn der „gaze" gar, wie in der deutschen Übersetzung von Natascha Noack und Roger M. Buergel, zum historischen und sozialen Blickregime wird (ebd.), dann schwächt dies die Macht des „look" beträchtlich; er wird so auf eine marginale Blickrichtung innerhalb eines dominanten Bickregimes und zur bloßen Unterkategorie reduziert. – Die divergierende Sichtweise des *looks* oder der Intuition auf das *passing*, in die etwa Robinson zu investieren versucht, würde sich als Grad der Abweichung von einem tendenziell als normative Sichtweise ermittelten „gaze" reduzieren, so dass das *passing* in letzter Konsequenz durch die Sichtweise des „dupe" bestimmt bleibt. Das doppelte und simultane Sehen des oder der „in-group-witness", das bei Robinson auf eine ganze Welt von schillernden Trugbildern öffnet, würde zur einäugigen Verdammnis der V/Erkennung, zurückgebunden an diesen bedrohlichen Punkt, an dem Eins zu wenig ist, aber Zwei zu viel und der das Sehen immer durch den Spiegel führt, statt aus der Welt entgegennimmt.[66]

Einer der Hauptgründe dafür, warum Anerkennung entweder zum Wiederkennen des Gleichförmigen oder aber zu einer Verkennung führe, liege an einer Begrifflichkeit des Sehens (*vision*) samt dessen metaphorischen Gebrauchs, die das Sehen auf einen objektivierenden Blick reduziere, argumentiert Kelly Oliver in *Witnessing Beyond Recognition* (2001). Der objektivierende Blick lässt eine Kongruenz von Sehen und Anerkennung entstehen, die Oliver als „pathology of recognition" bezeichnet (ebd.: 23). Die Lehre des Leidens in und an der immer zweifelhaften Anerkennung entsteht Oliver zufolge dadurch, dass das Recht, zu sprechen und das Recht, Handlungsmacht oder Subjektivität zu beanspruchen, ein Vorrecht der Herrschenden sei (ebd.: 100). Wie weiter oben gezeigt wurde, verbindet zwar auch Merleau-Ponty das Sichtbare mit dem Objekthaften, welches er allerdings ausdifferenziert und jenseits

66 | Diese Formulierung ist Donna Haraways Kritik am Dualismus in ihrem „Manifest für Cyborgs" entnommen (Haraway 1995 e: 67).

der „stummen und solipsistischen Welt" als „Fleisch" denkt, als „das Einrollen des Sichtbaren in den sehenden Leib", „dort wo sich mein Sichtbares in der Gegenwart anderer Sehenden [...] erweist" (Merleau-Ponty 1986: 91, 90).[67] Trotzdem, anhand einer unscheinbaren Stelle in *Das Sichtbare und das Unsichtbare* demonstriert Oliver, dass auch bei Merleau-Ponty das Sehen nicht der Verwicklung in die Szene der Anerkennung entgeht. Indem er das Sehen beschreibt als eine sinnliche Wahrnehmungsfähigkeit, die mit anderen geteilt wird und an andere weitergereicht und kommuniziert werden kann, veranschaulicht Merleau-Ponty dieses Vermögen am Beispiel eines Zöllners, der einen Spaziergänger als Verdächtigen, als „den Mann [...], den man ihm signalisiert hat", wieder erkennt (Oliver 2001: 173-176; Merleau-Ponty 1986: 187). Gesetz und Verdacht auf Gesetzeswidrigkeit sind es, die das Wiedererkennen in die Pathologie der Anerkennung einschreiben, so Oliver (ebd.: 173-176); Wiedererkennung und Anerkennung wird von und für diejenigen gesucht, die Unterwerfung und Missbilligung erfahren, Gesetzlose sind oder solche, die das Gesetz brechen und daher schuldig. „Within the pathology of recognition, subjectivity is conferred by those in power and on those they deem powerless and disempowered. The desire to be seen, to be recognized, is the paradoxical desire created by oppression. It is the desire to become objectified in order to be recognized by the sovereign subject to whom the oppressed is beholden for his or her own selfworth. Oppression turns people into faceless objects or lesser subjects. The lack of visage in objects renders them invisible in any ethical or political sense." (Ebd.: 24)[68] Folgen wir diesem Zitat Olivers, so wäre es im Umkehrschluss das Zeichen eines souveränes Selbst, das ‚Nein!' des Passbilds an der Grenze mit einem ‚Nein!' zu beantworten, um den Dominanz-Anspruch dieses Vertreters zurückzudrängen und Selbstherrschaft zu demonstrieren. – Diese Szene ist bekannt aus dem Genre des Westernfilms, wenn der gute Revolverheld sich über die Vorgaben des Sheriffs hinwegsetzt. Man könnte nun aber von dieser Szene abgeleitet sagen, dass eine *passing*-Person, die sich von der Anwesenheit eines *in-group-witness* in ihrem *passing* sichtbar bestärken lässt, statt einem ‚Nein zum Nein!' ein doppeltes ‚J-ein!' artikuliert: Das Selbst der *passing*-Person realisiert sich als primordial in die es umgeben-

67 | Dieses Ineinander, die Reversibilität des Sehens, welches Merleau-Ponty in Anlehnung an die Berührung als „recroisement du touchant et du tangible" (Merleau-Ponty 1964: 174) konzipiert, bezeichnet er auch als Chiasmus und als Verflechtung („entrelacs").

68 | Siehe zu einer Kritik am Regime der Anerkennung in Theorien und Politiken der Identität bzw. Identifikation, die letztlich im Hegelianismus gründen, auch etwa Elizabeth Groszs Replik auf einen Artikel von Drucilla Cornell und Sara Murphy, in dem sie für eine Nietzscheanische Denktradition plädiert, in der das Subjekt eine „productive and activating fiction" sei (Grosz 2002: 466). Grosz zielt in diesem Text auf eine Reorientierung feministischer, antirassistischer und postkolonialer Politiken, die, statt das Subjekt aufzufassen „as an agent of causal effects or as a victim of another's agency, that is, as an interiority, a will, a set of desires and identifications" (ebd.: 467), es auf der pragmatischen Ebene von Praktiken ansiedeln möchte, „to render more mobile, fluid and transformable the means by which the female subject is produced and represented" (ebd.: 471).

den sozialen Verhältnisse eingeschrieben und beruht weder bloß auf Ausschluss, Täuschung und Anerkennung bzw. V/Erkennung[69] noch auf einer autokratischen Zurückweisung dieser Dynamik. Vielmehr agiert es in der Zuversicht, Zustimmung zu seiner spezifischen Handlungsstrategie angesichts gegebener Machtdifferentiale zu erhalten – und das heißt gerade nicht, anerkannt oder v/erkannt zu werden, sondern die in Prozesse von Ermächtigung und Entmachtung eingelassene Dynamik von Sehen und Gesehen-Werden nicht zu unterbrechen, sondern am Laufen zu halten. Es findet eine Verlagerung des objektivierenden und v/erkennenden Blicks auf eine Welt machende, sich zuwendende Wahrnehmung statt, die eher der Bewegung als der Fixierung entspricht. Es ist ein Sehen, welches das oder die Gesehene in Schwingung versetzt, der hier geworfene Blick wird empfangen. Im Anschluss an Merleau-Ponty ist es als nicht bloß optisches, sondern körperliches und haptisches Sehen zu bestimmen. „[D]as Sehen [ist] ein Tasten mit dem Blick", schreibt Merleau-Ponty (1986: 177). Und: „Der Blick [...] hüllt die sichtbaren Dinge ein, er tastet sie ab und vermählt sich mit ihnen." (ebd.: 175)[70] Zwischen dem Sehenden und dem Sichtbaren gibt es (statt Subjekt-Objekt-Beziehungen) Hin- und Rückbeziehungen, das Sehende und das Sichtbare durchdringen einander in der Berührung. Olivers stark an Merleau-Ponty orientierte Suche nach einer „vision beyond vision" (Oliver 2001: 156), nach einem neuen Sehvermögen, stellt dieses als einen sozialen Prozess heraus, durch den man dazu kommt, etwas zu sehen bzw. nicht zu sehen oder anders zu sehen. Im Gegensatz zu einer Konzeption des Sehens als einem Vorgang, der das Ich von der Welt separiert, will Oliver – wie Silverman – auf ein Sehen hinaus, welches die Grenze zwischen Selbst und Anderem öffnet, allerdings ohne mit Spie-

---

69 | Olivers Kritik erstreckt sich nicht nur auf das souveräne Subjekt, sondern vor allem auch auf psychoanalytisch begründete Modelle von Subjektivität mit ihrer Deduktion des sozialen von einem sich spiegelnden Ich, das seine V/Erkennung einem zerstörerischen, rassistischen Spiegel schulde, dem „white Ideal-I encountered by blacks in the white mirror of identity" (Oliver 2001: 33). Die Erfahrungen von Opfern des Rassismus - und hier bezieht sich Oliver vor allem auf Frantz Fanons Schriften - könne nicht ohne analytische Verflachung von Machtdifferentialen artikuliert werden, so Oliver, wenn die Primordialität des Spiegelhaften vor dem Sozialen unterstellt werde (ebd.: 38). Oliver kritisiert darüber hinaus auch eine intellektuelle Komplizität psychoanalytischer Modelle bezüglich der Aufrechterhaltung gegebener Machtunterschiede: „[...] psychoanalytic postulations of rejection, exclusion, projection, and abjection inherent in ego or subject formation effectively perpetuate colonization and oppression insofar as they do not identify rejection, exclusion, projection, and abjection with the logic of colonization and oppression themselves. Rather than describe the rejection, exclusion, projection, or abjection of certain undesirable characteristics onto the other as part of the operations of oppression and colonization, Freudian psychoanalysis explains this operation as inherent in ego, subject, or identity formation." (Oliver 2001: 38)

70 | Im Original: „la vision est palpation par le regard" (Merlau-Ponty 1964: 175). Und: „Le regard [...] enveloppe, palpe, épouse les choses visibles." (Ebd.: 173)

gelung, Identifikation oder Ähnlichkeit zu operieren.[71] Olivers Vision des Sehens versucht, mehr und mehr auf Distanz zu einem objektivierenden Sehen zu gehen und sich von Raum- oder Körpervorstellungen zu verabschieden, die ihre Gegenstände der Betrachtung nach Maßgabe von Koordinaten situieren. Stattdessen investiert sie in ein Staunen in den Sinnen und in eine Form der Zuwendung, die nicht transitiv wird bzw. die am Übergang das Andere nicht ergreift, „j'aime à toi" (Irigaray) bzw. im Transitiv-Werden nicht vereinnahmt.[72]

TAKTISCHES ERZÄHLEN UND ZEUGENSCHAFTLICHES ZU-SEHEN

Robinson unterscheidet das passing als soziale Praxis und als Darstellung voneinander. Als eine soziale Strategie sei das passing nur begrenzt subversiv (Robinson 1994: 735); als narrative Repräsentation in der Literatur – und ich füge hier hinzu im Film – dagegen, stelle es die Grundlage einer vor-diskursiven Identität und Sichtbarkeit in Frage. Es bilde einen darin, mehr, anders und Anderes zu sehen, so Robinson, als das, was sie „ontological truth-claims of identity" nennt (ebd.: 722). Auch Aischa Ahmed stellt den Unterschied zwischen einer sozialer Praxis und ihrer Darstellung heraus, wenn sie das passing „als Akt" eine Entscheidung nennt, die auch die Form des Widerstands annehmen könne. „Als Thema" ermögliche das passing, die vermeintliche Gewissheit binärer Unterscheidungen, normativer Vorgaben von Authentizität und essentialisierender Identitätskonstruktionen „zu hinterfragen" (Ahmed 2005: 272). – Lässt sich denn tatsächlich so ohne Weiteres zwischen Akten des Sehens in der sozialen Welt und in der Welt von Darstellungen unterscheiden? Eine materiell-semiotische Perspektive verneint dies klar. Mit seiner Emphase auf das Alltägliche verkompliziert auch de Certeau einen solchen Gegensatz und weist auf die Spannung zwischen dem Text und der Geschichte, zwischen dem Sagen und dem Tun hin, wobei er die Idee einer puren Diskursivität oder eines Realitätseffektes (nach Roland Barthes) ablehnt (de Certeau 2007: 66-67). Das Verhältnis des Diskurses zum Tun wohne seinem Objekt selbst inne, schreibt er etwa 1975 in L'écriture de

71 | Das Nachdenken über eine andere Vision des Sehens verbindet Oliver mit Haraway, im Gegensatz zu dieser aber schreibt sie der Reflexion (und auch der Selbstreflexion) eine große Wichtigkeit zu (2001: 39ff.). Erstaunlicherweise umgeht Oliver hierbei aber die Spiegelmetapher. Bezüglich der reflexiven Bewegung teile ich eher Haraways Ansatz, mit einer Diffraktion des Lichts zu denken. Eine solche Beugung streut das Licht, statt dass es projiziert und gebrochen wird. Haraways optische Metapher scheint mir eher geeignet zu sein, Differenz jenseits binärer Modelle zu denken.

72 | Auch Kaja Silverman lädt den produktiven Blick mit Liebe („love") als seinem möglichen Bedeutungsträger auf (Silverman 1996: 199), wobei sie diesen Aspekt leider nicht weiter ausarbeitet. Vgl. auch diverse Schriften von Luce Irigaray, die sich intensiv mit dem Problem, sich der (Geschlechter-)Differenz in nicht-objektivierender Weise zuzuwenden, befasst hat, vor allem etwa „Quand nos lèvres se parlent" von 1976 oder jüngeren Datums in *La voie de l'amour* (2017; englische Version 2002).

l'histoire (ebd.: 75). Der historische Text ersetzt de Certeau gemäß weder die soziale Praxis noch ist er als ihr Reflex zu verstehen. Vielmehr besetzt er den Platz eines Zeugen und Kritikers. Während für de Certeau also Agieren und Äußern nicht so einfach voneinander separierbar sind, wenngleich die Verzerrungen zwischen den beiden seiner Meinung nach zunehmen und historisch einer wachsenden Anforderung, den Sinn und die soziale Logik des Tuns auszusprechen geschuldet sind (de Certeau 2007: 197).[73] Fünf Jahre nach seinem Buch über das Schreiben der Geschichte entwickelt de Certeau in Kunst des Handelns die für ihn viel zentralere und genauer ausgearbeitete Dichotomie zwischen Strategie und Taktik, die das Feld der Praxen kennzeichnet. „Als ‚Strategie' bezeichne ich eine Berechnung von Kräfteverhältnissen, die in dem Augenblick möglich wird, wo ein mit Macht und Willenskraft ausgestattetes Subjekt (ein Eigentümer, ein Unternehmer, eine Stadt, eine wissenschaftliche Institution) von einer ‚Umgebung' abgelöst werden kann. Sie setzt einen Ort voraus, der als etwas Eigenes umschrieben werden kann und der somit als Basis für die Organisierung seiner Beziehungen zu einer bestimmten Außenwelt (Konkurrenten, Gegner, ein Klientel, Forschungs-‚Ziel' oder ‚-Gegenstand') dienen kann." (de Certeau 1988: 23) Auf die Seite der Taktik dagegen schlägt de Certeau die Erzählung, die Kunst des Sprechens, wobei er eine theoretische Relevanz der Narrativität für die Alltagspraxen postuliert, die er vom Diskurs (als einem Sprechen über) und vom Wissen abgrenzt. Er bezeichnet die Narrativität als „eine Kenntnis, die nicht um sich weiß" (ebd.: 146). Ähnlich wie in Fabeln oder Mythen gibt sie Zeugnis von einem Wissen, das sie sich aber nicht anzueignen vermag (ebd.). Das know-how alltäglicher Praxen ist eine referentielle Kenntnis, eine praktische Intelligenz. Es gehört niemandem, es ist kein aufklärendes, rationales Wissen. Erzählungen gehören zur taktischen Ordnung, sie handeln und sprechen zugleich; sie machen, was sie sagen, das ist ihre performative Kraft. Sie erzeugen Wirkungen. Ähnlich dem „triangular theatre of identity" des passing (Robinson 1994: 716) schaffen de Certeaus Erzählungen ein „Handlungs-Theater" (de Certeau 1988: 228), welches – wie weiter oben beschrieben – einen Raum mit einer spezifischen, durch Geschichten und Legenden begründeten und entfalteten Dynamik von Grenzen und Brücken belebe.[74] De Certeau zufolge geht die erzählerische Aktivität – und das ist hier zentral, nicht

73 | De Certeau spricht an der Stelle von einer „dissociation entre l'exigence de dire le sens et la logique sociale du faire". Dieses Auseinander-Klaffen zeichnet er anhand der Religionsgeschichte bzw. der Geschichte von Christentum und Staatsraison im späten 17. Jahrhundert und vor allem für Frankreich nach. Bildpolitisch interessant ist für den vorliegenden Kontext, dass de Certeau auf die in dieser Zeit stärker auftretenden „marques" (Markierungen auf dem Körper, Stigmas) verweist und sie als „objektive Kombinationen zwischen einer Praxis und einem Zeichen, einem Kreuzungspunkt zwischen der Sprache der Gesellschaft und einer Glaubenserklärung" beschreibt (Ü.d.A., ebd.: 199).

74 | „Die Erzählung von Räumen ist auf unterster Stufe eine *gesprochene* Sprache, das heißt ein Sprach-System, das Orte aufteilt, indem es durch eine Focussierung der Äußerung und durch den Akt seiner praktischen Ausführung *artikuliert*." (de Certeau 1988: 238)

zuletzt im Unterschied zu Robinson – den gesellschaftlichen Praktiken voraus, um ihnen ein Feld zu öffnen (de Certeau 1988: 231). „Genau das ist die erste Aufgabe der Erzählung. Sie eröffnet ein Theater zur Legitimierung tatsächlicher Handlungen. Sie schafft einen Bereich, der gewagte und zufällige gesellschaftliche Praktiken autorisiert." (Ebd.: 230)

Diese taktischen und explizit nicht der strategischen und dislozierenden Ordnung zugehörigen Alltags-Fabulationen möchte ich hier deutlich von W. J. T. Mitchells autonomen, aber durchwegs repräsentativen Bildern der Migration und vor allem der expandierenden Migrationskontrolle, die er vorgängig zu, wenn nicht gar als initial für die Praktiken der Migration begreift – er nennt dabei „stereotypes, search templates, tables of classification, and patterns of recognition" (Mitchell 2010: 14) –, unterschieden wissen. Hingegen denke ich, dass Samuras überaus strategisch angelegte Show des „real reality-TV" am Rande Hinweise auf Aspekte solcher Fabulationen enthält. Zwischen Samura, Ossàs und einigen weiteren Akteur*innen, die im Film nicht zu sehen sind, dürfte sich im Verlaufe des Filmemachens ein solches Handlungstheater abgespielt haben. Wenn, wie de Certeau meint, dabei die gesellschaftlichen Verhältnisse auf die erzählerischen folgen (ebd.: 232), dann war es das tatsächliche *bordercrossing*, welches dem Fabulieren folgte und von diesem autorisiert oder zumindest bekräftigt wurde. Die *passing*-Filmszene in Tarifa am Strand hingegen, stellt die strategische Inskription der Legende Ossàs-Samura dar. Und sie ist insofern eine *passing*-Szene als ihr – für die an *passing*-Narrativen geschulte Zuschauer*in – noch Spuren der Sicht eines „in-group witness", einer milieuspezifischen Zeugenschaft anhaften, die Subjektivität sieht ohne Subjekte oder Objekte wahrzunehmen.

Was aber bedeutet die Sicht auf dieses Zu-Sehen und das Hinein-Sehen in diese beinahe beliebig zu füllende Lücke, die der Migranten-*drag* von Ossàs hinterlässt?

Oliver ergeht sich in offenkundigen sprachlichen Paradoxen auf der Suche nach einer „conception of subjectivity [...] without subjects" (Oliver 2001: 68), die an eine „recognition of what is beyond recognition" (ebd.: 9) gebunden wäre. Ausgangspunkt für Olivers Kritik an der theoretischen Begründung von Subjektivität in der Unterwerfung unter die Macht und an der Anbindung von Subjektivität an die Modalitäten der Anerkennung sind die Positionen derjenigen, die in der dominanten Kultur zu anderen gemacht werden (ebd.: 6), wobei Oliver die Differenz dieser Andersheit nicht an Vertrautes, Gleichartiges oder Ähnliches anbinden will: „The other is no longer the other." (Ebd.: 223)[75] Um eine solche Andersheit anders zu denken rekurriert Oliver erstaunlicherweise auf die Szenerie des Gerichts, vor welches die oder der Subordinierte oder die oder der Unterdrückte, welche*r um Anerkennung

75 | An der Stelle fährt sie fort: „There is no the other, but a multitude of differences and other people on whom my sense of myself as a subject and an agent depends. There is no other except as the result of a process of domination through which subjects are turned into objects, othered subjectivities." (Oliver 2001: 223)

ringt, buchstäblich oder im übertragenen Sinne gerufen werde: „Demands for recognition from the oppressed are the result of their being put on trial by their oppressors.“ (Ebd.: 100) Vor diesem Gericht wird um die Position der Anklage gerungen, denn die oder der Angeklagte ist zugleich Kläger*in und ruft seine oder ihre eigenen Erfahrungen der Unterwerfung in den Zeugenstand. Diese seltsame Szenerie, die Oliver als ein „speaking in tongues“ (ebd.: 93ff.) fasst, ein Sprechen in einer Vielzahl von Zungen, beantwortet in einer zum *passing down for research* beinahe konträren Weise die Frage: Wie Unterwerfung, Erniedrigung und Missbrauch bezeugen? Oliver befasst sich hierbei vor allem mit *Incidents in the Life of a Slave Girl* von Harriet Jacob (erschienen 1861, zunächst unter dem Pseudonym Linda Brent), die den in sich widersprüchlichen Akt vollbringt, die eigene Verdinglichung und De-Humanisierung zu bezeugen und dafür etwa in der dritten Person Singular schreibt. Das Leben, das sie bezeugt und in die oppressiven Institutionen einschreibt, von denen die autobiographische Erzählung nur eine unter andern ist, ist nicht ‚ihres‘.[76] Harriet Jacobs „writing the story of self-respect back“ (Oliver 2001: 103) – das Selbstbewusstsein, welches sie durch die Geschichte von Unterwerfung, Entrechtung, Objektivierung und De-Humanisierung hindurch und zurück artikuliert – ist Oliver Beispiel für die der Zeugenschaft innewohnende Spannung zwischen historisch determinierten und determinierenden Subjektpositionen und Subjektivitäten, aus denen Veränderung entsteht. Dabei sagt die Performativität der Zeugenschaft immer ‚mehr‘, als der oder die Zeug*in weiß; Zeugenschaft verhandelt dementsprechend durchweg ‚mehr‘ als etwa historische Präzision (ebd.: 85-87).[77] Erst dieser Überschuss kann Oliver gemäß die Wahrheit einer Erfahrung zum Ausdruck bringen, die insofern Wahrheit ist, als sie im Akt der Zeugenschaft wiederholt und konstituiert wird (ebd.: 86). Die Herausforderung des Gesagten durch das Sagen sieht Oliver dabei nicht darin begründet, dass im Sagen die unausgesprochenen Bedingungen der Möglichkeiten des Gesagten ausgesagt werden, sondern „because the saying *enacts* the impossibility of really ever *having said* what happened“ (ebd.: 87-88). Anders als im taktischen Handlungstheater de Certeaus, welches eine chronologische Kausalität zwischen dem Erzählerischen und dem Gesellschaftlichen unterstellt, liegt die Zeitlichkeit der Zeugenschaft im In-Erscheinung-Treten. Sie bringt etwas zum Vorschein, ihr wohnt ein prophetisches Moment inne.[78] In *Exodus* begegnet der Zuschauer*in die Verhei-

---

76 | Im buchstäblichen Sinne war Jacobs als entlaufene Sklavin nach dem Fugitive Slave Act von 1850 auch jahrelang nach ihrer Flucht, als sie in Boston lebte (sie tauchte 1835 unter und floh 1842 in den Norden), in Gefahr, juristisch verfolgt, eingefangen und an ihre Eigentümer ausgeliefert zu werden.

77 | Ein solches ‚Mehr‘, verbunden mit dem Gewicht der Authentizität der Zeugenschaft, beschreibt James E. Young in seiner repräsentations- und dokumentationskritischen Studie *Beschreiben des Holocaust*, indem er Sidra Dekoven Ezrahi zitiert, der von einer „spirituellen Autorität des authentischen Zeugnisses“ spricht (Young 1997: 103, 105).

78 | Die prophetische Zeitlichkeit weist sicherlich Anschlüsse im Werk de Certeaus auf, insbesondere in dessen Spätwerk, das sich mit Fragen der Spiritualität und des Glaubens bzw. der Glaubensgeschichte auseinandersetzt und zur Mystik der frühen Neuzeit bzw.

ßung eines solchermaßen Ungesagten im Sagen durch Ossàs's Migranten-*drag*. Genauso sehr wie dieses Ungesagte im Sagen Aussicht (auf eine andere Zukunft) und Versprechen ist, kann es auch als eine Art „Zeit-Loch" gelten, als welches de Certeau verunsichernde und zugleich vielversprechende Momente bezeichnet, denen es an Sinn und Bedeutung mangelt. „Ce qui est trou dans le temps c'est l'absence du sens." (de Certeau 2007: 251) „Zeiteinbrüche" sind für de Certeau jene blinden Punkte, die Zugang „zu einer anderen Dimension" verschaffen als die durch Vernunft und Planung (Strategie!) hervorgebrachten Zeitdimensionen wie Korrelation, Ursache-Wirkungs-Verhältnis oder Kontinuität. Ganz im Sinne seiner Verpflichtung gegenüber den Mikrogeschichten des Alltags bezeichnet de Certeau diese Löcher auf den letzten Seiten seiner Schrift als „günstige Gelegenheiten" (de Certeau 1988: 355-257), auf die es explizit zu setzen gelte. Die Zuschauer*in, die Ossàs passen sieht, tritt in eine zeitliche Dimension des passing ein, die infinit ist und daher genauso sehr mit der Verheißung verbunden wie mit dem Vergehen, und auf jeden Fall mit dem Scheiden („pass away").

... KOMPLIZENSCHAFT

Zu-Seher*in (oder ‚sekundäre' Zeug*in) zu sein, ist eine Position, die zwischen der unmittelbaren Zeitlichkeit einer Augenzeugenschaft und der Vorhersage, dem Verkünden (von etwas nicht (An-)Erkanntem) liegt. Robinson, die den oder die „in-group witness" mit einer identitätspolitischen Perspektive auflädt, spricht davon, dass diese*r das Nichtvorhandensein von Wissen erzähle („telling the absence of knowing", Robinson 1994: 722). – Ein Zu-Sehen, welches das anderswoher Kommende in Augenschein zu nehmen vermag, ist zunächst einmal ein nicht vergegenständlichendes Sehen, sondern ein empfängliches, ein resonantes. Diese Eigenschaften teilt es mit dem, was Oliver eine*n „external witness" nennt. Aber erst die gegenseitige Ergänzung eine*s „external witness" und eine*s „inner witness",

zum mystischen Sprechen als einem Sprechen mit einem „verwundeten Wort" (de Certeau 2010: 236) schreibt, bei welchem das Aussagbare unablässig von etwas Unaussagbarem durchschnitten wird. Das Verhältnis zwischen Offenbarung oder Verkündigung („scène de l'annonciation") und Äußerung („scène de l'énonciation") ist hier sicherlich in einer Weise gegeben, die Ähnlichkeiten zur Zeitlichkeit der Zeugenschaft aufweist. Die Linie der Taktik/Strategie-Unterscheidung bei de Certeau genauer auf seine Auseinandersetzung mit der Mystik zu beziehen, sprengt allerdings die Möglichkeiten dieses Textes. Stattdessen gilt es an der Stelle und im Zusammenhang mit etwas, das hervor und in Erscheinung tritt, vielleicht anzumerken, dass sich de Certeaus Arbeiten im Allgemeinen durch ein überaus kritisches, ja negatives Verhältnis zu Blick und Bild (im Gegensatz zu Hören und Stimme) auszeichnen - sei es im Zuge der christlichen Tradition oder seiner Kritik der ‚Ethno-Graphie' und der Hermeneutik des Anderen (de Certeau 2007: 245-283). Siehe zum Beispiel: „L'ivresse de savoir et le plaisir de voir pénètrent l'obscur et déplient l'intériorité des corps en surfaces offertes à l'œil." (Ebd.: 276)

die Verbindung von „adress-ability“ und „response-ability“ vermöge Subjektivität zu stiften, so Oliver. Etwas zu bezeugen umfasst ihr zufolge immer sowohl die Wiedereinsetzung eine*r inneren Zeug*in als auch das Zusammenspiel mit eine*r externen Zeug*in, insofern Zeugenschaft mit einer Instandsetzung von „address-ability“ und „response-ability“ einher geht, die beide durch Gewalt und Unterdrückung beschädigt werden (Oliver 2001: 105). Subjektivität ist demzufolge unbedingt mehr als eins. Und: „Eins ist zu wenig und Zwei sind nur eine Möglichkeit.“ (Haraway 1995 e: 70) Zeugenschaftliches Zu-Sehen ist ein gesehenes Sehen, das sieht – vielzüngig und multi-perspektivisch. Es ist in etwa das Gegenstück zu einem Sehen, ohne gesehen zu werden.[79] Die Komplizität zwischen einer inneren und einer äußeren Zeugenschaft ermöglicht eine Artikulation, die zugleich innerhalb wie außerhalb der sozialen Unterdrückung und der Viktimisierung situiert ist: „*Testifying to a witness* opens up the space to step outside. For this reason, it is in the process of testifying that the victim first comes to ‚know‘ his or her own experience, which is all the more reason why the process of witnessing is one of joint responsibility, for the very possibility of experience itself comes only through representation, elaboration, and interpretation.“ (Oliver 2001: 92-93, H.d.A.) In einer solchen Performativität der Zeugenschaft – eher als in der Nachahmung oder der Inkorporierung – gründet das Verständnis der Schauspielerei des Filmemachers Elia Kazan. Auf die Frage, wie er seine Schauspieler*innen finde, antwortet er im Film *Elia Kazan. An Outsider* von Annie Tresgot und Michel Ciment (Frankreich 1982), er gehe mit ihnen spazieren, essen, er suche nicht eigentlich nach Laien-DarstellerInnen, sondern: „I am looking for someone who can experience the experience of the role.“ Zeugenschaftliches Zu-Sehen verbindet das aktive, aus sich heraustretende, Welt erschließende Sehen und das passive, im eigenen Organ berührte Sehen. Die Sicht (*vision*) wird dann zu einem Ort, an dem etwas Sichtbares zu sehen anfängt.

Stavros – Hohannes – Joe Arness

Stavros und Hohannes, die beiden Auswanderer nach Amerika im Film *America, America* von Elia Kazan (USA 1963), stehen allein auf dem ruhigen, von einer flachen Morgensonne beleuchteten Schiffsdeck an der Reling und schauen auf die Wasseroberfläche.

---

79 | Vgl. hierzu die viel zitierte Passage aus Haraways Text „Situiertes Wissen“: „Ich möchte die Körperlichkeit aller Visionen hervorheben und auf diese Weise das sensorische System reformulieren, das zur Bezeichnung des Sprungs aus dem markierten Körper hinein in den erobernden Blick von nirgendwo benutzt worden ist. Dieser Blick schreibt sich auf mythische Weise in alle markierten Körper ein und verleiht der unmarkierten Kategorie die Macht zu sehen ohne gesehen zu werden, sowie zu repräsentieren und zugleich der Repräsentation zu entgehen.“ (Haraway 1995 a: 80)

Hohannes: „I need you, Stavros, if you go I'll go and I can not swim. I hold onto you. Don't do something crazy. Don't."
Geräusche von Wellen, die Glocke einer Kapelle. Es ist wieder Nacht, man sieht Lichter am Ufer. Das Deck ist in scharfen Konturen und Kontrasten ausgeleuchtet. Halbtotale auf die beiden Freunde. Tiefer Ton der Schiffshupe. Stavros wendet sich von der Reling ab und kommt Richtung Kamera. Nähert sich. Teilweise albtraumartig verlangsamte Gesprächsfetzen und Kommentare zweier vorbeigehender Passagiere sind zu hören.
Stavros: „Hohannes, come!"
Hohannes und Stavros stehen nun ganz im Bildvordergrund. Stavros kündigt an, dass er gehen, dass er springen und an Land zu schwimmen versuchen wird. Er übergibt Hohannes eine Sendung für seinen Cousin in Konstantinopel, der den Brief schließlich seinem Vater schicken soll. Schnitt. Das Deck füllt sich, eine Musikgruppe spielt auf, es ist eine bürgerliche Hochzeits- und Tanzgesellschaft. Ein Akkordeon und zwei Fiedler begleiten mit einem langen Tremolo den Kuss eines Paares, auf dem der aus dem Bildhintergrund geworfene scharfe Blick von Stavros liegt. Langsam erhebt sich aus den Violinen, die den Ton festhalten, die Melodie einer Mundharmonika. Als Rückblende sehen wir die Umarmung von Stavros und seiner Verlobten Domna Sinnikoglou aus gutem Hause, die er in Konstantinopel verlassen hatte. Schnitt. Das Paar auf dem Schiff löst die Umarmung, die Frau wendet den Kopf zur Seite, sieht Stavros, rennt weg. Auch der Mann blickt den starrenden Stavros an. Während sich die Tanzgesellschaft erneut gruppiert, bahnt sich auch die romantische Musik wieder ihren Weg. Schnitt. Blickaustausch zwischen Hohannes und Stavros. Kamera-Travelling, das Stavros folgt, der weiterhin die festliche Gruppe aus der Ersten Klasse beobachtet, die sich nunmehr über das gesamte Zwischendeck der Dritten Klasse ausgebreitet im Paartanz ergeht. Nahaufnahmen auf die zusehenden Gesichter von Stavros und Hohannes. – Stavros klammert sich an einen Schiffsbalken. Sein Gesicht ist verzerrt, und er springt mit einem Schrei mitten hinein in die Tanzfläche. Schaut aus der Hocke heraus um sich, als würde er erneut zu einem Sprung ansetzen. Eine Klarinette, begleitet von einer Bouzouki suspendiert den Augenblick: Langsam erhebt sich Stavros im Angesicht der jungen Frau, die er bereits zuvor und in Erinnerung an sein Leben in Konstantinopel im Blick hatte. Kurze Rückblende auf Domna Sinnikoglou. Die junge Frau auf dem Schiff schreit auf und rennt in den Bildraum hinein nach hinten weg. Wiederum langsam bewegt sich Stavros frontal auf die Kamera zu. Schnitt. Ein feines, fast angedeutetes, sehendes Lächeln von Hohannes. Töne und Geräusche vermengen sich: Schiffshorn. Stavros' Schrei. Er geht leicht in die Knie, nimmt Anlauf und springt in einer Drehung. Springt und dreht sich. Breitet die Arme aus. Dreht sich. Schreit. Dreht sich. Schreiend, wie ein ungestümer Derwisch, dreht er unablässig schnellere Kreise. Die romantische Melodie erhebt sich wieder im Lächeln von Hohannes, im Hören von Stavros' Schrei. Rückblende auf einen Weg in den Bergen, der zu Beginn des Filmes zu sehen war,

damals in Anatolien, als sich Stavros und Hohannes zum ersten Mal begegneten. Der lächelnde Hohannes auf dem Schiffsdeck geht Stavros, der in der Rückblende dem steinigen Bergabhang entlang geht, entgegen. Schnitt. Der schreiende, kreisende Stavros, mit hoch erhobenen, mit ausgebreiteten Armen und offenem Mund. Hohannes geht ihm weiterhin entgegen. Begegnet ihm auf dem steinigen Weg. Geht auf die Reling zu. Streckt, nun selber auf dem Weg in den Bergen, bittend die Hand aus. Geht auf sich zu. Geht auf die beiden zu, die am Abhang aneinander vorbei gelaufen sind. Stavros dreht sich um, um Hohannes nachzuschauen. Hohannes schaut. Schnitt auf Stavros, der sich auf dem Schiffsdeck unablässig weiter im Kreis dreht und schreit, die Arme wie Flügel ausgebreitet, wie Segel gehisst. Nahaufnahme auf einen Schuh, der ausgezogen wird. Besorgte und belustigte Gesichter der Festgesellschaft in Nahaufnahmen. Stavros in Nahaufnahme, von oben gefilmt, die Kamera ist direkt auf den Angelpunkt seiner Drehung fokussiert. Zwei Hände, die den Handlauf der Reling fest umklammern. Die junge Frau aus der Tanzgesellschaft breitet ihrerseits die Arme aus und ahmt Stavros tanzend nach. Hohannes steigt über die Reling. Stavros taumelt, die junge Frau hält ihn fest. Hohannes springt. In den Armen der jungen Frau, die ihn von hinten umfassen, sinkt Stavros zu Boden. Schnitt auf zwei sorgsam vor der Reling abgestellte Schuhe. In dem einen Schuh steckt Stavros' Brief. Abblende auf Schwarzbild.

Aufblende auf eine uniformierte Blaskapelle. Marschmusik. Beschriftetes Gebäude: „Port of New York. 17", davor eine Wimpelgirlande. Gesichter der Menge auf dem Zwischendeck, darunter Stavros, der hinunter auf die aussteigenden Passagiere der Ersten Klasse schaut. Es wird angekündigt, dass die Passagiere der Dritten Klasse nach dem Aussteigen durch die amerikanischen Behörden überprüft werden. – Es folgen Aufnahmen aus Ellis Island.[80] Stavros Topouzoglou reist unter dem Namen von Hohannes Gardashian in die USA ein. Die zweite Sache, die er in Amerika angekommen erhält, nach dem Strohhut, mit dem er seinen Fez ersetzt, und den 50

80 | Die Szenen aus Ellis Island wurden in Athen, in einer verlassenen Lagerhalle gedreht. Elia Kazan dazu: „We sent trucks up to the border between Greece and Bulgaria. There were camps up there of people who had crossed over from the Communist countries of Bulgaria or Rumania into Greece. By God, their clothing, their looks, above all their faces, were perfect for that part. These people's deprivation their hardship, and their continuous anxiety worked for me.

How do you direct them? Well, you didn't have too much. What counts is what they looked like and how they were dressed and the position I put them in.

Sometimes the face of a real person is far more eloquent that any actor can achieve. There's something about almost all actors that is well-fed looking. If you have a scene of either a working-class person or a person deprived by life or a person who is hard up, it's much better sometimes to get a face. You can't beat cops in cop roles. They play cops very well. Fellini says: ‚I don't give a damn how they talk or wether they talk at all I'll dub that in later. Give me the face.' The face is a piece of statuary, it's a piece of revelation." (Kazan 2000: 191)

Dollar als Abschiedsgeschenk der Dame, Sophia Kebabian, die ihn als Liebhaber, Begleiter und blinden Passagier aufs Schiff gebracht hat, ist ein neuer Name. Dieser ergibt sich aus der amerikanischen Aussprache des Rufnamens seines Komplizen: Joe Arness. „Well Joe, you're reborn!", kommentiert der Grenzbeamte.

KOMPLIZENSCHAFT ALS MORALISCHE ÖKONOMIE

Komplizenschaft ist temporär und zielgerichtet. Sie ist eine Form der Kollaboration, des Sich-aufeinander-Verlassens – allerdings aus der Perspektive einer Mittäterschaft: Fast immer geht es bei der Komplizenschaft um das Drehen krummer Dinge, um Regelbrüche. Was die vorliegende Schrift an diesem Verhältnis interessiert, sind seine sozialen Bande, die im Hinblick auf das Überschreiten einer – juristisch und/ oder gesellschaftlich verfassten – Grenze erwachsen und die trotz widrigster Umstände nicht nur unerschütterlich sind, sondern sich sogar zu einer moralischen Bande verfestigen.[81] Am Narrativ von *America, America* lässt sich verfolgen, dass die Komplizenschaft einen *ganzen* Weg umfasst, sie reicht vom Fassen eines Plans oder Entschlusses bis zur Realisierung eines Vorhabens. Der Pakt zwischen Stavros und Hohannes wird zu Beginn des Films geschmiedet, als Stavros, der Grieche in den anatolischen Bergen auf Hohannes, den Armenier trifft, der mit nichts in der Hand zu Fuß unterwegs ist nach Amerika, und ihm seine Schuhe übergibt, begleitet von den Worten: „I'll remember you." Dies ist der Auftakt zum Migrationsprojekt Amerika als Komplizenschaft. Man migriert niemals allein. Komplizenschaft ist der Bund für etwas, was man allein nicht vermöchte: Amerika lautet *America, America*[82]. Wie

81 | Gesa Ziemer bringt die Komplizenschaft in ihrem Buch *Komplizenschaft. Neue Perspektiven auf Kollektivität* in Verbindung mit postfordistischen Arbeitsformen, die auf Affektivität und Fluidität basieren, meist selbstbestimmt/selbständig/prekär und in der so genannten Projektarbeit der *creative industries*. Auch wenn ich dem Buch Anregungen entnehmen konnte, schließe ich mich doch seiner Hauptthese nicht an, die mir ein zu unschuldiges Verhältnis zu Begriffen wie Innovation und Kreativität an den Tag zu legen scheint: „Komplizenschaft - so meine These - ist eine spezifische Arbeitsform, die von einer destruktiven in eine konstruktive, lustvolle Arbeitsweise umgedeutet werden kann und die dazu führt, dass alternative Strukturen entwickelt werden, die zu Innovationen führen." (Ziemer 2013: 11)

82 | Das Drehbuch für den Film basiert auf dem gleichnamigen, von Elia Kazan geschriebenen Roman, der 1962 bei Stein & Day in New York erschienen ist. Die deutsche Übersetzung erschien 1964. *America, America* ist der wohl persönlichste Film von Elia Kazan, der selbst als vierjähriger in die USA eingereist ist. Grundlage für den Film bildete die Einwanderungsgeschichte seines Onkels, der seinen Vater in die USA gebracht hatte. Stathis Giallelis, der mit 22 Jahren die Rolle von Stavros Topouzoglou, dem Protagonisten spielte, arbeitete als Hilfskraft für den Produzenten Daniel Bourla in Athen. Er bekam den Zuschlag für die Rolle, obwohl er kein Englisch sprach, aufgrund der Gespräche, die er mit Elia Kazan führte und bei denen es um den Tod seines Vaters im Bürgerkrieg ging. Der Film beginnt mit einer Offstimme im Namen des Regisseurs: „My name is Elia Kazan. I am

willst du das schaffen?, fragt Stavros Hohannes. „Each day, part of the distance", antwortet dieser. Die nächste Station ihrer Komplizenschaft – ein unverhofftes Wiedersehen – findet in Konstantinopel statt, wo Stavros inzwischen Anschluss ans Bürgertum gefunden hat, im Geschäft seines zukünftigen Schwiegervaters arbeitet und mit seinem amerikanischen Traum hadert. Er begegnet Hohannes, der schwer abgerissen ist und die Hoffnung beinahe verloren hat, es bis nach Amerika zu schaffen, zufällig; er erkennt ihn an seinen Schuhen und lädt ihn zum Essen ein. Ein Verhältnis der Komplizenschaft zeichnet sich dadurch aus, dass der oder die Eine Verantwortung für die Handlungen des oder der Anderen übernimmt. Das ist die Bande im doppelten Sinne: als *gang*, die dem gleichen Zeichen folgt (gotisch „bandwa" für Symbol, Zeichen), und als Einfassung oder Bund. Allein die Etymologie der Komplizenschaft – lateinisch „com" und „plectere" (Ziemer 2013: 24) und griechisch „plekō" – verweist auf etwas Komplexes, miteinander Verflochtenes, Verwobenes, ineinander Gefügtes. Kompliz*innen sind nicht einfach Weggefährt*innen, die ein Stück Lebensroute miteinander teilen, sondern eine Art Knäuel. Die Komplizenschaft ist eine soziale Form, in der Marginalisierte oder Subalterne sich nicht selten als Teil einer ‚moralischen Ökonomie' organisieren. Die moralische Ökonomie richtet sich dabei nicht in normativer Weise an ein Subjekt und dessen Lebensführung, sondern sie ist eine für alle – und das heißt für beide Seiten eines Klassenantagonismus zwischen Herrschenden und Beherrschten – verpflichtende gesellschaftliche Grenze gegenüber organisierten privaten Interessen bzw. dem Prinzip der ökonomischen Rationalität.[83] – Eine solche Grenze ist eine Grenze der Gerechtigkeit und

a Greek by blood, a Turk by birth and an American because my uncle made a journey." Aufblende von Schwarzbild auf die Ansicht des in den Wolken liegenden Berges Erciyes (griechisch „Argaios") in Anatolien. In diesem Film ist die Suche nach einem anderen Ort zum Leben mit den Kämpfen der Befreiung aus dem Status als Untertanen und Minderheit im osmanischen Reich im ausklingenden 19. Jahrhundert verbunden. Und es ist der Blick auf den erhabenen Berg, der im Verlaufe des Filmauftakts die Sicht auf den titelgebenden Sehnsuchtsort Amerika frei gibt.

83 | Die moralische Ökonomie entspricht dem analytischen Versuch, sich in nicht klassenreduktionistischer Weise auf gesellschaftliche Verhältnisse zu beziehen, die dem Ökonomismus widerstreben. Der englische Sozialhistoriker Edward Palmer Thompson beschrieb unter diesem Begriff die Brotrevolten im Europa des 18. Jahrhunderts, wobei es darum ging, sie weniger als Widerstand gegen Verteilungsungerechtigkeit zu verstehen, sondern als Subsistenz-Strategien. James C. Scott, der die bäuerliche Subsistenz-Ethik in Südostasien für die Zeit der kolonialen Ära mit ihren sozialen, kulturellen, politischen und ökonomischen Herausforderungen analysierte, definiert die moralische Ökonomie als ein „right to subsistence", welches er in den ökonomischen Praktiken und sozialen Austauschformen der bäuerlichen Gesellschaften verwurzelt sieht. Scott will allerdings deren Idealisierung vermeiden und interpretiert sie weniger als von Altruismus geprägte Praxen, sondern vielmehr als von einer sozial erlebten Notwendigkeit getragene (Scott 1976: 6). Den moralischen Gehalt der bäuerlichen Subsistenz-Ethik, das heißt „their notion of economic justice and their working definition of exploitation – their view of which claims on their product were tolerable and which intolerable" (ebd.: 3) nennt er „moralische

zugleich ein quantifizierbares Ausmaß an Ausbeutung und Gewalt: Wie weit darf man gehen? Wie viel noch? Diese Maßgabe stellt eine Reziprozität unter Ungleichen her, die verloren geht, wenn die moralische Ökonomie verkümmert und die Losung eher lautet: Dir soll's auch nicht besser gehen als mir. Ganz und gar im Gegensatz dazu lautet die moralische Ökonomie, welche die Komplizenschaft in der Migration zwischen Hohannes und Stavros anleitet: Du sollst es einmal besser haben als ich. Der Komplize ist ein Taktiker im Sinne de Certeaus, einer der *mit* anderen agiert. Im Unterschied zum *passing*, bei dem eine*r ein*e andere*r und mehr wird, macht der Zusammenschluss, die Verkettung oder Verflechtung, kurz, das Mit der Komplizen deutlich, dass Stavros und Hohannes gerade in ihrer je einzigartigen Einsamkeit und Verletzlichkeit niemals abgeschlossene Formationen waren, sondern in ihrem permanenten Neubeginn und in den fortwährenden Veränderungen, die sie auf der Reise durchlaufen, immer durchlässig und empfänglich – mit Vielen unterwegs. – Ganz unmittelbar und überaus konkret sind das *bordercrossing* und die Einreise als Joe Arness Resultate des Zusammenwirkens und Ineinander-Verwickelns der beiden – nicht aber als Verschmelzung oder Übertragung, sondern als Geteiltes, als auf den Weg Mitgegebenes, als Schuhe zum Gehen, als Name zum Tragen. Das Prinzip der Komplizenschaft zeigt sich hier im Hinblick auf die Realisierung des Rechts auf Bewegungsfreiheit. Und scharf kontert es die Ideologie des Einwanderungslandes, in dem jede*r seines oder ihres eigenen Glückes Schmied werden möge, mit dem Wissen der Subalternen: Du schuldest dein Glück anderen.[84] Phantasmatisch als Innenperspektive subalterner Überlebensökonomien hat die Komplizenschaft die Mehrheitsgesellschaft immer schon beschäftigt und verzaubert.[85] De Certeau liefert eine der schönsten Passagen dazu, warum dieser Wunsch mit einer grundlegenden V/Erkennung einher geht, indem er das, was er im Rückgriff auf Fernand Delignys „Irr-Linien" („lignes d'erre"[86]) als taktische Bahnungen (die ich hier im Anschluss an das Konzept der Autonomie der Migration verstehen möchte) benennt, von einer statistischen Sichtweise abgrenzt: „Sogar die Statistik weiß darüber nahezu gar nichts [...], da sie von den Kategorien und Taxinomien ausgeht, die ihr selber eigen sind. Sie erfaßt das Material dieser Praktiken und nicht ihre *Form*; sie bezieht sich auf die verwendeten Elemente und nicht auf die ‚Satzform', die sich aus der Bastelei, aus dem ‚handwerklichen' Erfindungsreichtum und aus der Diskursivität ergibt, welche all diese ‚vorgegebenen' und sich ihrem Hintergrund anpassenden Elemente

Ökonomie", wenngleich er diesbezüglich auch die normativen kulturellen und religiösen Elemente berücksichtigt: „The problem of exploitation and rebellion is thus not just a problem of calories and income but is a question of peasant conceptions of social justice, of rights and obligations, of reciprocity." (Ebd.: Vii)

84 | Vgl. zu diesem Punkt Fußnote 79 im dritten Kapitel zu „mobile commons" und einer „obligation without debt" im Kontext des durchlöcherten Raums.

85 | Siehe etwa den paradigmatischen Gangsterfilm *Bonnie and Clyde*.

86 | Über die „lignes d'erre" (Deligny 2007), siehe insbesondere in „Voix et voir", 805-838; vgl. auch Kuster 2013.

kombinieren. Indem die statistische Untersuchung dieses ‚Umhervagabundieren' in Einheiten zerlegt, die sie selber definiert hat, und indem sie die Ergebnisse ihrer Zerstückelungsarbeit entsprechend ihren eigenen Codes wieder zusammensetzt, ‚findet' sie nur Homogenitäten. Sie reproduziert nur das System, dem sie selber angehört, und läßt die Ausbreitung der heterogenen Geschichten und Aktivitäten, die das Patchwork des Alltäglichen bilden, beiseite. Die Kraft ihrer Berechnungen beruht auf ihrem Auf- und Unterteilungsvermögen, aber gerade aufgrund dieser ana-lytischen [*sic*] Zerkleinerung entgeht ihr eben das, was sie zu suchen und darzustellen glaubt." (de Certeau 1988: 22) Nicht dass die Taktik der Komplizenschaft nicht auch kalkulierte, aber ihr Kalkül ist eines, „das nicht mit etwas Eigenem rechnen kann und somit auch nicht mit einer Grenze, die das Andere als eine sichtbare Totalität abgrenzt. Die Taktik hat nur den Ort des Anderen. Sie dringt teilweise in ihn ein, ohne ihn vollständig erfassen zu können." (Ebd.: 23)

Saeed und Abdelfattah

Komplizenschaft soll im Folgenden nicht *im* Film, sondern *am* Film verhandelt werden. Die Frage, die ich stellen möchte, lautet: Wie sähen Weisen des Filmemachens aus, die nicht *über*, sondern eher *mit* den Praktiken der Migration operieren?[87] Dies möchte ich als Frage an einen dokumentarischen Film als günstige Gelegenheit für ein *bordercrossing* behandeln – oder umgekehrt als Frage an das *bordercrossing* als günstige Gelegenheit für eine filmische Bahnung. Beispiel ist mir der Dokumentarfilm *I See the Stars at Noon* (UK 2004) von Saeed Taji Farouky.[88]
Viele Zuschauer*innen sind geneigt, nach der Vorführung eines Empathie erzeugen-

87 | Vgl. hierzu etwa meine Videoarbeit S.*- je suis, je lis à haute voix [passing for]* (2005) und Kuster/Melitopoulos (2016).

88 | An der Stelle sei darauf hingewiesen, dass ich von keiner festen, sondern höchstens heuristischen Definition des Dokumentarfilms ausgehe, indem ich ihn als einen Film verstehe, dessen Referenzobjekt die nichtfilmische Wirklichkeit ist (Hohenberger 1988: 26). Um die Praxis des Filmemachens (als eine günstige Gelegenheit für das *bordercrossing*) und die Praxis des *bordercrossing* (als eine günstige Gelegenheit für eine filmische Bahnung) gegen- und miteinander zu verhandeln, greife ich zunächst auf die klassische dokumentarfilmtheoretische Unterscheidung zwischen vorfilmischen, nichtfilmischen und filmischen Realitätsbezügen nach Eva Hohenberger (1988: 28ff.) zurück. - Hohenberger selbst unterscheidet hier allerdings fünf Ebenen, die nichtfilmische Realität, die vorfilmische Realität, die Realität Film, die filmische Realität und die nachfilmische Realität (zusammenfassend ebd.: 29-30). Zur historischen Genese des Begriffs Dokumentarfilm merkt Elizabeth Cowie (2003: 23) an: „Mit Bezug auf [...] sein eigenes Interesse an der gesellschaftlichen Bedeutung der Filmkunst verwendete der junge schottische Cineast John Grierson den Begriff ‚documentary' in seiner Rezension von Robert Flahertys zweitem Film, *Moana* (1926), zur Beschreibung der Aufzeichnungen über das Leben einer samoanischen Gemeinschaft und schenkte so der englischsprachigen Welt ein neues Filmgenre."

den Dokumentarfilms mehr über die Verpflichtungen des oder der Filmemacher*in gegenüber seinen oder ihren Protagonist*innen erfahren zu wollen. Oft lautet deswegen eine der ersten Publikumsfragen: Wie geht es dem oder der Protagonist*in heute? Was ist aus ihm oder ihr geworden? – So verständlich diese Anteilnahme sein mag, die kultiviert-geübte Kinogänger*in wird demgegenüber natürlich einwenden, dass die Dinge, die ein Dokumentarfilm vermittelt oder in einer Zuschauer*in auslösen mag, nicht dadurch überprüfbar und verifizierbar werden, dass die im Film aufgehobenen, bearbeiteten und dargestellten Realitäten, Fakten oder Personen, eine Rückmeldung geben könnten, wenn sie denn aufgefordert werden, in ihrem eigenen Namen zu sprechen. Die filmischen Begriffe, Stile, Sprachen, Namen und Beschreibungen können nicht von einer vorfilmischen und nichtfilmischen Realität garantiert und als real, zutreffend oder gar legitim bezeugt werden.[89] Auch für den dokumentarischen Film gilt, dass er, auch wenn er ein Aufzeichnungsverhältnis eingeht, nicht einfach abbildet.[90] Die Stimmen der Protagonist*innen eines Filmes können nicht für die Bedeutung, die Wahrheit oder das Scheitern eines Films – in der nachfilmischen Realität – verantwortlich gemacht werden. Trotzdem beharrt die naive Zuschauer*innen-Frage auf dem ebenso interessanten wie entscheidenden Aspekt der Komplizenschaft zwischen Filmemacher*innen und Darsteller*innen. In *I See the Stars at Noon* beantwortet sie der Filmemacher Saeed Taji Farouky quasi-antizipativ am Filmende, kurz vor dem Abspann mit einer Texttafel: Abdelfattah, der Protagonist, sei inzwischen nach Tunesien umgezogen, wo er als *security agent* arbeite und noch immer nach einem Weg Ausschau halte, nach Europa einzureisen.– Von dieser Nachricht am Ende des Films ausgehend möchte ich den Film rückwärts lesen, wobei ich die Taktiken der günstigen Gelegenheit, welche die Begegnung zwischen Saeed und Abdelfattah freisetzt, ebenso nachzuzeichnen versuche wie die Geschichte der Komplizenschaft zwischen den beiden. Die durchaus problematische und immer riskante filmische Annäherungs- und Arbeitsweise, bei der herausgearbeitet wird, dass der oder die Filmemacher*in sich nicht nur in der filmischen Realität und in der Realität Film befindet, sondern auch in der vorfilmischen und nichtfilmischen Realität ein*e soziale*r Akteur*in ist, haben etwa Jean Rouch und Edgar Morin anhand von *Chronique d'un été* (F 1961) erprobt und „cinéma vérité" genannt. Die Wahrheit dieses Kinos entspricht dabei in keiner Weise einem naiven Realismus. Und einem solchen ist sicherlich auch Saeed Taji Farouky im Lauf der

89 | Auch wenn die vorfilmischen und die nichtfilmischen Realitätsbezüge ineinander übergehen, so lässt sich mit den beiden Begriffen tendenziell zwischen der Gesamtheit der Wirklichkeit, auf die sich ein dokumentarischer Blick beziehen kann, und dem, was sich unmittelbar vor einer Kamera abspielt, unterscheiden (siehe Hohenberger 1988: 31-37).

90 | Jean-Louis Comolli findet eine schöne Definition für das Aufzeichnungsmedium Film, wenn er sagt: „Ce que nous voyons au cinéma relève toujours de *l'inscription vraie* : il y a eu - vraiment - la présence simultanée des corps et des machines. La prise cinématographique a enregistré cette coprésence comme une relation : il s'agit donc de la vérité de cette relation." (Comolli 2009: 101)

Drehs entwachsen. Im Nachhinein gibt er an, dass sein Ausgangspunkt und Beweggrund für den Film über die „hijra siriya", die klandestine Emigration aus Marokko, war, ein umfassenderes Verständnis für dieses riskante Unterfangen zu erlangen; zugleich stellt er fest: „I was, admittedly, naïve in my initial approach to the film, *and all of this* came as a surprise." (Farouky 2005, H.d.A.)
Letzten Endes meint „all of this" nichts Geringeres als die Beziehung der historischen, sozialen, kulturellen und politischen Welt der europäischen Grenze zu diesem bestimmten Film. „All of this" sind aber auch all die Komplikationen und Herausforderungen, die sich zwischen Abdelfattahs Handlungsweisen oder Aspirationen und dem ergeben, was Saeed davon für das Filmnarrativ aufarbeitet, welche Spuren der Auseinandersetzung mit Abdelfattah er seine Konstruktion der Geschichte eines Migranten im fertigen Film tragen lässt. „All of this" bedeutet entsprechend: Von wem und nach welchen Kriterien wird das Gegenüber und Miteinander von Filmemacher und Protagonist gestaltet, und wie entsteht daraus unter der Voraussetzung der Produktion, der Organisation von Finanzierung, Technik, Arbeitsteilung etc. – kurz all dem, was Hohenberger „Realität Film" nennt (1988: 30) – filmische Zeit und letztlich jenes sinnhafte Ganze, dem sich als filmischer Realität in einem Kino begegnen lässt? Umgekehrt wird diese filmische Realität auch aus einer gewissen sich selbst auferlegten Pflichtschuld gegenüber dem, was aus Abdellfattah und dessen Hingabe an das *bordercrossing* und an den Film wird, hervorgehen. – Die Vorwegnahme einer solchen Pflichtschuldigkeit wirkt als eine Art „futur antérieur" natürlich in die Gegenwart des Filmdrehs zurück und leistet dort sicherlich ihren Beitrag zu den Verhaltensweisen von Saeed als Filmemacher, aber auch als Person und Inhaber von britischen Papieren. Schnitt. Das erste, was wir in *I See The Stars At Noon* vernehmen, ist Abdelfattahs Stimme. Er fragt Saeed: „Are you recording?" Diese Tonspur legt die Form des Filmes aus: Saeed folgt Abdelfattah und dem, was ihm widerfährt, mit seiner Kamera, während er seine Emigration organisiert, durchs Land reist, auf der Suche nach Kontakten, Schleusern und Geld. Unter den zahlreichen unspezifischen Innenräumen, in denen die Einstellungen über Abdelfattahs Alltag spielen, ist auch ein einfacher Raum mit zwei Betten zu sehen: Abdelfattahs und Saeeds Schlafstätten. Die beiden verbringen offenbar nahezu Tag und Nacht miteinander, sie teilen Wachsamkeit und Nachtruhe, so suggeriert es das Filmbild. Der Kamerablick ist zumindest potenziell fast immer dabei. Die Einstellungen sind markant weitwinklig, so dass die Aufnahmen teilweise wie von einer versteckten, aber an die Subjektivität des Filmemachers angeschlossenen Kamera gefilmt wirken; das Bild wackelt häufig und fokussiert gelegentlich zufällige Details wie eine Türschwelle, die Seitenkante des Sitzes in einem Autobus etc. Der Film gibt Abdelfattah in seinem Alltag zu sehen; ab und an explizieren Schrifteinblendungen das Datum der Aufnahme. Als Filmzuschauer*in verfolgt man die verstreichende Zeit und den Prozess des Filmens in undramatisch gleichförmiger Weise. Szenen, in denen ein paar Gedanken angestellt, ein paar Pläne reflektiert und überprüft werden, wechseln sich beinahe beliebig ab mit Aufnahmen vom üblichen Zubereiten einer gebratenen Sardine, dem Aus-dem-Fenster-Schauen auf vorbeiziehende Landschaf-

ten und spärlich beleuchtete Städte im Dunkel der Nacht, manchmal begleitet von der immer gleichen, gleichförmig-ruhigen und ein wenig elegischen Filmmusik.[91] Mehr als zehn Minuten nach Filmbeginn hat sich weiter nichts getan.

Abdelfattah: „What do you think?"
Saeed: „You should try it."
Abdelfattah: „Would you come with me?"
Saeed: „I'll come with you and we'll see what it's like."
Abdelfattah: „But I am worried about you, Saeed."
Abdelfattah: „I'm worried about you and I'm worried about your camera."
Saeed: „No, listen, I don't want you to change your plans..."
Abdelfattah: „But you're holding me back. I can't move freely."
Saeed: „You can of course, and you have to!"
Abdelfattah: „No, that's impossible. As long as you're here, we'll stay together. – Are you going to stay with me for the whole journey?"
Saeed: „We'll see..."
Abdelfattah: „We'll see what? – You have to decide now!"
Saeed: „No. Don't worry. I don't want you to change..."

In beinahe prototypischer Weise drückt diese Szene die Krise der Transparenz der Wirklichkeit im Dokumentarfilm aus. Es ist unmöglich zu filmen, ohne das zu beeinflussen, was man filmt. Saeeds Vorsatz, nicht in Abdelfattahs Leben einzugreifen, bricht in sich zusammen. Dieser Moment, in dem Saeed seine Kapitulation gegenüber den normalisierenden Regeln einer dokumentarischen Ethik ausdrücklich eingesteht, ist gleichermaßen der Moment, in dem sich das Thema der Komplizenschaft aufdrängt. Handelt es sich zunächst darum, wer wem folgt, wer wessen Bewegungen behindert oder anleitet – und vor allem, wer wen begleitet –, drängt sich mehr und mehr die Frage auf: Bis wohin? – In Saeeds Augen *muss* Abdelfattah sich *frei* bewegen, sonst macht sein Unterfangen mit dem Film keinen Sinn oder jedenfalls nicht den, den er sich erhofft hat. Mehr und mehr gerät indes aber auch Saeeds bisherige Annahme darüber ins Wanken, was ein *bordercrossing* oder ein Migrationsprojekt ist, nämlich eine freie, unbehelligte Bewegung, deren Authentizität garantiert sein muss, damit sie sich umgekehrt in einem Film erhellen ließe. Das *bordercrossing* als Projekt rückt damit riskant und herausfordernd nahe an die *Realität* des Films bzw. an die filmischen Realitäten. Das Projekt *bordercrossing* und

91 | Diese ereignislose Zeit hat bei mir als Zuschauerin Zweifel aufkommen lassen – Zweifel, die genauso wie der Glaube konstitutiver Bestandteil von Kino sind (vgl. Comolli 2009: 36): Ist Abdelfattah wirklich ein Migrant, bereitet er sich tatsächlich auf seine Abreise vor? Führt er den Filmemacher vielleicht einfach nur an der Nase herum? Oder ist er gar dermaßen unbeholfen, dass er es niemals schaffen würde, sich erfolgreich in den komplizierten und abgründigen sozialen Verhältnissen der Migration zu bewegen?

das Projekt Dokumentarfilm sind zu Komplizen geworden. Das Eine reaktiviert das Andere und beide intensivieren sich gegenseitig. Der Pakt der Komplizenschaft, um den Saeed und Adelfattah ringen, erstreckt sich auf Bewegung (Saeed folgt Abdelfattah.) und Zeit (Das Projekt Film muss sich über die komplette Reise Abdelfattahs erstrecken.) – beides originär filmische und migrantische Kategorien. Der zweite Aspekt, der die moralische Ökonomie des *bordercrossing* als einer *gesamten* Reise betrifft, gilt offenbar nicht nur für die Abmachung mit dem Schleuser, der bereits bei der Kontaktaufnahme eine erste kleine Anzahlung verlangt, so dass er weiß, dass ich mit ihm bin und ich weiß, dass er mit mir ist, wie Abdelfattah berichtet, sondern auch für Saeed, der durch den Film-Pakt zum Freund wird. Abdelfattah, der eingewilligt hat, Gegenstand eines Filmes zu sein und als solcher den Filmemacher zu beeinflussen und zu affizieren, wird im Verlaufe der durch den Dreh affizierten antizipierten filmischen Realität und des von der Realität Film akzentuierten Zusammenseins mit dem Regisseur und immer selbstbewusster und entschiedener. Wiederholt und überaus deutlich weist er darauf hin, dass er nicht am Film interessiert sei, auf den er ja keinen Einfluss hätte, da er nicht sein Autor sei, sondern an der Person Saeed. Abdelfattah ist es einerlei, dass die Welt und die Welt des Films, die Saeed gegeneinander zu verhandeln sucht, Gefahr laufen, einander zum Verwechseln ähnlich zu werden.

Abdelfattah: „Tomorrow morning we'll get our things together and we'll go to Tangiers, so that I can meet with Hamed to arrange the crossing. After that, I have to collect some money. If I don't have much time, I'll quickly collect my money and return to Tangiers to wait until Hamed will ask me: ‚Are you ready?' – And I'll tell him: ‚Yes, I'm ready.' Then we'll decide on a time to enter the port, a time to leave, and then I'll go. And then, God willing, I'll be in Spain. Clean and dry. I'll enter safely, and walk into the city like anybody else, God willing. Then I'll call you on the phone and you can cheer me."
Saeed: „God willing!"
Abdelfattah: „God willing. – What do you say?"
Saeed: „It's good."
Abdelfattah: „It's a good plan, isn't it?"

Nachdem die Pläne gegenseitig ausgetauscht und affirmiert worden sind und anschließend in Angriff genommen wurden, befinden sich die Komplizen auf dem Rückweg nach Norden von Abdelfattahs Geburtsdorf, wo er mit Saeed und dessen Familie ein paar Tage verbracht hatte. Sie legen im Haus von Abdelfattahs Schwester einen Zwischenstopp ein. Es ist ein Innehalten vor der nächsten und wohl vorerst letzten gemeinsamen und alles entscheidenden Station in Tanger, wo Abdelfattah zum verabredeten Zeitpunkt mit Hamed, dem Schlepper zusammen kommen wird. Die folgende Szene, ein Gespräch draußen in der Landschaft, beginnt eine Viertelstunde vor dem Ende des Films und dauert ungefähr fünf Minuten.

Abdelfattah: „Saeed, first we'll explore the area, while it's still light outside. In the evening we'll stay here. I'll pray and you read. You brought your book with you, didn't you?"
Abdelfattah: „What do you say? Are you going to help me with 200 Euro?"
Saeed: „I told you, I think so."
Abdelfattah: „You think so? You're not sure?"
Saeed: „How much?"
Abdelfattah: „Around 200 Euro."
Saeed: „Without it, you can't go?"
Abdelfattah: „I can't, Saeed. God sent you to help me. When Hamed told me 750 Euro, I thought of you first. Then I thought about my friends and the money I already have with me and I thought: ‚I can manage.' Without you I can't go. I won't make it. I have to look for someone else, and do the *hijra* in a small boat. I'll go in a ‚boat of death.' In an inflatable raft. But you're sensitive to my circumstances, and you're making a documentary. You're also benefitting. You can help me like a brother, and I could return the money to you, God willing. It benefits both of us. Without me, the documentary wouldn't be possible. You're not going to find someone else like me. Someone like me, who helps you and understands you like a brother. I like you. I like you, not the documentary. To hell with the documentary. I don't care about the documentary. I care about you, the person. Not the camera, the cassette, all these things. I know they're important to you. I know your life is the documentary. But not for me. I have no use for the documentary. People in England will see me. They'll see my face and they'll see my life. But that's no problem. They'll laugh at me a little..."
Saeed: „Why would they laugh?"
Abdelfattah: „They'll laugh at someone who doesn't know anything. Who has no diplomas, no degrees. Who does not know how to live in the age of the internet and globalization. Someone who still wants to live like a primitive man. Like a monkey. A primitive. Like a Stone Age man. A prehistoric man. You can't do your work and leave me like this! I'll commit suicide. You'll come back one day and they'll tell you: ‚Abdelfattah killed himself. He's dead.' You can't leave me like that in the middle of the journey, leave me like this without money!"
Saeed: „When?"
Abdelfattah: „Now! If you now get work and you leave without agreeing to meet me again."
Saeed: „Of course I can't, not after we made it this far."
Abdelfattah: „No, you've finished the documentary now. It's over!"
Saeed: „I told you, we've come this far. I can't tell you now that I won't give you the money."
Abdelfattah: „No, it's not about the money. I think you might be taking advantage of me. The documentary is complete now. We've reached a point near the end. You

could stop now. You could film some other things and say: ‚The man left!' and that's it."
Saeed: „I could, but I want to finish it."
Abdelfattah: „You want to finish it, yes. But if you wanted to stop now, you could. You could leave me like this, in the middle of my journey, without... [*längere Pause*] You know the situation I'm in. If there was no documentary, would you have helped me? If I just met you in the hotel and asked you for money, you would have said no! It's because of the documentary that you agreed to give me 200 Euro!"
Saeed: „And because of your situation. Now that I've done this whole journey with you and at the end you asked me for 200 Euro... If I have it, I can give it to you. But the one reason I've stayed with you for so long is to make this documentary. If we had just met in Tangier and talked, I wouldn't have come this far with you. Who would do that? Without the documentary I wouldn't have met you in the first place. I wouldn't even have gone to Tangier."

Wie soll man dieses Aufschieben und Ausweichen Saeeds im Bezug auf die Gabe von zweihundert Euro interpretieren? Was soll man demgegenüber von dem Drängen Abdelfattahs halten? Was lässt sich dieser Verhandlung des Films im Verhältnis zum Projekt des *bordercrossing* abgewinnen? Was ist zu sehen, wenn der Film mehr und mehr die Krise zu exponieren beginnt, in die der Filmemacher bei seinem Projekt, die Abgründe der undurchsichtigen Welt der *hijra* zum Sprechen zu bringen, gerät? – Saeed Farouky reflektiert und legitimiert seine Filmarbeit im Nachhinein folgendermaßen:

„I thought I could record Abdelfattah's life while remaining entirely disassociated from him, but in the end, it turned out to be impossible simply because we are both humans who understand the value of money, opportunity and information. I found it impossible to be a neutral observer, to pretend that my presence had no influence on the events I was recording, and in the end, that tension became the central theme of the film. In other words, it was no longer a film about the journey of a hopeful illegal immigrant, it became a film about the process of me and my camera recording Abdelfattah's experiences." (Farouky 2005)

Sich an den Platz eines Anderen stellen – *speaking nearby* – gescheiterte Komplizenschaft

In ihrem berühmt gewordenen Text „Can the Subaltern Speak?" geht Gayatri Chakravorty Spivak (2008) davon aus, dass das Zum-Sprechen-Bringen ähnlich wie das Darstellen funktioniert. Repräsentation als politische Vertretung arbeitet ähnlich wie Repräsentation als Beschreibung – nämlich als ein Akt der Substitution: Sich an den Platz eines Anderen stellen. Dass eine Darstellung immer als Akt der Substitution funktioniert und damit Fragen der Macht aufwirft, arbeitet auf sowohl politischer wie film-ästhetischer Ebene ein anderer nam- und beispielhafter Dokumentarfilm heraus: *Ici et ailleurs* (F 1976) von Jean-Luc Godard, Jean-Pierre Gorin und Anne-Marie Miéville thematisiert und problematisiert diese Substitution zudem im Bezug auf das Verhältnis von Ton und Bild im Tonfilm, etwa in folgendem Off-Kommentar:

„Prendre le pouvoir est possible quand l'image en même temps qu'elle renforce un son en se présentant à sa place, quand l'image à son tour se fait représenter par un autre son. Comme un ouvrier qui se fait représenter par son syndicat et que cette organisation traduit ça par des mots d'ordre qu'elle applique en retour à l'ouvrier."[92]

Im Gegensatz zu diesem Parallelismus von Politik und Ästhetik bei Godard/Gorin/Miéville, der in paradigmatischer Weise für eine der materialistischen Kritik verpflichtete visuelle Politik einsteht, betont Spivak in „Can the Subaltern speak?", dass es einen „irreduziblen Bruch" zwischen diesen beiden Bedeutungen der Repräsentation gebe, den sie eine Seite später als „Kontrast" bezeichnet und für den sie das Beispiel des Gegensatzes zwischen dem – deskriptiven – Portrait und dem – potenziell transformativen – Stellvertreter anführt (Spivak 2008: 29 bzw. 31).[93] Dagegen ließe sich einwenden, dass es – wie weiter oben gezeigt – gerade die Funktion des Passes als Stellvertreter ist, der es diesem erlaubt, die soziale Mobilität einzuschränken und das Bahnen von Wegen zu verhindern. Und umgekehrt sind Zuschauer*innen, die sich in der geschützten Zeit filmischer Darbietungen etwa im Kino befinden, geradezu aufgefordert, *nicht* zum Akt zu schreiten: Die Filmfigur tut es nämlich an ihrer statt. Die Unterscheidung scheint also nicht ganz einfach zu treffen. Nicht nur unter der Norm einer parlamentarisch gedachten Politik, sondern auch im Kino lässt sich mit Spivaks Argument hingegen Handlungsfähigkeit als eine immer „streitbare *Ersetzung* sowie eine Aneignung (eine Supplementierung) von etwas, das von Anfang

---

92 | Der Untertiteltext in Englisch lautet: „To take power is made possible, when the image, at the same time it reinforces a sound by taking its place... when the image in return makes itself represented by another sound. Like a worker, making himself represented by a union... and this organization translating this fact by keywords which are in turn given back to the worker." Zu sehen und zwischendrin während des Off-Kommentars zu hören, sind Aufnahmen einer Zeitungsdruckerei, der Druck einer Publikation in arabischer Schrift. Daraufhin spricht ein Soldat, wohl der PFLP, im On und laut nach, was ihm ein nicht-uniformierter Mann, der rechts neben ihm steht, leise von einem Zettel ablesend vorspricht.

93 | Vgl. im Kontrast hierzu das weiter oben diskutierte Konzept der „immutable mobiles" bei Latour, das dieser interessanterweise mit Rekurs auf Svetlana Alpers Arbeit über die holländische Portraitmalerei im 17. Jh. entwickelt. Wichtig schiene es mir zudem, Sekula folgend den nobilitierenden und den repressiven Aspekt des Portraits zu berücksichtigen. Spivak spricht zwar von einer gewissen politischen und ideologischen Zuspitzung der Beziehung zwischen Darstellen und Vertreten in der europäischen Tradition, sie warnt aber davor – meiner Ansicht nach zu Recht –, die beiden Bedeutungen ineinander übergehen zu lassen, insbesondere wenn damit geradlinige, unkomplizierte Strategien, die Subalternen sprechen zu lassen, verbunden seien, wie sie sagt.

an ‚künstlich' ist" (ebd.: 34) verstehen. Die dem postkolonialen Denken zugewandte Feministin weist hierbei allerdings auch auf die Wichtigkeit einer Kritik des souveränen Subjekts als Instanz einer subalternen Handlungsfähigkeit hin, das sich über den Umweg von transparenten Schaltstellen – die von Journalist*innen, Intellektuellen, Filmemacher*innen besetzt sind, die meist mittelklasseangehörig, männlich, heterosexuell, euroamerikanisch und weiß sind – Gehör verschaffe, aber immer bloß unter der Voraussetzung der durchgestrichenen und zugleich irreduziblen Kategorie des Ökonomischen, der internationalen Arbeitsteilung und des konstitutiven Außens Europas. Bezogen auf *I See the Stars at Noon* denke ich allerdings nicht, dass sich Saeed vorwerfen lässt, in unkritischer Weise als Bauchredner Abdelfattahs zu fungieren, ganz abgesehen davon, dass durchaus nicht unstrittig ist, ob und inwiefern Abdelfattah als subaltern gelten kann.[94] Der Filmemacher reflektiert das hierarchische Machtverhältnis zwischen sich und seinem Protagonisten nachträglich in seinem Text zum Film ziemlich selbstkritisch und pointiert, in einer Weise, die sich durchaus an Spivaks Argumente anschließen lässt:

„This relationship of mutual exploitation that exists between Morocco and Spain is, I realized during the process of filming, oddly similar to the relationship between documentarian and subject, both in journalism and documentary film." (Farouky 2005)

Ohne jeden Zweifel ist Saeed deutlich von seiner anfänglichen Idee abgekommen, das Für-sich-selbst-Sprechen von Abdelfattah in einem Film zu repräsentieren. In der Sprache des Dokumentarfilms anfänglich mit der rhetorischen Trope des Prota-

94 | Spivak bezieht sich nach eigener Aussage in der Folge der *subaltern studies* auf eine ganz spezifische Definition von Subalternität als „Raum, der in einem kolonialen Land von den Mobilitätslinien abgeschnitten ist" (Spivak 2008 a: 121). Ein paar Seiten weiter führt sie differenzierend aus: „Subalterne sind entfernt von sozialisiertem Kapital beeinflusst. [...] Besonders heute wäre es, wenn man über koloniale Geschichtsschreibung und den finanzdominierten Globus spricht, schwierig, eine Gruppe zu finden, die nicht unter dem Einfluss sozialisierten Kapitals steht." (Ebd.: 128) Spivak kritisiert die Tatsache, dass letztlich auch in den *subaltern studies* das (politische) Subjekt Voraussetzung für eine subalterne Selbst-Artikulation ist. Diese lässt sich nämlich bloß fragmentarisch und in der Differenz entziffern und durch Autor*innen und Intellektuelle rekonstruieren. Mit dieser Beobachtung kritisiert Spivak die Tendenz zur Reproduktion einer universellen, von geopolitischen Bestimmungen unabhängigen Subjektform als Voraussetzung der Politik, auch in den *subaltern studies*. Das Sich-selbst-vertreten-Können entspricht einer Vorstellung des Politischen, die auch in den seit 1982 interventionistisch tätigen Projekten ausgehend von der Zeitschrift *Subaltern Studies* implizit geteilt wird, so Spivak. Siehe zur Geschichte der *subaltern studies* auch: Chakrabarty 2002. In einem strengen Sinne müsste demnach die Migrant*in – auch die aus außereuropäischen Drittstaaten stammende – sogar als eine Gegenfigur zur Subalternen gelten. Alles andere als von Mobilitätslinien abgeschnitten finden sich darüber hinaus unter Abdelfattahs Vorfahren zudem Kolonialsoldaten, die im Zweiten Weltkrieg zur Befreiung Europas vom Faschismus beigetragen haben, wie beim gefilmten Besuch in seinem Geburtsdorf deutlich wird.

gonisten belegt, sollte Abdelfattah sich zu sich selbst äußern. Saeeds Absicht, dabei so weit wie möglich als neutrales Medium zu agieren, wurde von Abdelfattah mehr und mehr hinterfragt. Mehr und mehr sieht sich Saeed gezwungen, von der von ihm vorbereiteten filmischen Ordnung eines „repräsentationistischen Realismus" (Spivak 2008: 27) abzuweichen. Weniger und weniger gelingt es ihm, die Anwesenheit seiner eigenen Person abzuwehren und so zu tun, als wäre er nicht da. Abdelfattah wird zunehmend zum Gesprächspartner, der die Augenhöhe herausfordert. Je stärker die beiden Projekte – der Film und das *bordercrossing* – in eine gegenseitige Abhängigkeit geraten, desto mehr findet eine Verschiebung statt von der Interview-Form und dem *speaking about* zur Auseinandersetzung, zum *speaking with*: Es ist wichtig, dass du mich verstehst, nicht nur für den Dokumentarfilm, so Abdelfattah zur Kamera bzw. zu Saeed.[95]

Trotz des *speaking with* ist *I See the Stars at Noon* sicherlich nicht als ein kollaborativer Film zu verstehen.[96] Er beschreitet deutlich andere Wege als Projekte, die in den Positionswechsel vom Objekt eines filmischen Blicks zu dessen Subjekt investieren. Teilweise in der Tradition von *vérité*-Praxen kursieren solche partizipativen Ansätze, die häufig vor allem auf die Auswertung einer hierarchisch flachen Zugänglichkeit zu technologischen Möglichkeiten setzen, bis heute.[97] *I See the Stars at Noon*

---

95 | Saeed Taji Farouky zeichnet in der Tat auch als Kameramann für den Film, weswegen er im Film kein einziges Mal ins Bild rückt und so den Platz des „Unmöglichen einer gefilmten Kamera" einnimmt, wie Comolli sagt: „Die filmende Kamera ist unsichtbar, aber logischerweise anwesend. Sie besetzt exakt den Platz des Unmöglichen einer gefilmten Kamera." (Comolli 2009: 43, Ü.d.A.) Aus dem Verhältnis zwischen filmender Kamera und gefilmter Kamera folgt Comolli zufolge „le champs imaginaire", das imaginäre Bildfeld (ebd.).

96 | Jay Ruby spricht von einem „cooperatively produced and subject-generated film" (Ruby 1991: 49) und weist auf so zentrale Faktoren wie Arbeitsteilung, *copyright* und Auswertungsrechte hin, die zeigen, dass die Kollaboration an einem Film noch lange keine Hierarchiefreiheit bedeutet. „For a production to be truly collaborative the parties involved must be equal in their competencies or have achieved an equitable division of labor. Involvement in the decision-making process must occur at all significant junctures. Before a film can be judged as a successful collaboration the mechanics of the production must be understood. Is the collaboration to be found at all stages of the production? Have the filmmakers trained the subjects in technical and artistic production skills or are the subjects merely ‚subject area specialists' who gauge the accuracy of the information and pass upon the political and moral correctness of the finished work? Who had the idea for the film in the first place? Who raised and controls the funds? Who owns the equipment? Who is professionally concerned with the completion of the film? Who organizes and controls the distribution? Because films of shared authority represent a fundamental repositioning of the filmer and the filmed, these films must be reflexive if they are to be understood as the radical departure implied by the term. I know of no films that meet these requirements of disclosure." (Ruby: 1991: 56)

97 | Als Beispiel sei hier das bekannte und zugleich überaus technikdeterministische Zitat von Jean Rouch über seine – technisch inzwischen um ein Vielfaches übertroffene – Utopie einer „ciné-anthropologie partagée" angeführt: „Und morgen? Morgen wird die

agiert aber nicht über Kollaboration, sondern über den Pakt einer Komplizenschaft, die zwei Projekte komplementär verbindet – Saeed folgt Abdelfattah auf der ganzen Reise, Abdelfattah lässt Saeed dabei in alles Einblick nehmen.[98] Der Pakt der Komplizenschaft bringt es mit sich, dass der Eine in dem Projekt des Anderen zum Mittäter wird. Auch im Zwischenraum zwischen Darstellen und Vertreten oder Ersetzen operiert allerdings, folgen wir Spivak, eine Komplizenschaft, deren „Identität-in-Differenz" sie als Ort der Praxis bestimmt (Spivak 2008: 33). Diesbezüglich verfolgt jedoch das Ensemble der filmischen Praxen in *I See the Stars at Noon* einen ganz anderen Weg als den, den Spivak als Suche nach einer „ausgearbeiteten Ideologietheorie" vorschlägt (ebd.: 39).[99] Trotz einiger zwischen Saeed und Abdelfattah

Zeit des Farbvideos gekommen sein, des magnetoskopischen Schnitts, der sofortigen Wiedergabe des aufgenommenen Bildes, das heißt des vereinten Traums von Vertov und Flaherty, eines ‚Kino-Auge-Ohr-Mechanismus' und einer dermaßen partizipativen Kamera, dass sie automatisch in die Hände jener übergeht, die bisher vor der Kamera standen." (Rouch 1979: 71, Ü.d.A.) – Da ich denke, dass es sich im Original bei „derrière la caméra" um einen Lapsus handelt, benutze ich in meiner deutschen Übertragung „vor der Kamera". – Ähnlich wie die heutigen *consumer*- und *user*-freundlichen digitalen Aufnahme-Tools, ging die Entwicklung des *vérité* als Film-Stil und Film-Strategie vor allem mit dem marktförmigen Aufkommen tragbarer, Bild-Ton-Synchronität ermöglichender Film/Ton-Ausrüstungen einher.

98 | Ich begreife den Film zweifelsohne in der Tradition des politisierten, repräsentationskritischen und selbstreflexiven dokumentarischen Filmemachens, für die als zentrale historische Referenz immer wieder *Ici et ailleurs* angeführt wird. Sicherlich lässt sich *I See the Stars at Noon* zum einen auch im Anschluss an Debatten über den ontologischen Status des dokumentarischen Diskurses, wie sie etwa im Zusammenhang mit Dokumentarfilmen zum Holocaust geführt worden sind, verstehen, und zum anderen im Anschluss an die Auseinandersetzung in der Dokumentarfilmszene mit der „tradition of the victim" oder, noch fast wichtiger, in der Folge des ethnographischen Films mit dem so genannten *othering*. Zu einer der wichtigsten Vertreterin gehört hier sicherlich Trinh T. Minh-ha, die sich in ihren Filmen und Texten eingehend und immer wieder mit der Koinzidenz kolonialer Verhältnisse und der Entstehung der Ethnologie bzw. des Filmisch-Dokumentarischen in Differenz zur Fiktion befasst hat. In ihrem Text „Die verabsolutierende Suche nach Bedeutung" widmet sich Trinh T. Minh-ha den historisch machtvollen Operationen der Fixierung von Identitäten und der Konstruktion einer Transparenz von Erfahrungen. Der strategische Unterschied des Dokumentarfilms zur Fiktion sei, so Trinh T. Minh-ha, dass dieser die soziale Funktion des Films auf den Markt bringe, indem er das Reale, für das vorzugsweise die so genannt einfachen Leute, welche die soziale Welt symbolisieren, einzustehen haben, durch visuelle und sprachliche Zeichen des Realen ersetze (Minh-ha 2000: 304-311). Neben dem Sozialen bildet das ethnographische Paradigma, welches im Namen der Wissenschaft räumlich und zeitlich differenzierte ethnisch-kulturell Andere hervorgebracht hat, die Basis des Dokumentarfilms (ebd.: 317-319).

99 | In Anlehnung an Spivaks Diktum ließen sich die Off-Kommentare und Bildanalysen in *Ici et ailleurs* als ideologiekritische Überarbeitungen interpretieren, bei denen allerdings die Plätze des Hier (*ici*) und des Dort (*ailleurs*) intakt bleiben. Zum Ende des Films hin lässt der Off-Text diese dialektische Anlage in die für die Neue Linke der Zeit typische Praxis der Selbstkritik münden: „Apprendre à voir ici pour entendre ailleurs. Apprendre à

ausgetauschter Kritiken und Vorwürfe wird kein von der Vernunft oder vom Film gestiftetes einheitliches Selbstverhältnis als Komplizen möglich. Vielmehr dreht sich die praktische Kontroverse, die immer bereits innerhalb der filmischen Darstellung stattfindet, statt um eine ideologiekritische Aufhebung um die Frage der Dominanz des einen Projektes über das andere, der Ersetzung des Einen durch das Andere: Wird das filmische Hier ins *bordercrossing*-Dort umkippen oder umgekehrt? Wird der Film das *bordercrossing* vereinnahmen oder das *bordercrossing* den Film? Die komplizenschaftlichen Unterhandlungen zwischen Abdelfattah und Saeed stecken permanent die Grenzen der Nachbarschaftszonen ihrer Projekte ab und loten deren kontingente Differenzen aus. Filmisch gedacht lässt sich der Zwischenraum, um den es dabei geht, als Intervall ansprechen, als „cinema-interval", wie Trinh T. Minh-ha es nennt. Das filmische Intervall ist ein genauso infinites Verhältnis wie jenes zwischen Bild und Welt, zwischen Gesagtem und Gezeigtem. Es hält einen davon ab, der „verabsolutierenden Suche nach Bedeutung" zu erliegen (Minh-ha 2000). „[...] [D]as, was zwischen der Bedeutung von etwas und seiner Wahrheit fortbesteht, ist das Intervall, ein Zwischenraum, ohne den die Bedeutung festgelegt und die Wahrheit erstarren würde. Vielleicht ist es gerade deshalb so schwierig, über dieses Intervall zu sprechen. Über den Film. Über." (Ebd.: 305) Statt dem *Über* als angeeigneter Andersheit propagiert die Filmemacherin und Theoretikerin Minh-ha ein Sprechen *in der Nähe von etwas*, ein indirektes Sprechen, das sie in ihrem Film *Reassemblage* (1982) entwickelt hat, ein Sprechen, das sich nicht auf ein Objekt richtet. Es sei „als befände es sich in Distanz zum sprechenden Subjekt oder als sei es abwesend vom Sprachort. Ein Sprechen also, das sich selbst reflektiert und einem Subjekt sehr nahe kommen kann, ohne es jedoch zu beanspruchen oder sich seiner zu bemächtigen." (Minh-ha 1995: 67-68) *Speaking nearby* ist aber keineswegs eine methodische Formel wie etwa die Selbstkritik oder das Interview, es ist auch kein grammatikalischer Kniff, sondern es handelt sich, wie Minh-ha betont, um eine Haltung, um eine Relation zur Welt, der gemäß „ich nur dann zu sprechen [vermag], wenn ich gelernt habe zu schweigen; weil das Risiko, die Reputation und das Mitspracherecht eines anderen zu gefährden, stets vorhanden sind" (ebd.: 61). Saeed und Abdelfattahs *speaking nearby* kreist um: Wenn – dann, hier – dort, du wirst gewesen sein – ich war... Informationen, Geld sowie unzählige Möglichkeiten und nur wenige günstige Gelegenheiten für die gelungene Komplizenschaft zwischen Film und *bordercrossing*: „The film is in limbo, in much the same way that Abdelfattah was in limbo." (Farouky 2005) Abdelfattah: „Then I'll call you on the phone and you can cheer me."

Daraus, dass beide taktisch mit dem Projekt des je anderen zu agieren versuchen, rühren die ins Spiel gebrachten vielfältigen vor- und rückgreifenden Zeitigungen, die

s'entendre parler pour voir ce que font les autres. Les autres, c'est ailleurs de notre ici." Der entsprechende englische Untertiteltext, der allerdings „entendre" (= hören, vernehmen, verstehen) auf „understand" (= verstehen) reduziert, lautet: „Learn to see here, in order to understand elsewhere. Learn to understand speech in order to see what other do. The others, the ‚elsewhere' of our ‚here'."

das Ganze der gesamten Reise – sowohl für den Film als auch für das *bordercrossing* – abzuschätzen versuchen. Minh-ha, die ihre Filme „Grenzerfahrungen" nennt (Minh-ha 2001: 11)[100], spricht vom Intervall als dem, was an der Schwelle zwischen Darstellung und Kommunikation auf einen zukomme. Das Intervall erscheine häufig in der Türöffnung, dort, wo die Öffnung auch eine Aussperrung des Verschwindens bedeute (Minh-ha 1999: xiii).[101] Aber Saeed zögert, die Türe um der Aussperrung des Verschwindens willen weit zu öffnen. Er macht daher den Türhüter der Darstellung und zaudert, vollständig im Austausch von Mitteilungen mit Abdelfattah aufzugehen. Seine halb offene, halb geschlossene Tür vermeidet die totale Verkettung der Projekte Migration und Film. Er weicht der komplizenschaftlichen Verschränkung aus, die von ihm nicht nur verlangt, den *ganzen* Weg zu gehen, sondern eine Reversibilität von Kommunikation und Darstellung zuzulassen. Wie bei Hohannes und Stavros umfasst der Pakt der Komplizenschaft nicht nur die Bereitschaft, füreinander einzustehen, sondern vor allem auch das Eingeständnis, in des Anderen Schuld zu stehen: Möge dein *bordercrossing* besser gelingen als mein Film. Saeed insistiert aber auf der Autonomie seines Filmprojekts, das er gerade nicht vollständig der

100 | Ihre Filme würden sich an der Grenze des Kinos, der Poesie und der Politik entfalten, so Minh-ha (2001: 11).

101 | Die ganze Passage lautet im englischen Original: „Like montage and like every single (other) film component, cinematography is in itself a multiplicity of cinema intervals. As the image arises, it vanishes, doomed to disappear for the film to be. [...] The gamut of possibilities that can be explored in the interval is vast. Intervals allow a rupture with mere reflections and present a perception of space as breaks. They constitute interruptions and irruptions in a uniform series of surface; they designate a temporal hiatus, an intermission, a distance, a pause, a lapse, or gap between different states; and they are what comes up at the threshold of representation and communication - what often appears in the doorway ... there were the aperture is also the spacing-out of disappearance." (Minh-ha 1999: xii-xiii) Diese Türschwelle, das soll hier herausgestellt werden, ist ein ganz anderer Spalt als jener zwischen Repräsentation als politischer Vertretung und Darstellung, aber auch als jener, der sich unweigerlich zwischen dem Symbolischen und dem Realen auftut, den - wie weiter oben beschrieben - etwa Bernhard Siegerts *Passagiere und Papiere* (2006) nachzeichnet. Während dort galt, dass Schreibakte zugleich Akte der Bewahrung und der Löschung sind, weil sich das Sein der Dinge nicht mehr von ihrem Repräsentiert-Sein trennen lässt, weil „Identität nur beglaubigt werden [kann], insofern das Zeichen, an dem sie erkannt wird, immer schon kopiert worden ist" (ebd.: 82), gilt für das filmische oder filmisch gedachte Intervall eine Art innere Differenz oder eben wie Minh-ha sagt: ein Grenzwert von Kommunikation und Darstellung (siehe hierzu auch mit Bezug auf Jacques Derrida im dritten Kapitel). Während bei Minh-ha im Wechselspiel zwischen Gezeigtem und Nicht-Gezeigtem eine Öffnung entsteht, die Bewegung erst ermöglicht - „An image is powerful und not necessarily because of anything specific it offers the viewer, but because of everything it apparently also takes away from the viewer." (Minh-ha 1999: xi) –, kommt bei Siegert zur Geltung: „Die Medien der Identifizierung und Archivierung der Individualität [...] sind Medien der Tilgung von Identität. [...] Auch die Auslassung oder Weglassung ist ein Schreibakt. Man kann nicht *nicht* schreiben. Auch das Nichtschreiben ist eine Art des Schreibens [...]." (Siegert 2006: 101)

Abhängigkeit von der Kommunikation mit Abdelfattahs Projekt des *bordercrossing* anheim geben will. Die Szene, in der die fehlenden zweihundert Euro zur Debatte stehen, scheint mir dafür paradigmatisch. Abdelfattah läuft sichtlich entnervt weg, während Saeed ihm mit der Kamera hinterher geht und sich zu rechtfertigen sucht, obgleich seine Zusicherungen ambivalent bleiben; er bejaht und schränkt zugleich ein. Abdelfattah dagegen ist inzwischen in die Offensive gegangen und hat die Legitimität von Saeeds Anspruch als Autor in Frage gestellt: Ist die Realität Film nicht dabei, das Projekt Migration zu fiktionalisieren, zu ‚frei' mit dem Material, welches Abdelfattah abgibt, umzugehen, ihn sogar lächerlich zu machen, indem sie dazu tendiert, sich im Hinblick auf eine abschließbare filmische Realität aus der vorfilmischen Realität zurückzuziehen, und zwar just in dem Moment, in dem er, Abdelfattah, alleine der Nicht-Abgeschlossenheit des fraglichen Grenzübertritts ausgesetzt ist? Indem er sich in die Konzeption und Erarbeitung des Filmnarrativs einmischt, überschreitet Abdelfattah die Grenzen seiner Rolle als Gefolgsmann, Handlanger oder Informant. Sein bisheriges Desinteresse am Film entsprach ganz und gar seiner kodifizierten Rolle als Protagonist eines Dokumentarfilms, der sich auf diese Weise jene Authentizität bewahrte, die ihn in Saeeds Augen interessant machte. Wenn Saeed nun tatsächlich die Sequentialität des Films von der inneren narrativen Struktur des *bordercrossing* trennt, dann führt diese Separation zu einer ‚falschen' Darstellung des Migrationsprojektes und zu dessen missbräuchlicher und ausbeuterisch ästhetisierenden Verwertung, so Abdelfattahs implizite Vorhaltung. Er kritisiert, dass der Horizont der Geschichte, die Saeed im fertigen Film über das *bordercrossing* erzählen könnte, die referentielle Wirklichkeit seines tatsächlichen *bordercrossing* zu substituieren droht. Demgegenüber verteidigt Saeed seine alleinige Autorschaft, die letztlich auch das juristische Eigentum am Film meint. Die Komplizenschaft mit Abdelfattah hat zwar seine Praxis als dokumentarischer Autorenfilmer herausgefordert, den Anspruch auf diesen Titel, der nicht zufällig genau wie die Autorität von einem starken und mit sich identischen Selbst angeführt wird, beansprucht er aber nach wie vor ungeteilt. Damit enttäuscht Saeed Abdelfattah und riskiert auch dessen Freundschaft. Aber gerade indem er ihn in gewisser Weise als Person verspielt, gewinnt er ihn wieder als Filmfigur. Auch wenn diese Bifurkation zwischen Filmfigur und Person die Regeln des dokumentarischen Realismus re-installiert, für den gilt, dass der Dokumentarfilm „eine Erzählform [ist], die von der Realität des vorfilmischen Ereignisses unberührt bleibt" (Hohenberger 1988: 103), so ist es gerade die Inkommensurabilität zwischen Film und *bordercrossing*, die das Bild des Migranten als Anderem oder Subalternem in hohem Maße zum Verschwinden bringt. Dass der Filmemacher sich herausnimmt, seinen Protagonisten zu verlassen, dessen Projekt nicht weiter zu unterstützen, dass Saeed den Pakt der Komplizenschaft verrät, macht den Film weit mehr zu einem Film, der Verhältnisse der Migration und des *bordercrossing* artikuliert, als wenn er, wie es in so vielen Filmen der Fall ist, versuchen würde, ‚beim Thema zu bleiben' und diesem mit mehr schlecht als recht verborgener, paternalistischer Unterstützungsethik beizukommen. *I See the Stars at Noon* spürt weder Gründe für die *hijra* auf, noch gelingt dem Film der Eindruck, dass Abdelfattah diese soziale Lage beispielhaft vertritt, sondern er gibt einen Einblick in die Praxis des klandestinen *bordercrossing*. Dieser Film mündet nicht in die dialektische Aufhebung einer „identity-in-difference" – weder zwischen Kommunikation und Darstellung, noch zwischen Vertretung und Darstellung. In diesem Film erhebt in keinerlei Art und Weise so etwas wie eine Ontologie der Migration ihre Stimme.

Jean-Louis Comolli hat das Versprechen des „cinéma direct" im Zuge der sozialen Bewegungen der 1960er und 70er Jahre einmal als das Versprechen einer Politik der ersten Person bezeichnet und dabei für ein Paradox des „direct" plädiert: Wichtige Dinge, so Comolli, trügen sich erst dann zu, wenn man in die Falle des *direct* tappe und wenn die Aufzeichnung aufwache, um zu träumen: Erst wenn man all den Umkehrungen und Austauscheffekten zwischen „Fiktionseindruck" und „Realitätseindruck" bis zum Ende folge – „man [könnte] sagen, dass sich erst dort das Wichtigste ereignet, wo in der Reportage die Falle aufgeht, durch die die Fiktion hereinstürzt" (Comolli 2000: 244) –, mache die Fiktion einen Sprung und offenbare, dass sich gerade im Inneren der Absicht, nicht zu beeinflussen, das Regime der Manipulation befindet. Ähnlich wie in dem von Comolli beschriebenen Verhältnis zwischen Realität und Fiktion stösst *I See the Stars at Noon* an ein Limit, an dem etwas umschlägt, so dass eine Artikulation hervortritt, welche die Ordnung des Diskurses der Migration zuvor nicht erlaubt hätte: Die Erfahrung der Migration ist nicht das, wofür Abdelfattah einsteht, sondern das Geteilte und Nicht-Geteilte, das Verlagerte und Verschobene in der *gescheiterten* Komplizenschaft zwischen Film und *bordercrossing*. Nicht der Migrant macht die Migration, sondern die Migration ist ein soziales Verhältnis, an welchem auch das Filmemachen beteiligt ist. Die Kontingenz der gegenseitigen Konstitution von *bordercrossing* und Film wird im Abspann von *I See the Stars at Noon* als affektive Spur des zeugenschaftlichen Zu-Sehens einer transnationalen kulturellen und sozialen Praxis ausgelegt.

Coming this far at the end of the whole journey

Zweifellos ist die Komplizenschaft ein riskantes Unterfangen. Indem Saeed die Ausrichtung auf das *telos x*, wie man die Kongruenz der Zielpunkte von Film und *bordercrossing* nennen könnte, in dessen Zeichen die Komplizenschaft steht, aufkündigt, verteidigt er einen Bezug auf sich selbst, in dem sich die Spur des Anderen tendenziell verliert. So kommt bis zum Ende des Films und darüber hinaus eine Art Melodie der Stille auf, ein Zusammen-Schweigen, das von der Erfahrung der Migration zeugt. Am Ende kommen weder das Projekt des *bodercrossing* noch das Projekt des Films zu einem Schluss: Abdelfattah wird aus Spanien abgeschoben; Saeed's Film vermag sich nicht von Abdelfattahs Werdegang zu entkoppeln. Er besucht ihn erneut in seinem Geburtsdorf und berichtet auch im Abspann über seinen Verbleib. Stolpern, Hilflosigkeit. Die Strecke des Einen scheint ohne den jeweils Anderen nicht zu vollbringen. Von der gescheiterten Komplizenschaft bleibt der Wunsch zurück, sich nicht gezwungen zu sehen, die Geschichte zu Ende zu bringen, denn dies würde auch den Abschluss der jeweiligen Prozesse der Verschränkung im Zuge der Präsenz des Anderen bedeuten. In gewisser Weise ist diese Kontinuität aber bereits gestoppt: Saeeds Bruch mit dem Pakt der Komplizenschaft entspricht der Ablehnung, über seinen bisherigen Selbst-Bezug hinauszugehen. Merleau-Ponty, der argumentiert, dass das Sichtbare eines bestimmten Sehens nur die Oberfläche einer unerschöpflichen Tiefe wahrnimmt, die sich wiederum gegenüber anderen Sichtweisen als der unsrigen zu öffnen vermag, hat auf den solipsistischen Trugschluss hingewiesen, dass jedes Überschreiten ein Selbstüberschreiten sei. Die Realisierung des Zugangs zu anderem Sehen als dem eigenen decke die Grenzen unseres faktischen Sehens auf, so dass „zum ersten Mal [...] sich meine Bewegungen nicht mehr auf die sichtbaren und berührbaren Dinge oder auf meinen Leib [richten], der gerade sieht und berührt, sondern auf einen generellen und für sich selbst seienden Leib [...]. Zum ersten Mal verkuppelt sich der Leib nicht mehr mit der Welt, er umschlingt einen anderen Leib [...]." (Merleau-Ponty 1986: 188)[102] Ein solches, in der Komplizenschaft gefordertes Sehen, das weiter „aus sich heraus" und in die Welt tritt als das zeugenschaftliche Zu-Sehen, wird im folgenden Kapitel unter dem Begriff des Film-Werdens weiter ausgelotet. Für die Geschichte von Saeed und Abdelfattah lässt sich vorerst festhalten, dass dieses Sehen exakt jene Bereiche eines autorenschaftlichen Selbstverständnisses betrifft, deren Universalität Jean und John L. Comaroff in der Figur der autonomen Person, die sie als „wesentlich hegelianisches Individuum" bezeichnen (Comaroff/Comaroff 2012: 32), scharf kritisieren. Gegenüber der Idee der autonomen Person der westlichen Moderne, die als ein individualisiertes Ensemble sozialer Rollen und Beziehungen das „Atom des sozialen Lebens" bilde (ebd.)[103], verweisen die Comaroffs auf das komplexere Prinzip menschlicher Personalität als einer Form des Werdens statt des Seins bei den spätkolonialen Tswana im südlichen Afrika. Hier sei die Person in doppelter Hinsicht ein durch und durch

102 | Im französischen Original: „elles [les autres visions que la nôtre] accusent les limites de notre vision de fait" (Merleau-Ponty 1964: 186). Und: „pour la première fois aussi, mes mouvements ne vont plus vers les choses à voir, à toucher, ou vers mon corps, en train de les voir et de les toucher, mais ils s'adressent au corps en général et pour lui-même (que ce soit le mien ou celui d'autrui), parce que, pour la première fois, par l'autre corps, je vois que, dans son accouplement avec la chair du monde, le corps apporte plus qu'il ne reçoit, ajoutant au monde que je vois le trésor nécessaire de ce qu'il voit, lui. Pour la première fois, le corps ne s'accouple plus au monde, il enlace un autre corps [...]." (Ebd.: 186-187)

103 | Die Comaroffs machen auch aufmerksam auf die fälschlicherweise häufig vorgenommene Reduzierung der Person auf das Individuum, welches wiederum – ebenso fälschlicherweise – gerne mit der Identität verbunden werde (ebd.: 93), um nach den Maßgaben der ID-ologie, wie sie es nennen, als Basis für ein Gemeinwesen zu dienen (ebd.: 98). Demgegenüber versuchen die Comaroffs das Konzept des Individuums als eines unteilbaren, biologisch unterschiedenen und sozial eigenständigen Wesens, das eine Einheit von Körper und Geist ausbildet, und das Konzept des Selbst als einer rein subjektiven Identität (ebd.: 93) von der Person abzugrenzen.

soziales Konstrukt, einmal im Verhältnis zu signifikanten Anderen – „*Motho ke motho ka batho*, eine Person ist eine Person durch (andere) Menschen, heißt es in ihrer Sprache." (Ebd.: 34-35) – und andererseits im Verhältnis zur Permanenz der Herstellung einer teilbaren Person als solcher. Hierbei heben die beiden Autor*innen vor allem auch den falschen Gegensatz zwischen einem Euroindividualismus und einem afrikanischen Kommunitarismus heraus und stellen die komplexe Personalität bei den südlichen Tswana als Teil der Afromoderne vor, in der es einen „wechselseitigen Konstitutionszusammenhang zwischen der Arbeit, dem Selbst und dem Sozialen" gab (ebd.: 89). – Zurück zum wechselseitigen Konstitutionszusammenhang von Film und *bordercrossing* an der aktuellen europäischen Grenze und zur Dynamik der Komplizenschaft, in der sich besitzindividuelle Personen verlieren bzw. zu etwas Anderem werden. Der Filmtitel *I See The Stars At Noon* ist die wörtliche Übersetzung eines arabischen Sprichwortes, welches sinngemäß sagt: Meine Welt steht Kopf. Abdelfattah zitiert diesen Merksatz über die Sterne, die er am hellichten Tag in der Mittagshitze sehe, direkt im Anschluss an den zugespitzten Konflikt mit Saeed über die zweihundert Euro.[104] Ganz offensichtlich handelt es sich hier um ein durcheinander gewirbeltes Sehen, um *Tourbillons*, wie der Titel eines der wohl schönsten Migrationsfilme von Alain Gomis (Frankreich/Senegal 1999) lautet. Es ist eine verwirrte Wahrnehmung, eine Desorientierung in der eigenen Sinneswahrnehmung, von der Merleau-Ponty sagt: „je suis toujours du même coté de mon corps" (Merleau-Ponty 1964: 192). – Tagsüber den Sternenhimmel zu sehen, heißt, dass das Sehen auf eine andere Seite gewechselt hat, dass es aus dem ‚eigenen' Körper heraus getreten ist.

„Step in", „step out" – Ankunft, Abreise: Der Wirbel und der Tanz des *Zeïbekiko* in *America, America*

Paul Valéry gilt der Tanz als Fähigkeit, den eigenen Körper aus seiner üblichen Balance herauszulösen und als Beispiel dafür, dass der Mensch über „trop de puissance pour nos besoins", über zu viel Kraft, Macht, Stärke, Gewalt oder Leistungsfähigkeit für unsere Bedürfnisse verfüge (Valéry 1936: 8, 4). Der Tanz hat Valéry zufolge keinen Zweck, kein Ziel, er kennt keinen Punkt außerhalb seiner selbst, er führt nirgendwo hin, sondern er bewegt sich vielmehr in sich selbst (ebd.: 9-10). Das Kapitel „Art et esthétique" der *Cahiers* (1974) von Valéry, über fünfzig Jahre hinweg als eine Art Chronik festgehaltene und posthum veröffentlichte Notizen, enthält mehrere kurze Passagen, die die träumerischen und zugleich handlungsgeleiteten Übergänge von der Prosa zur Poesie, vom Wort zum Gesang, vom Gehen, dieser zweckgerichteten

104 | An der entsprechenden Stelle im Film sind Abdelfattahs Worte folgendermaßen untertitelt: „There is a saying in Arabic that translates as ‚I see the stars at noon'. We use it when everything in life is turned upside-down, when things are not as they should be."

Bewegung im Alltag, zum Tanzen, umkreisen.[105] Valérys Vortrag „Poésie et pensée abstraite" (1939 bzw. 1991 [deutsche Fassung]) macht die Analogie zwischen dem Gehen und dem Tanzen zum Verhältnis von Prosa und Poesie schließlich explizit, er nennt sie eine „substantielle" Analogie:

> „Der Gang richtet sich wie die Prosa auf ein ganz bestimmtes Objekt. Er ist eine Handlung, gerichtet auf etwas, das zu erreichen unser Ziel ist. Die jeweiligen Umstände, wie das Bedürfnis nach einem Gegenstand, der Impuls meines Verlangens, der Zustand meines Körpers, meiner Sehfähigkeit, des Geländes usw., befehlen dem Gang seine Art, schreiben ihm seine Richtung vor, seine Geschwindigkeit, und geben ihm ein *begrenztes Ziel.* Alle Merkmale des Ganges lassen sich aus solchen Augenblicksbedingungen ableiten, die sich jedesmal *auf besondere Weise* kombinieren. Es gibt keine Ortsveränderungen durch den Gang, die nicht spezielle Anpassungen wären, aber jedesmal werden sie durch die Vollendung des Akts, durch die Erreichung des Zieles, aufgehoben und gleichsam absorbiert.
> Der Tanz ist etwas ganz anderes. Zweifellos ist er ein System von Handlungen; aber diese haben ihr Ziel in sich selbst. Er geht nirgendshin." (Valéry 1991: 160)[106]

Valéry zufolge verhält es sich mit der Prosa wie mit dem Gehen, bei welchem das Ziel die Mittel absorbiere. Der Akt des Sprechens oder Schreibens bzw. des Gehens wird so annulliert, von ihm bleibt nurmehr das Resultat übrig, der Effekt. – Anders als in der Poesie hat hier eine Verwandlung stattgefunden, etwa von Sprache in Verständnis, in Kommunikation. Die Sprache verflüchtigt sich, wenn sie dieses Ziel erreicht hat. Wenn ihre Rede angekommen ist, verstanden wurde, hat die Sprache ihre Pflicht erfüllt. Dagegen stirbt das Gedicht nicht, weil es gelebt hat, „es ist ausdrücklich dazu gemacht, immer neu aus der Asche zu erstehen und unbegrenzt wieder zu werden, was es soeben gewesen ist." (Ebd.: 162)[107] Tanz ist für Valéry

---

105 | Im Original lautet die entsprechende Stelle: „Le passage de la prose au vers ; de la parole au chant ; de la marche à la danse. Ce moment à la fois actes et rêve.
La danse n'a pas pour objet de me transporter d'ici là ; ni le vers, ni le chant purs.
Mais ils sont pour me rendre plus présent à moi-même, plus entièrement livré à moi-même, dépensé devant moi inutilement, me succédant à moi-même ; et toutes choses et sensations n'ont plus d'autre raison." (Valéry 1974: 932)

106 | Im Original: „La marche, comme la prose, vise un objet précis. Elle est un acte dirigé vers quelque chose que notre but est de joindre. Ce sont des circonstances actuelles comme le besoin d'un objet, l'impulsion de mon désir, l'état de mon corps, de ma vue, du terrain, etc., qui ordonnent à la marche son allure, lu prescrivant sa direction, sa vitesse, et lui donnent un *terme fini*. Toutes les caractéristiques de la marche se déduisent de ces *conditions instantanées*, et qui se combinent singulièrement chaque fois. Il n'y a pas de déplacement par la marche qui ne soient des adaptions spéciales, mais qui chaque fois sont abolies et comme absorbées par l'accomplissement l'acte, par le but atteint.

107 | Im Original: „il est fait expressément pour renaître de ses cendres et redevenir indéfiniment ce qu'il vient d'être." (Valéry: 1939: 9)

insofern mit der Poesie vergleichbar, als deren beider Ziel darin liege, einen Zustand hervorzubringen („créer un état"), eine Zeit, ein ihr eigenes Zeitmaß (Valéry 1939: 9; 1938: 11).

Ausgerechnet der Tanz, der im Unterschied zum Gang oder zum Gehen für Valéry eine Bewegung ist, die nirgendwohin führt und gewissermaßen das Gegenteil des Fortkommens, des Voran-Kommens darstellt, spielt in *America, America* die entscheidende Rolle, um das *crossing* an der Grenze zu entscheiden, welches hier weniger eine Frage der Geographie im engeren Sinne denn eine Frage der Subjektivität und der Zeit ist.[108] Der Walzer, den die Festgesellschaft aus der Ersten Klasse tanzt, wird von Stavros' Sprung mitten in diese Gruppe hinein unterbrochen. Und zu sehr ‚moderner', teils atonaler Musik, die sich mitunter an die Harmonien des Walzers anlehnt oder davon abgelenkt wird, tanzt Stavros schreiend und dreht sich dabei, „wie die Derwische von Konya, rundherum, immer rundherum, den Kopf zur Seite geneigt, ein fanatisches Leuchten in den Augen", so die Beschreibung der Szene in der Romanfassung (Kazan 1964: 133), einen *zeïbekiko*.[109] Der *zeïbekiko* (auch *zeïbek* oder *zembekiko*) ist ein Männern vorbehaltener, solitär vollzogener Tanz, bei dem

108 | Vgl. hierzu Valérys schöne Formulierung: „L'état de l'homme qui danse n'est pas celui de l'homme qui s'avance dans un pays difficile dont il fait le levé topographique et la prospection géologique." (Valéry 1939: 12)

109 | Die ganze Roman-Passage lautet: „Stavros ist zum Bersten voll von Neid, Wut und Rachedurst. Er drängt sich unter die Tänzer und beginnt auf eine unheimliche, irre Weise sich zu drehen und groteske Sprünge zu machen.

Ein Mann: ‚Da, seht euch den an! Seht doch!'

Stavros schnellt in die Höhe und stößt mit den Füßen um sich wie Wahnsinniger. Wilde, unbeherrschte Schreie aus seinem Mund. All die Qual, die sich in endlosen Wochen in ihm aufgespeichert hat, entlädt sich.

Hohannes beobachtet Stavros mit anbetender Liebe. Jetzt beginnt Stavros herumzuwirbeln wie die Derwische von Konya, rundherum, immer rundherum, den Kopf zur Seite geneigt, ein fanatisches Leuchten in den Augen. Hohannes, der ihn unverwandt anschaut, erhebt sich langsam. Wilder und immer wilder tanzt Stavros. Immer verzweifelter. Hohannes dreht sich mit einem Ruck um und blickt über die Reling. Ein plötzlicher Impuls. Er sieht das schwarze Wasser der Bucht. Jedesmal, wenn dieser junge Mann sagte: ‚Bevor es mich auffrisst', hat er seine Brust leicht mit der Fläche seiner rechten Hand berührt. Jetzt macht er diese Geste zum letztenmal.

Stavros hat die Bewunderung der vornehmen Passagiere erregt. Sie jubeln ihm zu.

Unbeachtet klettert Hohannes über die Reling und lässt sich in das schwarze Wasser der Bucht fallen.

Die Passagiere der ersten Klasse klatschen Stavros unter lauten Zurufen Beifall. Sofort hält er inne. Er will nichts von diesen Menschen, nicht einmal ihre Bewunderung. Er mustert sie mit fanatischer Feindseligkeit Dann spuckt er sein ‚Allah!' heraus und geht mit großen Schritten davon.

Im Wasser wird Hohannes von Angst gepackt. Er beginnt zu husten. Er geht unter, kommt wieder hoch. Er hustet, seine Kräfte lassen rasch nach. Dann versinkt er endgültig.

In dem schwarzen Wasser der Bucht ist keine Spur von Hohannes mehr zu erblicken.

der Tanzende auf keinen Fall unterbrochen werden darf. Er ist Teil der (sub-)proletarischen *Rembetiko*-Subkultur, die sich zu Beginn des 20. Jahrhunderts mit den griechischen Flüchtlingen der Progrome aus Kleinasien in Griechenland und später auch in den USA entwickelt hat. Im unregelmäßigen 9/8-Takt getanzt, schreiben ihm manche einen Ursprung als Kriegstanz der Zebekes aus Kleinasien zu. Anderen gilt der Tanz vor allem als Sinnbild für den Kampf des Menschen gegen den Tod. Beim Anschauen wirkt er wie eine getanzte Improvisation gegen sich selbst; oft kreist der Tänzer mit Sprüngen und Drehungen um ein vor dem Tanzbeginn von ihm selbst markiertes Gravitationszentrum, wobei es beim Zuschauen gilt, den Tanzenden kniend und klatschend anzufeuern und seinem getanzten Schmerz beizustehen. Von den Tanzenden selbst wird der *zeïbekiko* als vollkommene Hingabe und Preisgabe des Ichs charakterisiert, er gelte als eine kathartische, von der alltäglichen Welt enthebende Erfahrung, so Kevin Kenjar (2007: 2), einen Text von Demeter Tsounis im *Yearbook for Traditional Music* (Nr. 27, 1995) zitierend. „Ich breche aus", „ich lasse all meine Sorgen und meine Hemmungen fahren", „ich kümmere mich nicht darum, was andere Leute denken", sind Selbstbeschreibungen, die dieser referiert. Dieser Tanz dreht sich offenbar um das Herstellen einer Art Unisonanz zwischen Musik und Körperbewegung, in der sich nicht mehr genau sagen lässt, ob der oder die Tanzende die Musik anleitet oder die Musik den oder die Tanzende*n. Dieser Gleichgewichtszustand findet seine Entsprechung in jenem poetischen Moment, den Paul Valéry als Symmetrie von „son" (Klang) und „sens" (Bedeutung), von „impression" (Eindruck) und „expression" (Ausdruck) in harmonischen Pendelbewegungen beschreibt (Valéry 1939). Anders als in einer solchen Hin-und-Her-Bewegung scheint sich Stavros' Tanz aber in einem spannungsgeladenen Feld zwischen zentripetalen und zentrifugalen Kräften zu vollziehen. Der Nexus zwischen Impuls und Effekt erzeugt hier einen Wirbel, einen Strudel, der in eine Ekstase mündet, ein Außer-sich-Geraten, eine Verzückung. Das Aus-sich-Heraustreten geht in *America, America* ganz buchstäblich *zwischen* Hohannes und Stavros vor sich; es besiegelt deren Komplizenschaft vollends. Das anleitende Movens zum Tanz in *America, America* ist weniger eine musikalische Linie als ein visueller Ausdruck: zuerst sein kaum merkliches Lächeln und dann, eindringlicher und wiederholt, Hohannes' Blick im Gegenschuss. Nicht zuletzt durch diesen Beweggrund setzt sich diese Tanzszene deutlich von jener ab, die zu Beginn von *America, America* steht und bei der es sich ebenfalls um einen *zeïbekiko* handelt. Dort ist es Stavros' bester Freund, der Armenier Vartan, der

---

Stavros stößt die Passagiere der ersten Klasse beiseite und geht auf die Stelle zu, an der er Hohannes zurückgelassen hat. Er sieht sich nach ihm um, ruft leise: ‚Hohannes! Hohannes!' Leise, zärtlich: ‚Hohannes!'" (Kazan 1964: 133-134)

Auf der Schallplatte mit dem Filmsoundtrack von Manos Hadjidakis entspricht diese Sequenz dem Titel „The Harmonica and the Waltz". Während Stavros' Tanz im Film wird allerdings nicht das ganze Stück gespielt, sondern fragmentarisch mit Themen aus den Songs „Evil Thoughts" und „Frustration, Dreams and Loneliness" kombiniert. Der Soundtrack ist online zu hören unter: http://mootube.ru/release-iddeichdf/America-America-Original-Sound-Track [zuletzt gesehen am 18.04.2017].

den Tanz für sich bestellt, zu dem er Stavros anschließend auffordert.[110] Unter den missbilligenden Blicken der übrigen Besucher der Kneipe[111] tanzen die beiden Männer ein paar Takte lang synchron: Vartan: „Let's go, let's go. Let's go." – Stavros, wie betäubt: „America! America!" – Vartan: „Common you, let's go, if you don't come now, we'll never get another chance." – Jäh stoppen die Musiker, die den gemeinsamen Tanz von Stavros und Vartan nicht länger dulden wollen, ihr Spiel. Zeitgleich trifft die Nachricht über ein weiteres Pogrom ein. – „It's beginning!", ruft einer und meint damit das Massaker an den Armenier*innen, im Zuge dessen auch Vartan sterben wird. Während der Paartanz von Stavros und Vartan in Kazans Roman mit den Worten „jeder für sich, aber im gleichen Rhythmus, im gleichen Gefühl" und als „langsames, fast orgiastisches Drehen" beschrieben wird – „Trotz der Tatsache, dass sie einander nicht ansehen, spüren wir, dass sie zusammen tanzen." (Kazan 1964: 20) –, ist Stavros' Tanz unter dem Blick von Hohannes und an der Grenze zu Amerika viel deutlicher als ‚modern' oder ‚zeitgenössisch' gekennzeichnet; es ist ein sehr freier und hochindividualisierter Tanz, der eine fast existentiell anmutende Geworfenheit des Selbst exponiert und vorwiegend von Schreien begleitet wird, nachdem ihm anfänglich ein vibrierend gehaltener Ton zweier Streicher, gefolgt von einer kleinen, unabgeschlossenen Melodie-Linie einer Harmonika sekundieren. Erst nach dem Ende des Tanzes, nach dem Fall, lässt die Tonspur den ganz kurzen, kaum wahrnehmbaren Auftakt eines ‚traditionellen' *Rembetiko*-Liedes hören, wie es üblicherweise einen *zeïbekiko* begleitet. Statt ein realistisches Verhältnis zu einer dem Tanz adäquaten Sonorität zu erzeugen, setzt Kazan hier in mehrfachem zeitlichem Versatz deutlich auf Dissonanz und Asynchronität.[112] Bei diesem Tanz wird Stavros weniger von der Musik, die wir hören, getragen und bewegt als von seinem eigenen Schrei und vor allem vom Blick seines Freundes – als würde der Film damit bedeuten wollen, dass im Angesicht von Hohannes Stavros' *zeïbekiko* auch zu auf- und abgebrochener, wegwabernder Walzermusik, die, meist im 3/4-Takt den bürgerlichen Gesellschafts- und Paartanz schlechthin anleitet, funktionieren kann. Der Gleichklang zwischen Körper und Musik wird hier filmisch-visuell hergestellt und als komplizenschaftliches Sehen dargestellt. Das schwankende, immer schneller vibrierende Oszillieren zwischen Stavros und Hohannes, die Folgen von Schuss- und Gegenschuss, Rückblenden und subjektiv-assoziativen Anschlüssen im Hier-und-Jetzt des Dritte-Klasse-Decks, zwischen Hohannes' kontinuierlichem Gehen in der Rück-

110 | Der Titel des dazugehörigen Soundtracks lautet „The dance of Vartan".

111 | Der Ort ist ein so genannter „theké", ein Männern vorbehaltener Ort, wo Musik gehört wird und wo man Haschisch raucht.

112 | Diese filmmusikalische Positionierung lässt sich auch als eine Reaktion auf die gängigen *bouzouki*-folkloristischen Zuschreibungen verstehen – insbesondere nach den Erfahrungen des Komponisten Manos Hadjidakis mit der Filmmusik zu *Never on Sunday* (1960) von Jules Dassin, die ihm zu weltweitem Erfolg und einem *Academy Award* verholfen hat. – Andere berühmte *zeïbekiko*-Szenen im Film sind etwa in *Evdokia* (1971) von Alexis Damianos oder in *Parangelia!* (1980) von Pavlos Tasios zu finden. Zum *zeïbekiko* siehe auch: Petropoulos 2002: 68-70.

blende und in der Gegenwart – immer nach links und von einer sanften Kamerafahrt begleitet – und Stavros' Drehen, dem sich die Kamera umso mehr annähert, als die übrigen Passagiere zu ihm auf Distanz gehen. – All das wird von der Aktion einer sehr freien Kamera, die sich nahezu losgelöst, als verfüge sie über eine eigenständige Subjektivität, durch den Raum bewegt, verkettet. Mehrere Parallelmontagen reißen das Narrativ aus dem herkömmlichen chronologischen Zeitverlauf heraus: Der Moment, in dem der Pakt geschlossen wurde, Stavros' über die Schultern zurück geworfener Blick auf Hohannes, der weiter geht, das Geschenk der Schuhe. – All das wird gegenwärtig. – Die Abreise, das Losreißen sind präsent und zeitgleich mit dem Moment direkt an der Grenze, kurz vor dem Ankommen. – *Step out* und *step in* sind ineinander verdreht, ineinander montiert, gleichzeitig, ununterscheidbar. Das Gehen Hohannes' und der Wirbel, von dem Stavros erfasst ist, kennen im abschließenden Fallen ein gemeinsames Moment: Stavros sinkt nieder in den Armen der jungen Frau aus der Ersten Klasse, Hohannes springt, fällt. – Die Schuhe, die zum Gehen dienen, hat er weitergegeben. Abgelegt und akkurat an der Reling hingestellt, bilden sie das Schlussbild der Sequenz. Und auf dieser Einstellung liegt der leise, kaum merkliche Auftakt zum *zeïbekiko*.
In einem Interview erzählt Elia Kazan über den Aufbau dieser Szene:

„Das habe ich von Roberto Rosselinis Film Paisà gelernt, dessen letzte Sequenz einen starken Eindruck bei mir hinterlassen hat. Als er zum Höhepunkt kommt, wenn die Partisanenkämpfer abgeschlachtet werden, springt die Kamera in einer unwirklichen Sequenz von Fels zu Fels, schneller und schneller. Es ist vorbei, bevor man es richtig begriffen hat. Die Szene ist für einen Stummfilm gedreht. Die Höhepunkte von Stummfilmen erlauben dem Zuschauer, seine eigenen Emotionen wirken zu lassen und sich so mit dem Material auseinanderzusetzen, dass er herausfindet, was passiert. In Wirklichkeit erzählt man sich die Teile der Geschichte selbst. Mutmassungen anzustellen und dann plötzlich zu verstehen, setzt einiges in Bewegung." (Kazan 2007: 165-166)

Während sich in der abschließenden Kampfszene in *Paisà* Aktion und Reaktion, Schüsse und Todesstürze von ihren wechselseitig ursächlichen Verknüpfungen loslösen und als entfesselte Kräfte wirken, sind es in der *brodercrossing*-Szene in *America, America* die Subjektivitäten und die Zeiten, die außer sich geraten. Die Gegenwart zieht die Vergangenheit in sich hinein und wird Suspension. Nicht von ungefähr zeigt den Auftakt zur Komplizen-Szene das Gebimmel einer Schiffsglocke an und ein daran anschließendes tiefes, lang gezogenes Schiffshorn. Der Tanz selbst, der dann folgt, setzt die voranschreitende Zeit aus. Der Tanz führt an die Grenze des Narrativs. Im Raum der Grenze stockt der Atem. Stavros' Drehungen sind nicht mehr im Gehen, nicht mehr in der filmischen Prosa, sondern in der filmischen Poesie, in der Frage der Intensität. Die poetische Zeitigung ist es und nicht die narrative, die im Gang an die Grenze diese erreicht – und überquert, hinter sich lässt.[113] Stavros dreht und dreht sich. Dagegen ist Hohannes derjenige, der geht. Er geht auf die Reling zu, er stolpert voran in den anatolischen Bergen auf dem Weg nach Amerika. Geht an Stavros vorbei, geht auf die Reling zu. Sieht in Stavros' Gesicht, der sich nach ihm umwendet. Stavros dreht sich und dreht sich, die Arme weit ausgebreitet. Hohannes Gesicht in Großaufnahme. Zieht einen Schuh aus. Hände umfassen das Geländer. Steigt mit dem Bein drüber. Abermals der tiefe, langgezogene Klang des Schiffshorns. Springt. Stavros stürzt. Der Klang des Aufpralls im Wasser. Die Schuhe. Der Auftakt zum *zeïbekiko*. – Dann Marschmusik zur Ankunft in den USA, in Ellis Island.

Die Tänzerin Athikte in „Die Seele und der Tanz" von Paul Valéry (1973; 1921) zeichnet sich durch ihre Drehbewegungen aus, die als nicht zielgerichtete Bewegung *par excellence* beispielhaft für die Selbstreflexivität des Tanzes stehen. Die Rotationen, die Kreisbewegungen sind es, die den Tanz von der voranschreitenden und zweckgerichteten Zeit des Gehens lösen und ihn stattdessen zur paradigmatischen Erscheinungsform der Schöpfung von Zeit machen: als wäre der tanzende Körper Beute des unmittelbar Bevorstehenden geworden. Tanz ist für Valéry reine Verwandlung, der Flamme verwandt, ein nicht stillzustellendes Geschehen, das nichts darstellt oder alles darzustellen vermag (Valéry 1921 bzw. Valéry 1973: 34, 46): Metamorphose statt Metapher, Mutation, Wandel statt Figuration. Poetisch, rätselhaft beschreibt Valéry Sokrates' Überlegungen angesichts Athiktes tanzender Drehungen:

„Und der Körper, der das ist, was ist, auf einmal kann er sich nicht mehr halten im Raum! - Wohin sich werfen? - Was werden? - Dieses *Eine* versucht das Spiel, *alles* zu sein. Es will es spielend der Allgegenwärtigkeit der Seele gleichtun! Er sucht eine Abhilfe gegen sein Sich-selbst-gleich-Sein durch die Zahl seiner Akte! Das Ding, das er ist, bricht auf in Ereignisse! - Er gerät außer sich!" (Valéry 1973: 46)[114]

Raum und Zeit des *bordercrossing* in *America, America* entsprechen einem solchen entfesselten Tanz der Verwandlung einer deduktiven und progressiven Zeit der Figurationen (Namen, Herkunft und Abstammungslinie) in eine Zeit der Imminenz.[115] Erschütterung der Zeiten-Ordnung, Schwanken – und Fallen. Zentripetale und zen-

113 | In ihrem Text über Kazans *America, America* spricht Maria Oikonomou von einer „*möglichen* Poetik der Auswanderung" (Oikonomou 2009: 68).

114 | Im Original: „Et le corps qui est ce qui est, le voici qu'il ne peut plus se contenir dans l'étendue ! - Où se mettre ? - Où devenir ? - Cet *Un* veut jouer à *Tout*. Il veut jouer à l'universalité de l'âme ! Il veut remédier à son identité par le nombre de ses actes ! Étant chose, il éclate en événements ! - Il s'emporte !" (Valéry 1921)

115 | Der eher wenig gebräuchliche deutsche Begriff der Imminenz meint das Kommende, das kurz Bevorstehende. Die Imminenz ist eine Art nervöse Ungeduld, eine „vibration", eine Schwingung, eine Erschütterung, ein Vibrieren. Es ist die Zeit, in der sich die tanzende Athikte befindet. - „Éryximaque: Ô Athikté ! Que tu es excellente dans l'imminence !" (Valéry 1921)

trifugale Kraftlinien in einer prekären Balance zueinander, erfasst in einem Wirbel, der aus der progressiven und als Verlauf messbaren Zeit hinaus und woanders hinein reißt.[116] Wohin, wohinein aber zieht dieser Strudel, und was bedeutet es, dass migrantisches *bordercrossing* Zeit schöpft, erschafft? – Es handelt sich um eine Instantiierung von Zeit, die durch einen Sprung initiiert wird, der zugleich hinein zieht, wie hinaus führt... – „Blitze, Bruchstücke einer fremden Zeit, verzweifelte Sprünge aus den Grenzen der Gestalt..." (Valéry 1973: 47)[117] Handelt es sich beim Wirbel der Drehung vielleicht um eine Art Zeitlichkeit *innerhalb* der Zeit? Paul Valérys Zeit der Imminenz ist – und das wird die folgenden und abschließenden Überlegungen dieses Kapitels anleiten – der Ort, an dem sich das Mögliche verändert:

„Im Übrigen ist aller Tanz eine *Spekulation mit dem Instabilen* – mit dem Prinzip: *Was unmöglich ist auf Dauer, ist möglich im Augenblick* – was sich sehr gut verallgemeinern lässt, auf Ideen. Mithin ist die ‚Zeit' nicht homogen – Die Bewegung kann sich nicht verlangsamen oder beschleunigen, *ohne das Mögliche zu verändern.* Bewegung *in abstracto* gibt es nicht. (Valéry 1993: 84-85)[118]

Valérys als Dialog konzipierter Text „L'âme et la danse" („Die Seele und der Tanz") verbindet die Dichtung mit der Philosophie und handelt davon, wie Athiktes Tanz zu verstehen ist. Unter den Augen von Sokrates, dem Arzt Eryximachos und Phaidros beginnt die Tänzerin mit einem Gang im Kreis und entwickelt dann nach und nach ihre letzte Figur, bei der sich „ihr ganzer Körper verschiebt [...], aufruhend auf der Kraft der großen Zehe" (Valéry 1973: 49).[119] Der Höhepunkt ihrer Darbietung auf diesem einen Zeh ist eine Drehekstase, die sie zum Schluss zu Fall bringt.

---

116 | Im zweiten Ritornell seiner Schrift *Dividuum*, welches den Zeitraum des „Lebensraumes" von Orlando zwischen dem 16. Jahrhundert und dem Datum der Erstpublikation des Romans von Virginia Woolf 1928 umfasst, erinnert Gerald Raunig an die etymologische Linie, die das deutsche Wort „quer", welches er sowohl in die Nähe der theoretischen und politischen Konzepte „queer" und Transversalität bringt als auch mit dem Mittelhochdeutschen „*twërn* für drehen, umdrehen, rühren, mischen" und potenziell mit dem Lateinischen „vertere" verbindet (Raunig 2015: 45), das die Filmwelt spätestens seit Alfred Hitchcocks *Vertigo* kennt. Vgl. zu Orlando auch Sally Potters gleichnamigen Film von 1992, der nach mit Themenschwerpunkten kombinierten Jahreszahlen strukturiert ist: 1600 - Tod, 1610 - Liebe, 1650 - Poesie, 1700 - Politik, 1750 - Gesellschaft, 1850 - Sex, wobei das letzte Kapitel, die Geburt, undatiert bleibt.

117 | Im Original: „des éclairs, des fragments d'un temps étranger, des bonds désespérés hors de sa forme..." (Valéry 1921)

118 | Im Original: „D'ailleurs toute la danse est une *spéculation sur l'instable* - sur ce principe : *Ce qui est impossible qui dure, est possible dans l'instant* - grande remarque générale. Idées.
Donc le ‚temps' n'est pas homogène - Le mouvement ne peut se ralentir ou s'accélérer *sans changer le possible.* Le mouvement *in abstracto* est inexistant." (Valéry 1974: 976)

119 | Im Original: „Éryximaque: L'Athikté cependant présente une dernière figure. Tout son corps sur ce gros doigt puissant se déplace." (Valéry 1921)

„Phaidros: Diese Zehe, die sie ganz allein trägt, bearbeitet das Trommelfell des Bodens wie der Daumen die Trommel. Welche Aufmerksamkeit ist in dieser Zehe, welcher Wille strammt sie und hält sie auf ihrer Spitze!... Aber jetzt dreht sie um sich selbst...
Sokrates: Ja, sie dreht um sich selbst, – und die von ewig her verbundenen Dinge beginnen sich zu trennen. Sie dreht und dreht...
Eryximachos: Das heißt wirklich vordringen in eine andere Welt...
Sokrates: Darüber hinaus bleibt nichts zu versuchen... Sie dreht, und alles Sichtbare fällt ab von ihrer Seele; der Schlamm ihrer Seele scheidet sich endlich vom Reinsten; Menschen und Dinge sind im Begriff, um sie herum im Kreis einen formlosen Niederschlag zu bilden...
Seht ihr... Sie dreht... Ein Körper durch seine bloße Kraft, durch seine Handlung ist mächtig genug, das Wesen der Dinge gründlicher zu verändern, als es jemals dem Geist in seinen Untersuchungen und Träumen gelingt!
Phaidros: Es sieht aus, als könnte das ewig dauern.
Sokrates: Sie könnte sterben in diesem Zustand...
Eryximachos: Schlafen, vielleicht einschlafen in einen magischen Schlaf...
Sokrates: Unbeweglich würde sie ruhn in der Mitte ihrer Bewegung. Ganz für sich, ganz für sich, gleich der Weltachse...
Phaidros: Sie dreht, sie dreht... Sie fällt!
Sokrates: Sie ist gefallen!
Phaidros: Sie ist tot...
Sokrates: Sie hat ihre Hilfskräfte erschöpft und den heimlichsten Schatz in ihrem Gewebe!
Phaidros: Götter! Sie kann sterben... Eryximachos, schnell!...
[...]
Eryximachos: Lassen wir die Ruhe wirken, die sie heilen soll von der Bewegung.
Phaidros: Du glaubst, sie ist nicht tot?
Eryximachos: Sieh diese kleine Brust, die nichts verlangt, als zu leben. Sieh, wie sie leicht zittert und hängt an der Zeit...
[...]
Athikte: Ich fühle nichts. Ich bin nicht tot. Und doch, ich bin nicht lebendig!
Sokrates: Von wo kommst du zurück?
Athikte: Zuflucht, Zuflucht, o meine Zuflucht, o Wirbel! – Ich war in dir, o Bewegung, draußen, außerhalb aller Dinge...“ (Valéry 1973: 49-53)[120]

---

120 | Im Original: „Phèdre: Son orteil qui la supporte tout entière frotte sur le sol comme le pouce sur le tambour. Quelle attention est dans ce doigt ; quelle volonté la roidit, et la maintient sur cette pointe !... Mais voici qu'elle tourne sur elle-même...
Socrate: Elle tourne sur elle-même, – voici que les choses éternellement liées commencent de se séparer. Elle tourne, elle tourne...
Éryximaque: C'est véritablement pénétrer dans un autre monde...
Socrate: C'est la suprême tentative... Elle tourne, et tout ce qui est visible, se détache de son âme ; toute la vase de son âme se sépare enfin du plus pur ; les hommes et les choses vont former autour d'elle une lie informe et circulaire...

AFFEN UND HUNDE

Indem Valéry so etwas wie den poetischen Impetus der Verfugung von Klang und Sinn, von sprachlicher Empfindsamkeit und Bedeutung zu fassen versucht, schreibt er, auf die Welt der Tiere rekurrierend:

„Ein Dichter ist in meinen Augen ein Mensch, der [...] eine verborgene Umwandlung durchmacht. Er weicht von seinem gewöhnlichen Zustand allgemeiner Verfügbarkeit ab, und ich sehe ein *Agens* in ihm sich entwickeln, ein lebendiges System, das Verse erzeugt. Ebenso wie man bei den Tieren plötzlich einen geschickten Jäger, einen Nestbauer, einen Brückenbauer, einen Tunnelbohrer sich offenbaren sieht, so sieht man, wie sich im Menschen diese oder jene zusammengesetzte Veranlagung herausbildet, die ihre Funktionen auf irgendein bestimmtes Arbeitsergebnis anwendet." (Valéry 1991: 158)[121]

Voyez-vous... Elle tourne... Un corps, par sa simple force, et par son acte, est assez puissant pour altérer plus profondément la nature des choses que jamais l'esprit dans ses spéculations et dans ses songes n'y parvint !

Phèdre: On croirait que ceci peut durer éternellement.

Socrate: Elle pourrait mourir, ainsi...

Éryximaque: Dormir, peut-être, s'endormir d'un sommeil magique...

Socrate: Elle reposerait immobile au centre même de son mouvement. Isolée, isolée, pareille à l'axe du monde...

Phèdre: Elle tourne, elle tourne... Elle tombe !

Socrate: Elle est tombée !

Phèdre: Elle est morte...

Socrate: Elle a épuisé ses secondes forces, et le trésor le plus caché dans sa structure !

Phèdre: Dieux ! Elle peut mourir... Éryximaque, va !...

[...]

Éryximaque: Laissons agir le repos qui va la guérir de son mouvement.

Phèdre: Tu crois qu'elle n'est pas morte ?

Éryximaque: Regarde ce très petit sein qui ne demande qu'à vivre. Vois comme faiblement il palpite, suspendu au temps...

[...]

Athikté: Je ne sens rien. Je ne suis pas morte. Et pourtant, je ne suis pas vivante !

Socrate: D'où reviens-tu ?

Athikté: Asile, asile, ô mon asile, ô Tourbillon ! – J'étais en toi, ô mouvement, en dehors de toutes les choses..." (Valéry 1921)

121 | Im französischen Original – und das scheint mir zentral – ist nicht von einer Veranlagung, sondern von einer „organisation" die Rede. Die ganze Textstelle lautet: „Un poète est à mes yeux, un homme qui [...] subit une transformation cachée. Il s'écarte de son état ordinaire de disponibilité générale, et je vois en lui se construire un agent, un système vivant, producteur de vers. Ainsi que chez les animaux on voit tout à coup se révéler un chasseur habile, un constructeur de nid, un bâtisseur de ponts, un perceur de tunnels et de galeries, on voit se déclarer en l'homme telle ou telle organisation composée qui applique ses fonctions à quelque ouvrage déterminé." (Valéry 1939: 8)

Wie das Vermögen der Poesie, das sich hier bei Valéry seinen Weg bahnt, so ist auch der Auftakt zum Wirbel in *America, America*, der die Fähigkeit zum illegalen Grenzübertritt entfaltet, mit der Singularität eines Tieres verbunden: Mit deutlichen Anleihen bei *Tarzan* und *KingKong* wuchtet sich Stavros im Sprung eines Affen mitten unter die bürgerlich-heteronormativ Paartanzenden, als würde er von hohen Bäumen springen, lauert dort eine Weile, bis er schreiend wie ein wildes Tier zu seinem Solo ansetzt. In dieser verborgenen Verwandlung betritt Stavros den transatlantischen Raum der „Rasse"/*race* und der *blackness*. Hier, an der Schwelle zu den USA, begleitet vom Kosmopolitismus der Bürger*innen aus der Ersten Klasse, im Angesicht der Lichter von New York, die bereits zu sehen sind, kommt, von der anderen Seite der Grenze her, dieser Affe auf Stavros zu. Von ihm kommt ihm die Befähigung entgegen, an Land zu gehen, zu landen, in die territoriale Konfiguration der USA einzutreten: Im Sprung verbindet sich Stavros mit dem Affen als dem Anderen, mit diesem Tier, das die kulturelle Grenze der Nation markiert und ihren Rand, ihre offenkundige Peripherie artikuliert.[122] Mit dem Affen – Erinnert sei hier an Abdelfattahs Befürchtung, dass er von den Fernsehzuschauer*innen im Norden ausgelacht würde als „someone who doesn't know anything. Who has no diplomas, no degrees. Who does not know how to live in the age of the internet and globalization. Someone who still wants to live like a primitive man. Like a monkey. A primitive. Like a Stone Age man. A prehistoric man." – bauen sich Klang und Bewegungsablauf eines Körpers der phantasmatisch vormodernen, ‚primitiven' Zeit der Immanenz eines Naturzustandes auf. Nicht ein Wildtier aus uneroberten, unzivilisierten und fernen Landschaften (wie etwa der Insel bei *KingKong*), deren Lebensräume bis ins 19. Jahrhundert hinein auf imperialen Karten mit der Losung „Hic sunt Leones!" beschriftet wurden, kein Ausdruck einer archaischen, kolonialen ‚Andersheit', sondern eine intrinsische Bestie, ein Parasit, ein Bandwurm, der einen nach und nach auffrisst, ist es, der in Penny Siopis' Film *The Obscure White Messenger* (SA 2010) am Ausgang des Niedergangs oder am Ende des Zerfalls des osmanischen Reichs, aber in der Folge auch der Apartheid Südafrikas lauert. Siopis' Film folgt den Spuren der postimperialen europäisch-kleinasiatischen Nationengründungen und der Zeugenschaft von Demitrios Tsafendas, jenes Mannes, der 1966 den südafrikanischen Premierminister Hendrick Verwoerd erstach und angab, dass der Wurm – sein Bandwurm – dies getan habe. Der Film durchläuft die Stationen dieses obskuren weißen Boten als *non people of color*, Exilant, Flüchtender, Immigrationsanwärter und Staatenloser im kolonialen und postkolonialen portugiesischen Ostafrika (später Mozambique), in Rhodesien, Portugal, den USA und Südafrika, an den Brüchen und Umbrüchen auf Kreta, in der

122 | Vgl. hierzu Homi K. Bhabhas 1990 herausgegebenen Sammelband *Nation and Narration*, der das essentialistische und historistische Verständnis von Nationen kritisiert und vor allem die janusköpfige Ambivalenz des Diskurses der Nation untersucht, die Homi K. Bhabha auch „dissemi-*nation*" oder „DissemiNation" nennt. „Die Voraussetzung dafür, die Geschichte der Nation zu schreiben, besteht darin, die archaische Ambivalenz zu artikulieren, welche die Zeit der Moderne prägt." (Bhabha 1990: 294; Bhabha 2000: 212)

Türkei und im ägyptischen Alexandria. Als Bereich der Staatenlosigkeit in einer Welt, in der das Menschsein an Zugehörigkeit und Staatsbürgerschaft gebunden ist, lokalisiert Siopis ihr filmisches Thema: „In the film the deck of a ship becomes his forced habitat, a kind of floating isolation, thwarting his restless search for a community, a solid place where he could anchor his life." (Siopis 2012: 55)

Gegenwärtige Migrationen kennen Tiere vor allem im Zusammenhang mit der Reiseorganisation. „Sharks" oder „loan sharks" nennen sich Schlepper, „snakeheads" (in Chinesisch „shé tóu" genannt, wörtlich für: „große Zunge") heißen die Organisator*innen illegaler Schiffspassagen, „korakia", Raben sind die *guides* über die griechisch-albanische Grenze und an der Grenze zwischen Mexiko und den USA trifft man auf „coyote", also Wildhunde als Fluchthelfer.[123] Schafhandel, „koyun ti-

123 | „Coyote", so lehrt wikipedia, leite sich vom aztekischen Wort „cóyotl" für „Mischling" ab. Ähnlich der Cyborg führt Donna Haraway den Trickster oder Coyoten, wie er in Berichten über *first nation people* des Amerikanischen Südwesten vorkommt, als eine ihrer Figuren ein, die den Weg weisen sollen, um dem methodologischen Individualismus zu entkommen und eine feministische Objektivität zu begründen. Sie vergleicht den Coyoten mit der Position der feministischen Wissenschaftler*in, die auf Herrschaft verzichtet, weiterhin nach Genauigkeit und Verbündeten sucht, auch wenn sie darum weiß, dass sie reingelegt wird (Haraway 1995 a: 94). Haraways Coyote ist keine Figur, die für die Welt Sorge trägt, sondern soll als „Bild für das stets problematische und machtvolle Band zwischen Bedeutungen und Körpern" dabei helfen, sich mit der Welt als Coyote, das heißt mit der Welt als einer kodierenden Tricksterin auszutauschen (ebd.: 97). Zur Rezeption von Donna Haraways Coyote-Figur im deutschen Feminismus siehe die von Frigga Haug und Kornelia Hauser im Argument-Verlag herausgegebene und als „Coyote-Texte" konzipierte Reihe, insbesondere die Anmerkungen zu diesem Vorhaben als Vorwort zu Cockburn 1993 bzw. kritisch zur deutschen feministischen Rezeption: Mulot 2011: 114-116.

Im Kontext ethnologischer Untersuchungen über das Heilige, das Tabu und die Übertretung von Verboten steht der Trickster dagegen in *Le sacré et la violation des interdits* (1974). Der Fokus dieser Studie von Laura Levi Makarius liegt nach eigener Angabe in der Suche nach der Bedeutung der Verletzung der sozialen Ordnung an der Schwelle zu Klassengesellschaft und kolonialer Durchdringung. Raoul Makarius schließt sein Vorwort zu dem Buch mit dem Satz: „C'est comme si, à l'orée de la société de classe, l'acte d'insurrection et d'émancipation, qu'est la violation des interdits, devait, inversant son signe, préfigurer les crimes que l'avènement de l'ordre de classe réservait à l'humanité." (Makarius 1974: 15) Laura Levi Makarius widmet der mythischen Figur des Tricksters - eine Bezeichnung, die aus dem Kontext der nordamerikanischen Ethnologie stammt - ein ganzes Kapitel (ebd.: 215-265) und bestimmt ihn als Prototyp desjenigen, der gegen Normen und Gebräuche verstößt, Bedingungen modifiziert, Transformationen bewerkstelligt, zugleich aber auch als Prototyp des individuellen Helden. Der Trickster ist äußerst verachtenswert und unflätig, häufig dümmlich, aber immer auch heilig. Makarius folgt dem Epos des Tricksters als einem aufständischen Charakter und Tabu-Brecher in anthropologischen Aufzeichnungen über *first nation people* in den heutigen USA - in der Figur des „Manabozo", des „Nihaça", des „Wakdjunkaga" (etwa: diejenige, die oder der aus der Reihe tanzt, der einem einen Streich spielt), des „Kemukemp", des „Gatsokwire" oder eben des „Coyoten" im heutigen Kalifornien, „la démesure personnifiée" (ebd.:

careti", nennt man im Türkischen den Handel mit Migrant*innen (Schneider 2002; Papadopoulos/Tsianos 2007; 2011). In der gegenwärtigen Migration nach Europa, treten Tiere dort auf, wo das Menschenmaß herausgefordert wird, wo die Bedingungen des Transits oder der Flucht den viktimisierenden Diskursrahmen, der die Migrierenden etwa als Schutzsuchende in die Ordnung der Menschenrechte einschreibt (während sie aus den institutionellen Strukturen des Nationalstaats ausgeschlossen werden), aussetzt. Viele werden heute auch erst unterwegs, in der Migration zu Flüchtenden, viele Fluchthelfer waren oder sind selber Transitmigrant*innen. Tier-Werden ist eine Bahnung aus Furcht und Not. Papadopoulos und Tsianos bringen die Tiere der Migration in einen Zusammenhang mit dem Konzept des Tier-Werdens bei Gilles Deleuze und Félix Guattari und begreifen dieses als eine „freiwillige Entmenschlichung", als ein Verlassen des humanistischen Regimes der Rechte (2011: 119), das sie als einen Prozess der Entidentifizierung und der Disidentifikation deuten.[124] Insbesondere in ihrem Buch *Escape Routes* wird die Disidentifikation deutlich

233), oft als inzestuöses Tier dargestellt. „Il [le coyote] est représenté tantôt comme l'adversaire du Créateur, tantôt comme son collaborateur maladroit ou malintentionné, et tantôt comme un véritable héros culturel. Il est surtout la personnification du violateur vu sous le jour d'une extrême impureté." (Ebd.: 230) Der Trickster begründe immer auch das zeremonielle Leben per se und sei oft im Besitz von magischer Medizin, so Makarius. Entsprechend weist der Coyote auch promethische Eigenschaften auf. Er ist derjenige, der die Menschheit in den Besitz des Feuers und des Salzes gebracht hat. Vergleichbare Trickster-Figuren beschreibt Makarius für den Südpazifik („Maui") und für Australien („Bamapa-ma") oder für Afrika in der Gestalt des „Gaolna" (Südafrika), „Ture" (Zentralafrika) oder „Legba" bzw. „Eshu" (Benin/Nigeria). Eshu-Elegba, der sich in von Yoruba abgeleiteten afroamerikanischen Religionen findet, ist mit phallischen Attributen ausgestattet, zudem ist er ist ein Wegelagerer oder Herr der Straßen und Kreuzungen: „Esprit vagabond, sans domicile fixe, il hante les carrefours et les marchés et on le trouve partout où des troubles ou des changements se manifestent." (Ebd.: 242) – „La contradiction entre la qualité d'être ‚sacré' du *trickster* et les profanations et les sacrilèges qu'il commet n'en est plus une, si l'on part du principe que le ‚sacré' – du moins ce que l'on entend par ‚sacré' en ethnologie, le pouvoir dangereux, efficace et ambivalent qui investit le héros – est précisément le résultat de la violation de tabou, donc de la transgression des règles, de la profanation et du sacrilège, qui sont des formes dans lesquelles la violation est explicitée par le mythe. C'est bien parce qu'il enfreint les règles, parce qu'il accomplit des profanations et des sacrilèges, que le *trickster* est un être ‚sacré'. Qualité qui ne peut d'aucune manière être mise en question par son inconduite, ses sottises ou sa grossièreté, car elle n'a rien à voir avec la vertu, l'intelligence et la dignité : elle provient de ses violations, qui font de lui le détenteur du pouvoir magique, lequel s'identifie au ‚sacré'. Et l'ambivalence de ce pouvoir explique l'ambivalence qui investit le héros et qui vient s'ajouter aux autres sources de contradictions dont il est le foyer." (Ebd.: 250)

124 | Damit schließen die Autoren an Deleuze/Guattari an, die das Tier-Werden bei Kafka als eine Entmenschlichung begreifen, die einen Ausweg aus den bürokratischen Staatsapparaten sucht; sie zitieren ihn: „Gegen die Unmenschlichkeit jener ‚bösen Mächte' stellt sich die Nichtmenschlichkeit: Käfer werden, Hund werden, Affe werden, lieber Hals über Kopf abhauen, ‚sich überkugelnd [...] hinaus und weg' als den Kopf beugen

nicht einfach als eine Verschiebung identitärer Zuschreibungen konzipiert, sondern als eine materielle und verkörperte Art des Seins, welches nicht mehr einzeln ist, nicht mehr das Ungeteilte darstellt, nicht mehr Einheit und intakte Ganzheit, sondern mehr oder weniger als eine*r (Papadopoulos/Stephenson/Tsianos: 2008: 215; Tsianos/Papadopoulos 2011: 119). Für die Frage der Migration und des *bordercrossing* scheint es mir besonders relevant, dass Deleuze und Guattari das Tier-Werden als eine „absolute Deterritorialisierung des Menschen" im Gegensatz zu einer relativen Deterritorialisierung konzipieren und diese beiden Bewegungen in ihrem Verhältnis zum Raum beleuchten: Während die relative Deterritorialisierung eine Bewegung sei, die der Mensch mit sich selber vollziehe, wenn er sich von der Stelle bewege, wenn er wandere, ist das Tier-Werden „eine bewegungslose Wanderung auf der Stelle, die sich nur in Intensität erleben und begreifen lässt (nur als Überschreiten von Intensitätsschwellen)" (Deleuze/Guattari 1975: 50). Tier-Werden ist ganz und gar nicht anthropomorph und gehört zur Ordnung der Poesie, der Intensität, zum Tanzen und nicht zum Gehen. Schlau wie eine Schlange sein oder Fährten lesen lernen wie der Spürhund, unterwürfig sein, sich erniedrigen, sogar treten lassen und doch bisweilen die Zähne fletschen... – Mit den Tieren der Migration begegnet man keiner Metapher, sondern einer Modifikation der Sensibilität, einer Erregung, die Deleuze eine Affektion nennt. Es ist ein „sentir intérieur", etwas, was einen von innen ergreift (Deleuze 1882/83: cours 22 du 02/11/82 – 3) und wie bei Valérys Poeten und Tieren eine Organisation, ein lebendiges Produktionssystem offenbart. Das Tier-Werden der Migration allerdings produziert Mobilität. Darüber spricht Denis, ein in der marokkanischen Hafenstadt Tanger angelangter Hund in der ersten Hälfte von Leïla Kilanis Film *Tanger le rêve des brûleurs* (Frankreich 2002).

„This route has existed as of 1950. In 1950 this route has existed. Some people, the ancient men, that's our forefathers have existed on this route, have moved on this route. We are not the first going on this route. We go with information. That's how we made our journey to the desert. Along our way into the desert... we find many things in the desert. So what I believe in this route that what ever you want to make on this route you don't have to do it with money. Because some rogues, some bandits in the route. You know. So that they can collect your money. You have to make the route without money. When ever you get to your last destination you call for money and the money will come for you. Millions of people die in the desert, in this movement, in this journey when they plan to go to Europe, then they died. All people who made it on this route they are dogs. And people who live rogue's live. What to understand by rogue's live? Rogue's live means people who can travel without nothing, who don't have money, you have nothing in your pockets, but you have cigarettes, you smoke cigarettes, you drink water, something. You don't bloody care. Even if you die, you'll forget soon ... you get me? You get me? You get me? People who made this route is dogs. Dogs. Dogs. What I mean by dog? That is people who don't,

und Bürokrat, Beamter oder Polizist, Richter oder Gerichteter bleiben." (Deleuze/Guattari 1975: 19)

who – who believe that anything can happen. You understand me? I believe that anything can happen. By the god bless ... we get our last destination, safely, no problem.“

Die Reiseroute, auf die Denis verweist, reicht zeitlich viel weiter zurück als 1950, als sie begann, eine Route der Gastarbeit zu sein.[125] Auf diesem sehr alten, seit der Antike bestehenden Handelsweg wurden vor allem Gold, Elfenbein, Sklaven und später auch Salz, Stoffe, Pferde oder Waffen transportiert. Die Transsahara-Verbindung behielt ihre Bedeutung bis zur Zeit des Aufstiegs des transatlantischen Handels und der kolonialen Territorialisierungen im 19. Jahrhundert. Heute und als Migrant*in betritt man ihren Pfad angesichts von Banditen und Wegelagerern besser bar jeglicher Waren oder Reisegepäcks. Zudem gilt es, jemand zu werden, die oder der bereit ist, alles zu erleben, was einem widerfahren kann, in jedem Augenblick. Es geht darum, darauf gefasst zu sein, jederzeit aus dem Menschsein herausgerissen werden zu können, erfasst von etwas Hündischem, einem Affekt, der, so Deleuze/Guattari, weder ein persönliches Gefühl ist noch eine Eigenschaft, sondern die Auswirkung einer Kraft, die das Ich in Aufregung versetzt (Deleuze/Guattari 1992: 328). In seiner Kino-Vorlesung über Bilder, Zeichen und Zeit leitet Deleuze den Affekt als Bild-Typus im Unterschied zu Aktionsbildern und Wahrnehmungsbildern her: Einen Affekt zu haben, ist, wenn man nicht weiß, was man tun soll und nicht weiß, was man wahrnimmt (Deleuze 1982/83: cours 22 du 02/11/82 – 3). Das Affektbild erwächst aus dem (Bewegungs-)Intervall der Bewegungsbilder, das heißt es entsteht aus einem innerhalb eines Bildes gelegenen Abstand zwischen einer empfangenen und einer ausgeführten Bewegung und es besetzt diese Spanne, ohne sie jedoch auszufüllen.[126] Das Affektbild, welches einem mit Denis im Transit als ein Tier-Werden der Migration begegnet, bestimmen Papadopoulos und Tsianos als ein „körperliches Substrat der transnationalen Migration in Zeiten eines globalen Regimes erzwungener Illegalität“ (Papadopoulos/Tsianos 2011: 118). Dass eine solche Transformation der Empfindsamkeit gegenwärtig bei Transitmigrant*innen an den europäischen Grenzen vermehrt zu beobachten ist, lässt sich nicht zuletzt daran ablesen, dass

125 | Siehe zur Geschichte von Industriezentren in der Sahara, die seit den 1950er Jahren ein Anziehungspunkt für Arbeitskräfte darstellten, auch Filme wie etwa *Arlit, le deuxième Paris* von Idrissou Mora-Kpai (Frankreich 2005) oder *De sable et de sang* von Michel Le Thoma (Frankreich, 2012). Beide Filme werfen einen heutigen Blick auf Industriestädte der Sahara, deren Urbanität nunmehr vor allem in ihrer Funktion als Transitstädte meist papierloser Migrant*innen in den Norden besteht.

126 | Bewegungsbilder, wie sie Deleuze in seinen beiden Kino-Büchern bestimmt, bilden den differenzierenden und spezifizierenden senso-motorischen Zusammenhang und sind im Rekurs auf Henri Bergson als die Genese (semiotisch geformter, wenn auch nicht sprachlicher) Materie selbst zu verstehen. Weiter unten verdeutliche ich diese Begrifflichkeit in ihrer Verwendung. Der „écart“, Spanne und Abstand zwischen empfangener und ausgeführter Bewegung, wird bei Deleuze auch mit dem Begriff des Indeterminationszentrums belegt.

sie nicht nur der Film *Tanger le rêve des brûleurs* registriert.[127] Auch in den Dokumentarfilmen *Mirages* (Frankreich 2007) von Olivier Dury, der die Passage durch die Sahara filmisch begleitet, oder *no comment* (Frankreich 2008) von Nathalie Loubeyre und Joël Labat – einem Film, der in Sangatte, sechs Jahre nach der Schließung des dortigen, vom Roten Kreuz betriebenen Lagers gedreht worden ist – stehen der Körper und sein Vermögen im Zentrum. Auch hier kommt es vor allem auf Gesten und Bewegungsabläufe an, die sich mit der Situation der Grenze oder des Transits herumschlagen. In beiden Filmen wirken diese Gebärden und Regungen aber kaum wie zielgerichtete oder produzierende Aktivitäten, sondern vielmehr diskrepant, als hätten sie sich in eine Art Mikroklima körperlicher Befähigungen zurückgezogen, um von dort aus einen anderen Ausgang, einen anderen Durchgang an der Grenze zu finden. Die genannten Filme beziehen sich nicht auf eine Anschauung von Körpern, welche die Grenze – frei nach Michel de Certeau – als einen Raum einnehmen, mit dem sie etwas machen. Geradezu schlüsselhaft wesentlich scheinen mir die Aufnahmen der auf der Ladefläche von Geländewagen zusammengepferchten Transitmigrant*innen in *Mirages*, wobei die Kamera Eindrücke körperlicher Aktivitäten als Gebilde unterschiedlicher Intensitäten, als Beziehungen und Organisationen untereinander fokussiert: ein Fuß in abgetretenem Turnschuh, die Ferse hinten herausragend, neben ruhend ausgestreckten knochig langen Fingern, in beinahe bedrohlich gleicher Höhe gelegen wie ein auf die Schultern gesunkenes und mit Stoff umwickeltes Gesicht mit Sand verklebtem Mund.[128] In *no comment* ist ein solches

127 | Ein anderer auffälliger Aspekt diesbezüglich ist, dass zur Hilfe der Modifikation der Wahrnehmungs-Sensibilität bei Transitmigrant*innen zunehmend chemische Substanzen eingesetzt werden. Damit Reisende, oft auch Kinder und Minderjährige, z.B. bei Grenzpassagen nicht weinen oder aus Angst kein falsches bzw. riskantes Verhalten an den Tag legen etc., geben Fluchthelfer*innen zunehmend auch psychoaktive Stoffe ab. Eine Modifikation von gattungsspezifischen Sensibilitäten - und darum geht es beim Tier-Werden nach Deleuze/Guattari gerade eher nicht - findet sich, in Form einer zeitgenössischen *science fiction*, gestiftet von der Detroiter Band Drexciya auf ihrem Album *The Quest* (1997) - etwa für die *middle passage*. Drexciyans sind demnach aquatische Mutant*innen und unter Wasser lebende Nachkommen von schwangeren versklavten Frauen, die über Bord der Schiffe geworfen worden sind. Siehe Williams 2001: 167ff.; Eshun 2003: 300.

128 | In einem gewissen Kontrast zu diesen Bilderfolgen scheint mir die Schlusssequenz in *Mirages* zu stehen, die eine Serie von in Notizbüchern und auf Zetteln hinterlassenen E-mail-Adressen und eine Reihe frontaler Brustportrait-Aufnahmen ohne Ton zeigt. - Hier handelt es sich eher um einen zeugenschaftliches Zu-Sehen, das sich auf Namen und einzelne Personen richtet. Ein Sehen, das dem Kino die Erinnerung an ein einzelnes Leben abverlangt, steht aber wohl kaum in einem kategorischen Widerspruch zu einem Sehen, das den Entzug, den Verlust und zugleich die Berührungen und Verkettungen von Körpern untereinander erzählt. Anhand von Mary Jimenez' Film *Héros sans visage* (BE 2012) und deren filmischen Auseinandersetzung mit der klandestinen Migration nach Europa spricht Marie José Mondzain vom dokumentarischen Gestus der bedingungslosen Aufnahme dessen, was ist, als einer Frage der radikalen Gastfreundschaft des ganz Anderen in seiner absoluten Fremdheit, die nur das Verhältnis zum Bild mit seiner Fähigkeit

Heraustreten aus der als einzelner gezählten Person noch viel deutlicher Programm, zumal der Film fast ganz ohne Sprache auskommt. Darüber hinaus komplett ohne Kommentar lebt er von Beobachtungen, von ruhigen, fast ereignislosen Observationen alltäglicher Körperpraxen im Transit. Mehr als auf Aussagen, Stimmen und gesprochene Zeugenschaften setzt *no comment* auf das bewegte und sonore Bild als Zeichen namenloser Körper, die im Sinne der gewaltsamen Macht der Autorisierung von der Benennung (noch) ausgeschlossen sind oder sich möglicherweise im Sinne eben dieser gewaltsamen Macht im Prozess ihrer eigenen Entnennung befinden...[129] Die Bildpraxen beider Filme versuchen einen Kamerablick zu entwickeln, dessen Aufmerksamkeit jenen körperlichen Substraten gilt, die nicht so stark durchdrungen scheinen von der kriminalisierenden, verletzenden und abwertenden Kraft, die hier im Transit sowohl der Exklusion durch das Dokumentiert-Werden als auch der Exklusion von jeglicher Registrierung oder Dokumentation anhaftet.[130] Die

zur konstituierenden Fiktion bereithalte: „Il s'agit, me semble-t-il de faire vivre un espace imaginaire, celui qui est propre à toute image, un site hors de tout lieu dvassignation, et cela partout où nous sommes, c'est-à-dire qu'il s'agit de créer partout où nous agissons une zone d'accueil et de recueil, d'hospitalité inconditionnelle à tout autre dans une égalité fictionnelle et constituante." (Mondzain 2017: 58) Siehe ausführlicher zu dieser Thematik auch das Ende des 3. Kapitels.

129 | So gibt es in *no comment* eine Szene, in der Fingerkuppen am offenen Feuer und mit einem erhitzten Metall verbrannt werden. Auf diese Weise ‚löschen' Migrant*innen ihre Fingerabdrücke, mittels derer sie auf dem Weg biometrisch identifiziert und über die Europäischen digitalen Datennetze (etwa im *European Automated Fingerprint Recognition System* „Eurodac" der Dublin-Verordnung gemäß) in ihrer Bewegungsfreiheit innerhalb des Schengener Raums eingeschränkt werden. Bei dieser migrantischen Körperpraxis handelt es sich um den Versuch, Daten, die der eigene Körper hergibt, zum Verschwinden zu bringen. Siehe zur biometrischen eruopäischen Grenze auch Tsianos/Kuster 2012; Kuster/Tsianos 2013 a; Kuster/Tsianos 2013 b; Kuster/Tsianos 2014.

130 | Der Soziologe Smaïn Laacher (2008) hat in einem Text über *no comment* geschrieben: „Diese Gesichter, diese Hände, diese Füße, die getrennt voneinander gezeigt werden oder in ihrer Artikulation auf der Gesamtoberfläche des Körpers, kurz, diese noch strapazierfähigen oder verstümmelten Körper, die von überall und nirgendwo herkommen, verraten einen Mangel an Herkunft: ihre Präsenz ist illegitim. Es ist ihre Absenz, die als normal erachtet wird, weil sie schwarz auf weiß in die Rechtsprechung der Staaten eingeschrieben ist und von der öffentlichen Moral abgestützt wird. Diese Körper sind entpolitisiert, weil sie weder über eine registrierte Identität noch über öffentliche Ansprüche verfügen, außer dass man sie mit Würde behandeln möge. *No comment* zeigt sie uns *mit einer unüblichen Empfindsamkeit, manchmal nahe, manchmal in guter Distanz*. Der Dokumentarfilm schließt in einer eindringlichen Einstellung: Auf ein stilles, fast gewöhnliches Gesicht, das einen Augenblick lang zögert, in die Kamera zu schauen; es schlägt seine Augen nieder, um sie dann gleich wieder zu öffnen und geradeheraus in die Kamera zu blicken, ohne dass jedoch eine Art unwahrnehmbare Ratlosigkeit komplett verschwinden würde. Es weiß, dass es die Welt anschaut; es weiß, dass es von denen angeschaut wird, die die Macht haben, die Richtung und die Bedeutung seiner Existenz und derjenigen seiner Gefährten im Unglück zu verstehen und zu verändern. Die Autor*innen versuchen nicht, Mitleid zu erregen, nicht diese auf Distanz gehaltene Traurigkeit oder ein falsches

Kameraführung beider Filme wirkt, als wolle sie am Tier-Werden gleichsam partizipieren, als würde sie „die Bewegung vollführen, die Fluchtlinie in ihrer ganzen Positivität trassieren, eine Schwelle überschreiten, vordringen zu einem Kontinuum aus Intensitäten, die nur noch für sich selber Geltung haben, eine Welt aus reinen Intensitäten finden, wo alle Formen sich auflösen, alle Bedeutungen, Signifikanten und Signifikate, um lediglich ungeformte Materie, deterritorialisierte Ströme, asignifikante Zeichen übrig zu lassen" (Deleuze/Guattari 1975: 20). Weg von der Person, weg vom Subjekt, auf eine Welt aus ungeformter Materie zielend, auf eine Welt, in der nur Bilder agieren: „Ich nenne Bild etwas, das Handlungen empfängt und Reaktionen zeigt." (Deleuze 1982/83: cours 22 du 02/11/82 – 3)[131]

Das Molekular-Werden der bewegten Bilder und Töne sowie die ‚unwirklichen Sprünge' einer affizierten Kamera (wie in *Paisà*) scheinen sich am präzisesten mit dem Tier-Werden der Migration zu verbinden. Was den Hund anbelangt, so zählen ihn Deleuze und Guattari zu den ödipalen Tieren schlechthin (Deleuze/Guattari 1992: 328; Deleuze/Guattari 1975: 23). Wenn aber im Transit ein Hund-Werden der Migration stattfindet, dann handelt es sich eher um Straßenköter, streunende Hunde, herrenlos und verwahrlost, manchmal bissig, Vierbeiner, die anders als Haustiere eher zweifelhafte Begleiter sind. Einzeln meist verängstigt und scheu, suchen sie nachts in Rudeln die Dörfer oder Städte heim, zusammengerottet erwacht im harmlosen, domestizierten Hund der Wolf. Wenn die Meute Witterung aufnimmt, attackiert sie, und die schreckhaften, verängstigten, vernachlässigten und verwilderten Haustiere werden zur beunruhigenden, furchterregenden Bande. Dass die Meute zur Politik eines solchen Tier-Werdens wird, lässt sich immer wieder am Grenzzaun zur spanischen Enklave Ceuta oder Melilla in Marokko beobachten: Zu Hunderten versuchen Migrant*innen dort, mit Kletterhaken und Nägeln an den Schuhen die mehrere Meter hohe und mit NATO Stacheldraht gesicherte Grenzzaun-Anlage zu erklettern, um so die Grenzpolizist*innen zu überrumpeln – was Presse und Grenzpolizei häufig als gewalttätigen Ansturm beurteilen.[132] Im Hund-Werden der Migration sind allerdings zwei unterschiedliche Dynamiken, zwei „Bewegungen" und „Funktionen" (Deleuze/Guattari 1992: 319) eingefasst. Beide richten sich gegen den Humanismus bzw. die normative und nicht-inklusive Kategorie des Mensch-

Mitgefühl hervorzurufen. Sie sagen uns nur, dass das Weggehen von bei sich zu Hause eine gerade Linie ist, die einbricht. Und mehr noch, dass, wenn man [...] seinen Platz verlässt und keinen anderen finden kann, die Welt dann zu einem großen Gefängnis wird." (Ü.d.A. und H.d.A.)

131 | Ü.d.A., im Original: „J'appelle image ce qui reçoit des actions et ce qui a des réactions."

132 | Als Politik des Tier-Werdens bezeichnen Deleuze/Guattari eine Politik, die sich in Gefügen entfaltet, die weder zur Familie, noch zur Religion oder zum Staat gehören, sondern minoritare, unterdrückte, verbotene, randständige und revoltierende Gruppen zum Ausdruck bringen (Deleuze/Guattari 1992: 337).

seins, und beide sind dabei alles andere als eine Frage der Spezies.[133] Die eine leitet sich von dem aus *Amerika, Amerika* bekannten *Hamal* ab: Unter der Last der mit Arbeit, Ausbeutung, Schändung und Erniedrigung verbundenen Zumutungen der Migration beugt sich ein Rücken, auf dem das Tier-Werden stattfindet. Sich seinen Lebensunterhalt durch das Tragen von Lasten oder Gepäck verdienen, heißt, bei der Schufterei des aufrechten Ganges verlustig gehen, ein gebrochenes Rückgrat haben, willenlos gemacht wie ein Lastentier.[134] Die andere ist mit dem ‚archaischen' Tier verbunden, dem Tier der naturalisierten, primitivistischen kolonialen Andersheit, etwa des Affen. Dieses eng mit der Geschichte des Rassismus und der „Rasse"/*race* verbundene Tier tritt in den Augen der rassistischen Optik zu Tage. – Deleuze/Guattari sparen es ganz und gar aus. In Frantz Fanons Beschreibung des Kolonisierten hingegen erscheint es, und zwar in dem Augenblick, in dem der Kolonisierte über seinen Auftritt als Tier in den Worten des Andern wisse und lache, und zugleich seine Menschlichkeit entdecke, sowie damit beginne, „seine Waffen zu reinigen, um diese Menschlichkeit triumphieren zu lassen" (Fanon 1966: 36). Fanon geht hier nicht nur auf die Verdinglichung des Kolonisierten ein, sondern spricht auch davon, dass der Kolonialismus den Kolonisierten vertiere (ebd.: 35). Schreibend umreißt er dabei wiederholt die Anspannung im Körper des Kolonisierten als körperliche Einsperrung, als Starrkrampf oder als ein physisches Auf-der-Lauer-Liegen, das sich in Explosionen und muskulösen Reaktionen entlade (ebd.: 47). Neben nächtlichen Muskel- und Aktionsträumen (ebd.: 43) oder Stammesfehden sowie Schlägereien zwischen Einzelnen (ebd.: 45) weist Fanon auf „eine ganze Menagerie von winzigen oder riesenhaften Tieren" hin, welche den Kolonisierten entspannt, befriedet, seine Aggressivität eindämmt und „um den Kolonisierten eine Welt von Verboten, Absperrungen, Hemmungen auf[baut], weit schrecklicher als die koloniale Welt" (ebd.: 46). Die Dynamik des archaischen Tieres im Tier-Werden der Migration ist, so lässt sich mit Fanon sehen, janusköpfig, wobei die eine Seite das Erbe der Geschichte des Rassismus antritt, während sich die andere mit Geheimgesellschaften, ekstatischen Tänzen der Besessenheit und der Welt der magischen Kräfte verbindet – wobei in dem Zusammenhang bei Fanon die legendären Leoparden-Männer genauso Erwähnung finden wie bei Deleuze/Guattari, nur dass der Modernist Fanon sie als „magischer Überbau" „unterentwickelter Gesellschaften" (ebd.: 46), als irreale Phantasmen (ebd.: 49) und als Ablenkung wie Hindernis der Selbstbefreiung des

133 | Deleuze/Guattari unterscheiden grundsätzlich drei Arten von Tieren, das ödipale Tier, Tiere mit Eigenschaften und Attributen, die sie totemistische Tiere nennen, sowie Tiere in Meuten und mit Affekten (Deleuze/Guattari 1992: 328). Wichtiger aber, als Tierarten zu unterscheiden sei es, so die beiden Autoren, unterschiedliche Zustände zu bestimmen, je nachdem in welche Institutionen, Apparate und Maschinen sich das Tier-Werden integriert (ebd.: 332).

134 | *Hamal*, ein ursprünglich arabisches Wort für „Widder", ist der im Türkischen gebräuchliche Begriff für Lastenträger.

Kolonisierten wertet (ebd.: 46-49)[135], während Deleuze/Guattari sie als Teil einer Kriegsmaschine gegen den (kolonialen) Staat ansprechen (1992: 331; 337; 392).[136] Allerdings räumen auch Deleuze/Guattari ein, dass die Politik des Tier-Werdens „außerordentlich doppeldeutig" bleibe, weil das Tier-Werden immer Gefahr laufe, angeeignet und auf Beziehungen von Ähnlichkeiten und Unterschieden bzw. auf Signifikationsketten und symbolische Entsprechungen reduziert zu werden, gegen die Deleuze/Guattari mit dem Konzept des Werdens ja gerade anschreiben (ebd.: 338; 322f.). Das Bellen der Wolfshunde der Migration an der Grenze wird dann auf einen domestizierten Hund reduziert: der unterwürfige Einwanderer, die Bürgerin zweiter Klasse, die viel verachtete Schmutzkonkurrenz, die nicht aufmuckt und sich gut zum Arbeitstier dressieren lässt, dem man jeden Knochen hinwerfen kann. Oder aber das Tier-Werden wird auf das Tier reduziert, das Mensch-Werden auf den Menschen (ebd.: 353): Auch so, indem sich das Tier-Werden als zu nahe, zu benachbart erweist, kann es passieren, dass es von einer Art anthropozentrischem Gefolge wieder eingeholt wird und das Werden blockiert.[137]

135 | Fanons Argumentation, dass die Arten des Tier-Werdens, des Vampirismus, der Dschinns oder bei Legba im Voodoo die koloniale Welt stabilisieren und die Gewalt, die in Tänzen der Besessenheit kanalisiert, verwandelt und abgeleitet wird, reorientiert werden müsse, mündet in einen seiner ebenso oft zitierten wie diskutierten Sätze: „Man wird im Laufe des Befreiungskampfes eine eigenartige Abkühlung dieser Praktiken erleben. Mit dem Rücken zur Wand, das Messer an der Kehle, oder, um genauer zu sein, die Elektrode an den Genitalien, wird der Kolonisierte begreifen, dass die alten Geschichten ihre Macht verloren haben." (Fanon 1966: 48-49) Allerdings muss mit der jüngsten Veröffentlichung und Diskussion über neue, bislang unpublizierte Texte ein differenzierterer Blick geworfen werden, auf das, was ich hier abkürzend als Fanons modernistische Haltung bezeichne – insbesondere was Fanons Auseinandersetzung mit der Gewalt als auch seine psychiatrische Praxis und Reflexion in Blida-Joinville von 1953 bis 1956 angeht. Mit Verweis etwa auf einen in dem Buch *Ecrits sur l'aliénation et la liberté* (2015) erstmals vorgestellten und zusammen mit Azoulay verfassten Text spricht Jean Khalfa von Fanon als einem Begründer der modernen (im Gegensatz zur kolonialen) Ethnopsychiatrie. Vgl.: https://www.franceculture.fr/emissions/les-nouveaux-chemins-de-la-connaissance/frantz-fanon-contre-l-alienation-psychiatrique [zuletzt gesehen am 24.04.2017] oder auch Khalfa 2016.

136 | Siehe zur Kriegsmaschine gegen den Staat ausführlicher das dritte Kapitel.

137 | Ein in dieser Hinsicht vielleicht ‚zu nahes', weil in der heteronormativen und postfaschistischen Ordnung aufgerichtetes Hund-Werden findet sich etwa in Paolo Pasolinis *Salò o le 120 giornate di Sodoma* (1975) oder bei Valie Export, die 1969 ihren Partner Peter Weibel an einer Hundeleine auf allen Vieren im öffentlichen Raum und zu einer Galerieeröffnung ausführte. Siehe die von Josef Tandl fotografierte Dokumentation der Aktion „Aus der Mappe der Hundigkeit", 1969. In der Kunst griff etwa auch der russische Künstler Oleg Kulik das Hund-Werden auf. Bekannt geworden ein Jahr zuvor durch seine Moskauer Performance „Mad dog", bewachte er, in einer Performance mit dem Titel „Reservoir Dog" nackt, auf allen Vieren und angekettet den Eingang zum Zürcher Kunsthaus zur Eröffnung der von Bice Curiger kuratierten Ausstellung „Zeichen und Wunder" (1995). Dabei knurrte er, fiel die eintreffenden Besucher*innen und Künstler*innen an, leckte

Traumsequenzen einer *Cinéchronie* der Grenze

Tanger le rêve des brûleurs nähert sich weder einem Subjekt der Migration noch erzeugt dieser Film eine Anschauung der sozialen Konditionen der Transitmigration in der marokkanischen Hafenstadt Tanger auf dem Weg nach Europa.[138] Seine Kameraführung ist nicht auf das Außen einer sie umgebenden Außenwelt gerichtet, sondern sie verkettet sich mit Teilen, mit Mikroperzeptionen der Welten von Denis, Rhimo und Abdelaziz – Film-Protagonisten, die weder identifiziert, noch objektiviert werden, sondern von denen Codes oder Partikel eingefangen und weitergetragen werden.[139] Es werden keine Verhältnisse der Ähnlichkeit hergestellt, es herrscht keine Nachahmung, denn es dreht sich nicht darum, zu zeigen, dass Denis am Ende seiner Reise durch die Sahara einem Hund gleich geworden ist. Es handelt sich auch nicht darum, zwischen dem Zustand ‚als Hund' oder dem Hunden und dem Filmen eine Entsprechung herzustellen, wie sich das eine Strukturalist*in denken würde. Wenn das Hund-Werden etwas ist, das Denis in sich aufsteigen fühlt,[140] dann besetzt, ja usurpiert die Kamera die Singularitäten oder die Fähigkeit, etwas

---

manchen die Schuhe und schiss gelegentlich. Sein Hund als Bürgerschreck wurde dadurch abgerundet, dass ihn die Polizei abführte. Ein ganz anderes Hund-Werden findet sich bei Joseph Beuys, insofern es nicht den Künstler, sondern die Kunst selbst betrifft: In der „sozialen Plastik" „I like America and America likes Me" (1974) verbrachte Beuys mehrere Tage mit einem Coyoten in einem Galerieraum in New York, wobei er, in Filzbahnen eingewickelt, die Strecke vom Flughafen zur Galerie und wieder zurück in einer Ambulanz zurücklegte. Beuys' Versuch, mit dem „Geist des Coyoten" zu sprechen, war von wiederholten Bewegungsabläufen und dem Einsatz ganz bestimmter Materialien bzw. Gegenstände - dichte Filzbahnen, Heu, Taschenlampe, Hirtenstock, Handschuhe, Triangel, Stapel von *Wall Street Journals* und Turbinengeräusche vom Tonband - geprägt. Aufgrund seiner „Vorstellung davon, wie ein Coyote sich verhalten würde ... es hätte aber auch ganz anders sein können" (Tisdall 1988: 13) hatte Beuys also eine Art Partitur ausgearbeitet. Von Herbert Wietz wurde diese Plastik teilweise auf 16mm aufgezeichnet. Kulik, der 1997 unter dem Titel „I bite America and America bites back" ein Remake der Beuys'schen Aktion vorlegte, bei dem er sich nackt in einem Käfig vom Publikum anschauen liess, kommentierte seine Version in dem Film von Evgeny Mitta über ihn (2008) mit den Worten: „I was performing as a dog, but in fact I was a naked man on all fours."

138 | Vor allem ab Ende der 1990er Jahre begann Tanger, an der Straße von Gibraltar gelegen, zu einer Stadt der Transitmigration zu werden. Die direkt über dem Hafen gelegene Medina war bis etwa 2007/08, als die Grenze durch vermehrte Kontrollpolitiken ‚geschlossen' und die Stadt in gezielten Aktionen der *gentrification* ‚gesäubert' wurde, eine bekannte Warte-, Durchgangs- und Vorbereitungs-Zone, in der zahlreiche Transitmigrant*innen gearbeitet und gelebt haben.

139 | „Einfangen eines Code-Fragments, nicht Reproduktion eines Bildes", umschreiben Deleuze/Guattari, was sie als „Zusammenfluss aus Deterritorialisierungsströmen" und als eine Art deterritoriale Flutung - sie sprechen vom Überschwemmen der „territorialen Nachahmung" - bezeichnen (Deleuze/Guattari 1975: 21).

140 | Im Affektbild Hund fallen Objekt und Subjekt der Wahrnehmung zusammen, es kann entsprechend als eine Selbstwahrnehmung verstanden werden und zudem mit Berg-

Spezifisches zu tun, die davon ausgehen. Es geht hier also keinesfalls darum, Eigenschaften eines Denis' oder eines Hundes filmisch zu erfassen. Im Kontrast zu einem klassischeren Dokumentarfilm, der seine Protagonist*innen immer differenzierter zeigt bzw. ‚entwickelt', setzt *Tanger le rêve des brûleurs* auf deren Entgrenzung und Ausdehnung, indem der Film etwa das Hund-Werden in experimentalfilmartige Sequenzen entreißt, die auch Kluften und Leerstellen, Abbrüche und Wahrnehmungsverzögerungen aufweisen. *Tanger le rêve des brûleurs* vollzieht sich in Ketten, in Modulationen purer Bewegungsbilder[141], die sich dadurch auszeichnen, dass sie Aktionen aufnehmen und Reaktionen ausführen. Die Figur oder das Figürliche im Sinne einer Figuration löst sich in diesen Filmsequenzen tendenziell auf: Eine Pixelreihe verbindet sich mit dem geringfügigen Zucken in Abdelaziz' Mundwinkel; eine offene Blende, im buchstäblichen Sinne durchlässig für das, was eine Nase erschnüffelt; ein angespannter Fuß, kurz vor einem möglichen Absprung; ein Schnitt, der unablässig verfugt, anschließt, sich entschließt, zögert, in die Länge zieht und springt; laufend formen und beheben sich Anschlüsse, Schnittfolgen und Wiederholungen in den Kamerafahrten, geringfügige Abweichungen, aber auch plötzliche Abbrüche. Statt auf Sinnzusammenhänge verweisende Narrative werden hier Ketten von Differentialverhältnissen geschaffen; unabgeschlossenes Mitsein, flache Verkettungen, Affiziert-Sein; es ist etwas im Gange, im Entstehen, es wird etwas hervorgebracht, fabuliert, erfunden. Wenn *Tanger le rêve des brûleurs* etwas erzählt, dann vor allem das Warten und das Lauern von Bewegungsbildern, die permanent in Bewegung mit dem Bewegten sind. Kaum eine feste Einstellung; oft heftet sich die Kamera an die Ferse eine*r der Protagonist*innen. Die Bilder sind so unruhig wie die Kandidat*innen der Abreise selbst; immer auf dem Sprung, dabei, zu etwas anzusetzen, schließt eine seismographische Kamera ihre Bilder an das *cruising* die-

---

son als eine „tendance motrice sur un nerf sensible", als „ein Antriebs-Hang auf einem empfindlichen Nerv" (Ü.d.A., Deleuze 1982/83: cours 24 du 30/11/82 - 3).

141 | Bewegungsbilder (*images-mouvement*) folgen der Losung Bild = Bewegung; Bewegungsbilder „subissent des variations sur toutes leurs faces et dans toutes leurs parties" (Deleuze 1982/83: cours 24 du 30/11/82 - 3). Der Begriff Bewegungsbild soll die Bewegung in ihrem konkretesten Charakter verstehbar machen; es geht hierbei also nicht um bewegte Bilder, nicht um ein „image en mouvement", sondern in Referenz auf Henri Bergson um Bilder, die die Bewegung aus dem extrahieren, was ihnen als Beförderungsmittel diene („Bergson dit que la philosophie elle, ne sera philosophie du mouvement que si elle arrive à extraire le mouvement de ce qui lui sert de mobile ou de véhicule." Deleuze 1982/83: cours 37 du 12/04/83 - 1) Das kinematographische Bild, insofern in ihm die Bewegung losgelöst sei von einem Objekt, das sich bewegt, vermag dies tendenziell, so Deleuze, indem es durch die Bewegung der Kamera und den Schnitt, durch eine Folge von Einstellungen also, die Bewegung gewissermaßen in einer tieferen Weise, bei der es um die Bewegung als Substanz gehe, wieder aufgreife (ebd.). Die Unterordnung des Bildes unter die Bewegung, entzieht das Bild zudem tendenziell der Repräsentation, insofern es sich ohne die Bezugnahme auf ein wahrnehmendes Bewusstsein definieren lässt; vielmehr wird das Bild durch seine Position im senso-motorischen Prozess bestimmt. Im Bewegungsbild koinzidieren Sein und Erscheinung.

ser *brûleurs* an, zwischen Rumhängen, Anschleichen, Konzentrieren, Organisieren, Ablenken und Trainieren. In der ersten Einstellung, die Denis zeigt, ist er – steil von unten aufgenommen – beim An-Ort-und-Stelle-Joggen zu sehen, während er über sein nunmehr über ein Jahr andauerndes Leben in Tanger berichtet.[142] Der Schnitt besorgt die Modulation der Übergänge zwischen Wahrnehmungen und Affekten. Beobachtende, hypnotisch-kontemplativ anmutende Kamerafahrten durch die Stadt, welchen dennoch die Spannung eines Aufschubes eigen ist, wechseln sich ab mit rhythmisch vorwärts drängenden Sukzessionen, die immer wieder auf den Blick über das Meer zulaufen, am Horizont gestoppt werden, an dieser provokant nahe liegenden, immer sichtbaren Küstenlinie auf der anderen Seite der Grenze, die doch so unerreichbar fern liegt. Diese sich unentwegt verästelnden und differenzierenden, in verschiedene Richtungen verlaufenden Verkettungen werden zu Sequenzen von aufeinander folgenden und variierenden Bewegungsbildern montiert, als würden sie eine Art andere Zeit suchen. In seiner Gesamtheit, als Ensemble oder Verteilung von Bewegungsbildern liefert der Film ein *indirektes Zeitbild der Grenze*, das sich mit Deleuze als Gesamtheit der Bewegung verstehen lässt, insofern man sie quantifizieren kann und insofern die Zeit ein Maß der Bewegung darstellt. *Tanger le rêve des brûleurs* schafft damit eine Metrik der Grenze, eine empirische „cinéchronie" der Grenze (Deleuze 1982/83: cours 37 du 12/04/83 – 1).[143] Zugleich laufen die vor allem aus Affekt- und Wahrnehmungsbildern zusammengesetzten Bildsequenzen, das ganze Molekular-Werden der Kamera (ähnlich wie in *no comment* oder *Mirages*) auch auf eine Maßlosigkeit zu, auf das Ganze einer universellen Veränderlichkeit der Bilder, auf jenen sich unaufhörlich verändernden ‚Materiestrom' des Immanenz- oder Konsistenzplans, der ein All-Eines ist und, wie Deleuze sagt, zu heiß, zu gasförmig, als dass sich auf ihm abgrenzbare Gegenstände oder Zustände abzuzeichnen vermöchten.[144] Im Kontrast dazu drängen aber die Schnittfolgen an

---

142 | Auch im Film *Traversées* von Mahmoud Ben Mahmoud (siehe hierzu das zweite Kapitel) gibt es eine Szene, in welcher der anonyme Passagier auf der Fähre ausführlich an Ort und Stelle joggt.

143 | „Die *cinéchronie* ist eine Figur der Zeit, die sich ausgehend von Bewegungsbildern und gemäß deren Ausdehnung zusammensetzt." (Ü.d.A., Deleuze 1982/83: cours 37 du 12/04/83 - 1) Die *cinéchronische* Zeit umfasst die Form von Intervallen („l'intervalle") und erscheint unter dem Aspekt ihrer Gesamtheit („l'immense"). (Ebd.) Dass eine *cinéchronie* zugleich eine eine Einheit und eine Pluralität ist, ergibt sich aus ihren aufeinanderfolgenden Teilen (Deleuze 1982/83: cours 37 du 12/04/83 - 2).

144 | Deleuze definiert den Konsistenz- oder Immanenzplan in einer seiner Kino-Vorlesung im Rückbezug auf das erste Kapitel in Bergsons Buch *Matière et Mémoire* etwa als „ensemble de toute possibilité et la matière de toute réalité" (Deleuze 1982/83: cours 22 du 02/11/82 - 2), setzt ihn mit Gott oder dem „être originaire", vor allem aber auch mit der Leinwand gleich. - Er sei „l'ensemble de toutes possibilités en tant que constituant le Tout de la réalité, et le constituant, le constitue nécessairement. L'unité du possible, du réel, et du nécessaire" (ebd.). Erst eine Art Erkalten des Plans - mobile Einschnitte in das universelle Werden, Bewegungsintervalle innerhalb der unendlichen Serie von Raum-Zeit-Blöcken - eröffne den Weg der (vertikalen und horizontalen) Richtung, des

der Frage der Grenze und in ihrer Nähe auf eine Bestimmung ihrer Unbestimmtheit, ja, ich möchte sagen, auf eine Figuration: ... hat's auf die andere Seite geschafft. Laufen folglich die infiniten Bildsequenzen doch auf einen Abschluss zu, auf einen Umschlagspunkt? Erweist sich die Grenze als ein Gesichtspunkt der Variation der Bilder? Sind die Bild-Bahnungen der Affektion in *Tanger le rêve des brûleurs* überhaupt geeignet, näher, dichter an die Grenze heranzuführen? – Vielleicht. Vielleicht auch nicht. Der Film lässt es offen. Im Anschluss an die letzte Aussage einer Protagonistin „I want to see that other world" endet er mit einer letzten abstrakten Bilderfolge: ein Zaun und sich bewegende Teile von Körpern, eine Hand, ein Schemen, ein Griff, ein Unterschenkel, eine gebogene Schuhsohle, ein Absprung, das leise Scheppern eines metallischen, in seinen Fugen erschütterten Tores...[145] Das Schlussbild wiederum, über dem schließlich die Rolltitel des Abspanns liegen, offenbart mit einer offenen Meeresfläche ohne Horizont ein deutliches Gegenbild zu einer Orientierung und Zeichenhaftigkeit anzeigenden Ansicht, etwa als Aussicht auf weites Land mit Horizont und Himmel. Stattdessen deutlich eine Konklusion im Großen, im Ganzen – und in einem Bewegungsbild *par excellence*: koordinatenlose ozeanische Naturkraft, leinwandfüllend – ein geradezu klassisches, nahezu intrinsisch philosophisches Filmbild (Bild = Bewegung), um die Beschränktheit der menschlichen Imagination und Kraft zu bedeuten und den Immanenzplan, das Sublime, aufzurufen...

In den letzten Abschnitten hat sich – im Rückgriff auf die Bildtheorie der Kino-Bücher Deleuzes – implizit bereits eine Verschiebung von einem metaphorischen Bildbegriff (der um Übertragungen von etwas kreist) zu einem von Henri Bergson abgeleiteten, materialistischen, epistemischen Bildbegriff vollzogen. Das Bild als Bewegungsbild ist bei Deleuze nicht als eine Abbildung oder Erscheinung von etwas zu verstehen, sondern es ist die Sache selbst (in ihrem Erscheinen), es ist eine Modulation des Gegenstands selbst (Deleuze 1997, Bd. 2: 44). Das Filmbild verrückt und verlagert; die Oberfläche eines Bildschirms oder einer Leinwand vermag es, die Tiefe einer neuen, undurchsichtigen Welt aufzureißen. Für Deleuze ist das Kino eine Praxis von Bildern und Zeichen, zu der er als Philosoph eine Theorie liefern will (ebd.: 358-359), wobei er keine Anwendung des Films auf das Denken sucht, sondern die mögliche Begegnung feiert zwischen einer „tentative filmique" und einer „tentative philosophique", wie er im Film *L'Abécédaire de Gilles Deleuze* von Michel Pamart (mit Claire Parnet, F 1988) bemerkt. Statt ein Denken ‚über' Filme schlägt Deleuze vor, spezifische, dem Film angemessene Begriffe in der Philosophie zu finden, wobei er von einer Beziehung der Philosophie zum Film spricht, die jener zwischen Bild und Begriff entspreche: „Es gibt jedoch im Begriff selbst eine Beziehung zum Bild, und im Bild eine Beziehung zum Begriff." (Deleuze 1993 b: 95-96)

Lebenden und der Konstitution der soliden Dinge. Siehe Deleuze 1982/83: cours 34 du 08/03/83 - 2.

145 | Siehe zum Film *Tanger le rêve des brûleurs* und zu seinem Schluss auch Kuster 2007: 197-201.

Die Frage, die der Film *Tanger le rêve des brûleurs* über sein Ende hinweg, über seine Gesamtheit als eine indirekte Zeit des *bordercrossing* hinaus aufgibt, scheint mir folgende: Gibt es einen Punkt der Determination, des Umschlagens an der Grenze und wenn ja, was passiert dort? Wie erreicht ihn ein Film, und was passiert dort mit dem Film? Oder ist der Grenzübertritt doch bloß eine weitere Strecke, ein weiterer Schritt in einer Bilderfolge, eine weitere, hundende Sequenz, nur dass sie sich dieses Mal bis zur anderen Seite vorschleicht? – Nein, denn das *bordercrossing* bewerkstelligt sich nicht in einem Narrativ oder in einer Zeitabfolge. Die Bewegung der Migration lässt sich nicht als bloße Fortbewegungen eines Körpers im Raum verstehen. Migration ist keine Reise, sie besteht nicht aus einer räumlichen Verlagerung, sondern aus einer intensiven, die raumzeitliche Anordnung verändernden Bewegung. Sie ist keine kontinuierliche Fortbewegung im Raum, sondern sie läuft immer auf eine Grenze zu, auf einen Determinationspunkt, an dem sich alles dreht – an dem die Zeit aus den Fugen gerät und die Welt sich aus ihrer Verankerung löst – „I see the stars at noon“. Diese Grenze, auf die die Migration zuläuft, ist etwa nicht dann überwunden, wenn die Grenze in ihrer territorialen Funktion als geographische (national)staatliche Grenze überschritten worden ist. Damit befasst sich das folgende Kapitel. Migrieren bedeutet nicht, eine Strecke wandernd zurückzulegen, die Linie der Migration ist keine Verbindungslinie zwischen einem Herkunftsort (Punkt A) und einem Ort der Ankunft (Punkt A‘), die durch eine quer dazu verlaufende Grenzlinie, die den Raum zerteilt, unterbrochen würde. Deshalb kann das *bordercrossing* im Film nicht als Handlung oder Aktion konzipiert werden. Damit weiche ich allerdings von Deleuze’s Lesart des filmischen Migrationsklassikers *America, America* von Elia Kazan ab, den er – alles andere als zu unrecht – als prototypisch für das von Milieus und Verhaltensweisen charakterisierte und dem Realismus verpflichtete Aktionsbild interpretiert. Das Aktionsbild entspricht hierbei der „Kategorie des Aktuellen, des Existierenden, des Individuierten“ und markiert eine Zweitheit („secondéite“), in der „die Potentialqualitäten (*qualités-puissances*) ‚Kräfte‘ [werden], das heißt sie aktualisieren sich in besonderen Zuständen, raumzeitlichen Bestimmungen, geographischen und geschichtlichen Milieus, kollektiven Akteuren oder Einzelpersonen“ (Deleuze 1997, Bd. 1: 137).[146] Im Bezug auf *America, America* übersieht Deleuze mit diesem Fokus allerdings genau jenen, für mich entscheidenden Moment des *bordercrossing* und die affektive Verkettung, die zu ihm hinführt, ja die Entsprechung von *step in* und *step out* in der Komplizenschaft, die abgetrennt von den eigentlichen Handlungssträngen wirksam wird: Der Bildkategorie der Erstheit („priméité“) zugehörige Affektbilder besetzen den ZeitRaum des *bordercrossing*, allerdings ohne ihn einzunehmen und auszufüllen. So handeln sie von einem Potenzial statt vom Tatsächlichen und von einer Qualität, die unabhängig von ihrer (milieuspezifischen) Aktualisierung besteht.

146 | Daher der Realismus, welcher Deleuze gemäß dann eintritt, wenn Potenzialqualitäten als in einem *bestimmten* Milieu aktualisiert dargestellt werden (1982/83: cours 29 du 18/01/83 - 1).

Deleuze interpretiert Migration als in eine übergeordnete Zielsetzung eingebundene Handlungskette, wenn er schreibt: „In *America, America* hat jede Sequenz ihre eigene Geographie, ihre Soziologie, ihre Psychologie, ihre Klangfarbe, eine eigene Situation, die von der vorausgegangenen Handlung abhängig ist und die eine neue Handlung hervorrufen wird, die ihrerseits den Helden in die nächstfolgende Situation versetzt, jedesmal durch Aufladung und Explosion, bis zum explosiven Schlussakt (der Umarmung des Kais von New York). Der Held – ausgeraubt, entehrt, Mörder, Verlobter, Verräter – macht die verschiedenen Sequenzen durch, die alle in die große allgegenwärtige Aufgabe eingefasst sind: Anatolien zu entkommen (S) und New York zu erreichen (S')." (Ebd.: 213-214)

Deleuze zufolge korreliert das Migrationsnarrativ in *America, America* insofern mit der Formel „S-A-S'", die er als „von der Situation über die Aktion zur transformierten Situation" beschreibt (ebd.: 194), als es das handelnde Individuum, den Migranten, Stavros, akzentuiert.[147] Man migriert aber niemals alleine, und ein imaginäres Ziel der Migration wie „Amerika" kann man weder alleine hervorbringen noch antizipieren – auch Stavros nicht und auch nicht, wenn die Migration von einer überaus starken Determiniertheit getragen wird, die sie wiederum von der kontemplativen Wanderung unterscheidet. Der Punkt der Ankunft ist in der Migration niemals Funktion ihrer Bewegung, denn die Migrant*in weiß selten, wo sie ankommt, wann sie ankommt und vor allem auch nicht, wie und als wer sie ankommt. Migration ist ein Engagement mit dem Möglichen. Das *bordercrossing* ist kaum in der zielgerichteten Bewegung des Handelns zu bewerkstelligen, sondern wie in *America, America* nur im Tanz, nur mit einem Wirbel. – In einem Intervall, welches das sensomotorische Band potenziell zerreißt, da die Situation – die Grenze, die Hindernisse, die Barriere – angesichts der eigenen Handlungsfähigkeit zu groß, zu stark ist. Die Modifikation der sensomotorischen Kraft, zu der das Hund-Werden gehört, kennt weder ihren Ausgangspunkt noch das Ziel, zu dem sie hinführt, sondern besteht in der Herstellung von Verbindungen und monströsen Allianzen. So läuft der sensomotorische Zusammenhang unter dem Druck der Grenze und im Wirbel Gefahr, zu zerbersten:

147 | Die anderen für das Aktionsbild typischen Genres sind für Deleuze der Dokumentarfilm, wobei ihm hier *Nanook of the North* (1922) von Robert J. Flaherty als Beispiel dient, oder das, was er als „psychosozialen Film" bezeichnet, der *film noir* und der Western. Wenn so etwas wie ein Migrationsfilm in diese Genre-Reihe eingegliedert werden sollte, die Deleuze zufolge ein immer wieder verfilmtes Grundthema des amerikanischen Kinos auf sich vereine, nämlich die Geburt einer nationalen Zivilisation (Deleuze 1997, Bd. 1: 202), dann ist klar, dass mich hier an der Verbindung einer migrantischen Linie mit dem Kino all das interessiert, was einem so gearteten Narrativ der nationalen *Umfassung* - Deleuze spricht von einem „englobement" der „images-action" z.B. des US-amerikanischen Films bis 1945 (Deleuze 1982/83: cours 29 du 18/01/83 - 2) - insofern zuwider läuft, als es diese „grande représentation organique" (ebd.: cours 30 du 25/01/83 - 1) gerade flieht, subvertiert oder beschädigt etc. Den Zusammenbruch einer derartig nationalen Einhegung im US-amerikanischen Kino sieht Deleuze im Ausbruch der Minoritäten („éclatement des minorités").

Im Tanzen und Springen ‚seine' Grenze überschreiten; sich nicht mehr auf eine relative Position im Raum beziehen; sich nicht mehr diesseits oder jenseits der Grenze, die man bearbeitet und bewältigt, befinden. Stattdessen auf ein veränderliches Ganzes, auf die absolute Bewegung, die in der Zeit liegt, einwirken, nicht auf die relative Bewegung, die den Raum betrifft.[148]

Diesseits und jenseits

Nur unter Normalbedingungen vermag die Bewegung sich die Zeit unterzuordnen, so Deleuze. Die Zeit erscheint dann indirekt, ist als Sukzession organisiert und durch sensomotorische Verkettungen strukturiert. Eine „normale Bewegung" ist einer solchen Zeit untergeordnet. Aus der Zeit eine Zahl zu machen und damit zu einer Metrik der Grenze zu gelangen, funktioniert nur unter der Voraussetzung der Normalität, wobei Normalität die Existenz von Zentren meint, die in ganz physikalischer Weise aufgefasst werden: „Mittelpunkte von Kreisbewegungen, Gleichgewichtspunkte gegenläufiger Kräfte, Schwerpunkte von Gegenständen, Beobachtungszentren für einen Zuschauer, der in der Lage ist, diese Gegenstände zu erkennen oder wahrzunehmen und ihnen die Bewegung zuzuordnen." (Deleuze 1997, Bd. 2: 55)
In Momenten außergewöhnlicher oder „falscher" Bewegungen kann die Zeit jedoch direkt erscheinen, ihre Abhängigkeit von der Bewegung abschütteln bzw. sogar umkehren (ebd.; Deleuze 1993 a: 79), so dass sie als *le Tout*, als Ganzes im Gegensatz zur numerischen oder intuitiven Gesamtheit, als unendliche Öffnung auftaucht.[149]

---

148 | Das Ganze ist bei Deleuze immer offen, es ist „l'ouvert" oder „le Tout" mit Bezug auf Bergson und unterschieden von der finiten, abgeschlossenen Gesamtheit der Zeit als Sukzession („l'ensemble"). Das Ganze liegt im Unterschied zur Gesamtheit der Zeit als Chronos im Inneren der Zeit: „Das Ganze ist das Offene, ist das, was sich ändert und nicht aufhört, seine Natur in jedem Augenblick zu ändern. Gerade das Ganze ist keine Gesamtheit, sondern der fortwährende Übergang von einer Gesamtheit in eine andere. Das ist sehr schwer zu denken, dieses Verhältnis Zeit - Ganzes - Offenes. [...] Das Ganze geht durch alle Ensembles oder Gesamtheiten hindurch und hindert sie gerade daran, sich ‚ganz' zu schließen." (Deleuze 1993 a: 84)

149 | Bergson widerspricht der herkömmlichen Auffassung, der zufolge der Raum als Behälter wahrgenommen wird, die Zeit jedoch als Verausgabung oder Verschwendung. Er weicht also von der Idee ab, dass sich die Dinge in der Zeit verlieren, im Raum aber bewahren. Bergsons Auffassung der Existenz einer einzigen, selben Zeit als *le Tout* und *l'ouvert* (das Offene, das Ganze) steht dabei aber nicht im Widerspruch zur aktuellen und räumlichen Vielheit der Zeit als Dauer und als Gesamtheit (*l'ensemble*), deren virtuelle Koexistenz von *le Tout* umfasst wird. Weil die Dauer sich in unterschiedliche Grade, Intensitäten, Abspannungen und Kontraktionen, von denen sie erfasst wird, aufsplittert und uns somit in eine Art quantitativen Pluralismus stürze, so Deleuze, sei es so wichtig zu verstehen, ob es nur eine Zeit oder viele Zeiten (*durées*) gebe, und welcher Typus von Vielheit die Zeit sei (Deleuze 2007: 99, 103). Im vierten Kapitel seiner Einführung

Gerade dem auf dem Bewegungsbild aufbauenden Film gelinge es, solche Vorstöße in die Zeit zu unternehmen, bei denen die Bewegung schließlich aus der Zeit hervorgeht und das zum Vorschein bringt, was Deleuze als ein *image-temps (directe)* bezeichnet. Der rätselhafte Ort, wo man der sukzessiven Kette der Gegenwarten entkommen kann, ist, so Deleuze, das „Innere des Films", denn der Film hat die Fähigkeit, die Vergangenheit und die Zukunft zu erfassen, die mit dem gegenwärtigen Bild koexistieren: „Filmen, was *vorher* und was *nachher* kommt... [...] im Film die Grenze überschreiten, die das Vorher und Nachher des Films markiert; in der Figur die Grenze erfassen, die sie überwinden muss, um in den Film einzutreten und aus ihm herauszukommen, und um in die Fiktion wie in eine Gegenwart einzutreten, die nicht von ihrem Vorher und Nachher zu trennen ist." (Ebd.: 57)

Ähnlich wie im Tanz gibt es auch im Film einen Hang zu einer dezentrierenden, „falschen" Bewegung, einer, die aus den normalen Verkettungen ausschert und sich verselbständigt. Die Bewegung hat dann aufgehört, sich der Zeit unterzuordnen. Und die von der Bewegung unabhängige Zeit manifestiert sich in falschen Anschlüssen und abweichenden Bewegungen. Auch das *bordercrossing* ist keine Bewegung, die Räume im Durchlaufen zusammenfügt (und möglicherweise später neu ausfüllt, wie es etwa das Narrativ der Integration von Migrant*innen vorsieht), sondern eine, die tiefer in die mit der Gegenwart koexistierende Vergangenheit eines zerbrochenen, zerborstenen Raumes eindringt („We didn't cross the border, the border crossed us."), indem es seine koexistierenden Zeiten durchquert: die Grenze wird überquert werden, sie wird gerade überquert, sie ist bereits überquert worden. Ausgehend von dieser Simultaneität oder dem unermesslichen Ganzen der Zeit und im Eintritt in eine Zeitlichkeit, die sich von ihrem empirischen Verlauf löst, ihre Aneinanderreihung, ihr Vorher- und Nachher-Verhältnis außer Kraft setzt, so überschreiten Migrant*innen Grenzen. Die intensive Zeit, in die sie dabei hineingehen, ist eine Anordnung von Distanzen und Unterschieden (statt eine Aneinanderreihung von Teilen, statt eine Zeit der Reihenfolge), die sich im Grad des Fallens oder Steigens im Verhältnis zum Nullpunkt der Zeit bemisst – Tanz, Sprung, Imminenz, Augenblick im Übergang von einer Qualität zu einer anderen.[150] In der Mythologie haftet der

in Bergson arbeitet Deleuze dessen wichtige Unterscheidung zwischen einer aktuellen, numerischen, unstetigen Vielheit und einer virtuellen, stetigen, qualitativen Vielheit heraus, wobei letztere einer einzigen, universellen und apersonalen Zeit entspreche, an der alles Anteil habe: „Einzig die Hypothese von der selbigen Zeit zieht den Grundcharakter virtueller Vielheiten in Betracht. [...] Das Sein oder die Zeit ist eine *Vielheit*; aber genau besehen ist es nicht ‚mannigfaltig', sondern Eins, entsprechend *seinem* Typus von Vielheit." (Deleuze 2007: 110)

150 | „[L'instant], ce serait la saisie de la quantité intensive en tant qu'unité, tandis que la distance ce serait la saisie de la pluralité indécomposable, c'est à dire de son rapport avec zéro." (Deleuze 1982/83: cours 37 du 12/04/83-2) Und: „L'instant, c'est le pressentiment que quelque chose qui est posé comme futur [...] est en fait déjà là. Vous vivez un instant lorsque, à la fois, vous posez quelque chose comme à venir, c'est-à-dire

Grenze deshalb etwas Göttliches an und ihrer Überschreitung etwas Dämonisches, weil sie der Ort einer rasenden Welt ist, „when life is turned upside-down" und man an die Decke geht. Als „Mächte des Sprungs, des Intervalls, des Intensiven oder des Augenblicks, die die Differenz nur mit Differentem ausfüllen", bezeichnet Deleuze die Dämonen (Deleuze 1997: 188-189), diese Spukgestalten der Zwischenwelten zwischen dem Lebenden und dem Toten, diese Mittelwesen zwischen Menschen und Göttern. Dämonen sind die, die das Differente der Differenz ‚erwecken'. Erst damit ermöglichen sie die Begegnung mit der Grenze ‚als solcher', denn in einer Bewegung, die der Zeit untergeordnet ist, lässt sich nur der Weg zeichnen, der an die Grenze, die von der Differenz lebt, hinführt. Anders aber, wenn man – als ob man in die Zeit eingetreten wäre – dem Begrenzenden der Grenze begegnet. Dem haftet etwas Dämonisches an. Wie die Riesen bei Glissant, die wahrscheinlich wie die Titanen Vorläufer und Ahnen der Götterwelten sind, stiften auch die anarchischen Dämonen Verwirrung, was die Einzigartigkeit der Idee eines Grundes oder Ursprungs angeht; sie begreifen die Grenze, ohne Vergleiche anzustellen im Überspringen.[151]

Vor diesem Hintergrund lässt sich die abschließende, kristalline Bilderfolge in *Tanger le rêve des brûleurs* auch als eine virtuelle Realisierung des *bordercrossing* begreifen – eine kristalline Bilderfolge, weil der Kristall nur durch das gilt, was man in ihm sieht (Deleuze 1993 b: 98). Das Kristallbild, das nicht mehr der organischen Bildordnung des Aktionsbildes angehört, sondern Unentscheidbarkeits- und Unbestimmtheitszonen schafft, befindet sich Deleuze zufolge in der Nähe des Imaginären, welches nicht dem Irrealen entspreche, sondern in der Ununterscheidbarkeit mit dem Realem begründet sei (ebd.: 97). Im Kristallbild sieht man die Zeit selbst, die autonom gewordene Zeit, insofern „die Form der Zeit als Werden jedes formale Modell der Wahrheit in Frage stellt" (ebd.: 98).[152] – So und erst so, als trügerische und dämo-

---

éventuel ou probable ou certain, et que, d'une autre manière, vous découvrez que c'est déjà là. En d'autre terme, l'instant, c'est l'en-deça du futur. C'est l'imminence du futur [...] c'est le déjà là du futur et dans le même mouvement un recul infini du passé. C'est les deux phases de l'instant. [...] Un au-delà du passé, un en-deça du futur, la contamination des deux, c'est comme si le temps était entré dans le temps." (Ebd.) Die Intensität stehe zweifellos in einem Verhältnis zur Ewigkeit, also zu einer Weise des „hors du temps", zu einem Außerhalb der Zeit, bemerkt Deleuze (ebd.: cours 38 du 19/04/83 - 1). Eine Figur des Augenblicks als Intensivierung, und das heißt der Arbeit des Unendlichen im Endlichen ist für Deleuze das flammende, alles verzehrende Rot, wie er in seinen Ausführungen zum Erhabenen herleitet (ebd.: cours 38 du 19/04/83 - 3).

151 | Deleuze über die Dämonen in *Differenz und Wiederholung*: „[...] die Besonderheit der Dämonen besteht darin, daß sie in den Zwischenräumen zwischen den Aktionsfeldern der Götter wirken, über die Barrieren oder Umzäunungen springen und die Besitztümer in Unordnung bringen. [...] Hier zeugt der Sprung von den verwirrenden Erschütterungen, die die nomadischen Verteilungen in den sesshaften Strukturen der Repräsentation stiften." (Deleuze 1997: 60)

152 | Der Zeitkristall ist eine an den Thesen zur Zeit von Bergson orientierte Begrifflichkeit, die Deleuze von Guattari übernimmt, der sie am Ritornell, das heißt den kleinen

nische Zeit in einem Zeitkristall der Grenze stoßen in *Tanger le rêve des brûleurs* all die nicht-organischen, diskrepanten Bewegungen vor, das ungelenke Ausschlagen des Migrationsfußes, das Zucken um den Migrationsmund – all dieses „Vermögen des Falschen im Werden" (ebd.: 99)[153], das sich nicht auf ein erreichbares Ziel zu richten vermag und vom Affekt her, vom Hund-Werden her vorrückt, über sich hinaus wächst, hinein ins Innere der Zeit, innerhalb derer es lebt.[154] Hier, in dieser „Ununterscheidbarkeit zwischen Aktuellem und Virtuellem muss eine neue Unterscheidung als eine zuvor nicht existente Wirklichkeit entweichen" (ebd.: 119). Und diese Unterscheidung wird getroffen, indem eine der beiden Tendenzen der Zeit – das Sinken-Lassen in die Tiefe der Vergangenheit und die Hinwendung zur Zukunft auf einer horizontalen Linie, die konstant eine Gegenwart mit einer anderen ersetzt – „aus dem Kristall durch den Fluchtpunkt entweicht", indem sie sich der Zukunft und der Freiheit bemächtigt (ebd.: 119, 120). – Die Gegenwart der Grenze von ihrer Aktualität loslösen und die Zeit befreien. Den Grenzübertritt von seiner Ordnung des Vorher-Nachher lösen und im Werden auf seine Potenzialität hin öffnen. Den Anteil des *bordercrossing* realisieren, welcher trotz seiner Aktualisierung – ich bin auf der anderen Seite, ich komme in Amerika an! – nicht aufhört, die Grenze vor sich zu sehen. – Ein solcher ewiger Anteil jedes Ereignisses, so Deleuze im Rückgriff auf

---

Liedern entwickelt. Dass sich die Zeit in Zeitkristallen unmittelbar zeigt - und nicht mehr ‚indirekt', in Abhängigkeit der Bewegung, bedeutet, dass der Ursprung der Zeit als Trennung, dass das Leben als Aufteilung und Differenzierung zu sehen ist: „Es ist die Zeit, die man, durch Glas oder Kristall blickend, wahrnimmt, die Zeit in ihrer doppelten Bewegung, die darin besteht, die Gegenwarten vorübergehen zu lassen, die eine Gegenwart durch die andere zu ersetzen, um sich der Zukunft hinzuwenden; aber genauso besteht sie darin, die Gesamtheit der Vergangenheit zu bewahren, sie in eine dunkle Tiefe fallen zu lassen." (Deleuze 1997, Bd. 2: 119) Das Kristallbild weist immer zwei Seiten auf: das aktuelle (wahrgenommene, gegenwärtige) Bild und ‚sein' virtuelles (erinnertes, vergangenes) Bild. Beide stehen im unentwegten Austausch miteinander und kommen als unteilbare Einheit vor. Geheimnisvoll, seherisch dazu Deleuze: „Im Kristallbild gibt es dieses gegenseitige blinde, herumtastende Suchen nach der Materie und dem Geist [...]." (Ebd.: 104; siehe zudem auch 132f. und 168f.) Werden, die von Bergson inspirierte Zeit als Dauer („durée"), ist unteilbar (= „temps réel" = „devenir") und immer an der Schnittstelle gelegen zwischen den horizontalen Schnitten einer Zeit, die von Ereignis zu Ereignis vorstößt (Aktualität), und ihren vertikalen Sonden in die Ewigkeit (Virtualität). Zum Zeitkristall siehe insbesondere auch die Fußnote 45 im zweiten Kapitel und die Absätze in „Nager sa mer und die Affektik" im dritten Kapitel.

153 | Das Falsche komme daher, dass immer die Zeit der Faktor sei, um den Begriff der Wahrheit in eine Krise zu stürzen - und zwar weil kraft der Zeit das Unmögliche immer aus dem Möglichen hervorgehe und die Vergangenheit nicht notwendigerweise wahr sei (Deleuze 1983/84: cours 66 du 12/06/84 - 3).

154 | Insofern sind diese nicht zielgerichteten, sondern divergenten Bildsequenzen nicht mehr Teil einer Metrik der Grenze, sondern einer *montrage*, einer ‚Zeigung', die statt einer den Raum ausmessenden Montage („monter" = steigen, montieren; Schnitt = „montage") ein Denkbild der Grenze erzeugt („montrer" = zeigen). Deleuze spricht hierbei auch von einer emotionalen, leidenschaftlichen zerebralen Bildbahnung (2010: 153).

Maurice Blanchots Denken über den zweifachen Tod, bestehe aus jenem Anteil, der in seinem Vollzug niemals vollends eingelöst werde, sondern immer auf ein anderes, weiteres, nächstes Ereignis verweise. Das *bordercrossing* (auch wenn es tatsächlich geschieht, auch wenn die Protagonist*innen die andere Seite erreichen, auch wenn ein Teil des *bordercrossing* sich durch seine Aktualisierung erschöpft) als eine reine Qualität realisieren, als Litanei von Geschlechtern von Migrant*innen, jedes Mal neu und doch tradiert wie die Leitern und Haken, die Listen und die geheimen Kräfte der Meute in Melilla und Ceuta, wie die *habits de collega*. Kein Aufeinanderfolgen, sondern „remonter dans l'événement", im Inneren des *bordercrossing* aufsteigen und jenen Teil im Ereignis des Grenzübertritts entdecken, der sich nicht in der Aktualisierung erschöpft.[155]

Gerade weil die Grenze nicht einfach ein räumliches Hindernis ist, keine Zweiheit, sondern eine abstrakte Relation, die von der Differenz lebt und eine „limite du monde", eine Schranke der Welt ausdrückt, ist sie nicht das Ziel der Migration, sondern ihr singulärer Anfang im Überschreiten, immer wieder Augenblick, „surgissement d'une qualité nouvelle", im Sinne ihrer sich niemals erschöpfenden Differenz – jede Generation von Migrant*innen, so entfernt sie auch voneinander sein mögen, steht in einem *unmittelbaren* Verhältnis dazu. Die Subjektivitäten der Migration sind Ströme, die sich im plötzlichen Auftauchen ereignen, um wieder abzutauchen, zu verschwinden, eine Grenze zu überschreiten, in Verzückung zu geraten, sich zu verbrennen (*brûleurs*), über ihre Sinne hinauszugehen und einen übermäßigen, unendlichen Platz in der Zeit zu beanspruchen.[156] Sie sind als dieses Unzerlegbare, Unvorhersehbare zu verstehen, das vielleicht dem entspricht, was de Certeau „un trou dans le temps" (2007: 251) oder „Einbrüche in die Zeit" nennt (de Certeau 1988: 355) („temps troué" oder „temps reprisé").[157] Sie stehen an der Grenze zum Dokumentarischen, in dem alles bereits Darstellung geworden ist; Migrant*innen verlassen immer wieder, und vor allem an der Grenze die Bilder der Migration, die von ihnen zirkulieren.

155 | Deleuze spricht von „l'événement saisi dans la part de lui-même qui déborde toute actualisation" (Deleuze 1982/83: cours 25 du 07/12/82 - 3). An anderer Stelle nennt er diesen Teil des Ereignisses, der sich als eine Art Reservoir der Potenzialität verstehen lässt, auch „l'événement en tant qu'exprimé et non pas en tant qu'actualisé" (Deleuze 1982/83: cours 43 du 31/05/83 - 1).

156 | Einen übermäßigen, unendlichen Platz in der Zeit einzunehmen („une place démesurée dans le temps", Deleuze 1982/83) bedeutet, ins Innere der Zeit vorzustoßen, über den senso-motorischen Zusammenhang, über die gelebte Zeit (= Dauer) hinauszugehen, sich selbst als übersinnliches Wesen zu realisieren, auch zum Preis, sich dabei zu verbrennen.

157 | Vielleicht ließe sich „temps reprisé" mit „gestopfte Zeit" übersetzen und meinte, wie beim Strümpfe Stopfen das Ausbessern unvermeidbarer Löcher. Ausführlich zum durchlöcherten Raum siehe das dritte Kapitel.

Auf die Frage eines Studierenden, warum er, Deleuze, den Augenblick, der doch ganz offensichtlich im Verhältnis zur Zukunft und zur Vergangenheit stehe, denn nicht als Gegenwart definiere, antwortet Deleuze: „Warum willst du, dass es nur Gegenwart, Zukunft und Vergangenheit gibt. Es gibt noch so viele andere Dinge in der Zeit…" (Deleuze 1982/83: cours du 19/04/83 – 1)[158] In der Zeit des *bordercrossing* sind einige solcher anderer Dinge: der Sprung, der Tanz, die poetische Verzückung von Bewegungsbildern und die Begegnung mit dem Begrenzenden der Grenze, die macht, dass die „die Grenze […] hier nicht mehr das [bezeichnet], wodurch das Ding unter einem Gesetz festgehalten und begrenzt oder abgetrennt wird, sie bezeichnet vielmehr dasjenige, von dem aus es sich ausbreitet und seine ganze Macht entfaltet; die Hybris ist nicht länger bloß verdammenswert, und das Kleinste gleicht nun dem Größten, sobald es nicht mehr von dem, wozu es fähig ist, abgeschnitten ist. Dieses umhüllende Maß ist für alle Dinge dasselbe, dasselbe auch für die Substanz, die Qualität, die Quantität usw., denn es bildet das alleinige Maximum, an dem die entwickelte Verschiedenheit aller Grade an die Gleichheit rührt, die sie umhüllt. Dieses ontologische Maß steht der Maßlosigkeit der Dinge näher als dem ursprünglichen Maß; diese ontologische Hierarchie steht der Hybris und der Anarchie der Wesen näher als der ursprünglichen Hierarchie. Sie ist das Ungeheuerliche aller Dämonen." (Deleuze 1997: 61)

MASSLOS-WERDEN, AUSFLIESSEN

„So lange Sie auf Ihren Tagen sitzen, geht es… Sie besetzen Ihren Platz. Inwiefern besetzen Sie Ihren Platz? Ihren Platz im Raum und in der Zeit. Sie sind verankert… Es geht… Es geht mit Ihnen. Und noch einmal. Sie können sich bewegen, Sie können reisen, und Sie werden Ihren Platz dabei nicht verlassen, Sie werden dabei immer auf Ihren Tagen sitzen. Und dann, es reicht, dass Sie sich plötzlich im Inneren der Zeit erfassen. Noch einmal, das Innere der Zeit… Sie verstehen, worauf ich hinaus will. Es ist ganz und gar nicht geschlossen, im Gegenteil, es ist das Offene, und deswegen wird es verheerend sein. Das, was geschlossen ist, ist… Raum und Zeit, der Raum und die Zeit, die man ausfüllt. Dies sind Gesamtheiten. Der Raum und die Zeit, die man ausfüllt, dies sind Gesamtheiten. Es sind relativ offene oder relativ geschlossene Gesamtheiten… Wenn Sie sich aber im Inneren der Zeit ergreifen und nicht in einer äußeren Zeit, sehen Sie… Sie ergreifen sich selbst in dem, was ich… – Also nun fügt sich alles zusammen, wir vermengen nun alles erneut, eine zeitliche Perspektive und eine räumliche Perspektive. Und die zeitliche Perspektive ist eine Angelegenheit, von der uns die räumliche Perspektive keinerlei Idee zu verleihen vermag. Die zeitliche Perspektive aber ist… das ist… die Zeit, in der sich die Monster erheben. Sie werden nicht mehr auf Ihren Tagen sitzen bleiben, Sie werden aufstehen. Und in diesem Moment werden Ihre Tage wie zu Stelzen. – Es ist Proust, der das sagt. Ihre Tage werden wie auf Stelzen gehen. Stelzen, von denen Sie genau wissen, dass Sie jeden

158 | Ü.d.A.

Moment runterfallen können. Ein intensiver Sturz. Und im Verhältnis zu diesen Stelzen, wenn Sie also aus Ihren Tagen herausragen, dann besetzen Sie einen riesigen, einen übermäßigen Platz in der Zeit. Unverhältnismäßig im Verhältnis wozu? Maßlos im Verhältnis zu dem Platz, den Sie subjektiv und objektiv im Raum und in der Zeit einnehmen. Das, so will ich sagen, dieses nenne ich das Innere der Zeit. Es ist nichts Subjektives. Nichts Subjektives mehr... Das Subjektive und das Objektive sind... sind ganz und gar im Raum und in der Zeit, die Sie einnehmen.“ (Deleuze 1982/83: cours 39 du 26/04/83 - 1)[159]

Mit diesem Anwachsen, vor allem aber mit dem Fallen im Inneren der Zeit sei zum Abschluss nochmals an den Tanz der Athikte und des Stavros erinnert – an eine Bewegung, die uns in ihren Strudel hinein reißt, uns verschlingt, uns fallen lässt, nieder wirft... an etwas, was alles ändert. Das Innere der Zeit, das hier auf den Stelzen Marcel Prousts geht – und fällt, stützt Deleuze nicht zuletzt auf Bergsons Begriffe des *l'ouvert* oder *le Tout* ab. Er bestehe außerordentlich stark auf diesem Punkt, das Innere der Zeit, sei wirklich dasselbe wie diese gewaltige Unermesslichkeit der Simultaneität, so Deleuze (ebd.: cours 40 du 03/05/83 – 2).[160] Diese Gleichzeitigkeit ist nicht die Zeit, die in uns ist („le temps intérieur à nous“), es nicht die gelebte Zeit, sondern die Unermesslichkeit der Zeit, in der ‚wir‘ und auch der Film in dreierlei Hinsicht sind („c'est nous qui sommes à l'intérieur du temps“): im Raum, in der chronometrischen und in der uns innewohnenden Zeit. Deleuze, der sie mit dem Inneren eines Darms vergleicht, in dem man sich befinde, ohne seinen Eingang oder Ausgang zu kennen („c'est une gueule ouverte qui vous prend, cette intériorité du temps“), sagt, Bergson habe sein ganzes Werk dem Anliegen gewidmet, das Innere der Zeit zu beschreiben, das er sich allerdings niemals auf tragische Weise, sondern musikalisch wie ein Ausfließen oder eine Strömung vergegenwärtigt habe (ebd.: cours 40 du 03/05/83 – 1).

159 | Ü.d.A.

160 | Vgl. Auch Fußnote 149.

„Die neuen unbekannten Kämpfer sind von nirgendwo gekommen und sie finden kein strategisches Terrain mehr vor, sie kämpfen innerhalb der strategischen Zeit, in der Relativität der Zeit des Transportes.“
Virilio 1980: 147

Kapitel 2: Das Film-Werden des Sir, Alfred Mehran

„Tagebuchauszug
15.12 Uhr. Mittags hat mich ein Journalist interviewt.
Er sagte: ‚Alfred, ich wünschte ich könnte so frei leben wie Sie, ohne Sorgen.'
Ich sagte: ‚Es gibt hier viele Bänke.'"
Sir Alfred Mehran, unter Mitarbeit von Donkin, Andrew 2004: 175

Soziale Medialität und Korpus

In seinem kurzen Text über „das Leben der infamen Menschen" reflektiert Michel Foucault an einer Stelle ausdrücklich die soziale Medialität der von ihm berücksichtigten Texte aus dem 17. und 18. Jahrhundert, die er von der *fama*, der Legende (in Französisch „la fable"), und der Literatur abgrenzt.

„Es lag mir daran, dass diese Texte immer in einer Beziehung oder vielmehr in möglichst vielen Beziehungen zur Wirklichkeit stehen: nicht nur dass sie sich darauf beziehen, sondern, dass sie darin *wirken*; dass sie ein Stück in der Dramaturgie des Wirklichen seien [...]. Ich habe nicht Texte ausgesucht, die die Wirklichkeit besser als andere wiedergeben, die sich durch ihren Darstellungswert empfehlen, sondern Texte, die *eine Rolle in dem Realen spielen*, von dem sie sprechen, und die bei all ihrer Ungenauigkeit, ihrer Emphase, ihrer Heuchelei *von der Realität wiederum durchfahren werden: Diskursfragmente, die die Fragmente einer Realität nach sich ziehen, deren sie ein Teil sind.*" (Foucault 2001: 13-14, H.d.A.)[1]

Was Foucault hier reflektiert, ist ein Quellenkorpus: Abstraktion und Sammlung, Körperlichkeit, ja Anteile von Leiblichkeit. Das Film-Werden des Sir, Alfred Mehran weist ein solches Korpus auf, allerdings eines, das über Sprache und Texte hinausgeht und stärker von einem *media-* und *ideoscape*[2] geprägt ist als von juristischen Kon-

---

1 | An anderen Stellen des Textes scheinen mir Foucaults Bezugnahmen auf die historischen Spuren der sozialen Klasse der infamen Menschen und auf die Rückschlüsse, die diese Spuren auf deren soziales Leben ermöglichen, weit klassischer. Vgl. insbes. Foucault 2001: 17 und 23.

2 | Um den neuen Überlappungen, Komplexitäten und Kluften gerecht zu werden, die sich in der aktuellen globalen Ökonomie auftun, schlägt Arjun Appadurai in *Modernity at Large* (1996) das Suffix *-scape* vor, wobei er fünf Dimensionen globaler kultureller Flüsse unterscheidet: „ethnoscapes", „mediascapes", „technoscapes", „financescapes" und „ideoscapes" (Appadurai 1996: 33-43). „Mediascapes refer both to the distribution of the electronic capabilities to produce and disseminate information (newspapers, ma-

texten. Das vorliegende Kapitel berücksichtigt dieses Korpus vor allem hinsichtlich seiner filmischen Komponenten. Seine soziale Medialität, die ich mit Foucault als Berührungspunkt der Macht mit dem Gewöhnlichen und Unscheinbaren verstehen möchte, zeichnet sich durch operative Anteile im Verhältnis zum Migrationsregime aus.[3] Mit Foucault gesprochen geht es darum, wie nicht nur das Migrationsregime das Korpus Sir, Alfred Mehran hervorbringt, sondern auch, wie das Korpus Sir, Alfred Mehran das Migrationsregime durchfährt. Es geht um einen Dokumentarismus, der seinen Gegenstand nicht *hinter* Dokumenten sucht, sondern *in* ihnen. Es geht um ein Leben, das in den Filmen, von denen hier die Rede sein wird, riskiert und modifiziert wird. Dabei handelt es sich um audiovisuelle Darstellungen im Zusammenhang mit dem Leben von jemandem, der angeblich offiziell den Namen Mehran Karimi Nasseri getragen hat und der zwischen 1988 und 2006 im Terminal Eins des Flughafens Roissy-Charles-de-Gaulle in Paris gelebt hat. Das Korpus des Sir, Alfred Mehran ist mehrdimensional und weist journalistische, cineastische, juristische, medizinische, psychologische und persönliche Diskurs-Anteile auf, wobei mit dem Film-Werden der Schwerpunkt auf seinen filmischen Anteilen liegen soll. Anders als bei Foucault, der mit Hilfe seiner Quellen eine Reihe schweigender Menschenleben im Nachhinein zum Sprechen bringt, richten sich im vorliegenden Fall die zahlreichen Darstellungen auf eine ganz bestimmte Person, die sich zudem auch selbst zu Wort meldet. Die folgenden Überlegungen drehen sich daher um einen Konflikt, den ich als wesentlich innerhalb des Korpus' gelegen adressiere; es handelt sich um den Konflikt zwischen den Aktionen, die von einem menschlichen Körper – dem eigentlichen *corpus delicti* – ausgehen, und einer Anzahl audio-visueller und textbasierter Materialien über eine körperliche Existenz – beides Bewegungsbilder im

---

gazines, television stations, and film-production studios), which are now available to a growing number of private and public interests throughout the world, and to the images of the world created by these media. These images involve many complicated inflections, depending on their mode (documentary or entertainment), their hardware (electronic or pre-electronic), their audiences (local, national, or transnational), and the interests of those who own and control them. [...] Mediascapes, whether produced by private or state interests, tend to be image-centered, narrative-based accounts of strips of reality, and what they offer to those who experience and transform them is a series of elements (such as characters, plots, and textual forms) out of which scripts can be formed of imagined lives, their own as well as those of others living in other places." (Appadurai 1996: 35) Demgegenüber existiert auch der Begriff „borderscape", den Suvendrini Perera (2007) einführte, um den dynamischen und multiplen Charakter der Grenze herauszuarbeiten.

3 | Was ich hier als „soziale Medialität" bezeichne, entspricht dem, was Foucault zufolge den „Zugriff der Macht auf das Gewöhnliche" organisiert und aus dessen aufgezeichnetem klagenden Gemurmel sich nach und nach der administrative Diskurs des 19. Jh. mit seinem beobachtenden, Objektivität beanspruchenden Modus herausgebildet habe (Foucault 2001: 27). Mit dem Begriff „operativ" spiele ich auf die Konzepte einer eingreifenden, verändernden, also *operativen* Praxis an, wie sie etwa in der Filmarbeit oder der alternativen Medienarbeit der sozialen Bewegungen seit den 1970er Jahren entwickelt und reflektiert wurde (siehe etwa: Reichard 2008; Drechsler 1980).

Deleuz'schen Sinne. Auch archivierte Akte der Darstellung, zum Abschluss gebrachte *archival matter*, erweist sich als sehr affektive Materie, der ein Leben innewohnt... Wenn mich besonders die filmischen Anteile des Kontakts und Konflikts, das heißt die Übergänge und Verschränkungen zwischen einem – ausgewählten und konstruierten – Korpus und einem – veränderlichen, lebendigen – Körper, also dem Gegenteil eines *corpse* (einer Leiche) interessiert, dann, insofern sich dabei ein Migrations- und Grenzregime artikuliert. Beide, Korpus und Körper antworten immer mit einer gewissen Eigendynamik auf Versuche der (wechselseitigen) Zurichtung. Der Fall Sir, Alfred Mehran alias Mehran Karimi Nasseri entsteht am Kreuzungspunkt der Produktivität medialer Repräsentanz und der Formation europäischer Grenz- und Migrationsregime, wobei jeweils unterschiedliche damit verbundene Aktionen und Äußerungen einander multiplizieren, sich gegenseitig zersetzen oder sich als Versatzstücke des einen diskursiven Zusammenhangs ablösen können, um sich mit einem anderen zu verbinden etc.[4] Dadurch wächst ein Korpus, dessen Überschrift den offiziell zu registrierenden Namen Mehran Karimi Nasseri trägt. Mein Interesse am Film-Werden des Sir, Alfred Mehran richtet sich aber nicht auf eine dissidente Subjektivität, deren Stimme der vorliegende Text – fragmentarisch – aus den Tiefen eines Archivs hebt. – Mehran Karimi Nasseri dient nur als eine Art Titel, von dem ausgehend sich im Verlaufe seines Anwachsens das Korpus transformiert. Denn das Film-Werden des Sir, Alfred Mehran ist eine Wunschproduktion, ein Begehren, welches auf einen Konflikt innerhalb der „corporeality" oder „corporeal materiality", die sowohl den Körper als auch das Korpus umfassen, zielt.[5]

---

4 | Solche Diskursfelder sind selbstverständlich durch Machttechnologien gekennzeichnet. So verbindet sich das Feld der Medien mit seinen Unterhaltungswerten, seiner Ökonomie der Aufmerksamkeit, der Gestaltung bzw. Bildung der öffentlichen Meinung, seinem Interesse an Skandalen etc. im vorliegenden Fall auch etwa mit Gesundheitsstandards, Einwanderungsgesetzen usw.

5 | Mit diesen Begriffen beziehe ich mich auf das feministische Projekt eines „corporeal feminism", wie es etwa bei Elizabeth Grosz, Claire Colebrook oder auch Rosi Braidotti verhandelt wird. Die Autorinnen stellen den verkörperten, situierten Aspekt der Subjektivität in den Vordergrund, wobei sie den Körper nicht als diskursiven Effekt, aber auch nicht als vordiskursiv und vor allem keineswegs als einen vollständigen Organismus denken, sondern als eine „corporeality" (körperliche Existenz, Leiblichkeit) in und durch die Verhältnisse und Prozesse des Werdens. Grosz negiert hierbei, dass es auf der einen Seite einen ‚wirklichen' Körper gibt, und auf der anderen Seite seine unterschiedlichen kulturellen oder historischen Darstellungen. Das selbsterklärte Ziel ihres Buches *Volatile Bodies* ist es, zu zeigen, dass Repräsentationen und kulturelle Einschreibungen im buchstäblichen Sinne Körper konstituieren. Körperlichkeit zeichnet sich nach Grosz durch organische Offenheit aus (Grosz 1994: viii, x): „Part of their own ‚nature' is an organic or ontological ‚imcompleteness' or lack of finality, an amenability to social completion, social ordering and organization." (Ebd.: xi) Grosz verortet (Geschlechter-)Differenz nicht innerhalb der Signifikation, sondern als eine körperliche, und Claire Colebrook sieht den Körper selbst als differentiell: „The idea of the body is an extension or becoming of a body's being. [...]

Wie in anderen Filmen...

Der Film *Traversées* des belgisch-tunesischen Filmemachers Mahmoud Ben Mahmoud (1984) findet sich auf YouTube als eine Folge von Clips, eins bis zehn. Hochgeladen im Jahr 2009, eingeführt und kommentiert von „eldjoudhi" ist der Film Teil eines personalisierten Kanals und Online-ciné-clubs aus Tunesien, auf dem vielfältige Themen in arabisch, französisch und kabylisch verhandelt werden.[6] Während „eldjoudhi" spricht, sieht man ihn, mit Kopfhörern vor einer Webcam, im Hintergrund ein Tintenstrahldrucker, ein an Ikea erinnerndes Bücherregal aus Holz und eine simple Garderobe, an der eine graue Windjacke hängt. Es sei ein alter Film über Exil und Immigration, beginnt er, den 99 Prozent der Tunesier*innen wohl nicht gesehen hätten; er selbst habe ihn auf einer alten VHS-Kassette gefunden und digitalisiert, um ihn möglichst vielen zugänglich zu machen. Und „eldjoudhi" fährt fort:

„Für diejenigen, die den Film von Spielberg und Tom Hanks von 2004 gesehen haben... er heißt *The Terminal*... also der Film hier gleicht diesem aber überhaupt nicht, sondern eher Filmen, wie Denis Chouinard sie gemacht hat. – Er hat zwei Filme gemacht, 1997 *Clandestins* [...] und *L'ange de goudron* [...] Der erste Film, von dem ich gesprochen habe, von Spielberg und so, der hat nichts damit zu tun, aber er erinnert an die Situation von jemandem, der auf einem Terminal, in der internationalen Zone festgesessen hat und nicht mehr herauskommen konnte. In Wirklichkeit ist dies einem Iraner passiert. Und in dieser Situation ist hier ein Tunesier, grandios gespielt von Fadhel Jaziri; er ist exzellent in seiner Rolle als jemand, der sich zwischen England und Belgien befindet..."[7]

In *Traversées* geht es um zwei Passagiere, den Polen Bogdan, gespielt von Julian Negulesco, und den Intellektuellen Youssef aus einem nicht näher spezifizierten Nordafrika, gespielt von Fadhel Jaziri, die beide auf einer Fähre zwischen dem belgischen Ostende und dem englischen Dover festsitzen bzw. hin- und hergeschoben werden: nicht zugelassene Einreise in Großbritannien, Zurückweisung aus Belgien...[8] Der Plural im Titel des Films, das wiederholte Übersetzen mit dem Schiff, der mehrfache Skandal der Extraterritorialität, die Absurdität und gleichzeitige Banalität, dass jemand in einer internationalen Zone gefangen ist, sind hier Programm. Es handelt sich aber nicht um einen extra für diesen Film erfundenen Ausnahme-Plot; solche Fälle sind in der Tat keine Einzelfälle, sondern, wie es „eldjoudhi" in seiner Einführung nahelegt, ein weit verbreiteter Effekt gegenwärtiger und vor allem auch europäischer Grenz- und Migrationsregime. Illegalisierung als Prozess und resultierender

---

the body is a relation to what is not itself, a movement or activity from a point of difference to other points of difference." (Colebrook 2000: 87)

6 | Siehe: https://www.youtube.com/watch?v=1c0_2d7eFt4 [zuletzt gesehen am 05.04. 2017].

7 | Ü.d.A.

8 | Vgl. hierzu auch Mahmoud Ben Mahmoud 2008.

Status wird durch europäische Richtlinien, Verfahrensweisen und migrationspolitische Praxen hervorgebracht. Daher ist es nicht gerade selten, dass jemand auf dem Weg, etwa von Belgien nach England aufgrund von Bugs in und zwischen Grenzpolitiken und Migrationsgesetzgebungen in einer Transitzone steckenbleibt. Man kann ganze Listen erstellen über Leute, die auf Flughäfen gelebt haben.[9] Sie sind keine Migrant*innen, die heute kommen und morgen bleiben, sondern dubiose Passagiere, Undokumentierte, Gestrandete, Flüchtende, Staatenlose, transnationale Streuner, solche, die, indem sie sich bewegen, niemals ankommen, weil sie nicht bleiben können oder wollen. Eine solche Figur des Nomadismus nach Deleuze/Guattari ist Ausgangspunkt für dieses Kapitel: „I am escaping from it by standing still. [...] We must get over the idea of getting it over with." Mit diesen Sätzen insistiert Youssef in *Traversées* auf seiner Existenz in der extraterritorialen Zone. Aufgefordert vom Kapitän, doch Widerstand zu leisten, eine Petition in eigener Sache zu lancieren, einen Brief an seine Botschaft zu schreiben etc., antwortet er: „Hé, camarade il faut en finir avec l'idée d'en finir." / „Hey, mein Freund, es muss ein Ende haben mit der Idee, zum Schluss zu kommen." Und dann schreibt er ein Gedicht auf einen Zettel, den er dann absichtlich auf einem Sitz im Passagierraum des Schiffes liegen lässt.

„An unseren Botschafter im Ausland. Wir haben das Land hinter uns gelassen und sind an Bord gegangen. Hinter uns hat man die Brücke abgebrochen. Oder vielmehr: Hinter uns hat man das Land abgebrochen. Und nun, kleines Boot, gib Acht! Dir zu Seiten liegt der Ozean. Es stimmt, dass er nicht immer aufbraust. Manchmal breitet sich seine Oberfläche aus wie Seide oder Gold. Ein Traum des Guten, der Güte. Aber es werden die Stunden kommen, in denen du erkennen wirst, dass es nichts Schrecklicheres gibt als die Unendlichkeit. Armer Vogel, der du dich frei gefühlt hast und der du dich an den Gitterstäben des Käfigs gestossen hast. Unglück möge über dich kommen, wenn du vom Heimweh an die Erde ergriffen wirst, als würde dort mehr Freiheit herrschen. Es gibt kein Festland mehr!"[10]

Person – Dokument – Geschichte

Im Jahr 2002 oder 2003 überweist Steven Spielbergs Produktionsfirma Dreamworks 275.000 Dollar für die Rechte an der Geschichte eines Mannes, dessen Name angeblich Mehran Karimi Nasseri ist und der seit etwa vierzehn Jahren auf dem Flughafen Paris-Charles-de-Gaulle wohnt, auf ein Konto der dortigen Flughafenpost. Mittlerweile lässt sich kaum mehr genau rekonstruieren, wie die Zahlung vor sich

9 | Wikipedia führt eine „list of people who have lived at airports": https://en.wikipedia.org/wiki/List_of_people_who_have_lived_at_airports [zuletzt gesehen am 05.04.2017].

10 | Ü.d.A. Dieses Poem, vermutlich von Mahmoud Ben Mahmoud selbst verfasst, wird im Film begleitet von elektronischer Musik, die mit Aufnahmen kollektiver Koran-Rezitationen abgemischt ist.

ging, denn in der Tat verfügte der etwa sechzigjährige Begünstigte nur über einen prekären Status als Rechtssubjekt. Sein Name wird im Abspann des Films nicht erwähnt. Glaubt man den zahlreichen Presseberichten oder der 2004 erschienen Reportage *Der Terminal Mann: 15 Jahre als Staatenloser auf dem Pariser Flughafen* (Sir Alfred Mehran, unter der Mitarbeit von Donkin, Andrew), soll die ihm abgekaufte Story jedoch als Grundlage für *The Terminal* gedient haben.[11]

Steven Spielberg, *The Terminal* (USA 2004)

Der Sicherheitschef des John F. Kennedy International Airport in New York befindet sich in seinem hoch über der Abflughalle gelegenen Büro, von dem aus er durch große Glasfenster auf das Treiben der Passagiere hinunter schaut. Während er spricht, wendet er sich um, so dass sein Blick auf eine Wand voller Monitore fällt, welche die von Überwachungskameras auf dem Flughafen aufgenommenen Bilder ins Innere des Kontrollraums übertragen: „In my line of work there are three things that matter: The person, the document and the story. Find the truth of one, and you find the truth of all three."

Ein verführerischer Satz, der ein einfaches triadisches Modell von Identität darlegt, in dessen Relationen sich eine Art epistemische Gewalt der Migration manifestiert: Gib mir ein Gesicht und eine Story sowie einen Modus, in dem sich deren jeweilige referentiellen Entsprechungen verbürgen lassen. – Kurz, gib mir ein Authentifizierungsverfahren, mit dem sich eine bestimmte Identität herstellen, das heißt dokumentieren und verifizieren lässt; gib mir Auskunft über deine Herkunft und über die Geschichte deiner Grenzpassagen – in der Fachsprache von Grenzkontrolle und Migrationsregulation nennt man dieses Verfahren *screening* –, dann bestimme ich daraus den Modus deiner Ankunft bzw. deiner Abschiebung. In Steven Spielbergs Version und Verständnis der Geschichte von Mehran Karimi Nasseri alias Sir, Alfred Mehran stellt diese Szene, die das von der machtvollen Perspektive der US Customs and Border Protection abgesicherte Gesetz der Repräsentation inszeniert, die Schlüsselszene dar. Und sie hat Konsequenzen für das Narrativ, das der Film im Folgenden darüber, wer, wie und was geschieht, wenn ein Mensch in eine Zone der Nichtankunft gerät, entwickelt: Der Protagonist namens Viktor Navorski, gespielt von Tom Hanks, kann bei seiner Ankunft auf dem New Yorker Flughafen weder legal einreisen noch legal ausgewiesen werden, da seine Papiere aus dem fiktiven osteuropäischen Krakozia aufgrund eines Putschs, der dort stattgefunden hat, während er sich auf der Reise befand, ungültig geworden sind. Navorski ist faktisch staaten-

11 | BBC World berichtete etwa über den Fall anlässlich der Veröffentlichung von Spielbergs Films von Spielberg. Siehe: https://www.youtube.com/watch?v=OaAqOKXJkDw [zuletzt gesehen am 05.04.2017]. Im Unterschied zur deutschen wird in der englischen Ausgabe der ebenfalls 2004 erschienenen Reportage *The Terminal Man* die Autorenschaft als „Sir Alfred Mehran and Andrew Donkin" angegeben.

los. Das Rätsel seines Beweggrundes oder seiner Determination allerdings, seine Story, hat mit diesen Umständen herzlich wenig zu tun; und so fügt sich der Film letztlich leicht zum Happy End, und das lautet: Die Figur Navorski kehrt auf ihren angestammten Platz – nach Krakozia – zurück.[12] In diesem Sinne kann *The Terminal* sogar als Kontrastfolie für so etwas wie einen Migrationsfilm im Allgemeinen gelten, denn Navorski entpuppt sich im Showdown als ein harmloser Tagestourist. Die von Spielberg so beispielhaft vorgeführte Dynamik der Kohärenzbildung zwischen Person, Story und Dokument ist allerdings genau das, wogegen sich Mehran Karimi Nasseri alias Sir, Alfred Mehran so hartnäckig zu verweigern scheint: Dieser Person ist weder mit ihrer Geschichte noch mit ihrer verbürgten Identität beizukommen.

Mehran Karimi Nasseri alias Sir, Alfred Mehran sitzt auf einer der roten Bänke der Bye-bye-Bar im Terminal Eins, Paris-Charles-de-Gaulle, nahe der Fensterfassade zum Innenhof des runden Zentralbaus.[13] Die Geschichte, wie er hierher kommt, seine Migrationsgeschichte, ist lang, länger wahrscheinlich als seine Lebensgeschichte, und es gibt unterschiedliche, einander widersprechende Versionen von ihr. Wo sie beginnt, muss bereits als strittig gelten. Beim Studium der Jugoslawistik an der University of Bradford in England zu Beginn der 1970er Jahre?[14] In Schweden, wo er geboren sei? Mit einer jahrelangen Odyssee durch Europa und mehrere Asylverfahren seit 1977, im Zuge derer die Gültigkeit eines iranischen Passes, ausgestellt auf Mehran Karimi Nasseri, langsam zerfällt? In Masdsched Soleyman, einer anfangs des 20. Jahrhunderts von der Anglo-Persian Oil Company im heutigen Iran gegründeten Stadt? Oder ließe sich gar sagen, dass es die Erzählung seines Lebensweges selbst sei, die migriere und dabei die von Kommunikations- und Informationssystemen gesetzten Grenzen überschreite? Auch die Modalität der Ankunft von Mehran Karimi Nasseri alias Sir, Alfred Mehran in Paris liegt im Unklaren. Eine Version lautet so: Von der Fähre zwischen Belgien und England aus hat Mehran Karimi Nasseri alias Sir, Alfred Mehran seinen Flüchtlingsausweis an den UNHCR in Brüssel zu-

---

12 | Diese Wende im Film ist konservativ im doppelten Sinne: Der Putsch wird bekämpft, der Bürgerkrieg erfolgreich beendet, so dass sich Navorskis ‚wahre' Identität wieder reifizieren lässt.

13 | Von Paul Andreu im Sci-Fi-Stil gebaut und 1974 eröffnet, sind insbesondere die schrägen, sich weit spannenden Rolltreppen unter gewölbten Kunststoffdächern, die an das Centre Pompidou erinnern, zu einem bekannten Motiv für zahlreiche Filme (siehe etwa den weiter unten besprochenen *Tombés du ciel* von Philippe Lioret), aber auch in der Popkultur, z.B. das Plattencover des 1977 erschienenen Albums *I Robot* von Alan Parsons Project, geworden.

14 | Zu Beginn seines Aufenthaltes in England soll Mehran Karimi Nasseri alias Sir, Alfred Mehran in London bei seinem zwei Jahre älteren Bruder Cyrus, einem Geschäftsmann, und dessen Frau Mina, mit denen ihn ein sehr inniges Verhältnis verbunden hat, gelebt haben. In Bradford war er aktiv in einer Organisation iranischer Studierender. In den 1990er Jahren sollen ihn mehrere Familienmitglieder auf dem Flughafen besucht haben, aber er soll keines als Verwandten anerkannt haben (Berczeller 2004).

rückgeschickt. Eine andere besagt, er sei auf dem Weg von Belgien nach London in Paris ausgeraubt worden... Als gesichert gilt: Nach Ablauf von elf Jahren Zwischenstopp auf dem Pariser Flughafen, während derer Mehran Karimi Nasseri alias Sir, Alfred Mehran infolge der Nicht-Nachweisbarkeit sowohl seiner Identität als auch seines von Belgien ausgestellten Flüchtlingsstatus' das Terminal Eins zu seinem Lebensmittelpunkt erklärt hat und dadurch einen gewissen Bekanntheitsgrad erlangte, markiert Frankreich 1999 die Bereitschaft, ihm Einreisepapiere auszustellen – Voraussetzung dafür, dass er nicht festgenommen werden würde, wenn er den Flughafen verließe und letztlich auch dafür, dass er seinen Status als Flüchtling wieder gelten machen könnte.[15] Diese Szene ist Teil eines Films.

Alexis Kouros, *Waiting at de Gaulle* (Finnland 2000)

Der Filmemacher Alexis Kouros im Off: „It's good news."

Daraufhin eine besorgte Frau, die ihrem engagierten Habitus nach eine Journalistin, eine NGO-Aktivistin oder auch an eine Sozialarbeiterin sein könnte, ebenso zunächst im Off: „Yes, it's good news!"

Man sieht Mehran Karimi Nasseri alias Sir, Alfred Mehran an einem kleinen runden Tisch sitzen, dort, wo er seine Wohnstatt hat. Im Hintergrund ist einer der Flughafen-Trolleys zu sehen, auf dem Mehran Karimi Nasseri alias Sir, Alfred Mehran die Kartonschachteln mit seinen Tagebuchnotizen aufbewahrt. Auf dem Tisch stehen zwei Biergläser.

Alexis Kouros im Off: „But I think he still doesn't believe..."

Die NGO-Aktivistin, zum Filmemacher gewandt: „Ah, okay, his lawyer said to me Alfred didn't ealize that now he can fly anywhere, but it's true, you know."

Während sie spricht, fuchtelt die Frau mit einem grünen Dokument herum, das sichtbar ein Foto von Mehran Karimi Nasseri alias Sir, Alfred Mehran enthält.

Mehran Karimi Nasseri alias Sir, Alfred Mehran: „I didn't sign it."

Die Kamera schwenkt von der NGO-Aktivistin auf Mehran Karimi Nasseri alias Sir, Alfred Mehran, der ihr das Dokument aus den Händen zu nehmen versucht. Dabei raucht er seine Pfeife.

NGO-Aktivistin: „It's legal paper."

Mehran Karimi Nasseri alias Sir, Alfred Mehran: „Yes, it's legal document. I didn't sign it."

---

15 | Nachdem Mehran Karimi Nasseri alias Sir, Alfred Mehran aufgrund fehlender Papiere in Paris wiederholt festgenommen worden war und es zudem ablehnte, nach Belgien zu fahren, um dort seinen Status als Flüchtling abzuklären, entschied er sich für ein Leben auf dem Flughafen. Im Gegensatz zum Stadtraum machte er auf dem Flughafen nicht die Erfahrung von Ausweiskontrollen. Allerdings entschied ein Pariser Gericht 1992, dass er nicht illegal nach Paris gelangt sei, weshalb man den Staatenlosen auch nicht des Landes verweisen dürfe. Das Buch *The Terminal Man* dokumentiert einen großen Teil des Briefwechsels von Mehran Karimi Nasseri alias Sir, Alfred Mehran mit Behörden in Pass- und Asylangelegenheiten.

Mehran Karimi Nasseri alias Sir, Alfred Mehran ergreift das Dokument und packt es schnell weg.
NGO-Aktivistin: „Do you know that in France there are many strangers who really want to have this papers? Sometimes they wait for many years!"
Mehran Karimi Nasseri alias Sir, Alfred Mehran: „I've been waiting for many years and I want a lot of things, but this... I didn't sign this document and I don't accept Iranian nationality. It's forged."
Die NGO-Aktivistin spricht direkt in die Kamera, während sie mit dem Finger auf Mehran Karimi Nasseri alias Sir, Alfred Mehran zeigt: „He doesn't want to be Iranian, and on... you... yes..."
Mehran Karimi Nasseri alias Sir, Alfred Mehran: „I deal with my advocate and he said that..."
NGO-Aktivistin: „You were born in Iran, yes? – No? No? That's... But in your Belgian paper it's written that you were..."
Mehran Karimi Nasseri alias Sir, Alfred Mehran: „It's error. Error, error. I will have my origin from my parents, that is that I am not born in Iran."
Die Kamera fokussiert nun Mehran Karimi Nasseri alias Sir, Alfred Mehran.
NGO-Aktivistin: „What do you want now?"
Mehran Karimi Nasseri alias Sir, Alfred Mehran: „I want to continue as a British citizen."
NGO-Aktivistin: „You told me yesterday that you want to go away, so I don't understand."
Mehran Karimi Nasseri alias Sir, Alfred Mehran: „No, not to go, oh yes, I said, what they proposed is not precise. They proposed this on Friday and last night we went with the camera to Lufthansa, so that I could buy a ticket to go to Germany. No I'm not decided to go."
Im Folgenden schwenkt die Kamera zwischen der NGO-Aktivistin und Mehran Karimi Nasseri alias Sir, Alfred Mehran hin und her oder verfolgt das Gespräch im Schuss-Gegenschuss-Modus.
NGO-Aktivistin: „With this... Yes, you don't decide, but you can."
Mehran Karimi Nasseri alias Sir, Alfred Mehran: „Why I should go to Germany?"
Die NGO-Aktivistin lehnt sich zurück und hebt die Hände: „Ah, I don't know, if you want, if you want to go to Germany, okay."
Sie macht eine Pause und verdreht ein wenig die Augen.
NGO-Aktivistin: „You have legal papers to stay in France and to go to Belgium if you want."
Mehran Karimi Nasseri alias Sir, Alfred Mehran: „No, I am not going..."
Verschiedene, von Mehran Karimi Nasseri alias Sir, Alfred Mehran gesprochene Passagen, die offensichtlich hintereinander montiert sind:

„No, don't include please Belgium. I have by this card legal position to stay in France. That's it. If I want to go to Germany, if I want to go to America, I can not decide. I can not decide. My legal position now is very fine, so I am happy." Lacht.
NGO-Aktivistin: „You're happy?" Lächelt.
Mehran Karimi Nasseri alias Sir, Alfred Mehran: „Yes!"
Er lächelt, wendet dann den Kopf und schaut für einen kurzen Moment direkt in die Kamera.
NGO-Aktivistin: „That's fine." Lächelt, Schnitt.
Die NGO-Aktivistin am Telefon. Während sie spricht, blättert sie zerstreut in ihrem Notizbuch. Das vor ihr stehende Bierglas ist inzwischen leer.
NGO-Aktivistin: „Hello, this is Delphine. I'm with Alfred and the Finnish team and actually he does not know anymore what he wants to do... he does not know if he wants to leave or if he wants to stay in France... So..."
Ein Fotograf schießt eine Reihe von Portraitaufnahmen von Mehran Karimi Nasseri alias Sir, Alfred Mehran, der das strittige grüne Dokument so in der Hand hält, dass man die eingeklebte Passfotografie sieht. Mehran Karimi Nasseri alias Sir, Alfred Mehran in der Halbtotalen, wie er einen kleinen Spiegel nimmt, um seine Haare zu richten und seine Augenbrauen glatt zu streichen.

Die in diesem Filmausschnitt zu sehende Person flieht ganz offenkundig die gesellschaftliche Inskription ‚als Migrant'. Die damit einhergehenden Anforderungen und Erwartungen – die normalisierende Repräsentation, wie sie das grüne Dokument verspricht und vertritt – werden in dem Filmausschnitt durch die als besorgte Frau gekennzeichnete Gesprächspartnerin namens Delphine verkörpert, etwa indem sie über ihren Gesprächspartner in dessen Anwesenheit spricht, durch die Art und Weise, wie sie ihm – ihn belächelnd – zuhört und ihn in ihrer direkten Ansprache in Englisch merklich infantilisiert, obwohl ihre Sprachkenntnisse nicht unbedingt besser sind als seine. Ihr unverhohlen an den Tag gelegtes Unverständnis darüber, dass er das Angebot und die Konditionen der französischen Ausländer- und Flüchtlingspolitik nicht mit der von ihr als angemessen erwarteten Dankbarkeit entgegennimmt, lässt sie vielleicht sogar unbewusst zögern, ihm seinen Ausweis, den er ablehnt, im buchstäblichen Sinne auszuhändigen. Er lehnt das Dokument ab, da dessen Akzeptanz damit einhergehen würde, über eine vereindeutigte Herkunftsgeschichte zu verfügen. Das Dokument würde eine solche Geschichte bekräftigen, sie als gesichert, zumindest aber als stabil geltend machen, so dass sich darauf aufbauend eine von gesellschaftlichen Kompromissen begleitete Ankunftsgeschichte in Paris konstruieren ließe. Mehran Karimi Nasseri alias Sir, Alfred Mehran lässt dagegen im Unklaren, ob sein tatsächlicher Geburtsort nun Schweden ist oder der Iran oder noch etwas anderes. „Ich weigere mich, diese Papiere zu unterschreiben, denn sie sind nicht auf meinen Namen ausgestellt. Ich bin nicht der, der ich gewesen bin. Ich heiße jetzt Sir Alfred Mehran, und ich bin nicht Iraner. Mein Vater war Schwede und meine Mutter Dänin."[16] Dies gibt er angeblich als Erklärung zu Protokoll (Bordier 2004). Je länger er auf dem Flughafen wohnt, desto mehr scheint in ihm sein Wissen über seine Herkunft zu verblassen. Auf die Frage eines Journalisten, ob er seine Familie kennt, antwortet er 2003 unscharf mit: Nein, er wisse nicht, wer seine Mutter sei, vielleicht eine Engländerin, vielleicht eine Schwedin, vielleicht eine Schottin, die Amerikaner seien dabei, es zu klären (Leuthold 2003). Im selben Jahr tritt in einer Serie über urbane Legenden auf dem US-amerikanischen Kanal The Discovery Channel (TLC) ein Dr. Michael Chegini auf und sagt, dass Mehran Karimi Nasseri alias Sir, Alfred Mehran eine britische Mutter und einen iranischen Vater hätte.[17] Während alle Anderen – Anwält*innen[18], Grenzpolizist*innen, Sozialarbeiter*innen, Filmemacher*innen und Journalist*innen – verzweifelt versuchen, seine Geschichte zu rekonstruieren und zwar ausgehend von seiner Herkunft, verfolgt er selbst einen anderen Weg, der an den Fall Bruno Dössekker alias Binjamin Wilkomirski alias Bruno Grosjean erinnert. Auch dieser hatte die Erinnerung ans Vergessene zum Gegenstand gemacht und versucht, aus dem Identitätsverlust eine Identitätsform zu machen, ein „existentielles Territorium" (Guattari 2014) zu kreieren. Die ganz genau datierten, meist mit Uhrzeitangaben versehenen Tagebuch-Aufzeichnungen über das, was um ihn herum geschieht, scheinen Teil der Herstellung einer Bleibe, einer Territorialisierungstendenz von Mehran Karimi Nasseri alias Sir, Alfred Mehran zu sein.[19] Von Tüten und Taschen umstellt, hinter Schubern, Frachtboxen von Lufthansa

---

16 | Ü.d.A.

17 | Die Folge des Dokudramas *Mostly True Stories: Urban Legends Revealed* (2002-2004), in der die Geschichte von Mehran Karimi Nasseri alias Sir, Alfred Mehran vorkommt, wurde zuerst am 13. März 2003 ausgestrahlt, unter dem Titel „S2E6 Trapped In The Airport". Das Dokudrama wurde von Thomas Quinn geschrieben, Regie führten Mike Levine, Thomas Quinn, Valerie W. Chow und Joe Dea; produziert von Burrud Productions. Online: https://www.youtube.com/watch?v=ghghr4ug7UY [zuletzt gesehen am 05.04.2017]. Mit 23 Jahren, nach dem Tod seines Vaters, soll Mehran Karimi Nasseri alias Sir, Alfred Mehran von seinem Onkel erfahren haben, dass er nicht das Kind seiner Mutter, sondern einer britischen Krankenschwester sei, die für die anglo-iranische Ölgesellschaft gearbeitet und mit seinem Vater ein Verhältnis gehabt habe. Zum Schutz seines Vaters und der Familie sei das Geheimnis bis zu dessen Tode bewahrt worden.

18 | Maître Christian Bourget aus dem Umfeld von GISTI (Groupe d'information et de soutien des immigrés) zeichnete als Anwalt von Mehran Karimi Nasseri alias Sir, Alfred Mehran in Paris.

19 | Territorialisierungen werden aus Milieus und Rhythmen geboren, so Deleuze/Guattari in dem Plateau über das Ritornell, das kleine Lied. „Die Territorialisierung kommt durch den expressiv gewordenen Rhythmus oder durch qualitativ gewordene Bestandteile des Milieus zustande. Die Markierung eines Territoriums ist dimensional, aber nicht als Maß, sondern als Rhythmus." (Deleuze/Guattari 1992: 430) Vgl. auch Guattari in *Chaosmose*, wo er von „Ritornellen der Abgrenzung existenzieller Territorien" spricht (Guattari 2014: 26). Im Film *Waiting at de Gaulle* von Alexis Kouros wird das akribische Archivierungssystem ausführlich vorgestellt. In dem folgenden Beitrag (aus dem französischen Fernsehen) auf *YouTube* sieht man Mehran Karimi Nasseri alias Sir, Alfred Mehran aus seinem Ta-

und FedEx-Kartons verschanzt, bildet seine rote Bank eine Art Wagenburg gegen die Zwänge und Anforderungen, die ihn der Zutritt zum nationalen Territorium kosten würde. Hier sitzt er, spricht mit Journalist*innen und Passagier*innen aus der ganzen Welt, hört nach eigenen Angaben drei bis vier Stunden internationale Nachrichten am Radio, liest Zeitungen wie etwa die *International Herald Tribune* oder Bücher, die er in Boxen archiviert bzw. in Taschen sammelt, schreibt Packen um Packen von A4-Kopierpapier voll, das er sich am Check-in-Schalter besorgt.

„Tagebuchauszug
23.35 Uhr. Gerade war ein Mitarbeiter von der Lufthansa hier. Er ist zu meiner Bank gekommen und hat mir eine Frachtbox gebracht. Er wusste, dass ich eine wollte, weil ich ihn darum gebeten hatte. Die Frachtbox hat genau die richtige Größe, um Zeitungen und Zeitschriften darin aufzubewahren, damit sie nicht gestohlen werden oder verloren gehen. Ich habe inzwischen auch einen Gepäckwagen, und so kann ich die Zeitungen in der Box auf dem Gepäckwagen mitnehmen, wenn ich auf der Abflugebene oder im Ladengeschoss unterwegs bin."
Sir Alfred Mehran, unter der Mitarbeit von Donkin, Andrew 2004: 51

Genesis – Sir, Alfred

Mehran Karimi Nasseri alias Sir, Alfred Mehran weigert sich, sich in der standardisiert legalisierten Opferposition als Flüchtling zu subjektivieren. Er sucht nach einer anderen Möglichkeit der Existenz. Sie beginnt damit, dass er die kleinen ‚Fehler' der bürokratischen Administrationen, die sich zumeist auf die Feststellung seiner Herkunft bzw. auf die Bindung seiner Identität an seine Herkunft beziehen, registriert. Spätestens 1999 weist er seinen eingetragenen Namen Mehran Karimi Nasseri zurück. Eine seiner Begründungen ist, Alfred sei sein Name, den er bereits seit 1981, als Belgien ihn als Flüchtling anerkannt habe, trage. Eine andere widerspricht seiner iranischen Herkunft, daher sei er nicht Karimi Nasseri (Sir Alfred Mehran/Donkin 2004: 206).

gebuch vorlesen: https://www.youtube.com/watch?v=gBQaelQns98 [zuletzt gesehen am 05.04.2017]. Was nach der Veröffentlichung des Buches *The Terminal Man*, zusammen mit dem britischen Autor Andrew Donkin und nachdem Sir, Alfred Mehran im Juli 2006 den Flughafen verlassen musste, mit seinem ganzen Archiv – 3000 beidseitig beschriebene Blätter sollen es sein – geschehen ist, bleibt unklar. Folgt man dem Bericht von Niewerth (2009), so müssen die Blätter zumindest 2009 noch existiert haben und wurden zu diesem Zeitpunkt in einem Obdachlosenheim in der Rue des Pyrenées, das ich im Jahre 2011 auf der Suche nach Sir, Alfred aufgesucht habe, aufbewahrt... Siehe ausführlicher dazu weiter unten.

Hamid Rahmanian und Melissa Hibbard, *Sir Alfred of Charles de Gaulle Airport* (USA 2001)
~~Karimi Nasseri~~ sitzt Zeitung lesend auf seiner roten Bank. An seinem gelb-braun gestreiften Hemd angeheftet trägt er ein Ansteckmikrophon. Halbtotale.
~~Karimi Nasseri~~: „You see, I have no country to be deported. Or if I had country, I should go back London. And already I expect to have British passport."
Nach diesem kurzen Kommentar wendet er sich wieder seiner Zeitung zu, fährt aber nach einer Pause fort, zunächst ohne den Blick zu heben.
~~Karimi Nasseri~~: „You see, about my identity, confirm I was born in Masjed Soleyman, I don't confirm this because I was not born there. With my information I was born in Sweden. After naissance [*sic*] I was in Iran."
Schrifttafel: „What information states that you are from Sweden?" Daraufhin die gleich lautende, aber akustisch schwer zu verstehende Frage der Interviewerin im Off.
Close-up-Einstellung. ~~Karimi Nasseri~~: „It is just information."
~~Karimi Nasseri~~ lächelt auf die für ihn so typische, rätselhafte, höfliche und zugleich leicht schalkhafte Weise. Er nickt dabei kaum merklich.
Interviewerin: „Where did you get that information?"
~~Karimi Nasseri~~: „In my paper."
Interviewerin: „The papers that you write?"
~~Karimi Nasseri~~: „Yeah."
Er wendet sich wieder seiner Zeitung zu.

Dieses von einem rätselhaften Lächeln begleitete „It is just information" bringt einen auf die Idee, dass es sich bei bei ~~Karimi Nasseri~~ um mehr oder weniger als ein Subjekt handelt. Sicher ist, dass er gegen die Regeln der personalen Identität verstößt, indem er die ‚eigenen' Konturen auflöst und übergeht in die fehlerhaften Konturen, die andere ihm geben. Ein radikaler Konstruktivist. Eine Art Kurzschluss zwischen dem Ausgesagten und dem Aussagenden.[20] Der Produzent und Drehbuchautor Paul Berczeller fragt in seinem 2004 im *Guardian* erschienen Artikel: „Aber wer ist Alfred?" und gibt darauf die Antwort: „No one has a clue. Alfred least of all, it seems."

~~Karimi Nasseri~~ erhebt keinerlei privilegierten Anspruch darauf, zu wissen, was oder wer er ist. Lässt er sich vielleicht als eine Art affektives Faktum begreifen, als ein Übergang vom Affekt zur empirischen Tatsache?[21] Dies ist ein Übergang, der weni-

20 | Es scheint mir nicht zufällig, dass ~~Karimi Nasseri~~ hier nicht von Bedeutung spricht, sondern von Information, die in der Informationstheorie als ein Verhältnis von Signal und Rauschen und als Muster von Redundanz und Dichte bestimmt wird.

21 | Brian Massumi (2005) entwickelt den Begriff „affective fact" im Zusammenhang mit der *war-on-terror*-Politik der zweiten Bush-Regierung in Abgrenzung zu einem „empirical

ger über logisch-diskursive Ableitungen oder signifikative Einschreibungen (Pass, Geburtsurkunde) von statten geht, sondern durch Wiederholungen von scheinbar unbedeutenden Fehlern, von kleinen Abweichungen, die sich neu mit der Dauer des Körpers dieses durchgestrichenen Subjekts zusammenfügen: Alfred. Die Zurückweisungen und Weigerungen von ~~Karimi Nasseri~~ sind nicht einfach als negativ zu verstehen, sondern als eine Art Grund seiner Genese, in der beispielsweise der Eigenname, die Bezeichnung eines bestimmten Seins entsteht, samt dessen deutlich artikulierten Anspruch auf kosmopolitische Freizügigkeit oder anders: auf einen Ort seiner Wahl statt auf einen Ort der Ankunft. Denn wann, wo und wie eine Migrant*in ‚flieht', ‚humanitär' auswandert, zwischen einem ‚Herkunfts-' und ‚Ankunftsland' arbeitssuchend ‚zirkuliert', birgt begriffliche Konflikte mit steuerungspolitischen Implikationen und rechtlichen Konsequenzen, die sich in Wortfindungen wie ‚humanitäre Migration', ‚Zwangs- und Kriegsmigration', ‚Arbeitsmigration' oder ‚zirkuläre Migration' niederschlagen.[22] „Sir, Alfred Mehran" ist eine Zusammensetzung aus Irrtümern und Missgeschicken unterschiedlicher Behörden. „Sir, Alfred Mehran" ist der Eigenname einer bürokratischen Abstammungslinie, ihr Stimmengewirr: Mehran wechselt von seiner Position als individuell identifizierender Vorname auf die Position als Familienname, der üblicherweise Genealogien der Abstammung und Herkunft transportiert. Mehran ist ein weit verbreiteter persischer Vorname, der sich von „Mithra", dem antiken Gott der Sonne und des Rechtes, der über die kosmische Ordnung wacht, ableitet. Alfred ist ein im europäischen und angloamerikanischen Raum verbreiteter Rufname, der Weißsein markiert. „Alfred Mehran" wurde am siebten Oktober 1981 durch die belgische „carte de réfugié No. 86399" beglaubigt (de Stoop 1996: 151). Insgesamt wird der Name autorisiert durch das ihm vorangestellte „Sir,", das zusammen mit seinem Komma allerdings eine Differenz zu seinem Prädikat als Titel artikuliert und eher den Aspekt der höflichen Anrede deutlich macht. Das ist der Vorgang, durch den sich der Zugriffsindex auf die Informationen und Inskriptionen, die ~~Karimi Nasseri~~ als gesellschaftliches Einzelwesen hervorbringen, verändern, so dass nun Sir, Alfred Mehran entsteht (siehe auch Sir Alfred Mehran/Donkin 2004: 9). Dieser Prozess ist Teil eines Films.

---

fact" und zur logisch-diskursiven Begründung von Sachlagen bzw. als deren Suspendierung oder Ersetzung. Im Gegensatz zu empirischen Tatsachen sind affektive Tatsachen induktiv und sie verfügen Massumi zufolge über ontogenetische Kräfte.

22 | Als Beispiel sei hier das massive Zusammenbrechen der bereits seit langem in der Krise befindlichen europäischen Dublin-Regulation als einem der steuerungstechnischen Instrumente für Flucht und Asyl in der Folge des so genannten *summer of migration* Ende August/Anfang September 2015 genannt. In diesem Zusammenhang begründete der ungarische Premierminister Orbàn, der an der Dublin-Regel festzuhalten und die Flüchtlingsströme an ihrer Weiterreise in den Westen und Norden zu hindern versuchte, seine Praxis damit, dass diejenigen, die weiterreisen wollten, keine Flüchtlinge seien, denn sie seien auf ungarischem Territorium in Sicherheit angelangt. Es handle sich bei den Weiterreisenden daher eindeutig um Migrant*innen.

Hamid Rahmanian und Melissa Hibbard, *Sir Alfred of Charles de Gaulle Airport* (USA 2001)

Die Filmemacherin Melissa Hibbard stellt in dieser einfachen, vorwiegend aus Interviews bestehenden Dokumentation, bei der der Standpunkt der Kamera meist in eins fällt mit der Position der Interviewerin, die Fragen. Sir, Alfred Mehran, so wird im Verlauf des Films deutlich, lehnt das Gespräch mit ihrem Ko-Regisseur ab, da dieser Iraner ist, und er, Sir, Alfred Mehran nichts mit dem Iran zu tun habe und zudem keinerlei Persisch verstehe. Die folgende Szene beginnt mit der Schrifttafel „How did you get ‚Sir'?"; sie besteht aus einer einzigen Einstellung. Sir, Alfred Mehran hält einen Kugelschreiber in der Hand und sitzt vor einem Stapel A4-Papieren – es handelt sich wahrscheinlich um seine Tagebuchaufzeichnungen – an dem runden Tisch und auf seiner roten Bank in seiner Ecke auf dem Terminal Eins. Neben den Titeltafeln gibt es nur einen Zwischenschnitt von etwa zehn Sekunden, in dem ein A4-Blatt von Nahem gezeigt wird, auf dem Sir, Alfred Mehran mit ebendiesem Namen einen Vertrag mit Prometheus Cinema, der Produktionsfirma von Hamid Rahmanian und Melissa Hibbard unterzeichnet und so sein Einverständnis gibt, dass die von ihm gemachten Ton- und Filmaufnahmen für einen Film mit dem Titel „Sir Alfred" verwendet werden.

Melissa Hibbard: „How did you get ‚Sir'?"

Sir, Alfred Mehran: „It is a title that I got from an inspector at Heathrow Airport, by the British government. That is by the British government. They addressed the letter with the title Sir Mehran Karimi Nasseri and addressed the letter to the High Commissioner in Brussels. It means, the title and the name is Heathrow Airport given with the letter to Commissioner in Brussels."

Schrifttafel: „How does somebody become ‚Sir'?"

Melissa Hibbard: „How does somebody become ‚Sir Alfred Mehran'? ... Sir Hamid... How did somebody get that ‚Sir' I mean."

Sir, Alfred Mehran: „By virtue."

Melissa Hibbard: „By virtue? What do you mean by that?"

Sir, Alfred Mehran: „By virtue of birth and by virtue of background."

Schrifttafel: „Could Hamid become ‚Sir'?"

Melissa Hibbard: „Could Hamid become ‚Sir'?"

Sir, Alfred Mehran: „No."

Melissa Hibbard: „Why not?"

Sir, Alfred Mehran, lächelt: „Because he has no virtue."

Melissa Hibbard: „Why does he not have virtue?"

Sir, Alfred Mehran: „Because he is not Sir."

Werden

All jene, die ihn und seine Eigenart, ja, sein ‚inneres' Wesen kennen und verstehen lernen wollen, fühlen sich alsbald von den engen Zirkelschlüssen, die Sir, Alfred Mehran statt einer Identität, die sich begründet, anbietet, brüskiert. Sogar sein vehementes Insistieren auf seiner Distinktion von Hamid und auf einem Status, den er *by virtue*, aus der durch Kraft, Tugend und Mut erlangten Ehrerbietung bezieht, besteht aus nichts außerhalb des papierenen Universums Gelegenem. Die Grundlegung seines mit einem Komma versehenen Titels ist die Wiederholung der Ansprache „Sir,". Der Rückzug des Sir, Alfred Mehran aus der Subjekthaftigkeit ist kein Rückzug aus der Differenz, im Gegenteil, er ist ein Votum für das Werden, also für eine konstant mögliche Flüchtigkeit, eine permanente Verlagerung und Neuzusammensetzung, die in sich selbst immer komplett ist, vollständig, aber niemals abgeschlossen, niemals beendet. Das Konzept des Werdens, das Gilles Deleuze und Félix Guattari in *Tausend Plateaus* ausbreiten, richten sie gegen die klassische philosophische Suche nach dem Sein (als Zustand, Position und Status quo) oder einem Ursprung. Werden wendet sich gegen die Idee einer kohärenten und mit sich selbst identischen Subjektivität: Statt das Sein begründen, die Immanenz des Werdens affirmieren. Im Werden, so scheint mir, besteht die *virtue* des Sir, Alfred Mehran. Seine Genese vollzieht sich ohne Grund, ohne Grundlegung; seine Entstehung lässt sich nur mit einer „transversalistischen Auffassung von Subjektivität" (Guattari 2014: 15) nachzeichnen; sie ist eine Individuation ohne Subjekt, eine Heterogenese, ein Werden aus einer Vielzahl von Verknüpfungen, das durch Affizierungen in einer Vielzahl von Verkettungen von statten geht.[23] Das soziale Leben, das in Sir, Alfred Mehran fließt, hat keinen Namen im Sinne des Besitzindividualismus, es trägt nicht ‚seinen' Namen, sondern Sir, Alfred Mehran wird im buchstäblichen Sinne all diese Namen, die das soziale Leben in ihm fließen lässt. Nichts liegt ‚hinter' diesem Fluss des Werdens. Anders als Woody Allens Zelig imitiert er dabei niemanden. Und er erschafft sich nicht, indem er sich identifiziert, wie es wahrscheinlich Bruno Dössekker alias Binjamin Wilkomirski alias Bruno Grosjean getan hat.

---

23 | Michaela Ott betont die begriffliche Nähe zwischen Individuation und Dividuation im Selbstverständnis der Einzelwesen als „unteilbare Vielfachunterteiltheit" (2015: 21), wobei sie eine „Quasiontologie der Dividuation" postuliert (ebd.: 55, 164ff.): „Simondons grundsätzliche Ausspannung der Einzelperson zwischen verbindenden präindividuellen Einschreibungen und einem in kollektiven Praktiken realisierten Trans-(In)dividuellen findet sich in den soziotechnologischen Praktiken unserer Tage, wie mir scheint, über seine Erwartung hinaus eingelöst." (Ebd.: 55; siehe auch: 168ff.) Angesichts solcher von ihr diskutierten zeitdiagnostischen Tendenzen will Ott ihre „hier angebotene Ersetzung des Individuumbegriffs durch jenen der Dividuation und des Dividuellen" auch als „eine Befreiung des Begriffs, die Freilegung seiner inneren Querstrebigkeit und Vieldeutigkeit" verstanden wissen (ebd.: 23-24). Gerald Raunig (2008) unterscheidet zwischen einer Heterogenese als anschließende Hervorbringung in maschinischen Gefügen (ebd.: 29-30), einer Heterogenese als Division (2010: 92-100) und als Mehrere-Werden (ebd.: 249-50).

> „Keine der beiden Analogieformen entspricht dem Werden, weder die Imitation eines Subjekts noch die Proportionalität einer Form. Werden heißt, ausgehend von Formen, die man hat, vom Subjekt, das man ist, von Organen, die man besitzt, oder von Funktionen, die man erfüllt, Partikel herauszulösen, zwischen denen man Beziehungen von Bewegung und Ruhe, Schnelligkeit und Langsamkeit herstellt, die dem, was man wird und wodurch man wird, am nächsten sind. In diesem Sinne ist das Werden ein Prozess des Begehrens." (Deleuze/Guattari 1992: 371)

Deleuze/Guattari nennen das Werden im Gegensatz zur vererbenden Abstammungslinie der Evolution eine „Involution", eine niemals rückläufige, sondern immer differenzierende Schöpfungslinie, die zwischen heterogenen Elementen verläuft (ebd.: 325). Eine Linie des Werdens bildet keine Konturen, und sie verbindet auch keine Punkte – etwa zwischen Ausländer*in und Staatsbürger*in –, sondern sie verläuft dazwischen, quer dazu, mitten hindurch. Werden kennt keine Herkunfts-, Anfangs- noch End- und Ankunftspunkte, aber – und da geht die Geometrie, die Deleuze/Guattari vom Werden zeichnen (ebd.: 399-400), über in ein dynamisches Kraftfeld mit einem als „Zentralpunkt" bezeichneten „Menschen" – eine Mitte. Denn „die Mitte ist [...] eine Beschleunigung, die absolute Geschwindigkeit einer Bewegung" (ebd.: 400). Falllinie, Fluchtlinie, Grenze, ein Blitz, der entfernte Punkte mitreißt, so dass aus einer Linie ein Block wird, eine Zone der Nachbarschaft, ein Bereich der Ununterscheidbarkeit, genau so gleichgültig gegenüber der Entfernung wie gegenüber dem Angrenzen (ebd.).[24] Deshalb ist Werden – wie im ersten Kapitel gezeigt – eine Taktik des *bordercrossing*. Das Werden ist niemals einzeln, sondern es impliziert zwei Bewegungen zugleich: den Rückzug aus Homogenität und Majorität und das Aufsteigen unzähliger minoritärer Terme.[25] – Was geschieht, wenn das

---

24 | Der Blitz dient Deleuze als Bild einer Differenz an sich selbst, weil er nicht etwas ist, das sich von etwas anderem unterscheidet, sondern etwas, das unterscheidet, wobei sich das, wovon er sich unterscheidet, nicht von ihm unterscheidet. „Der Blitz [...] unterscheidet sich vom schwarzen Himmel, kann ihn aber nicht loswerden, als ob er sich von dem unterschiede, was sich selbst nicht unterscheidet." (Deleuze 1997: 49)

25 | Unzählig meint hier nicht zählbar, aber durchaus aus vielen Elementen bestehend. Die Bewegungsrichtung des Werdens führt immer von der Dominanz und der Signifikanz weg. Es geht allerdings nicht darum, Minderheit zu werden, etwa im zählbaren Sinne eines Status' ‚als Migrant*in' oder ‚als Flüchtling', sondern darum, minder/klein zu werden („devenir mineur") und dabei die Wahrnehmung zu verändern. Werden ist immer ein Minoritär-Werden. Soziale Minderheiten spielen dabei eine zentrale Rolle, so Deleuze und Guattari, weil sie im Gegensatz zu den selbstgenügsamen Mehrheiten der Fluchtlinien bedürfen. Ihr Werden ist schöpferisch, es erfindet neue Möglichkeiten von sozialer Existenz und Interaktion. Dennoch bestehen Deleuze/Guattari ausdrücklich darauf, dass man „‚minoritär' als Werden oder Prozess nicht mit ‚Minorität' als Gesamtheit oder Status verwechseln" dürfe (Deleuze/Guattari 1992: 396). Relevant scheint mir dennoch die Kritik, formuliert aus einer feministischen Perspektive, die den Körper selbst als Werden begreift, dass es für das Werden bei Deleuze/Guattari scheinbar keine Rolle spielt, ‚von wo aus' es sich in Gang setzt, also etwa, ob es sich um das Frau-Werden ausgehend

Werden mit einer Spiegelszene konfrontiert wird, das heißt wenn es mit derjenigen Szene zu blockieren versucht wird, die gemeinhin das Subjekt begründet bzw. dessen Artikulation provozieren soll, ist Teil eines Films:

Glen Luchford, *Here to Where* (UK 2001)

Aufblende. Frontale, aber leicht von oben aufgenommene Einstellung auf einen Spiegel, in dem sich zwei Männer beim Rasieren reflektieren, rechts Sir, Alfred Mehran und links Paul Hugo, ein sehr von sich selbst eingenommener und recht inkompetenter US-amerikanischer Regisseur, gespielt von Paul Berczeller, der das Filmskript von *Here to Where* verfasst hat. Am unteren Bildrand sind die Köpfe der beiden von hinten und leicht angeschnitten zu sehen; zwischen ihnen und im Spiegelbild zeigt sich die Spiegelung eines weiteren Spiegels, der je ein vor dem Waschbecken stehendes Bein samt Fuß frei gibt. Beide Männer haben Schaum im Gesicht und operieren konzentriert mit dem Rasiermesser. Ab und an ist eine Flughafendurchsage zu hören. Ab und an stockt der Verlauf des folgenden Dialogs.

Paul Hugo: „I just... I'm worried because I'm not gonna be able to be here as much and I'm worried about what's gonna happen with you."

Sir, Alfred Mehran: „I follow my identification."

Paul Hugo: „But you were doing that a long time, right? And you have been living here the whole time."

Sir, Alfred Mehran: „Yes. It takes longer."

Paul Hugo: „I know, but nothing has changed, Alfred, that's what is..."

Sir, Alfred Mehran: „Yes, a lot of change."

Paul Hugo: „What has changed?"

Sir, Alfred Mehran: „My documents, my papers."

Paul Hugo: „But you're still here."

Sir, Alfred Mehran: „Yes. One of the airport's passengers. I'm always a passenger. If I go, I come back again."

Paul Hugo: „Alfred, you don't want to leave...?"

Sir, Alfred Mehran: „I've been several times outside, and always I've returned."

Paul Hugo: „I know but you haven't left during 11 years now, right?"

Sir, Alfred Mehran: „Not definitively."

Paul Hugo: „It's just now that I'm not gonna be here that I'm just worried that... that you gonna stay here. You know what I mean? I mean the thing is that you can't stay like this forever."

---

von einer Frau oder das Frau-Werden von einem Mann aus handelt (Grosz 1994: 177-183). Als außerordentlich interessant, aber auch überaus scharf kritisiert dürfte manchen Feminist*innen noch das Sklave-Werden der weißen Frauenbewegung der 1970er Jahren in Erinnerung sein. Im aktuellen antirassistischen und *no border!*-Aktivismus ist Minder-Werden eher selten Thema; die politische Orientierung an liberalen Kategorien wie Humanismus und Menschenrechten scheint hier oft vorherrschend.

Sir, Alfred Mehran: „No, not ever. It's not ever."
Paul Hugo: „What?"
Sir, Alfred Mehran: „It's not forever."
Paul Hugo: „I know but if you don't... It could be forever."
Sir, Alfred Mehran: „No, I wouldn't accept it. I wouldn't accept it forever like this."
Paul Hugo: „But you accepted it for 12 years now, right?"
Sir, Alfred Mehran: „Yeah."
Paul Hugo: „So don't you think maybe... Maybe this is the time that you could leave?"
Sir, Alfred Mehran: „Yes, eventually, yes."
Paul Hugo: „You know, I've gone to find a place for you in Paris."
Sir, Alfred Mehran: „You're going to find what?"
Paul Hugo: „I've found one already. I went there the other day. It's a place in the centre of Paris, it's an apartment complex. There's a lot of other people who have immigration problems, you know, who are refugees and they live there. And their rooms are not very big but they are... And there is a bed, there is space for books and closets, for all your things."
Sir, Alfred Mehran: „You go there?"
Paul Hugo: „Yes, and I talked to them about you. And they said, if you wanted to go there, they'll help you. You know, you would have a place. You could arrange food and someone could come and clean the place and..."
Sir, Alfred Mehran: „I cannot get in Paris."
Paul Hugo: „You cannot what?"
Sir, Alfred Mehran: „I cannot get in Paris."
Schnitt. Paul Hugo in der Halbtotale, von rechts aufgenommen und als doppeltes Spiegelbild. Sir, Alfred Mehran ist nur als seitlich angeschnittenes Brustbild von hinten zu sehen. Langsamer Zoom.
Paul Hugo: „But Alfred, that's the thing, I think you can!"
Sir, Alfred Mehran: „By the judgement, I cannot."
Die Einstellung wechselt wieder: Frontale Ansicht.
Sir, Alfred Mehran: „I'm sort of expelled from France. Citoyen étranger."
Paul Hugo: „But this people are specialized with refugees, in dealing with problems of refugees..."
Sir, Alfred Mehran: „No, I'm not a refugee. I'm no more refugee. I proceed to naturalised citizen. I will have naturalization and citizenship."
Paul Hugo: „Alfred, it is a place where there is a bed. You don't have..."
Sir, Alfred Mehran: „You can find bed everywhere."
Paul Hugo: „I know, but not in the airport."
Sir, Alfred Mehran: „Also in the airport, there's Hotel Cocoon."
Paul Hugo: „I know, but you're not in the Hotel. That's not where you are. You're on a bench."

Sir, Alfred Mehran: „Yes, because it's cheaper."
Paul Hugo: „I know, but the thing I'm trying to say is that I can arrange... that this people at this place..."
Sir, Alfred Mehran: „You cannot arrange anything."
Paul Hugo: „Alfred, you do..."
Umschnitt auf eine Großaufnahme von Paul Hugo seitlich, im selben Winkel wie bei der Halbtotale, diesmal aber ohne dass ein Spiegelrand zu sehen ist. Paul Hugo schaut erst zu Sir, Alfred Mehran rüber, dann geradeaus, direkt in den Spiegel.
Paul Hugo: „...You know that I care about you, don't you? It's not... I mean, we've spent a lot of time together. I just didn't come and... will leave after we spoke for a week or two, right? We spent six months together, right? We've seen each other all the time... I care about you. This is not, this is not a life for you..."
Erneut frontale Einstellung auf die beiden.
Paul Hugo: „I'm not just... I've watched it."
Sir, Alfred Mehran: „Better talk about Britain."
Paul Hugo: „About what?"
Sir, Alfred Mehran: „Talk about Britain. How can I go back to Britain."
Sir, Alfred Mehran geht rechts aus dem Spiegelbild hinaus, schaltet wahrscheinlich den elektrischen Handtrockner ein, dessen lautes Geräusch ein weiteres Gespräch verunmöglicht. Umschnitt auf die Großaufnahme von Paul Hugo seitlich, der seinen Hals rasiert. Zurück in die Totale, wobei Sir, Alfred Mehran wieder ins Bild zurück kommt und vor dem Spiegel über seine Haare und seine Wangen streicht.
Paul Hugo: „Alfred, you... you wanna leave the airport...?"
Sir, Alfred Mehran: „My destination is not clear yet. To where I will leave from here. To where..."
Paul Hugo: „Well that's the thing, that's the thing. I don't want to leave the airport..."
Paul Hugo und Alfred in der Halbtotale, schräg von rechts hinten aufgenommen. Im Spiegel ist nur das angeschnittene Gesicht von Paul Hugo zu sehen.
Paul Hugo: „Without you being... knowing what you gonna do. I can help you. I can..."
Totale, frontale Einstellung.
Paul Hugo: „This people... this place in Paris, they can help you, they can handle... they are experts... You could go there, you could sleep there..."
Sir, Alfred Mehran, dreht sich um, direkt Paul Hugo zugewandt: „I finished excuse me. See you later... You didn't finish yet?"
Paul Hugo: „Wait for me a second. Is it that it upsets you what I've said. I don't mean to upset you. I don't know what to do, Alfred, I'm..."
Sir, Alfred Mehran, reibt sein Auge. In der anderen Hand hält er die Dose mit Rasierschaum und den Einwegrasierer.
Sir, Alfred Mehran: „No. You cannot... Individually, I cannot do anything. I have big challenge by France. What can I do? They refused before, they'll refuse again..."

Paul Hugo: „Do you trust me? I did live with you for six month..."
Sir, Alfred Mehran: „I'm not afraid. It's not you individually. I'm talking about... my position before in France."
Paul Hugo: „The thing is that I spoke to the people, I asked them myself..."
Sir, Alfred Mehran: „I don't care about the people..."
Sir, Alfred Mehran spuckt ins Lavabo, richtet dann seine Frisur und seine Augenbrauen.
Sir, Alfred Mehran: „You talked before about England, now you change."
Paul Hugo: „No but, I would..."
Sir, Alfred Mehran: „You talk about France, something about Belgium, something about Germany. I'm not wandering. I don't wander. See you later."
Sir, Alfred Mehran wendet sich ab in Richtung Ausgang, geht aus dem Bild hinaus.
Paul Hugo: „But Alfred, Alfred, just..."
Auch Paul Hugo geht nach rechts aus dem Bild hinaus, schaltet wohl den Handtrockner ein. Lautes Geräusch. Abblende auf Schwarzbild.

Den Schluss der Aufnahme dieser Filmszene beschreibt Paul Berczeller in seinem Artikel für den *Guardian* (2004) mit den Worten:

„Suddenly, Alfred turned his back on me and walked out of the bathroom. I broke down in tears - me, not Paul Hugo. Like everyone else, we had used him and we were about to walk away. What did he truly understand about our intentions, about the cynical real world beyond his bench? Alfred walked up to Glen in the corridor outside the bathroom. ‚How did I do?' he asked."

Spuren vom Gang des Sir, Alfred Mehran an die Grenze

Mit der *coolness* der radikalen Oberfläche des Sir, Alfred Mehran kommen auch Luchford und Berczeller, popkulturell orientierte Kulturproduzenten mit einem *background* in der britischen Werbefilm-Szene, nicht zurecht. Sir, Alfred Mehran ist keine fiktive Umzäunung von etwas, nicht Maske und Verkleidung, hinter der sich jemand finden und im Spiegel wieder erkennen ließe, sondern er ist ein Prozess, der von außen nach außen verläuft. Deshalb lässt er sich auch nicht dokumentarisch enthüllen oder als Protagonist entwickeln; wenn er gefilmt wird, zeigt dies nichts, außer dass er ‚es' gut macht, dass er die ihm zugedachte Rolle ausfüllt. Dass Paul Berczeller in Tränen ausbricht, hat damit zu tun, dass ihm etwas zu viel wird. Der Exzess des sich exponierenden, sich ausfaltenden und ihm entgegentretenden Sir, Alfred Mehran überwältigt ihn. Etwas zu Großes, zu Starkes steht auch am Ende des Lebens des Sir, Alfred Mehran auf dem Flughafen. ‚Seine' *corporeality* vermochte ‚es' nicht mehr zu tragen. Sir, Alfred Mehran ließ sich kaum mehr verkörpern. Bereits im Jahr 2000, als Glen Luchford *Here to Where* drehte, hatte Sir, Alfred Mehran eine

große, deutlich sichtbare Geschwulst auf dem Kopf. Später wird von einem Tumor und einer schweren Operation die Rede sein. Im Herbst 2006 lässt der Chef der Flughafenambulanz Dr. Philippe Bargain ihn ins Krankenhaus einliefern.[26] Im Januar 2007 soll Sir, Alfred Mehran das Krankenhaus gesund wieder verlassen haben und in einer Obdachlosenunterkunft, zunächst beim Roten Kreuz und anschließend bei Emmaus untergebracht worden sein. Von da an verlieren sich seine Spuren. Mein letzter Anhaltspunkt war der 2009 erschienene Artikel von Gerd Niewerth in den *Stuttgarter Nachrichten*, bis wir uns 2011 in Paris selbst auf die Suche nach Sir, Alfred Mehran machen, zunächst in einem Obdachlosenheim im zwanzigsten Bezirk, in der Rue des Pyrenées, das zum Zeitpunkt unseres Besuches aber gerade umgebaut wird.[27] Die dortige Sozialarbeiterin erinnert sich gut an Sir, Alfred Mehran und gibt an, ihn gekannt und gemocht zu haben. Sie verweist uns an ein ebenfalls von Emmaus betriebenes Heim in einem anderen Viertel. Auch dort hat man „Alfred" gut im Gedächtnis behalten und spricht von ihm mit Respekt. Ein *security*-Angestellter der Unterkunft weiß zu berichten, dass Sir, Alfred Mehran inzwischen eine kleine Wohnung in der Nähe des Flughafens bezogen habe. Es gehe das Gerücht, dass er immer wieder auch auf dem Flughafen anzutreffen sei.
Nach dem Ausstieg an der RER-Endstation beginne ich, achtsam und langsam durch die Hallen und Gänge des Terminals Zwei zu schlendern, wobei mir alsbald klar wird, dass Sir, Alfred Mehran hier kein Einzelner war. Ich begegne zahlreichen Leuten, die hier wohnen, und treffe auf ihre Spuren. Wenn man langsamer geht, inmitten der zielgerichteten, emsig vorwärts strebenden Passagiere, beginnt man, Unterschiede zu erkennen, Leute genauer anzuschauen, wiederzuerkennen, man hat sie, diese „passagers pas en partance"[28] bereits ein paar Stunden, am Tag zuvor gesehen. Sie sind Passagiere, die weder anreisen noch abreisen, sondern sich in der Zeitzone dieses Weltflughafens installiert haben, als Reaktion auf den Verlust ihrer herkömmlichen Lebensumgebung bzw. der Möglichkeit, sich zu territorialisieren, sich an ein Territorium anzukoppeln. Das Zitat von Paul Virilio, das diesem Kapitel voransteht und das dieser auf das „Palästinaproblem" und die Ausweitung des „Volkskrieges" auf eine „weltweite Gangart" bezieht, also letztlich auf globale Netzwerke, wie sie

26 | Dr. Philippe Bargain ist eine Figur, die sich in zahlreichen Presseberichten in der Angelegenheit Sir, Alfred Mehran zu Wort meldet. Dr. Bargain kommt auch in einigen Filmen vor, so etwa in mehreren Szenen in Alexis Kouros' *Waiting at de Gaulle*.

27 | Die Suche nach Sir, Alfred Mehran habe ich 2011 in Paris zusammen mit Vassilis S. Tsianos unternommen, am Rande einer Forschung zu Identifikationstechnologien im Zuge kontrollpolitischer Instrumente der europäischen Migrations- und Grenzpolitik. Für Expert*inneninterviews sind wir nach Paris gekommen, in das multinationale Unternehmen Safran Morpho (siehe Tsianos/Kuster 2012). Vassilis S. Tsianos bzw. dem Buch *Escape Routes* (Papadopoulos/Stephenson/Tsianos 2008: 210-211) verdanke ich überdies zuallererst das Wissen um die Existenz des Sir, Alfred Mehran.

28 | „Passagers pas en partance" sind in Deutsch etwa nicht abfahrbereite Passagiere. Während sich „passager", der Passgier, vom Lateinischen „passus", Schritt, herleitet, geht „partance" auf „partir", gehen, und lateinisch „pars", der Teil, zurück.

etwa für den gegenwärtigen islamistischen Terror typisch sind, lässt sich explizit auf diese Flughafensubkultur beziehen (Virilio 1980: 147). Inmitten der Relativität der Zeit des Transportes sind es bloß ein paar sehr sorgsam zusammengestellte Kartons in einer unbeachteten Ecke oder Flughafen-Trolleys, die nicht mit Gepäckstücken, sondern mit Dingen des täglichen Lebens und Wohnutensilien bepackt sind, die das Terrain bilden. Es ist warm hier und ruhig, man fällt nicht sofort auf. Wenn man hier länger zirkuliert, entwickelt sich mit manchen Angestellten der Flughafen-Serviceindustrie sogar eine Art dörfliche Atmosphäre der Zugehörigkeit. Auffallend viele derjenigen, die hier leben, sind Schwarze, zahlreiche Frauen. An die hundert Obdachlose sollen auf dem Flughafen leben, manche seit mehreren Jahren. Arme, Asylsuchende, Rentner*innen, viele mit einem „problème psy", wie man in französischer Umgangssprache sagt, mit psychischen Problemen. Etwa die Hälfte von ihnen sind Ausländer*innen und wie Christophe Pauvel, der Sozialarbeiter von Emmaus sie nennt, „aliénés migrateurs" oder „voyageurs pathologiques", Passagiere, die auf dem Flughafen landen, aber einmal angekommen, nicht weiter gehen (Pennec 2010).[29] Was aber ist das Strategische der Zeit dieser nicht passierenden Passagiere? Auf dem Level Zwei stoße ich auf eine mit Lamellen besetzte Aluminiumsäule, in die in Französisch aber auch in Englisch verfasste handgeschriebene Zettelchen gesteckt sind, um nach jemandem zu suchen, der oder die wohl auf dem Flughafen lebt. Ich erinnere mich an ein Papier, mit dem eine Mutter nach ihrer Tochter suchte. Im Obergeschoß treffe ich auf den Taxistand. Dort kennen alle Fahrer, meist maghrebinischer Herkunft, Sir, Alfred Mehran. Schnell bildet sich eine Gruppe um mich herum, die mir bereitwillig Auskunft gibt und mich auf den Terminal Eins lotst. Dort finde ich nicht nur die Ausstattung, die ich aus den Filmen kenne, die runden Tische und die roten Bänke, sondern auch eine Apothekerin, die Sir, Alfred Mehran am Vortag gesehen hat. Er komme regelmäßig vorbei, kaufe manchmal etwas bei ihr und trinke einen Kaffee im McDonalds, schräg gegenüber von seiner früheren roten Bank. Sie nimmt meine Telefonnummer auf, falls Sir, Alfred Mehran Interesse daran hätte, mich kennenzulernen. Als ich einen Tag später nochmals wieder komme und den Tag abermals auf dem Flughafen verbringe, wird mir klar, dass man Sir, Alfred Mehran nicht suchen, sondern bloß antreffen kann, vielleicht sogar auf diesem Flughafen, einem Durchgangsort vieler inventiver Bewegungen der Deterritorialisierung, die keineswegs gefeit sind vor den Kräften der Reterritorialisierung.

---

29 | Seit 2007 betreibt die Organisation Emmaus eine Anlaufstelle für Obdachlose in den Baracken unter der Rampe von Terminal Zwei. *Le Monde* gibt am 1. April 2011 in einer Meldung mit dem Titel „La nuit, l'aéroport Charles-de-Gaulle sera fermé aux sans-abris", die kein Aprilscherz sei, bekannt, dass einer im März 2011 erfolgten Entscheidung gemäß, der Flughafen nachts zwischen 24 Uhr und 04 Uhr für Nicht-Passagiere geschlossen werde. Online unter: http://www.lemonde.fr/societe/article/2011/04/01/la-nuit-l-aeroport-charles-de-gaulle-sera-ferme-aux-sans-abris_1502014_3224.html [zuletzt gesehen am 05.04.2017].

„Tagebuchauszug
09.05 Uhr. In den Radionachrichten höre ich, dass ein Teil von Terminal Zwei E des Flughafens Charles de Gaulle eingestürzt ist und fünf Personen getötet wurden. Im Radio heißt es: ‚Ein Teil der Decke brach herunter, und große Beton- und Metalltrümmer stürzten auf den Boden einer Abflughalle. Der Terminal wurde bei seiner Eröffnung vor elf Monaten als technisches Wunderwerk bejubelt.'
Der eingestürzte Terminal ist ganz in der Nähe, nur zwei Kilometer von hier entfernt. Ich würde gern hingehen und nachsehen, was passiert ist, aber ich kann meine Sachen nicht unbeaufsichtigt lassen. In den vielen Jahren auf dem Flughafen habe ich eine Menge Gepäck zusammenbekommen: Boxen mit Zeitungen und Zeitschriften. Boxen mit meinen Tagebüchern. Taschen mit Büchern. Meine Sammlung von Limonadedeckeln. Ich kann sie in dieser unsicheren Gegend nicht allein lassen, und so kann ich nicht zu dem eingestürzten Terminal gehen."
Sir Alfred Mehran, unter der Mitarbeit von Donkin, Andrew 2004: 226

Wenn aber das Werden selber keine Grenzen hat, kein Ziel und keinen Abschluss kennt, kann dieses „Verb, das eine eigene Konsistenz hat" (Deleuze/Guattari 1992: 326), sich dann nicht auch als gefährliche und zerstörerische, ja, sogar parasitäre Kraft erweisen? Eine solche Kraft würde im Falle des Sir, Alfred Mehran nicht nur den Ausgang aus dem Flughafen verstopfen, sondern auch sein Werden, zu dem die organische Physis dazu gehört, angreifen und zerstören. Sind die „widernatürlichen Anteilnahmen" (ebd: 327) des Werdens, welche die Bedingungsgefüge eines Körpers, das heißt seine *corporeality* betreffen, grundlegend epidemisch, dämonisch, ja vampirisch?[30] Der Regisseur Paul Hugo regredierte zu Paul Berczeller und begann als dieser zu weinen, um nicht vom ‚Verben'[31] des Werdens des Sir, Alfred Mehran, den raschelnden und pfeifenden Sturmwinden der Papiere, Skripte und Namen mitgerissen zu werden... Deleuze und Guattari begleiten ihr Konzept des Werdens mit Aufforderungen zu Vorsicht und Ausgewogenheit. Den Kräften des Werdens ganz ausgeliefert kann man steckenbleiben und ‚sich' zurückbilden, oder man kann auch einfach mitgerissen und fortgetragen werden, so dass sich dabei das ‚Ich', die Selbstheit auflöst, in etwas Anderes hineingezogen und von diesem absorbiert wird. Werden kann bis zur Selbstzerstörung gehen; eine Fluchtlinie kann sich in „die Linie der Abschaffung, der Vernichtung, der Selbstzerstörung" verkehren (ebd.: 342). Die Aufforderung „Probiert es aus" (ebd.) begleiten Deleuze und Guattari fast durchgehend mit Ermahnungen zur Umsichtigkeit und zum Klug-Sein (ebd.: 220ff.), wenn

30 | Die Datierung des zehnten Plateaus auf 1730 wird erläutert mit „Von 1730 bis 1735 wurde nur noch von Vampiren gesprochen...'" (Deleuze/Guattari 1992: 323) In dieser Zeitspanne sollen vor allem Dörfer in Südosteuropa von Vampir-Epidemien heimgesucht worden sein. Historisch stehen sie im Zeichen der Folgen des so genannten fünften Türkenkrieges und der Zurückdrängung des Osmanischen Reiches.

31 | Ich erlaube mir an der Stelle den Neologismus eines vom Substantiv ‚Verb' abgeleiteten Infinitivs, um das Tätig-Werden des Tätigkeitsworts selbst zum Ausdruck zu bringen.

es darum geht, wie viel Intensität und Affektion, das heißt wie viel Werden ein Körper vermag (ebd.: v.a. 349 und 350), aber auch, wie man für Übergänge sorgt. Konsistent ist eine Linie des Werdens, wenn die Heterogene in einer symbiotischen Mannigfaltigkeit funktionieren und die Mannigfaltigkeit sich in ein Werden von Übergängen verwandelt (ebd.: 342).[32] Den Körper, aber auch die Subjektivität verstehen Deleuze und Guattari als individuierte Gefüge mit Schwellen und Grenzen (1992: 348, 349, 351).[33] Denn im Zentrum der Kritik, welche die beiden Autoren am Humanismus leisten, steht die Entkoppelung von Individuum und Subjekt, die auch den Mensch als ‚substantielle Form' betrifft. In seinem Foucault-Buch spricht Gilles Deleuze von „Kräften im Menschen", die noch keine bestimmte Form voraussetzen. Sie setzen also nicht den Menschen voraus.

„Es handelt sich darum, zu wissen, mit welchen anderen Kräften die Kräfte im Menschen innerhalb dieser oder jener historischen Formation in Beziehung treten und welche Form aus dieser Kräftezusammensetzung resultiert. Man kann bereits voraussehen, dass die Kräfte im Menschen nicht notwendig in die Bildung einer Menschen-Form [*forme-Homme*] eingehen, sondern sich auf andere Weise, in anderen Zusammensetzungen, in einer anderen Gestalt auftreten können. Sogar auf einen kurzen Zeitraum bezogen hat der Mensch nicht immer existiert und wird auch nicht für immer existieren. Damit der Mensch erschei-

32 | Vgl. hierzu Rosi Braidottis „nomadic ethico-political project", das eine Ethik des Werdens umreißt und so genannte „dead-end experimentations" kritisiert (Braidotti 2006: 1). Braidotti fordert dazu auf, aufmerksam zu sein gegenüber „corporeal warning-signals or boundary-markers", die deutlich die Botschaft „too much!" verkündeten (ebd.: 5). Nach Braidotti gibt es „thresholds of sustainability", welche ein Subjekt umgeben (ebd.: 4). Dieses bezeichnet sie als ein räumlich-zeitliches Gehege, welches wiederum die Grenzen von Prozessen des Werdens rahme (ebd.: 2). Sie begreift das Subjekt als territorial verfasst. Mit dem Begriff der „endurance", dem Andauern und der Selbstaufrechterhaltung der Zeit bringt Braidotti das Werden in einen Zusammenhang zur Verkörperung und zu einem verkörperten Selbst – „the specific slice of life that ‚I' inhabits" (ebd.: 17) –, das sie mit einem zeitgenössischen Impetus der Nachhaltigkeit auflädt und verstanden wissen will als „an assemblage of forces, or flows, intensities and passions that solidify – in space – and consolidate – in time – within the singular configuration commonly known as an ‚individual' (or rather: di-vidual) self" (ebd.: 4). Dieser Bezug auf die Zeit als Dauer (*durée*) nach Bergson ist zentral für das Konzept des Werdens von Deleuze/Guattari, welches als eine „Koexistenz von sehr unterschiedlichen ‚Dauern', die ‚der unseren' über- oder unterlegen sind und die alle miteinander kommunizieren" funktioniert (Deleuze/Guattari 1992: 325). Entsprechend komplex ist das Denken von Kriterien in Braidottis Ethik, die sich für Veränderungen einsetzt, dies aber zugleich mit einer kritischen Haltung gegenüber Exzessen um ihrer selbst willen kombiniert, um damit einen ihr zufolge falschen Progressivismus der Moderne zu kontern (Braidotti 2006: 10).

33 | Zur Bestimmung des Körpers durch Längen- und Breitengrade und zur Individuation als Diesheit im Gegensatz zur Individuation als Subjekt, Ding oder Substanz siehe Deleuze/Guattari 1992: 345ff. und 354ff. Hierbei wird zudem unterschieden zwischen der Individuation eines Lebens und der Individuation des Subjektes, welches dieses Leben führt (ebd.: 356).

nen oder hervortreten kann, ist es erforderlich, dass die Kräfte im Menschen in Beziehung treten zu ganz besonderen Kräften des Außen." (Deleuze 1987: 175)

Die *corporeality* des Werdens des Sir, Alfred Mehran legt ein großes, ein geradezu monströses Vermögen an den Tag im Vergleich zu der ihm angebotenen Rahmung und Reterritorialisierung, welche die Form des migrantischen Individuums oder des Subjekts der Einwanderung mit sich bringen. Dagegen: Dies aushalten, 18 Jahre lang nur wenige Stunden Schlaf auf einer Bank. 18 Jahre lang kaum Tageslicht, aber 24 Stunden vom elektrischen Licht bestrahlt. Kaum frische Luft, Haarausfall, Hautprobleme. 18 Jahre lang jeden Tag einen Hamburger essen bei McDonalds, Sinfonien hören auf dem Walkman, die Limonadedeckel aufbewahren, jeden Tag die bemerkenswerten Ereignisse festhalten, sowohl des eigenen Lebens als auch der Tagesaktualitäten in der Welt, und die Schriften archivieren. Sir, Alfred Mehran ist ein Chronist, der aus den Verhaltensregeln, die gewöhnlich eingehalten werden, um Inskriptionen zu erreichen oder Anerkennung zu finden, Übergänge in etwas Anderes macht. Die territorialisierende Kopplung seines *mal d'archive* erwächst nicht der Nostalgie (*mal du pays*), sondern einer ‚Heteralgie'[34], eines unstillbaren Durstes nach Heterogenese, die sich durch eine Öffnung gegenüber „unkörperlichen Referenzuniversen", die präpersonal und nicht-menschlich sind (Guattari 2014: 18), in Gang setzt: Hier operieren Wertsysteme, darunter auch Kunst und Musik für Guattari. Für Sir, Alfred Mehran sind es bürokratische Papieruniversen und vor allem auch Film und Medien. Félix Guattaris Projekt ist die Autopoiese, die Selbsterschaffung, die Wiederaneignung von Produktionsmitteln der Subjektivität, die fest im Griff der Verwissenschaftlichung und der Verdinglichung ist, wobei er den Feldern der Kunst oder der Musik eine zentrale Rolle zuweist (ebd.: 22). Für Sir, Alfred Mehran ist es der Film, mit dem er eine Linie des Werdens zieht, an einer Individuation ohne Subjekt operiert, dort, wo es kein Land mehr gibt, „il n'y a plus de terre", dort, wo das Terrain bodenlos wird... – „Wie war ich?"

Im Bezug auf eine Kraft, die dem Werden des Sir, Alfred Mehran verwandt zu sein scheint, hat man zunächst die Frage erhoben, ob das betroffene Subjekt als geistesabwesend oder geisteskrank zu gelten habe. Es handelt sich hierbei um Roland Roger Salomon Mouné, über den *DER SPIEGEL* 1970 unter der Überschrift „Ausländer im Teufelskreis" berichtete: Anfang Februar 1969 sei er aus Ost-Berlin über Paris in die Bundesrepublik Deutschland eingereist, allerdings mit einem abgelaufenen kamerunischen Pass, den die in Bad Godesberg ansässige Botschaft zu verlängern ablehnte, weil Mouné aus politischen Gründen nicht nach Kamerun zurückkehren wollte. Umgekehrt lehnte es die Bundesrepublik ab, in die diplomatische Hoheit Kameruns einzugreifen, so dass Mouné passlos blieb und in Deutschland weder legali-

34 | Heteralgie ist meine eigene, aus den Bestandteilen „hetero" und „Nostalgie" zusammengesetzte begriffliche Prägung, die statt den auf die Rückkehr („nostos") gerichteten Schmerz („algos") die Leidenschaft nach Anderem markieren soll.

siert noch via seine deutsche Ehefrau Sigrid eingebürgert wurde konnte. Zusammen mit seiner Frau und seinen beiden Töchtern Maithy und Nancy wurde Roland Roger Salomon Mouné zwischen verschiedenen Flüchtlingslagern und Obdachlosen-Unterkünften hin- und hergeschoben. Im *SPIEGEL* heißt es dazu:

„,Plötzlich passierte etwas', so Ehefrau Sigrid Mouné, ,was ich bis heute noch nicht begreifen kann: Mein Mann stahl, wo immer er sich aufhielt, Handtaschen und kramte darin geistesabwesend nach Pässen.' Geistesabwesend muss der afrikanische Akademiker in der Tat gewesen sein, denn die Dokumente, die er etwa einer Werftbediensteten, einer Hausfrau und - nach seiner polizeilichen Festnahme - selbst einer Staatsanwältin und einem von der Polizei hinzugezogenen Arzt wegzunehmen versuchte, hätten seine Pass-Misere nicht beheben können." („Ausländer im Teufelskreis" 1970: 66)

Er kam zunächst in die psychiatrische Anstalt Hamburg-Alsterdorf und anschließend in die West-Berliner Bonhoeffer-Klinik. Hier ging es darum festzustellen, inwiefern Mouné krankt. Auch wenn die Diagnose auf „Endogene Psychose mit depressiv-paranoider Symptomatik" (ebd.) lautet, so ist Heilung dem behandelnden Hamburger Arzt Dr. Günter Rozyk zufolge allenfalls von der Ausstellung eines deutschen Passes zu erwarten. Der Pass, auf den sich die zwanghaften Handlungen von Mouné richten, wird von diesem Arzt offenbar mühelos als nicht hintergründiges (oder stellvertretendes), sondern auf der Ebene der leiblichen (und das heißt hier sozialen, *corporeal*) Konditionen angesiedeltes Symptom erkannt, wobei sich das bedrohte existentielle Territorium als eine Art Innenaußen zwischen dem Pass und der Subjekt-Form erweist.[35] Das Sich-Verabsentieren im Klauen von Ausweisen, der Blitz („plötzlich passierte etwas"), der dabei durch die Kräfte der bürokratischen Herrschaft fährt, die einen Papierkrieg gegen Mouné führen, hält zugleich all diese Dokumente bzw. möglichst viele davon fest. In diesem Block des Werdens entsteht jener lebendige Austausch zwischen ,Innen' und ,Außen' – zwischen dem Pass, diesem Regulator einer „vehikulären Macht" (Virilio 1980: 151)[36], und der Subjektivie-

35 | In ihrem Essay über die Ethik des Werdens geht Rosi Braidotti der Unterscheidung zwischen *bios* und *zoe* nach, die den ,Körper' zum umkämpften Raum und zur politischen Bühne mache. Den *bios* als „halb-diskursive" Zone des Körpers situiert sie als einen Bereich des „intelligent life", wo demzufolge die Unterscheidung zwischen Intelligibilität und Wahnsinn getroffen wird. Dem setzt sie *zoe* als generative Kraft entgegen. Diese inkludiert auch den Tod, den sie (mit Bezug etwa auf Maurice Blanchots Unterscheidung zwischen dem persönlichen und dem unpersönlichen Tod) als „an extreme form of my power to become other or something else" versteht (Braidotti 2006: 16). Die Verbindung bzw. die Konzeption der Kämpfe zwischen dem unpersönlichen Tod, den alles Lebendige immer schon stirbt, und dem Wahnsinn in der Affektion, die das Vermögen eines Körpers als existentielles Territorium übersteigt - „,I' lose the power to die" (ebd.) -, diskutiert sie dabei leider kaum.

36 | Paul Virilio hat sich Zeit seines Lebens mit dem Denken der Geschwindigkeit und ihrem zentralen Einfluss auf die Kultur und Gesellschaft beschäftigt und damit ein Feld der

rung –, von dem Mouné brüsk und gewaltsam abgeschnitten wurde. Wie bei Sir, Alfred Mehran richtet sich das Werden bei Mouné auf die Schaffung eines (Quellen-) Korpus', der die körperliche Existenz oder die „corporéité existentielle", die existentielle Körperlichkeit, neu zusammensetzt, um Mobilität zu erzeugen (Guattari 1992: 19; Guattari 2014: 15).

Film-Werden

Das ‚Innenaußen' des Werdens des Sir, Alfred Mehran, der lebendigste Übergang zwischen den Darstellungen, die von ihm zirkulieren, und jenen, die er aufgreift, in die er sich einspeist und die er damit bestärkt und weitertreibt, findet in Filmen und Fernsehreportagen statt. Er habe sich über die Jahre verändert, er sei zu einer Art *media star* geworden, wissen die meisten Journalist*innen von ihm zu berichten. Der Filmemacher Alexis Kouros erzählt in einer Sendung von Al Jazeera, in der er seinen Film *Waiting at de Gaulle* vorstellt:

„I realized that this is a documentary about media - and maybe media and him - the relationship between media and when they find a sensational story. And it was really at the same time sad and at the same time I am using that. I realized that there is like a sort of a cooperation and a..."
Al Jazeera Journalist: „... a feeding of each other?"
„Yes, a feeding of each other - and understanding, a mutual understanding of different points, which was the victim or the source of the story which is Alfred, the media and people around, like the doctors, and the lawyers and so on. They all enjoyed this situation at one point. It had become like a sort of a somehow unhealthy circle of feeding each other."

Waiting at de Gaulle beobachtet nicht nur den selbsttätigen Umgang des Sir, Alfred Mehran mit den Medien, sondern versucht, die eigene Position im Gefüge des beschriebenen „circle of feeding" zu reflektieren. Während der folgenden Szene aus dem Film sieht man den Filmemacher selbst im Gespräch mit zwei kritischen Passagieren sowie – im Gegenschuss und im Schwenk, und das heißt in Hörweite – immer wieder Sir, Alfred Mehran, der das Buch *The Rotten Heart of Europe* (1996) von Bernard Connolly, eine Kritik des Europäischen Währungssystems liest, raucht, dann Eintragungen auf seinen Tagebuchblättern macht und auf einem in der Halle aufgehängten Monitor fernsieht. Er zeigt sich insgesamt desinteressiert an dem Ge-

Forschung und der Machtanalytik begründet, welches er in *Geschwindigkeit und Politik* als Dromologie bezeichnete. Die Übertragungsgeschwindigkeit von Transportmitteln und Kommunikationsmedien ist nach Virilio unmittelbar mit der Ausweitung und Einschränkung gesellschaftlicher Macht verbunden. Der Zusammenhang, in dem die Wendung der „vehikulären Macht" hier auftaucht, ist das Automobil als Massentransportmittel, dessen Macht aber in der Stadt durch Geschwindigkeitsbeschränkungen, Fahrverbote etc. wieder eingeschränkt wird.

spräch, das in nächster Nähe über seine Person bzw. die Konditionen der Medienarbeit über seine Person geführt wird.

Alexis Kouros, *Waiting at de Gaulle* (Finnland 2000)
Alexis Kouros: „Dr. Bargain said yesterday... and when we talked to this lawyer and Dr. Bargain, and they said that they could remove him from this airport anytime, because he has now no reason to stay..."
Passagier: „Yes, but I mean, for your work, the way, if you pay him the ticket, it's like..."
Alexis Kouros: „No, no, no."
Passagier: „...it's like you're going inside his story. You are doing the film..."
Alexis Kouros: „Yeah, but..."
Passagier: „You are doing the film and at the same time you're paying for... You want him to do things you're going to film after."
Alexis Kouros: „Well, you buy him a beer and journalists pay him to talk..."
Passagier: „Yes? Journalists have paid him to talk?"
Alexis Kouros: „Yes. Not to talk, just for food, they have bought him food, they have somehow helped him stay in the airport."
Passagier: „Yes, but to buy a beer is not the same thing as to buy him a ticket. But I understand what you're saying."
Alexis Kouros: „What if, let's say, if he wants to go to Belgium and I am not making a movie, I'm a passenger. I would still pay for his ticket... I'm Iranian."
Passagier: „You would?"
Alexis Kouros: „Yeah. Yeah, I'm Iranian, I see that this is not a life. So, I'm ready to buy his ticket anyway. If I was travelling and he told me, listen, this is my situation, I want to go to Belgium, they'll give me shelter, I would sure buy his ticket and hotel and maybe go with him. The film just..."
Passagier: „So, you have a lot of work in France because there are a lot of people who are missing shelter and food, even Iranian people. A lot."
Alexis Kouros: „Yes, but if he decides not to go, it's his decision."
Passagier: „I understand..."
Alexis Kouros: „But if he decides to go and needs help, wouldn't you help?"
Passagier: „Not if I'm doing a film."
Alexis Kouros: „What would you do?"
Passagier: „Or I don't do the film and help if I want to help. Or if I help, I don't do the film. But this is, I mean..."
Alexis Kouros: „I see what you mean."

Man kann diese Szene als ein Gespräch über Dokumentarismus und Komplizenschaft lesen. Man kann sie aber auch als Auseinandersetzung darüber begreifen, ob und wie die vierte Macht öffentlicher Medien und das Filmemachen mit dem

Werden des Sir, Alfred Mehran einen Körper bilden, der mehr vermag (Deleuze/ Guattari 1992: 350). Inwiefern bildet sich mit diesen audiovisuellen Gefügen eine Nachbarschaft, in der die existentielle Körperlichkeit des Sir, Alfred Mehran freier und weniger bedrängt wäre? Wie Berczeller ringt auch Kouros um seinen Wahrnehmungsstandpunkt als Filmemacher innerhalb des Gefüges Migration/Flughafen/ Film, in dem die Affekte des Werdens des Sir, Alfred Mehran zirkulieren. In Anlehnung an Deleuzes Überlegungen zum Schreiben möchte ich daher ein Film-Werden postulieren. Das in ein Film-Werden übergehende Werden des Sir, Alfred Mehran ist mit der Produktion von Mobilität verbunden. Hierbei geht es allerdings darum, wie sich die filmische Bewegung zu jener Grenze verhält, die die gegenwärtigen europäischen Politiken der Migration ziehen. Denn Filmen bedeutet wie Schreiben sicherlich nicht, einer existierenden und lebendigen Materie eine (Ausdrucks-)Form aufzuzwingen, sondern wie Deleuze schreibt: „Schreiben ist eine Sache des Werdens, stets unfertig, stets im Entstehen begriffen, und lässt jeden lebbaren oder erlebten Stoff hinter sich. Es ist ein Prozess, das heißt ein Weg, der sich dem Leben öffnet und das Lebbare und Erlebte durchquert. Das Schreiben ist untrennbar vom Werden [...]." (Deleuze 2000 a: 11)[37] Genauso wie es ein Leben, eine Diesheit der Schrift gibt, gibt es die individuierte Intensität eines Films, eine filmische Haecceïtas, die für sich selbst steht und eine Metamorphose von Dingen und Subjekten verlangt (Deleuze/ Guattari 1992: 355). ‚Film' meint hier weder Abbild noch medialer Vermittler, sondern Element des Realen, Bewegungsbild und damit Kinematik der Welt. Wie das Schreiben besteht das Filmemachen im Fabulieren und Erfinden – von Bewegung.[38] Das Film-Werden des Sir, Alfred Mehran, der auf dem Flughafen feststeckt, erfindet ihn als Bewegungsbild. Dieses wird zugleich zum Ort seiner Genese, zum Ort seiner Re-Singularisierung und das heißt der Neuzusammensetzung seiner existentiellen Körperlichkeit (Guattari 2014: 15). Film-Werden ist hier die Überführung des Problems der Identität in ein filmisches Problem: Film-Werden heißt Bewegungsbild-Werden, das den fortwährenden Übergang von einer Form zur anderen gewährleistet, *forme à transformation*, insofern das Ensemble der Bewegungsbilder ein System von Aktionen und Reaktionen ist, von ausgeübten und empfangenen Bewegungen. Im Raum-Zeit-Block des Film-Werdens des Sir, Alfred Mehran wird sich die Bewegung schließlich auch vom sich bewegenden ‚Objekt' lösen...

---

37 | Der Aspekt des über den Rand oder die Begrenzung Hinaus-Laufens, der im Verb „déborder" enthalten ist, geht leider in der deutschen Übertragung verloren. „Ecrire est une affaire de devenir, toujours inachevé, toujours en train de se faire, et qui déborde toute matière vivable ou vécue. C'est un processus, c'est à dire un passage de Vie qui traverse le vivable et le vécu. L'écriture est inséparable du devenir [...]." (Deleuze 1993 c: 11)

38 | Vgl. Deleuze 1993 c: 14. Zum Volk, das fehlt, das Deleuze an der Stelle anspricht, siehe das Ende des dritten Kapitels.

KAMERA-BLICK & *PHOTOGÉNIE*

Glen Luchford, *Here to Where* (UK 2001)
Im Bild des schwarzweißen Kontrollmonitors mit mittigem Fadenkreuz erscheinen der Filmregisseur und ein zweiter Mann. Er heißt Abbas. Beide stehen vor der Wohnstatt des Sir, Alfred Mehran wie vor einer Kulisse. Abbas ist ein iranischer Exilant, den Paul Hugo in Belleville aufgefunden und dafür engagiert hat, mit Sir, Alfred Mehran zu sprechen und diesen davon zu überzeugen, den Flughafen zu verlassen.
Paul Hugo: „Ready? Vous êtes prêts? – Okay."
Abbas: „On y va?"
Paul Hugo: „Okay."
Farbfilm. Filmklappe.
Off: „Action!"
Die halbnah aufgenommene Szene wird scharfgestellt. Abbas setzt sich links im Bild neben Sir, Alfred Mehran, auf die rote Bank. Dieser schaut in die Kamera und macht sich dann daran, die Zeitung zu lesen. Dabei raucht er seine Pfeife. Die rechte Bildhälfte füllt der voll bepackte Flughafen-Trolley des Sir, Alfred Mehran. In einer langsamen Drehung hin zu einer Frontal-Einstellung auf die beiden Männer nähert sich die Kamera. Sir, Alfred Mehran legt die Zeitung weg, wirft unmittelbar nacheinander zwei ganz kurze Blicke direkt in die Kamera und dreht daraufhin den Kopf ostentativ von Abbas weg. Als dieser ihn direkt anspricht, wendet er sich ihm zu. Abbas indessen hebt seinen Kopf und redet, allerdings zunächst auch ohne Sir, Alfred Mehran direkt in die Augen zu schauen. Er hat einen starken französischen Akzent.
Abbas: „Alfred! Ah, you are Iranian?"
Alfred: „No."
Abbas: „And so am I."
Sir, Alfred Mehran: „Yes, you are. Yes."
Sir, Alfred Mehran zeigt mit dem Finger auf Abbas. Es entsteht eine lange Pause, während der Sir, Alfred Mehran mehrfach zwischen Abbas und einem direkten Blick in die Kamera hin und her wechselt.
Sir, Alfred Mehran: „Iran. False domicile, the false identity, false identity. Wrong issue."
Nachdem diesem Satz schaut Sir, Alfred Mehran abermals direkt in die Kamera. Abbas nickt und setzt zu einem erneuten Versuch der Gesprächsaufnahme an.
Abbas: „Ah, why won't you to speak to me..."
Paul Hugo läuft ins Bild hinein. Er geht auf Abbas und Sir, Alfred Mehran zu.
Paul Hugo: „Cut, cut, cut, okay."
Paul Hugo wendet sich Abbas zu. Halbtotale, schwarzweißer Kontrollbildschirm. Abbas steht auf, und läuft zusammen mit Paul Hugo aus dem Bild heraus, die Kamera folgt ihnen mit einem leichten Schwenk nach links. Paul Hugo legt Abbas die Hand auf die Schulter. Auf der rechten Bildseite sieht man im Hintergrund Sir, Alfred

Mehran, der am Tisch sitzengeblieben ist. Paul Hugo flüstert Abbas den veränderten Dialogtext ins Ohr.
Paul Hugo: „Est-ce que tu peux venir avec moi? Alfred, just one second! – Je veux changer un peu le dialogue. Est-ce que tu peux dire: Alfred... Tu commences avec le même dialogue, oui? Et après, après tu dis: I want to... I want to help you. Je veux t'aider. I want to help you."
Abbas: „Help you... je comprends, mais..."
Paul Hugo: „I want... I want... to help you."
Während Abbas seinen Part wiederholt, hat die Einstellung gewechselt: Sir, Alfred Mehran in einer farbigen Nahaufnahme, den Blick erneut direkt in die Kamera gerichtet. Ganz leicht angeschnitten ragt an der Seite Abbas ins Bild hinein.
Abbas: „I want to help you."
Paul Hugo im Off: „Don't worry about the camera, just..."
Abbas beugt den Kopf nach vorne und kommt damit stärker ins Bild hinein. Man sieht nicht, was er anschaut. Den Kommentaren ist zu entnehmen, dass es sich um ein Foto handelt, das Sir, Alfred Mehran von Abbas und Paul Hugo gemacht hat.
Abbas: „Ah, c'est Paul."
Sir, Alfred Mehran: „And this is you."
Abbas: „Ah, thank you."
Sir, Alfred Mehran: „Your document is very nice."
Abbas: „Very nice photo, yeah."
Sir, Alfred Mehran: „Restaurant very nice."
Abbas: „Yeah."
Sir, Alfred Mehran: „And this is the camera."
Abbas in verändertem, entschiedenem Tonfall. Sir, Alfred Mehran schaut ihn aufmerksam an.
Abbas: „Why won't you speak to me in Persian?"
Sir, Alfred Mehran macht eine verärgerte, abwehrende Bewegung mit der Hand: „Off, off, no more."
Abbas: „What are you afraid of?"
Sir, Alfred Mehran: „I am not afraid of anything here."
Abbas: „I want to help you."
Sir, Alfred Mehran: „I'm sorry."
Sir, Alfred wirft zwei kurz aufeinander folgende Blicke in die Optik, der erste fällt ganz knapp aus, der zweite ist ausgedehnt.
Abbas, spricht in Farsi (englisch untertitelt): „Why don't you speak Farsi? What are you afraid of?"
Schnitt. Schwarzweißes Bild des Kontrollmonitors. Zu sehen ist zunächst Abbas, in Großaufnahme. Er sitzt fast bewegungslos am Tisch. Dann schwenkt die Kamera suchend auf Sir, Alfred Mehran und anschließend im Anschnitt auch auf Paul Hugo. Man sieht, wie die beiden die Szene besprechen. Sir, Alfred Mehran wiederholt da-

bei seine Blicke in die Kamera, manche flüchtig, verstohlen, manche gedehnt und bewusst.
Sir, Alfred Mehran: „He repeats same question four or five times."
Paul Hugo: „We have to get it right. We need the scene and..."
Sir, Alfred Mehran: „I know, you edit to make the best one."
Paul Hugo: „Yeah, so that's why. So, do you mind doing it again?"
Sir, Alfred Mehran: „I know it."
Paul Hugo: „Ok. But don't get angry at him because..."
Sir, Alfred Mehran: „I am not. It's my moves, it's not angry."
Paul Hugo: „It's coming across..."
Sir, Alfred Mehran: „It's not demoralized, you see. I just move for the camera and you edit and choose one which is perfect."
Paul Hugo: „But on the camera, it seems a little angry."
Sir, Alfred Mehran: „No! No!"
Paul Hugo: „So you're not... so you just... so remember, he is just, he is in the movie, this is the movie, right? This is a movie, he is trying to help, he is trying to help, so..."
Sir, Alfred Mehran: „It's for the movie."
Paul Hugo: „Yes."
Off: „Okay?"
Schnitt auf Abbas. Umschnitt auf Sir, Alfred Mehran und Paul Hugo, die zum Tisch zurückkommen. Sir, Alfred Mehran trinkt aus einer Plastikflasche. Großaufnahme seines Gesichts.
Abbas: „So, dit merci à Alfred!"
Paul Hugo: „Merci. Thank you."
Farbfilm. Paul Hugo in Großaufnahme, von oben aufgenommen. Er ist tief in ein Sofa versunken, raucht eine Zigarre. Gelbliche Ausleuchtung.
Paul Hugo: „I love... it's all about my ambition, isn't it. That's what I'm trying to do. You know?!... And then the other thing is like... It gets to the question: Am I doing it for myself or am I doing it for Alfred. Like what I am really... you know... what am I really trying to do. In fact, the truth that matters goes back and forth. And sometimes it's Alfred, sometimes it's me. That's where you really start to like... you are trying... that is where cinema is... you are using someone... it is a power thing. Especially since Alfred is so poor and so weak, you know. And he is as fucked up as I am. The fact is, I still have the camera and he doesn't. Right now, he is sitting in Roissy on his bench like he always is, you know, and I am here, in this office, making everything, trying to make a movie. We're trying to make a movie. – No matter what anyone is doing, he's still sitting there. He is sitting on a bench. You know, he has no... he has no idea what's going on around him now. He has no idea what my ambition is making me to... to tell, yeah, to tell his story. But... I mean, ultimately it is all about... you know this is... it is all about me, as far as I am concerned, right? – It is not really that funny. It's not really that funny."

Während Sir, Alfred Mehran den Journalist*innen, die ihn besuchen, oft selbst die entsprechenden role models aus der Filmwelt anbietet, mit denen er verglichen werden möchte – Charlton Heston oder John Wayne, auf jeden Fall aber Westernhelden, Männer, die Rollen spielen, in denen sie um ihr Leben kämpfen müssen –, tragen Luchford/Berczeller und Hugo mit der Figur von Abbas ein weiteres Vehikel zur Suspendierung von Fiktion und Dokumentation an das Werden des Sir, Alfred Mehran heran und in den Film hinein: Abbas spielt deutlich auf Abbas Kiarostami und dessen das wirkliche Leben aufzeichnende Kino an. Es handelt sich hier keinesfalls einfach um eine Assoziation zum Iran, auch wenn das Motiv des Farsi-Verlernens hierfür ein Echo sein mag. Die Direktheit des Kinos à la Kiarostami, die zugleich entschieden nicht-dokumentarisch ist, seine schwer zu klassifizierenden Hybrid-Filme zwischen Aufzeichnen und Erfinden, seine anti-psychologische Herangehensweise, die sich durchgehend mit der Frage der Unmittelbarkeit des Kinos und dem Zusammenhang von Physis und Spirituellem befasst, sind hier Referenten. Für Luchford/Berczeller bzw. Hugo ist Abbas, so denke ich, eine Hommage, die die Linie des Film-Werdens des Sir, Alfred Mehran zieht: Hier wird Kino zur Bewegung des Realen; die Bewegungsbilder sind Autopoiesen, irreduzibel heterogene ontologische Konsistenzen.[39] Sir, Alfred Mehran spielt ‚sich selbst', während der Drehbuchautor ‚sich selbst' spielt, in einem sich selbst äußernden, aber nicht diskursiven

---

39 | Vgl. Guattari 2014: 52-53. Thematisch und formal spielt Glen Luchford in *Here to Where* mit dem Countdown etwa an Kiarostamis Roadmovie *Ten* (2002) an oder an *Through the Olive Trees* (1994), ein Film, der von einem Filmemacher handelt, der von einem Schauspieler gespielt wird. Es lassen sich auch Allusionen ausmachen an *Close-Up* (1990) mit Hossein Sabzian, der im Film ‚sich selbst' spielt und generell das Rätsel von Personalität, Identität und Selbstrechtfertigung verhandelt - wobei immer wieder um die Situation eines „ne pas vraiment mentir" („to not really [*vraiment*; literally, truly] lie") geht, wie Bernard Stiegler (2014: 42) es ausdrückt. „Arising from a fait divers, like a kind of miracle, Sabzian is the hero of a ‚true story' - the true story of a lie: an impersonator (Sabzian) plays the role of a film director (Makhmalbaf), and ‚makes cinema' while making people believe that he is going to make cinema for them. And this works because they themselves ‚make cinema' and because they all love cinema." (Stiegler 2014: 41) Stiegler spricht in dem Zusammenhang auch von einer Individuierung und Transindividuierung durch den Film. Jean-Luc Nancy schreibt über das Ende von *Close-Up* in seinem Aufsatz „Evidenz des Films": „Was in diesem Film eine Geschichte über einen sanften Wahnsinn oder eine Denunziation der kinematographischen Illusion hätte sein können, wird am Ende zu seinem Gegenteil: der wahre Filmemacher tritt auf oder die beiden wahren Filmemacher - derjenige, der simuliert worden ist und Kiarostami selbst - und gleichzeitig kehrt man zum Realen zurück, das signalisiert wird durch ein fortschreitendes Fading des Films, indem der Ton sich verflüchtigt und die Bilder sich verlieren, sie werden ziellos und verlieren im dichten Verkehr und den Reflektionen [*sic*], die zwischen Windschutzscheibe und Rückspiegel hin- und hergeworfen werden [...] ihre Kontur, während man hört: ‚Nun verstehe ich alles!' und während ein roter Blumenstrauß, der wegen seiner Farbe ausgewählt wurde, sich in das blaugraue Bild hineinschiebt, in die laute Straße, indem in Erinnerung gerufen wird, was an diesen blühenden Blumen wirklich zum Kino gehört: das Aufblühen eines Blicks inmitten des gewöhnlichen Trubels." (Nancy 2005: 18-19)

Immanenz-Zusammenhang: „It's just information." – „How did I do?" Sir, Alfred Mehran ist nicht real oder fiktiv, er ist nicht mehr Darsteller, Figur oder im Wirklichen aufgegriffene Person. Mit der Konivenz eines komplizenschaftlichen Augenzwinkern werden diese Abgrenzungen überwunden. Sir, Alfred Mehran wird umso realer, je besser er erfunden wird. Das Film-Werden des Sir, Alfred Mehran ist keine bildhafte Realität, sondern die Realität der Bildhaftigkeit. Das Stottern, das Deleuze für das Werden im Schreiben und in der Literatur postuliert, ist im Film-Werden ein unmittelbar in die Wirklichkeit eingreifendes Als-ob, weil der Film ihm eigene Ideen in die Welt setzt, die aber umgekehrt auch, „sobald sie einmal in die Welt gebracht sind, [...] anderswo wieder auf[tauchen], und die Welt fängt an, ‚Film zu machen'" (Deleuze 1993 b: 96). In einer Welt, die Film macht, ist Ich nicht Ich, weder verkannt noch erkannt im Spiegel als ein Anderer, sondern ein Andern, ein Werden, das einen Block bildet, ein kollektives (Aussage-)Gefüge: mit dem Film, mit anderen Filmen, mit diesem Regisseur und weiteren, mit dem Flughafen... Um das Werden als eine Macht zu behaupten, muss Sir, Alfred Mehran aber immer wieder und von Neuem in den Film und das Filmemachen als Fabulieren einsteigen. Noch deutlicher als die aufgerufenen Genres und Figuren wie Abbas tragen hierzu die in *Here to Where* mindestens 27 direkt in die Kamera gehenden Blicke bei: Immer wieder richten sich die Augen des Sir, Alfred Mehran für einen kaum merklichen Augenblick direkt in die Kamera, oder sie schauen länger, selbstbewusster in den optischen Apparat hinein. Es gilt als Regel eines filmischen Realismus, den angeblich ungünstigen Effekt eines direkt in die Optik gerichteten Blicks zu vermeiden, um den filmischen Raum vom Zuschauerraum abgetrennt zu halten.[40] Vor allem in der Frühzeit des Kinos kommt dieser Blick, der sich mit der historischen Entwicklung standardisierter Narrationsformen der Fiktion, aber auch des Dokumentarischen zunehmend verliert, hingegen häufig vor: Music Hall, Film der Attraktionen ebenso wie erotischer Film.[41] Der direkte Blick kann die Zuschauer*in desillusionieren – das ist doch alles nur Show – und entsprechend einen reflexiven, aufklärerischen Charakter annehmen, der die Ideologie des kinematographischen Illusionsapparats und den Voyeurismus der Zuschauer*in erhellen soll. Der Blick des Sir, Alfred Mehran ist aber noch mehr als das und anders. Statt die filmische Täuschung zu denunzieren, setzt er geradezu auf den Trug des Bildes, um in der Potenzialität einer Begegnung mit einem anderen Blick ‚etwas' herzustellen. Er ist ein projektiver, ein exhibitionistischer Blick, der –

40 | Demgegenüber gilt beim Passbild genau das Gegenteil: Man wird angewiesen, direkt in die Optik zu schauen.

41 | Während etwa Roland Barthes aus dem Verbot des Kamera-Blicks eine Charakteristik des Kinos *par excellence* zu machen versucht, gehört Jean-Luc Godard zu jenen, die das Verbot konsequent übertreten haben. Bei ihm ist die direkte Adressierung häufig Mittel, um filmische Realitätseffekte reflexiv zu distanzieren. Aber auch bei Hitchcock kommt der direkte Blick vor, etwa als Augenzwinkern mit der filmischen Fiktion. François Truffaut setzt ihn in *Les Quatre Cents Coups* (Frankreich 1959) als Schlussbild ein, das er zudem zum Standbild einfriert. Zahlreiche konfrontativ angelegte Blicke in den Apparat finden sich etwa auch bei Stanley Kubrick.

während des Drehs – ein zukünftiges, ungewisses Bewegungsbild, das im Auge der Zuschauer*in erscheinen wird, zu berühren versucht: Dieser Blick, so will es das Kino-Dispositiv, wird niemals erwidert werden, er ist utopisch. Trotzdem heißt, den flüchtigen oder intensivierten, längeren Blick des Sir, Alfred Mehran vor dem Bildschirm zu empfangen, sich von ihm streifen, bezaubern zu lassen, von ihm verführt zu werden, ‚in' den Film ‚einzutreten', sich als Zuschauer*in singulär angeschaut zu fühlen – aber von wem? Der Kamera-Blick des Sir, Alfred Mehran durchbricht die kinematographische vierte Wand, um in die Fiktion, die Fabulation, das schöpferische Fantasieren einzutreten, ins Film-Werden. Das Werden des Sir, Alfred Mehran verschwört sich zudem mit der Zuschauer*in gegen den dokumentarischen Realismus und initiiert die Begegnung mit einem kunstvollen Trick, der den Dokumentarismus inkorporiert und das Vorher/Nachher zusammenführt, zu einer Ko-Präsenz, zu einem Übergang macht: „It's for the movie." – Dies scheint das feine Lächeln zu bedeuten, das Sir, Alfred Mehran gewöhnlich dem Blick in die Optik folgen lässt. In Großaufnahme isoliert und betont herausgehoben kann diese Abfolge – ein kaum merklicher kurzer Blick in die Kamera und ein geduldiges, zart verklärtes Lächeln, das die Züge des Sir, Alfred Mehran umspielt – aber noch zu etwas Anderem werden, zu einer Feier des Filmbildes an sich. Es ist ein Blick, der nichts und niemanden reflektiert, der einen nicht wirklich ‚trifft', sondern das bewegte Bild als solches zelebriert und zugleich zerbricht, insofern man als Zuschauer*in in die Sinnesempfindungen selbst hineingezogen wird und es eher das Bild ist, das einen anschaut, als die Augen (von jemandem). – Wie bei Romy Schneider zu Beginn von *L'important c'est d'aimer* von Andrzej Zulawski (Frankreich 1975), wo sich Schneiders Blick, vermittelt durch die Einstellung auf den Fotografen und seine Kamera, so sehr leert, dass es sich nicht mehr um einen Blick mit einem Gegenpart handelt, der ‚etwas' oder ‚jemanden' anschaut, sondern um ein Sehen, in dem Subjekt und Objekt in Eins fallen, zusammenbrechen, um Augen in den Augen zu werden, um ein Sehen entstehen zu lassen, das über das Erblicken hinaus geht, um Intensitätssteigerung zu werden.[42] Dieses Sehen ist eine Bewegung, die sich vom senso-motorischen Zusammenhang löst, sich befreit, vom Immanenzplan auf den Konsistenzplan überwechselt, wo alle Metaphern abgeschafft sind (Deleuze/Guattari 1992: 98). Hier tummeln sich Filmbilder, die in sich Augen tragen – Deleuze nennt sie optische Si-

42 | Die Szene zu Beginn von *L'important c'est d'aimer* ist deutlich meta-filmisch angelegt: Romy Schneider spielt eine schlechte Schauspielerin, die auf einem Dreh einem beinahe Toten ein Liebesgeständnis machen soll. Hierbei fällt ihr Blick auf einen auf dem Set anwesenden Fotografen, der ihr - vor Scham und Erniedrigung - die Tränen in die Augen schießen lässt, und mit einem leeren Blick in Großaufnahme, der von dem Fotografen wiederum aufgegriffen wird, indem er seine Kamera sinken lässt und sie stattdessen direkt anschaut, spricht sie: „Non, je suis une comédienne, vous savez, je sais faire des trucs biens; cela ici, je le fais pour bouffer, c'est tout. Alors ne faites pas de photos, s'il vous plaît."

tuationen (Deleuze 1997, Bd. 2: 68ff.).[43] Diese Filmbilder versetzen die Dinge gleichsam ‚von innen her' in Bewegung. Insofern sie vom Sichtbar-Werden handeln, weisen sie eine Affinität zu jenen bewegten Bildern des Films auf, die Sichtbarkeit zu intensivieren vermögen. Jean Epstein bezeichnete deren Kräfte in den 1920er Jahren – im Rückgriff auf Louis Delluc, der sowohl den Begriff als auch die Sache selbst zu Beginn des Jahrhunderts ‚erfunden' hat – als *photogénie*, als Fähigkeit des Films, Lebendigkeit, Sichtbarkeit oder Schönheit zu steigern. Als ein Spezifikum der Filmkunst definiert, das die sichtbaren und beweglichen Aspekte der Welt betrifft, ist nach Epstein das *photogénie* das Bild, soweit es von der Bewegung (moralisch) „erhöht" und herausgehoben wird.[44] Eine Erscheinung ist nach Epstein dann *photogénique*, wenn sie sich zugleich in der Zeit und im Raum bewegt und verändert (Epstein 1975 c: 120; Epstein 1975 a: 139). Wenn Inkonsistenz und Flüssigkeit die Vitalitäten des Bewegungsbildes sind, dann kann dieses, sich in sich selbst bewegend, damit beginnen, den kontinuierlichen Zusammenhang zwischen Wahrnehmung, Affektion und Aktion zu zerbrechen und damit geradezu magische, sicherlich aber autopoietische Kräfte zu entfesseln.[45] Das Film-Werden des Sir, Alfred wird

43 | Optische Situationen verketten aktuelle mit virtuellen Bildern, wobei sie von Erinnerungsbildern ausgefüllt werden. Sie lassen sich meiner Ansicht nach als eine Steigerung oder Intensivierung des zeugenschaftlichen Zu-Sehens begreifen, das ich als im eigenen Organ berührtes Sehen beschrieben habe (siehe hierzu im ersten Kapitel). Es ist ein Sehen, in dem die Sicht ein virtueller Ort ist, von dem sowohl das Sichtbare als auch das Sehbare ausgehen. Im Interview darauf aufmerksam gemacht, dass das Wort „Blick" in seinen Kino-Büchern völlig fehle, antwortet Deleuze: „Ich weiß nicht, ob dieser Begriff unbedingt notwendig ist. Das Auge ist schon in den Dingen, es ist Teil des Bildes, es ist die Sichtbarkeit des Bildes." (Deleuze 1993 a: 82) Die Auffassung von Blick und Sichtbarkeit bei Deleuze konzipiert das Auge als Bild, als Leinwand - und z.B. ganz und gar nicht als Kamera. Dies scheint mir anschlussfähig, sowohl an die Idee des *photogénie* (siehe in der folgenden Passage) als auch an Merleau-Pontys Reversibilität des Sehens, die er Chiasmus nennt.

44 | „J'appellerai photogénique tout aspect des choses, des êtres et des âmes qui accroît sa qualité morale par la reproduction cinématographique. Et tout aspect qui n'est pas majoré par la reproduction cinématographique n'est pas photogénique, ne fait pas partie de l'art cinématographique. [...] seuls les aspects mobiles du monde, des choses et des âmes, peuvent voir leur valeur morale accrue par la reproduction cinégraphique." (Epstein 1975 a: 137-138) Deleuze zitiert diese Stelle bei Epstein in seinem Kino-Buch, wobei er die Beobachtung anschließt, dass das Problem genau in der Definition einer solchen *Majorante* liege (Deleuze 1997, Bd. 1: 68). Das französische Verb „majorer", welches Epstein hier benutzt, hat aber nichts mit dem Deleuze'schen Minder-Werden majoritärer Positionen zu tun. Epstein spricht überdies die Dauer des *photogénie* an, wobei er festhält, dass das Maximum immer unter einer Minute liege (Epstein 1975 b: 94).

45 | Solche magischen Kräfte hat Jean Epstein in seinen späten Lebensjahren als Kräfte der Verflüssigung untersucht. Geradezu paradigmatisch hierfür ist *Le tempestaire* (1947), der vorletzte seiner Bretonischen Meer-Filme, eine Film-Fabel. In dem Film holt der *tempestaire*, der Windmacher, eine Glaskugel hervor, in der er das vom Sturm aufgewühlte Meer sieht (dargestellt als Doppelbelichtung) und beruhigt. Epstein nutzt für diesen

nicht zuletzt von diesen rekurrenten auto-perzeptiven Affekten des Filmbildes getragen. Film-Werden ist ein *photogénie*, dem Oliver Fahle einen enigmatischen, ja magischen Wert beimisst und einen „asemantischen Status" attestiert (2000: 52), dessen flüchtige, mobile Gebilde die Welt in Bewegung versetzen und neu konfigurieren.[46] Das Film-Werden lässt sich als der Augenblick bestimmen, in dem das Bild zu schauen und zu lächeln beginnt. Diese filmische Autopoiese, diese Art An-sich des Filmbildes als schräg von der Seite ankommender frontaler Kamera-Blick des Sir, Alfred Mehran, gefolgt von seinem geheimnisvollen, feinen Lächeln – wer weiß... wer kann schon sagen... – ist das filmisch-existenzielle Leitmotiv des Film-Werdens des Sir, Alfred Mehran. Vielleicht rührt daher die Rätselhaftigkeit seines Lächelns, das zugleich leise Freude, Fließenlassen wie Insistenz ist. Es ist nicht Freundlichkeit, es entsteht aus keiner Laune, es handelt sich um keine Eigenschaft des Sir, Alfred Mehran, sondern es ist gewissermaßen Ausdrucksmaterie des Film-Werdens. Und es ist ein Refrain, der alle audiovisuellen Aufnahmen, die ich von Sir, Alfred Mehran gesichtet habe, durchzieht. Die oben transkribierte Szene aus *Here to Where* arbeitet ihn bloß akzentuiert heraus. Ebenso voraussetzungslos, wie diese Augenblicke auftauchen, verschwinden sie wieder, folgenlos, von einer freundlichen Ironie im Lächeln begleitet. Sie existieren vollkommen unabhängig vom Rest des Geschehens in diesen Filmen und auf diesem Flughafen. Wenn das Film-Werden anhebt und passiert, ist Sir, Alfred Mehran gerade schon wieder weg, bereits woanders, wird sicherlich wieder kommen. Ephemere Imminenz. Pathische Reversibilität. Ihrer eigenen Rätselhaftigkeit anheimgegeben, sind diese Momente zugleich „Subjektivierungsvektoren" (Guattari 2014: 38) im Werden des Sir, Alfred Mehran. Sie schlagen die Richtung einer möglichen Anbindung ein, eines Anschlusses an ein Existenzfeld („se recomposer une corporéité existentielle", Guattari 1992: 11), an eine *corporeality*. Als nicht passierender Passagier, als einer, der nicht umherzieht, entwickelt Sir, Alfred Mehran im Film-Werden eine Taktik der Zeit. Im Sinne de Certeaus ist er kein

---

Tonfilm nicht nur verlangsamte Bilder, sondern auch verlangsamte Tonaufnahmen von Meereswogen und Sturmwinden, wobei er beides, Ton und Bild, in verkehrter Richtung ablaufen lässt, als der *tempestaire* sich daran macht, die Gezeiten zu modulieren: in sich geschlossene Kugel der Zeit, offenes, entfesseltes Meer. Der *tempestaire* bläst in die Kugel und unter seinem Atem zieht sich das Meer langsam zurück bzw. die Wellen laufen in umgekehrter Richtung. Sobald sich der Sturm gelegt hat, lässt der *tempestaire* die Kugel fallen, sie zerspringt. Der Sturm wird in diesem Film als Stofflichkeit der Zeit gezeigt, die der Kinematograph beherrscht. Epstein, der sich sowohl im Film als auch in der Schrift mit dem Film als einer Weise des Denkens befasst hat, meinte, dass die einzige Variable, die man niemals zu fassen kriege seit der Erschaffung der Welt, die Zeit sei - und dass das Kino es erlaube, die Zeit zu variieren, wobei aus einem Objekt ein (kinematographisches) Ereignis werde: „L'existence c'est-à-dire l'action, naît dans le conflit de la permanence et du devenir." (Epstein 1975 d: 344) Das Meer ist bei Epstein nicht Gegenstand der Darstellung, vielmehr wird es mit den Mitteln des Films neu geschaffen.

46 | Gerade in der Exaktheit der filmischen Aufzeichnung liege etwas Unbestimmbares, so Fahle, gerade in der filmischen Ausmessung und Sichtbarkeit eine Unbeschreibbarkeit, die sich mit dem Hilfsbegriff des Magischen belegen lasse (Fahle 2000: 61).

Stratege, der die Kräfteverhältnisse berechnet, sondern er verbindet sich, da er mit nichts Eigenem rechnen kann, mit der Relativität der filmischen Zeit, mit der vehikulären Macht von Bewegungsbildern und – immer nur für einen kurzen, riskanten Augenblick – mit der monströsen Kraft des Konsistenzplans, auf dem Ereignis-Zeit (statt *cinéchronie*) entsteht.

Kräftemessen im Korpus, ein Minimum an Subjekt

Wie das Tier-Werden ist das Film-Werden eine Weise, die individuelle Geschichte zu ersetzen, es ist eine Experimentallinie, die die Menschen-Form deterritorialisiert. Das Film-Werden des Sir, Alfred Mehran hat kein fühlendes Innen, sondern ist ein konnektives Innenaußen, dessen Verbindungen nicht determiniert sind wie in einem Organismus, sondern aus Modulationen von Filmbildern, von Bewegungs- und Zeitbildern bestehen. Das Film-Werden tendiert, wenn es ‚zu sich selbst kommt', zum „organlosen Körper", der sich als ein Feld von Intensitäten, als eine Verbindung multipler heterogener und asignifikanter Kräfte definiert (Deleuze/Guattari 1992: 205ff.). Film-Werden heißt Energetisch-Werden, Ausfließen, Lächeln, Schauen. Das Film-Werden des Sir, Alfred Mehran ist ein Körper im Exzess, der Gefahr läuft, nicht mehr genügend Organismus zu bewahren, um sich bei jeder Morgendämmerung neu gestalten zu können (ebd.: 220). Deleuze und Guattari warnen davor, „wild drauflos" zu destratifizieren und sich seiner Organe zu entledigen; es brauche „kleine Vorräte an Signifikanz und Interpretation", „kleine Rationen von Subjektivität" (ebd.).[47] Werden sind intensive und unkörperliche Affekte, wobei die körperlosen Transformationen des Werdens in einen „Vernichtungs- oder Todesplan" umschlagen können, wenn man nicht an einem „Minimum an Subjekt" festhalte (ebd.: 368). Das Film-Werden des Sir, Alfred Mehran riskiert, das Migrations- und Grenzregime, das ihn umschließt und hervorbringt, nicht mehr immer wieder von Neuem als filmische Immanenz herauszufordern und auf die Seite der Konsistenzebene übergehen zu lassen, wo sein Werden eine absolute Geschwindigkeit erreicht, die die Grenze, die ihn vom Passagiersein ausschließt, zu destabilisieren und ins Wanken zu bringen vermag. Allerdings könne man den organlosen Körper auch damit verpfuschen, warnen Deleuze/Guattari, dass sich nichts auf ihm produzieren lasse, so dass die Intensitäten nicht in Bewegung kommen oder blockiert seien. Dies geschieht, wenn das Film-Werden filmische Form und Substanz wird. Es geschieht etwa dann, wenn man das Film-Werden des Sir, Alfred Mehran auf eine Spiegelszene reduziert. Zudem droht Gefahr, wenn das Schwanken zwischen den stratifizierenden

47 | Guattari gibt eine hilfreiche, wenngleich, wie er sagt, „vorläufige" Definition der Subjektivität als „die Menge der Bedingungen, die ermöglichen, dass individuelle und/oder kollektive Instanzen in der Lage sind, als eigenreferentielle existenzielle Territorien in Angrenzung oder in einem Abgrenzungsverhältnis zu einer Alterität, die selbst subjektiv ist, zu emergieren." (Guattari 2014: 17)

Oberflächen des Migrations- und Grenzregimes, den reterritorialisierenden Aspekten des filmischen Korpus' und der existentiellen Territorialisierungen rund um die rote Bank im Untergeschoss des Terminal Eins auf der einen Seite und der Intensität von Qualitäten und Ausdehnungen, die das Film-Werden des Sir, Alfred Mehran vorantreiben, auf der anderen Seite, zum Stillstand kommt bzw. auf die eine Seite hin entschieden wird. Film-Werden ist zwar eine filmimmanente Kraft, man kann das Film-Werden aber nicht einfach im Film (auf)lösen. Tut man dies, ist ‚man' schon weg, gleichermaßen im Film aufgegangen, in seiner Substanz verschwunden. Film-Werden muss schwankende, nicht substantielle Bewegung bleiben. Denn: „Kunst ist nie ein Ziel, sie ist nur ein Mittel, um Lebenslinien zu ziehen, das heißt, alle Arten des wirklichen Werdens, die nicht einfach *in* der Kunst zustandekommen, all die aktiven Fluchtbewegungen, die nicht darin bestehen, *in* die Kunst zu flüchten, sich in die Kunst zurückzuziehen, diese positiven Deterritorialisierungen, die zu keiner Reterritorialisierung in der Kunst führen, sondern sie vielmehr in die Bereiche des A-Signifikanten, des A-Subjektiven und des Gesichtslosen mit sich fortreißen." (Deleuze/Guattari 1992: 257) Die folgende Szene handelt davon, wie im Unterschied zu einer Art Refrain des Film-Werdens des Sir, Alfred Mehran im filmischen Binnenraum die vierten Wände des Films hochgezogen werden. Auf diese Weise reterritoralisiert sich *Here to Where* als ein Film, der immer ‚von außen' durch Scheiben schaut:

Glen Luchford, *Here to Where* (UK 2001)
Vom Außenraum durch zwei Fenster gefilmte Aufnahme einer Tischrunde mit mehreren Personen in einem Restaurant. Schnitt. Innenaufnahme, Halbtotale mit Paul Hugo.
Paul Hugo: „You'll be actors in my movie and they said: No, he is a little guy, he couldn't make a movie, he is an impostor. Well, they ended up being in a Kiarostami movie. So, it's true, he was all and everything for everybody and all ended up to be true and it was cinema that did it. Now Alfred is in the airport, he is stuck in this kind of paralysis, the situation where... Yeah, you're right, his identity is... He can't... He is someone who is the guy who sits in the airport and tells a story, but not leaving the airport. But now, he can leave the airport, but he still doesn't leave..."
Einstellung auf die gesamte Tischgesellschaft: Paul Hugo, zwei Frauen und zwei Männer, von denen der eine Hugo gegenüber sitzt.
Eine der Frauen, gespielt von Tilda Swinton: „But he is been there for eleven years!"
Paul Hugo: „But the thing is that for eleven years he couldn't leave, now he can leave and now he won't leave."
Mann: „Why?"
Paul Hugo: „That's one of the questions of the movie."
Halbnahe Einstellung auf Paul Hugo.
Paul Hugo: „I don't want to impose on Alfred... a way that he has to act or a way that he has to be. I want him... I wanna give him the space by using a movie. I want to use cinema to give him the space to improvise his own life new, anew."

Man sieht von einer anderen Seite aus auf den Tisch, Paul Hugo im Profil.
Die zweite Frau: „Paul, do you have any refugees in your family? When did your family go to America?"
Paul Hugo in Nahaufnahme. Als eine Art *entracte* mehrfaches Lachen und Geräuschkulisse.
Paul Hugo: „Well..."
Die zweite Frau, hakt nach: „Or is that a wrong thing to tell? Or is it not so..."
Paul Hugo: „Well, I do have refugees in my family. That has nothing to do with it. That has nothing to do with it. Yeah, my father, I mean... Actually my family lived in Paris, they were refugees during the war. They were refugees during the war and they had... Okay, yeah, obviously I'm interested in the story about a refugee, because my family were refugees and... But..."
Die zweite Frau, erneut, im Off: „It's a key question."
Paul Hugo: „But..."
Paul Hugo in Nahaufnahme, er hat den Mund halb geöffnet. Der Ton ändert sich, erst ein leises Pfeifen, danach folgt der Bild-Umschnitt zum Flughafen: Man sieht Sir, Alfred Mehran in einer Halbtotalen von hinten in seiner Ecke auf dem Terminal Eins. Die Aufnahme ist von außen durch die Fensterscheibe hindurch gemacht worden. Es ist offensichtlich Nacht, das Licht auf dem Terminal ist gedimmt. Sir, Alfred Mehran legt einen Bogen A4-Papier auf den kleinen runden Tisch, dann wendet er sich weg, die Hände in den Hosentaschen. Leise Musik.

Wie das Fenster oder die Glasfassade in dieser Szene können auch das Bild oder der Bildschirm eine Wand aufrichten, eine Blockade gegenüber den Bewegungsbildern, die sich auf sie zubewegen und sie zu bewegen suchen. Ganz und gar im Gegensatz zu Kiarostami zieht *Here to Where* in dieser Szene gleich mehrere solcher Grenzen hoch, die unterschiedliche Milieus – Räume und Korpusse – voneinander abgrenzen: Flughafen, gehobenes City-Restaurant, Film, Leben, Autor, Protagonist... Ein Schlüsselmoment ist zudem die Eingrenzung der Story als Geschichte der ‚eigenen' Herkunft, die sich letztlich als Familien-Genealogie erweist. Trotzdem stellt sich Paul Hugo für die Story etwas Großes vor, nämlich dass ‚etwas geschieht', dass Sir, Alfred Mehran den Flughafen verlässt... Dieses Ganze verfehlt die Geschichte allerdings nahezu zwangsläufig, da Paul Hugo und Sir, Alfred Mehran in ihren jeweiligen Posen aufeinander folgen; immobile und bewegliche (Ein-)Schnitte markieren das, was sich zwischen den beiden verändert. So entsteht eine Gesamtheit, in der die Trennwände – und seien sie auch noch so transparente Glasfassaden – die Bewegung erzeugen. Diese ist Verlagerung, nicht Relation. Nur „wenn das Ganze weder gegeben ist, noch gegeben werden kann" (Deleuze 1997, Bd. 1: 21) stellt sich eine Bewegung her, die eine Veränderung im Ganzen ist: Werden und Film-Werden prallen an diesen Glasscheiben ab und lassen letztlich den Sound eines Bauchredners zurück: „Ultimately, it is all about me..."

Das Werden des Films

Genauso wie es galt, das Tier im Konzept des Tier-Werdens als nicht-anthropomorph zu denken, gilt es, das Filmische des Film-Werdens nicht in seinen herkömmlichen und genre-spezifischen Bedeutungen zu denken, sondern als eine Relation, die seine Qualität transformiert. Beim Film- Werden muss auch der Film werden. Wenn Sir, Alfred Mehran ein Film-Werden ist, dann fordert dieses auch den Film heraus, einen kleinen Gebrauch seiner Formen in Gang zu setzen. Es geht darum, die zu einer Gesamtheit als *cinéchronie* gefügten Filmbilder oder anders: den senso-motorischen Zusammenhang des Bewegungsbildes (mit seinen hauptsächlichen Bestandteilen Wahrnehmung, Affekt, Aktion) in seinem Ganzen werden zu lassen, so dass – ähnlich dem Stottern im Schreiben[48] – dieses Werden des Films wiederum das Werden des Sir, Alfred Mehran erfassen könnte usw. Auch wenn Sir, Alfred Mehran von den Bildschirmen und Monitoren, über die er – vor meinen Augen noch immer – läuft, geschaffen wird, vermögen sie nicht unbedingt, mit seinem Werden Blöcke zu bilden, sondern fallen auf repräsentative Sehweisen zurück, indem sie ‚ihm helfen' wollen, sein Dasein zu normalisieren, und indem sie versuchen, das Bilderschaffen unmittelbar an die Territorien der bürokratischen Inskriptionen von Mobilität und Bürgerschaft anzuschließen. *Here to Where* unterstützt letztlich keine konsistente Linie des Werdens, sondern unterliegt vielleicht der Attraktion, Abbas Kiarostami nachzuahmen. Das von Paul Hugo fantasierte Ereignis, dass nämlich alles plötzlich Wirklichkeit wird und dass es das Kino ist, welches dies ermöglicht, ist eine überdeutliche Referenz auf Kiarostamis *Close-Up* und endet in einer ruhigen aus einiger Distanz mit einem Teleobjektiv aufgenommenen Einstellung auf Sir, Alfred Mehran – sein Gesicht ist von einem Fensterbalken verdeckt –, die ihn wieder in seine alltägliche Umgebung entlässt.

Film-Werden ist nicht einfach der Eintritt in das Kino-Dispositiv, sondern auch das Werden des Films. Vom direkten Blick in die Kamera der Frühzeit des Kinos, vom *photogénie* aus, lässt sich eine Linie des Werdens von Film ziehen, auf der die Bewegung Zeit wird und den Film über ästhetische und politische Fragen der Darstellung hinaus vor allem mit seiner Erweiterung verbindet, die nicht zuletzt über die Autopoiese einer ‚Affektik' verläuft, die ich im dritten Kapitel umreiße. Auch wenn sich hierin in Verbindung mit Fernsehen, Videotechnologie und digitaler Bildcodierung, dem Internet und einer massiven Proliferation von Bildschirmen heute ein nicht minder machtvolles Dispositiv von bewegten Bildern herausgebildet hat (etwa als kontrollgesellschaftlicher Informationsfluss), als es einst das Kino war, so geht es mir mit der Affektik darum, an die Potenzialität des Minder-Werdens des Bewegungsbildes anzuknüpfen. Dabei gilt es, die Affektik im Zeit-Raum einer *cinéchroni-*

48 | Diesen „usage mineur de la langue majeur" beschreibt Deleuze in seinem schönen Text „Bégaya-t-il..." als ein In-die-Flucht-Schlagen der Sprache, als ihr Davonlaufen auf einer Zauberlinie (Deleuze 1993 d: 138; Deleuze 2000 b: 148).

schen Faserung und Vernetzung statt als Folge von in sich abgeschlossenen filmischen Sukzessionen auf einem frontalen Bildschirm aufgreifen. Affektik bezeichnet dabei die Offenheit und die Transversalität jeder filmischen *cinéchronie*; sie ist das jeder Filmsequenz innewohnende überspringende Moment einer nicht aufteilbaren Kontinuität.

JEDERMANN-WERDEN

Anders als bei Film- oder Media-Stars und B-Prominenzen, für die sich immer wieder die Frage stellt, wie sie in der auf sie gerichteten Aufmerksamkeit verbleiben können, antwortet das Werden des Sir, Alfred Mehran auf Blockierungen des Film-Werdens mit einem weiteren Werden, bei dem dieses durch jene Tür entkommt, hinter der alle konkreten Formen einander überschneiden und ineinander übergegangen sind: Jedermann-Werden, Unwahrnehmbar-Werden. „Jedermann, alle Welt werden heißt Welt machen, eine Welt machen. [...] In der Welt aufgehen. [...] Dann ist man wie Gras: man hat aus der Welt, aus aller Welt ein Werden gemacht, weil man eine zwangsläufig kommunizierende Welt gemacht hat, weil man alles an sich selbst unterdrückt hat, was uns daran gehindert hat, zwischen die Dinge zu gleiten, inmitten der Dinge zu wachsen. Man hat das ‚alles', den unbestimmten Artikel, das Infinitivwerden und den Eigennamen, auf den man reduziert ist, kombiniert. Sättigen, beseitigen, alles geben." (Deleuze/Guattari 1992: 381-382) An der Schwelle des Werdens des Sir, Alfred Mehran zu Bewegungen des Unwahrnehmbaren, betritt man die Glossolalie eines Raumes voller Passagiere: Hier wird in Zungen gesprochen, man geht in die Umgebung über, lässt das Leben fließen, das Ich vom Leben, das in ihm fließt, überfluten... Hier erhebt sich ein kollektives Stimmengewirr, in dem sich der Eigenname verliert:[49] „Weil wir nichts mehr zu verstecken haben, können wir auch nicht mehr erfasst werden. [...] Passagier auf einer Reise an Ort und Stelle. Wie alle anderen werden, aber gerade das ist nur für den ein Werden, der es versteht, niemand zu sein, niemand mehr zu sein." (Deleuze/Guattari 1992: 270) Das Unwahrnehmbare wahrzunehmen, entspricht dem Paradox des blinden Passagiers, denn dieser selbst ist es ja nicht, der blind ist, sondern die, die ihn umgeben und nicht wahrgenommen haben, dass er unter ihnen weilt. Man muss also eine Wahrnehmung entwickeln, die zwischen den Dingen ist und Bewegungen sieht, um Jedermann, Passagiere zu sehen.[50]

---

49 | Mit dem Eigennamen ist hier die Individuierung, die sich verliert, das Persönliche, das verschwindet, gemeint. Der Eigenname, so stellen Deleuze/Guattari heraus, sei keineswegs ein Hinweis auf das Subjekt, sondern vielmehr Träger eines Infinitivs (Deleuze/Guattari 1992: 359).

50 | Zum Paradox des blinden Passagiers siehe auch den Text von Marie-Hélène Gutberlet (2007) über *Clandéstin* von José Zeka Laplaine (DR Kongo 1996), ein als Stummfilm-Burleske gedrehter Kurzfilm über die Missgeschicke eines illegalen Einwanderers in Por-

Wahrscheinlich ist es Sir Alfred Hitchcock, der die Tradition von Cameo-Auftritten im Film begründet hat.[51] Sein Werk weist insgesamt 36 Cameos auf, die deswegen besonders sind, weil sie statt durch Auffälligkeit zu glänzen, Zurückgenommenheit und Profillosigkeit akzentuieren. Sie verbinden Omnipräsenz, Allgegenwärtigkeit mit Anonymität. Im Gespräch mit François Truffaut soll Hitchcock gesagt haben, dass sein erster Cameo-Auftritt in *The Lodger: A Story of London Fog* (1927) funktional gewesen sei, es sei darum gegangen, den Bildschirm auszufüllen. Mit der Zeit seien die Cameo-Auftritte in seinen Filmen zu einem Aberglaube geworden und schließlich zu einem vom Publikum erwarteten Gag, meist in den ersten fünf Minuten des Films (Truffaut 1973: 43-44). Hitchcock ist als Passagier, als Mitreisender, Nebensitzender oder Entgegenkommender zu sehen – kurz: Er ist immer Passant, egal ob er Zeitung liest, spazieren geht, einen Brief in einen Briefkasten wirft, eine Sendung aushändigt, Pfeife raucht, einen Geigenkasten, ein Cello oder ein anderes merkwürdiges Instrument, wie in *Vertigo* (1958), trägt, Hunde spazieren führt oder in einem Rollstuhl gefahren wird (aus dem er, um den Gag abzurunden, plötzlich aufsteht). Einige Male erscheint der Autor in einer Menge stehend als Zuschauer oder, wie in *Dial M for Murder* (1954), als jemand, der auf einer Fotografie, die im Film eine Rolle spielt, am Rande zu sehen ist.[52] Zudem figuriert er als Paparazzo, als einer, der in den Bus einsteigt oder – wie in *Strangers on a Train* (1951) – mit einem Kontrabass in einen Zug, aus einem Hotelzimmer herauskommt, in einer Hotellobby herum-

tugal. Gutberlet schreibt: „Blind ist genau genommen also nicht der Passagier, sondern sein Umfeld, das ihn nur sehr spät als schon längst angekommenen entdeckt." (Ebd.: 163)

51 | Als Cameo werden kurze Gastauftritte bekannter Schauspieler oder Persönlichkeiten im Film bezeichnet. Den Titel „Sir" erhielt Alfred Hitchcock am 31.12.1979, als er mit achtzig Jahren von der Queen zum Ritter geschlagen wurde.

52 | In *Lifeboat* (1944) sieht man Hitchcocks Foto auf der Rückseite einer Zeitung, die der frontal aufgenommene Protagonist im Begriff ist, zu lesen. Hitchcock selbst kommentiert diese Szene mit den Worten: „Das ist meine Lieblingsrolle, und ich muss sagen, dass es mich lange und angestrengte Überlegungen gekostet hat, das Problem zu lösen. Im allgemeinen spiele ich doch Passanten, aber wo kriegt man auf dem Ozean Passanten her? Ich dachte daran, eine Leiche darzustellen, die in einiger Entfernung auf dem Meer schwimmt, aber ich hatte zu große Angst zu ertrinken. Und es war mir unmöglich, einen der neun Überlebenden zu spielen, denn die Rollen mussten alle von kompetenten Schauspielern und Schauspielerinnen gespielt werden. Schließlich kam mir eine ausgezeichnete Idee. Ich machte damals gerade eine sehr strenge Abmagerungskur und näherte mich nur mühsam meinem Ziel, nämlich von zweihundert Kilo fünfzig loszuwerden. Also beschloss ich, meine Abmagerung zu verewigen und gleichzeitig zu meiner Nebenrolle zu kommen, indem ich Modell stand für die ‚Vorher'- und ‚Nachher'-Fotos. Diese Fotos illustrierten dann die Reklame in einer Zeitung und priesen ein famoses Mittel mit dem Namen ‚Reduco' an. Man sah die Anzeige und mich selbst, wenn William Bendix eine alte Zeitung aufschlug, die wir im Boot untergebracht hatten. Die Rolle war ein großer Erfolg. Ich habe eine Flut von Zuschriften bekommen, Briefe von dicken Leuten, die wissen wollten, wo und wie sie Reduco bekommen könnten." (Truffaut 1973: 151) Fast alle Cameo-Auftritte werden in Truffaut 1973: 150 als Anmerkung der Übersetzer*innen aufgeführt.

sitzt... Hitchcocks Selbstportrait-Serie ist durch jemanden ausgezeichnet, der nicht an einen Standort, nicht an eine Rolle oder an ein Erscheinungsbild gebunden ist, sondern ubiquitär zu sein scheint.

„Vom Himmel Gefallene“

Philippe Liorets Film *Tombés du ciel* (Frankreich 1993) handelt von Personen, die – im Gegensatz zu Sir, Alfred Mehran – tatsächlich im Flughafentransit wohnen: Ein Reisender mit kanadischer und französischer Staatsangehörigkeit, der mit einer Spanierin verheiratet ist, in Italien lebt und den Namen Arturo Tachary Ignacio Conti trägt (gespielt von Jean Rochefort) ist die Hauptperson. Arturo kommt in Socken in Paris Roissy an. Seiner Schuhe und seines Passes verlustig gegangen lässt man ihn nicht einreisen. Im Transit blockiert stößt er auf eine Gruppe sehr unterschiedlicher Menschen, die in diesem internationalen Zwischenbereich leben, der von der Polizei im Film bezeichnenderweise auch „kasbah“ genannt wird. Hier bildet sich eine Art Flughafensubkultur aus, samt nächtlicher Hasenjagd auf dem Flugfeld. Alle, die hier zusammenfinden, sind als Klandestine davon betroffen, dass ihre „situation irrégulière sur territoire“ mit drei Monaten Gefängnis bestraft und mit einer „reconduite à la frontière“ beantwortet wird – an den Ort also, den sie im Begriff sind zu bewohnen und zu ihrem Lebensmittelpunkt zu machen: Knak, eine Art Afrofuturist unbekannter Herkunft, der eine ‚ausgestorbene‘ Sprache spricht (gespielt von Sotigui Kouyaté), sowie Zola, ein kleiner Junge (großartig gespielt von Ismaïla Meite). Seine Mutter ist verstorben und er wartet darauf, von seinem Vater in Paris abgeholt zu werden, wobei dieser am Tag von Zolas Ankunft nach Guinea abgeschoben worden ist. Weiter sind hier Serge Daridan, ein ehemaliger Fremdenlegionär mit südfranzösischem Akzent, der sich als Belgier aus dem Kongo ausgibt und seine Memoiren unter dem Titel „30 ans de merdier“ schreibt, sowie Angela, eine Kolumbianerin ohne Identität, die einen Ausgang in Europa sucht, bisher aber immer wieder nach Paris abgeschoben worden ist. „Hier geht man in der Menge auf, man hält uns für Passagiere. Sogar ihn nennt man hier einen Herrn“, sagt Angela über sich und Knak.[53] Ein*e Umstehende*r werden. Philippe Lioret hat dem Jedermann-Werden des Sir, Alfred Mehran und seinem Untergehen in der Menge, seinem Übergang in die Allgegenwart eine Cameo-Szene als Hitchcock-Werden gewidmet: Die folgende Szene ist eine heimliche Hommage an eine Mitautorenschaft.

Philippe Lioret, *Tombés du ciel* (Frankreich 1994)
Totale auf die Sitzreihen in der Abflughalle im Erdgeschoss des Terminals Eins. Die spanische Ehefrau von Arturo Conti, gespielt von Marisa Paredes, die vor allem durch ihre Zusammenarbeit mit Pedro Almodóvar bekannt geworden ist, kommt in großer Hektik frontal auf die Kamera zu, in der einen Hand einen großen braunen

53 | Ü.d.A.

Koffer und in der anderen eine braune Reisetasche. Sie trägt ein braun-gelb kariertes Kostüm über einem schwarzen Pullover. Während sie sich nähert, tritt Sir, Alfred Mehran von links in den Bildvordergrund hinein und schneidet – quer durchs Bild gehend – ihren Weg. Er trägt eine braune Kordhose und eine blaue Windjacke, in seiner linken Hand hält er einen braunen Koffer, auf dem ein dünner Stapel mit A4 Papieren aufliegt. Er geht auf den einzigen freien Platz in der Sitzreihe am rechten Bildrand zu und lässt sich nieder. Er trägt Kopfhörer und hält in seiner rechten Hand den notorischen Walkman. Während er keinerlei Notiz von seiner Umwelt zu nehmen scheint und sich schnell wieder seinen Papieren zuwendet, schaut ihn Marisa Paredes im Vorbeigehen kurz aufmerksam an, während sich ihre Wege kreuzen. Die Szene dauert insgesamt elf Sekunden. Sir, Alfred Mehran wird im Abspann nicht erwähnt.

Es geht das Gerücht, dass man Sir, Alfred Mehran nach seiner Entlassung aus dem Krankenhaus daran gehindert hatte, sein Leben auf dem Flughafen wieder aufzunehmen. Blockiert durch seine filmische Erfassung, in der Reterritorialisierung zum Verschwinden gebracht, steht die Kraft, die im – politischen und filmischen – Imaginären der Nicht-Ankunft des Sir, Alfred Mehran liegt, weiterhin aus: „Es gibt eine auf der ganzen Welt verbreitete Gestalt des minoritären Bewusstseins als Werden von Jedermann, und dieses Werden ist Schöpfung.“ (Deleuze/Guattari 1992: 148) Gerd Niewerth (2009), der Sir, Alfred Mehran drei Jahre nach seinem Auszug aus dem Flughafen in einem Pariser Obdachlosenheim besuchte, fragte ihn, warum er zurück auf den Flughafen wolle, und Sir, Alfred Mehran: „Am Flughafen kann ich wieder arbeiten gehen.“ Auf Niewerths Nachfrage, als was er denn dort arbeiten wolle, gibt er zurück: „Na, für den Film.“ Arbeiten heißt hier, eine Fluchtlinie herauslösen, einen Subjektivierungsvektor legen, eine neue Zone der Nachbarschaft fabulieren, kreieren. Diesen unterbrochenen Pfad will Sir, Alfred Mehran offenbar wieder aufnehmen. Mein Besuch auf Paris-Charles-de-Gaulles im Winter 2011 hat mich nicht nur gelehrt, dass ich Sir, Alfred Mehran nicht suchen kann, sondern auch, dass es beim Wahrnehmen des Unwahrnehmbaren nicht einfach um einen Perspektivenwechsel in der Wahrnehmung geht. Unwahrnehmbarkeit ist eine Grundlegung von Bewegungsbildern; sie ist mit der Genese und den Übergängen von unterschiedlichen Bewegungsbildern und Wahrnehmungsschwellen verbunden, da die Bewegung selbst niemals wahrgenommen werden kann. Das Wahrnehmungssystem ist ein System, in dem die Bilder aufgehört haben im Verhältnis zueinander und allseitig zu variieren, sondern sich nur noch im Verhältnis zu einem subjektiven Indeterminationszentrum verändern.

„Es ist der Organisations- und Entwicklungsplan, der Transzendenzplan, der etwas Wahrzunehmendes darstellt, ohne selbst wahrgenommen zu werden, ohne wahrgenommen werden zu können. Aber auf der *anderen* Ebene, der Immanenz- und Konsistenzebene, ist es das Kompositionsprinzip selber, das wahrgenommen werden muss, das nicht umhin kann wahrgenommen zu werden [...]. Der Unterschied zwischen den beiden Ebenen führt dazu, dass das, was auf der einen nicht wahrgenommen werden kann, auf der anderen zwangsläufig wahrgenommen werden muss. Dort wird das Unwahrnehmbare zum zwangsläufig Wahrgenommenen, wobei es von einer Ebene zur anderen springt [...].“ (Deleuze/Guattari 1992: 383)

Diese beiden Wahrnehmungssysteme, das subjektive und das objektive – letzteres, das „système de la matière“ nennt Deleuze auch „l'universel clapotement“, das universelle Plätschern – sind jeweils voneinander eingenommen und miteinander verbunden durch das Wahrnehmungsbild (Deleuze 1982/83: cours 28 du 11/01/83 – 1). Je mehr dieses sich selbst in Bewegung versetzt, desto mehr tendiert es dazu, das System der universellen Variation freizusetzen, in dem sich das wahrgenommene Objekt nicht mehr vom wahrnehmenden Subjekt unterscheidet. In seiner Rückkehr zur universellen Variation erlöscht das Indeterminationszentrum, andere Indeterminationszentren werden sich herausbilden... – In den Oktavheften Franz Kafkas (1917) findet sich der Satz „Wer sucht, findet nicht, aber wer nicht sucht, wird gefunden.“

Chaque jour, on regardait ça : la mer écrite.

Ces cordages faits pour retenir les bateaux de rejoindre le vent et de s'y perdre.
La mer est toujours surveillée, vérifiée.
Des fois qu'elle ne voudrait plus vivre.
Comme il y a des gens qui ne veulent plus partir mais seulement rester là, à vivre dans l'immobilité du temps.

J'ai pris la photographie de la mer et je l'ai éditée, je suis partie avec dans un livre.
La mer est restée là, convenable, discrète, parfaite, INVISIBLE, ÉTERNELLE.

Jeden Tag betrachteten wir dies: das geschriebene Meer. (Duras 1996: 7, Ü.d.A.)

Dieses Tauwerk, dafür gemacht, die Boote davon abzuhalten, / sich dem Wind auszusetzen und sich ihn ihm zu verlieren. / Das Meer ist immer beaufsichtigt, überprüft. Manchmal so, dass es nicht mehr leben möchte. / Wie es Leute gibt, die nicht mehr / gehen möchten, sondern bloß hier bleiben, um zu leben in / der Reglosigkeit der Zeit. (Ebd.: 34, Ü.d.A.)

Ich habe ein Foto gemacht vom Meer und ich habe es / bearbeitet, ich habe es mit mir fortgenommen, in ein Buch. / Das Meer ist dort geblieben, passend, unauffällig, / vollkommen, UNSICHTBAR, EWIG. (Ebd.: 64, Ü.d.A.)

Kapitel 3: Traversées

Affekte des Transits

Im Jahr 2002 hielt sich die Filmemacherin Laura Waddington einige Zeit in Sangatte in Nordfrankreich auf, in der Nähe von Calais und am Eingang des Eurotunnels. Dort registrierte sie Fragmente von Geschichten, Stimmen und Gesten der Transitmigration. Der daraus entstandene Film *Border* (Frankreich/UK 2004) vermittelt Eindrücke von Migrant*innen auf der Durchreise, im offenen Camp lebend und auf eine Gelegenheit wartend, um die Grenze zu überqueren und nach England durchzukommen. Meist nachts mit *shutter speed*, also einer erhöhten Verschlusszeit, gedreht, in den Feldern zwischen Autobahnböschung und Eurotunnel unterwegs, fand Waddington vor Ort über die Indienstnahme von Techniken, die im Dunkeln sehen, indem die Belichtungszeit verlangsamt und das Entfernte mit einem Zoom herangeholt wird, halluzinatorisch verlangsamte Bewegungen grobkörnig aufgelöster und kaum erkennbarer oder verpixelter Personenumrisse, die sich nahezu in Einzelbilder zerlegen. So erscheint im Bild etwas, das einem zunächst wie ein Dividuelles vorkommt, als ob die herkömmliche binäre Struktur des Einzelnen gegenüber der anonymen Menge überschritten würde, oder, wie Gilles Deleuze sagt, als ob die Dualität des Kollektiven und des Individuellen überwunden wurde, um unmittelbar eine kollektive Reflexion mit den besonderen Empfindungen eines Individuums zu vereinigen (Deleuze 1997, Bd. 1: 129).[1] Die Videobilder lassen keine Individuen mehr erkennen, sondern mit-förmige Singularitäten, etwas, das in Ähnlichkeiten entsteht, ohne jedoch allgemein zu werden. Gerald Raunig, der den Begriff des Dividuums bei Gilbert de la Porée aufgreift, beschreibt ihn dort als „das, was ist, und das, wodurch dieses Subsistierende nicht nur etwas, sondern auch ‚konform' ist" (Raunig 2010). Hierbei stellt er die *conformitas* heraus, die das Teilbare als *unum dividuum* konstituiere. Sie impliziere nicht Gleichheit, totale Gleichförmigkeit oder Anpassung, sondern eher eine Vielförmigkeit, die zugleich Mit-Förmigkeit sei, spezifische Übereinstimmung in der Form, geteilte formale Komponenten (Raunig 2010 a). Skeptisch gegenüber der aktuellen Konjunktur der Ambivalenz im Bezug auf den Begriff des „Dividualismus zwischen neuen Formen der (Selbst-)Unterwerfung/maschinischen Indienstnahme und dem Suchen nach neuen Waffen" schlägt Raunig mit der „Con-

1 | Deleuze spricht an dieser Stelle im Zusammenhang mit Großaufnahmen des Gesichts, die sich nicht mit Totalen abwechseln, sondern in „Intensitätsreihen" (ebd.) organisiert sind, vom Dividuellen. Michaela Ott charakterisiert solche Intensitätsreihen nach Deleuze als „fortgesetzt changierende Einstellungskadrierung" bestimmter Filme (Ott 2015: 58).

dividualität" einen Begriff vor, der statt auf Reduktion auf das Potenzial der Addition oder der Verkettung verweist und mit dem sich politisch in die Offensive gelangen ließe, „jenseits von distributiver Einteilung und partizipativem Einschluss" (Raunig 2014: 88), dorthin, wo sich sogar das Aufblitzen eines orgischen Sich-Verteilens ereignen könnte – „springend, sprunghaft, monströs, und dennoch in der Potenzialität der Verkettung" (ebd.: 87; siehe zudem Raunig 2015: 241ff.).[2] Einer solchen komplex verstandenen „Mit-Förmigkeit" in Kombination mit als Mannigfaltigkeit begriffenen Ähnlichkeiten spricht Raunig das Potenzial einer Ausweitung der molekularen Revolution zur condividuellen Revolution zu, die zudem mit einem subsistentiellen Sich-Verteilen einher ginge (Raunig 2010: 252-253). Angeleitet von dem bestimmenden Auftauchen des Unzählbaren der einzelnen Migrant*innen im Transit mag man beim Schauen von *Border* zunächst in diese Richtung denken – etwa, wenn mitten im Film plötzlich der Ton abbricht und ein Gemenge von Polizist*innen und Migrant*innen zu sehen ist. Nach einer geraumen Zeit setzt der Ton wieder ein, die Ausschreitungen sind von lautem und verzweifeltem Schreien begleitet. Protestrufe, Handgreiflichkeiten, Polizeigewalt. Der Ton bricht erneut ab, und der Kommentar gibt eine vage, subjektive Beschreibung der gefilmten historischen Ereignisse im Winter 2002, als – im Film wird nicht darüber gesprochen, aber es lässt sich aus der Literatur, etwa des GISTI[3], rekonstruieren – das Rotkreuz-Flüchtlingslager in Sangatte für neu Ankommende geschlossen und damit zwangsläufig eine humanitäre Krisensituation provoziert wurde.

Ganz im Gegensatz zu der Idee mit-förmiger Singularitäten, die man in *Border* vielleicht trotz oder gerade wegen der Mit-Form der Transitmigration, die über das Subjekt der Migrant*in hinausgehend auch die Polizei umfasst, wahrzunehmen glaubt, versuche ich im Folgenden nachzuzeichnen, wie dieser Film die dividuelle oder condividuelle Dimension des Auftauchens einer solchen „neuen Realität, [...] die unmit-

2 | Mit dem orgischen Sich-Verteilen referiert Raunig auf die orgische Repräsentation, die Deleuze im Kontrast zur organischen Repräsentation im ersten Kapitel von *Differenz und Wiederholung* ausarbeitet. In der orgischen Repräsentation wird Differenz nicht als eine endliche Form dargestellt, sondern die orgische Differenz macht aus den Dingen viele. „Wenn die Repräsentation in sich das Unendliche findet, so erscheint sie als orgische, und nicht mehr als organische Repräsentation: Sie entdeckt in sich den Aufruhr, die Unruhe und die Leidenschaft unter der scheinbaren Ruhe oder den Grenzen des Organisierten. Sie stößt wieder auf das Ungeheuer." (Deleuze 1997: 66-67) „Diese Repräsentation ist so beschaffen, dass das Unendliche und das Endliche darin dieselbe Unruhe besitzen, die es gerade ermöglicht, das eine im anderen zu repräsentieren." (Ebd.: 69) Insofern der Körper niemals einfach ein Organismus im Sinne der Organisation von Organen ist, steht die orgische Repräsentation in Verbindung mit dem Konzept des Werdens und des organlosen Körpers, der nicht einfach als eine Frontstellung zu seinen Organen zu verstehen ist, sondern als eine Öffnung im Hinblick auf alle möglichen Verbindungen, die ein Gefüge vermuten lassen. Raunig greift an anderer Stelle (2007) den Begriff der orgischen Repräsentation auch im Zusammenhang mit der Frage nach instituierenden Praxen und einem politischen Medienaktivismus auf.

3 | Zu GISTI siehe: http://www.gisti.org/index.php [zuletzt gesehen am 29.12.2017].

telbar eine unermessliche kollektive Reflexion mit den je besonderen Empfindungen jedes Individuums vereinigt und endlich der Einheit von Potential und Qualität Ausdruck gibt" (Deleuze 1997, Bd. 1: 129), gerade verfehlt.[4] Ich werde dabei die filmische Beziehung zu einer wahrgenommenen und dargestellten Unzugänglichkeit, einer offenkundigen Flüchtigkeit, Heimlichkeit und Opazität der überaus präsenten Einzelgestalten des Transits und ihrer körperlichen Umrisse, Gesten, Aktionen, Bewegungen und Manifestationen als Zusammenspiel und Verkettung von Potenzial und Qualität befragen. Sie sind, so Deleuze, die beiden Dimensionen des Gesichts, die zugleich den Affekt konstituieren – Empfindungsnerv und Bewegungsimpuls; Intensität und etwas, das reflektiert wird. „Immer dann, wenn wir an etwas die zwei Pole von reflektierender Oberfläche und intensiven Mikrobewegungen entdecken, können wir sagen: Die Sache ist wie ein Gesicht (*visage*) behandelt worden, ihr wird ‚ins Gesicht gesehen' (*envisagée*), oder vielmehr, sie hat ein ‚Gesicht bekommen' (*visagéifiée*), und nun starrt sie uns an (*dévisage*), sie betrachtet uns [...]." (Ebd.: 124).

GESICHTSMASCHINE

In *Mille Plateaux* sprechen Deleuze/Guattari von „einer abstrakten Maschine zur Erschaffung des Gesichts", einem System „Weiße Wand-Schwarzes Loch", das am Schnittpunkt einer Semiotik der Signifikanz und der Subjektivierung operiert und Gesichter produziert, indem es unablässig „dem Signifikanten seine weiße Wand und der Subjektivität ihr schwarzes Loch gibt" (Deleuze/Guattari 1992: 230-31). Mit dieser abstrakten Maschine skizzieren Deleuze/Guattari eine Philosophie des Zeichens, denn das Gesicht, von dem hier die Rede ist, hat nichts mit Anthropomorphismus oder Ähnlichkeit zu tun und schon gar nichts mit einer Menschlichkeit des Antlitzes. Vielmehr verläuft die Erschaffung eines Gesichtes bei Deleuze/Guattari über Proportionsverhältnisse. Die Gesichthaftigkeit resultiert aus einem historischen System Löcher-Oberfläche (ebd.: 233). Ihre Zeichenmaschine operiert in einem konkreten Universum und produziert komplexe Zeichenregime in pragmatischen Assemblagen sowie in politische und soziale Gefüge („agencement") eingelassene Kodierungen. Auf den Film *Border* angewendet ließe sich entsprechend die Kamera als weiße Wand bestimmen, die aus den Landschaften, auf die sie sich richtet und in die sie probehalber eintaucht – schwarzes Loch –, einen wahrzunehmenden Gegenstand herauslöst, um ihn alsbald auch wieder dorthin, ins Dunkel der nächtlichen Landschaft verschwinden zu sehen oder abfallen zu lassen: Die Migrant*in fungiert als Schemen, als ein Körper, der aus der Opazität des Transits

4 | Sergei Michailowitsch Eisenstein bzw. dessen Umgang mit Großaufnahmen, die über das letztlich isolierte subjektive Element hinausreichen, ist für Deleuze beispielhaft für die Produktion solcher kontinuierlicher Intensitätsreihen. Deleuze zufolge erreicht Eisensteins Kino damit jenseits der Positionierungen und Bedingungen der Betrachter*innen objektive, dialektische Verschmelzungen (Deleuze 1997, Bd. 1: 128-129).

heraus tritt, um an die Oberfläche der gesellschaftlichen Sichtbarkeit zu rühren. Dieser Vorgang kann aber auch umgekehrt verlaufen. Die Landschaft des Transits dient dann als Wand des Signifikanten „Sangatte", als Bildschirm, aus dem sich das Loch der Subjektivität, die bewegte Stelle der Körper der Migration herausschält.[5] In diesem in beide Richtungen verlaufenden Prozess[6] setzt sich ein „Gesicht" zusammen. Dieses ist jedoch kein Referenzzeichen einer individuellen Identität, sondern etwa: das „Gesicht Sangatte", welches das Subjektive und das Signifikante der Transitmigration vermengt.

Folgen wir Deleuze/Guattari, so entsprechen die Umstände, unter denen die Gesichtsmaschine in Gang gesetzt wird und innerhalb der Menschheit ein Gesicht schafft, keiner Notwendigkeit, die dem Menschen allgemein eigen sei (ebd.: 234).[7] Die Erschaffung des Gesichts ist nichts Universelles, im Gegenteil ist das Gesicht eine „ganz spezielle Vorstellung" (ebd.: 241). Es ist „der Weiße Mann selber mit seinen breiten weißen Wangen und dem schwarzen Loch der Augen. Das Gesicht

5 | Deleuze/Guattari betonen die Entsprechung von Gesicht und Landschaft als deterritorialisierter Welt und sprechen von einem Komplex Gesicht-Landschaft (Deleuze/Guattari 1992: 236-239).

6 | Deleuze/Guattari unterscheiden diese zwei ‚Richtungen', die die Gesichtsmaschine einschlagen kann: Zum einen ein sich bewegendes und vervielfältigendes schwarzes Loch auf einer weißen Wand, wobei ein zeichengebendes, despotisches Gesicht als ein Vereinnahmungseffekt entsteht, und zum anderen eine sich verjüngende weiße Wand, die sich auf ein schwarzes Loch zubewegt und so ein leidenschaftliches, subjektives und autoritäres Gesicht hervorbringt (Deleuze/Guattari 1992: 250-252; vgl. zudem die von Hand gezeichneten Skizzen auf den Seiten 252 und 253).

7 | Gottfried Boehm bezieht den für seine Bildwissenschaft grundlegenden Begriff der „ikonischen Differenz" (etwa Boehm 1994) in seinem 2011 erschienenen Text „Ikonische Differenz" ganz direkt auf das System „Weiße Wand - schwarzes Loch". Allerdings scheinen mir Boehms Versuche, das Bildliche zu ergründen, und sein hermeneutischer Ansatz kaum fruchtbar an Deleuze/Guattari anzuschließen, insofern diese beiden Autoren herausstellen, dass das Gesicht von einer *abstrakten Maschine* abhängig sei.

Das Gesicht lässt sich mit Deleuze/Guattari nicht als eine Repräsentation begreifen, denn „il n'est pas indice naturel, ni essence individuelle, mais mise en forme sociale", wie Anne Sauvagnargues (2010) bemerkt. Das Gesicht setzt „weder ein bereits vorhandenes Subjekt noch einen bereits vorhandenen Signifikanten" voraus, vielmehr ist die Gesichtsmaschine mit Subjektivitäten und Signifikanten verbunden, denen sie ihre notwendige Substanz liefert (Deleuze/Guattari 1992: 247). „Die Gesichter werden nicht [...] von einem Subjekt ausgewählt, die Gesichter wählen sich ihre Subjekte aus. Die Figur Schwarzer Fleck-Weißes Loch oder Weißes Blatt-Schwarzes Loch wird nicht [...] von einem Signifikanten interpretiert, sondern diese Figur programmiert die Signifikanten." (Ebd.). Hierbei sei die Berufung auf eine Form von Subjektivität oder Humanität ein Fehler, betonen Deleuze/Guattari. Im Verhältnis zu den blicklosen Augen, zum schwarzen Loch der Gesichthaftigkeit sei der Blick zweitrangig, bemerken sie (Kritik an Sartre), und auch der Spiegel sei im Verhältnis zur weißen Wand der Gesichthaftigkeit zweitrangig (Kritik an Lacan). (Ebd.: 235).

ist Christus."[8] (Ebd.: 242) Dabei ist die Gesichthaftigkeit eine Deterritorialisierung, ja Deleuze/Guattari sprechen sogar von einer „*absoluten* Deterritorialisierung", weil das Gesicht den Kopf aus der Schicht des Organismus heraustreten lasse (ebd.: 236). Das Gesicht ist tendenziell totalisierend, und die Gesichtsmaschine gehört zu den „*übercodierende*[n] oder *axiomatische*[n] *abstrakte*[n] Maschinen, die Totalisierungen, Homogenisierungen und Konjunktionen der Abschließung vornehmen" (ebd.: 710). In seiner Reflexion über das Kino führt Deleuze diese Überlegungen zum nicht wie Personen und Dinge individuierten Gesicht weiter. Er bestimmt es, gleichbedeutend zum Affekt, als eine „Potentialqualität", die aus den raum-zeitlichen Koordinaten vollständig heraus, und als Singularität in eine virtuelle Verbindung eintritt (Deleuze 1997, Bd. 1: 143-144); das Gesicht ist Ausdrucks-Entität (ebd.: 134, 136). Seine Großaufnahme etwa entreißt den Kopf vollkommen seines territorialen Gefüges, ein *close up* auf das „Gesicht Sangatte" entsteht und wirft einen glatten Raum der Transitmigration auf; ein*e Transitmigrant*in wird zur Entität Transitmigration, deren Signifikanz und Subjektivierung[9] auf dieser durchlöcherten Fläche eingesetzt und bestimmt werden, so dass das Gesicht – wie im Folgenden genauer gezeigt wird – über dem Subjekt, das es wählt, eine rigide (Re-)Territorialisierung verhängt.

Nun verhält es sich aber nicht so, dass die Kraft des Gesichts Macht hervorbringt, sondern vielmehr haben umgekehrt „*bestimmte Machtgefüge das Bedürfnis* [...], *ein Gesicht zu produzieren* und andere nicht" (Deleuze/Guattari 1992: 241). Mit der Produktion eines Gesichts gehen binäre Differenzierungen einher, die sich zum einen auf dichotom verkoppelte Formen oder Einheiten und zum anderen auf eine unabdingbare, bi-univoke Wahl, Entscheidung oder Selektion beziehen. So legt die Gesichtsmaschine beständig Normen und Abweichungsgrade fest: Es ist ein Mann *oder* eine Frau; es ist *weder* eine Frau *noch* ein Mann). Als Funktion despotischer oder autoritärer Machtgefüge zielen diese rasternden Differenzierungsachsen nach dem System Bildschirm/„Zentralcomputerloch" (ebd.: 246) darauf – ausdrücklich verweisen Deleuze und Guattari hier auf die Informationstheorie –, sich gegen jede von außen kommende Bedrohung zu schützen, indem keine heterogenen Ausdruckssubstanzen, sondern nur eine einzige zugelassen ist und produziert wird. Obgleich das Gesicht eine Mannigfaltigkeit ist, dient die Gesichthaftigkeit der Ausschaltung der Polyvozität, so Deleuze/Guattari (ebd.: 250, 247, 248). Das Gesicht sei Politik. Und die politische Frage an das Gesicht laute: Welche Beziehung unterhält es zu den Machtgefügen, die diese gesellschaftliche Produktion brauchen (ebd.: 249)? Auf das Auftauchen gesichthafter Schemen im Film *Border* gemünzt, ist folglich zu fragen:

8 | Ein paar Seiten darauf folgend charakterisieren Deleuze/Guattari Christus als „weißen Durchschnittsmann" (Deleuze/Guattari 1992: 244). Mir scheint, dass die beiden Autoren damit deutlich auf die Position einer dominanten Norm abzielen. Stunde 0 der Gesichtsmaschine ist die Geburt Christi.

9 | Signifikanz und Subjektivierung würden einander in der kapitalistischen Moderne tatsächlich vollständig durchdringen, so Deleuze/Guattari 1992: 250.

Wie wird „das Gesicht Sangatte" im Kontext gegenwärtiger europäischer Grenz- und Migrationspolitiken als Naheinstellung auf eine migrantische Passion wirksam?

AFFEKTBILD UND GESICHTHAFTIGKEIT

Die Filmemacherin montiert ihr Material aus dem Feld als eine Art ein- und ausatmend rhythmisierte Gesichthaftigkeit; sie folgt den Mikrobewegungen des Anwachsens und Abnehmens eines Gesichts, den an- und abschwellenden Singularitäten im Inneren des „Gesichts Sangatte". Eine durchgängige und eindringliche, hypnotisch-monotone Musik[10] sorgt für den Zusammenhalt; die Verkettung zu Sequenzen wird unterstützt durch einen von der Filmemacherin selbst eingesprochenen Off-Text, der das „Gesicht Sangatte" von Zeit zu Zeit ausdeutet, indem er über „they" erzählt. Gemeint sind damit die Migrant*innen, die sich verstecken, und – seltener – die Polizei, die Behörden und auch die Anwohner*innen. Die Komposition eines sich zuweilen abzeichnenden und dann wieder im Dunkel der Formlosigkeit verlierenden „Gesichts Sangatte" wird unmittelbar mit dem subjektiven Empfinden der Filmemacherin kurzgeschlossen bzw. von diesem übercodiert. Dadurch wird sein Ausdruck als Traurigkeit und Einsamkeit gekennzeichnet und im „Mit-Gefühl" aktualisiert. Diese Politik des Gesichts ist, so meine ich, problematisch, insbesondere im Kontext der hier stattfindenden Differenzierungen zwischen auf der Flucht Befindlichen und Sedentären, Legalen und Illegalisierten, *citizens* und *non-citizens*, intelligiblen Subjekten und *sujets abjects*[11], zwischen interpretativer Stimme und wahrgenommenen, ja gesichteten Körpern als Individualitäten oder Dividualitäten. Wenn ich sage, dass das „Gesicht Sangatte", das uns anstarrt, vom autoritativen Subjektivismus des Off-Textes unterstrichen einem System von Zeichen zugeführt wird, die eine Zone des Wahrzunehmenden und zu Verstehenden (Subjektivität und Signifikanz) organisieren, dann interessiert mich dabei etwas anderes als die Kritik am Anspruch oder den Eigenheiten interpretatorisch bestimmender Off-Texte im Allgemeinen. Mir geht es darum, was aus dem Affekt, aus dem „Gesicht Sangatte" im Zuge der filmischen Assemblage wird. Großaufnahme, Gesicht, Affektbild – alle drei setzt Deleuze in seinem Kino-Buch, das drei Jahre nach *Mille Plateaux* erscheint, gleich. Sie bilden gewissermaßen die Matrix jeglicher Facialisierung.

„It was so sad, so lonely. I watched so many people pass. [...] A few died. Sometimes someone made it over the border." So lautet der Eingangskommentar des Films, mit dem die Zuschauer*in auf die Spur seiner gesichtsmaschinischen Operationen

10 | Für die Filmmusik zeichnet Simon Fisher Turner.

11 | In Anspielung an das von Lacan, aber auch Bataille inspirierte „abject" bei Julia Kristeva, welches den Bezug des Subjekts auf sich selbst, die physische und psychische Abgrenzung zwischen sich selbst und dem Anderen sowie die Unterscheidung zwischen Objekt und Subjekt stört. „What does not respect borders, positions, rules. The in-between, the ambiguous, the composite." (Kristeva 1982: 4)

geschickt wird. Und dieses Pathos als Mitleid, Mitgefühl und einsam zurückbleibende Traurigkeit treibt das „Gesicht Sangatte" dramaturgisch bis auf jenen Punkt hin, an dem die Empfindungsqualität, die der Subjektivität der Filmemacherin eine Stimme verleiht, mit der „Potentialqualität" des „Gesichts Sangatte" zur Deckung gebracht wird. Damit identifiziert der Film den Ausdruck des „Gesichts Sangatte", seine Qualitäten, sein Vermögen und vor allem den damit einhergehenden Suspense einer Individuation mit den vorgängigen und nachträglichen melancholischen Erinnerungen und Empfindungen der Filmemacherin – und hält an dem in dieser Weise aktualisierten Platz seinen Atem an. Die Erstarrung des „Gesichts Sangatte", die Blockade seines Affekts, der aktualisierte Ort, an dem das „Gesicht Sangatte", das uns anstarrte, einer Begründung oder einer Art Ursache zugeführt wird (die im Film bezeichnenderweise nicht näher erläutert oder verständlich gemacht wird), ist im Begehren eines Selbst nach einem „you" aufgerichtet. An diesem Ort verliert sich allerdings zugleich das Gesicht Sangatte, es verschwindet, denn „you" ist eine Migrant*in, die oder der dem der Sicht entzogenen und im Off sprechenden „Ich" der Filmemacherin nicht mehr als Gesicht erscheinen würde, sondern ihr auf einem (staatlichen) Territorium, in einem bestimmten raum-zeitlichen Gefüge gegenüber träte. Am Schluss des Filmes ist von einem Brief die Rede, den ein Migrant nach seiner Ankunft in England an die Filmemacherin geschrieben habe. Darin berichte er, so wird gesagt, dass er niemandem erzählen könne, dass er einmal in Sangatte gewesen sei. Dass dieser Brief im Film referiert wird, bringt die Aktualisierung des „Gesichts Sangatte" in der geographischen und historisch bestimmbaren Umgebung eines Verhältnisses zwischen „you and me" zum endgültigen Abschluss. Die Gesichtsmaschine erweist sich als eine Art Spiegelungswunsch, das Affektbild ist domestiziert und in ein Aktionsbild eines Filmes überführt worden, der vom Senden und Empfangen adressierter Briefe handelt, die noch dazu in Schweigen hüllen, worüber sich nicht sprechen lässt. Um das darin aufgehobene „Warum" oder „Wie" von Sangatte, das, was das Unerzählbare *macht*, schließt sich Stille und gleißendes Licht. Die nunmehr undeutlich gewordene Spur eines „Gesichts Sangatte", welches *Border* letztlich in einer brutalen Aufblende zum erlöschen bringt, möchte ich im vorliegenden Kapitel einerseits erinnern und zum anderen erneut auslegen als „das, was Blanchot als ‚den Teil des Ereignisses [bezeichnet], den auch sein Eintreten nicht verwirklichen kann'." (Deleuze 1997, Bd. 1: 143)[12]

Rassismus und die Wellen des Gleichen

Den Film *Border* selbst will ich derweil in die Ordnung der Signifikanz und der Subjektivierung entlassen. Insofern er die aufgerissene Differenz, oder mit Deleuze gesprochen, die Potenzialqualität des „Gesichts Sangatte", im Sprechen über das, worüber

12 | Vgl. hierzu auch im ersten Kapitel „Diesseits und jenseits" die Absätze über das Ereignis des *bordercrossing* und die Ereigniszeit.

jemand nicht erzählen kann, zu Ende bringt und sie mitunter als ein Verhältnis von Subjekten zu regeln trachtet, bei dem ein Ich darüber entscheidet, worüber sich im Du das Schweigen schließt, kehrt er zur Ordnung der Repräsentation zurück. Allerdings verläuft diese Linie einer „absoluten Deterritorialisierung (Übercordierung)" (Deleuze/Guattari 1992: 240) hier über eine Art Verabsolutierung der weißen Wand, das heißt des Begehrens der Filmemacherin und eines Kameraauges, welches auch das Dunkle, die verborgenen Vorgänge nachts in Sangatte zu erhellen vermag. – All dies wird auf der weißen Wand verstrichen, sie breitet sich aus und verschluckt alles, sogar die über sich selbst befremdete Filmemacherin. Auch wenn es möglicherweise die Absicht des Films und seiner Autorin war, das „Gesicht Sangatte" von seinem Verschlungen-Werden im schwarzen Loch des despotischen Signifikanten „Sangatte" zu erretten, dann hat die in Gang gesetzte Maschine das schwarze Loch – „they" – durch die Ausweitung der weißen Wand immer weiter schrumpfen lassen, bis an die Schwelle, an der „they" im Gefüge eines Du, das sich als Abhängigkeit des Ich ergibt, ent-antlitzt werden, *effacés* und zum „you" aufgeblendet: gleißende Fläche zwischen Ich und Du, geblendete Sicht, reine Signifikanz.[13]

Im Kontext der aktuellen europäischen Politik von Migration und Grenze, die sich immer wieder ihr Gesicht zu suchen scheint, möchte ich zudem auf den Zusammenhang zwischen der Gesichtsmaschine und dem Rassismus verweisen, wie er bei Deleuze/Guattari formuliert wird: Es sei ein Irrtum, zu glauben, der Rassismus hätte jemals jemanden ausgeschlossen oder als Anderen, Fremden bezeichnet, so die beiden Autoren. Vielmehr würde der Rassismus Abweichungsgrade im Verhältnis zum Gesicht (des Weißen Mannes, der Stunde Null) in „exzentrischen und retardierenden Wellenbewegungen auffangen", denn aus der Sicht des Rassismus gäbe es keine Außenwelt und keine Menschen, die draußen sind (ebd.: 244). „Es gibt nur Menschen, die wie wir sein sollten und deren Verbrechen darin besteht, dass sie es nicht sind. [...] Der Rassismus entdeckt nie die Partikel des Anderen, sondern verbreitet Wellen des Gleichen, bis zur Ausrottung dessen, was sich nicht identifizieren lässt (oder sich nur mit einem bestimmten Abweichungsgrad identifizieren lässt). Seine Grausamkeit entspricht seiner Inkompetenz oder Naivität." (Ebd.: 245)

Ich denke, dass die Domestizierung und Humanisierung des Schreckens des „Gesichts Sangatte", seine Blendung und Überblendung in ein adressierbares Du der hier beschriebenen Logik des Rassismus folgt und sich in *Border* zudem mit einem ästhetischen und optischen Programm der Sichtbarmachung verbindet. Dieses durchzieht ein allegorischer Trugschluss, demgemäß die Rechtlosigkeit nur eine andere Erscheinungsweise von Unsichtbarkeit ist und sich folglich als Bild der Unsichtbarkeit erschließen und überwinden ließe. Dieser Täuschung liegt die Optik ei-

13 | Zu einer ganz anderen Schlussfolgerung und Bewertung als ich kommt Eva Kuhn (2010) in ihrem Aufsatz über *Border*. Sie sieht in dem Film einen „media-ethical stance" (ebd.: 138) am Werk. Allerdings arbeitet sie in ihrem Text eine solche, wie sie sagt, von der Einschreibung der Subjektivität der Filmemacherin getragene Ethik nicht näher aus.

nes (aufklärerischen) Ideals von Sichtbarkeit zugrunde, die unmittelbar an die über binäre Oppositionen und Bi-univozitäten operierende und über- statt transkodierende Gesichtsmaschine angeschlossen ist: dunkel versus hell, scharf versus unscharf, schnell versus langsam, Ermächtigung versus Entmächtigung, Macht versus Ohnmacht usw., bis sich letztlich eine Art „sichtbare Unsichtbarkeit" als alles abdeckende weiße Wand vor einem aufstellt.[14] Der politische Modus dieser Wand, dieses allgegenwärtigen Bildschirms wird von einem Despotismus generiert, der sich als Sorge um die Opfer der Repräsentanz gebärdet: Aber indem er jede Differenz und das Außen eliminiert, indem er – durch den Anspruch auf Omnipräsenz – danach trachtet, sich gegen alle erdenklichen Erschütterungen abzusichern, schmettert er letztlich den Vorwurf der ungleichen gesellschaftlichen Verteilung politischer Teilhabe und Gestaltungsmacht, Handlungsmacht und Sprecher*innenpositionen ab.[15] Unter dem despotischen Blickwinkel mögen solche Fragen in der Folge als ein logi-

14 | Zur Frage bzw. problematischen Gleichung von „Sichtbarkeit = politische Macht?" vgl. das gleichnamige Kapitel in Schaffer 2008: 51-59, sowie im ersten Kapitel der vorliegenden Schrift die Absätze „‚Sichtbarkeit' - eine Grenze ziehen und dagegen verstoßen".

15 | Bereits in *Differenz und Wiederholung* hat Deleuze den Zusammenhang zwischen dem Schrecken im Gesicht und der Frage der Differenz bzw. der Alterität formuliert und implizit auf das Kino bezogen: „Diese [ganz andere, dem System Ego/Ich zugehörige] Struktur muss mit dem Namen des ‚Andern' bezeichnet werden. Sie bezeichnet niemanden, sondern nur mich für das andere Ego und das andere Ego für mich. Der Fehler der Theorien liegt genau darin, unaufhörlich zwischen einem Pol, an dem der Andere auf den Status eines Objektes reduziert ist, und einem Pol, wo er zum Status des Subjekts erhoben wird, zu schwanken. Selbst Sartre begnügte sich damit, dieses Schwanken in den Anderen als solchen einzuschreiben, indem er zeigte, dass der Andere Objekt wird, wenn ich Subjekt bin, und selbst nicht Subjekt wird, ohne dass ich meinerseits Objekt bin. Dadurch blieb die Struktur des Anderen ebenso verkannt wie seine Funktionsweise in den psychischen Systemen. Als Anderer, der niemand ist, sondern Ich für den Anderen und der Andere für mich, definiert sich der *Andere a priori* in jedem System durch seinen expressiven, das heißt impliziten und umhüllenden Wert. Man betrachtet ein entsetztes Gesicht (unter Erfahrungsbedingungen, bei denen ich die Gründe dieses Entsetzens nicht sehe, nicht empfinde). Dieses Gesicht drückt eine mögliche Welt aus - die grauenerregende Welt. Unter Ausdruck verstehen wir wie immer jene Relation, die wesentlich eine Verzerrung enthält, eine Relation zwischen einem Ausdrückenden und einem Ausgedrückten, so dass das Ausgedrückte nicht außerhalb des Ausdrückenden existiert, obwohl sich das Ausdrückende darauf wie auf etwas ganz anderes bezieht. Unter möglich verstehen wir folglich keinerlei Ähnlichkeit, sondern den Zustand des Implizierten, des Umhüllten, und zwar gerade in seiner Heterogenität zu dem, wodurch es umhüllt wird: Das entsetzte Gesicht ähnelt nicht dem, wodurch es entsetzt wird, umhüllt es vielmehr im Zustand der grauenerregenden Welt. In jedem psychischen System ist die Wirklichkeit mit einem Gewimmel von Möglichkeiten umgeben; aber unsere Möglichkeiten sind stets die Anderen. Der Andere kann nicht von der Expressivität getrennt werden, die ihn konstituiert. Selbst wenn wir den Körper des Anderen als Objekt betrachten, seine Augen und Ohren als anatomische Belegstücke, berauben wir sie nicht jeglicher Expressivität, obwohl wir die Welt, die sie ausdrücken, bis ins Äußerste vereinfachen: Das Auge ist ein impliziertes Licht, das Auge ist der Ausdruck eines möglichen Lichts, das Ohr der Ausdruck eines möglichen

sches, logistisches oder politisches Problem dargestellt werden, das die Reichweite und die Grenzen der Souveränität betrifft; trotzdem bedeutet eine solche Darstellung nicht, dass die verkörperten Erfahrungen, die heute im Transit und an der europäischen Grenze gemacht werden, nicht konstitutiv wären für die Aktualität und die mögliche Transformation ebendieser Souveränität. Meiner Ansicht nach ist es somit kein Zufall, dass sich *Border* nicht nur nicht für die recht große Anzahl von etwa 85% der 50.000 Transitmigrant*innen interessiert, die zwischen 1985 und 2002 in Sangatte waren und denen es gelungen ist, England zu erreichen, wo sie zu dieser Zeit noch einen legalen Status erhalten konnten (vgl. AnArchitektur 2002), sondern diese Fakten ignoriert. Mehr noch, in der Anrufung des „you" wird die sicherlich komplexe Potenzialität, die mit diesem Faktum verbunden ist, zum Schweigen gebracht, ja getilgt, damit all die Formen des Werdens der Migrant*innen, ja eine kommende Condividualität der Migration, nicht mehr wahrgenommen werden muss.

Wie das Gesicht auflösen? – Vom Transit zur *traversée*

In der Tat kann es auch an der mangelnden Vertrautheit mit einer Sache liegen, dass man sie schnell mit einem Geheimnis verwechselt. Und nicht selten äußert sich diese Verwechslung dahingehend, dass das Sprechen von einem Raunen begleitet wird. Dies ist oft der Fall, wenn das Thema in westeuropäischen, mittelständisch ausstaffierten Alltagsgesprächen auf die Unwirklichkeit, Unsichtbarkeit, ja sogar Unlesbarkeit der so genannten nicht-dokumentierten oder auch illegalisierten Migration fällt. – Ließe sich dementsprechend nicht vielleicht sagen, dass Laura Waddington schlicht das pathische Element der Züge und Konturen von Sangatte verfehlt habe? Geschah es nicht vielleicht aus bloßer Unvorsichtigkeit und Unwissenheit, ja infolge ihrer sozialen Distanz, dass sie den Affekt gewissermaßen verpfuschte? – Ja und nein. Denn, zum einen entspricht die Gesichtsmaschine keiner transzendenten Realität. Nicht die abstrakte Maschine der Gesichthaftigkeit determiniere die Existenz konkreter Gesichter, wie eine Essenz eine Existenz bestimmen würde; umgekehrt könne man aber die Existenz konkreter Gesichter auch nicht erklären, ohne aus ihrer aktuellen Realität die virtuelle und nicht minder reale Karte, sowie die Kräfteverhältnisse und das Werden zu extrahieren, die sie umfasst, so Anne Sauvagnargues (2010).[16] Hierbei gilt es allerdings, das dem Affektbild oder Gesicht („visage") innewohnende Risiko ernst zu nehmen, welches daraus besteht, dass es gleichermaßen Angesicht („face") wie Auslöschung („effacement") ist, wie Deleuze bemerkt (1997,

Lauts." (Deleuze 1997: 326) Ein paar Zeilen später macht Deleuze explizit, dass der Andere nur als Ausdruck einer möglichen Welt erfasst werden kann.

16 | Originaltext: „Ce n'est pas la machine abstraite de visagéité qui détermine l'existence des visages concrets, comme une essence déterminerait une existence, mais on ne peut expliquer l'existence des visages concrets sans extraire de leur réalité actuelle la carte virtuelle, mais tout aussi réelle, des rapports de forces et des devenirs qu'il comporte."

Bd. 1: 140). Wie also kann man denn jenen Grenzen des Gesichts begegnen, die sich im Angstaffekt und im Verlöschen im Nichts ereignen? Führt das Gesicht, dessen Substanz der aus Begehren und Verwundern zusammengesetzte Affekt ist, der ihm Leben verleiht und es zum Offenen, zum Lebendigen hin wendet, unvermeidlich auf den Weg des Grauens und der Zerstörung oder lassen sich die dem Affektbild eigenen Grenzen erweitern (ebd.: 140-142)? Wie das Gesicht überwinden?

In *Mille Plateaux* gibt es zwei Stellen, die beschreiben, wie dem Gesicht und seinen Erschaffungsweisen zu entkommen wäre: Durch Formen des Werdens, nichtwahrnehmbar, klandestin, „Sommersprossen, die zum Horizont ziehen, vom Wind verwehte Haare, Augen, durch die man hindurchgeht, anstatt sich in ihnen zu spiegeln [...].“ (Deleuze/Guattari 1992: 234) Die beiden Autoren sprechen hier gar von einer Bestimmung des Menschen (wenngleich im Konjunktiv), die darin liege, das Gesicht aufzulösen. Und an anderer Stelle berücksichtigen sie, wie schwierig dieses Unterfangen ist, bei dem es darum geht, Linien der A-Signifikanz zu ziehen, die sich immer als gebrochene zusammenfügen: „Wenn das Gesicht eine Politik ist, dann ist auch das Auflösen des Gesichts eine Politik, die wirkliches Werden nach sich zieht, ein ganzes Klandestin-Werden. Das Gesicht auflösen ist das gleiche, wie die Wand des Signifikanten zu durchbrechen oder aus dem schwarzen Loch der Subjektivität herauszukommen.“ (Ebd.: 258) Dabei geht es darum, *im* Gesicht die Merkmale der Gesichthaftigkeit freizulassen, wie Vögel, und in Verbindung mit unbekannten Bereichen des Anderen zu treten, ohne in sie einzudringen oder sie zu erobern (ebd.: 260). Wie und um welchen Preis aber lässt sich „die Zahl Eins, eins und unteilbar – das Gesicht“ (ebd.: 257) zerteilen? Bezug nehmend auf Henry Millers *Wendekreis des Steinbocks* antworten Deleuze/Guattari: „Um den Preis eines *Tier-Werdens*, eines *Blume- oder Fels-Werdens* und darüber hinaus noch um den Preis eines seltsamen *Nicht-Wahrnehmbar-Werdens, eines Hart-Werdens, das eins mit dem Lieben wird.*“ (Ebd.: 257)

Deleuze/Guattari sagen dem Gesicht eine große Zukunft voraus, aber nur, wenn es zerstört und aufgelöst werde, durch „Zielsuchköpfe“, die Signifikanzen zu durchschlagen und aus Löchern des Subjektiven emporzuschießen vermögen (ebd.: 261). Die beiden Autoren betonen, dass es sich bei der Auflösung des Gesichts nicht um das Abenteuer von Kunstliebhaber*innen handle, die Kunst sei nur ein Mittel, um Lebenslinien zu ziehen. Diese Lebenslinie müsse – etwa im Gegensatz zur Zerstörungs- und Todeslinie des Rassismus – als Schöpfungslinie einer absoluten Deterritorialisierung, als eine von Formen des Werdens durchdrungene Linie also, gezogen werden.[17] Durch die Gesichtsmaschine hindurch zu entkommen, die Unterordnung

17 | Der Begriff der absoluten Deterritorialisierung ist nach Deleuze/Guattari zentral für die Übercordierung der Gesichtsmaschine. Die absolute Deterritorialisierung kann sich als Schöpfungslinie, aber eben auch als – begrenzende – Zerstörungs- oder Todeslinie erweisen. Relative Deterritorialierungen dagegen sind als transkodierende, segmentierte und aufgeteilte Linien zu verstehen. Eine relative Bewegung lässt sich Deleuze/Guattari

der Wahrnehmung unter die Organisationsform des Gesichts aufzulösen, ist aber in jeden Fall mit der Frage verbunden: „Wie uns von uns selbst lösen, wie uns selbst loswerden?" (Deleuze 1997, Bd. 1: 97). Ausgehend von dieser Frage schreibt Deleuze über Samuel Becketts *Film* (USA 1965) als einem Versuch, das Gesicht zu entmachten, der Gesichtsmaschine zu entkommen, wobei der Protagonist und Darsteller Buster Keaton mit der furchterregendsten Form der Wahrnehmung konfrontiert werde, nämlich der Selbstwahrnehmung: Dort, in jenem Sein also, welches im Wahrgenommen-Werden gründet und im Angesicht des Anderen/Selben entsteht, erlöschen.[18] Im selben Moment erlischt auch das Affektbild, welches „die Wahrnehmung seiner selbst durch sich" ist (ebd.: 99), da Sein eben Wahrgenommen-Werden bedeutet. – Dieses ist ein heikler, ein gefährlicher Moment: Im „Erlöschen der subjektiven Wahrnehmung" (ebd.: 98) entsteht die größte Gefahr, so Deleuze, weil die Kamera, die ‚objektive' Wahrnehmung also, sich dadurch von ihrer Beschränkung befreie und sich – maschinisch – auf die subjektive Wahrnehmung zubewegt. Bezieht man diese Beobachtung auf die Lebenslinie, so wird deutlich, dass man bei dem Unterfangen, das Gesicht aufzulösen, von Sinnen kommen und wahnsinnig werden kann. – Die Entfesselung der Kamera ist eine Schwelle, die zu jenem unhintergehbaren Untergrund, dem unzureichenden Grund einer ‚begriffslosen Differenz'

zufolge von einer absoluten unterscheiden an den unterschiedlichen Körpern, als die sie wahrgenommen werden: als ein multipler Körper, der in einer wirbelnden Bewegung einen glatten Raum besetze oder aber als ein Körper, der als Eins betrachtet wird und sich in einem gekerbten Raum verschiebe (Deleuze/Guattari 1992: 705). Diese beiden Bewegungen existieren aber durchaus nicht getrennt voneinander, sondern agieren jeweils aufeinander, sind jeweils genauso ineinander verschränkt wie die negative Deterritorialisierung, die von der Reterritorialisierung blockiert wird und die positive Deterritorialisierung, die sich auf Reterritorialisierungslinien realisiert bzw. sich durch diese hindurch behauptet, aber segmentiert bleibt und Löcher aufweist bzw. gräbt. „Die D ist [...] immer dann absolut, wenn sie die Erschaffung einer neuen Erde bewirkt, das heißt, wenn sie Fluchtlinien miteinander verbindet, sie in die Potenz einer abstrakten Lebenslinie versetzt oder eine Konsistenzebene absteckt. Alles wird dadurch kompliziert, dass diese absolute D sich zwangsläufig durch die relative vollzieht, eben weil sie nicht transzendent ist. Und umgekehrt braucht die relative oder negative D ein Absolutes, um ihre Operationen durchzuführen: sie macht aus dem Absoluten etwas ‚Umfassendes', etwas Totalisierendes, das die Erde übercodiert und das von nun an die Fluchtlinien konjugiert, um sie aufzuhalten und zu zerstören, anstatt sie miteinander zu verbinden, um etwas zu erschaffen [...]." (Ebd.: 705) Es scheint mir für die Frage der Migration bzw. der Grenzüberschreitung und somit für das vorliegende Kapitel von besonderem Interesse, dass Deleuze/Guattari einräumen, man müsse zum besseren Verständnis der absoluten Deterritorialisierung die Beziehungen zwischen Deterritorialisierung, Territorium, Reterritorialisierung und Erde besser verstehen (ebd.: 704) – ein Unterfangen, dem sich das vorliegende Kapitel gewissermaßen verschreibt, wenngleich dezidiert in der Perspektive der Migration aufgegriffen.

18 | Im Film ist dies der Moment, in dem das Gesicht des Protagonisten im Spiegel erloschen ist.

führt, welcher (die Grausamkeit jeder) Bestimmung innewohnt[19] und die Deleuze in seiner Beschreibung von Becketts *Film* als „kosmisches Flimmern von Bewegungsbildern“ bezeichnet (ebd.: 99).

Die im gegenwärtigen Transit des europäischen Migrationsregimes angeworfene und bedeutungsgenerierende Gesichtsmaschine, mit der *Border* hantiert, lässt sich also nicht einfach anhalten und auch nicht so leicht auflösen, denn sie fordert, dass man die Bedingungen ihrer Bestimmung – etwa das „Gesicht Sangatte“ – festlegt. Und das lässt sich nur als eine empirische Begegnung, in einem bestimmten Gefüge tun. Und genau an diesem Punkt wird man durch die Augen von Sangatte hindurch schwimmen müssen,[20] hinein in die A-Signifikanz, durch die Freisetzung von Bildlichkeit, durch die Bilderflut oder den Entzug von ‚Verbilderungen‘, indem am Gesicht die Effekte seiner Medialisierung signifiziert werden statt die Zeichen seiner Individualität – hinein in die gesichtlosen Empfindungen und Intensitäten eines organlosen Körpers.

In diesem Kapitel gilt es, sich auf Deterritorialisierungslinien des Gesichts Sangatte zu setzen und dabei nach Zielsuchköpfen Ausschau zu halten, mittels Arten von Anti-Kino, wie man die Filme von Marguerite Duras etwa oft gekennzeichnet hat, und durch sie hindurch. Wie bei Duras, das Schwarzbild im Film zu sehen beginnen.[21] Sich mit „mots-trous“, mit Wortlöchern und Lochwörtern herumschlagen, am Rande des Abgrunds, der Leere, des Erlöschens des signifikanten Modus'.[22] Tiefer in den Kinosessel hinein fallen, durch ihn hindurch fallen und so ein Loch ins Kino schlagen, in diesen Raumkäfig, der als Löcher, durch die man entkommen kann, nur die Leinwand vorsieht... Hierbei geht es aber nicht um eine Bewegung, die eine bestimmte Grenze überschreitet, eine Barriere durchbricht, denn auf der anderen Seite wird nichts liegen. Es geht also nicht um ein Überqueren wie auf einer Transitstrecke in der Erwartung eines Ortes der Ankunft jenseits, sondern um ein Quergehen. Es geht darum, in Löchern zu sehen und zu denken, als ob man in den Stapfen eine*r Anderen voranginge. Und dabei Monitore und Bildschirme aufspannen und verbinden. Das Durchgehen, Durchreisen, von dem das vorliegende

19 | Im Gegensatz zur begrifflichen Differenz (einer sowohl endlichen sowie unendlichen Repräsentation) und zur Indifferenz als schwarzem oder weißem Nichts (Deleuze 1997: 49) entspricht der formlosen und potenziellen Mannigfaltigkeit einer begriffslosen Differenz in *Differenz und Wiederholung* eine Identität, die nicht primär ist, sondern nur als sekundäres, als gewordenes Prinzip existiert (ebd.: 46, 65).

20 | Dieses Bild benutzen Deleuze/Guattari in Referenz auf Henry Miller.

21 | Marguerite Duras' Film *L'Homme Atlantique* (1981) etwa besteht beinahe nur aus Schwarzbildern, außer einigen kurzen Momenten aus Schnittmaterial zu *Agatha* (1981). Siehe zu Marguerite Duras' Anti-Kino auch meinen Vortrag zu Duras' Film *Détruire dit-elle* Kuster 2011.

22 | Duras wohnte zwischen 1963 und 1996 immer wieder für längere Schreibperioden im direkt am Strand gelegenen Hotel Roches Noires in Trouville.

Kapitel handelt, ist eine Bewegung, die, indem sie die üblichen Bewegungsrichtungen schneidet, eine Traverse etabliert, wie man beim Bergsteigen sagt, so gesehen eine Spur legt, die an einem steilen Abhang entlangführt, einen Abgrund umgeht. Guattari entwickelt seinen theoretischen und politischen Begriff der Transversalität – vom lateinischen „transversare" und von „transversus" (quer) abgeleitet, das in der Geometrie das Schneiden einer mathematischen Figur bezeichnet – ab den 1960er Jahren im Zuge der institutionellen Therapie in der Klinik La Borde (Guattari 1976). In Abgrenzung von vertikalen Organisationsanordnungen, die der Unterwerfung bedürfen, aber auch von der Horizontalität als einer Ordnung, die sich mit dem Gegebenen und seinen Separationen arrangiert und deren Bedeutung er später mit dem Begriff der maschinischen Indienstnahme weiter entwickelt, ist die Transversalität nach Guattari eine Linie, die „mannigfaltige a-zentrierte Verbindungen" zieht (Nigro/Raunig 2011: 194) und alle denkbaren Formen von Herrschaft angreifen soll. „Transversalität bekämpft also die Zentralisation, die Vertikalität und die Totalität." (Ebd.: 195) Über den Rahmen der institutionellen Therapie hinaus kann sie als eine ästhetisch-politische Praxis verstanden werden. Die transversale Linie hat sich auch von der Diagonalen befreit, die immer noch eine lokalisierbare Verbindung von einem Punkt zum anderen andern ist (Deleuze/Guattari 1992: 406f.); die Transversale bricht nicht durch Koordinaten hindurch, sondern über sie hinweg. In dieser Hinsicht greift das vorliegende Kapitel die *traversée*, wörtlich die Überfahrt, auf, nämlich insofern als bei dieser Operation immer etwas umgewendet wird – gerade auch und insbesondere in einem Meer, dem Inbegriff des glatten Raumes, aber vielleicht auch und noch viel mehr des beliebigen Raumes[23] und damit neben dem Gesicht das zweite Herkunftselement des Affektbildes nach Deleuze (Deleuze 1997, Bd. 1: 154). Deterritorialisierung von *trou* mit *tout*, von *whole* zu *hole*. Im Meer das Gesicht der traversée auflösen:

„Das Meer ist vollständig geschrieben für mich. Es ist wie mit Buchseiten, sehen Sie, volle Seiten, leer Kraft dessen, dass sie gefüllt sind, unlesbar, weil beschrieben, voller Schrift." (Duras/Porte 1977: 91)[24]

---

23 | Neben dem Gesicht ist für Deleuze der beliebige Raum der zweite wichtige Typus des Affektbildes. Der beliebige Raum (oder Nicht-Ort), den Deleuze von Marc Augé entleiht und für seine Zwecke adaptiert, ist ein Raum ohne Eigenschaften, so dass er bloß Potenziale und Qualitäten freisetzt statt bestimmte Richtungen oder Verhaltensweisen, die auf ein Aktionsbild weisen. Der beliebige Raum, so Deleuze, ist ein Raum, der „seine Koordinaten und ebenso seine Maßverhältnisse verloren" hat. „Er ist jetzt taktiler Raum." (Deleuze 1997, Bd. 1: 152) Beliebige Räume sind offene, unbestimmte Handlungsräume. Im Sinne der Potenzialseite des Affekts setzen sie die Möglichkeit frei, dass eine Handlung eine neue, unerwartete Richtung nehmen kann, oder im Sinne der Qualitätsseite des Affekts, dass sich etwas an ihnen ereignen kann. Siehe zum beliebigen Raum bei Deleuze auch Réda Bensmaïa (1997).

24 | Ü.d.A. Im Original: „La mer est complètement écrite pour moi. C'est comme des pages, voyez, des pages pleines, vides à force d'être pleines, illisibles à force d'être écrites, d'être pleines d'écriture."

DAS BILD DES MEERES – *DANS UNE MER DE DOULEUR*

Es ist der Prospekt, der Hinblick, die Aussicht auf Wellen und Horizont, die in Mahamat-Saleh Harouns Film *Abouna* (Unser Vater) (Frankreich/Tschad 2002) eine zentrale Rolle spielen.[25] Dieser *prospectus* ist nicht nur Chiffre von Sehnsucht, von Traum und Imaginärem – also etwa die Wasserfläche als Leinwand, als Projektionsfläche von Projektionen überhaupt oder als Einschreibfläche, auf der sich etwas spiegelt oder abzeichnet, ja sogar als Attraktionsfläche ontologischer Figurationen, sondern in Harouns Film zeigt er ganz offensichtlich auch die Aufnahme von Wellen, die die Abreise und die Absenz tragen. Es sind diese beiden Aspekte, die Wellen, die wegtragen, und die wogenden Wasser, die Licht reflektieren und brechen, die die Basis für die folgenden Überlegungen bilden sollen. Die Ortlosigkeit des Meeres, des Wassers als beliebigem Raum und als Träger von Figuren und Figurationen, die zum Beispiel im Kräuseln der Wasseroberfläche entstehen und über eine starke visionäre Macht verfügen, ist Ausgangspunkt für die Frage nach dem Filmen der Überquerung. Diese Frage versteht sich im Kontext gegenwärtiger Bildpolitiken der Überquerung des Mittelmeers nach Europa und soll nicht zuletzt Kontrapunkte zu den Stereotypen, etwa der Tagesberichterstattung liefern. Und nochmals: Affektbilder sind Bilder, die nicht von dem handeln, was wir auf ihnen erkennen können, sondern von den Qualitäten und Potenzialen des Filmbildes selbst.

Die Protagonisten in *Abouna*, dem ersten der langsamen und rätselhaften Spielfilme von Harouns selbst so benanntem Vater-Sohn-Beziehungs-Triptychon, sind die beiden Brüder Tahir und Amine; das zentrale Thema ist deren Umherirren auf der Suche nach dem vermissten Vater.[26] Dieser ist weggegangen, er ist wahrscheinlich migriert, hat die Familie verlassen und ohne Nachricht zurückgelassen. Den Filmbeginn markieren mehrere Einstellungen eines Mannes, der mit einem Koffer in der Hand ganz buchstäblich in die Wüste der Emigration geht. *Abouna* handelt von einer zerrissenen Filiation, vom Weggehen, vom Zurückbleiben und vom Weitermachen.
Die Schauplätze in *Abouna* sind orwiegend in N'Djamena angesiedelt, wobei Türdurchgänge sowie Aus- und Einblicke durch Fenster eine große Rolle für die Bildkompositionen und die Sequenzen spielen. Kadragen, Durchblicke, Sucher und Sichtlöcher, als würden diese dabei helfen, etwas anderswo Gelegenes, etwas Abwesendes zu erkennen oder dieses Fehlende, Ersehnte irgendwo anbringen zu können, es an etwas anheften, es aufgreifen, wie eine Lichtreflexion von der Kamera vom

25 | Abgeleitet vom Lateinischen „prospectus" (Aussicht, Hinblick) wird der Begriff Prospekt vor allem in der darstellenden Kunst verwendet zur Bezeichnung von Ansichten, vorwiegend von Stadtansichten in einer starken bis überzeichneten perspektivischen Konstruktion oder in der Landschaftsmalerei.

26 | Siehe auch das Interview von Walter Gasperi mit dem Regisseur im *St. Galler Tagblatt* vom 20. Juli 2011 (Haroun 2011). Die beiden anderen Filme der Trilogie sind *Darrat* (2006) und *Un homme qui crie* (2010).

Boden aufgehoben wird. Das Meer kommt in Form einer Fotografie, eines nicht bewegten Bildes also, dreimal vor: Zum ersten Mal nach etwa 53 Filmminuten. Tahir und Amine starren auf die Fotografie des Meeres; es handelt sich um ein Poster, möglicherweise in Marokko aufgenommen, denn von dort aus hat der Vater ihnen diesen großformatigen Fotoprint zugeschickt, welcher sich im Film unter dem sehnsüchtigen Blick der beiden Jungen animiert. Ein bewegtes Bild samt dem Klang von schreienden Möwen und wellenschlagendem Wasser löst sich aus dem Still heraus. Von der Filmmontage wird es fast mehr als auf die Optik auf die Haptik bezogen, denn das Bild animiert sich, indem man Amines Hand über das gedruckte Bild streichen sieht. Ein zweites Mal (ab Minute 65) tritt das Bild des Meeres als Tahirs Trauer um seinen toten Bruder in Kraft. Tahir kniet auf seinem Bett, über dem das Poster an der Wand hängt. In seinen Händen hält er das Hemd seines an einer Asthma-Erkrankung verstorbenen Bruders. Unter Tahirs Blick zeigt sich im Poster bzw. im Film ein bewegtes, aber tonloses Fußballspiel der beiden Brüder am Strand. Etwa zehn Minuten danach kommt das Bild des Meeres das dritte und letzte Mal vor; es bildet das Schlussbild des Filmes. Tahir breitet das Poster auf dem Boden aus, unter den Augen seiner als gehörlos gekennzeichneten Freundin, mit der er sein Leben teilen möchte. Während er das Poster glattstreicht, singt er ein Lied, das – anders als die Fotos aus dem Familienalbum, die er seiner an Katatonie und Depression erkrankten Mutter zu zeigen versucht hatte, diese zu einer lebendigen Reaktion bewegen: Sie beginnt leise, die Melodie mitzusingen.

Die bewegliche Projektionsfläche, der an- und abschwellende, ort- und konturlose Attraktionsraum von Bewegung und Rauschen wird in Harouns filmischem Universum ebenso sehr vom Meer wie von der Wüste getragen. Das zeigt sein Kurzfilm *Expectations* (Frankreich/Tschad 2008) mit seinen Meereswogen sehr ähnlichen Sandwellen. *Expectations* handelt von der Passage zweier Männer und einer Frau durch die Wüste. In der als ein Sandmeer gezeichneten Landschaft lässt Haroun seine Figuren auftauchen und wieder verschwinden. Sie sind steil von oben oder von unten gefilmt. Sie navigieren durch diese furchterregend orientierungslosen Dünen wie durch stark verlangsamte Wellentäler. Sie streichen über den Sand oder lassen ihn durch ihre Finger gleiten. Auch in diesem Film geht es um eine wahrscheinliche oder versuchte Emigration – um Migration. Allerdings trennt eine jähe Zäsur den Filmverlauf: Der zweite Teil, der nach elf Minuten auf ein von Freejazz und Gesang untermaltes, langgezogenes Schwarzbild und die Titelschrift folgt, spielt in einem Dorf. In starken Grün- und Gelbtönen gehalten, steht nicht mehr das Unterwegssein im Fokus, sondern die Bewegungslosigkeit, das Erstarren und Verstummen Moussas, eines Emigranten, der auf halber Strecke durch die Wüste kehrt gemacht und wieder in sein Dorf zurück gefunden hat. Er war einer der drei Reisenden und Ausschauenden in der Wüste. Nun spricht er nicht mehr. Seine *community* verweist ihn mit Nachdruck auf seine Schulden, seine Geliebte fordert ihn auf, weg zu gehen, weil er ein Verlierer sei, der bereits zweimal seine Reise in den Sand gesetzt habe und seine Versprechen nicht halte. Sie bricht mit ihm. Und bei seiner erneuten, nunmehr dritten Abreise am Schluss des Filmes, der mit Moussas Schluchzen und im Offenen endet, sagt der Dorfälteste zu ihm: Wenn du es diesmal nicht schaffst, komm nicht zurück.

MODERNITÉS CROISÉES – VERSCHRÄNKTER RAUM

Nicht die Unmöglichkeit einer Rückkehr, nicht Unterwegssein, sondern Ankommen, Landen ist das Thema von *Les cinq gentlemen maudits* (Die fünf verfluchten Gentlemen) von Julien Duvivier (Frankreich 1931). Zwei merkwürdige Szenerien prägen nicht nur den Einstieg in den Film, sondern sie charakterisieren auch das fragliche Eintreffen in der Kolonie, von welchem der Film handelt. Die erste ist eine mit Leichtigkeit und einem beinahe futuristischem Genuss an der Bewegung gefilmte Partie *twistball* auf dem Oberdeck eines Fährschiffes während der Überfahrt von Südfrankreich nach Tanger. Es spielen unter der Aufsicht ihres Onkels, eines Kolonisten und Farmers in Marokko, eine junge Französin, ein reicher bretonischer Jüngling und zwei junge britische Männer (zwei der insgesamt fünf *gentlemen maudits*), Offiziere der *Royal Air Force*. Scharfe Schwarz-Weiß-Kontraste und von oben oder unten, in steilen Winkeln, fliegend und frei variierend auf die Spielenden genommene Einstellungen verstärken die moderne Dynamik, die hier akzentuiert wird. Dieser Eindruck von Moderne wird aber – und das ist die zweite Szenerie – scharf abgesetzt von einer fast liturgischen Regelmäßigkeit des synchronen Stampfens der Arbeiter einer Ledergerberei und Färberei, das von deren rhythmischem Gesang begleitet wird – ähnlich den tranceartigen Szenen des Betens und des Tanzens, die den Film im Weiteren durchziehen. Diese beiden einander entgegengesetzten Settings am Filmanfang lassen sich auf die folgende Formel bringen: Schiff als Ikone der Moderne im Gegensatz zu einer seit dem Mittelalter unveränderlich gebliebenen und den städtischen Raum prägenden Handwerkstechnik.[27] Individualismus und Geschlechterliberalismus kontrastieren mit einer geschlechterseparatistischen und gleich getakteten Männergruppe, säkulares Spiel und Sport mit Arbeit und religiöser Mühe sowie einer zyklischen Zeit. – Kurz: Bilder der kulturellen Moderne, der Bewegung und der Signifikanten von Fortschritt stehen Bildern der Vormoderne, des An-Ort-Tretens und der zirkulären Zeit der Tradition sowie der vorausdeutenden, anspielungsreichen Präfigurationen gegenüber. Diese durch die Montage geleistete Konfrontation produziert ein Spannungsfeld, welches Johannes Fabian (1983) in seinem Buch *Time and the Other* so treffend als Diskurs der Anthropologie und als Verräumlichung der Zeit bzw. als eine Verweigerung der Gleichzeitigkeit, die ‚Europa' von ‚Afrika' distanzierte, analysiert hat.

Allerdings stellt sich im Verlauf des Films heraus, dass anders als im Plot der meisten Kolonialfilme, in denen solche visuell ausgearbeiteten Kontraste dramaturgisch

27 | Die weltberühmte Ledergerberei von Fès, die in dem Film portraitiert wird, steht heute als Weltkulturerbe unter dem Schutz der UNESCO.

handlungsleitend werden, hier zum einen nichts so ist, wie es scheint, und zum anderen bloß Europäer*innen handeln, auch wenn es so aussieht, als wären sie Marokkaner*innen oder als handelten sie ‚als Marokkaner*innen'.[28] Offensichtlich inszeniert dieser Film *trompe-l'œil*-Effekte, er handelt von Trugschlüssen und Betrügereien, die gerade aufgrund des orientalistischen Okularzentrismus so gut greifen: Der Blinde erweist sich als Ausspäher, der *marabout* als Abzocker und als vom jungen Briten bezahlter und angeleiteter Schauspieler, dessen schöne, verschleierte Tochter entpuppt sich als verkleidete Europäerin. Ganz auf das Optische fokussiert, baut der Film einen Spannungsbogen auf, der in Trugbildern resultiert, denen auch die in exotische Aufregung versetzte Filmzuschauer*in erlegen ist. Damit übt *Les cinq gentlemen maudits* implizit Kritik am Plot des üblichen Kolonialfilms bzw. der landläufigen kolonialen visuellen Kultur, und mehr noch, in Teilen auch der kolonialen sozialen Verhältnisse. Diese Kritik, gespeist aus der Krise der Beherrschung, zeichnet sich besonders deutlich ab in einer Szene auf dem Landgut des kolonialen Siedlers, von wo aus bewaffneter, wenngleich kaum organisierter Widerstand in der Figur eines einsamen Reiters aus den Bergen wahrgenommen wird. – Eine Mischung aus Don Quijote und Robin Hood, scheint der berittene anonyme Berber am Horizont der schemenhaften Erinnerung an den Rif-Krieg 1921-26 Tribut zu zollen.[29] Insgesamt enthüllt der Film über die Gentlemen die Kolonie als Raum der Täuschung, und im Nachhinein wird klar, dass die *traversée*, die Eröffnungsszene der Überfahrt auf dem Mittelmeer, hier nur eine Richtung nehmen kann: Tief in den Süden hinein, in die falsche Hoffnung, die betrogene Sehnsucht: Das Schiff – Ikone der Moderne schlechthin und auch zentrale Metapher der avantgardistischen Architektur seit den 1920er Jahren[30] – erweist sich als Motor, der die Gesellschaft zwar trägt und fortbewegt, zugleich aber immer anschwindelt. Die koloniale Raumerschließung ist somit eine Art Selbstbetrug.

Auch wenn Michel Foucault das Schiff zur Heterotopie *par excellence*, zu einem Ort, der außerhalb aller Orte liegt, erhoben hat, so macht das paradigmatische Bild des Schiffs im Kontext der kolonialen Moderne insbesondere zwischen Nordafrika und

---

28 | Über die Kolonialfilmproduktion im Maghreb und zur Frage der Definition des Kolonialfilmes siehe Kuster 2010.

29 | Dieser Hinweis soll natürlich nicht über den explizit nationalistischen und kolonialreformerischen Plot von *Les cinq gentlemen maudits* hinwegtäuschen. Von den einheimischen, das heißt marokkanischen Stadtbewohner*innen als die Gewinner beklatscht, die unschuldig aus allen zwielichtigen Händel hervorgehen, werden in den Schlussbildern des Films der Bretone, sowie der französische Farmer mit seiner schönen jungen Tochter (beide als typisch südfranzösisch markiert) als aufrichtige Kolonist*innen gefeiert.

30 | Vielfältig mit der Schiffsarchitektur und der industriellen Rationalität des Schiffbaus beschäftigt hat sich auch Le Corbusier. Siehe dessen 1923 erschienene Schrift *Vers une architecture*.

Europa und als Staatsschifftopos – zunächst als Kanonenboot und Kriegsflotte[31] und später als Handelsdampfer und Passagierschiff, als Fähren, die nicht selten Städtenamen wie Marseille, Tunis, L'Oranaise, Sidi Bel Abbès oder El Biar tragen – deutlich, dass aus postkolonialer Sicht das Schiff statt als schwimmender Gebietsteil oder als Heterotopie nicht zuletzt vor allem auch als metaphorischer Ort aufgegriffen werden sollte, an dem sich die *entangled histories*, die Verbindungen und Wechselwirkungen der kolonialen Territorialisierung symbolisch verankern.[32] Und so werden wohl nicht zufällig Schiffe bildgebend für den so genannten *style paquebot* (Überseedampfer-Stil), eine modische und vor allem auch mondäne Moderne in der Architektur, welche ihren Höhepunkt in den 1930er Jahre erreicht und das Stadtbild der exakt in diesem Zeitraum aufblühenden und anwachsenden kolonialen Handelsstädte wie Casablanca oder Oran prägte – mit dynamischen Rundungen, Terrassen, Umgängen und Bandfenstern, die sich nicht selten auch in den Architekturen der damals entstehenden großen Kinobauten mit Namen wie Imperial, Liberté, Rex, Rialto, Vox oder Rif finden.[33]

Wie Ella Shohat und Robert Stam (1995: 100) betonen, fällt die Entstehung des Kinos mit dem Höhepunkt des imperialen Projektes zusammen. – 1897 drehte Louis Lumière in Marokko den Film *Le Chevrier marocain*; 1907 filmte Félix Mesguich in

31 | Assia Djebars Roman *L'Amour, la fantasia* umfasst im ersten Teil mit der Überschrift „La prise de la ville ou l'amour s'écrit" eine feministische Lesart der kolonialen Eroberung der Stadt Alger, die Djebar - in einer geradezu kinematographischen Perspektive - aus unterschiedlichen Blickwinkeln, als Sicht vom Meer aus auf die Stadt und als Wahrnehmung vom städtischen Raum aus beschreibt.

In der Allegorie des Staatsschiffes kann das Schiff auch als schwimmendes Teil-Territorium gelten und zum Repräsentant des Souveräns werden, was insbesondere in der Kolonisierung als Besetzung, als Kapern sozusagen, der Fall ist. Zum seit der Antike bestehenden Topos des Staatsschiffes bemerkt Bernhard Siegert (2010): „Die Stadt bzw. den Staat ins Bild des Schiffs zu setzen, hat eine lange Tradition, die bis in die Antike zurückreicht, während das umgekehrte Verfahren, das Schiff ins Bild der Stadt zu setzen, frühneuzeitlichen Ursprungs zu sein scheint." (Siegert 2010: 414) Im Anschluss an die Beobachtung dieser Wechselwirkung fragt Siegerts Text nicht nur nach der Repräsentation als einer Möglichkeit, die dem Politischen zugrunde liegt, sondern auch nach der in der Repräsentation gründenden Möglichkeit des Politischen und lotet mithilfe der Figur des Schiffs in diesem Sinne die Grenzen der Repräsentation aus.

32 | Vgl. auch Siegert (2005). Ausgehend von der Beobachtung, dass die Grenze zwischen Land und Meer eine für die kulturellen Institutionen des Abendlandes fundamentale Grenze sei (ebd.: 39), denkt Siegert in diesem Text das Bild des Staatsschiffs, das sich aus dem Ausnahmezustand speise, der mit dem Element des Meeres gegeben sei und der die ‚Ortheit' des Ortes permanent in Frage stelle, mit Foucaults Heterotopie zusammen (ebd.: 41). „Was der Staatsschifftopos verdrängt, um eine Imagination des Politischen zu begründen, ist die fundamentale Ambivalenz des Politischen, die mit der Beziehung auf das Schiff und das Meer ins Spiel gebracht wird." (Ebd.: 42)

33 | Am bekanntesten für den *style paquebot* sind Gebäude wie das *immeuble Liberté* in Casablanca oder die *maison Kodak* in Quimper.

Casablanca den Einmarsch der französischen Armee; 1914, zwei Jahre nach dem Vertrag von Fès, in dem Sultan Mulai Abd al Hafiz seine Souveränität an Frankreich übertrug, eröffnete in Casablanca das erste Kino. – Wenn man diese folgenreiche und bedeutungsvolle Koinzidenz in postkolonialer Tradition nicht nur entlang der großen Machtlinien, das heißt etwa entlang der erfolgreichen Vektoren kolonialer Besetzung (oder später des *nation building* in der Folge der Unabhängigkeiten) wahrnimmt, sondern ähnlich dem Schiff, das Kino als Ort der wechselseitigen Konstitution der Moderne und der Zirkulation zwischen Nordafrika und Europa aufgreift, dann erfordert dies eine Sensibilität, welche die vielfältigen und multi-direktionalen Widerstandsformen und Alltagskulturen, die sich auf verschlungene, abgelenkte Pfade und sich verlierende Abwege begeben haben, berücksichtigt. – Sie durchziehen den (post-)kolonialen urbanen Raum *zwischen* Nordafrika und Europa, sie bilden gewissermaßen das hin- und herfahrende Fährschiff.[34] Als Metapher für solche im Verhältnis zu den Koordinaten der Dominanz, der Expansionsrichtung Nord-Süd quer verlaufenden oder sogar fliehenden Vektoren lassen sich in *Les cinq gentlemen maudits* die Aufnahmen vom *souk* in Fès egreifen, der zum Schauplatz für den Showdown wird. Scharfe Schwarz-Weiß-Kontraste und flimmerndes Licht- und Schattenspiel verunmöglichen hier eine klare, identifizierende Sicht und behindern somit jene soziale Ordnung und Zuordnung, die der Protagonist (wieder) herzustellen versucht: Der junge Bretone verfolgt den Blinden, dem die Zuschauer*in im Verlaufe des Films bereits mehrfach begegnet ist, beim Versuch, dessen dubiosen Machenschaften zu erhellen, mitten in diesem Gewusel. Dabei wird der bretonische Gentleman vom dynamischen Sog der vorwärts drängenden Menschenmenge erfasst und muss gegen die Macht des *chiaroscuro*, der Licht- und Schattenspiele, all dieser seine klare Sicht verstellenden Projektionen ankämpfen, die sich auf der visuellen Ebene als stärker erweisen als die Wirklichkeit, die darunter liegt und deren Wahrheit es für ihn aufzudecken gilt. Der *souk*, der Markt, Ort des Handels und der Händel, Faszination und geradezu Urtopos der kolonialen Furcht vor Kontrollverlust und Verführt-Werden, wird hier als Sinnbild eines Zwischenraums inszeniert, zwischen Licht und Schatten gelegen, zwischen obskurem Schwarz und gleißendem Weiß, als fortwährende Verkehrung zwischen Figur und Grund, Signifikant und Signifikat oder Projektion und Substanz. Dieser im Filmbild flackernde Raum der Ambiguität, bei dem die Konturen von Dingen und Personen von nervös-ornamentalen Bewegungsmustern angegriffen werden und in dem sich die räumliche Orientierung und damit das Funktionieren eines Zeichensystems tendenziell verliert, ist ein klassischer Grenzraum der Gesichtsmaschine, der auf einen „Drehpunkt des Absoluten" zuläuft (Deleuze/Guattari 1992: 705).

34 | Siehe dazu mein Filmprogramm „Kleine Pfade – verschränkte Geschichten" (zusammen mit Madeleine Bernstorff) im Rahmen des Projektes „In der Wüste der Moderne", Haus der Kulturen der Welt, 19.-21. September 2008. Online: http://www.madeleine-bernstorff.de/bilder/kleinepfade.pdf [zuletzt gesehen am 29.12.2017].

Man musste die Ankunft des Kinos der Migration abwarten, damit die Sprache solcher Händel und Zwischenräume wie jener des *souks* in anderer als solch paranoiden Weise zur Geltung gebracht werden konnte. Erst die Migration vermag diese Zonen des Dazwischen, der Vermischung, der Übergänge vom Einen ins Andere als eigene, eigenständige und nicht bloß defizitäre oder bedrohliche Regionen der Durchdringung und Vermengung zu reflektieren, wie ich im Folgenden zeigen möchte.[35] So findet der aktuelle Film *La traversée* von Elisabeth Leuvrey (2013), den die Regisseurin dem bekannten Migrationssoziologen Abdelmalek Sayad (1933-1998) widmet, in der Passage, im Zwischenraum zwischen zwei Ufern, Territorien und Heimatländern, einen filmischen Ort, das heißt einen mentalen Schauplatz und zugleich den tatsächlichen Drehort: Der nicht unbedingt sehr bildstarke Dokumentarfilm ist ausschließlich auf der Fähre zwischen Marseille nach Alger aufgenommen.[36] Im Gegensatz zum kolonialen Kino, welches obsessiv mit der Frage der Separierbarkeit von miteinander potenziell kollidierenden Räumen beschäftigt ist, wie es die Sequenzen auf dem *souk* in *Les cinq gentlemen maudits* beispielhaft vorführen, hat das Kino der Migration, wie ich meine, die Öffnung und Ausweitung, ja auch die Bewohnbarkeit von Zwischenräumen, Zeit-Räumen der Verbindung oder *rites de passage* zum Ziel.[37] Orte, Schwellen, an denen die Welt aus den Fugen gerät und sich umdreht, wo die Richtungen kippen und das Schiff den Meeresraum invertiert.[38] Erst auf diese Weise wird die *traversée*, die Überfahrt auf dem offenen Meer zur Verschränkung, zum Raum einer *modernité croisée*, einer verschränkten Moderne: Je mehr man sich vom Ufer hier entfernt, desto mehr erschafft die Reise auf der Fähre die Anwesenheit des zurückgelassenen Ortes dort als Bild. Simultaneität der doppelten Absenz oder doppelten Präsenz. Die Migration legt das Bild von etwas und die Anwesenheit des Abgebildeten intensiver zusammen; dies ist eine Bewegung, die zugleich ihre Gegenbewegung mit einbehält. Schuss im Gegenschuss. Tour und *détour* (Umweg). Die Spur der Rückkehr ist auf dem Hinweg gelegt. Der Auftakt von *Le marriage de Moussa* (1982), dem einzigen langen Spielfilm von Tayeb Mefti, einem 1942 geborenen algerischen Autodidakten, der von den Schwierigkeiten eines Remigranten und Fotografen handelt, ist dafür paradigmatisch. Der Film startet mit einer Szenenfolge, bei der eine 180-Grad-Wende des Blickes vollzogen

35 | Paradigmatisch für eine solche Figur der bedrohlichen Mischung steht im französischsprachigen Diskurs die sogenannte *métissage*, die im kolonialen Kino pointiert verkörpert wird durch die Figur der *métisse-femme-fatale*. Siehe dazu auch die (filmischen) Arbeiten des Filmemachers Youssef El Ftouh (Dupont 1994) und zudem auch Kuster/Sarreiter/Schmidt 2013.

36 | Siehe auch das Interview mit der Regisseurin unter dem Titel „Au cœur du va-et-vient" im *booklet* zum Film (Leuvrey 2014).

37 | Siehe dazu etwa auch die historische und geographische Raumtiefe der Route der Migration auf dem Autoput durch den Balkan in der Videoinstallationsarbeit *Corridor X* (2006) von Angela Melitopoulos.

38 | Siehe hierzu auch das erste Kapitel und insbesondere die herausragende ästhetische Bearbeitung im Film *Tourbillon* (1999) von Alain Gomis.

wird, mitten auf dem Meer. – Eine Orientierung im Raum des Meeres stellt sich nur aus dem Inneren des Films heraus her; die Gesetzmäßigkeit dieses Meeres entsteht erst in seiner Durchquerung, insofern der Meeresraum an sich keine intrinsische Organisation aufweist. Dass sich ein Wechsel von Moussas Blickrichtung im Zuge der Überfahrt von Marseille nach Alger vollzogen hat, wird erst an der veränderten, wie gleichwohl an Marseille gespiegelten Stadtansicht der *skyline* von Alger ablesbar, die Moussa an die Reling gelehnt mit seiner Fotokamera ablichtet. Und noch eine Veränderung vollzieht sich in diesem Moment: Im Anschluss an das Filmbild des fotografierenden Protagonisten verwandelt sich die gefilmte Welt vom Schwarzweiß der Rückschau auf Marseille zur nunmehr farbig aktualisierten Welt der Ankunftsstadt. So führt der Film Moussa als jemanden ein, der sich im Verhältnis zu seinen eigenen Bewegungen orientiert. Die *traversée* erweist sich dadurch nicht einfach als das Durchschneiden eines (auf-)teilbaren und homogenen Raumes; vielmehr ist sie Bewegung in einer Heterogenität, die sich in der Folge von Moussas vollzogenen Verbindungen und Richtungswechseln entfaltet. Im Gegensatz dazu muss ein Kino als gezähmtes und fehlgeleitetes Kino der Migration gelten, wenn es die Richtungs- und Geschwindigkeitswechsel, welche die Bewegungen der Migration in einem heterogenen Raum tragen, übersieht. Großartig erfasst sowie filmisch, musikalisch und rhythmisch herausgearbeitet sind diese Beziehungen von Raum und Bewegung auch etwa in dem Film *Gabbla* (Inland) (Algerien 2008) von Tariq Teguia oder im Song *Gibraltar* (2006) des Rappers und Poeten Abd al Malik.[39] Hier bricht der *jeune noir* in einer Piano Bar auf der Straße von Gibraltar plötzlich in Schreien aus wie ein Fakir und tanzt wie ein Derwisch, um daraufhin diesen Grenz-Ort zu verlassen und ein Schiff zu nehmen, auf dem er Richtung Marokko fährt.[40] – „Sur le détroit de Gibraltar, vogue, vogue vers le merveilleux royaume du Maroc!", lautet die letzte Strophe. Dieses „vers", diese Richtung und Drehung, Marokko als Bestimmungsort und Ziel dürfte sich hier allerdings als genauso komplex erweisen wie in *Le marriage de Moussa*, wo der Filmanfang bereits ganz deutlich gemacht hat, dass Alger weniger eine prädeterminierte Destination ist, sondern – ebenso wie Marseille – ein Anhaltspunkt. Alger ist hier also keinesfalls der Ort einer Rückkehr, sondern einfach die nächste, sich aus der eigenen Bewegung ergebende Station, wo sich schließlich die Filmhandlung entfaltet, Moussas Heirat also.

---

39 | In *Gabbla*, dessen Protagonist bezeichnenderweise ein Landvermesser ist, findet ein plötzlicher Orientierungswechsel der Bewegung der Migration nach Norden statt: Mit dem Film reist die Zuschauer*in immer tiefer in den Süden, Richtung Sub-Sahara-Afrika durch die Wüste und durchquert die dort paradigmatisch unscharfen Grenzräume.

40 | Vgl. zum Verständnis der Zeitlichkeit in diesen plötzlichen Richtungswechseln der Migration und zum Derwisch-Tanz an der Grenze die Ausführungen im ersten Kapitel, insbesondere auch zum Tanz auf dem Schiffsdeck in Elia Kazans *America, America* (USA 1963).

DAS MEER FILMEN I

Vom Deck aufs Wasser hinunter zu blicken, ist sicherlich eine der naheliegendsten Aktionen, wenn man sich auf einem auf dem Meer fahrenden Schiff befindet. Diese Handlung liefert das Titelbild in André Téchinés *Loin* (Weit weg) (2001): Im Hintergrund, am Ufer, ist eine Stadt zu sehen, im näheren Bildgrund ein auslaufender Tanker, der hinter dem Kopf des Protagonisten durchfährt. Dieser ist an eine Reling gelehnt, sein Blick, der sich erst nachdenklich in die Ferne richtet, senkt sich langsam nach unten, auf die Gischt, wobei die Kamera seinem Blick folgt, so dass die nächste Einstellung das Bild sich entfernender Wellen des Fahrwassers freigibt. Auch dies ist eine klassische, naheliegende Einstellung, die sowohl in *Les cinq gentlemen maudits* als auch in *La traversée* vorkommt: Jene vom Meer aufs Meer, auf die aufgewühlten Wasser. In den Fokus rückt die Gischt, die der vorwärts strebende, die Wellen durchschneidende Schiffsbug seitlich sowie am Heck in die Wasseroberfläche kerbt. Wie in *Abouna* erweist sich das Meer in dieser Perspektive als eine Projektionsfläche, allerdings zeichnet sich von der erhöhten Position auf dem Schiff aus gesehen und in einer stark optisch bestimmten Sichtweise, keine andere, woanders gelegene Welt im Meer mehr ab, sondern zunächst ganz profan der Schatten des Schiffs, auf dem man steht und mittels dessen die Fahrt bewerkstelligt wird. Der Wahrnehmung entsteht dadurch eine Art Spiegelbildeffekt[41] oder eher: eine Rückkoppelung, bei der das Medium, das die Wahrnehmung des Auf-dem-Meer-Seins anleitet, selbst wieder im Brennpunkt landet: der Schatten des Schiffs, womöglich sogar der Schatten der auf dem Schiff befindlichen und schauenden Person selber. Das Auf-dem-Meer-Sein gibt der Wahrnehmung (und schließlich auch der Darstellung) offenbar ein Problem auf, denn anders als in einem Raum, der ‚von außen' quantifiziert und abgemessen wird – einem Raum, den Deleuze/Guattari als gekerbten Raum, der der geordneten Konzeption der Existenz folgt, bezeichnen würden – kommt hier der Bewegung selbst die Aufgabe zu, zu differenzieren und auf diese Weise Positionen (hier/*ici*, dort/*là-bas*) und Linien herzustellen. Das Meer ist – in der ästhetischen Perspektive der kulturgeschichtlichen Annäherung, auf die ich hier referiere – nicht nur ein Raum, der ‚von innen heraus' hergestellt und ‚geortet' werden muss, sondern auch ein Raum, der vor die Herausforderung stellt, im Zuge dieser Herstellung wahrgenommen zu werden. Es bedarf einer „nahsichtige[n] Anschauung" (Deleuze/Guattari 1992: 682), das Auf-dem-Meer-Sein sehen können.

41 | Für die Attraktivität dieses spiegelbildlichen Effekts im Film ist es natürlich von Bedeutung, dass sich im fotografischen und filmischen Bild nicht unbedingt zwischen Bild und Spiegelbild unterscheiden lässt. – Diese Tatsache wird etwa in *Le testament d'Orphée* von Jean Cocteau (1960) ausgekostet, wo der Spiegel die Wand ist, welche die Welt der Lebenden von der Unterwelt trennt, oder in *Le sang d'un poète* (1930), wo der Spiegel sich ebenfalls als ein unerwarteter Ort des Durchgangs erweist – wobei der Spiegel Wellen schlägt, als würde er aus einer wasserähnlichen Flüssigkeit bestehen.

Wenn sich die glatte Oberfläche des Meeres als Leinwand, als Projektionsfläche oder – im Rückgriff auf die Gesichtsmaschine – als Wand des Signifikanten auffassen lässt, dann zeigt sich die Meeresoberfläche vom Meer aus gesehen als ein Ort, an dem die Wahrnehmung tendenziell zu flimmern beginnt.[42] Angesichts des aufgerauten, aufgewühlten und in schäumende Wellenunruhe versetzten Wassers wird das vom Meer aus gesehene Meer zu einem Ort, an dem der Wahrnehmung – analog zum weiter oben beschriebenen Licht-Schatten-Spiel auf dem *souk*, auf dem die Dinge als Funktion der Schwarzes-Loch-weiße-Wand-Maschine zu flackern beginnen – ein Figur-Grund-Problem entsteht. Beim Blick vom Meer aus auf das Meer, besteht die Gefahr allerdings darin, dass die Perzeption zu nahe kommt, um noch etwas erkennen zu können. Sie läuft Gefahr zu kollabieren: Immersion, Zugrunde-Gehen der Perspektive, so dass keine Figuration mehr stattfindet. Die Kunsthistorikerin Rosalind E. Krauss (2011) hat das Meer als paradigmatisch für das Sichtbarkeitsregime der Moderne beschrieben, insofern sich hier visuelle Fülle und Sinnesberaubung ganz nahe kommen.[43] Dieses Moment der Überwältigung und der Wechselwirkung von Wahrnehmungs- und Naturkraft, welches darüber hinaus als entscheidend beschrieben wird für die Idee des Erhabenen, besteht beim Meer nicht in dessen Tiefe, sondern es lauert förmlich an seiner flimmernden Oberfläche. Deleuze beschreibt die Meeresoberfläche im Rückgriff auf Homer als den roten Zustand des Meeres, sein „pourpre", sein „porphyre", ein Rot also, das er nach Goethes Farbenlehre als

42 | Wie bereits im zweiten Kapitel anhand der Meeresfilme bei Jean Epstein beschrieben, scheint das Meer - mit seinem Spiel der Sichtbarkeit durch Lichtreflexe und Bewegungen auf der Wasseroberfläche und mit seinen Öffnungsbewegungen ins Unbestimmte - eine Anziehungsfläche für die Selbstreflexion des filmischen Mediums zu sein. Deleuze hat das Bild des Meeres, wie es den französischen Film der 1920er Jahre vielfach prägte, mit dem Wahrnehmungsbild in Verbindung gebracht. Dieses fordert eine streuende Wahrnehmung, beständig in Bewegung, um Metamorphosen und Flüssigkeiten ansichtig zu werden. Dass aber eine symbolische oder optische Wellenunruhe auch in politischer und souveränistischer Hinsicht vielfältige und komplexe Implikationen zeitigte und dies nach wie vor tut, wenngleich auch eher bezüglich elektromagnetischer Wellen (*noise*), sei hier nur angemerkt. Anschaulich ist hierbei etwa, dass Emer de Vattel, ein Völkerrechtstheoretiker des 18. Jahrhunderts, die Seeräuber „écumeurs de mer", Meeresaufschäumer, genannt hat (Kemke 2010: 399).

43 |Am Beispiel von John Ruskin, der sein Auge nicht vom Meer lösen konnte, charakterisiert Krauss das diskursive Feld des auf die Optikalität zentrierten Modernismus in der bildenden Kunst folgendermaßen: „Die See ist für die Künstler der Moderne ohne Zweifel ein ganz besonderes Medium, und zwar deswegen, weil sie als etwas vollkommen Isoliertes erscheint, losgelöst von der Gesellschaft, selbstgenügsam und in sich geschlossen, und vor allem auch deshalb, weil sie eine visuelle Fülle eröffnet, die irgendwie überhöht und rein ist - eine grenzenlose Weite und eine Gleichförmigkeit, die sich ins Nichts ausbreitet, in den Nicht-Raum des sinnlich nicht mehr Wahrnehmbaren. Das Optische und seine Grenzen." (Krauss 2011: 13-14) Zur konstitutiven Ausblendung der diese Moderne fundierenden Gewalt der Sklaverei („guilty ship"), die sich auch und gerade in diesen Meeresbildern aufgreifen ließe, siehe das Ende dieser Schrift.

reines Rot bestimmt, als „point de fusion du jaune et du bleu au point de leur intensification maximale" (Deleuze 1981: cours 19 du 19/05/81 – 1).[44] Keineswegs Gipfel der Natur, sei das Purpur Ausdruck jenes Augenblickes, in dem die Natur brenne. Innerhalb dieses Brandherdes finde sich der Geist wieder als der Zorn Gottes oder der Geist des Teufels. Bei Homer sei dies der Zustand des Meeres, wenn es zerschnitten werde von den Klingen des Sturmes oder auch unter dem Schlagen der Ruder. Deleuze beschreibt dies als eine Art glitzernde Zersplitterung (Deleuze 1982/83: cours 38 du 19/04/83 – 3). Dieser zu nahe zu kommen, bedeutet, dass sich die bildgebende Wahrnehmung versengt. Aber es bedeutet auch, sich auf genau jene Passage zu begeben, die vom Rot, das einen als wahrnehmendes Wesen verzehrt, zu jenem Rot hinführt, das einen als übersinnliches Wesen aufbietet, als Seele, so Deleuze – „du rouge qui vous consume comme être sensible au rouge qui vous convoque comme être suprasensible" (ebd.: cours 39 du 26/04/83 – 2).[45]
Ähnlich der Figur-Grund Problematik scheint das Nahe-Ferne-Problem einem Gesetz des Bildes oder besser des Bilder-Machens geschuldet zu sein, wobei Deleuze/Guattari hierzu die Beobachtung machen, dass es das Gesetz des Bildes sei, von nahem gemacht und von (relativ) fern betrachtet zu werden (1992: 682). Auf dem Meer und im Angesicht der Kräuselung spitzt sich diese Herausforderung zu. Zu nahe an der oszillierenden, glitzernden Oberfläche blendet sich das Auge.[46] Je näher man kommt, desto deutlicher zeigt sich die Schwierigkeit, in diesem glitzernden Raum mit dem Ziehen einer konturlosen Linie zu einer Zeichnung zu kommen. Mit Bezug auf den Kunsthistoriker Wilhelm Worringer beschreiben Deleuze/Guattari eine abstrakte oder nomadische Linie, die keine Konturen ziehe als eine „mutierende Linie ohne Außen und Innen, ohne Form und Hintergrund, ohne Anfang und Ende, eine solche Linie, die ebenso lebendig ist wie eine kontinuierliche Variation, ist wahrhaft eine abstrakte Linie und beschreibt einen glatten Raum" (ebd.: 689). In der Weise wie Deleuze/Guattari die nordische oder abstrakte Linie bei Worringer lesen, geht es weniger um einen Gegensatz zum Figurativen oder Figürlichen, sondern vielmehr um einen Gegensatz zur konkreten Linie, die organisch ist, das heißt einen übergeordneten Organismus konturiert.[47] Die organische Linie ist Prinzipien

44 | In Goethes Farbenlehre - das ist hier entscheidend - ist das abgedunkelte Weiß gelb und das aufgehellte Schwarz blau. Farben sind nach Goethe Grenzphänomene zwischen Licht und Finsternis.

45 | Es sei wichtig eine „théorie du scintillement ou du reflet" im Kino zu entwickeln, bemerkt Deleuze und fährt, immer wieder auf Murnau verweisend, fort, über das irrsinnige atemberaubende Rot nachzudenken, das sich erhebe aus der Intensivierung des „reflet rougeâtre qui accompagne l'intensification du jaune" und des „reflet rougeâtre qui accompagne l'intensification du bleu" (Deleuze 1982/83: cours 39 du 26/04/83 - 2).

46 | Für die Lichtverhältnisse auf den Gletschern spricht man von Schneeblindheit, die durch die starke Reflexion der UV-Strahlung (für das menschliche Auge unsichtbare, jenseits des Violett angesiedelte Lichtwellen) hervorgerufen wird.

47 | Ich verzichte hier auf eine kritische Diskussion des „Kunstwollens" und der vorgeschichtlichen, so genannt primitiven Kunst bei Worringer, der die abstrakte Linie ent-

der Regelmäßigkeit, der Symmetrie und der Umfriedung unterworfen. Sie ist „formal an sich darstellend, auch wenn sie nichts darstellt" (ebd.: 689). Demgegenüber ist die abstrakte Linie gewissermaßen das Gegenteil einer Kerbe. Statt Kontur zu werden verläuft sie zwischen Punkten, Figuren und Umrissen; sie ist eine Linie, die sich von jeglicher eingrenzenden Form abgelöst hat und sich der stürmischen, entfesselten Kraft der Wiederholung anheim gibt.[48] In seiner Vorlesung über Malerei zählt Deleuze drei mögliche Figuren dieser Linie auf, die weder Anfang noch Ende kennt, sondern die sich nach Worringer als eine Art Schneckenlinie beschreiben lasse, die in sich selbst erlösche, in einer Art kreisendem Loch – „dans une espèce de trou tournoyant", so Deleuze: „Entweder verliert sie sich im Unendlichen, in einer ungeordneten Konvulsion, sagt Worringer oder sie kehrt zu sich selbst zurück und erlöscht hier in einer Konvulsion, oder aber sie hört nicht auf, sich sich selbst als einem Hindernis entgegenzustellen und bezieht von diesem Hindernis Kraft und Befreiung, das heißt, sie widersetzt sich einem Hindernis, das sie nur überwindet, indem sie die Richtung wechselt, und sie wechselt beständig die Richtung." (Deleuze 1981: cours 16 du 28/04/81 – 2, Ü.d.A.) Mit den folgenden Worten charakterisiert Deleuze im Abschluss seiner Seminarsitzung die Kunst des Ziehens einer abstrakten Linie: „Wenn die Augen in sich zusammensinken, wenn sich das Chaos vor den Augen aufstellt, entlädt sich, in ebendiesem Moment, die manuelle Kraft, aber die Hand wird von einem seltsamen Willen angeleitet, der sich dem Auge auferlegen wird, statt ihm zu folgen." (ebd., Ü.d.A.)[49]

Ausgehend von dieser Anschauung, möchte ich die Migration als jene Kraft der Hand verstehen, die sich von der Unterwerfung unter das organische Auge losmacht und aufhört, Linien als Konturen zu ziehen. Mitten in diesem flimmernden und flackernden Raum der *modernités* zwischen ‚Afrika' und ‚Europa', schlägt die Migration einen anderen Ton an, gerade weil sie das Meer nicht mehr nur in *eine* Richtung durchläuft, sondern hin und her, beständig ihre Richtung verändernd. Ihren Bewegungen folgend zieht sie abstrakte Linien, die nicht A mit B verbinden, die

wirft, und wie Deleuze/Guattari hierbei an Worringers Auffassungen anschließen. Für eine kunsthistorische Problematisierung der „anthropologischen Konfiguration der Moderne", u.a. bei Worringer, siehe Leeb 2013.

48 | Eine solche Wiederholung ist eine Wiederholung, die sich niemals schließt. Sie lässt sich niemals auf zwei reduzieren. Sie ist also keine „répétition qui oppose à soi même le répété, droite et gauche, de telle manière qu'une clôture empêche la répétition de se poursuivre" (Deleuze 1981: cours 16 du 28/04/81 - 2). Siehe hierzu als Überlegungen im Kontext kolonialer Erinnerungspolitik und über so genannte *lignes de pierres* im Anschluss an die *lignes d'erre* bei Fernand Deligny, die auch Deleuze/Guattari aufgegriffen haben, Kuster 2013: 70ff.; Kuster 2016: 120-125.

49 | Die Tendenz bei Deleuze/Guattari, zwischen einer nahen Wahrnehmung als haptischer und einer fernen als optischer zu unterscheiden, dürfte sich auf Worringer zurückführen. Siehe zur Auseinandersetzung mit Sehen, Sehvermögen, Sichtbarkeit und Visualität auch das erste Kapitel der vorliegenden Schrift.

nicht in *eine* Richtung laufen, nicht von hier nach da oder von da nach hier. Bei den *traversées*, werden – wie in dem gleichnamigen Film von Mahmoud Ben Mahmoud[50] – Räume also nicht unbedingt oder vor allem *verschränkt*, wie dies oft beschrieben wird, sondern *durchlöchert*, unterlaufen, unterhöhlt, von innen heraus in verzweigten Systemen von unablässigen Zickzackschlägen und Richtungswechseln untergraben und durchwühlt. Die Migration, so die These, gräbt Löcher, indem sie das Nahe-Ferne-Problem unterminiert und damit die Distanz zwischen Kontinenten genauso unterwandert wie die binäre Rasterung und Orientierung von Ankunfts- und Herkunftsräumen. Die Migration untertunnelt den glatten Raum des Meeres mit einem verzweigten System von Schneckenlinien, Zickzack und Richtungswechseln. Migration untergräbt, indem sie intensiviert.

Trous migratoires – den Raum durchlöchern

Der „espace troué"[51], der durchlöcherte Raum, den Deleuze/Guattari nur vage als „Komplikationen, Wechselfälle und Überlagerungen" bestimmen, die der einfache Gegensatz ‚glatt-gekerbt' aufwerfe (Deleuze/Guattari 1992: 668), wird in *Tausend Plateaus* mit einem Bild aus der berühmten Episode im fünften Teil von Sergei Eisensteins *Stačka* (Streik) (1925) illustriert (ebd.: 572): Ein König ruft sein als grenzenlos beschriebenes Reich auf, und jenseits der Stadt kriechen eine Unmenge Lumpen, Subproletarier, Ganoven, Verrückte und Verkrüppelte – die Unterwelt, die Obdachlosen, so Deleuze in seinem Kinobuch (1997, Bd. 2: 293) – aus den in die Erde gelassenen Fässern, die ihnen offensichtlich als Behausungen dienen. Dieses Bild erinnert verblüffend an die Aufnahmen der Gerberei aus dem Auftakt von *Les cinq gentlemen maudits*. – Und der Bildvergleich legt die Idee aus, dass dieser Kolonialfilm eine seltsame Vorahnung des durchlöcherten Raums der Migration enthalten könnte, den eine nicht geringe Anzahl Menschen der kolonisierten und urbanisierten Bevölkerung bald betreten würde. Die in den Filmbildern zu sehenden, Tierhäute verarbeitenden städtischen Berufshandwerker, die in einer quasi-feudalen, Männern vorbehaltenen und in den 1930er Jahren von den beiden französischen Orientalisten Roger Le Tourneau und Lucien Paye (1935) ausführlich beforschten Handwerker-Körperschaft organisierten waren, haben der Unterwerfung unter die kapitalistische Organisationsform der Arbeit, die in Marokko über die Ausweitung der modernen kolonialen Staatlichkeit vermittelt war, einen beträchtlichen Widerstand entgegengesetzt.[52] Und nicht zuletzt was die Berufsgeheimnisse anbelangte, haben sie sich eine

50 | Zu *Traversées* von Mahmoud Ben Mahmoud (1982) siehe das zweite Kapitel.

51 | „Une trouée" kann im Französischen auch eine Schneise im geographischen oder militärischen Sinne bedeuten, oder aber einen landschaftlichen, durch einen Pass, ein Tal oder eine Senkung gebildeten Übergang zwischen zwei Regionen bezeichnen.

52 | In die Zeit ab den 1920er Jahren fallen die ersten systematischen soziologischen und ethnographischen Untersuchungen der so genannten islamischen Stadt, wobei z.B.

gewisse Autonomie gegenüber dem Zugriff Frankreichs als Kolonialmacht zu bewahren versucht. Außerdem weisen diese Gerber viele jener Eigenschaften auf, die Deleuze/Guattari den Gefügen des Nomadischen zuschlagen bzw. deren Zusammenfließen mit dem Nomadischen die beiden Autoren als „technologische Abstammungslinie“ bzw. als – primär metallurgisch charakterisiertes sowie der „nördlichen oder gotischen Linie“ folgendes – „maschinelles Phylum“ herausarbeiten (Deleuze/Guattari 1992: 560; 569; 561). Letzteres meint die „sich bewegende, dahin strömende und sich variierende Materie als Trägerin von Singularitäten und Ausdrucksmerkmalen“ (ebd.: 565), mit denen sich Handwerker*innen verbinden. Mit einem solchen künstlichen oder natürlichen Materie-Strom – im vorliegenden Fall handelt es sich um den Strom umherziehender Tiere und Tierherden, denen im nordafrikanischen Raum vor allem die berberisch geprägten Metiers der Lederverarbeitung folgen (Gast 1994) – verbinden sich handwerkliche Bearbeitungsvorgänge, die weniger dadurch charakterisiert sind, dass sie der Materialität eine Form aufzwingen, als dass sie deren materiellen Ausdrucksmerkmale aufgreifen.[53] Das Handwerk als Tätigkeit adressiere eine Materialität, die in sich nicht homogen sei, sondern die sich bewege und energetisch sei, so Deleuze/Guattari. Jedenfalls ginge es darum, einer bestimmten Materialität nachzugeben und ihr zu folgen, indem man Bearbeitungsvorgänge mit ihr verbinde „man wendet sich weniger an eine Materie, die Gesetzen unterworfen ist, als an eine Materialität, die einen *Nomos* besitzt“ (Deleuze/Guattari 1992: 564). Das ist der Grund, weswegen die Handwerker*in ein*e Umherwandernde* ist, ein*e Umherziehende*, wie Deleuze/Guattari betonen (ebd.: 565), egal ob er oder sie in ihrer Werkstatt an Ort und Stelle bleibt, seine Rohstoffe sucht oder sich etwa als Wandergeselle tatsächlich durch einen geographischen Raum bewegt. Diese „praktisch ausgeübte Intuition“ besteht darin, dem Materie-Strom zu

---

die vorhandenen Handwerksberufe indexiert wurden. Siehe vor allem Kisaichi 1994: 21 sowie Le Tourneau/Paye 1935. Die Löcher und Gräben der Gerber wurden *gasriyya* (plur. *qsari*) genannt, und die rechtlichen Titel des Handwerks waren meist als *habous* (oder *habûs*) organisiert (ebd.). Die Körperschaft (*hanta*) der Gerber ist eine der ältesten in Fès. Moulay Idrîs II (791-828), dem Stadtgründer, wird die Einrichtung der Gerbereien zugeschrieben. Le Tourneau und Paye (1995: 231) schreiben: „Le rôle des tanneurs est considérable dans l'histoire de Fès, et il n'est guère de révolte où on ne retrouve leur action.“ Solche Revolten bezogen sich vor der Kolonisierung allesamt auf Steuerabgaben an den Makhzen.

53 | Vielleicht ließe sich tatsächlich der Tierhaut-Verarbeitung folgend neben der nördlichen, metallurgischen Linie auch eine möglicherweise südliche Leder-Linie skizzieren, die ebenso einen organlosen Körper einkreist, wie Deleuze/Guattari dies formulieren. Leder und Gerbstoffe waren bei den alten Ägypter*innen nicht zuletzt zentral für den Totenkult. Die zweite Haut, als welche das Leder hergestellt wird, indem Tierhäute durch Mazerationsprozesse entfellt werden und durch anschließende pflanzliche und mineralische Gerbung weich und gegen den Zerfall durch Fäulnis resistent gemacht werden, bis schließlich das Zurichten, welches das Leder glatt und formbar macht, stattfinden kann. Diese Transformation mündet insbesondere bei nomadischen Bevölkerungen in Kleidungsstücke, Schilder, vor allem aber auch in transportable Behälter.

folgen. Sie kenne allerdings Mischformen und Ableitungen, die man von den je unterschiedlichen ursprünglichen Begriffen aus verstehen solle, so Deleuze/Guattari, die zusätzlich zum Umherziehen, das dem Materie-Strom folgt, das Nomadentum mit seiner absoluten Bewegung im glatten Raum und die zirkuläre Bewegung der Transhumanz zählen.[54] Als weitere „abweichende" Form der Bewegung führen sie an der Stelle den Migranten an (ebd.: 566) und als verstümmelten Handwerker den Arbeiter (ebd.: 565, allesamt selbstredend ausschließlich in männlicher Figuration). An anderer Stelle beschreiben Deleuze/Guattari ‚den Migranten' in direkter Gegenüberstellung zum Nomaden, bei dem die Reterritorialisierung nicht im Nachhinein erfolge wie beim Migranten, sondern im Zuge der Deterritorialisierung (ebd.: 525). Deleuze/Guattari zufolge können Migrant*innen nicht Teil der nomadischen Kriegsmaschine werden, sondern haben im Gegenteil vor allem Anteil an Reterritorialisierungsbewegungen, „denn ein Migrant geht prinzipiell von einem Punkt zum anderen, selbst wenn dieser andere Punkt ungewiss, unvorhersehbar oder nicht genau lokalisiert ist" (ebd.: 523).[55] Auch wenn sie Vermischungen einräumen, bestimmen Deleuze/Guattari die von Punkt zu Punkt verlaufende und immer unidirektionale migrantische Bewegung somit also tendenziell in Abgrenzung zur absoluten Bewegung der Nomaden, deren Wirbel- und Drehbewegungen im ersten Kapitel als essentiell für das *bordercrossing* herausgearbeitet wurden. Die Konzeption einer eigenständigen migrantischen Linie bleibt in *Tausend Plateaus* rudimentär, und implizit folgen Deleuze/Guattari sogar einigen Gemeinplätzen und funktionalistischen Annahmen über Migration, wie etwa, dass Migrant*innen ein feindlich oder amorph gewordenes Milieu verlassen und sich ihre Richtung nach einem ökonomischen Ge-

---

54 | Ein beispielhafter Hinweis auf eine solche Mischform zwischen der handwerklichen und der nomadischen Bewegung findet sich etwa bei Tourneau und Paye. Die Rede ist hier von einer Art paramilitärischen Formation von vierzig bis fünfzig Gerbern, die vor allem Jagdzwecken diente, wobei Hyänen, Panther und andere wilde Tiere erlegt wurden, deren Häute die Gerber im Anschluss verarbeiteten (1995: 232). „Das Jagen in den Berber-Gebieten (besonders bei den Beni Sadden) führte zu engen Beziehungen und Bündnissen zwischen den Gerbern und den nomadischen Stämmen." (Ebd., Ü.d.A.) – Im Original werden die nomadischen Stämme als „tribus turbulentes" bezeichnet (ebd.: 232).

55 | Die gesamte Textstelle ist interessant, weil sie – historisch und religiös – den Zusammenhang zwischen Monotheismus und Nomadismus bzw. Migration aufwirft (siehe hierzu auch die Fußnote 183 des vorliegenden Kapitels): „Der Nomade ist durchaus kein Migrant, denn ein Migrant geht prinzipiell von einem Punkt zu anderen, selbst wenn dieser andere Punkt ungewiss, unvorhersehbar oder nicht genau lokalisiert ist. Aber der Nomade geht nur durch den Zwang der Notwendigkeit, als Konsequenz, von einem Punkt zum anderen: im Prinzip sind die Punkte für ihn Relaisstationen auf einem Weg. Nomaden und Migranten können sich auf verschiedene Weise miteinander vermischen oder ein gemeinsames Ganzes bilden; sie haben dennoch ganz unterschiedliche Beweggründe und Bedingungen (diejenigen zum Beispiel, die sich Mohammed in Medina angeschlossen haben, hatten die Wahl zwischen einem nomadischen oder beduinischen Schwur und einem Schwur der Hedschra oder Emigration." (Deleuze/Guattari 1992: 523)

fälle bemisst (ebd.: 524).[56] Dem stehen die Bahnungen nach de Certeau und die Irr-Linien nach Deligny entgegen, die ebenfalls im ersten Kapitel und im Anschluss an das Konzept der Autonomie der Migration skizziert wurden.[57]

Trotzdem: Wo im Kern der Nomadologie von Deleuze/Guattari das Problem des Krieges zu liegen scheint, geht die migrantische Bewegung immer mit einem Problem von Arbeitsverhältnissen einher. Diesbezüglich ist es von Belang, dass der Nomadismus als wohl populärste Kategorie von Deleuze/Guattari gerade im Zentrum jener postmodernen Rezeptionen und Lesarten von *Tausend Plateaus* stand, die es einem nicht erschweren, die Spuren und Verbindungen zu post-marxistischen Debatten zu übersehen.[58] Zu diesen Anschlüssen bei Deleuze/Guattari gehören etwa ihre Interpretation des Proletariers als Erbe des Nomaden in der westlichen Welt

---

56 | So weisen Deleuze/Guattari etwa darauf hin, dass Klimaveränderungen zu Migration führen (ebd.: 525) und folgen damit einem Verständnis von Migration nach dem Push-Pull-Modell.

57 | Ähnlich der Entgegensetzung von Optik und Haptik scheint mir mit der Setzung einer nomadischen Intensität eine Art strategische Abkehr von der physischen Bewegung als Fortbewegung - nicht zuletzt verstanden als kolonial konnotiertes Fortschreiten und Erschließen - einherzugehen. Sie wird daran deutlich, dass Deleuze/Guattari wiederholt die intensive Reise herausstellen, die an Ort und Stelle stattfinden kann (Deleuze/Guattari 1974: 412), oder den Nomaden als denjenigen charakterisieren, der sich - im Gegensatz zum Migranten - gerade *nicht* bewegt (Deleuze/Guattari 1992: 524). Mit François Tosquelles würde ich allerdings das Wandern, die Promenade, ja das *déplacement*, die räumliche Verlagerung und das „droit au vagabondage" (das er in Referenz zu Roger Gentis proklamiert) als einen realen Bezug zum Außen stärker akzentuieren: „Der Mensch ist ein Typ, der von einem Raum zum anderen geht. Er kann nicht immer im selben Raum bleiben. Das heißt, der Mensch ist immer ein Pilger, ein Typ, der woanders hingeht. Das wichtige ist dieser Weg. [...] Man muss sich zunächst irgendwo loslösen, um anderswohin zu gehen, sich unterscheiden, um anderen - Elementen oder Dingen - zu begegnen." (Ü.d.A., Tosquelles 1991) Die Frage der Mobilität bzw. der Räumlichkeit sozialer Verhältnisse, die durchaus mit physischen Bewegungen einhergehen, scheinen mir zudem (und im Anschluss an Tosquelles) zentral zu sein für das Konzept der Transversalität, denn: „Wenn man sich in der Welt bewegt, ist das, was zählt, nicht der Kopf, sondern die Füße. Man muss wissen, wo man die Füße aufsetzt. Sie sind die großen Leser der Weltkarte, der Geographie. Man geht ja nicht auf dem Kopf! Die Füße sind der Ort, von dem ausgehend Spannkraft entsteht. Deswegen fängt jede Mutter damit an, die Füße zu kitzeln. Es geht darum, aufrecht zu stehen, eine Verteilung des Tonus' zu veranlassen, um irgendwohin zu gehen. Aber du gehst mit den Füßen dorthin, nicht mit dem Kopf!" (Ebd., Ü.d.A.)

58 | Mit der postmodernen Rezeption von *Tausend Plateaus* spreche ich die Tendenz an, die Nomadologie als eine Art Glorifizierung von Fluidität und Mobilität zu lesen und demgegenüber Formen von Sesshaftigkeit als konservativ und veraltet abzuwerten. Meiner Ansicht nach beruht eine solche gravierend irregeleitete Lesart des Konzeptes der nomadischen Bewegung nicht zuletzt auf einem falschen Verständnis der Kriegsmaschine, die das Verhältnis von Bewegung, Bevölkerung und ‚Land' jenseits von staatlicher Reterritorialisierung als Norm reflektiert. Letztlich dreht sich die ganze Frage nach der Nomadologie um eine nicht-staatliche oder sogar anti-staatliche Souveränität. Symptomatisch für

(ebd.: 531) oder, ebenso in *Mille Plateaux*, stark vom Operaismus inspirierte Überlegungen zu neuen Formen der Arbeit und der Kämpfe *gegen* die Arbeit als Teil der Auseinandersetzung mit der Kriegsmaschine (ebd.: 649ff.). Über die symptomatische Fußnote 62 hinaus, die im Anschluss an das Auftauchen der neuen Marginalisierten im Denken von Toni Negri explizit auf die autonomen Formen des Kampfs gegen die Arbeit Bezug nimmt (ebd.: 649-650), lassen sich diese Erwägungen zum Zusammenhang von Arbeit und Nomadismus leicht mit jenen Weiterführungen des Postoperaismus zusammenbringen, die die Rolle der Migration – weit über ein ökonomistisches, kulturalisierendes oder ästhetisierendes Paradigma hinaus – für die Neuzusammensetzung der lebendigen Arbeit in wegweisender Manier fokussieren. So konzipiert etwa Sandro Mezzadra mit seinem „diritto di fuga" (2006) die Neuzusammensetzung der Arbeit genauso sehr als sozial-*räumlich* aufgegriffener Exodus wie Papdopoulos/Stephenson/Tsianos (2008) ihre „escape routes".[59] In diesem Sinne geht es im Folgenden darum, aus der Perspektive der Praktiken der Migration gerade jene zwei Hauptargumente genauer auszuloten, entlang derer Deleuze/Guattari den Nomadismus mit der Migration kontrastieren: erstens als Nicht-Bewegung im Raum und zweitens als Intensivierung des Daseins, die das räumliche Terrain der Kriegsmaschine (gegen die Staatlichkeit) abgibt.

Anders als im Fordismus tendieren die Regime der heutigen Migrationsbewegungen mehr und mehr zu einer *longue durée*, zu einem verstetigten Transit. Dies führt Papadopoulos/Tsianos (2007) gar dazu, sie mit dem nomadischen Diktum, das weniger von einer Bewegung im Sinne einer zurückgelegten Strecke handelt, sondern von der Aneignung des Raumes durch Bewegung, gleichzusetzen. Was sich im Einzugsgebiet und Wirkungskreis des europäischen Migrations- und Grenzregimes beobachten lässt, sind ganz offenkundig eher fragmentarische, von Relais zu Relais verlaufende Transitmigrationen[60], eine schier endlose Reihe von Passa-

dieses wie eine Reihe weiterer Missverständnisse, die auf einer oberflächlichen Lektüre von Deleuze/Guattari beruhen, siehe etwa Sahar Abdel-Hakim (2011).

59 | Die Anwendung der politischen Kategorie der Flucht auf die Migration geht bei Mezzadra einher mit einem Fokus auf die Subjektivität der Migration, das heißt auf die Subjektivierungen *in* der Migration, statt wie oft, Migration bloß als Funktion der Arbeit bzw. des Arbeitsmarktes zu begreifen oder aber Migrant*innen aus der Perspektive von Kultur bzw. kultureller Differenz zu beleuchten.

60 | Der Begriff der Transitmigration akzentuiert die temporären Aufenthalte von Migrant*innen oder Transmigrant*innen an unterschiedlichen Stationen und in unterschiedlichen Ländern. Manchmal wird in diesem Sinne auch von *step-by-step migration* gesprochen, um die komplexen Wechselwirkungen unterschiedlicher Etappen von *migratory trajectories* in den Blick zu bekommen. Innerhalb der *migration studies* verbindet sich der Begriff der Transitmigration (ähnlich wie derjenige der transnationalen Migration mit ihrem Akzent auf die mehrfachen Verflechtungen) mit einer kritischen Wende gegenüber dem „methodologischen Nationalismus" vieler Studien seit den 1990er Jahren. Damit ist gemeint, dass Migration, die als „unidirektionaler Ortswechsel, als raum-zeitlich begrenzter Prozess der Aus- und Einwanderung gedacht" wird und vielfach „in Anlehnung an naturalistische Vorstellungen von Entwurzelung und Wiedereinpflanzung" konzeptua-

gen, mit tendenziell suspendierter Ankunft, dafür aber konstanten Veränderungen und Neuausrichtungen der Bewegungsbahnen von Arbeit und Flucht. In Deleuze/Guattari'scher Perspektive könnte man daher sogar sagen: Solange Immigration Zwangsassimilation, Integration oder Illegalisierung und (wie zunehmend auch die Emigration) Kriminalisierung bedeutet, und solange ein expansives deterritorialisiertes Grenzregime die Bewegungen der Migration zu kerben bestrebt ist, das heißt sie zu zählbaren, regierbaren und planbaren Strömen macht, die diese wiederum konstant zu glätten versucht, bleibt Migration im Sinne einer Strecke ein zweifelhaftes, ja falsches Begriffsrefugium.

Um die post- und transnationalen Lebensverhältnisse, Arbeits- und Reproduktionsweisen der Migration potenziell im Blick zu halten, werde ich daher zwischen den bei Deleuze/Guattari voneinander unterschiedenen Bewegungsformen frei variieren und einen eigenen Weg für die Migration zu skizzieren versuchen, den ich entlang des durchlöcherten Raumes denken möchte.[61] Ich stütze mich hierbei auf die Einschätzung, dass zwischen der Referentialität und der Repräsentanz jener Figur wie des Migranten, des Schmieds oder des Nomaden usw., die bei Deleuze/Guattari tendenziell transkulturell und transhistorisch angelegt sind, und den Positionalitäten und Historizitäten der Quellen, die zur Konstruktion ebendieser Figuren jeweils herangezogen worden sind, keine Deckungsgleichheit erreicht werden kann. Nicht zuletzt aus den Spalten, die sich dazwischen auftun lassen, rufe ich die Geschichte(n) der Migration hervor. Allerdings möchte ich dennoch den affirmativen Konstruktivismus von Deleuze/Guattari sowie deren eklektizistische Transdisziplinarität nicht gegen eine z.B. soziologisch, postkolonial oder genderkritisch informierte *criticality* eintauschen, die, wie ich meine, oft nicht auf der Höhe des verhandelten Theorie-Projektes zu agieren vermag. So enthält etwa der skeptische und durchaus interessante Aufsatz von Christopher Miller (1993) über die Fußnoten in *Mille Plateaux* zwar wichtige Informationen und Erwägungen, mündet aber letztlich

lisiert wird (Tsianos/Hess/Karakayali 2009 a) implizit der Bekräftigung eines nationalstaatlichen Containermodells von Gesellschaft dient. Dabei, so Tsianos/Hess/Karakayali (ebd.) findet eine Entnennung all der gewaltvollen Reterritorialisierungsprozesse statt, mit denen in der Migration Raum, Gesellschaft und Kultur symbolisch und juristisch zur Deckung gebracht werden sollen. Paradigmatisch dazu siehe auch: TRANSIT MIGRATION Forschungsgruppe 2007; Schiller/Basch/Szanton-Blanc 1995.

61 | Ich gehe somit auch nicht durchgehend von einer Art Kampfstellung zwischen Migration und souveränistischer Migrationskontrolle aus, wie sie sich analog zur Konfrontation von Kriegsmaschine und Administrationsmaschinerie formulieren ließe, die immer korrelativ seien, wie Deleuze in einem verschriftlichten Kolloquiumsbeitrag über das Nomaden-Denken 1972 bemerkte. Sie sind „derart miteinander verflochten", heißt es hier, „dass das Problem des Despoten darin bestehen wird, die nomadische Kriegsmaschine zu integrieren, zu vereinnahmen, und das Problem des Nomaden darin, eine Administration für das erkämpfte Gebiet zu erfinden. Sogar an dem Punkt, an dem sie sich vermischen, hören sie nicht auf, einander zu bekämpfen." (Deleuze 2003 a: 377)

in einer wenig brauchbaren Konfusion zwischen empirischen Befunden, Quellenkritiken und Theorie-Konzepten.[62] – Darüber hinaus scheinen mir Deleuze/Guattari selbst einen Hinweis auszulegen für die Legitimität, mit der sich die Konzeption einer Figur wie jener ihres Migranten überarbeiten lässt, wenn sie schreiben, dass sie die Methoden zur Erforschung von Mythen sowie zahlreiche ethnographische Überlegungen zum Status der Schmiede als untauglich erachten, da sie von der Frage nach der – von ihnen explizit als eine „politische" Frage charakterisierten – Beziehung der Schmiede zu den Nomaden ablenke: „Es wird viel zu häufig gefragt, wie *die anderen* auf den Schmied ‚reagiert' haben, und deshalb verfällt man auf die üblichen Plattheiten über die Ambivalenz der *Gefühle*." (Deleuze/Guattari 1992: 570) Wichtiger finden Deleuze/Guattari den Typus von Affekten, die der Schmied selbst erfindet: „Bevor man die Gefühle der anderen gegenüber dem Schmied untersucht, sollte man zunächst den Schmied selber als den Anderen sehen, und davon

62 | So schreibt Miller als polemische Kritik am rhizomatischen Denken: „We must enable ourselves to think through borders without simply pretending that they don't exist: when faced with a forest, we should not simply declare that we don't ‚believe in trees.'" (Miller 1993: 33) In ihrem Versuch, Ansätze einer postkolonialen Kritik an der Nomadologie zu entwickeln, zieht Sahar Abdel-Hakim (2011) Begriffe wie *the other* oder *the system* heran, die dem Denken von *Mille Plateaux* zuwiderlaufen, und entfacht ein wirres Durcheinander zwischen Aktualität, Virtualität, Realität und Abstraktion. Dies verstellt der Autorin letztlich den Weg, das tatsächliche Spannungsverhältnis zwischen dem philosophischen Konzept und den verarbeiteten anthropologischen Quellen, die selbst offenkundige Sedimente der kolonialen Begegnung sind, für die Kriegsmaschine zu adressieren und herauszuarbeiten, wie sich metaphilosophische und kolonialwissenschaftliche Züge im Widerstreit zwischen kolonialistischen und antikolonialen Bestrebungen allenfalls verschränken. Vielversprechender scheint mir hierbei der Ansatz von El Mokhtar Ghambou (2001), der in Rechnung stellt: „For theorists like Deleuze [...] ‚nomadism' is a trope for non-dialectical modes of thought and ‚wild' modes of social affiliation that do not necessarily have anything to do with the cultural hybridity mentioned above even though they stem, in part, from North Africa's successful challenges to French political, intellectual, and cultural hegemony in colonial regimes." (Ghambou 2001: 67) Ghambou bestimmt die Nomadologie und die nomadologischen Deleuze/Guattari-Filiationen als ein theoretisches Moment des Westens. Diese nimmt er als westliche kulturelle Konstruktionen in den Blick, die den nativistischen und primitivistischen Mythos des edlen Wilden im neokolonialen Regime abgelöst haben. Im Zentrum von Ghambous Projekt steht die Kritik an der Romantisierung von Vertreibung und *displacement*: „With respect to its pervasive borrowings from anthropology and literature, nomadology is little more than a sophisticated expression that regenerates the myth of the myth of the nomad and makes it prosper under the unsubstantiated terms of transgression, subversion and mobility." (Ghambou 2001 a: 28, zitiert nach Vigo 2005: 24-25) Zudem übt Ghambou scharfe Kritik an der literarischen und poststrukturalistischen postkolonialen Aneignung des „nomadistischen Diskurses", indem er mit Verweis auf Assia Djebars Roman *L'Amour, la fantasia* oder auf die Schriften Frantz Fanons auf die Zentralität der symbolischen und materiellen Dimension des Territoriums für antikoloniale Politiken und postkoloniale Analysen verweist, die sich nicht mit einem nomadologischen Trick übergehen lasse, sondern kritisch durchgearbeitet werden müsse.

ausgehend dann die unterschiedlichen affektiven Beziehungen zu Sesshaften und Nomaden betrachten." (Ebd.: 571)

Ähnlich dem hier skizzierten Schmied sind die heutigen Migrant*innen in und nach Europa ambulant, sie ziehen umher. Ihr Raum ist weder gekerbt noch glatt, sondern vielmehr werden sie an beide Raumtypen angeschlossen bzw. von den Staatsapparaten vereinnahmt (vgl. ebd.: 574). Die Migrant*innen entsprechen meiner Ansicht nach eher dem, was Deleuze/Guattari als „umherziehende Barbaren" charakterisieren. Diese befinden sich zwischen den Nomaden und den Bewohner*innen eines imperialen, staatsförmigen Reiches: „[S]ie kommen und gehen, sie überqueren bei ihren Fort- und Rückwärtsbewegungen Grenzen, sie plündern und erpressen Lösegelder, aber sie integrieren und reterritorialisieren sich auch." (Ebd.: 304) Was ist der durchlöcherte Raum anderes als derjenige der transnationalen Verbindungen und Routen der Migration, welche die Staatlichkeit nicht auflösen oder angreifen, sondern durchwühlen? Loch für Loch hat die Migration Gänge und Stollen unter den Meeren, welche Kontinente trennen sollten, durchgebohrt. In Binelde Hyrcans kurzem Video *Cambeck* (2010), das er am Strand von Luanda gedreht hat, sitzen Kinder in Sandlöchern, die wie die Sitzformation eines Autos angeordnet sind und spielen, in einer Limousine um die Welt fahren. Submarin, aber auch Untertage, im *sous-sol* des europäischen Territoriums entsteht Europa neu als ein Tunnelsystem, als ein riesiger Keller wie in *Underground* von Emir Kusturica (1995) im Einzugsgebiet des Untergrund-Autoputs zwischen Athen und Berlin. Oder als Mülldeponie wie in den Zeugnissen jener an der griechisch-italienischen Grenze gestrandeten Transitmigrant*innen, die ich im Jahr 2011 dort traf, als sie ausriefen: „This is not Europe." – „C'est la poubelle de l'Europe. C'est la poubelle de la poubelle de l'Europe."[63] Das Loch, *la poubelle*, der Mülleimer, das ist der Ort, von wo aus die Migration gegenwärtig ein anderes Europa entwirft. Diese Löcher entstehen durch die *traversées*, durch Perforierung, durch das Aufscheinen einer Condividualität, wie sie sich etwa in den „mobile commons of migration" als einer „mundane ontology of transmigration" (Papadopoulos/Tsianos 2013) realisiert. Nicht jenes schwarze Loch, von dem Rosi Braidotti sagt: „The black hole is the point beyond which the line-of-flight of becoming implodes and disintegrates." (Braidotti 2006: 10) Dagegen: Löcher, migrantische Alltagspraktiken. – Am Ende der Ausführungen über die nomadische Linie und Worringers Schriften gestehen Deleuze/Guattari ein, man solle Modelle nicht vereinfachen und es gälte, weitere Räume zu berücksichtigen, nicht nur den glatten oder den gekerbten, für die jeweils paradigmatisch das Meer, die Wüste oder aber die Stadt stehen, sondern auch „den durchlöcherten Raum, die Art und Weise, wie er mit dem Glatten und dem Eingekerbten kommuniziert. Und was uns besonders interessiert, sind die Übergänge und Kombinationen bei den Glättungs- und Einkerbungsvorgängen. [...] Selbst die am stärksten eingekerbte Stadt lässt glatte Räume entstehen: in der Stadt als Nomade oder Höhlenbewohner hausen." (Deleuze/Guattari 1992: 693)

63 | Vgl. hierzu auch Tsianos/Kuster 2012: 30f. und Kuster/Tsianos 2013 b.

Der durchlöcherte Raum ist keine Konfrontation von Räumen, sondern ihre jeweilige Durchlöcherung, ihre gegenseitige Zersetzung, die Art und Weise, wie der eine für den anderen permeabel wird. Im *Anti-Ödipus* werden die Löcher als eine Art „nomadische Konjunktion" bestimmt (Deleuze/Guattari: 1974: 381). Im Text tauchen sie an jener Stelle auf, an der Deleuze/Guattari die inklusive Disjunktion von molaren und molekularen Richtungen beispielhaft für die Unterordnung des historisch-gesellschaftlichen Feldes unter die schizophrene Flucht durchspielen. Wie sie sagen, besteht schizophrene Flucht nicht nur darin, sich vom Gesellschaftlichen abzuwenden und am Rande zu leben. Sondern „durch die Vielzahl von Löchern, die das Gesellschaftliche zersetzen und durchbohren, lässt sie [die schizophrene Flucht] es [das Gesellschaftliche] fliehen, steht immerfort im Kontakt mit ihm, verfügt allenthalben über molekulare Ladungen, die in die Luft sprengen, was gesprengt werden muss, stoßen, was fallen muss, fliehen lassen, was fliehen muss, und sichert zudem an jedem Punkt die Umwandlung der Schizophrenie als Prozess in wahrhaft revolutionäre Kraft." (Ebd.: 441) Wenn die beiden Autoren an dieser Stelle damit fortfahren, zu fragen, was der Schizo sei, wenn nicht derjenige, der „‚alles das' nicht mehr ertragen kann" (ebd.), klingt ihr Satz wie das Komplement zur Migrant*in, die sagt, dass sie auf der Suche nach dem besseren Leben sei.[64] Der durchlöcherte Raum muss also unbedingt als eine Besetzung des Gesellschaftlichen verstanden werden. Sein Gegen-Pol, die „paranoide Gegenflucht" (ebd.) – im Falle der Migrationen etwa die souveränen Regime der Mobilitätskontrolle – wird nicht selten von der Anziehungskraft der Gesichtsmaschine erfasst: Man wird vom Sog des schwarzen Lochs erfasst, das alles verschluckt, oder von der weißen Wand, die alles gleichmässig erhellt und überstrahlt, aufgeblendet.[65]

In der Auseinandersetzung mit zeitgenössischen widerständigen politischen Organisierungsformen, aber auch Verwertungs- und Subjektivierungsweisen, z.B. in den „Industrien der Kreativität", sowie im Rückgriff auf Kafkas Josephine und ihr Mäusevolk arbeitet Gerald Raunig (2012 a und 2012 b) heraus, inwiefern De- und Reterritorialisierung nicht als schroffe Gegensätze, sondern als Gleichzeitigkeit und als Ineinandergreifen gedacht werden sollten. Hierbei spricht er von einem „sanften Streifen des Territoriums" (Raunig 2012 a: 8, 86). „Reterritorialisierung entsteht im Streifen des Territoriums, im Aneinanderstreifen der Singularitäten, als Besetzung und Konstituierung, Verdichtung und Verkettung. Streifen ist nicht Glattstreifen, sondern im

64 | Den Unterschied zwischen dem Schizo und dem Revolutionär bezeichnen Deleuze/Guattari hier als „die ganze Differenz zwischen dem, der flieht und dem, der vermag, das fliehen zu lassen, was er flieht, der ein dreckiges Rohr zum Platzen bringt, einen Wolkenbruch entstehen lässt, einen Strom befreit, eine Spaltung erschließt." (Ebd.)

65 | Deleuze/Guattari (1992: 250-254) unterscheiden zwei „Grenzgesichter" – ein „irdisches signifikantes Despotengesicht", das sich durch die Vermehrbarkeit der Augen auszeichnet und ein „maritimes subjektives autoritäres Gesicht", bei dem ein weißer Faden sich auf ein schwarzes Loch zubewegt und dieses umwickelt. Zur Funktionsweise dieser Grenzgestalten des Gesichts siehe auch Fußnote 6.

Gegenteil: in der streifenden Berührung Streifen in den glatten Raum ziehen. Wie es im Süden heißt: das Holz streifen, das Holz auf den Holzweg bringen, auf den Weg ins Tal, es anordnen, in Form bringen. Oder das Feld streifen, Furchen ziehen, das Feld mit Furchen versehen, aber dennoch gleitend, als leichte, flüchtige Berührung: eine sanfte Kerbung des Raums und der Sozialität der Vielheit, aus ihr selbst entstehend." (Ebd.: 12-13) Gegenüber dem, was Raunig als eine fließende Bewegung, ja als ein sanftes Ineinanderübergehen, das sich beinahe wie ein Streicheln anhört, beschreibt, scheint mir der durchlöcherte Raum der Migration holperiger, stockender, mit buckligen Ein- und Ausstülpungen versehen, uneben und gebrochen – außer vielleicht, wenn er die sanft modulierten Melodien der migrantischen Melancholie erklingen lässt, wenn die diasporische Poesie das Verlorene und Ersehnte singt. Im Zusammenhang mit dem „molekularen Streik" spricht Raunig allerdings auch – brachialer – darüber, Breschen in die Zeitregime dienstbarer Deterritorialisierung zu schlagen (2012 b: 90). Gemein sind dem durchlöcherten Raum der Migration und den von Raunig entworfenen gestreiften Räumen des Mäusevolks wohl, dass sie keine Konfrontationsräume sind, im Sinne etwa der Eroberung eines Staatsapparats, oder der massiven Reorganisation eines glatten Raums. – Und wahrscheinlich verhält sich die Beziehung der Gradualität der Raunig'schen Streifung, die teilt, gleitend berührt, sich verteilt und eine „sanfte Kerbung" ist (ebd.: 7) zum „espace strié" bei Deleuze und Guattari, dem mit Streifen oder Riffelungen versehenen Raum, dem geritzten, gestichelten oder eben gekerbten Raum ähnlich wie die zwischen dem durchlöcherten Raum und dem schwarzen Loch – oder der weißen Wand.

Für den Kolonialfilm von Julien Duvivier war es der Stadtteil der Gerber in Fès, die mit ihren rhythmischen Gesängen den Raum belagern und Bottich für Bottich den Zugriff der kolonialen Staatlichkeit untergraben, der das Bild einer bedrohlichen Durchlöcherung und Unterhöhlung von Gewissheiten abgab. Das wahnhafte Bild der *Kasbah* mit ihrer labyrinthischen Struktur, ihren Gassen und Terrassen als Vorahnung der tausend dunklen Augen des Widerstands kommt schließlich in Duviviers 1936 gedrehtem Film *Pepe le Moko* zur vollen Geltung.[66] – Dieses Portrait der arabischen Stadt[67], welches letztlich die Negativfolie des wohl bekanntesten antikolonialen Films, *La bataglia di Algeri* (1966) von Gillo Pontecorvo abgegeben hat, wo es als sozial-realistische *Kasbah*-Guerilla-Action gewendet die Befreiung zeichnet, scheint mir paradigmatisch für den durchlöcherten Raum: „Cave-dwelling, earth-boring tunnellers are only imperfectly controlled by the State, and often have allied with nomads and with peasants in revolts against centralized authority. Thus the machinic phylum explored in holey space connects with smooth space to form rhi-

66 | Der deutsche Filmtitel lautet bezeichnenderweise „Im Dunkel von Algier".

67 | Siehe zum Konzept der „islamic city" oder „muslim city", das französische Historiker*innen und Stadtforscher*innen der Zeit des Kolonialismus im dichotomisch angelegten Vergleich zum Weberianischen Konzept der europäischen Stadt und zum damals populären Konzept der mittelalterlichen Stadt geprägt haben, Haneda 1994.

zomes, while it is conjugated (blocked) by State striation." (Bonta/Protevi 2004: 95) Im Gegensatz zur kolonialen städtischen Situation ist der durchlöcherte Raum in Eisensteins Epos für den Kommunismus jenseits der Stadtgrenze angesiedelt und bildet – mit dem Blick auf die Lumpen – einen Nebenschauplatz der Opposition Proletariat gegen Bourgeoisie, wobei Deleuze/Guattari das, was hier aus dem Untergrund aufsteigt, in Anspielung an Spinoza ein „furchterregendes Volk"[68] nennen (Deleuze/Guattari 1992: 572). – Die Frage, die sich folglich mit den Erwägungen bezüglich des Auftretens von Migrant*innen und Migrationsgeschichten in Filmen oder gar in jener Art Proto-Genre wie dem bereits weiter oben versuchsweise verwendeten Begriff ‚Migrationsfilm' stellt, lautet: Welches Gefüge zwischen glattem und gekerbten Raum durchlöchert die Migration, die mit beiden Räumen Verbindungen einzugehen weiß, aber auch beide durchquert? Welcher Art sind die Löcher, die sie hervorbringt, diese Einbrüche und Pannen? Welches ist jeweils der Raum, den die Migration aushöhlt, die „ohne irgendwo innezuhalten, das Vagabundenzeichen des Umherwanderns" (ebd.: 572) trägt? Welche Machtkonstellation kommt zum Vorschein, wenn die Migrant*innen aus ihren Löchern aufsteigen und die Erde als Untergrund neu erfinden? Welche materiellen und metaphorischen Aspekte weist der durchlöcherte Raum auf?

In den 1960er Jahren haben die Behausungen der migrantischen *bidonvilles* die *terrains vagues* genannten Gebiete am Rande der französischen Städte durchlöchert, wo zu dieser Zeit die bekannten HML-Siedlungen der *banlieues* entstanden sind. Nicht selten wurden sie von illegal eingewanderten und im Niedriglohnbereich auf

---

68 | In Spinozas *Die Ethik* findet sich eine damit möglicherweise verbundene Stelle, die im Kontext von Erwägungen zum Affekt der Reue steht, im Kapitel über die menschliche Knechtschaft und die Macht der Affekte. Als Anmerkung zum Lehrsatz 54 heißt es dort: „Weil die Menschen selten nach dem Gebot der Vernunft leben, darum stiften diese beiden Affekte, nämlich Niedergeschlagenheit und Reue und außer ihnen auch Hoffnung und Furcht, mehr Nutzen als Schaden; und wenn doch einmal gefehlt werden soll, so ist es besser, nach dieser Richtung zu fehlen. Denn wenn die geistig schwachen Menschen alle gleich hochmütig wären, sich über nichts schämten und sich vor nichts fürchteten, wie sollten sie dann durch Bande vereinigt und zusammengehalten werden. Der Pöbel ist furchtbar, wenn er nicht fürchtet." (Spinoza 2002: 551-553) Der „vulgus" („terret vulgus, nisi metuat"), der bei Spinoza im Zeichen der menschlichen Knechtschaft steht und in Ermangelung seiner Fähigkeit zur Vernunft regiert werden muss, unterliegt bei Deleuze/Guattari als „tout un peuple inquiétant" (Deleuze/Guattari 1980: 516) – und insbesondere in der deutschen Übertragung – nicht einer solch pejorativen Bewertung, sondern ist sicherlich auch im Anschluss an eine neo- oder postmarxistische Auffassung von „plèbe" zu verstehen. – Brian Massumis englische Übersetzung überträgt die entsprechende Stelle allerdings weit diffuser als „a disturbing group of people" (Deleuze/Guattari 1987: 413-414). Diskrepanzen und Spannungsverhältnisse bezüglich der Konstitution und der Ausübung der politischer Macht, das heißt der Regierung und des „Volks" umkreist Spinoza als Differenzen zwischen „vulgus" (frz. „foule"), „plebs" (frz. „plèbe"), „populus" (frz. „peuple") sowie dem dritten, durchaus ambivalenten Terminus „multitudo" („multitude").

dem Bau (teilweise ebendieser HML-Siedlungen) arbeitenden migrantischen Arbeitskräften hochgezogen. Die *terrains vague*, diese vagen, irgendwo zwischen Ruine und Baustelle angesiedelten Zonen der Unbestimmbarkeit und des Versprechens[69] – oft als Gegenentwurf gehandelt zu einer produktivistischen, gewaltsamen Urbanisierung, die beseitigt und bereinigt – wurden von Migrant*innen besiedelt: Ihre Antwort auf den Gegensatz zwischen glattem und gekerbten Raum, wie er etwa in Marcel Carnés in der Pariser *banlieue* abgedrehtem Spielfilm *Terrain Vague* (1960) als – ganz von der Migrationsthematik freies – Gefüge von Jugendgangs, die zwischen Neubauten und Baustellen herumlungern, gezeichnet wird, lautete: Porosität und Improvisation, Verschränkung von Nomadismus und Sesshaftigkeit. Bei den *terrains vagues* handelt es sich um eine semantische, ästhetische und soziale Heterogenität, die Löcher gräbt, um unterhalb der Gegenläufigkeit von Lokalem kontra Globalem, Stofflichem kontra Strömen, Territorium kontra Fluchtlinie hindurchzugehen. Solche Resonanzen, hier allerdings stark von der Migration formuliert, finden sich auch im Film *La ville bidon* (1971) von Jacques Barratier, einem in der *banlieue* von Paris abgedrehten experimentellen Spielfilm, der zwischen Reportage, Parodie und Pamphlet gegen Immobilienspekulation und kapitalistische Raumentwickler oszilliert.[70] Hier treffen die *trajectoires migratoires* auch auf Randexistenzen und Aussteiger. Komplex und in der Perspektive des durchlöcherten Raumes erzählt der Film über Widerstand gegen Bauspekulation und mafiöse Investoren. Er umfasst die Lebensverhältnisse der Migrant*innen in der *bidonville*[71]– bzw. in der *cité de transit*, in der die regulierende ‚Ent-Elendung' der Administration zu greifen beginnt, und die hippiesken Schrotthändler, deren wildes, anarcho-romantisches Fest auf dem Autofriedhof zum Song *La décharge* (die Deponie) von Claude Nougaro an die Unterwelt aus Eisensteins *Stačka* (Streik) erinnert: „[...] Rois de la boue, Princes du fer

69 | Vor allem die Surrealist*innen kultivierten den – kaum ins Deutsche übersetzbare – Begriff „terrain vague", unter anderem als Name für den Pariser Verlag „Le Terrain Vague", in dem etwa die von André Breton herausgegebene Zeitung *La Brèche. Action surréaliste* erschienen ist. Heute wird der Terminus vor allem auf eine Art Unbewusstes des städtischen Raums angewendet.

70 | Siehe zu diesen Resonanzen etwa auch den Film *La photo déchirée* von José Vieira (2001) (vgl. hierzu das erste Kapitel) oder Ausstellungen wie die 2004 von der Präfektur von Seine-Saint-Denis in Zusammenarbeit mit „Périphérie" und dem „institut CGT d'histoire sociale" ausgerichtete „Bidonvilles, histoire et représentations en Seine-Saint-Denis (1954-1974)", die wichtiges sozialhistorisches und mediengeschichtliches Material zusammengetragen hat. Ein kleine Ausstellungsbroschüre findet sich online auf: http://www.atlas-patrimoine93.fr/documents/patrimoine_en_SSD_20.pdf [zuletzt gesehen am 29.12.2017].

71 | *Bidon* heißt wörtlich Kessel oder Kanister. Der Begriff „bidonville", also etwa Kanister-Stadt, taucht erstmals Ende der 1930er Jahre in Casablanca auf, wo er die selbstgebauten Barackensiedlungen der Zuwanderer*innen vom Land bezeichnete. Mit der Migration nach Frankreich hielten sowohl der Begriff als auch das Phänomen selbst im europäischen Raum Einzug.

[...]": Könige des Schlamms, Eisen-Prinzen.[72] – In René Vautiers Dokufiktion *Les trois cousins – eux et nous* (Die drei Cousins – sie und wir) von 1970 schließlich, der in Zusammenarbeit mit aus der *bidonville* von Nanterre vertriebenen Bewohner*innen erarbeitet worden ist, wird im Off von den ganz buchstäblich zu verstehenden Erdlöchern an der Seine berichtet, welche bis zu 10.000 so genannte Gastarbeiter*innen aus dem Süden gegraben haben, um darin zu wohnen, nachdem die Staatsmacht in der Folge von 1968 zahlreiche *bidonvilles* geschleift hat, ohne Alternativen zur Verfügung zu stellen und ohne dass die teilweise staatlich vermittelten *cités de transit* von den Migrant*innen akzeptiert worden wären.[73]

In Roy Anderssons *Sanger fran andra vaningen* (Songs from the Second Floor) (Schweden 2000) gelangt das mehr oder weniger unterschwellige Thema erst in der Schlusssequenz an die Oberfläche bzw. in den Vordergrund: Die lebenden Toten, die als Masse im Hintergrund der *one shot scenes*, aus denen der Film zusammengesetzt ist[74], einander auspeitschend, auf den Boden sinkend und wieder aufstehend durch die Straßen ziehen, steigen nun, am Rande der Stadt angekommen, inmitten eines freien Feldes, das an eine Mülldeponie mit einem Haufen aufgetürmter Kruzifixe grenzt, aus den Erdlöchern.[75] Bislang in der Lautstärke unterdrückt, ist nun

72 | Der eigens für den Film komponierte Song ist auf Nougaros posthum erschienen Album *La note bleue* (2004) veröffentlicht.

73 | Im Film heißt es im Off: „Nach Paris – aber das Paris der algerischen Proletarier, die Elendsviertel. Mohamed kannte sich aus, er hatte Adressen. Aber die Adressen waren zehn Jahre alt. Die alten Adressen von Mohamed lagen sechs Meter tief unter der Erde. Die Elendsviertel verschwinden, sie werden abgerissen. Aber wo gehen deren Einwohner hin? Einige ziehen in Hochhäuser ein oder werden in Übergangswohnheimen aufgenommen. Die Mehrheit sucht Zuflucht an den Ufern der Seine oder der Marne. Für die drei Cousins war es ein Loch, ein Rattenloch, in der Erde, zwei Schritte vom Wasser entfernt, als wären sie bereits tot. 6.000, vielleicht 10.000 von ihnen leben so am Ufer der Seine oder der Marne. Algerier, Marokkaner, Portugiesen, Tunesier oder Bretonen. Um aus ihrem Loch herauszukommen und Arbeit zu finden, suchen sie neun Wochen lang." (Ü.d.A. für die Filmprogramme „Kleine Pfade – verschränkte Geschichten", HKW Berlin 2008, sowie „Ohne Genehmigung", Zeughauskino Berlin 2012) Siehe zudem zur Arbeit am Film *Les trois cousins*: Vautier 1998: 213-216.

74 | Der Film besteht aus nur 45 Schnitten auf mehr als neunzig Minuten und ist dem peruanischen Dichter César Vallejo gewidmet.

75 | Die Bewegung der in einer langen Totale aufgenommenen Szene ist allerdings etwas komplizierter: Kalle, der Protagonist, der verzweifelt ist und sich von den Toten, die auf der Zufahrtsstraße langsam näher kommen, verfolgt fühlt – einem während des Zweiten Weltkrieges gehängten jungen Russen, einem kleinen Mädchen, das in einem seltsamen christlichen Ritual von Klippen gestürzt wurde, und einem seiner Kollegen, der Selbstmord begangen hat –, wirft einen leeren Kanister nach den Zombies, so dass diese zurückweichen, samt der Menge, die sich erst nun aus dem freien, sich bis zum Horizont erstreckenden Feld erhebt. Diese unzähligen Gestalten beginnen ebenfalls zu fliehen. Bloß Anna, das in ein weißes Hemd gehüllte Mädchen mit verbundenen Augen bleibt stehen; nach einer Weile wendet sich die Menge wieder um und kommt langsam auf die Kamera zu, während der Protagonist schluchzt und jammert über seine erbärmliche

die Filmmusik – die Songs komponierte das Ex-ABBA Mitglied Benny Andersson – in voller Lautstärke zu hören: es ist ein langsamer Walzer. Die in dem Film stilistisch deutlich herausgearbeiteten Tiefen des Bild- und Tonraumes erweisen sich erst im Schlussbild als buchstäblich durchlöcherte Räume, als von lebendigen Toten bewohnte Zwischenwelten. Diese *twilight zone*, die noch ‚mehr' zum Vorschein bringt als bloß den Krisenzustand urbaner Alltagswelten, spielt hier ikonographisch deutlich auf Zombie-Filme an. Die aschfahlen, von allen guten Geistern verlassenen Untoten sind in diesem nordischen, europäischen Film mit Aktentaschen unterwegs in einer von Verkehrsstau heimgesuchten Stadt, in der zu Beginn des Filmes ein Immigrant auf offener Straße brutal niedergemacht wird. Wiedergänger und Totengeister als ein gotteslästerlicher und proletarisierter Pöbel, der die Frage aufwirft, was es bedeutet, menschlich zu werden, haben auch in west- und südafrikanischen Zombie-Traditionen und -Geschichten seit langem die Aufmerksamkeit ethnografischer Untersuchungen auf sich gezogen.[76] Diesbezügliche Studien arbeiten allesamt die Beziehung der Geschichte und Gegenwart der Entwicklung der (Lohn-) Arbeit als Plantagen- und Minenarbeit zu Subalternität und Migration bzw. Mobilität und Mobilisierung/Urbanisierung (das heißt dem sogenannten *bushfalling*, wie man etwa in Kamerun sagt) heraus und analysieren Hexerei als ein eminent modernes Phänomen (siehe insbesondere Geschiere 1997, Comaroff/Comaroff 2002 und Nyamnjoh 2005). Am Beispiel der (post)kolonialen Metropole Johannesburg und in der Perspektive der Figur des schwarzen migrantischen Arbeiters, den er eine „paradoxical cultural figure of African modernity" nennt (Mbembe/Nuttall 2008: 23), skizziert Achille Mbembe grob die Konturen einer urbanen Analytik im Anschluss an den durchlöcherten Raum. Als Stadt der Zuwanderung, der Extraktion, der Minen, in der historisch das Gold zunächst an der Oberfläche, dann aber mehr und mehr auch in einem System von Tunnels und unterirdischen Korridoren abgebaut wurde, aber auch als Stadt der Apartheid beschreibt Mbembe Johannesburgs städtische Räume als röhrenförmig, als von Löchern, Lecken und undichten Stellen durchsetzter Raum, dessen Fluchtlinien sich gegenseitig durchkreuzen, ineinander übergehen und miteinander vermischen (Mbembe 2008: 47-48). Die territoriale Fragmentie-

Existenz. Auch er wendet sich um, steht, blickt direkt in die Kamera, währenddem hinter ihm die Un-Toten anrücken. Da setzt die Musik ein. Das Bild blendet ab auf Schwarz, kurz bevor das Mädchen den Protagonisten erreicht. Roy Andersson selbst kommentiert die Szene in einem Extra der DVD folgendermaßen: „What can we do with all that suffering. You don't know them. All of them they are asking for something. Yes, it's a meeting. Between the present and the past. There is not a big difference between life and death. They represent ... remind. It is there. It's almost impossible to take away, to change the history ... It's impossible ... Even if you try, you will fail. History, time will catch us. The effort to forget and hide, that's a trauma."

76 | In den letzten Jahren werden Zombiegeschichten hier auch vermehrt filmisch bearbeitet. Als jüngere Produktionen sei hier etwa auf den südafrikanischen Zombiefilm *Last Ones Out* von Howard James Fyvie (Südafrika 2015) oder auf den nigerianischen Nollywood-Film *Ojuju* von CJ ‚Fiery' Obasi (Nigeria 2012) verwiesen.

rung in der Stadt der Apartheid mit ihren „daily microphysics of racism" und ihren „multiple forms of transgression and codependency" (ebd.: 50), die Mbembe zunächst als eine gebrochene Urbanität fasst – „fractured urban space" (ebd.: 59) –, scheint er dann allerdings tendenziell doch wieder auf eine binäre Segmentarisierung zurückzuführen. Mit dem Begriff der „superfluity" zielt Mbembe zwar vorerst auf die ästhetische Qualität von Quantitäten und Oberflächen ab, um die Ambiguität von Überfluss und Überflüssigem, von Luxus, Exzess und Unbrauchbarem zu triggern; zugleich sieht er jedoch zwischen der Unerbittlichkeit („indispensability"), der Entbehrlichkeit sowie der Überflüssigkeit („expendability") von Arbeit, Leben, Personen und Dingen das Werk der Dialektik wirken (ebd.: 38). In ihrer gemeinsamen Einleitung „Introduction: Afropolis" konzipieren Mbembe und Nuttall den unterirdischen Raum als eine „necropolis" und als konstitutive andere Seite der „metropolis" (Mbembe/Nuttall 2008: 21). Sie fassen die dialektische Polarität zwischen unterirdischen Welten, städtischer Oberfläche und Grenzen als ein Hauptcharakteristikum der Afrikanischen Moderne überhaupt (ebd.: 17). Damit beziehen sie sich auf das Konzept der „vertikalen Stadt" bei David L. Pike (2005), der die lotrechte urbane Segmentierung hinsichtlich der Komponenten Trennung/Aussonderung, Beseitigung, Einverleibung und Wiederaufbereitung/Recycling untersucht (ebd.: 8). Von den Unterklassen bevölkerte städtische Welten wie Kanäle, Metros, Entwässerungsanlagen, Lagerräume und -gewölbe sind nach der Idee der vertikalen Stadt nicht nur als Schlüsselräume zum Verständnis der urbanen Modernen aufzufassen, sondern auch als Untergrund, das heißt als Orte von Revolution, Aufstand, Umsturz und Vorstellungen radikaler Gleichheit.[77] In dieser Dialektik vermag der Untergrund die Widersprüche in der Entwicklung der kapitalistischen Moderne auszudrücken, so Pike: „Capitalism invents, uses, and discards; in order to succeed, each new technology, each new invention must present itself as both familiar enough not to frighten and new enough not to be familiar. The underground presents the opposite combination: it is familiar enough to be recognized and unfamiliar enough to be frightening, or at least enticing." (Pike 2005: 12) Pike stellt hierbei heraus, dass die vertikale räumliche Ordnung an die christliche Kosmologie anschließt.[78]

---

77 | Auf diese Residuen des Widerstands beziehen sich Mbembe/Nutall, wenn sie sagen: „In the case of Johannesburg, the underground is not simply a technological space emptied of social relations. It does not exist only in an abstract realm of instrumentality and efficiency. In fact, it always was a space of suffering and alienation as well as of rebellion and insurrection. As evidenced by the lives and times of Nelson Mandela and Walter Sisulu, the underground of the metropolis is the repository of possibilities for invention and utopian dreams. In Johannesburg, the underground was the symbol of the powerful forces contained in the depths of the city." (Mbembe/Nuttall 2008: 21-22)

78 | Die christlich-abendländische Ikonographie ist von einer vertikalen Ordnung zwischen Himmel, Hölle und Erden-Dasein geprägt. In dieser Hinsicht – klassisch – sieht man etwa im Nürnberger *Liber Chronicarum* eine Darstellung des jüngsten Gerichts aus dem 15. Jahrhundert mit dem Titel „Ultima etas mundi" von Michael Wolgemut, auf der zwei Engel die Toten aus ihren Gräbern erwecken. Bis tief in den Bildgrund hinein erstreckt

Trotz dieses prägenden Bilderrepertoires der Untertagewelten der Moderne oder vielmehr indem man ihm und seinen Darstellungsordnungen entgeht, wird klar, dass sich der durchlöcherte Raum gerade nicht in eine vertikale Ordnung einpassen lässt. Er ist aber auch nicht in einer horizontalen Dimension zu denken. Nicht als unterirdischer oder oberirdischer Blick, aber auch nicht als einer von unten oder von oben, sondern als ein transversaler, umherziehend und dem Phylum der Migration folgend. Der Materie-Strom, dem Migrant*innen folgen, ist nicht die Unterseite der kolonialen, rassistischen und nationalstaatlichen Fortschrittsmoderne; er ist nicht die Metallurgie, sondern die Zwischenwelt des Mülls, des Schrotts, dessen, was im buchstäblichen Sinne von der Produktion abfällt – und doch erneut in sie hineinfällt.[79] Die Handwerkskunst der Migrant*innen ist das Tricksen, das Mutieren und das Welten-Kreieren – Legba und Coyote, hündisch alle beide –, aus dem, was innerhalb der inhärent-kontinuierlichen ursprünglichen Akkumulation notwendig anfällt, aber in den Untergrund abgedrängt wird, ins Endlager, in die Verdrängung: schwerste manuelle Arbeit, immer wieder das mit dem Dreck wegräumen, Hausarbeit, Altenpflege, Sexarbeit und – auch immer wieder – kulturelle Erneuerung, die auf *ennui* und Gefrässigkeit antwortet.

---

sich entsprechend die von Löchern durchsetzte Erdoberfläche. In Giuseppe de Liguoro's 1911 in Italien erschienenem Film *L'inferno* sind es die Häretiker, die in Löchern, das heißt in Feuergruben hausen bzw. begraben sind. Dante und Vergil begegnen hier etwa dem manieristischen Maler Paolo Farinato oder Cavalcanti, einem epikureischen Philosophen, der seinem Loch entsteigt, um mit den beiden Poeten zu sprechen. Tiefer in den inneren Höllenkreisen begegnen sie auf einem durchlöcherten Eisfeld auch Verrätern und Meuchelmördern aller Gattungen. Ikonografische Traditionen wie diese versuchen Alice Creischer, Max Jorge Hinderer und Andreas Siekmann (2010) in der Ausstellung *The Potosì Principle* in Wechselwirkung mit der Entwicklung der Minenarbeit und den Erfahrungen der Zwangsarbeit unter Tage im Zuge der Kolonisierung der Amerikas zu lesen.

79 | Eine weitere Verbindung zum durchlöcherten Raum ergibt sich aus der Idee eines „Wuchers von unten" im Zusammenhang mit dem „Wuchern", wie sie Raunig mit Bezug auf Angela Mitropoulos entwickelt: „Wucher lebt in den Poren der Produktion, denn das ist, wo viele leben oder zu leben versuchen." (Angela Mitropoulos, zitiert nach Raunig 2015: 198). Die Porosität des Produktionskörpers, die Raunig im Kontext einer „queeren Schuld" evoziert, nennen Fred Moten und Stefano Harney (2013) „undercommons" - ein Konzept, das wiederum Ähnlichkeit aufweist zum Begriff der „mobile commons", den Papadopoulos/Tsianos (2013) für den spezifischen Kontext der grenzüberschreitenden transnationalen Migration entwerfen. Die „undercommons" entsprechen einer „real debt", einer „black debt", einer „debt as its own principle", einer unbezahlbaren Schuld, deren analytische Spuren und Ausgangspunkte in Schwarzen autonomen und *community*-Politiken in den USA zu finden sind, so etwa auch bei Patricia Williams. Kelly Oliver (2001: 57-58) diskutiert Williams Auseinandersetzung in *The Alchemy of Race and Rights* mit der Möglichkeit einer „obligation without debt", die außerhalb einer Ökonomie von Besitz und Tausch liegt und gerade deshalb Differenzen nicht einebnet, im Kontext ihrer Kritik an Politiken der Anerkennung (siehe ausführlicher zu Oliver und ihrer Auseinandersetzung mit Sichtbarkeit und Anerkennung das erste Kapitel). Zum Weiterdenken der „mobile commons" als „mobile undercommons" siehe Kuster 2017.

Nicht Herkunft und nicht Ankunft und auch nicht der glatte Raum des Meeres oder der Wüste: „Man sollte niemals glauben, dass ein glatter Raum genügt, um uns zu retten." (Deleuze/Guattari 1992: 693) Die *traversée* lehrt uns vielmehr eine Kadenz von Löchern, Spaltungen und Einschnitten, ein Geflecht von unterirdischen Verbindungen und Kanälen.

OUVRIR UNE PARENTHÈSE: BEN IN *LA TRAVERSÉE*[80]

Bereits mitten auf dem offenen Meer, es ist Nacht geworden, tritt Ben nach 36 Filmminuten in *La traversée* (die Überfahrt) von Elisabeth Leuvrey (Frankreich/Algerien 2013) auf. Er erzählt über seine komplizierte Familiengeschichte zwischen Frankreich und Algerien, die für ihn in einem Verhältnis der permanenten Unentschiedenheit münde.[81] Er habe Gänsehaut, wenn er das erzähle, denn kurz vor dem Einlaufen in den Hafen würden sich all diese affektiven Dinge, von denen er nicht genau wisse, woraus sie bestünden und vor denen er sich ein wenig fürchte, vermischen.

„Ich glaube, ich bin dazu verurteilt, im Dazwischen zu sein. Beispielsweise frage ich mich manchmal nach dem Ort, an dem ich sterben werde. Und ich stelle mir die Frage, an welchem Ufer der beiden Seiten ich begraben sein werde. Ich habe darüber mit einer alten Tante von mir gesprochen, und sie sagte: Jede Erde ist gut, um jemandes Körper zu bedecken."[82]

Nach mehreren Minuten, in denen Ben im Schiffsbauch im Restaurant sitzend spricht, folgt wieder eine Außenaufnahme auf dem Oberdeck, die Sonne ist dabei, aufzugehen. Die Kamera schwenkt über das Meer und langt an in einer Aufsicht auf den Schiffsbug. In Fahrtrichtung, unter einem nach vorne gelenkten Blick ist Ben erneut im Off zu hören:

„Gibt es das, etwas, das weder das Eine noch das Andere wäre, gibt es so etwas? Ich weiß nicht. Vorerst kommen wir nicht an. Das Ideal wäre vielleicht, es fertig zu bringen, aus den zwei Welten eine dritte zu machen."[83]

Schnitt. Die Kamera hat eine Kehrtwende gemacht. Die Blickrichtung wird zur Rückschau. Klassische Einstellung auf Heckwellen. Eine offene Gittertür gibt den Blick frei auf die leeren Sitzbänke des Mitteldecks. Im Anschluss führen die Filmbilder

---

80 | „Ouvrir une parenthèse" heißt in Deutsch etwa: ein paar Worte sagen, eine Zwischenbemerkung machen, innehalten oder wörtlich: eine Klammer öffnen.

81 | Das vollständige Gespräch mit Ben ist im *booklet* zur Film-DVD abgedruckt: Ben 2014: 42-58.

82 | Ü.d.A.

83 | Ü.d.A.

– eine Folge fester Einstellungen – erneut hinab in den goldgelb ausgeleuchteten Schiffsbauch. Auf der Tonspur wird in Französisch und Algerisch die Ankunft in Alger aus dem Lautsprecher angekündigt. Noch ein paarmal wiederholt sich dieser Perspektivenwechsel zwischen Schiffsbauch und Deck, bis der Lautsprecher um halb acht Uhr morgens die örtliche Temperatur und die Ankunftszeit nachmittags um halb vier in Marseille ankündigt, während zwei Kinder zu sehen sind, die zugedeckt mit der algerischen Flagge auf dem Boden schlafen.

DRITTER RAUM

Das *entre-deux*, von dem Ben spricht, der Zwischenraum, der zugleich die Ankunft aufschiebt wie die Sehnsucht nach etwas Drittem einbehält, das jenseits der beiden sich gegenseitig ausschließenden Positionen Hier oder Dort läge, wohnt wohl auch dem Begriff des „Dritten Raumes der Äußerung" bei Homi K. Bhabha inne (2000: 56). Bhabhas Dritter Raum stellt heraus, dass Bedeutung immer zwischen dem Bezeichnenden und dem Bezeichneten, zwischen Signifikant und Signifikat konstruiert werde, wobei es erforderlich sei, dass sowohl das „Subjekt einer Proposition (*énoncé*)" als auch das „Subjekt einer Äußerung (*enunciation*)" so in Bewegung versetzt würden, dass sie einen Dritten Raum durchliefen (ebd.: 55). Bhabha insistiert auf einer Spaltung, die innerhalb jeder Äußerung stattfinde, da eine Äußerung nie einfach ein kommunikativer Akt zwischen einem Subjekt der Aussage und einem Subjekt, das in einer Äußerung beschrieben wird, sei. Der Dritte Raum repräsentiert „sowohl die allgemeinen Bedingungen der Sprache als auch die spezifische Implikation der Äußerung innerhalb einer performativen und institutionellen Strategie, derer sich die Äußerung nicht ‚in sich' bewusst sein kann" (ebd.: 55). Bhabhas Konzept zielt darauf, die Grenzen des Konzepts Kultur als ein Problem der Äußerung kultureller Differenz zu denken (ebd.: 52), wobei eine Politik der Polarität ebenso umgangen werden soll wie eine Kultur der Binarität (Bhabha, im Interview 1990: 210). Der Dritte Raum stellt somit sicher, dass kulturelle Bedeutungen nicht unveränderlich sind und Symbole keine ursprüngliche Einheitlichkeit und Beständigkeit aufweisen, was zur Folge hat, dass es keine fixe Form der Repräsentation gibt. Allerdings ist der Dritte Raum, wie Bhabha ihn konzipiert, keinesfalls universell und a-historisch, sondern ein Raum kolonialer und postkolonialer Provenienz und explizit gegen den Multikulturalismus und den Diskurs der kulturellen Diversität aufgerichtet. Obwohl in der Rezeption oft exakt an dieser Stelle verkürzt, ist der Dritte Raum, wie Bhabha ihn versteht, explizit *kein* Raum *zwischen* verschiedenen Kulturen, er ist kein Raum ‚der' Migrant*innen. Vielmehr geht es beim Dritten Raum um ein Intervall, um ein Dazwischentreten, um eine disruptive Zeitlichkeit, um ein postkoloniales Jetzt, welches den Spiegel der Repräsentation zerstöre, so Bhabha (2000: 56). Die kulturelle Differenz als Spaltung symbolisiert nach Bhabha also weniger einen Unterschied als vielmehr die Ambivalenz kultureller Autorität, die immer exakt im Moment der Differenzierung als Unterscheidung hergestellt wird.[84] Der Dritte Raum ist der Raum, in dem zwischen einer mythischen Temporalität und der neuen Bedeutung kultureller Codes gerungen wird. Damit zielt der Begriff auf das herkömmliche Verständnis der Moderne, welches Bhabha mit der Figur der Migrationsmetapher umreißt: „The migrant metaphor [...] suggests, by analogy, that the Western, metropolitan histories of progress and *civitas* cannot be conceived without evoking the savage colonial antecedents of the ideals of civility and the mythology of ‚civilisation'." (Bhabha, im Interview mit Rutherford 1990: 218)[85]

Halb acht Uhr in der Früh. Das Schiff hat umgedreht. Beinahe unbemerkt hat *La traversée* eine 180-Grad-Kehrtwende vollzogen. Offenbar ist es diese Bewegung, die den Schluss symbolisiert, den der Film aus der Begegnung mit Ben und dessen Erzählungen zieht. Statt sich mit der Frage zu befassen, wie sich die *ouverture d'une parenthèse* filmisch aufgreifen ließe, die Ben als charakteristisch für die postkoloniale migrantische Kondition beschreibt, wird diese *in-betweenness* auf ein *interlude* reduziert, auf ein Zwischenspiel oder eine Art Auflockerung und spielerische Abweichung des hart segmentierenden und segmentierten Hauptthemas der Verortung der französischen Nation und der imperialen Differenz. Die schwankende Bewegung dagegen, die Ben so nachdrücklich artikuliert und die interessanterweise auch Bhabha evoziert, bleibt außen vor. Mit dem Schwanken als einer Bewegungs-Metapher des Dritten Raumes bezieht sich Bhabha auf Frantz Fanons Ausführungen über die „verborgene Gleichgewichtsstörung" in den Äußerungen des kolonisierten Intellektuellen oder Lyrikers, der oder die im Zuge der Dekolonisierung und des antikolonialen Kampfes auf der Suche nach dem „sujet peuple"/„Sujet ‚Volk'" sei (Bhabha 2000: 57; Fanon 1966: 192). Folgen wir diesen Überlegungen Fanons am Vorabend der

---

84 | Bhabhas Dritter Raum, der sich auch vom Dritten Kino inspiriert, weist eine enge Verwandtschaft auf mit Trinh T. Minh-has kinematographischem Denken des Intervalls (siehe dazu im ersten Kapitel). Bhabha und Minh-ha haben sich über ihr jeweiliges Denken der kulturellen Differenz intensiv ausgetauscht in einem Gespräch anlässlich der Vorführung von Minh-has Filmen 1992 (Minh-ha/Bhabha 1999). Zur Begrifflichkeit der kolonialen Ambivalenz bei Bhabha, die ihre eigene Symptomatik darstellt, indem sie nichts repräsentiert, sondern wiederholt, siehe auch Kuster 2014 a oder Bhabha, im Gespräch mit Mitchell 1995: „[...] the notion of ambivalence, and ambivalence is a category that cannot be fixed in a kind of hermetic structural relation or functional immanence".

85 | Nicht zuletzt im Hinblick auf die Diskussion, welche ich weiter unten in diesem Kapitel im Kontext der *harraga* führe, scheint es mir bemerkenswert, dass Bhabha direkt im Anschluss an die zitierte Stelle eine Kritik am Diskurs von *citizenship* und *rights* formuliert: „By implication, it also suggests that the language of rights and obligations, so central to the modern discourse of citizenship, must be questioned on the basis of the anomalous and discriminatory legal and cultural status assigned to migrant and refugee populations who find themselves, *inevitably, on the other side of the law.*" (Bhabha, im Interview mit Rutherford 1990: 218-219, H.d.A.)

algerischen Unabhängigkeit[86], handelt es sich hierbei um einen Konflikt der Sinne, der an die Seekrankheit erinnert: „Es genügt nicht, sich mit dem Volk in jener Vergangenheit zu verbinden, in der es nicht mehr ist, sondern man muss sich ihm in jener schwankenden Bewegung anschließen, die es gerade angefangen hat und von der her alles plötzlich in Frage gestellt wird. An diesen Ort einer verborgenen Gleichgewichtsstörung, in der sich das Volk befindet, müssen wir uns begeben, denn dort, daran besteht kein Zweifel, überzieht sich seine Seele mit Reif, dort beginnt seine Wahrnehmung und sein Atem zu leuchten." (Fanon 1966: 192)

Statt das offenkundig produktive Potenzial der kolonialen und postkolonialen Herkunft des Dritten Raumes zu dechiffrieren (Bhabha 2000: 58) – und das hieße bezogen auf *La traversée* auch, sich mit den schwankenden Bewegungen im Ringen um eine Artikulation der Selbsttätigkeit oder der Autonomie der Migration zu verbinden –, reproduziert der Film gewissermaßen die weiter oben angesprochene moderne Bildtradition der Überfahrt als kolonialer Erschließung, indem er verallgemeinernde, ja universalisierende ‚quasi-existentielle' Bilder bekräftigt. So etwa die Kamerafahrt im dunklen Maschinenraum der Fähre oder der Blick über die Reling hinunter auf eine obskure, flüssige Wassermasse. Diese Art der Transzendierung von Einstellungen auf ‚das Meer', ‚den Horizont' und ‚die Wellen', die Sicht- und Erfahrungsweisen, Räume und Konditionen von Schiffsüberfahrten, die einen aus dem Gleichgewicht bringen, abstrahieren und generalisieren, lässt die *traversée* als quasi-anthropologische Konstante erscheinen. Und so scheint es mir nur folgerichtig, dass filmisch-ästhetisch gesehen die eigentliche *traversée* und das heißt das Transversale dieser Fahrt misslingt und in eine Art Rückkoppelung mündet. So beschreibt dieser Film die seltsame Bewegung einer Reise, die nirgendwohin führt, in Marseille beginnt und dort auch wieder endet. Es wurde kein Dritter Raum durchlaufen. Denn die Überfahrt, hat ihr *contrechamp*, ihren Gegenschuss, ihre andere, ihre algerische Seite gar nie berührt oder in den Blick genommen – niemals war je ein anderes Ufer in Sicht als das französische. Keine Differenz, nur Wellen des Gleichen. Daher erweist sich das Dazwischensein, „le lieu où le monde se renverse et s'inverse; le lieu où le monde pivote"[87], wie einer der Passagiere es formuliert, als „Schaffung der Nation als Narration" (Bhabha 2000: 218), als eine Art Nicht-mehr-algerisch-Sein, das aber noch nicht französisch geworden ist. Im Ergebnis stellt dies eine gescheiterte Integration dar – oder anders: Dies entspricht dem Kolonialfilm-Plot, in dem man sich auf der Suche nach dem Anderen immer wieder doch bloß in einer Szene des Identischen wiederfindet. Hier begegnet man demselben – oder

86 | Fanon hat diesen Text im Anschluss an seine Rede „Culture et nation" auf dem zweiten Kongress der Schwarzen Schriftsteller*innen in Rom 1959 verfasst. Das Schwanken und die verborgene Gleichgewichtsstörung lauten bei ihm „mouvement basculé" und „déséquilibre occulte" (Fanon 2002: 215).

87 | Auf Deutsch etwa: „der Ort, an dem die Welt umkippt und umgepolt wird; der Ort, an dem die Welt sich dreht".

allenfalls einer Minderheit. Folgen wir Bhabha, so entsteht nämlich aus dem Supplement, das sich zwischen die zeitliche Disjunktion der Nation schiebe, der Diskurs der Minoritäten als Inskription in die Geschichte des Volkes. Am artikulatorischen Abgrund einer solchen Spaltung der Nation zwischen dem Pädagogischen der Prozesse der Identitätskonstituierung durch historische Sedimentierung auf der einen Seite und dem Performativen der Prozesse der bedeutungsschaffenden kulturellen Identifikation auf der anderen Seite, taucht nach Bhabha die Minorität auf.[88] Ihre Stärke sieht er „im erneuten Aushandeln jener Zeiten, Begriffe und Traditionen, mit denen wir unsere ungewisse, dahingleitende Jetzt-Zeit in die Zeichen der Geschichte verwandeln" (ebd.: 232) und führt als Beispiel den von John Akromfrah zusammen mit dem Black Audio Film Collective (BAFC) für die Britische Channel 4 Serie „Britain: The Lie of the Land" realisierten Film *Handsworth Songs* (1986) an. Hier entfalte sich die Filmzeit zwischen „den Elementen der Ankunft der Migranten und dem Auftauchen der Minoritäten" als „kontinuierliche De-plazierung der Geschichte", so Bhabha (ebd.), die er auch als „lebendige Perplexität" bezeichnet (ebd.: 233). Bhabhas Vorstellung einer „Zeit der Migration" bezieht sich auf die „kulturelle Liminalität *innerhalb der Nation*" (ebd.: 221). Und entsprechend sieht er diese Zeit in *Handsworth Songs* artikuliert im Wechsel zwischen der „Aufnahme eines schwarzgelockten Jamaikaners, der während der Unruhen ein Polizeiaufgebot durchbricht" und vier markanten Bildsequenzen, in denen unterschiedliche Archivaufnahmen der 1950er und 1960er Jahre zu sehen sind, von der „Ankunft des Schiffes, das voll beladen ist mit Immigranten aus den ehemaligen Kolonien, die gerade von Bord gehen" (ebd.). Wie Bhabha selbst zielt auch der Film, dessen Hauptthema die legendären Ausschreitungen in Handsworth, Birmingham von 1985 bilden, deutlich nicht auf die *traversée*, sondern auf das *landing*, das An-Land-Kommen und Ausschiffen, die fragliche Ankunft *nach* den Schiffs-Überfahrten. Jene Sequenzen, die die Fahrt selber ins Bild setzen, sind von poetischen Erzählungen im Off begleitet, die ein mythisch anmutendes Ausgesetzt-Sein auf dem Schiffsdeck beschwören, welches in eine finale Passage mündet, die mit einer Amnesie bedacht wird: „and if I walk from shoreline to coast it will fill my shoes washing my journey away."

Möglicherweise steht es im Gegensatz zur politischen Dringlichkeit der 1980er Jahre in Europa, dass mich heute nicht so sehr der Diskurs der Minorität, sondern die Zeit der Migration in ihrer transnationalen Ausdehnung interessiert, die mir Bens Artikulationen zu durchziehen scheint. Bezeichnenderweise ist eine der schönsten Passagen von Bens Narrativ über das Innehalten, den Aufschub und die permanente Unentscheidbarkeit in der Filmfassung als Fortsetzung von „on ne débarque pas" exakt an jener Stelle herausgeschnitten, an der die Fähre ihre Kehrtwende vollzieht.

88 | Bhabha spricht vom supplementären Raum der Verdoppelung, in dem das Bild Präsenz und Stellvertreter sei. Er dechiffriert den Diskurs der Minoritäten keineswegs als eine Vervollständigung, sondern als eine Einmischung, die der Zusatzfrage ähnele, welche die Geschäftsordnung des britischen Parlaments vorsieht (Bhabha 2000: 230-231).

Als Schrift im *booklet* aufgegriffen, gibt sie den Blick frei auf die Notwendigkeit der Erfindung einer neuen Welt, die sich aus dem *journey* heraus generiert:

„Wir sind nicht der Realität zugewandt. Das Dazwischen, zwischen Zweien steht nicht der Realität gegenüber. Wir befinden uns in einem Zwischenraum. Im nächsten Augenblick, was wird es dann sein? Ich weiß nicht. Derzeit legen wir nirgendwo an, wir kommen nicht an. Wir sind also in keiner greifbaren Realität. Wir sind nicht im Konkreten. Es gibt kein Gepäck auszupacken. Keine Papiere, die man vorweisen muss. Wir sind mit nichts Reellem konfrontiert. Man kann sogar sagen, dass wir uns in der Poesie befinden, wir sind in einem Imaginären, wir sind dabei, eine Welt zu erfinden…" (Ben 2014: 49)[89]

Vermag die Poesie, das Imaginäre der Welt der Migration in dieser *parenthèse*, in diesem Einschub, der den Gesamtsatz unterbricht, in diesem *supplément* mitten auf dem offenen Meer mit der Welt der Alltagspraxen von Migrant*innen zusammenzufinden? Wie wird daraus Welt? Eine Welt von „Menschen ohne Ufer, ohne Grenze, ohne Farbe, Heimatlose, Nicht-Verwurzelte, Engel", wie Fanon die diasporischen kolonisierten Intellektuellen charakterisiert hat (Fanon 1966: 185)?

Bhabhas Figur „weder das eine noch das andere, sondern etwas anderes *besides* (darüber hinaus, daneben) Abseits"[90] unterhält eine komplizierte Verhaftung mit der Dialektik, in der sie selbst nicht enthalten ist und auf deren gegensätzliche Prinzipien sie nicht reduziert werden kann (Bhabha, im Gespräch mit Mitchell 1995). Neben dem Gegensatz zwischen dem Land oder dem Ufer und dem offenen Meer stehen, über die Ankunft und die Abfahrt hinaus gehen, ein nicht der Realität von Papieren und Gepäckstücken zugewandtes Unterwegs-Sein… Bhabha selbst spricht im Bezug auf den Dritten Raum auch von einer Dialektik ohne Transzendenz und betont: „You do not surpass or bypass Hegel just because you contest the process of sublation." (Ebd.) Der Dritte Raum zielt nicht auf eine Aufhebung, er will kein *tertium quid* sein, das sich aus der Kombination oder Konfrontation zweier bekannter Termini ergibt, sondern er beansprucht die *in-betweenness* als eigenständige, ja originäre Kategorie. Wenn aber nach Bhabha der Dritte Raum zudem leer bleibt als „der andere Raum der symbolischen Repräsentation, der zugleich Barriere und Träger (*bar and bearer*) der Differenz" ist, der „paranoiden Position der Macht" verschlossen und genau deswegen Furcht einflößend (Bhabha 2000: 150) – als *ouboum* etwa, als panischer Echolaut, als kolonialer Unsinn –, dann ist er weder ein Raum, in dem man etwas abstellen kann oder in den man sich selbst hineinstellen kann, noch ist er ein Raum, der sich darstellen oder gar kartieren lässt. Was aber könnte denn dann dieser *split*,

---

89 | Ü.d.A.

90 | Ü.d.A. Im Original lautet die entsprechende Stelle: „neither the one nor the other, but something else besides, *Abseits*".

dieser Spalt, anderes sein als ein schwarzes Loch?[91] Kann es überhaupt gelingen, die stark epistemologisch, allenfalls als Zeitdifferenz („time lag") bestimmte Kategorie des Dritten Raumes räumlich zu denken?[92] – Sie wäre dann eine ‚in sich' nicht repräsentierbare lochhafte Kraft in eigener Instanz, *beside*, ein Abseits des binären Oberfläche-Loch-Systems. *Beside*, Abseits sowohl des alles verschlingenden schwarzen Lochs wie auch der alles aufblendenden weißen Wand: eine Lochhaftigkeit, die sich weniger bewohnen als vielmehr durchlaufen lässt, und eine Kluft, ja ein Leck,

---

91 | In seiner Vorlesung „La pulsion. Le trou noir" bezeichnet Guattari das schwarze Loch als ein Territorium des Ichs, das immer eine gewisse Potenzialität der katastrophalen Deterritorialisierung mit sich bringe. Das schwarze Loch helfe dabei, über das Verhältnis von Tod und Narzissmus nachzudenken. Interessanterweise taucht in Guattaris Beschreibung des schwarzen Lochs das Bild des Echolauts auf, das bei Bhabha als *ouboum* beispielhaft für den kolonialen Unsinn steht, als Laut, den die Grotten von Marabar erzeugen (Bhabha 2000: 183). Guattari: „En effet, *un certain type de perte de persistance amène inexorablement un trou noir* : les différents agencements entrent en résonance les uns par rapport aux autres dans leur décompensation. C'est une déterritorialisation où ils se prennent dans un phénomène de résonance et d'écho." (Guattari 1981: 4) Im Roman *Auf der Suche nach Indien* von E.M. Forster (1960), auf den Bahbha Bezug nimmt, werden einerseits die dunklen Marabar-Grotten erwähnt, die an sich mühelos zu beschreiben seien und die einen Echolaut erzeugten („‚bo-u-o-um' oder ‚o-u-bo-um' - unsagbar eintönig" (ebd.: 187). Dieser Echolaut sei bar jeder Eigentümlichkeit, und den Grotten, deren Ruf auf keine menschliche Aussage angewiesen sei, hafte nichts an (ebd.: 150-151). Darüber hinaus gibt es aber bei Forster noch eine weitere Dimension, um die die Beschreibung der Dimensions- und Substanzlosigkeit der Höhlen kreist. Es gibt nämlich zahlreiche weitere Kammern, die des Zugangs entbehren. Sie seien nicht erschlossen, so Forster, würden aber auch nichts in ihrem Inneren bergen: „[...] wenn Menschen, von Neugier gestachelt, je versuchen sollten, sie freizulegen - nichts, nichts, nichts würde zutage gefördert, auf dieser Welt die Summe des Guten, des Schlechten zu mehren." (Ebd.: 152). Zu diesen kammerartig vorgestellten schwarzen Löchern zählt auch die Grotte, die sich im Inneren des Kawa Dol, eines riesigen Felsbrockens, der als schwankender Stein oder Krähenschaukel gilt, befinden soll: „Eine der Grotten soll sich im Inneren des Felsblocks befinden, der auf der Spitze des höchsten der Hügel schwingt - eine Grotte in Gestalt einer Luftblase, ohne Decke, ohne Boden, ihr eigenes Dunkel widerspiegelnd, in jeder Richtung, bis in alle Unendlichkeit." (Ebd.)

92 | Bhabha denkt den Dritten Raum nicht eigentlich räumlich, benutzt aber doch etwa eine topologische Metaphorik, wenn er davon spricht, dass „eine Bereitschaft, *in jenes fremde Territorium* [...] *hinabzusteigen*, [...] den Blick dafür frei machen [könnte], dass die theoretische Anerkennung der Gespaltenheit des Äußerungsraumes den Weg zur Konzeptualisierung einer *inter*nationalen Kultur weisen könnte". Im Anschluss an diese Textstelle scheint sich die räumliche Ausdehnung allerdings wieder zu verflüchtigen: „Dabei sollten wir immer daran denken, dass es das ‚inter' - das Entscheidende am Übersetzen und Verhandeln, am Raum da-zwischen - ist, das den Hauptanteil kultureller Bedeutung in sich trägt. Dadurch wird es uns möglich, Schritt für Schritt nationale, anti-nationalistische Geschichten des ‚Volkes' ins Auge zu fassen. Und indem wir diesen Dritten Raum erkunden, können wir der Politik der Polarität entkommen und zu den anderen unserer selbst werden." (Bhabha 2000: 58, H.d.A.)

das dazu führt, statt etwas als Minderheit kenntlich zu machen, die Macht in Berührung mit dem Gewöhnlichen und dem Unscheinbaren zu bringen (siehe das zweite Kapitel).

Edward Soja, der neben der geschichtlichen und sozialen Dimension den Protagonismus der Raum-Dimension für Gesellschaftstheorien und Philosophie reklamiert, hat im Anschluss an das Verständnis eines sozial produzierten Raums („espace vécu") nach Henri Lefebvre den Begriff des „Thirdspace" als räumliche Dimension der Lebenspraxis im Unterschied zum repräsentierten und zum wahrgenommenen Raum oder zu räumlichen Praxen geprägt. Ähnlich der „espaces autres" nach Foucault ist Sojas *Thirdspace* ein alles umfassender und niemals vollständig erkennbarer Raum, der unserer Lebenszeit vergleichbar ist. Zugleich ist er eine Weise, räumlich zu sehen, die Soja „critical thirding-as-othering" nennt, um, wie er sagt, den sichttoten Raum auszufüllen, was einer Weise gleich komme, in der Perspektive einer Verkörperung der Beobachter*innenposition wahrzunehmen (Soja, im Interview mit Borch 2002: 114). Wenn man Sojas *Thirdspace*-Perspektive, die er eine ontologisch unumgängliche nennt (ebd.: 117), auf den abstrakten Dritten Raum Bhabhas bezieht[93] und diesen als gelebten Raum zu materialisieren versucht, dann tritt der Körper der Äußerung in Erscheinung. Dieser Körper liegt jenseits der Wahrnehmung des Raums als gegenständliche Form, und er adressiert auch keine räumliche Vorstellung, sondern er bezeichnet die Unausweichlichkeit der Leiblichkeit der Sprache[94], oder anders: des Körpers der Äußerung, der im Dritten Raum ein rassifizierter Körper ist. – Haraway sprach hierbei von „others who are not allowed *not* to have

93 | Beinahe amüsiert notiert Edward W. Soja bezüglich Bhabhas Drittem Raum: „The Third Space of Homi Bhabha is occasionally teasingly on the edge of being a spatially ungrounded literary trope, a floating metaphor for a critical *historical* consciousness that inadvertently masks a continued privileging of temporality over spatiality." (Soja 1996: 141-142) Auch bei Raunig (1999) zeigt sich die Herausforderung der räumlichen Implikation von Konzepten des dritten Raumes, die er im Bezug auf künstlerische Arbeiten, die Öffnungen bewerkstelligen, diskutiert. Am Beispiel von politischen Kunstpraxen in den 1990er Jahren spricht Raunig hier von der Dilatation einer Grenzlinie, vom „Aufbrechen und Ausdehnen von (sozialen) Grenzlinien", die seiner Ansicht nach zu „temporären Grenzräumen" führten, wobei das Überschreiten der Grenze jeweils die Voraussetzung für Differenz und Streit schaffe (ebd.: 14). Die thematisierten künstlerischen Grenzüberquerungen zielen hierbei weder auf „die entgrenzende Erweiterung der Kunst in eine Ästhetik der Lebenswelt noch [auf] das kulturindustrielle Hereinbrechen des Kapitalismus über die Kunst" (ebd.: 17). Vielmehr werden diese Akte der Kunst als Vorstösse über die Grenzen des Kunstfeldes hinaus und hinein in Felder des Sozialen und des Politischen verstanden. Hierbei geht es nach Raunig darum, „den Grenz-Wall zum Intervall" zu erweitern (ebd.: 15), wobei der Dritte Raum in Verbindung mit dem Bild eins stygischen Raums aufgeworfen wird, dem Fluss der Unterwelt also, die „jenseits der Kunst und des jeweiligen anderen gesellschaftlichen Felds liegt" (ebd.: 19).

94 | Ich möchte hier – den Logozentrismus weiter dezentrierend – ergänzen: die *corporeality* von Ton und Bild, die Sinnlichkeit von Sinn.

a body" (Haraway 1988: 575); Fanon ruft die offene Dimension jedes Bewusstseins (und somit auch das des kolonisierten Intellektuellen) auf und macht daraus zugleich sein allerletztes Gebet „O mon corps, fais de moi toujours un homme qui interroge" (Fanon 1952: 188). Ben wiederum erzählt dies:

„Es geht um den Moment, indem du dazu tendierst, dich über dein Aussehen, deine Zugehörigkeit, deine Wurzeln hinwegzusetzen und in Richtung eines ein bisschen universalen, ein bisschen intellekto-mäßigen Ideals denkst. Also so à la globaler Intellektueller, lass uns die Hände reichen und so... In diesem Moment abstrahierst du somit von alledem. Und meine Arabität ist nicht die, die ich mir verleihe, sondern die, die andere mir geben. Und vielleicht mache ich diese Reise, damit sie sich im Mittelmeer verdünnt... um diese Arabität, die man mir zuschreibt, von mir abzuwaschen. Sie ist nicht meine. Ich bin niemandes *bicot*[95]. Ich bin niemandes *raton*[96]. Und ich bin auch kein *bougnole*[97] von irgendjemandem." (Ben 2014 : 52)[98]

Bens doppelte Zurückweisung der Position eines globalen Intellektuellen zum einen und zum anderen der Verkörperung der rassistischen Kodierungen *bicot*, *raton* und *bougnole*, lässt sich auch als Artikulation seiner *arabité* im Drittem Raum *beside*, Abseits verstehen. Sie spürt in sich die Geschichte der Fanon'schen Entgegensetzung der diasporischen Intellektuellen, die sich nicht zwischen einem Hier oder Dort entscheiden wollen, und auch der kolonisierten Intellektuellen, die sich, auf der Suche nach einer nationalen Kultur, von der Kultur des Okkupanten losreißen und zu unbekannten Wurzeln zurückkehren, wobei Fanon zufolge dies im ersten Schritt bedeutet, sein Volk wieder zu finden und zum *bicot* zu werden: „Retrouver son peuple c'est quelquefois dans cette période vouloir être nègre, non un nègre pas comme les autres mais un véritable nègre, un chien de nègre, tel que le veut le Blanc. Retrouver son peuple c'est se faire bicot, se faire le plus indigène possible, le plus méconnaissable, c'est se couper les ailes qu'on avait laissé pousser." (Fanon

---

95 | „Bicot" ist ein rassistisches französisches Schimpfwort für ‚Araber', das sich von „arbi" oder „arbicot", das heißt „arabe" ableitet (Tournier 1992). Vgl. auch den wichtigen Film *Les ‚bicots-nègres' vos voisins* (1974) von Med Hondo.

96 | „Raton" bedeutet wörtlich: kleine Ratte. Das Wort wird auch als rassistische Bezeichnung für Maghrebiner*innen verwendet.

97 | „Bougnole", machmal auch „bougnoule" ist ein rassistisches Schimpfwort für Afrikaner*innen. Manche behaupten, das Wort gehe auf den mit Akzent ausgesprochenen Satz „Apporte l'alcool!" zurück und rühre daher, dass die afrikanischen Kolonialsoldaten im Ersten Weltkrieg, die oft in der ersten Reihe der Front eingesetzt worden waren, sich vor dem Kampf betrunken hätten. „Gnôle" bedeutet im südfranzösischen *argot* Schnaps. – Eine andere Erklärung lautet darauf, dass sich der Begriff von „wu ñuul", Wolof für Schwarze ableite. Während des algerischen Befreiungskrieges ist der Begriff zu einem ausschließlich auf Algerier angewandten Schimpfwort geworden (vgl. auch Ruscio 2012).

98 | Ü.d.A.

2002: 210)[99] Bens *arabité* sind aber tatsächlich – in die Wasser der *traversée* getaucht und der schwankenden Bewegung der diasporischen Intellektualität geweiht – Flügel gewachsen. Der gelebte Raum der Migration, das heißt diese Körper, die unablässig eine Vielheit von Löchern graben, die sie zu Stollen und Tunneln, ja zu ganzen Systemen der *traversée* erweitern, schießen auch Löcher in den Luftraum der Nationen, die sie nach unten und oben hin – transversal zur vertikalen Ordnung – öffnen. Auf die Spuren der Entstehung solcher perforierten Welten des Mittelmeers setzen sich die folgenden Absätze, zunächst als sozialhistorische Notizen, dann als musikalische Linien und schließlich erneut als begriffliche Konzepte.

Die Erfindung der Migration: Notizen zur Sozialgeschichte der *traversée* zwischen Algerien und Frankreich

Bilder der Überfahrt, Aufnahmen vom Auslaufen aus dem Hafen von Alger und vom Einlaufen in Marseille prägen vor allem auch das kulturelle Gedächtnis der so genannten *pieds-noirs*, der europäisch-stämmigen Bevölkerung des kolonisierten Algeriens[100], wie das etwa die Sammlung von 8mm Amateurfilmen vorwiegend aus den 1950er Jahren im Archiv *cinémémoire* in Marseille zeigt. Die hier thematisierten Überfahrten aus Alger oder Oran nach Südfrankreich, meist nach Marseille, beschreiben Urlaubsreisen, an die Badestrände Südfrankreichs oder in eine sommerliche Jugend-Ferienkolonie.[101] Die Blickrichtung ist Süd-Nord.

Definitiv an die Ikonen der Auswandererschiffe des 19. Jahrhunderts in die USA oder an die Flüchtlingsschiffe der europäischen Juden im Zweiten Weltkrieg schließen die Fotografien der Einschiffung tausender, vorwiegend kleinbürgerlicher „Français d'Algérie" in der Folge der Unabhängigkeit im Jahr 1962 an. Auch hier wird vom

99 | Ich gebe die Stelle hier in Französisch wider, weil das französische „nègre" keinesfalls mit dem deutschen „N." übertragen werden kann und „indigène" auch nicht durch den deutsch-kolonialen Begriff „eingeboren". Heutige Kritiken etwa von Schwarzen Deutschen fordern eine tiefgründigere Auseinandersetzung mit der deutschen Sprache, der die Fanon-Übersetzung von 1966 leider nicht gerecht wird. „Sein Volk wiederfinden heißt in dieser Periode manchmal, nur N[...] sein wollen, nicht irgendein N[...], sondern ein wirklicher N[...], ein Hund von N[...], so wie ihn der Weiße will. Sein Volk wiederfinden, heißt, zum ‚Bicot' werden, so eingeboren, so unkenntlich wie möglich werden, sich die Flügel beschneiden, die man hatte wachsen lassen." (Fanon 1966: 187)

100 | *Pieds-noirs* (wörtlich: Schwarzfuß) ist eine seit den 1950er Jahren gebräuchliche, umgangssprachliche und rassistische Bezeichnung für Personen, die administrativ betrachtet als „Français d'Algérie", als Franzosen Algeriens gelten. Gemeint sind die europäisch-stämmigen Siedler*innen seit Beginn des 19. Jahrhunderts und ihre Nachkommen, oft südfranzösischer, vor allem aber auch elsässischer, italienischer, maltesischer, spanischer oder korsischer Herkunft.

101 | Vgl. die von mir berücksichtigten Filmdokumente im Appendix.

Süden in Richtung Norden geschaut. Man spricht im Zusammenhang mit diesem Vorgang auch vom Exodus derjenigen, die als „naufragés d'Algérie", als Schiffbrüchige Algeriens bezeichnet wurden.[102] Die französische Regierung rechnete mit der Ankunft von etwa 10.000 Europäer*innen, insgesamt kam aber etwa eine Mil-

102 | Wie stark dieses häufig ohne genaueren historischen oder politischen Kontext als Trauma aufgerufene Ereignis das populäre Gedächtnis in Frankreich prägt, lässt sich auch an den zahlreichen Berichten, Fotografien und Clips ablesen, die sich im Internet finden – nicht zuletzt im Umfeld und im Milieu des FN, der Partei Front National. Siehe für dieses visuelle und affektive Gedächtnis etwa auch die folgenden Clips auf *YouTube*. Zu dem Song von Isabella sind Fotosequenzen der Auswanderung der *pieds-noirs* montiert: https://www.youtube.com/watch?v=MA96CMPRCd4 (hochgeladen im Jahr 2008 und 2017 bei 112.579 Aufrufen) [zuletzt gesehen am 29.12.2017]. Nach dem selben Verfahren montiert ist auch ein zweiter Clip: https://www.youtube.com/watch?v=xD1JhlZ0ac4 (hochgeladen 2007 und 2017 bei 96.793 Aufrufen) [zuletzt gesehen am 29.12.2017].

Die Nostalgie, der schmerzhafte Wunsch, zurückzukehren (ein Begriff, den angeblich der Arzt Johannes Hofer im 17. Jahrhundert geprägt und von den Symptomen helvetischer Söldner abgeleitet hat) lässt sich als ein affektiver Impuls für das Vergangene, Zurückliegende, oftmals als intakt, ja integer Zurückprojizierte verstehen. Die Nostalgie spielt eine zentrale Rolle in der hochkomplexen französisch/algerischen ‚entangled history', die sogar den Neologismus „nostalgérie" hervorgebracht hat. In diesem Bezug von Sehnsucht und Verlust finden sich sogar Internetseiten mit *playlists*, auf denen die Musikgedächtnisse der unterschiedlichen (Kriegs-)Parteien in dieser äußerst gewaltsamen transkulturellen Beziehungsgeschichte ineinander verschwimmen. Um dies zu verdeutlichen seien hier in diesem Sinne einige exemplarische Titel aufgeführt: *Mon pays* (2006) von Faudel („c'est ici que je suis né"), ein Lied, das von der zweiten Generation Immigrant*innen in Frankreich handelt. *Au café des Délices* (2000) von Patrick Bruel, der das Heimweh der *pieds-noirs* in einem arabesken Chanson besingt. Patrick Bruel ist als algerischer Jude namens Patrick Benguigui in Algerien geboren und in den 1960er Jahren in der *banlieue* von Paris aufgewachsen. Er hat sich politisch für S.O.S. Racisme und gegen den FN engagiert. In seinem Liedtext finden sich allerdings klassische koloniale Exotismen wie „Tes souvenirs se voilent / Tu vois passer le tram / Et la blancheur des voiles / Des femmes tenant un fils / Et l'odeur du jasmin / Qu'il tenait dans ses mains / Au Café des Délices". Von dieser Welt der exotischen Genüsse, die vor allem mit Weiblichkeit in Verbindung stehen, muss man sich dann unverhofft für immer verabschieden: „Tes souvenirs se voilent / A l'avant du bateau / Et ce quai qui s'éloigne / Vers un monde nouveau / Une vie qui s'arrête / Pour un jour qui commence / C'est sans doute une chance / Yalil Yalil. Tu n'oublieras pas..." *Adieu mon pays* (1962) oder *La France de mon enfance* (1980) von Enrico Macias, der als Gaston Ghrenassia in Constantine in einer jüdischen Familie von Malouf-Musikern (arabo-andalusisch) geboren worden war und 1961 nach Argenteuil emigrierte. Als er 2007 als Begleiter von Sarkozy Constantine besuchen wollte, erhielt er vom algerischen Staat keine Einreiseerlaubnis. Weiter zu nennen sind etwa häufig referierte Titel wie *Oran, juin 62* (1982) und *Noël à Oran* (1990) von François Valéry oder *C'est nous les Africains*, ein Marschlied im Namen der Kolonialsoldaten, die Frankreich und Europa vom Faschismus befreit haben (zur Geschichte des Liedes siehe: https://fr.wikipedia.org/wiki/Le_Chant_des_Africains [zuletzt gesehen am 29.12.2017] und zum Lied selbst samt Transkription des Textes: https://www.youtube.com/watch?v=d7zFz-RHZ-Q [zuletzt gesehen am 29.12.2017].

lion. – Allein zwischen Mai und August 1962 haben 512.000 europäisch-stämmige Bewohner*innen Algerien verlassen. Noch im Mai 1962 versichern zahlreiche französische Politiker*innen, es handle sich bei diesen Reisenden um Urlauber*innen und – im Gegensatz zu dem, was die Presse behaupte – nicht um einen Exodus. Bereits im Juli geht man jedoch allgemein von „rapatriés" aus, was bezeichnenderweise keine Emigration beschreibt, sondern bedeutet, diese massenhafte Mobilität als Heimkehr auszudeuten.

Der Dokumentarfilm *Algérie année zéro* (Algerien/Frankreich 1962) von Marceline Loridan und Jean-Pierre Sergent, der im Kontext der *pieds-rouges*[103] gesehen werden muss, ist nach meinem Wissen eines der seltenen und herausragenden Beispiele, das die unterschiedlichen Modi der Abreise aus Algerien in den Norden in der Folge der Befreiung in Verschränkung erzählt, hier im Besonderen als Parallelmontage des Schlange-Stehens.[104] All diejenigen, die sich – wenngleich in verschiedenen Reihen – am Hafen hintereinander stellen, werden zu Anwärter*innen der modernen post/kolonialen und institutionellen Praxis der Macht. Sie reihen sich in der Erwartung, in einem neuen administrativen Dispositiv erhoben und erfasst zu werden. In einer horizontalen Kamerafahrt wird diese fordistische Machttechnologie, die später auch der Film *Le grand détour* (Der weite Umweg) von Ahmed Bedjaoui (Algerien 1968) herausarbeitet[105], in Szene gesetzt: Langsam fährt der Blick vorbei an den sich an-

Die „nostalgérie", für die Jacques Derrida bekannt geworden ist, unterscheidet sich allerdings markant von der hier referierten. Derrida verbindet die „nostalgérie" in *Le monolinguisme de l'autre ou la prothèse d'origine* mit seiner französischen Sprache, derer er sich beraubt fühlt, da sie nicht seine sei, sondern ihm aberkannt. Nostalgérie verbindet sich für Derrida mit dem „archive incarnée" seiner französischen Sprache, in dem sich das Blut mit der Tinte mische und einen Traum hege, den Traum, dass dieser Sprache etwas zustoßen müsste: „Je dois en rêver encore, dans ma ‚no-stalgérie'. J'avais dû appeler cela mon indépendance de l'Algérie." (Derrida 1996: 86-87)

103 | In Analogie zum Terminus *pieds-noirs* wurden Linke unterschiedlicher politischer Ausrichtung und anti-kolonialistische Aktivist*innen, die nach der Unabhängigkeit nach Algerien gekommen waren, um beim Aufbau des Landes mitzuhelfen, als „pieds-rouges" bezeichnet. Vgl. auch Simon 2011. Viele von ihnen waren zuvor so genannte *porteurs* und *porteuses de valise* (Kofferträger*innen) der Nationalen Befreiungsfront gewesen.

104 | Der Film war sowohl in Frankreich als auch in Algerien verboten, wurde aber 1965 am Internationalen Leipziger Festival mit einem Preis ausgezeichnet.

105 | In *Le grand détour* sind ausschließlich männliche algerische Auswanderer – Anwärter des so genannten Gastarbeitersystems – in einer Serie von Situationen zu sehen, in denen sie sich anstellen müssen, um entsprechende Papiere – Ticket, Impfausweis, Personalausweis etc. – zu erhalten bzw. zu beantragen. Der Protagonist, der später aus seinem miserablen Immigrantenleben in Paris nach Madagaskar abgeworben wird, wo die Konditionen besser sein sollen, landet am Schluss dann doch wieder bloß in Alger. Er wurde an der Nase herum geführt, auf dem großen Umweg der postkolonialen Arbeitsmigration. Bedjaoui selber spricht von diesem Umweg als einem Circulus vitiosus der Emigration. Ähnlich wie die Massaker im algerischen Sétif im Anschluss an die Befreiung

stellenden so genannten Algerienfranzös*innen, die vor einem Tor darauf warten, zur Einschiffung zugelassen zu werden. Dazu im Off:

„Vor einem Jahr gab es eine Million Europäer. 800.000 sind während des Waffenstillstands und der Ausrufung der Unabhängigkeit abgereist. Flucht, Exodus. Es bleiben noch 200.000 zurück, von denen die Mehrzahl sich auch auf die Abreise vorbereitet: Nichts funktioniert mehr, sagen sie mit Stolz. Und das stimmt sogar fast."[106]

Im Anschluss an diese Szene folgt eine Sequenz, die von einem spärlichen Kommentar begleitet die stillgelegte algerische Wirtschaft portraitiert: verlassene Industriebetriebe, ein fast verödeter Hafen, die Stadt Alger wie leergefegt, insbesondere Bab el Oued, damals der traditionelle Stadtteil der europäisch-stämmigen Bevölkerung. Man sieht Algerier*innen beim Tanzen zu Rock'n Roll. Dann vorwiegend männliche Reisende mit Koffern in der Hand am Hafen. Es sind algerische Arbeiter auf dem Weg nach Frankreich, von oben gefilmt:

„Für sie ist nichts einfach und nichts kann sie erfreuen. Sie wissen, welche Arbeiten sie erwarten, in Nanterre [...]. Viele haben die Reise bereits gemacht. Sie sind zurückgekehrt. Die Unabhängigkeit sollte das Ende des Exils bedeuten, aber hier gibt es keine Arbeit und so gehen sie erneut weg. Das ist nicht neu. Es ist bloß schlimmer geworden. In Frankreich sucht man Arbeiter. Es ist traurig, hoffnungslos, empörend, verrückt, unmenschlich."[107]

Diese zwei sozialen Auswanderer*innen-Gruppen, diese beiden unterschiedlichen Migrationen sind miteinander verknüpft, nicht zuletzt auch in der Folge der am 19. März 1962 unterzeichneten Abmachungen von Evian zwischen der französischen Regierung und der Nationalen Befreiungsfront, dem *Front de Libération Nationale* (FLN).[108] Ihr jeweiliges Schicksal bleibt auch durch die auf Evian folgenden,

---

Europas vom Faschismus waren die Massaker gegen demobilisierte Soldaten und Bauern im Madagaskar von 1947 sehr prägend für die kollektive Erinnerung des Antikolonialismus, so Bedjaoui. Die Massenemigration in der Folge der Unabhängigkeit war in vielen Fällen eher als einem Fortschrittsprojekt der bitteren Not geschuldet. Erst mit der Verstaatlichung von zahlreichen Ölgesellschaften ab Ende der 1960er Jahren zur staatlichen Gesellschaft Sonatrach beginnt der starke Emigrationsdruck zu sinken, so Bedjaoui im Gespräch anlässlich der Filmprojektion im Juni 2015 in Berlin im Rahmen von „visionary archive".

106 | Ü.d.A.

107 | Ü.d.A.

108 | Anders als vielfach referiert, handelt es sich bei den so genannten *Accords d'Évian* nicht um Verträge im klassischen Sinne, sondern um einen „Accord de cessez-le-feu en Algérie", um eine Abmachung über den Waffenstillstand sowie um die „Déclarations gouvernementales du 19 mars 1962 relatives à l'Algérie". Der gesamte Text ist hier veröffentlicht: https://www.legifrance.gouv.fr/affichTexte.do?cidTexte=JORFTEXT000000498172 [zuletzt gesehen am 29.12.2017]. Zusammen mit der ALN, der nationalen Befreiungsar-

konkreter ausgearbeiteten Übereinkünfte zur „indépendance et coopération", zur Unabhängigkeit und Zusammenarbeit, aneinander gebunden.[109] Bereits in der „Déclaration générale" wird auf der zweiten Seite der *Accords d'Évian* im Kapitel II „De l'indépendance et de la coopération" unter der Überschrift „Des droits et libertés des personnes et de leurs garanties" die Mobilität sowohl der französischstämmigen als auch der neuen algerischen Bevölkerung verhandelt.[110] Das zweite Kapitel der „Déclaration des garanties" listet Vorkehrungen für Bürger*innen „de statut civil de droit commun" auf, das heißt konkret für Bürger*Innen europäischer Abstammung, sowie für Jüd*innen oder Muslim*a, die während der Kolonialzeit auf den französischen zivilen Status zugreifen konnten. Diese Passagen handeln in sehr konkreter Weise von einem Staatsvolk im Entstehen, nämlich dem algerischen, für das bis 1965 Übergangsregelungen gelten sollten.[111] Im Kontrast dazu halten die *accords* allerdings mit aller Deutlichkeit fest, dass die Ausübung algerischer und französischer staatsbürgerlicher Rechte sich für französische Staatsangehörige ausschließen (wobei es sich scheinbar erübrigt, in dieser Hinsicht von den neuen algerischen zu sprechen).[112] Mit der Unabhängigkeit werden für Algerier*innen, die sich neu als Ausländer*innen in Frankreich aufhalten, zwei Prinzipien kennzeichnend:

---

mee bildete der 1954 gegründete FLN die Unabhängigkeitsbewegung. Der FLN war von 1962 bis 1988 Einheitspartei der Demokratischen Volksrepublik Algerien.

Die Auswanderung der *pieds-noirs* begann, mit dem Anstieg von Terror und Gewalt in Algerien, insbesondere ab Mai 1961 und ab April 1962 zuzunehmen. Seit 1961 verfolgte die OAS eine Politik des Terrors in Frankreich und in Algerien, welche die bereits laufenden Verhandlungen in Évian lähmen und letztlich behindern sollte. Ab dem März 1962 gab es dann auch Massaker an ehemaligen *harkis* in Algerien. Die *harkis* (abgeleitet vom Arabischen „haraka" = Bewegung) waren algerische Mitglieder der französischen Armee; heute wird der Begriff aber gleichbedeutend mit Kollaborateur verwendet. Ihre komplizierte, zwischen Frankreich und Algerien gelegene Geschichte – man zählt heute 450.000 *harkis*, von denen 250.000 nach Frankreich emigriert sind – ist bis heute Gegenstand historischer Aufarbeitung. Vgl. etwa Daum 2015.

109 | Ein Abbruch der Beziehungen zu Frankreich wurde – sowohl von der Seite Frankreichs als auch von Seiten des FLN – als fiktiv erachtet und zu keinem Zeitpunkt in Betracht gezogen.

110 | So heißt es hier etwa: „Aucun Algérien ne pourra être contraint de quitter le territoire algérien ni empêché d'en sortir." Oder: „Les nationaux français exerçant les droits civiques algériens ne peuvent exercer simultanément les droits civiques français."

111 | Allerdings stellt eine französische Verordnung vom 21. Juli 1962 – die „Ordonnance 62-825" – mit größter Deutlichkeit den Unterschied fest zwischen den „Français de statut civil de droit commun domiciliés en Algérie" und den „personnes de statut civil de droit local originaires d'Algérie ainsi que leurs enfants", was ihren Anspruch auf die französische Nationalität bzw. die Konditionen der Beantragung ebendieser anbelangt (https://www.legifrance.gouv.fr/affichTexte.do?cidTexte=JORFTEXT000000889005 [zuletzt gesehen am 29.12.2017]).

112 | Die französische Staatsbürgerschaft, welche in der Folge des Algerien-Statuts von 1947 für alle Bewohner*innen des Landes galt (auch wenn als Differenz der Status „Français musulmans d'Algérie" bestand), sollte zunächst ebenso bis 1965 weiter Gültigkeit

die Rechtsgleichheit und die Freizügigkeit („libre circulation").[113] Hierzu besagt die Erklärung: „Soweit nicht anders per Gerichtsbeschluss verfügt, hat jeder Algerier im Besitz einer Identitätskarte das Recht, sich zwischen Algerien und Frankreich frei zu bewegen."[114] Es herrscht also im Moment des Waffenstillstands nicht bloß Bewegungsfreiheit („liberté de mouvement") zwischen Algerien und Frankreich, sondern mehr noch, eine Art überlagerte Souveränität bzw. eine unterminierte Unterscheidung zwischen nationaler und ‚ausländischer' Bevölkerung. Aus der Sicht der Geschichte der Mobilität zwischen Frankreich und Algerien stellt der Prozess der Dekolonisierung eine Transformation des Status des „indigène musulman" bzw. nach 1947 des „Français musulman d'Algérie" zum Status des „ressortissant d'Algérie" oder des „travailleur algérien" dar, insoweit sich in diesem Prozess nach und nach ein Verhältnis der Zwischenstaatlichkeit herausbildet. So hat man in der Region Paris etwa den „service des affaires musulmanes" umbenannt in „service de liaison et de promotion des migrants" (Laurens 2008: 45). Die soziale Anordnung und Bewertung der „Français musulmans résidants en France" und der „communauté européenne d'Algérie" mussten sowohl in Frankreich als auch in Algerien neu ausgehandelt werden.[115] All dies spielt auch in Bens Familiengeschichte eine Rolle, wobei die Veränderungen hier gerade nicht als Transformation vom „travailleur colonial" zum „immigrant" beschrieben werden, sondern sie werden als eine Kontinuität der Geschichten der Mobilität tradiert, zwischen dem Vater, der 1933

haben. Danach mussten die Bürger*innen wählen, welche Staatsbürgerschaft sie annehmen wollten.

113 | Beide Prinzipien sind in der „Déclaration des garanties" festgehalten; die Rechtsgleichheit im Artikel 7 und die Freizügigkeit ganz zu Beginn.

114 | Ü.d.A. Original: „Sauf décision de justice, tout algérien muni d'une carte d'identité, est libre de circuler entre l'Algérie et la France."

115 | In seinem Text über die Gastfreundschaft *De l'hospitalité* (Derrida, invité par Durfourmantelle 1997) arbeitet Derrida ähnlich, aber noch expliziter als in *Le monolinguisme de l'autre* (1996) heraus, dass das algerische Territorium, welches unter französischem Gesetz kein Protektorat, sondern ein „département" gewesen sei, eine Geschichte des Fremden und der Bürgerschaft hervorgebracht habe, die vollständige von zweitklassigen Bürger*innen oder Nicht-Bürger*innen zu unterscheiden wusste – und all dies weise eine Komplexität auf, eine Beweglichkeit und eine gegenseitige Verschränkung, die ihresgleichen suche (Derrida, invité par Durfourmantelle 1997: 125, 127, 129; Derrida 1996: 71-72). Um die außergewöhnliche Geschichte der Bürgerschaft in Algerien historisch zu untermauern, verweist Derrida auf Barrière 1995 in der von GISTI herausgegebenen Zeitschrift *Plein droit*. Für die obigen Ausführungen war mir allerdings nicht nur dieser Artikel der 1995er-Ausgabe dieser Zeitschrift hilfreich, sondern besonders auch die Beiträge von Paul Lagarde (1995) und Laure d'Hauteville (1995), die ebenfalls darin zu finden sind. Außerdem stütze ich mich auf Spire 2003. Um die immense Wichtigkeit des französisch-algerischen Verhältnisses zu betonen, geht Robert J. C. Young sogar so weit, den post/kolonialen Moment und die außereuropäische Herkunft, insbesondere aus Algerien und dem Maghreb, als dezisiv für die oft als vorwiegend europäisch wahrgenommene Denkschule des Poststrukturalismus zu bezeichnen (Young 2001: 68).

nach Frankreich ausgewandert ist, und Ben, dessen Mobilität in einem nunmehr europäischen Migrationsregime situiert ist. Ben berichtet, es sei für ihn die vielleicht schmerzvollste Sache gewesen, zuzugeben, dass sein Vater, ein „national français" und kein „citoyen français", während der Kolonialzeit als Emigrant in Frankreich einen größeren Anteil an der Bürgerschaft genossen habe als in Algerien, wo zu dieser Zeit der „code de l'indigénat" Gültigkeit hatte. Damals genügte es, so Ben nicht ohne Bitterkeit, das Mittelmeer zu überqueren, um zu einem *citoyen*, zu einem Bürger zu werden (Ben 2014: 45-46).[116]

Der „passport lakhdar", der grüne Pass, der das Reisen erst ermöglichte, ist ein Medium der Tradierung von Mobilitätsgeschichten wie jenen, die Bens Familie prägen.[117] 1965 von einem Marokkaner, Cheikh Mohamed Ben Ahmed Younsi (1927-2008) geschrieben und aufgenommen, wird das Lied *Passport lakhdar* zu einem so großen Erfolg, dass es zahlreiche andere marokkanische und algerische Sänger aufgreifen und variieren: Cheikh Ahmed Liou, dann Cheikh Ali Tinissani (1921-2006), der es zu *Loukan Aandi passport* (auf Deutsch etwa: „Wenn ich den Pass hätte") abwandelt, aber auch Cheikh Boutaïba S'ghir, Mohamed Mazouni oder Cheik Zaïmi, der den Song 1968 spielt.[118] 2006 stellen die marokkanischen Rapper von Mafia Berkane aus Nador das Lied an den Anfang ihres gleichnamigen, neu komponierten Songs im „Arabi-MarStyle". Der Song über den grünen Pass durchläuft all die Jahre, in denen in der Folge der *accords* von Evian seit 1963 weitere Verhandlungen zwischen Algerien und Frankreich über die Migration geführt werden, und ist in den migrantischen Milieus auf beiden Seiten des Mittelmeeres präsent: Im Oktober 1962 zählte man einen wöchentlichen Zuwachs von 70.000 Algerier*innen in Frankreich, und für das Jahr 1963 ging man von insgesamt 480.000 algerischen Emigrant*innen aus. Angesichts dieser Massenabwanderung verfügte die algerische Regierung am 29. Mai 1963 eine Art Visumpflicht für Anwärter*innen der Ausreise: Das „office na-

116 | Als der ältere Bruder seines Vaters gestorben sei, hätte dieser die Frau seines Bruders heiraten sollen. Weil er das aber nicht wollte, sei er 1933 geflohen, worauf der kleinere Bruder sie zur Frau genommen habe. Ben erzählt, dass sein Vater in Frankreich gearbeitet und die Familie in Algerien unterstützt habe. Ben erzählt auch, dass er selbst von einem Onkel und einer Tante in Frankreich adoptiert worden sei, als sein Vater mit über vierzig Jahren nach Algerien zurückkehrte, um dort eine Familie zu gründen.

117 | Sowohl die marokkanischen Pässe als auch die algerischen und die tunesischen haben eine grüne Farbe. Aufenthaltsrechtlich gesehen wird der grüne Pass in diesen populären Narrativen gleichbedeutend mit der „carte de travail", einer Arbeitserlaubnis, gebraucht.

118 | Cheikh Mohamed Ben Ahmed Younsi war als Sänger in Marokko und in Algerien tätig, bis er 1956 zum ersten Mal nach Frankreich emigrierte. Mehrere seiner Lieder besingen die Arbeitsmigration, so etwa *Rabi Yahdiq a Gomri* (Möge Gott dich leiten). In dem Lied wird durchgerechnet, wie ein Emigrant seinen Lohn umsetzt; zudem werden die Unterkünfte in den 1960er Jahren beschrieben. Bei Ahmed Liou und Tinissani führt die Reise nach Frankreich nicht über Spanien, sondern über Algerien und von dort mit dem Schiff von Oran nach Marseille.

tional de la main-d'œuvre" sollte ein Ausreisevisum erst dann ausstellen, wenn der oder die Antragsteller*in innerhalb eines Monats seiner oder ihrer Einschreibung bei dem Amt keinen Job finden konnte. 1964 folgten dann weitere Bestimmungen zur – quantitativen und qualitativen – Regulierung der Migration: Eine Kontingentierung wurde eingeführt, samt der Verfügung medizinischer Kontrollen und 1966 kam es zur Einführung der legendären „carte de résidence", einer Art Meldeschein.[119] Wie der Pass sorgte auch dieses Dokument in der Folge nicht nur auf französischen Ämtern für Aufsehen, sondern in den migrantischen kulturellen Milieus, etwa in den Cafés von Barbès[120], wo Slimane Azem und Nourredine Meziane ihm mit ihrem gleichnamigen Song und dem wunderbar selbstironischen Sketch *Les deux immigrés*, den sie dem Lied voranstellten, Ende der 1970er Jahren geradezu ein Denkmal widmeten.[121] Infolge der nach wie vor relativ großen und andauernden Bewegungsfreiheit während der 1960er Jahre sowie der relativen Laxheit von Kontrollen, verliefen manche der Immigrationen auch weiterhin jenseits der regulierten Wege, worauf 1968 der „accord franco algérien du 27 décembre 1968", ein Abkommen „relatif à la circulation, à l'emploi et au séjour en France des ressortissants algériens et de leurs familles" eingeführt wurde. Mit kleinen Anpassungen ist diese Vereinbarung bis heute gültig. Sie reduziert deutlich die Freizügigkeit und beginnt diese in die Bahnen der Migration umzulenken, indem neu zwischen „ressortissants algériens" „sans intention d'y exercer une activité professionnelle salariée", algerischen Staatsangehörigen ohne Absicht, hier einer entlohnten beruflichen Tätigkeit nachzugehen, und solchen, die mit der Absicht zu arbeiten nach Frankreich gekommen sind, unterschied.[122] 2007, anlässlich der in der Präsidentschaftskampagne von Nicolas Sar-

119 | Die „carte de résidence" war fünf Jahre gültig für Algerier*innen, die nach 1966 nach Frankreich gekommen waren, und zehn Jahre für jene, deren Zuwanderungsdatum vor dem Stichtag lag. Auch sie bestand aus grünem Papier: Siehe Cheikh Abdelkader Zaïmi: https://www.youtube.com/watch?v=vXWM4kjZnEI&list=PLBWCwLvcd-OnKj6XGVqsISKZ7HP8xnDR9 [zuletzt gesehen am 29.12.2017].

120 | Der Pariser Stadtteil Barbès rund um die Metro-Station Château Rouge ist bis heute eines der legendären Immigrant*innenviertel in Paris. Siehe zur Kultur von Musik-Cafés und 16mm-Musik-Filmen aus der Jukebox (Scopitones) in den 1960er und 1970er Jahren den Film *Trésors de scopitones arabes kabyles et berbères* (1999) von Michèle Collery und Anaïs Prosaïc. Siehe auch Tactikollectif 2007; Larrouzé 2006 sowie den Katalog des Scopitones-Produzenten Davis Boyer auf: http://www.davisboyer.com/ [zuletzt gesehen am 29.12.2017].

121 | Slimane Azem, geboren 1918, ist 1937 nach Frankreich emigriert, wo er als Hilfselektriker bei der Pariser Metro gearbeitet hat, bis er 1942 von den deutschen Besatzungsbehörden ins Rheinland deportiert worden ist. Ab 1945 lebte er wieder in Frankreich. Er war einer der legendärsten algerischen bzw. kabylischen Stimmen des Exils. 1983 wurde er in Moissac begraben.

122 | Während für Reisende weiterhin Freizügigkeit galt, war das Eintrittsrecht nach Frankreich für Arbeitssuchende nicht mehr absolut gegeben. Verlangt wurde nun ein vom ONAMO (Office national de la main-d'œuvre algérienne) ausgestellter Ausweis. Das ONAMO verfügte über ein Kontingent von 35.000 Arbeiter*innen pro Jahr. Nach neun Monaten

kozy heraufbeschworenen Debatte über nationale Identität, veröffentlichen Mouss und Hakim ein Album mit dem Titel *Origines Contrôlées*, auf dem etwa *La carte de résidence* zu hören ist, eine erneute Reprise des Liedes, welches selbst bereits eine erinnerungspolitische Botschaft enthält:

„Mesdames, mesdemoiselles, messieurs, si j'dois vous dire adieu / Sachez bien que nos aieux ont combattu pour la France / Bien avant la résidence." - „Meine Damen und Herren, sollte ich mich von Ihnen verabschieden müssen, / dann lassen Sie sich noch gesagt sein, dass unsere Vorfahren für Frankreich im Krieg waren, lange vor der Aufenthaltsgenehmigung."[123]

In der Tat reichen solche – in Arabisch, Amazigh und Französisch weitergereichten – Überlieferungen, die ich affektiv nennen möchte, bis auf die Zeit der Kolonialsoldaten und Industriearbeiter*innen des Ersten Weltkriegs zurück. Ihre Bezüge erlauben Zeitsprünge, Diachronien der Arbeit und der Ausbeutung in der Fremde.[124] Die Gesangsstücke, die zwischen der Metropole und dem Maghreb zirkulieren – als wäre *El ghorba*, das Exil, so das Thema unzähliger Lieder, nicht eine bestimmte Situation oder Dauer, sondern ein permanenter und ungestillter, ja ein ansteckender Schmerz. In seinem Chanson *Chomage* (Arbeitslosigkeit) (1937) berichtet Rachid

musste eine Immigrant*in eine Anstellung gefunden haben, um in den Genuss der fünf Jahre gültigen „carte de résidence" zu kommen, die weiterhin (außer den politischen) gleiche soziale Rechte garantierte.
Ein für diese Phase der Immigration in Frankreich nicht zuletzt historisch interessantes Dokument ist der zwischen 1968 und 1970 in der Art des *cinéma vérité* abgedrehte Dokumentarfilm *Al-Ghorba - Les Passagers* (1971) von Annie Tresgot, in dem nicht nur die Einschiffung der „candidats au départ", deren Überfahrt nach Marseille, Weiterreise in die Industrien des französischen Nordens und alltäglichen Lebensbedingungen in Aubervilliers dargestellt sind, sondern auch die erste „journée de l'émigration" am 17. Oktober 1968 in Alger. Seit 1968 wird in Algerien an diesem Tag der Emigration alljährlich der Massaker vom 17. Oktober 1961 in Paris gedacht.

123 | Ü.d.A. Mouss und Hakim sind die Gebrüder Mustapha und Hakim Amokrane aus Toulouse. Zusammen mit Magyd Cherfi waren sie die Band „Zebda", die sich 2000 aufgelöst hat.

124 | Siehe hierzu auch Assia Djebars legendären Film *La zerda et les chants de l'oubli* (Algerien, 1982), ein auf der Bild-Ebene ausschließlich aus *found footage* (Outtakes vor allem von Pathé und Gaumont sowie Albert Kahn) zusammengesetzter und in Gesänge unterteilter Film, der im Kapitel „chant de l'émigration et de ceux qui partent en esclaves des peuples du nord" die Rekrutierung als Soldaten für den Zweiten Weltkrieg mit der Auswanderung als Arbeiter in die Städte und die Industrien des Nordens kurzschließt: „toute une société déménage: les paysans en ville, les jeunes en exil". Der Film arbeitet mit unterschiedlichen männlichen und weiblichen Off-Stimmen in unterschiedlichen Soziolekten auf Französisch und Arabisch.

Ksentini über das Leben der „travailleurs coloniaux"[125] oder Cheikh El-Hasnaoui singt in *Maison blanche* (1948) über die Misere und die Repression des Kolonialismus und des Exils vieler Kabyl*innen im weißen Haus...[126] Ähnlich auch der Song *Ya rayah* (der Auswanderer), 1997 von Rachid Taha auf seinem Album *Carte Blanche*, das ihn weltberühmt macht, veröffentlicht.[127] Geschrieben hatte *Ya rayah* einst Dahmane El-Harrachi, der 1949 als Arbeiter aus El Biar nach Frankreich kam, aus dem selben Quartier, in dem Jacques Derrida geboren wurde, und im selben Jahr, als dieser sich im Herbst auf der Fähre „Ville d'Alger" Richtung Marseille und in die Metropole aufmachte (Bennington/Derrida 1991: 166, 302). – Derridas *traversée* ist ein Ereignis, das er in seinem Buch *Le monolinguisme de l'autre ou la prothèse d'origine* als eine die Sprache betreffende Angelegenheit erinnert: „Zwischen dem so genannten schulischen, grammatikalischen oder literarischen Modell auf der einen Seite und der gesprochenen Sprache auf der anderen Seite, lag *das Meer*, ein symbolisch betrachtet unendlicher Raum, ein Abgrund für alle Schüler der französischen Schule in Algerien, eine Kluft. Ich habe sie zum ersten Mal körperlich und seelisch oder mit dem Körper, aber ohne Seele durchquert (hätte ich sie jedoch jemals überwunden oder in anderer Weise überwunden?), auf der Überfahrt an Bord eines Schiffes, der *Ville d'Alger*, als ich neunzehn Jahre alt war." (Derrida 1996: 75)[128]

125 | Auch der Music Hall Sänger Mohamed El Kamel trug bereits in den 1930er Jahren Lieder über die Kälte und die Arbeitslosigkeit im Norden vor. Ausführlicher und vor allem auch über die frühe Zeit der Lieder des algerischen Exils in Frankreich seit den 1920er Jahren und die meist im Pariser Quartier Latin gelegenen „cabarets orientaux" siehe Miliani 2002.

126 | Zum Songtext siehe Appendix.

127 | Rachid Taha war 1981 zusammen mit Djamel Dif, Mokhtar Amini, Mohamed Amini und Éric Vaquer beteiligt an der Gründung der legendären Band „Carte de séjour", die unter anderem den Song *Douce France* eingespielt haben und eine zentrale Rolle für die Politisierung und das kulturelle Selbstbewusstsein der so genannten zweiten Generation der algerischen Einwanderer*innen in Frankreich gespielt haben.

128 | Ü.d.A. „La mer", das Meer und „la mère", die Mutter, sind in Französisch zwei Homonyme, von Derrida sicherlich bewusst evoziert. Im Original: „Entre le modèle dit scolaire, grammatical ou littéraire, d'une part, et la langue parlée d'autre part, il y avait *la mer*, un espace symboliquement infini, un gouffre pour tous les élèves de l'école française en Algérie, un abîme. Je ne l'ai traversé, corps et âme ou corps sans âme (mais l'aurai-je jamais franchi, autrement franchi ?), pour la première fois, d'une traversée en bateau, sur le *Ville d'Alger*, qu'à l'âge de dix-neuf ans."

Yal babour ya mon amour – C'est du rap de maghrébin, cousin ! Chaâbi, Raï und Hip-Hop. Von der Fähre zu den Fischerbooten

1987, fast ein halbes Jahrhundert nach Derridas Überfahrt nach Frankreich, singt Mohamed Mazouni[129] *Darou el visa* über das Visum, das man seit 1986 für Reisen aus Nordafrika nach Frankreich und Belgien braucht.[130] 1990 landet der marokkani-

---

129 | Geboren 1940 in Blida, gilt Mazouni als Sänger des algerischen *yéyé*, der vor allem in den 1960er und 1970er Jahren in Frankreich Bekanntheit erlangte, etwa mit Stücken wie *Adieu la France, bonjour l'Algérie*, das die Befreiung Algeriens feierte, oder *Écoute moi, camarade!*, das mit bissiger Ironie über die Fallstricke von Amourösitäten mit französischen Frauen berichtet.

130 | Der Zeitsprung zu 1987 soll hier keinesfalls die Stagnation der Politiken der Migrationsregulierung zwischen 1962 und 1986 suggerieren. Vielmehr ließe sich argumentieren, dass mit dem 1985 unterzeichneten Schengener Abkommen und der Herausbildung von europäischen Außengrenzen ein seit Mitte der 1970er Jahre andauernder Prozess zu einer Art Abschluss kam. So wurden erst mit Schengen die in Evian 1962 festgelegten Richtlinien vollständig obsolet. Bereits 1973 aber hatte Houari Boumedienne, von 1965 bis 1978 Regierungs- und Staatschef, das Ende der Emigration ausgerufen, und ab 1977 fokussierte auch die französische Politik die Rückkehr – zunächst die freiwillige, dann die organisierte und letztlich die erzwungene, das heißt die Abschiebung von annähernd 100.000 Personen. Mit der Anzahl von etwa 819.000 Personen bildeten die Algerier*innen Ende der 1970er Jahre die größte Immigrant*innengemeinde in Frankreich. Viele Aufenthaltserlaubnisse, die im Zuge des französisch-algerischen Abkommens von 1968 ausgestellt worden sind, liefen 1979 aus; 1980 wurde schließlich ein neues zwischenstaatliches Abkommen hinsichtlich der „politique de retour“, der Rückkehrpolitik, unterzeichnet. Diesbezüglich setzte sich Frankreich das Ziel von 500.000 Algerier*innen in fünf Jahren, welches allerdings nie ganz erreicht worden ist, sowie die Abschaffung aller besonderer Regelungen, die bislang für Algerier*innen in Frankreich galten und letztlich auf Evian bzw. die Geschichte der Kolonisation zurückgingen. Im Film *Prends 10.000 balles et casse-toi* (Nimm die zehntausend Mäuse und verpiss' dich) (1982) von Mahmoud Zemmouri, der von der Rückkehr nach Algerien handelt (samt der im Titel angesprochenen Rückkehrhilfe), gibt es eine wunderbar spöttische Szene, welche die Ankündigung des neuen Gesetzes von 1980 referiert: Ein Zeitungsverkäufer in Belleville, einem traditionell maghrebinischen Einwanderer*innen-Stadtteil in Paris, verkauft auf der Straße die aktuelle Ausgabe von „Le Déchaîné“ – eine Anspielung auf die bekannte französische Satire Zeitschrift *Le Canard enchaîné* und ruft dabei aus: Wer von Menschen spricht, die zwischen zwei Welten wohnen... – „Déchaîner“ bedeutet, etwas zu entfesseln, zu entfachen, während „enchaîner“ im Gegenteil das Aneinanderreihen und Aneinanderfügen von Gliedern etwa einer Kette meint. – Auch das Lied *La carte de résidence* von Fatima Soukarassia referiert das Gesetz von 1977, auch bekannt als „mesures Stoléru“, wenn sie singt: „De l'exil je n'ai plus rien à espérer. / Dépose la carte de résidence. / Arabe, retourne chez toi, ces terres haïssent mon cœur. / L'avion fait l'aller-retour, assez de la vie des souffrances. / Assez de la vie des souffrances. / Pile tes bagages, on va prendre l'avion. / On va prendre l'avion.“ Ganz im Sinne des aller-retour, der Hin- und Rückreise, wird schließlich 1983 das sogenannte „dyptique“ eingeführt, eine Hin- und

sche Chaâbi Sänger Abdelaziz Stati mit *El visa ou el passport* einen Hit. Und der wohl bekannteste Raï-Musiker, Cheb Hasni, „le rossignol du Raï", die Nachtigall des Raï genannt, den 1994 islamistische Terroristen ermordet haben, widmet 1992 eines seiner letzten Lieder, *El Visa*, dem Visum. Darin singt er:

„Ich wollte wegfahren, um meine Liebste zu besuchen. / Und ihr versagt mir das Visum. / Ihr wollt mich umbringen! / Ich werde mich betrinken bis zum Umfallen."[131]

Durch die Visumpflicht und in der Folge das Schengener Abkommen entsteht eine neue Aufteilung des Raumes zwischen dem Maghreb und Europa.[132] Der bis dahin als europäischer Grenzraum bespiel- und bewohnbare Raum verengt sich – grenzkontrollpolitisch gesehen expandiert er: Man spricht von der Deterritorialisierung der europäischen Grenze. Das allgemeine Durchfahrts- oder Besuchsrecht in Eu-

---

Rückfahrtkarte als Voraussetzung für die (Ab-)Reise. 1994 folgt eine weitere wichtige Etappe in der Demontage der Freizügigkeit: Man muss ein „certificat d'hébergement", den Nachweis einer Unterkunft, vorweisen, wenn man aus Algerien kommend in Frankreich zu Besuch ist. Im Falle eines längeren Aufenthalts, etwa zur Arbeitssuche, braucht man sogar noch mehr, nämlich ein „visa de long séjour" (d'Hauteville: 1995).

131 | Ü.d.A. Cheb Hasni hat 1986, mit achtzehn Jahren, seine Karriere begonnen und in den nur acht Jahren, die ihm bis zu seinem Tod bleiben sollten, 150 Alben herausgebracht. 150.000 Personen haben eines seiner letzten Konzerte in Alger besucht. Man sagt, der Song *El Visa* habe sich in wenigen Tagen 250.000 Mal verkauft. Cheb Hasni, *El Visa*, online unter: http://www.dailymotion.com/video/x2aypi_el-mar7oum-hasni-el-visa_ music [zuletzt gesehen am 29.12.2017].

132 | Siehe zur Geschichte des europäischen Projekts, welches er allerdings ohne dessen Zusammenhang zur Geschichte der Kämpfe der Dekolonisierung denkt, auch Brunkhorst 2014. Im Gegensatz zu vielen anderen hat Brunkhorst aber nicht vergessen, dass Algerien „in der Gründungszeit der Europäischen Union" „achtzig Prozent des französischen Staatsterritoriums umfasste" und „von 1951 bis 1962 als Teil Frankreichs Mitglied der Montanunion und von 1957 bis 1962 Mitglied der Europäischen Wirtschaftsgemeinschaft (EWG)" war. (Ebd.: 14-15) In seinem „verdrängter Ursprung" genannten Eingangskapitel schreibt Brunkhorst treffend und auf den Punkt gebracht: „Nie ließ die französische Regierung auch nur den geringsten Zweifel aufkommen, dass Algerien und Frankreich einen Staat bildeten und dass Frankreich das Herz der Europäischen Union sei. Dasselbe gilt für den Vertragstext von 1957 (Art. 227 Abs. 2 EEC). Aber der zwingende logische Schluss, dass dann auch Algerien europäisch sei, sollte nicht gelten. Es galt stattdessen der dekonstruktive Syllogismus: (1) Algerien ist französisch. (2) Frankreich ist europäisch. Also ist (3) Algerien nicht europäisch. Der algerische Befreiungskrieg, den Frankreich von 1954 bis 1962 als Krieg gegen seine eigene afrikanische Bevölkerung führte, ließ sich mit solcher Logik, die den Weißbüchern der Europäischen Kommission eigen ist, ebenso leicht verdrängen wie die eine Million Toten, die er einer Bevölkerung abverlangte, die nach einem Grundsatzurteil des Europäischen Gerichtshofs von 1936 spätestens seit 1957, eigentlich schon seit 1951 europäische Bürgerrechte hatte. Innerhalb der EU wurde die nichteuropäische Emanzipations- und Unterdrückungsgeschichte Europas vollständig verdrängt. Kein offizielles Dokument der EU erwähnt sie." (Ebd.: 15)

ropa wird aufgehoben, transnationale Familienbande und -geschichten werden tendenziell auseinander gerissen. Insbesondere für Jugendliche aus kleinbürgerlichen und sozialen Armutsmilieus eröffnet sich ein unüberwindbarer Horizont. Für sie gilt das legale Überqueren der Grenze als nahezu unmöglich. Es entstehen neue Formen und Praktiken der Mobilität, außerhalb der Visa-Registrierung und nicht-legaler, undokumentierter Art.[133] Versteckt am Fahrgestell von Lastwagen, die auf Fähren auffahren, vor allem aber auch in Motorbooten, einfachen Fischerbooten, die kürzesten Verbindungsstrecken nutzend, über die Straße von Gibraltar, zwischen Zarzis, Sousse, Sfax und Lampedusa, Pantelleria oder Malta, zwischen Annaba und Sardinien, sowie zwischen Oran, Mostaganem und der spanischen Küste bei Almería wird die Grenze überwunden. Diese neuen Praxen der Ausreise sind jedoch nicht nur Antworten auf die Abriegelung durch Visa-Regelungen, sondern auch auf politische Einsperrungen wie etwa in Tunesien unter Ben Ali[134] oder in Algerien während der Jahre von Ausnahmezustand und Bürgerkrieg.[135] Eine Konsequenz ist die zunehmende Kriminalisierung der Abreisen ohne Papiere – Fluchten aus der sozialen, politischen und ökonomischen und kulturellen Misere. So wurde etwa am 31. August 2008, im Zuge der Hochzeit der Abfahrten mit kleinen Booten aus der ostalgerischen Hafenstadt Annaba – und hier vor allem aus der *bidonville* Sidi Salem[136] – das algerische Strafgesetz angepasst. Seit da können Gefängnisstrafen von bis zu sechs Monaten auf illegale Abreisen verhängt werden. Hierzu hatte der Präsident Abdelaziz Bouteflika erklärt, dass keinerlei Unterschied zwischen Selbstmordattentäter*innen (*kamikazes*) und Migrant*innen bestehe, die in klandestiner Weise das Mittelmeer zu überqueren versuchten (*harraga*).[137] Bouteflikas staatliche Sicht auf die klandestinen

133 | Historisch betrachtet ist die undokumentierte Migration aus den Maghreb-Staaten nichts Neues, ihre Formen verändern sich aber in wechselseitiger Beeinflussung mit den Veränderungen der Grenz- und Migrationsregime. Als ganz neu – erst seit drei, vier Jahren aktuell – gilt hierbei die ‚Rückkehr' der zweiten oder dritten Generation von Migrant*innen, die „immigration à front renversé" gennant wird.

134 | Nach der tunesischen Revolution im Januar 2011 haben Tausende von jungen Leuten, vorwiegend Männer, die günstige Gelegenheit ergriffen und sich auf kleinen Booten auf den Weg nach Europa gemacht.

135 | Auch hier besteht natürlich ein Zusammenhang zum Musikgedächtnis: Ab 1990 verbot der FIS, die Islamische Heilsfront, jegliche *live*-Auftritte von Raï-Musiker*innen.

136 | Siehe hierzu auch Ausschnitte aus der Reportage von Gabriel del Grande (2011: insbesondere 16-46). Seit 2005 gab es einen massiven Anstieg von *harraga*, der sich an der Zahl der registrierten Verwundeten und Toten ablesen ließ. Gemäß Europarat waren im Jahr 2011 1.500 Personen bei der Überfahrt über das Mittelmeer gestorben. Ausführlicher hierzu weiter unten.

137 | O-Ton Bouteflika (zitiert nach Mammeri 2008): „[...] il n'existerait pas de différence entre les kamikazes et les harragas, si ce n'est que les premiers tuent des innocents et que les derniers font plus de mal à leur famille proche et à eux-mêmes." In Europa werden festgenommene *sans papiers* registriert, nach Möglichkeit in Abschiebehaft genommen und anschließend tatsächlich abgeschoben, wobei sie Einreiseverbote von drei bis fünf Jahren erhalten. In Algerien werden die *harraga* heute nach Artikel 545 des *code*

Migrant*innen, die *harraga* schließt hierbei an die Figur des und der Pirat*in und Terrorist*in, mitunter an eine Genealogie der Grenze des Politischen an, die Bernhard Siegert folgendermaßen auf den Punkt bringt: „Der Pirat überträgt zuerst auf die Figur des Anarchisten und später auf die Figur des Terroristen den Prozess der ‚Indiskriminierung', des Ununterscheidbarwerdens. Wie der Pirat eins wurde mit der mythischen Wesensbestimmung des Meeres, in dem die Unterschiede zwischen Freund und Feind und Neutralen zergehen, und der Anarchist eins wird mit der entdifferenzierten Masse, so wird der Terrorist aus der Beobachterposition des Staates schließlich eins mit dem Rauschen der Informationskanäle." (Siegert 2010: 434)

2008, im selben Jahr, als sich in Algerien die Gesetzeslage bezüglich der illegalen Abreise verschärft, bringen die beiden aus Annaba stammenden Rapper Lotfi double kanon und Azzou mit *Ah Ya Lebhar* (2008) und *Voyage I Sardiniya* (2008) die bis heute wohl bekanntesten Hymnen auf illegalisierte Bootsfahren nach Europa heraus, die beide im Stil von Sozialreportagen gereimt sind.[138] Beide Songs lesen sich darüber hinaus als Legitimationen und als Anleitungen zur Ausreise. So kommt etwa vor, dass man in Luftkissen verpackte Ersatzteile des GPS mitnimmt, und es wird berichtet, was einen auf See erwartet: die Marine, die Küstenwache, hohe Wellen, der Tod zwischen den Augen und die Hoffnung, man möge letztlich doch von einem Wurm und nicht von einem Fisch gefressen werden.[139]
Von Musik begleitet, von Raï und Chaâbi[140], sowie seit Beginn der 1990er Jahre ver-

---

maritime (von 1976), der seit Ende der 1990er Jahre die illegale Abreise kriminalisiert, verurteilt mit Gefängnisstrafen zwischen sechs Monaten und fünf Jahren sowie Geldstrafen zwischen 10.000 und 50.000 Dinar (vgl. http://extwprlegs1.fao.org/docs/texts/alg61980.doc [zuletzt gesehen am 29.12.2017]). Die von Abdelaziz Bouteflika vertretene Staatsperspektive lässt sich allerdings auch von der anderen Seite des Mittelmeers aus aktualisieren. So schreibt der italienische Premierminister Matteo Renzi am 22. April 2015 in der *New York Times*, in Reaktion auf die Mittelmeerkatastrophe, die sich kurz zuvor ereignet hat, und die mehr als 800 Migrant*innen, die von Libyen aus ablegten, das Leben gekostet hat, in Vorbereitung des europäischen Innenminister-Treffens: „Human traffickers are the slave traders of the 21st century, and they should be brought to justice. [...] Not all passengers on traffickers' boats are innocent families. Our effort to counter terrorism in North Africa must evolve to outpace this menace, which creates fertile ground for human trafficking and interacts dangerously with it." (Renzi 2015)

138 | Der Song *Ah Ya Lebhar* ist auf dem Album *Kauchmar* (Albtraum) veröffentlicht, http://www.dailymotion.com/video/x97qq6_lotfi-double-kanon-ya-lebhar-harrag_creation [zuletzt gesehen am 04.05.2017].

139 | Ähnlich wie die Bibel den Lebenszyklus des Menschen von der Erde kommend zur Erde werdend beschreibt, heißt es im Koran in der Sure 20, Vers 55, die bei Begräbnissen gesprochen wird, über die Erde: „Aus ihr haben wir euch erschaffen, und in sie werden wir euch zurückkehren lassen, und aus ihr lassen wir euch heraustreten ein anderes Mal."

140 | Für den Chaâbi mögen hier etwa beispielhaft Cheb Riahi mit *Dat el Visa* (Marokko 2008) stehen, Hassan el Berkani mit *Hargat el visa* (Marokko 2010) oder das Album *Sans Visa* (Tunesien 2007) der Gruppe „Ouled Jouini".

stärkt auch von Hip-Hop bzw. Kombinationen von Rap, Raï und Reggae entsteht mit Soundtracks und Bildmontagen ein neues populärkulturelles Genre, welches seinen Ausdruck vor allem auf *YouTube* findet. Wichtig zu nennen sind mir hier etwa die algerischen Bands „MBS" („Le micro brise le silence", etwa: Das Mikrophon bricht das Schweigen) mit *Kif Kif* (1999)[141] oder *La Visa, La Euro* (2010)[142], „Groupe Harraga" mit *Wech taaref nta* oder *El Ghorba* (2013) oder die „Blidian Thugz" mit *Harraga* (2013)[143]. Ihre Videoclips und die von anderen Bands und anderen Personen verfugen neu Melodien, Gesten und Spuren sozialer Praxen des politischen Exils, der fordistischen Arbeitsmigration und aktueller Fluchtrouten auf den kleinen Fischerbooten, aber auch der je damit verbundenen Musik- und Bildgedächtnisse. Sicherlich unterscheidet sich die musikalische Landschaft, die bis in die Zeit der Unabhängigkeiten stark von Heimweh und unstillbarer Sehnsucht geprägt war, markant von der heutigen, deren Tonalität, insbesondere im Rap, einen fordernden, eher zornigen Ausdruck an den Tag legt, der sich aus global zirkulierenden *streams* widerständigen Aufbegehrens vor dem Hintergrund der Erfahrung entmündigter, de-privilegierter sozialer Milieus speist.[144] Diese differenten Affekte im Sound werden allerdings virtuos angespielt und herausgearbeitet in den tausenden, vor allem in Arabisch, Französisch oder seltener Englisch gehaltenen Videos, die mit *footage* aus maghre-

141 | Der Song *Kif Kif* hat den Refrain: „De l'autre côté ou d'ici / c'est presque les mêmes soucis. / C'est kif kif / El hagra ou ennif / echoumage ou el kif / Etranger bessif. / De l'autre côté ou d'ici / c'est presque les mêmes soucis. / C'est kif kif, kif kif. / Toi qui est né la bas / né entre le marteau et l'enclume / pris entre deux cultures / t'as pas le choix / il faut que tu assumes / mais partout je vois des drapeaux / tes origines, tu les as dans la peau."

142 | Das 2010 von ENTV, dem öffentlich-rechtlichen algerischen Fernsehsender zensierte Musikvideo zum Song *La Visa, La Euro* mit dem Rapper Rabah Donquishoot *featuring* Cheb Hmida findet sich auf: https://www.youtube.com/watch?v=ZAoXI2RfHoY [zuletzt gesehen am 29.12.2017].

143 | Eine akustische Version des Songs *Harraga* aus dem Album *Couloir Noir* der Blidian Thugz (mit MC Majhoul) findet sich – samt ausgeschriebenen arabischen Untertiteln – auf: https://www.youtube.com/watch?v=Aqdcn9JM3oU [zu-letzt gesehen am 29.12.2017].

144 | Geradezu paradigmatisch für die Sehnsuchtsmusik mag Slimane Azems 1970er Jahre Stück *Algérie mon beau pays* gelten. Vgl. zur Mainstreamisierung der Ausdrucksformen von Minderheiten auch Tom Holert und Mark Terkessidis 1997.

Im E-mail Gespräch mit mir (2012) beschrieb der algerische Filmemacher Aboubakar Hamzi den Unterschied, der für ihn zwischen Rap und Musik liegt, folgendermaßen: „Wenn ich Rap höre, dann höre ich nicht auf die Musik, es ist dann etwas anderes, was mich anspricht, der Vers, der Text, und wie er vorgetragen, wie er gelebt wird. Rap ist ein rhythmisierter Schrei. Musik dagegen ist etwas anderes, kein Schrei, keine Gewalt, sie ist zart und raffiniert, ‚Musik ist Stille, die Töne sind dazu da, die Stille hörbar zu machen'." (Ü.d.A.) Aboubakar Hamzi hat mit *El Berani* (Algerien 2010) einen beeindruckenden Erstlings- und Kurzfilm vorgelegt, in dem er seine Freunde in Oran portraitiert: Künstler, Rapper und *harraga*, Anwärter der undokumentierten Migration. Sie geben in seinem Film dem Prozess, fremd zu werden, Ausdruck: Dazu bereit werden, sich auf und davon zu machen.

binischen und europäischen Fernsehreportagen, mit Pressefotografien, satirischen *cartoons* sowie mit selbst gedrehtem Material und eigens eingefügten Schriftzügen bestückt sind und als Montagen auf *YouTube* zirkulieren. Sie schöpfen nicht nur aus dem Fundus einer jahrhundertealten maghrebinisch-europäischen Musikkultur, die auf das Singen von Exil, Abreise und Absenz geradezu spezialisiert ist, sondern aus einem – ebenso alten – Repertoire an Bildern der Überfahrt, der Arbeit, der Diskriminierung, der Versprechungen des sozialen Aufstiegs und des nicht abreißen wollenden Bilderstroms von Bergungen von Toten des Mittelmeers, die tagtäglich an den nördlichen wie südlichen Ufern angespült und oft in den aktuellen Nachrichten gezeigt werden. Mit diesem visuellen Archiv werden historische, gegenwärtige, legendäre oder ganz neue, quasi unbekannte und eigens eingespielte Soundtracks bebildert. Rarer ist das umgekehrte Primat, bei dem eine bereits bestehende, zusammenhängende Bilderfolge mit einer neu gesampelten Vertonung unterlegt wird. – Aber auch das findet sich, etwa als eine persönliche Reportage über die Erfahrung in den Gemüseplantagen Südspaniens. In all diesen Clips und Montagen artikuliert sich ein vernetztes diasporisches Sozialleben, eine digitale und transnationale Amateur-Medienproduktion.[145] Diese als *user-generated content* geltenden und vor allem wohl von jugendlichen Nutzer*innen erzeugten Verkettungen von Affinitäten und Bezügen bilden ein kollaboratives Konglomerat heraus, in dem *visuals* geteilt, transkodiert, modifiziert, neu zusammengebaut und *sounds* angeschaut, weitergereicht, verändert und neu gesampelt werden. Man eignet sich (ikonische) Bilder und Töne an, zitiert, komprimiert, es geht ums Liken und Verlinken, bei dem unterschiedlichste historische, ästhetische, geographische und sprachliche, stil- und affektbezogene Video-Samples hervorgebracht werden.[146] Unter dem Stichwort *crossover* hat sich

145 | Für eine solche Amateur-Filmproduktion im thematischen Kontext der maghrebinisch-europäischen Migration, die hier allerdings das Genre des Actionfilms betrifft, siehe etwa auch den Dokumentarfilm *VHS Kahloucha* von Nejib Belkadhi (Tunesien 2006) über die Produktion und den Vertrieb des Werkes von Moncef Kahloucha.

146 | Hier soll nicht suggeriert werden, *YouTube* sei ein machtfreier oder neutraler Raum oder gar ein unternehmerischer Raum, der Differenz erzeugt. Im Gegenteil denke ich, dass *YouTube* über die ihm eigenen unternehmerischen Logiken hinaus insbesondere als ein Agent der maschinischen Indienstnahme gelten muss. Als digitales Informations- und Kommunikationssystem, als sozio-technische Konfiguration, in der Informationen verarbeitet, gespeichert, ausgetauscht, gesammelt und verbreitet werden, lassen sich *YouTube*-Daten technisch zudem leicht mit anderen Anwendungen verknüpften, die etwa grenzüberschreitende Bewegung von Individuen unmittelbar zu kontrollieren bzw. zu verhindern versuchen. – Hierbei wären aber auch Ansätze der *Counter-Surveillance* zu nennen, wie etwa das durch die Vernetzung digitaler Daten operierende Projekt „Boats 4 People" bzw. „Watch the Med" zur Rettung von Bootsflüchtlingen im Mittelmeer. Bei computerisierten Systemen zur Kontrolle grenzüberschreitender Bewegungen von Individuen lässt sich tendenziell zwischen Technologien der Kommunikation (sichere Informationsnetze, Mobiltelefone) und Technologien der Überwachung (Satelliten, unbemannte Flugzeug-Systemtechnik, Wärme-Sensoren, Bewegungsmelder, Radar- oder Nachtsicht-Kameras, Mobiltelefone, GPS) unterscheiden. Ayse Ceyhan (2008: 108) verweist diesbezüglich

ein solches kulturelles Selbstverständnis mit musikalischen und kulturellen *fusions* und Reprisen, wie sie etwa die legendäre, 1980 in Lyon gegründete Band „Carte de séjour“[147] praktizierte, bereits seit den 1980er Jahren im Zuge der so genannten *génération beur*, der zweiten Generation Migrant*innen in Frankreich herausgebildet, für die inzwischen allerdings eher der Terminus „génération issue de l'immigration“ verwendet wird. Heute wird dieser kulturelle Ethos bloß zusätzlich befeuert durch die digitale Technologie und die damit einhergehende Ausbreitung konnektiver (und disruptiver) Potenziale sowie durch generisch miteinander verbundene Medien, die einen schier endlosen Fortgang von Re-Kombinationen in Aussicht stellen. Ein Song wie *Rap de maghrébin* (2004) der algerischen MBS *featuring* Rim-K. aus Vitry-sur-Seine[148] mit dem Refrain „C'est du Rap de maghrébin, cousin, de grosses pointures“[149] setzt die Selbstverständlichkeit der franko-algerischen Konvivialität, die er selbst repräsentiert, in den Kontext einer Reflexion über die verschränkte Geschichte Algeriens und Frankreichs: Es wird der Anspruch formuliert, die Grenze, die dazwischen liegt, hochgehen zu lassen. So heißt es in dem Song etwa:

„Je me sens sous dépendance malgré notre indépendance / De 62, qu'est ce que t'en pense ? / Il reste que le rap pour essayer d'réussir en France / J'encaisse les souffrances par prudence / Obligés d'être soudés on oublie nos différences / Comme ça renoi, Tonton Rim'K fait d'la résistance“.[150]

Im weiteren Verlauf des Songs werden diese der migrantischen Erfahrung von Diskriminierung und Deklassierung zuzuschreibenden Sätze mit dem Abhauen aus Algerien kurzgeschlossen, indem die Aufforderung ergeht: Schnall dich an, wir nehmen Kurs auf Vitry-sur-Seine.[151] Und noch deutlicher wird die Ankündigung mehrerer Gesetzesübertretungen am Schluss:

---

aber zu Recht auf die Tatsache, dass all diesen Technologien gemein ist, dass sie mit großer Leichtigkeit zwischen dem öffentlichen Bereich der Regierung, Anwendungsfeldern der Versicherheitlichung und der häuslichen Sphäre hin und her wechseln. – Und dies gilt auch etwa für *YouTube*. Allerdings sprengt die genauere Berücksichtigung der Wechselwirkungen zwischen Medien der Kontrolle und Medien der Erzeugung migrantischer Mobilität die Möglichkeiten dieser Schrift bzw. die von ihr hauptsächlich diskutierten Belange einer migrantischen Verkettung.

147 | Gründungsmitglieder der Band „Carte de séjour“ waren Rachid Taha, Djamel Dif, Mokhtar Amini, Mohamed Amini und Éric Vacquer.

148 | Rim-K. ist *verlan* für Karim, geboren als Abdelkrim Brahmi-Benalla; Vitry-sur-Seine ist eine Stadt der südlichen *banlieue* von Paris.

149 | Ü.d.A.: „Das ist maghrebinischer Rap, Cousin, voll fett“.

150 | Ü.d.A.: „Ich fühle mich abhängig, trotz unserer Unabhängigkeit. / Was hältst du von 62? / Bleibt nur der Rap, um es in Frankreich zu schaffen. / Aus Vorsicht kassiere ich den Schmerz. / Zum Zusammenhalt gezwungen, vergisst du die Unterschiede zwischen uns. / Und so, du Schwarzkopf, macht Onkel Rim'K Widerstand.“

151 | Im Original: „direction Vitry-sur-Seine, cousin met ta ceinture“.

„Wenn wir kein Gras haben, klingen wir jämmerlich, aber ich sag's dir, wir bringen Dope mit. Wir durchbrechen die Gitter. Und die Schranken jagen wir in die Luft. Wir pfeifen auf den Kontakt und gehen über die Grenzen hinaus. Pass schön auf dich auf."[152]

Eine andere, mir für das Neu-Verfugen historisch weit auseinander liegender Situationen und Dokumentationen exemplarisch erscheinende *YouTube*-Montage ist ein Video zu *Passport lakhdar* von Mafia Berkane, das sich seit 2009 auf *YouTube* findet und seither 85.393 Aufrufe verzeichnet.[153] Der Soundtrack beginnt mit Cheikh Mohamed Younsi's historischer Songversion, wobei dazu zunächst dessen Portrait, dann Fotografien von männlichen Gastarbeitern beim Aussteigen aus der Fähre montiert sind. Daraufhin folgt eine mit dem Schriftzug „arabische Frauen im Stadtteil Port d'Aix in Marseille" versehene Aufnahme und im Anschluss eine bekannte Fotografie von Léon Leponc aus der *bidonville* in Méons im südfranzösischen Saint-Étienne aus den 1950er Jahren, in welche per Photoshop in rotem arabischem Schriftzug die Bemerkung „huna kan yaskun al muhajirun", „Hier lebten die Flüchtlinge" eingefügt ist. Ein auf dem Bild im Hintergrund zu sehendes Kind ist zudem mit einer orangen Linie umkreist. Nun starten in einer Überblendung langsam die Hip-Hop Beats von Mafia Berkane, und die Abbildung eines selbstredend fiktiven „World Passports" wird gezeigt, dann die Rückenansicht einer Person, die auf einem Felsen am Meer sitzt (eine Sprechblase wird eingeblendet, auf der in Französisch steht: „Mehr als 900 auf dem Weg nach Spanien gestorbene *harraga* im Jahr 2007. Ich versuchte mein Glück..."), ein Schengen-Visum, der Rückentorso einer Person, die, einen Rucksack aufgeschnallt am Meeresufer steht, wobei im Hintergrund ein sich entfernendes Fährschiff zu sehen ist – Sprechblasen-Einblendung „Babour Ya Mon Amour", die Fähre, meine Liebe – Ansicht einer Grenzkontrolle – eine Autofähre, die angelegt hat[154] – ein kleines Fischer-Motorboot mit elf Personen, die winken – ein Kofferraum, in dem zwischen Gepäckstücken ein Junge hervor lugt – ein in die Mo-

152 | Ü.d.A. Im Original: „On parle sans ganzon, plaintifs. Je t'l'assure, on ramène du ghbar. Les barreaux, on les brise, les barrières, on les éclate. On fout l'contact et les frontières, on les dépasse. Fais gaffe à toi."

153 | Siehe: https://www.youtube.com/watch?v=RF06qc-G8WU [zuletzt gesehen am 29.12.2017]. Das, wie ich finde, bemerkenswerte Video ist von „matichabasla" hochgeladen worden, der oder die offensichtlich in einer besonderen Beziehung zur Stadt Berkane in der Region Oujda in Marokko steht.

154 | In dem Zusammenhang soll der Film *...entre deux chaises* (...zwischen den Stühlen) von Mohamed Adi (Frankreich 1992) erwähnt werden. Er ist ebenso wie die hier erwähnten Bildsequenzen in der Alltagsperspektive der sommerlichen Urlaubsreisen der so genannten Gastarbeiter*innen aufgenommen und dokumentiert das Einschiffen in Marseille, den Auftakt zur *traversée* samt den Gebeten, die am Quai verrichtet werden etc. Der automobile Transport von Gegenständen und Waren des fordistischen Massenkonsums spielt in dem Film die Hauptrolle. Filmstills und Filmsynopse unter: http://www.transitmigration.org [zuletzt gesehen am 29.12.2017], als Teil einer von mir im Rahmen der Ausstellung „Projekt Migration" (Kölnischer Kunstverein 2005) erarbeiteten Videothek.

torhaube gezwängter Junge – eine Abflughalle – eine Maschine der *royal air maroc* – ein mit Handschellen gefesselter Mann, der von der portugiesischen Hafenpolizei abgeführt wird – ein gestrandetes Fischerboot – die Bergung toter *boat people* usw. usw. usw. – sowie abschließend das Plattencover von Mafia Berkane, welches die Gruppe zeigt, ein bisschen im *gangsta style* inszeniert – mit einer Grafik, in der das Mikrophon wie ein Dolch gehalten wird.

Partir Loin (Weit weg gehen) ist ein 2005 von der ebenfalls aus der Pariser *banlieue* Vitry-sur-Seine kommenden Rap-Band „113" samt Videoclip veröffentlichter Song.[155] Die Montage springt zwischen Ansichten von Alger und Paris sowie zwischen offensichtlich bewusst stereotyp eingesetzten Szenen in einem orientalistisch angehauchten Interieur und beim Fußball hin und her. Man sieht, wie Rim'K. zusammen mit Reda Taliani singt, einem algerischen Raï-Sänger, dessen Künstlername offensichtlich ‚der Italiener' lautet. Immer wieder Bilder der Abreise mit einem vollgepackten Auto, das Auffahren auf den „Babour, mon amour", das geliebte Fährschiff. Der Song ist eine Ode an dieses große Schiff, das einen aus der Misere wegbringt, aus der Verachtung, die einem zu Hause entgegenschlägt. – Cheb Hasni wird erwähnt, die „Chibenis", also diejenigen, die vom Schuften in Europa mit weißen Haaren zurückkehren... Alles in allem ist das Video ein von einer beinahe süsslichen Nostalgie getragener Abgesang auf den massiven Dampfer der Moderne und auf einen pittoresk und konsumierbar gewordenen Rassismus, mit Ironie und Eleganz vorgetragen von einer in die Jahre kommenden migrantischen Jugend: Fußball und Wasserpfeife auf dem Sofa. Beide Insignien, Auto und Schiff, die für das Reisen im Zeitalter der Massenproduktion stehen, sowie Fußball und ein zur *consumer culture* aufbereiteter Orient können als typische Bilder für den Multi-Kulti-Rassismus einstehen und vermitteln fast schon Sicherheit und Geborgenheit angesichts der – im Video nicht gezeigten – windigen Boote, mit denen 2005 – zur Zeit der Veröffentlichung des Songs also – bereits viele Jugendliche ihre Reise angetreten haben...

Nager sa mer und die Affektik

Aus Melodien, Fragmenten, Stills und bewegten Bildern werden auf der Online Plattform *YouTube* unzählige, aber je spezifische Filmsequenzen hervorgebracht. Es sind Video-Assemblagen, die eine eigensinnige Geschichte der Migration aktualisieren. Ein Raum der Migration entsteht. Dabei behält dieser – produktive, kulturelle und immer auch symbolische – Raum durchgängig auch eine Art tiefe, unendliche Seite,

155 | Die drei Musiker von „113" haben algerischen (Rim'K), malischen (Mokobé) und guadeloupianischen (AP) Migrationshintergrund. Als kommerziell erfolgreiche Formation existierte „113" bis 2010. Das Video zu *Partir loin* findet sich auf: https://www.youtube.com/watch?v=DLMkUr_GIlc [zuletzt gesehen am 29.12.2017]. Siehe hierzu auch Friese 2012.

die jenseits seiner Aktualisierungen steht. Ich möchte sie als die Zeit der Reprisen und Echos der Migration beschreiben, als die Zeit ihrer Vergangenheit, die mit ihrer Gegenwart koexistiert. Sie ist die Zeit im Inneren dieser zahlreichen und unterschiedlichen Melodien und fotografischen Momentaufnahmen, dieses Bildarchivs, dieser Musikgeschichten von Migration, Flucht und Exil.[156] „Nager sa mer", sein Meer durchschwimmen, ist eine Redensart in Algerien, die meint, dass jeder und jede sich selbst auf seine oder ihre Weise und so gut sie oder er kann, durchschlagen muss (Bourdieu/Sayad 1964: 86). Immer von Neuem wird das Meer durchschwommen, mit migrantischer Gewieftheit. Und genauso findig wie diese *débrouillards* sind auch die Clips über sie, cineastische (Er-)Findungen, Produktionen von Wirklichkeit, insofern sie Neues zu stiften vermögen und zuvor nicht Wahrgenommenes hervorzukehren. Die prozessualen Gefüge der Migration, die sie ausbilden, sind auf jeden Fall immer mehr und Anderes als die Summe der einzelnen Komponenten, aus denen sie sich zusammensetzen und die sie vielfach miteinander teilen. Sie übermitteln nicht einfach, sondern sie zeichnen auf, sie speichern und lagern, sie zirkulieren in niedriger Auflösung und leiten weiter, so dass eine Plattform von direkten Verbindungen und Rückkoppelungen mit der Umgebung entsteht als *remix*, *bricolage*, Kristallisationen, Versammlung und Rekursivität.[157] Diesem Gefüge lässt sich nicht mittels der rationalen und indirekten Darstellung der Zeit als einer Montage beikommen, sondern vielleicht eher als „montrage" (Deleuze 1997, Bd. 2: 61). Deleuze beschreibt damit einen Schnitt, der sich nicht mehr auf Bewegungsbilder bezieht, sondern auf eine Gesamtheit optischer und akustischer Bilder, wobei die *montrage* auf die Intensivierung oder Verknappung der Zeit innerhalb einer Einstellung setzt. Es geht um einen Schnitt, der sich auf die virtuelle Qualität von Bildern und Tönen bezieht, auf ihre infinite Differentialität, auf die unbegrenzte Fülle ihrer möglichen Zusammenhänge.[158] Insofern stellen die prozessualen Gefüge der Migration keiner-

156 | Zum „Inneren des Films" siehe auch das Ende des ersten Kapitels. Ein solches Inneres von Bildern und Melodien tritt dann zum Vorschein, wenn ihre Zeit (als Funktion der Bewegung) entfesselt wird, das Innere von Bildern und Melodien ist ihr Affekt, der zukünftige Aktualisierungen sucht und von einer Zeit zu einer anderen gelangen kann.

157 | Vgl. zum Umlauf von hochgeladenen, heruntergeladenen, geteilten, neuformatierten und neu bearbeiteten und geschnittenen „armen Bildern", die sie mit dem Lumpenproletariat und mit den ‚Verdammten dieser Erde' assoziiert, Hito Steyerls Aufsatz „In Defense of the Poor Image" (2009).

158 | Vgl. zur *montrage* in Abgrenzung zur *cinéchronie* auch die Fußnote 154 im ersten Kapitel. Den Begriff der *montrage* leitet Deleuze von Robert Lapoujades Text „Du montage au montrage" ab (erschienen in: *l'Arc*, Nr. 45, Fellini, 1971). „Ils ne font plus du montage, ils font du montrage. Qu'est-ce que ça veut dire ? Puisque le montrage c'est pas montrer une image, ça s'exerce sur un ensemble d'images optiques et sonores, tout comme le montage s'exerçait sur un ensemble d'images-mouvement. Qu'est-ce que ça serait le montrage ?" (Deleuze 1983/84: cours 53 du 124/01/1984 - 2) Zum Kristallbild bei Deleuze siehe ebenso das erste Kapitel. Für Deleuze, der das Kino ausdrücklich als Produzent von Wirklichkeit begreift, spielt weniger der Unterschied zwischen Wirklichem und Unwirklichem eine Rolle, sondern die Dynamik zwischen Aktualität und Virtualität,

lei Erfahrungen der Migration dar, sondern sie aktualisieren und materialisieren sie als eine Kraft, die etwas verändert. Es geht um eine Kraft, die – innerhalb der modulierenden, kontrollierenden, affizierenden und bewirtschaftenden Medialität und netzwerkartigen Struktur von *YouTube*, das nicht als ein normativ disziplinierendes Massenmedium funktioniert – Verbindungen produziert statt Repräsentationen.

Man kann diese Videoclips aber zunächst auch einfach hinsichtlich ihres diskursiven Charakters aufgreifen, als Variationen oder besser: als Differenzierungen der Begegnungen mit der Migration „als Materialisierung einer gestalteten Wahrnehmung", wie es Marie-Hélène Gutberlet und Sissy Helff (2011: 13) in der Einleitung zu ihrem Buch *Die Kunst der Migration* formulieren. Damit fordern die beiden Autorinnen – insbesondere auf das Feld der Kunst und der *cultural studies* bezogen –, den Fokus in der Beschäftigung mit Migration nicht so sehr auf die Gestaltung einer gesellschaftlichen Wahrnehmung der Migration zu richten – weder im Sinne einer Korrektur der Weltwahrnehmungen der Migrant*innen selbst noch im Sinne einer Art kulturellen Vermittlung der sozialen Realitäten der Migration oder der Sichtweisen von Migrant*innen.[159] Ihr Vorschlag lautet vielmehr, in den produktiven, kulturellen und symbolischen Raum der Migration einzutreten, ja, den Raum einer „Kunst der Migration" zu betreten, der sicherlich in Anlehnung an Eigenschaften eines Dritten Raumes zu verstehen ist. Ich möchte aber jene gestalteten Wahrnehmungen der Migration, wie sie sich auf der Online-Plattform *YouTube* zirkulieren, weniger ihrer ästhetischen Qualitäten wegen in den Blick nehmen, sondern ihr affektives Potenzial aufgreifen. Die Verschiebung, die ich hierbei unternehme, betrifft eine Bewegung weg von der Wahrnehmung, Kontemplation oder Erläuterung hin zu einem Handlungsvermögen im Wechselspiel mit Dingen und Personen. Im Gegensatz zu einer ästhetischen Frage, die sich an die Empfindung und die Perzeption wendet, richtet sich der affektive Fokus immer auf die Erschaffung von etwas. Die Perspektive der Affekte einzunehmen, bedeutet, von den relationalen Fähigkeiten zu affizieren und affiziert zu werden, den „capacities to interact", wie Manuel De Landa (2006: 10) sie in seiner Assemblagetheorie nennt, angetrieben zu werden und sich auf etwas zu richten, was im Stattfinden und im Eintreten begriffen ist. Ich möchte daher – durchaus im Abschluss an das neue ästhetische Paradigma bei Guattari[160] – von einer „Affektik" sprechen.

das Kontinuum zwischen virtueller und aktueller Wirklichkeit (siehe insbesondere Deleuze 1997: 264-79).

159 | Aus diesen beiden Versuchen resultiert eine oft unfruchtbare Diskussion um die richtige oder falsche, treffende oder unpassende Darstellung einer migrantischen Differenz, wobei die (eigene, scheinbar neutrale) Position der Artikulation einer solchen Differenz für gewöhnlich nicht zur Disposition gestellt und so normalisiert oder gar als Norm gegenüber der Abweichung einer stereotypisierten Migration befestigt wird.

160 | Zur Autopoiese siehe die Absätze „Spuren vom Gang des Sir, Alfred Mehran an die Grenze" im zweiten Kapitel.

Zum ersten Mal begegnete mir die Affektik nicht als analytischer Vorschlag, sondern als Notwendigkeit oder Bedingung während der Zusammenarbeit mit Geflüchteten am Verständnis und der Kommunikation von deren Lebensbedingungen im Asylverfahren und in der Lagerunterbringung.[161] Damit überhaupt ein gemeinsames Produzieren möglich wurde, galt es, die Ausgangsfrage nach dem Sprechen, Interpretieren oder Zeigen dessen, was das Leben in einer Unterkunft für Asylbewerber*innen in Deutschland bedeutet, zu modifizieren und als das aufzugreifen, was diese Frage mit uns – in diesem Fall mit mir und meinem Co-Autor Moïse Merlin Mabouna – machte. Aus der damit verbundenen Aufhebung der Hierarchie zwischen einem erkennenden Subjekt (z.B. Autor*in) und einem erkannten Objekt (z.B. Flüchtling) ergab sich eine kompositionelle Arbeitstaktik, eine Arbeit „am Zusammensein, am Zusammengehörigkeitsfeld" (Massumi 2010: 41). Affektik meint, dass *prosumerartige* Relationen zwischen die Subjektkategorien etwa der Künstlerin oder der Rezipientin gleiten. Im beschriebenen Fall ging es darum, herauszufinden, wie ich und mein Kollege Mabouna uns zusammen der Unterkunft für Asylsuchende, die ich besuchte und er bewohnte, filmisch-dokumentarisch annähern konnten. Diese Suche gestaltete sich eher als ein Korrelations- und Konstruktions- denn als ein Repräsentationsprozess. Die Affektik adressiert die Begegnung zwischen Personen und Dingen und die Prozesse, die sich kraft dessen ereignen, was zwischen ihnen vor sich geht. „Es gibt ein Differential, eine differentielle Einstimmung zwischen zwei Köpern im Zuge eines gemeinsamen Werdens", so Massumi (2013: 41). Die Affektik beschreibt eine Relationalität, die vor der Substantialität liegt, ein Differieren, das vor der Differenz kommt. Dies lässt sich nicht zuletzt medientechnologisch aufschließen, etwa indem die *montragen* in den Gefügen der Migration auf *YouTube* als Individuierungen begriffen werden, die sich nicht von den Milieus, in denen sie sich ereignen, abkoppeln lassen. Die übergangshaften Begegnungen zwischen Personen und/oder Personen, Dingen, Melodien und Bildern speisen sich aus ihren Verbindungen, Koppelungen, Konnexionen und Disjunktionen.[162] Eher als in der Signifikation eines Gegenstandes oder Themas ereignet sich die Affektik im Okkurenten und in der Mitheit, wie sich mit Massumi sagen lässt. Die Affektik setzt die Entgegensetzung zwischen passiv und aktiv, zwischen Erkenntnis und Gegenstand, zwischen Produktion und Rezepti-

161 | Diese Arbeit im Rahmen der 5. Werkleitz Biennale Zugewinngemeinschaft (2002) mündete schließlich in die Videoinstallation *Rien ne vaut que la vie, mais la vie même ne vaut rien* (Deutschland, 2002/03, zusammen mit Moïse Merlin Mabouna).

162 | Während Deleuze die „connexion" als die Addition begreift, die Erhitzung, das Und also, das immer auch trennt, versteht er als „conjugaison" das Verdichten und Verstopfen, das auch ein Erfassen und Vereinigen meint. Massumi nennt übergangshafte Begegnung ein „Denken-Fühlen". Dieses sei präsubjektiv und in zweierlei Hinsicht transindividuell, in der Weise nämlich, „dass es direkt das betrifft, was zwischen den beteiligten Individuen passiert und was sich auf keines der beiden allein reduzieren lässt, sowie in jener, dass es mit einem Werden der beteiligten Individuen zusammenfällt, *insofern es als Ereignis bereits beide über sich hinaus trägt* und zu etwas anderen macht, als sie jetzt gerade sind, und zu mehr, als sie eben gewesen sind." (Massumi 2013: 41; H.d.A.)

on oder Kontemplation tendenziell aus. Sie beschreibt, dass wir uns immer bereits mitten drin befinden, inmitten unseres Meer, das wir durchschwimmen. – Vielleicht liegt es an der dafür erforderlichen experimentellen Tiefe des Affekts, in dem man niemals alleine ist (Massumi 2010: 29), dass das Gespräch, welches Massumi mit Arjen Mulder über das Thema der „interaktiven Kunst" zu führen versuchten, wobei sie doch stark jeweils für sich allein und tendenziell aneinander vorbei redeten, in der Publikation dann als „Schein eines Gesprächs" überschrieben wurde.[163]
Im Gegensatz zur ästhetischen Erfahrung, die die Sinnhaftigkeit der Sinneserfahrung adressiert, meint die Affektik das unmittelbar schaffende Potenzial, das im Wechselspiel der Affizierung, in der Kontinuität des Dazwischen statt hat.[164] Daher sind die Formen, die die Affektik hervorbringt immer hybrid, prekär, potenziell und keinesfalls mit sich selbst identisch. Sie sind metastabile Individuationen/ *montragen*. Im Affekt ist man niemals allein; der Affekt übersteigt die Form, in der er auftaucht. Affektik heißt auch, dass die affizierte Entität Macht an die affizierende abtritt. Der Affekt hat das Subjekt, nicht das Subjekt den Affekt – und Affektik meint die Aktivität dieser Relation.

Nun sollen mit der Affektik aber vor allem auch filmische Dynamiken im Inneren von filmischen Gefügen jenseits des kinematographischen Apparats adressiert werden. Die Intensität filmischer Gefüge speist sich immer aus Intervallen, aus Lücken und Löchern dazwischen, aus den Konnexionen ihrer Komponenten.[165] Dort verbirgt sich die ungewisse und unbestimmte Zeit des Affekts, in der sich das Bild selbst

163 | Im Verlaufe der Konversation bestimmt Massumi seine Frage folgendermaßen: „Die Frage der interaktiven Kunst lautet, wie bricht man eine Interaktion auf?" (Massumi 2010: 148) Mulder, der Interviewer versucht dagegen während des gesamten Gespräches, Massumi Konkretisierungen einer beispielhaft interaktiven Kunst zu entlocken.

164 | Auch wenn etwa Ruth Sonderegger die ästhetische Erfahrung als Spiel, als Hin-und-Her zwischen formalen und hermeneutischen Belangen und Erwägungen bezüglich eines nie endenden „Miteinander Verschlungenseins von sinnhaften, sinnlichen und formalen Bestimmungstätigkeiten" (Sonderegger 2002: 228) bestimmt und dabei verdeutlicht, dass sie die Alternative zwischen einer Theorie des Kunstwerks und der Theorie seiner Erfahrung für irreführend hält (ebd.: 230), so ist die ästhetische Erfahrung doch in ein Konzept von Verstehensvollzügen eingebunden, die sie an ein tätiges Subjekt binden, das sich der Erörterung von Erkenntnisweisen widmet.

165 | Siehe zum kinematographischen Intervall bei Minh-ha, aber auch zur *cinéchronie* bei Deleuze das erste Kapitel. Angela Melitopoulos (2003) geht in ihren Überlegungen zur Gedächtnisarbeit von Bild-, Ton- und Informationsströmen über die Figur des *prosumers*, die die Konsument*in und die Produzent*in miteinander verschmilzt, hinaus und spricht im Zusammenhang mit prozessiven digitalen Verkettungen von Videobildern als Agenten. Agenten treten in der Welt der Video-Zeittechnologie, die über Intervall-Bildungen operiert, so Melitopoulos im Rückgriff auf Henri Bergson, an die Stelle von Konsument*innen, Rezipient*innen oder Repräsentant*innen. „Bildströme können [...] nicht repräsentiert werden. Man kann sie lediglich miteinander verbinden und komponieren." (Melitopoulos 2003)

zu empfinden versucht. Bilder folgen. Ton spurt. Das Intervall, das die wenngleich wechselseitige so doch kontinuierliche Beziehung zwischen Sinneswahrnehmungen und Bewegungen suspendiert, macht (Video-)Filme zu affektiven Beziehungsfeldern, die partizipative Immersionen und multisensorielle mimetische Verkettungen erzeugen. Das Bild eines Gartens kann einen Duft wachrufen, eine Melodie einen Ort. Die Affektik ist immer körperlich, *it hits you*. Sie ist haptisch und schließt daher an Filmtheorien eines „embodied spectatorship" etwa bei Laura U. Marks (2000) an, die sie in Reflexionen über die Wahrnehmung und Verkörperung von Usern von Medienplattformen weiterführt und als „embodied responses" (Marks 2017) reflektiert.[166] Der Affekt wird im und vom Körper empfunden, auf einer Skala oder in einer Geschwindigkeit, die unter oder über der Wahrnehmungsschwelle liegt. Daher trägt jene individuierende Affizierungsdynamik, die sich zwischen Bild und Bild oder Bild und Ton aufspannt und die ich als Affektik bezeichne, auch jene grundlegende kinematographische Verkettung, die ihrerseits ein Indeterminationszentrum zu bilden vermag, das der Subtraktion bedarf, um eine Wahrnehmung zu ermöglichen.[167] Deleuze hat diesen Zusammenhang so treffend charakterisiert als eine Stimme, die sich erhebt, während man zugleich das, wovon die Stimme spricht, in die Erde versinken sieht (Deleuze 1987 a; 2005: 304): „Das Wort erhebt sich in die Lüfte, während zur gleichen Zeit die Erde, die man sieht, immer tiefer sinkt. Oder besser: Während sich dieses Wort in die Lüfte erhebt, sinkt das, wovon es spricht, unter die Erde." Wenn ich meine, dass sich die Affektik auf Bildströme und Soundflüsse, auf die Kraft von Bild/Ton-Konfigurationen bezieht, die über das Zeichen, die symbolische Repräsentation und damit die Frage nach der Bedeutung und den kinematographischen Apparat hinausgehen, dann geht es mir darum, an eine Potenzialität des Minder-Werdens des Bewegungsbildes anzuknüpfen, und zwar nicht vordringlich in den Bereichen der Kunst und der Musik wie Guattari (2014: 18; vgl. das zweite Kapitel), sondern auf jenen Alltagsbereich medialer Umgebungen bezogen, in denen Migration heute stattfindet. Das Minderwerden bezieht sich hierbei auf Konglomerate und Kollaborationen einer verkörperten Heterogenese der Transnationalität oder des Postnationalen, auf das Potential von Aneignung und Transformation (*likes* und *links*), auf das Neuverfugen historisch, geographisch und kulturell als auseinander liegend verwalteter Situationen. Die Affektik ist hierin die Fortsetzung einer *montrage*, keine in sich abgeschlossene filmischen Sukzessionen, die vorrangig auf frontale Bildschirme geworfen werden, sondern sie verfasert sich in fortgesetzten Bifurkationen. Da in der Migration meist nur wenige andere sozi-

166 | Marks (2017: 39) schreibt: „Low-quality platforms, in calling attention to their materiality, also disturb the embodied or mimetic relationship to the media work. Instead they invite the viewer, listener, or player to mimetically embody their own quirks, jams, and glitches."

167 | Das Indeterminationszentrum, so Deleuze mit Bezug auf Bergson, ist eine Zone des Bildes, die sich über die Subtraktion definiert. In der Wahrnehmung ist gewissermaßen ‚weniger' Bild als im Affekt. Vgl. Deleuze 81/82: cours 5 du 05/01/82 - 2.

alen Ressourcen zur Verfügung stehen, unterliegen hier affektive prozesshafte Verkettungen einer besonders intensiven Mobilisierung. Ihr Zweck ist es nicht zuletzt, wirkmächtige Gefüge der Durchlöcherung zu stiften, die das Aktionspotenzial von Migrant*innen zu steigern vermögen. Die Affektik, so meine Vermutung, lässt sich sogar als eine Art kollektive Selbststrukturierung der Migration verstehen.[168] Sie ist der Modus des differentiellen Entstehens der Migration: Migrant*innen haben immer mit der Differenzerfahrung und der Widersetzlichkeit der Welt zu rechnen beim Zusammensetzen, Komponieren und Verketten der heterogenen, immer bereits vorhandenen, sowie einander überlagernden und interdependenten Elemente, aus denen sie Welt machen. Den Raum der Affektik der Migration zu betreten, bedeutet nicht zuletzt, sich in die von Deleuze konzipierte Dynamik zwischen der Aktualität und der Virtualität von Wirklichkeit hinein zu begeben, innerhalb der sich der politische Horizont dessen abzeichnet, was Migration bedeutet, was für eine Geschichte von ihr bekannt ist und was für eine Geschichte sie zu machen fähig ist. Etwa: Was für ein Europa wird die Migration hervorbringen? In der Perspektive der Affektik über Migration zu schreiben, erfordert, Migration ausgehend von ihrem virtuellen Anteil, von ihrer Mannigfaltigkeit her zu konzipieren, ihre Aktualität als Differenzierung zu schreiben.[169] Virtualität ist dabei nichts Unbestimmtes, sie ist im vollen Besitz der Realität. Sie beschreibt zum Beispiel den einen, in sich komplett vollständigen Teil einer zweiseitig kristallinen Sequenz einer *YouTube*-Montage, in der Gegenwart und Vergangenheit oder Erinnerung der Migration korrelieren. Die Virtualität eines Gefüges der Migration könnte man als ihre Geschichte bezeichnen, die zeitgleich auftritt mit ihren aktuellen Bildern.[170] Das Virtuelle ist unendlich differentiell, ex post und antizipativ. Die Virtualität ist nicht ontologisch von der Aktualität, die ihr gegen-

168 | In diesem Sinne begreife ich etwa auch den Begriff der „mobile commons of migration" von Papadopoulos/Tsianos (2013) bzw. die „undercommons of migration" (Kuster 2017) als eine Affektik im Interesse der sich kollektiv entfaltenden (und reproduzierenden) Ereignisse der Mobilität. Vgl. auch Fußnote 79.

169 | In einer ähnlichen Weise (wenngleich mit anderer Gewichtung) beschreibt Erin Manning Massumis Arbeit, wenn sie sagt: „Wenn das Schreiben partizipativ wird, wenn es sich genau der Ereignishaftigkeit seines Entfaltens anpasst und dabei in einem Rhythmus Konzepte erzeugt, der normative Verstandeskategorien übersteigt, dann richtet es sich am Affekt aus." (Manning 2010: 9)

170 | Ich belasse die beiden Begriffe der *YouTube*-Montage und des Gefüges der Migration hier mit Absicht in unscharfer Abgrenzung voneinander, da ich meine, dass diese beiden Formationen ineinander übergehen. Manuel De Landa etwa unterscheidet zwischen Komponenten einer Assemblage, die eine materielle und solchen, die eine rein expressive Rolle spielen. Er siedelt diese Unterscheidung zudem in der Nähe jener zwischen Ausdruck (Eigenschaften oder Merkmale, das Aktuelle) und Inhalt (Kapazitäten des Virtuellen oder Intensiven) bei Deleuze/Guattari an, stellt hierbei aber auch heraus, dass sie variieren und auch in vermischten Rollen auftreten können, „that is, a given component may play a mixture of material and expressive roles by exercising different sets of capacities" (De Landa 2006: 12). Der vorliegende Text vermag nicht, bis in die Beschreibungstiefe der wechselseitigen Dynamik solcher Komponenten und ihrer ‚Rollen'

übersteht, zu scheiden, so Deleuze (1997: 264-279). Vielmehr durchdringen sich Virtualität und Aktualität und stehen zueinander in einem Immanenzverhältnis.[171] Wechselseitig ausschließend sind sie jedoch in ihrem diskursiven Charakter – als virtueller, nicht-diskursiver Inhalt und als aktueller Ausdruck.[172] Virtualität beschreibt die Fülle aller außerhalb von Kausalität und Zeitlichkeit gelegenen Zusammenhänge, sie ist Differentiation. Aktualität dagegen ist der Prozess des Virtuellen, dessen Differenzierung. Aktualität ist nicht Ausgangspunkt von Veränderung und in diesem Sinne auch nicht der Prozess des Möglichen, den Deleuze als Realisierung bezeichnet (ebd.: 267). Eine Aktualisierung ist keine Beschränkung einer präexistenten Möglichkeit. Vielmehr ist es gerade das Virtuelle oder die Potenzialität, welche die Aktualisierung als Differenzierung begründet und zur Entfaltung bringt – und nicht umgekehrt (ebd.: 269). Differenz ist in dieser Dynamik kein Term, der zwischen zwei aktuellen Begriffen liegt, sondern ein Modus der Aktualisierung des Virtuellen.[173] Und genau so, wie sich im Kristallbild Virtualität und Aktualität treffen, tun sie es im Affekt.[174] Daher beschreibt die Affektik letztlich nichts Anderes als den Versuch, die

in konkret analysierten aktuellen Gefügen - und nicht zuletzt ihren Reterritorialisierungs- und Deterritorialisierungstendenzen vorzustoßen.

171 | Michaela Ott findet für das Virtuelle die treffende Charakterisierung als „vor- und rückgreifender Zeitigungsprozess" (Ott 2015: 166).

172 | In ihrem Spätwerk schreiben Deleuze und Guattari der Philosophie die herausragende Rolle zu, über das Erschaffen von Konzepten einen Kontakt mit dem Virtuellen herzustellen. In *Differenz und Wiederholung* wird eine Unterscheidung getroffen zwischen dem Denken, dem die Erforschung des Virtuellen zukommt und der Einbildungskraft, der es obliegt, sich mit Aktualisierungsprozessen herumzuschlagen (Deleuze 1997: 277-287).

173 | Deleuze unterscheidet zwischen der „Differen*zierung*", die qualifizierend, spezifizierend, teilend und organisierend wirkt und im Bereich der Aktualität operiert, und der „Differen*tiation*": „Während die Differentiation den virtuellen Inhalt der Idee als Problem bestimmt, drückt die Differenzierung die Aktualisierung dieses Virtuellen und die Konstitution der Lösungen (durch lokale Integrationen) aus. Die Differenzierung ist gleichsam der zweite Teil der Differenz, und man muss den komplexen Begriff Differen*tiation/[différent/ciation]* prägen, um die Integrität oder Integralität des Objekts zu bezeichnen. *Tiation* und *zierung* [*d* und *c*] sind hier das Unterscheidungsmerkmal oder das phonologische Verhältnis der Differenz selbst. Jedes Objekt ist doppelt, ohne dass sich seine beiden Hälften ähneln, von denen die eine das virtuelle Bild, die andere das aktuelle Bild ist." (Deleuze 1997: 265) Entscheidend für das Begriffspaar virtuell/aktuell (statt virtuell/real und/oder möglich/real) ist zudem, dass die Aktualisierung mit der Ähnlichkeit als Prozess und der Identität als Prinzip bricht: „Niemals ähneln die aktuellen Terme der Virtualität, die sie aktualisieren: Die Qualitäten und Arten ähneln nicht den Differentialverhältnissen, die sie verkörpern." (Ebd.: 268)

174 | Deleuze gilt das Schiff mit seinen beständigen Übergängen zwischen Opazität und Durchsichtigkeit und seiner Fähigkeit, zu zerbersten und unterzugehen als Beispiel des Kristallbildes schlechthin, wobei er etwa Federico Fellinis Film *E la nave va* (1983) diskutiert: „C'est par rapport à un milieu, par rapport au milieu liquide sur lequel est le bateau, que le bateau va révéler son étrange propriété cristalline. [...] au bateau d'en haut où tout est visible et limpide, s'oppose le noir bateau d'en bas." In vertikaler Richtung beschreibt

Gleichzeitigkeit von Inhalt und Ausdruck, von Artikulation und Vollzug zu konzipieren, wobei sich deren fortlaufende Verknüpfung miteinander nicht auf ein (reflektierendes) Subjekt zurückführen lässt, sondern als „Differen*tiation/zierung*" (ebd.: 310) an den Unbestimmtheitsrändern der Individualität (oder auch der Autorschaft) erfolgt. Daher gibt es in der Affektik auch keine Reflexionen, sondern vielmehr Diffraktionen, die Interferenzmuster formen (Haraway 2006; vgl. hierzu das erste Kapitel) oder Divisionen, die Condividualität machen (Raunig 2015).

Harraga

Harraga ist keine vorgestellte Welt, sondern unmittelbar Welt schaffend. *Harraga* ist migrantische Potenzialität. Es ist der Name für eine virtuelle Mannigfaltigkeit, deren Realität mit Deleuze gesprochen einer zu erfüllenden Aufgabe entspricht, „nämlich eines zu lösenden Problems; das Problem ist es, das die Lösungen ausrichtet, bedingt, erzeugt, diese aber ähneln nicht den Bedingungen des Problems." (Deleuze 1997: 268) Lösungen sind Aktualisierungen, „die Schaffung divergenter Linien, die ohne Ähnlichkeit der virtuellen Mannigfaltigkeit entsprechen" (ebd.). *Harraga* lässt sich mit Deleuze als „Deutlich-Dunkles" vernehmen, als „Trunkenheit" und „Meeresrauschen" der Grenzen Europas (ebd.: 271). Die Aktualisierung dieser Welt der *harraga*, eine ihrer Lösungen, zeigt sich an den kleinen, windigen Boote, die die gegenwärtigen Gefüge der Migration ins Mittelmeer setzen. *Harraga* ist eine Selbstbezeichnung jener Akteur*innen der Migration aus Nordafrika, die Europa über das Mittelmeer erreichen. Ein *harag* reist nicht mehr wie der *travailleur colonial* oder die Gastarbeiter*in an Bord der großen Fähren (*babour*), von Stadt zu Stadt, nach Marseille oder Sète aus Alger, Bougie (heute Bejaia), Oran, Tanger oder Casablanca. Ein *harag* schaut nicht mehr von einem Deck hinunter auf das Wasser. *Harraga* sind *boat people*, die das Meer zusammengepfercht auf meist zum Fischen benutzten Motorbooten, *zodiacs*, *patera* oder in Algerien „boutti" genannt, „fluka" in *Darija* überqueren.[175] Wörtlich übersetzt heißt „al-harga" oder „l'harg" die Verbrennung,

er als zwei Seiten des Kristalls Passagiere und Schiffsheizer, in lateraler Passagiere und Flüchtlinge: „Le bateau recueille des réfugiés, des naufragés, des naufragés politiques. Et sur le pont on établit les corps pour ne pas mélanger. La face limpide, les passagers, la face opaque : les pauvres naufragés prolétaires. L'opaque va devenir limpide et le limpide va à devenir opaque avec le grand moment de la danse qui se mélange, sur le type ‚musique de Bartok'. Et où les deux groupes se mêlent et échangent leur détermination." (1983/84: cours 64 du 29/05/1984 – 2)

175 | *Darija* ist eine Bezeichnung für das marokkanische Arabisch. Während das Fischerboot heute den Dampfer abgelöst hat, akzentuiert der berühmte (und für das Feld der postkolonialen Moderne und der Migration paradigmatische) Film *Touki Bouki* von Djibril Diop Mambéty (1973) im Schnitt den Bruch zwischen dem großen Dampfer und dem Segelschiff, einer einfachen Jolle, die die Verschiffung von Versklavten evoziert. Auf der

„hrig" ist das arabische Verb für verbrennen.[176] Der Begriff und die Praxis sind seit den 1990er Jahren, seit Schengen im Umlauf, in Politik, Medien sowie in Alltags-, Pop- und Jugendkulturen.[177] Bei der *harga* geht es darum, seinen Pass und all seine Identitätsausweise zu verbrennen, damit man im Falle einer Verhaftung in Europa nicht so leicht identifiziert und in der Folge abgeschoben werden kann bzw. diese Prozeduren verlangsamt.[178] Es kursiert aber auch eine andere Erklärung für den Begriff *harraga*. Sie geht auf den berberischen Heerführer des siebten Jahrhunderts Tarik Ibn Zayad zurück, der seine ganze Flotte verbrannt habe, als er Spanien erreichte, damit seine Soldaten keine andere Wahl hatten, als das Land im Kampf zu erobern. An einem Fels in Gibraltar soll Tariq Ibn Zayad in einer Ansprache an seine Leute das folgende Bild aufgerufen haben: Wenn der Feind vor dir steht und das Meer hinter dir liegt, wo willst du dann hinlaufen?[179] – In diesem Sinne wird in Marokko die *harga* als „un aller simple", eine Reise in eine Richtung, als Einwegfahrt referiert. Das unwiderrufliche Durchbrennen, um illegal in Europa einzureisen, wird von vielen mit der Praxis, eine rote Ampel zu überfahren, verglichen, die man auf französisch mit „on brûle les feux rouges" ausdrückt. In diesem Sinne spricht man von „brûler les frontières". Sie seien gegen dieses System der Grenze, so einige *harraga* in Gesprächen, die ich im Zuge und in der Folge der Erstaufführung des Filmes *Enfin j'avais quitté le bled* (Und schließlich bin ich abgehauen) von aufenthaltsraum & Yassine Zaaitar (Österreich 2013) führen konnte.[180] Diese *harraga* haben darauf bestanden, dass man den Begriff, das Konzept verstehen müsse und betonten zugleich, dass man die *harga* leben müsse, um sie wirklich zu verstehen – eine Divergenz, die einem recht scharfen Verständnis für die Überlegung geschuldet zu sein scheint, dass

Tonebene werden an diesem Einschnitt das Brüllen der Rinder und das Hupen der Schiffssirene ineinander geblendet.

176 | Siehe auch Moussaoui 2009; Guenatri/Lafer/Moussaoui et al. 2008.

177 | Siehe auch - insbesondere Tunesien/Lampedusa betreffend - Friese 2012, einer der wenigen Texte, der sich dem Thema *harraga* bzw. der undokumentierten Migration auch in popkultureller Hinsicht widmet. In der Videoinstallationsarbeit *frontières fluides - fluid boundaries* von Katrin Ströbel und Mohammed Laouli (2015) wird der historische Wandel der Meeresüberfahrten zwischen Marokko und Spanien aus der Perspektive der Bootsfischerei und der transnationalen Akteur*innen der Migration auf eindrücklich alltägliche Weise dargestellt.

178 | Vgl. hierzu auch die überaus aktuellen politischen und diplomatischen Bemühungen Deutschlands, bestehende Ausreisepflichten etwa nach Marokko, Tunesien oder Algerien effektiver durchzusetzen.

179 | Siehe Sabry 2005. Auch die Figur von Tariq Ibn Ziyad selbst, Anführer der unter ihm zum Islam konvertierten Berber, und die Eroberung von al-Andalus gehören natürlich zu den Versatzstücken des kulturellen Gedächtnisses der Migration, das auf *YouTube* zirkuliert und zu neuen Gefügen montiert wird. Siehe etwa „Tariq ibn ziyad", https://www.youtube.com/watch?v=IMHmwedOboo [zuletzt gesehen am 30.12.2017], „Tariq ibn Ziyad & Musa ibn Nusayr Al-Lakhmi", https://www.youtube.com/watch?v=zJPfOPIb6po [zuletzt gesehen am 30.12.2017].

180 | Siehe außerdem eipcp 2013 sowie Mennel/Mokre 2015.

es „der Exzess der Idee ist [...], der den Mangel des Begriffs erklärt“ (Deleuze 1997: 278). Auf die Frage, ob sie sich eher als Personen verstehen, die gegen das Gesetz sind oder als solche, die sich außerhalb des Gesetzes befinden (*contre la loi* oder *hors-la-loi*), sagte ein *harrag*:

„Das Gesetz der *harraga* lautet: Ich bin geboren, ich bin Sohn der Erde. Ich fühle mich frei, und ich kann hier leben, in Afrika oder anderswo, weil ich mich frei fühle, und weil ich frei leben will. In meinen Augen existiert dieses Gesetz nicht. Denn, wenn ich mich an die Regeln gehalten habe, dann war es das Gegenteil, dann habe ich Schwierigkeiten bekommen. Aber wenn ich *deals* gemacht habe, dann bin ich damit durchgekommen und konnte am Ende etwas verdienen. Ich hab keine Lust, viel zu erzählen, das tut mir weh. Es ist lange her, dass ich nicht mehr zurückgekehrt bin, meine Eltern nicht mehr gesehen habe. Seit zehn Jahren bin ich in Europa und bisher hat man mir nichts geschenkt. Das Gesetz hat mir nichts gegeben, sondern im Gegenteil, es hat mich dazu gebracht, den Rassismus zu sehen. Das ist alles.“[181]

Und ein anderer sagte:

„Es geht nicht darum, gegen das Gesetz zu sein, sondern darum, dass das Gesetz gegen uns ist.“[182]

Harraga beziehen sich kaum je auf „el ghorba“, das Exil, und selten auf die „hijra“.[183] Die *harga* ist nicht religiös motiviert, auch wenn die *harraga* im Gespräch den Begriff des „mouhajir“, des Gläubigen in dem Zusammenhang aufbringen. Der *mouhajir* ist derjenige, der flieht, was Allah verboten hat – ein Begriff, der zugleich in einem sehr allgemeinen Sinne auch auf das Auswandern verweisen kann.[184] Eher als religiös be-

181 | Meine Übersetzung aus meiner Gesprächstranskription im September 2013.

182 | Ebd.: „La loi, elle est contre nous, c'est pas nous contre la loi.“

183 | Die *hijra*, die historische Wanderung, mit der die Islamische Zeitrechnung beginnt, die Flucht oder Auswanderung nach Yathrib, dem späteren Medina zu Beginn des siebten Jahrhunderts, entspricht der Übersiedlung von Mekka in die Stadt und in die städtische statt nomadische Lebensweise. Vgl. hierzu auch den Kommentar von Deleuze/Guattari (1992: 523 und 527-528) zum Verhältnis von Religiosität und Nomadentum bzw. zum Thema der Hedschra oder der Migration gegenüber dem Nomadentum. Siehe auch die Fußnote 55 des vorliegenden Kapitels.

184 | Meine Übersetzung aus meiner Gesprächstranskription im September 2013: „Il y a un autre mot aussi, le *mouhajir*, c'est le voyageur qui est toujours en route. Le *mouhajir*, il est toujours en route, avec le sac, et il cherche son futur.“ Im Gegensatz zu meinen Begegnungen (in Deutschland, Österreich und Griechenland) und den meisten meiner Lektüren diskutiert Stefania Pandolfo in einer überzeugenden ethnografischen Studie ausgehend von Gesprächen mit Jugendlichen aus armen Stadtteilen von Rabat, die im Zuge des ländlichen Exodus in den 1960er und 1970er Jahren als *bidonvilles* gegründet worden sind, vor allem die moralische und theologische bzw. die theologisch umstrittene Dimension der Risiken der *harga*, insbesondere bezüglich des Selbstmordes, *al-intihar*,

deutsam oder motiviert müsse die *harga* in ihrer kulturellen Dimension („taqafia") begriffen werden, so Foued Nasri (2009: 11), der seinen Zugang anhand eines Zitates eines Mitglieds einer Nichtregierungsorganisation in Larache (im Nordwesten von Marokko) zu erhärten versucht: „Die Migration ist wie der Islam, die Leute wissen nicht mal, ob Gott existiert, und sie haben sich auch niemals diese Frage gestellt. Mit der Migration verhält es sich ähnlich, sie wollen weggehen, wissen aber nicht mal warum."[185] Einer der *harraga* aus Wien, der sich „harrag professionel" nannte, erzählte mir, dass die *harga* seit den 1990er Jahren und den Rückkehrer*innen aus Europa, die ihre Errungenschaften vorgeführt hätten, etwas Kultiges, ein angesagter Trend geworden sei.[186]

In einem Gespräch über ihre 2011 bei den Editions „Le passager clandestin" erschienene Reportage *Traversée interdite, les harragas face à l'Europe forteresse* erzählt die Autorin Virginie Lydie davon, dass sich 2009 in Annaba zehn Jugendliche aus Verzweiflung mit Benzin übergossen und damit gedroht hätten, sich anzuzünden, was schließlich abgewendet werden konnte.[187] Buchstäblich ihr Boot anzuzünden, drohten am 16. Januar 2011 in Annaba zwanzig auf dem Meer von der algerischen

---

und der Verzweiflung, *l-qant*. Pandolfos Anliegen ist es, die Subjektivierung als *harraga* jenseits des liberalen aufgeklärten oder laizistisch-psychoanalytischen Diskurses, der die *harraga* auch in Marokko nur allzu schnell als psychotische *kamikazes* interpretiert, in deren eigener Eschatologie zu fassen. Dabei verweist sie auf die Zentralität des Konzeptes der Erinnerung an den Tod, *dhikr*: „What is at issue in the remembrance of death is an apprenticeship of the other world in this world, which is a presupposition for what might be called, in the terms specific to that theological and ethical tradition, a practice of freedom." (Pandolfo 2007: 337) Dabei verweist Pandolfo auch auf die *hijra*: „*Hijra*, literally the fact of ‚abandoning' or ‚severing the ties' is a foundational concept in Islamic tradition. It sets the conditions of a specific ethics, no longer based on genealogical attachment but instead upon an ethical community to come." (Ebd.)

185 | Ü.d.A., Originaltext: „La migration, c'est comme l'islam, les gens ne savent même pas si Dieu existe, ils ne se sont jamais posés la question. La migration, c'est pareil, ils veulent partir, mais ils ne savent même pas pourquoi."

186 | Als kulturelles Thema umfasst die *harga* über die bereits angesprochenen Medien und Amateurproduktionen hinaus auch Zeugenschaften, unter anderem der Angehörigen von Vermissten und Toten, Handyfilme, von denen weiter unten noch die Rede sein wird, sowie Comedy-Shows, Belletristik und auch bekannte Filme - bzw. Filme, die teilweise auch den europäischen Studiofilmmarkt ansprechen - wie etwa *Harraga* von Merzak Allouache (Algerien 2009) oder *Harraga Blues* (Algerien 2013) von Moussa Haddad. Auch Cheb Khaled und die bereits referierte Band Zebda haben 2013 je einen Song zur *harga* herausgebracht.

187 | Das Gespräch fand auf „France Culture" statt und lässt sich auf *YouTube* finden unter: https://www.youtube.com/watch?v=zaB3fuUh3IM [zuletzt gesehen am 30.12.2017]. Siehe zu den von Virginie Lydie referierten Ereignissen auch den Beitrag „Annaba. Émeutes et tentative de suicide collectif", der am 13.05.2009 in der Zeitung *El Watan* erschienen ist, http://www.annabacity.net/news/breve_4993_annaba+emeutes+tentative+suicide+collectif.html [zuletzt gesehen am 30.12.2017].

Küstenwache aufgegriffene *harraga* (Gaïdi 2011). Dennoch, das Durchbrennen und Verbrennen bei den *harraga* lässt sich sicher nicht unmittelbar mit den Selbstverbrennungen im Zuge der so genannten arabischen Revolutionen bzw. der Selbstverbrennung von Mohamed Bouazizi am 17. Dezember 2010, die den Auftakt zur tunesischen Revolution gegeben hat, in Verbindung bringen. Allerdings ist nicht nur die Symbolik des zerstörerischen Feuers ähnlich, sondern auch die involvierten sozialen Milieus, etwa der „diplômés chômeurs" und die verzweifelten Situationen und sozialen Blockaden – Prekarität, Arbeitslosigkeit, Misere im sozialen Wohnungsbau, Perspektivlosigkeit, Korruption, Polizeiübergriffe etc. –, welche Selbstverbrennung als Ausdrucksweise provozieren und bis heute nicht abreißen lassen.[188] Bezüglich der Genese der Semantiken des Brennens und Verbrennens scheint mir dennoch Vorsicht geboten. Wechselseitige Resonanzen zwischen *harraga* und Selbstverbrennungen in ihrem jeweiligen Bezug auf die autodestruktive Raserei des Lebens sind jedoch naheliegend, weil die sozialen Nähen so markant sind. „Mieux vaut brûler qu'être humilié !" / „Lieber durchbrennen als erniedrigt werden!" / „Al harga wala hogra!", lautet eine weitum bekannte Losung der *harraga*-Milieus. In Marokko macht man sich über naive *harraga* aus dem Süden lustig, die man „grilleurs", die Ausgedörrten, die Gerösteten nennt. Man verweist damit auf die selbstmörderische Dimension ihres Unterfangens, da sie mit dem Meer und seinen Gefahren nicht vertraut sind. Aber nicht nur das Bild des Selbstmörders, sondern auch jenes des Märtyrers, der eine explizite Politik der Zeugenschaft verkörpert, lässt sich als Referenzraum der *harraga* aktivieren. Als ein solches, allerdings fehlgeleitetes, ja verbrecherisches hat Bouteflika die *harga* gedeutet, indem er sie kriminalisiert und ihre Akteur*innen als Selbstmordattentäter*innen (*kamikazes*) bezeichnet hat. Das Selbstmordattentat – das hat Achille Mbembe (2011) gezeigt – lässt sich auch als eine Politik des Opfers und als Nekropolitik, das heißt als Unterwerfung des Lebens

---

188 | Am 6. Mai 2014, am Tag, an dem ich diese Zeilen im ersten Entwurf schrieb, erlag der 35 jährige Youcef Djaani, der sich zwei Tage zuvor in El Menea (im Süden von Ghardaïa) angezündet hat, da sein Name nicht auf einer zu diesem Termin veröffentlichten Liste für Sozialwohnungen aufgeführt war (es gab 13.000 ausstehende Gesuche in dieser Stadt; die Demonstrant*innen am Sonntag trugen Schilder mit: „Où est mon dossier déposé depuis 1982 sous le N° 90 ?" oder: „J'attends depuis 42 ans un logement"), seinen Verletzungen. Siehe den Bericht „El Ménéa : Rabroué par le chef de daïra, il s'immole", in: *El Watan*, 04.05.2014. Weitere Fälle, die sich in der Zeit in Algerien ereignet haben, sind: Am 21. März 2014 in Oran infolge einer drohenden Zwangsräumung (siehe *Algeria Watch*, http://www.algeria-watch.org/fr/article/pol/revolte/oran_deux_immolations.htm [zuletzt gesehen am 30.12.2017]), am 5. Dezember 2013 in Tazougaght (http://www.lematindz.net/news/13047-khenchela-un-jeune-homme-tente-de-simmoler-par-le-feu.html [zuletzt gesehen am 30.12.2017]), der 18 jährige Hamdani Abdelkhak am 19. Juli 2013 und der 27 jährige Bameur Sofiane, der am 14. Juli 2015 seinen Verbrennungen erlegen ist – beide aus Tiaret (http://www.lematindz.net/news/12137-un-jeune-simmole-a-tiaret.html; http://www.lematindz.net/news/17701-limmole-de-mahdia-a-rendu-lame-tiaret.html [zuletzt gesehen am 30.12.2017]). Allgemein zu den Selbstverbrennungen siehe auch Benfodil (2012).

unter die Macht des Todes reflektieren.[189] Diese Bedeutungsnähen spiegelt etwa das Bonmot „Barça ou Barzhak" wider. Titelgebend für den vor allem in Thiaroye gedrehten Erstlingsfilm des Franko-Senegalesen Idrissa Guiro (2007) rückt es „barzakh" – Arabisch für Schranke, Hindernis oder Trennung, aber auch für den Zwischenraum zwischen „jahannam" (Hölle) und „jannah" (Paradies) – in die Nähe einer Alternative zur erfolgreich realisierten Reise übers Mittelmeer nach Europa. – Entweder also, du durchläufst jenen Raum, den alle Verstorbenen außer die Märtyrer*innen durchlaufen müssen, oder du langst in Barcelona an.[190] Die Interpretation der *harga* als Märtyrertum, als Einspruch und als Akt der Zeugenschaft im Sinne der Herleitung des Wortes Protest vom lateinischen Begriff *testis*, Zeuge, sind also durchaus nicht so weit voneinander entfernt.[191] Auf sehr präzise Weise schildert der Kurzfilm *Haçla* (La Clôture) von Tariq Teguia (Algerien 2004) von Tariq Teguia (Algerien 2004) die gesellschaftliche Stimmung, aus der wohl beide Praxen, die *harga* und die Selbstverbrennungen resultieren. Es geht um das Milieu derer „qui tiennent les murs", jener also, die mit dem Rücken an die Hausmauern gelehnt in den Städten herumlungern, weil sie keiner Beschäftigung nachgehen können.[192] In einer Szene verleiht Fethi, 28 Jahre alt, „leider Algerier", wie er sagt, der *hogra* Ausdruck, die sein Leben prägt.[193] Er tritt vor die Kamera, um sich quasi ohne Atempause vorzustellen und sofort danach wieder abzutreten:

„Ich bin in Alger geboren, lebe in Alger und aller Voraussicht nach werde ich auch in diesem Land sterben. 28 Jahre ohne Arbeit. 25 Jahre Ausbildung und am Schluss ein Renommee, das ohne Anerkennung bleibt. Staatlich diplomierter Ingenieur und dann nichts mehr. Diplomierter Ingenieur und ich habe damit nichts gemacht; ich verdiene nichts...

---

189 | Hierbei referiert Mbembe Georges Batailles Ökonomie der Verausgabung, der Verschwendung, des Exzesses bzw. Batailles Auseinandersetzung mit dem Tod und dem Opfer („sacrifice") als Gegenposition zu Hegel. Bei Bataille ist das Opfer zugleich Produktion des Heiligen und Tragikomödie. In „Hegel, la mort et le sacrifice" findet sich die von Mbembe berücksichtigte Stelle: „Der Tod müsste Bewusstsein des Selbst werden, und zwar exakt zu dem Zeitpunkt, in dem er das bewusste Sein auslöscht. In einem gewissen Sinne findet dies (nämlich etwas, das mindestens während es stattfindet oder in einer flüchtigen Weise stattfindet, entschlüpft) mit Hilfe einer List statt. Beim Opfer identifiziert sich der zu Opfernde mit dem Tier, das im Begriff ist, zu sterben. So stirbt er und sieht sich dabei sterben, in gewissem Sinne sogar seinem eigenen Willen folgend, eins mit der Waffe des Opfers. Aber dies ist eine Komödie!" (Bataille 1988: 336, Ü.d.A.)

190 | Auf Französisch wird der Titel des Films von Idrissa Guiro verkürzt mit *Barcelone ou la mort* übertragen.

191 | Siehe zur Frage der Zeugenschaft auch: Kuster, im Gespräch mit Nowotny (2008).

192 | Die Ausdrucksweise „tenir les murs" (wörtlich: die Mauern halten), ist erst seit den 1980er Jahren in Französisch gebräuchlich und wird auf den algerischen Ausdruck „hitisme" („hit" bedeutet auf Arabisch Mauer) zurückgeführt.

193 | *Hogra* ist ein im ganzen Maghreb verbreiteter Begriff. Er bezeichnet das Gefühl von Wut, Hilflosigkeit und Verzweiflung ob des staatlichen Machtmissbrauchs und der Geringschätzung der Bevölkerung. - Daher „Al harga wala hogra!"

Ich habe versucht, wegzugehen, zu arbeiten. Ich hab die Schnauze voll, ich bin angewidert. Ein freudloses Land. 28 Jahre Trostlosigkeit, 28 Jahre Ekel, 28 Jahre lang beklage ich mich. Seit 28 Jahren kotzt mich mein Leben an. Es reicht. Ich hab's nicht geschafft, das war's! Ich hab die Nase voll! Mir reicht's! Was, ich bringe mich um? Ich bin unfähig dazu, zu ängstlich dafür! Was also soll ich machen? Wie soll ich mich bewegen? Es gibt weder Geld, noch einen Pass, noch ein Visum. Um weggehen zu können, muss man arbeiten. Aber es gibt keine Arbeit. Um Arbeit zu finden, brauchst du gute Beziehungen, Unterstützung. Und das habe ich nicht. Also ich bitte dich, was soll ich machen? Ich hab studiert, ich habe mich gnadenlos angestrengt, ich hab mich abgerackert und dann zum Ende, nichts. Es ist, als hätte ich nichts gemacht. Ich hab in den Sand gepinkelt. In diesem Land zählen weder Ausbildung noch Arbeit. Die Diebe, die profitieren hier... Nicht nur die Diebe, auch die Mörder. Auf Wiedersehen."[194]

Zwar geht es wie bei anderen Migrationsprojekten auch bei der *harga* darum, dem Elend zu entfliehen. Dennoch scheint sie nicht einfach in der Kontinuität der undokumentierten Migrationen der Nachkriegszeit zu stehen, da es der *harga* an den für jene Migrationen so klassischen Projekten der Arbeit und des sozialen Aufstiegs zu mangelt. Eine Gruppe algerischer Sozialwissenschaftler*innen, die in ihrer qualitativen Empirie ein besonderes Augenmerk auf die soziale Zusammensetzung gelegt haben, aus der sich die illegalisierte Emigration speist, rückt den Exodus der *harraga* explizit in die Nähe von Protestformen, auch wenn sie es leider bei dieser Hypothese belassen. Sie berichten aufgrund von Gesprächen, die sie insbesondere in Annaba und in Oran mit Anwärtern der *harga*, zwischen zwanzig und dreißig Jahre alten jungen Männern[195] geführt haben, auch über *harraga*-Geschichten, die man sich in den Familien, an den Bars oder im Internet erzähle (Guenatri/Lafer/Moussaoui et al. 2008). Oft, so die Autor*innen, handele es sich dabei um heroische Legenden, in denen physische Kräfte, List und Cleverness die Schlüsselrolle spielen, wobei die zu besiegenden Unbilden das wilde Meer, die Schlepper, die einen übers Ohr hauen wollen, Polizeisperren und andere Kontrolldispositive darstellen. Über die Entscheidung zur *harga* werde kaum im Familienverband beratschlagt, wie das vormals der Fall war, so dass die Wahl vielfach auf den ältesten Sohn fiel. Der Entschluss zur *harga* sei meist ein individueller, oftmals sogar explizit gegenüber der Familie und den nächsten Bekannten geheim gehalten, so die Forscher*innen. Ausgehend von den Milieus städtischer Gewalt, von Straße, Drogengeschäften und -konsum, aus denen die meisten *candidats au départ* kommen, sowie von der oft geäußerten Erfahrung „ici, nous sommes déjà morts", hier sind wir bereits tot, interpretieren Guenatri/Lafer/Moussaoui et al. die *harga* als eine krypto-politische Praxis der Dissidenz und des Exzesses, wie sie es nennen (ebd.: 150/151). Eine solche Sicht soll einen aber nicht dazu verleiten, die Praxis der *harga* auf das Überschreiten einer Grenze ohne

194 | Meine Übersetzung der französischen Untertitel.

195 | Unter den Gesprächspartnern befanden sich Kandidaten der Abreise und solche, die oft bereits mehrere missglückte Versuche des Durchbrennens hinter sich hatten.

Pass und Visum zu reduzieren. Denn auch wenn diese Form der Reise Regelverstoß und Gesetzesbruch impliziert und insofern einen Einschnitt markiert, als die Identität und damit sozial und symbolisch gesehen auch das vorherige Leben aufgegeben bzw. neu zur Disposition gestellt wird, so ist sie doch auch Suche und Aufbruch. Die Geschichte der eigenen Person wird verwischt und gegenüber den trans- und postnationalen Akteur*innen der Regierung und der Kontrolle der Migration möglichst undurchschaubar gemacht – zugunsten einer Potenzialität. Diese Öffnung als virtuelle Mannigkfaltigkeit und das Durchstreichen eingetragener familialer Genealogien scheint mir der Idee der „homelessness" verwandt, wie sie Stefano Harney und Fred Moten als einen jenseits von Metaphorisierung oder Idealisierung gelegenen „state of dispossession that we seek and that we embrace" charakterisieren (Jack Halberstam in: Harney/Moten 2013: 11) sowie als Wechselspiel der Verweigerung dessen, was einem verwehrt worden ist („interplay of the refusal of what has been refused", ebd.: 96). Folgt man dieser Überlegung, so lässt sich die Frage stellen, ob der *harga* nicht sogar die *traversée* selbst aberkannt worden ist, insofern der Idee der Überquerung oder der Durchquerung Reste von Transgressivität eignen. Die *traversée* quer schneiden. Einem oder einer *harrag* zu begegnen, heißt, jemandem zu begegnen, die oder der bereit ist, alles zu verlieren, was sie oder er bis zu diesem Moment – jetzt – war oder sich aufgebaut hat. Wie die Unbehaustheit und Obdachlosigkeit richtet sich die *harga* gegen jede Form des possessiven Individualismus.

„Homelessness is hard, no doubt about it. But, home is harder. And it's harder on you, and it's harder on every-god-damn-body else too." (Harney & Moten 2013: 140)

Weil:

„Fuck a home in this world if you think you have one." (Ebd.)

Auch die *harga* artikuliert ein solches *Scheiß drauf!* – Anders als bei Tariq Ibn Ziyad handelt es sich bei der Flucht nach vorn der *harraga* jedoch keinesfalls um eine Landnahme. Vielmehr betrifft die Absage an das, was versagt worden ist bei der *harga* den Status als Minderheit, die, wie Arjun Appadurai (2009) herausgearbeitet hat, eine historische Erfindung ist, die mit der Vorstellung von Nationen, definierten, registrierten und in abgestuften Repräsentationsverhältnissen angeordneten Bevölkerungsgruppen verknüpft ist. Minderheiten entstehen nach Appadurai als Produkt politischer Zuschreibungen durch Instrumente wie Statistik, Volkszählung oder Bevölkerungskarten (ebd.: 66, 56).[196] Im Gegensatz dazu fliehen die *harraga*

196 | Appadurais Arbeit, die den veränderten Status des Verhältnisses zwischen Minderheit und Mehrheit in Zeiten der Globalisierung (inklusive ihrer sprunghaften Verwandlungen) befragt, unterscheidet zwischen den prozeduralen Minderheiten, die ausschließlich auf Meinungen beruhen würden (Minderheiten wie sie die klassische liberale Theorie konzipiert) und substantiellen Minderheiten, die kulturelle und soziale, dauerhafte Min-

die soziale und demographische Kategorie der Minderheit, die sie (in der so genannten Herkunftsgesellschaft) waren und die sie (in der so genannten Ankunftsgesellschaft) werden würden. Und indem sie entkommen, fordern sie auch „die Grenzen der politischen Menschheit" (Appadurai 2009: 56) heraus. Während allerdings bei Appadurai Minderheits- und Mehrheitsverhältnisse numerisch bestimmt werden – als „fear of small numbers", als Angst vor zahlenmässig kleinen Minderheiten und deren Macht –, wird der Begriff der Minorität bzw. des Minoritär-Werdens bei Deleuze/Guattari ganz anders aufgeladen.[197] Hier ist die Eigenheit der Minderheit niemals ein Zustand, sondern ein Prozess, der darin besteht, die Macht des Nicht-Zählbaren zur Geltung zu bringen – und zwar auch dann, wenn sie nur aus einem einzigen Mitglied besteht (Deleuze/Guattari 1992: 652). „Das ist die Formel der Mannigfaltigkeiten. Minderheit als universelle Gestalt oder als Jedermann-Werden." (Ebd.) Eine so konzipierte Minderheit entspricht dem *fuck* der *harga*: Die Zurückweisung von Herkunft und Ankunft beim Gehen, beim Suchen nach dem Weiten. Wie ein *harrag* im Gespräch formulierte:

„Ich bin nicht gekommen, um zu essen und zu schlafen. Ich bin gekommen auf der Suche nach meinem Leben, weil es viele Dinge gibt, die mir fehlen."[198]

---

derheiten seien. Dabei stellt er heraus, dass seit 1945 und der Kodifizierung der Menschenrechte eine „theoretisch unbedachte, wenn nicht gar unvorhergesehene Verschiebung der normativen Wertschätzung von prozeduralen und temporären auf substantielle Minderheiten" (Appadurai 2009: 81) stattgefunden habe. Die von Appadurai im Kontext der Kräfte der Globalisierung getroffene Unterscheidung vertebraler und zellularer Systeme (etwa Systeme der Nationalstaaten kontra globale Terrornetzwerke) ist - auch in ihren biologischen Analogien - recht verwandt mit der Baum- und Rhizomstruktur bei Deleuze/Guattari. Appadurai konstatiert eine „Zirkulationskrise", die sich durch die Entkoppelung der verschiedenen Ströme von Bildern, Gütern, Menschen, Reichtümern ergeben habe. Sie sei der Hintergrund, vor dem sich heute Konflikte zwischen vertebralen und zellularen Formen abspielen würden (ebd.: 44-45).

197 | Nochmals anders als bei Appadurai und bei Deleuze/Guattari bestimmt sich die Minderheit bei Bhabha. Er benutzt den Begriff der Minderheit nicht als Pendant zur Mehrheit im Sinne der Macht der Mehrheit im politischen System einer repräsentativen Demokratie, sondern als eine Minderheitendifferenz, die, auf den Dritten Raum bezogen, *alle* Subjekte durchzieht.

In diesem Zusammenhang sei zudem mit Guenatri/Lafer/Moussaoui et al. darauf hingewiesen, dass die Zahl der legalen Mobilität, etwa von Studierenden nach Europa diejenige der *harga* um ein Weites übersteigt (2008: 151). Für das Jahr 2010 verweisen diese Autor*innen auf von 160.000 Algerier*innen mit einem Schengen Visum. Im Kontrast dazu argumentiert wiederum Salim Chena (2009), dass die *harga* alle soziale Schichten durchziehe und definiert das Phänomen als „expression de la nation algérienne exilée", als Ausdruck einer exilierten algerischen Nation. Zudem führt er eine im Jahr 2008 in *Liberté* veröffentlichte Statistik an, die zeige, dass die Hälfte aller Algerier*innen versucht sei, das Land zu verlassen und anderswo eine Zukunft zu suchen. - Wer der *harga* mit Zählen beizukommen versucht, bekommt in jedem Fall Schwierigkeiten.

198 | Meine Übersetzung aus meiner Gesprächstranskription im September 2013.

Im Gespräch mit den *harraga* in Österreich, von denen die meisten bereits seit mehr als sechs Jahren in Europa unterwegs waren, habe ich begriffen, dass dieses Ausschau halten keineswegs mit der physischen Ankunft auf dem europäischen Kontinent endet. Vielmehr ist die *harga* eine Lebensweise auf der Suche und im Gehen, die mittlerweile in Europa angekommen ist.[199] Hier wird sie vor allem durch das System von Abschiebung und Freiheitsentzug, das „système carcéral" mit Administrativhaft und Gefängnisstrafen, herausgefordert, da die meisten *harraga* innerhalb von Schengen nicht nur Aufenthaltsrechte verletzen, sondern in Folge ihrer kleinkriminellen Beschäftigungen auch oft straffällig werden.[200] – Die *harga* ist eine Existenzform auf einer sich ausdehnenden Grenze. Das ist die Fluchtlinie der *harraga* und die Bedeutung von „ceux qui brûlent la distance", jenen, die die Distanz verbrennen. Die *harga* ist eine Linie, die sich fortschreibt, indem sie sich fortgesetzt sich selber widersetzt und somit beständig die Richtung wechselt, und sich gegenüber einem potenziellen Neuanfang öffnet. Daher gelingt es ihr, selbst die Überquerung des Meeres quer zu schneiden. Von irgendwo oder nirgendwo nach irgendwo und nirgendwo, „überall und nirgends, niemals und im Kommen, von etwas und von nichts" (Harney/Moten 2016: 112).

Das Meer filmen II: Handyfilme auf offener See

Sich auf die Fluchtlinie der *harraga* zu setzen, verstanden als eine verkörperte soziale und ästhetische Erfahrung, die sich eher in Assemblagen von Singularitäten materialisiert als in Subjekten oder Individuen, erfordert eine andere Empirie als jene klassisch soziologische, die – auch wenn sie nicht zählt – danach fragt, wer die *harraga* sind und letztlich auf die Darstellung sozialer Differenzierungen und kultureller Milieus abstellt. Eine solche andere Empirie bedarf der Affektik der *harga*. Sie zielt auf fortgesetzte Individuationen sowie auf die Multiplizität konnektiver und immanenter Praktiken und keinesfalls auf die Erfahrung der *harga* als eines Besitzstandes einer individualisierten Subjektform. In der Affektik geht es nicht mehr um eine hermeneutische Subjektivität oder darum, die Bedeutung der Erfahrung von *harraga* als eine sozial konstituierte Entität zu verhandeln. Das, was in der Affektik als Erfahrung gilt, muss als kontinuierlich begriffen werden – und das heißt als etwas, das unterschiedlichen Dingen und Personen gemein ist. In der Affektik geht die Erfahrung durch unterschiedliche Dinge und Personen hindurch und erweist sich als genauso distribuiert wie der Sinn des Sinnes und seiner Verbindung zur Sinneswahrnehmung. Unterschiedlich sind dann weniger die Erfahrungen selbst als

199 | Genauso wenig wie die *harga* selbst macht auch die Frage nach dem Zusammenhang zu den Selbstverbrennungen Halt an der Schengener Grenze. Die *taz* vom 19.04.2015 berichtet: „Im niedersächsischen Lingen hat sich ein 36-jähriger Asylbewerber aus Marokko kurz vor seiner bevorstehenden Abschiebung auf offener Straße selbst angezündet."

200 | Siehe hierzu auch Mennel/Mokre 2015.

vielmehr die materiell-semiotisch verstandenen Weisen, in denen unterschiedliche Akteur*innen in eine Erfahrung eintreten und diese möglicherweise zu ‚ihrer' zu machen versuchen.[201] Im Kontext der oben beschriebenen offenen audio-visuellen Gefüge von Migration, Flucht und Exil auf *YouTube* nimmt die Empirie der Affektik die *harraga* deshalb keinesfalls als eine Proliferation individueller Erfahrungsartikulationen wahr, wie sie etwa von *reality TV*, Autobiographien oder psychotherapeutischen Annäherungen bekannt sind. Auch wenn sie weiterhin an das Symbolische gebunden ist und sich auch durch Interpretation konstituiert, so realisiert sich die verkörperte Erfahrung der *harraga* als Materialisierung in affektischen Gefügen – und das heißt jenseits der Diskursivität als unmittelbare Gestaltung und Umgestaltung der durchlöcherten Welten der Migration. Hierin taucht ein bemerkenswertes filmisches Format auf: mit Handys aufgezeichnete Videos, meist von einer Länge zwischen einer und sieben Minuten, mitten auf offener See gefilmt, während einer Reise, die, wenn es gut läuft, zwischen fünfzehn und zwanzig Stunden dauert, im Boot, Richtung nördliches Mittelmeerufer, zusammen mit anderen *harraga*.[202] Manchmal mit O-Ton, manchmal stumm, manchmal mit einem der zahlreichen *harraga*-Ohrwürmer vertont oder sogar geloopt, zeigen diese Filme fast immer dasselbe: Sie inszenieren den Motor des Schiffes, die im Boot gereihten Benzinkanister, das GPS und die „boussole", den Kompass – „moteur et GPS", singt der Rapper Azzou, der „risque" (Wagnis) auf „triste" (trübselig) reimt.[203] Dann folgen Schwenks in die Runde, portraitartige Aufnahmen der mitreisenden Passagiere, Schwenks über ihre Gesichter, der Steuermann wird vorgestellt, Siegerposen. Ein Koran wird vor der Kamera präsentiert oder die neuesten Sneakers von adidas, Selbstermächtigung und Zusammenhalt. – In einigen Filmen wird gesungen und diskutiert, man reicht die Wasserflasche in der Runde weiter, macht eine Pause und füllt Benzin nach, stärkt sich mit Datteln oder Bananen und reißt dabei Witze über *Y'a bon Banania*[204] und die zu erwartende Zukunft in Almería. In einem der Videos rasiert ein *harrag* einen anderen. Im Verhältnis zum behaupteten *gendering* dieser Migrationsroute sieht und hört man erstaunlich viele junge Frauen in diesen Clips; man filmt von einem Boot aus die anderen Boote des kleinen Konvois, in dem man unterwegs ist. Das Wasser, die Sonne, manchmal springende Delphine, manchmal Schwärme beängstigend großer Fische, die das tief liegende Boot auf seiner Fahrt begleiten. – Seit

201 | Vgl. hierzu auch den Begriff der „continuous experience" bei Stephenson/Papadopoulos 2006, insbes. 162-167.

202 | Die berücksichtigten Quellen hierzu sind im Appendix aufgeführt.

203 | Siehe https://www.youtube.com/watch?v=3Xfv7MgWEaU#t=25 [zuletzt gesehen am 09.05.2017].

204 | „Banania" ist die Marke eines französischen Kakao-Bananen-Getränks, das seit 1914 weltweit vertrieben wird. Seit 1915, im Kontext des Ersten Weltkrieges, wirbt die Marke mit dem stereotypen Bild eines lachenden *tirailleur sénégalais* sowie ab 1917 mit dem ihm zugeordneten Spruch in akzentuiertem Französisch „Y'a bon". Der überaus bekannte, oft zitierte und abgewandelte Slogan der Marke blieb bestehen, bis er in den 1970er Jahren vermehrt in den Fokus einer antirassistischen Kritik geriet.

ich ab 2008 damit begonnen habe, diese Videoproduktion auf *YouTube* zu verfolgen, hat sich die Handytechnik entwickelt; es ist möglich und erschwinglich geworden, höher auflösende Videos zu drehen. Die Kameraoptiken und die Sensoren haben sich verbessert und auf den Booten wird nun auch oft Musik vom Handy abgespielt, man kommuniziert bereits an Bord und im antizipierten *YouTube*-Film mit *harraga* als einem Gefüge der Migration. Im Film aktualisiert man sich als zur Affektik der *harga* zugehörig. Man toastet auf dem Boot, eine*r um die andere* kriegt ihren oder seinen Einsatz wie zu einem Solo; das Boot wird explizit zur Bühne – und nicht selten werden *harraga*-Songs gesungen, wie man sie etwa aus der Fankurve der *Khadra*, der algerischen Fussballnationalmannschaft kennt...

Mitten auf dem Meer, das Deleuze/Guattari als ein Archetyp des glatten Raumes, als glatter Raum *par excellence* gilt (1992: 663ff.).[205] Ohne Grenzen, ohne vorgegebene Bezugspunkte, heterogen, ohne Kerbung und ohne Löcher – in diesem Mitten-Sein ist die *harga* keine *traversée*, sondern als würde man den Atem anhalten. Eine Fermate. Deleuze/Guattari beschreiben den glatten Raum als Raum, der von Intensitäten, Winden und Geräuschen besetzt sei, von taktilen und klanglichen Kräften und Qualitäten eingenommen, die eher der Materialität erwachsen als der Form (ebd.: 664). Der glatte Raum hat kein Zentrum, keine vorgegebenen Bezugspunkte, und

205 | In seiner Kinovorlesung von 1982/83 setzt Deleuze den glatten Raum des Meeres zudem ins Verhältnis zu einem, wie er sagt, „maritimen Ursprung des Proletariats“: „Et la perception sur l'eau et dans l'eau est dotée d'un pouvoir de ‚vérité‘ dont la perception sur terre est comme dénuée. Sur la terre il y a les ‚attaches‘ c'est à dire les variations limitées c'est à dire il y a toujours un centre privilégié qui tend à être immobile ou immobilisé. Tandis que *l'eau c'est un lieu où le centre devient mobile*, à la limite s'annule, se défait et se refait ailleurs etc. ect., où les attaches se brisent. Vous trouvez ça constamment.“ (H.d.A.) / „Auf dem Meer und im Meer ist die Wahrnehmung mit der Kraft einer ‚Wahrheit‘ ausgestattet, derer sie als Wahrnehmung an Land entbehrt. An Land gibt es Bindungen, ein Angebunden-Sein, also begrenzte Abweichungen, das heißt, es gibt immer ein privilegiertes Zentrum, das danach strebt, immobil zu sein oder immobilisiert. *Wohingegen das Wasser ein Ort ist, an dem das Zentrum mobil wird*, oder sich im äußersten Fall außer Kraft setzt, sich auflöst oder woanders neu bildet etc. etc., wo die Bindungen reißen. Man findet das ständig.“ (Ü.d.A., H.d.A.) Als Beispiel für diese Qualitäten des Meeres führt Deleuze die Filmemacher Jean Vigo und Jean Grémillon an, wobei letzterer als Kommunist von bloß einem Satz von Marx gelebt habe, so Deleuze, nämlich, dass das Proletariat grundlegend vom Land („terre“) getrennt sei, „la terre est fondamentalement la chose des classes dominantes, mais le prolo lui, son affaire c'est l'eau. Même sur la terre il reconstitue -, le travail, pour Grémillon c'est très frappant, le travail reconstitue fondamentalement sur la terre un élément aquatique.“ / „das Land ist grundsätzlich die Sache der herrschenden Klasse, aber der Prolo, sein Element ist das Meer. Sogar auf dem Land geht es ihm um die Wiederherstellung - für Grémillon ist Arbeit - und das ist überaus frappierend -, für ihn ist grundlegend, dass die Arbeit auf der Erde und an Land ein aquatisches Element wieder herstellt.“ (Ü.d.A.) (Deleuze 1882/83: 28- 11/01/83 - 2) Vgl. zur Frage eines solchen „il n'y a plus de terre“, es gibt kein Land mehr, auch das zweite Kapitel in den Absätzen „Wie in anderen Filmen...“.

daher kennt er keine Distanzen. Mitten im Intervall, in dieser Zone des Affekts (vgl. zum Affektbild auch das erste Kapitel), in diesem Indeterminationszentrum, das zu einer Art affektischen Substanz wird, mit denen die Handyclips anfangen und enden: mitten drin, inmitten unseres Meeres, das wir durchschwimmen. Immer schon zwischen Abfahrt und Ankunft zeigen diese Handyfilme Feste, Feiern, *sessions* und Improvisationen im aufgerissenen Horizont. Man breitet sich aus, man verteilt sich. Nicht-topographische, sondern Nachbarschaftsbeziehungen; es geht hier um die kleinen Kontakte. Ohne Dramaturgie, Handlung, *storyline* oder Ende sind diese Clips vielleicht so etwas wie Cliffhanger, denen alle Akte und Entwicklungen abhanden gekommen sind. Genauso sehr Lücke wie Verbindung, tun sie vor allem Aufschub, Spannung, Schwebe, Situation auf. Entsprechend beginnen und enden die meisten dieser *harraga*-Handyvideos wie das, was man vom Meer aus sieht: die offene See. „*Harraga* bedeutet, dass man immer ohne Lösung bleibt", sagte einer meiner Gesprächspartner in Wien.[206] Keine Ankunft, keine Registrierung oder Integration, kein Film-Kanal, kein erneutes Bemessen der Strecke zwischen einem Punkt der Herkunft (Emigration) und einem Punkt der Ankunft (Immigration). Diese *harga*-Handyfilme lassen all diese Punkte hinter sich zurück auf offener See. Hier findet keine Überquerung statt, sondern eine Bahnung, eine Irrlinie, ein Vektor – plötzlich und aus der Mitte des Meeres aufgerissene Direktionalität. Ein Blitz, abgezogen aus der 360°-Ebenmäßigkeit des Horizonts. Die Beziehung zwischen Punkt und Linie hat sich umgekehrt; jeder Punkt wird hier auf einer Linie mitgezogen. Die *harga* ist ein Punkt, der immer zwischen zwei (Küsten-)Linien liegt und sich von dort aus weitet. Deshalb sind die Handyfilme nicht finalisiert, sondern inmitten eines beliebigen Raumes, der Affekte für sich selbst auszudrücken vermag und so zum puren Raum des Möglichen wird.[207] Auch wenn die Handykameras orientiert werden und die Boote Kurs nehmen, eine Richtung einschlagen, sind sie doch immer nach wie vor zwischen Abfahrt und Ankunft, über und unter dem Radar von Frontex oder anderen Kontrollagenturen segelnd, intensive Fahrten, windig, laut, und sie rappen.[208]

206 | Meine Übersetzung aus meiner Gesprächstranskription im September 2013.

207 | Vgl. zum beliebigen Raum Deleuze 1997, Bd. 1: 152-153 sowie die Fußnote 23.

208 | Die Praxis, mit *grisgris* die Schiffe auf dem Radar von Frontex zum Verschwinden zu bringen, beschrieb ein mit mir bekannter Fischer, der mehrfach mit dem Boot nach den Kanaren gefahren und wieder abgeschoben worden war, in Dakar am 13. Dezember 2013 im Gespräch folgendermaßen: „Wenn du dorthin gehst, dann hast du keinen Ring, keine Uhr, kein Telefon mehr, es wird alles sauber gemacht, alles lässt du zurück. So fährst du dann los. Es gibt kein Licht, kein Licht ... Wenn du einen besuchst, dann macht er dir – es sind Seher, sie sagen dir, was morgen passieren wird oder was in fünf Jahren passieren wird. [...] Oder ein mara [Marabout] sagt dir, dass du heute nicht losfahren sollst, sonst wirst du nichts haben, sondern nur alles verlieren, aber ab dem morgigen Tag würdest du viele Fische fangen. Du müsstest aber dieses und jenes Opfer erbringen, und so und so viel bezahlen. Sie haben etwas, man nennt es... eine Gabe Gottes. Für die Pirogen geben sie dir die *grisgris*, mit denen man Frontex täuscht. Frontex, das sind die Kontrolleure, aber sie werden dich nicht einmal sehen. Du wirst ihnen entkommen. Sie werden zwar in

Das GPS, *Global Positioning System* mag zwar auf Direktion Europa gerichtet sein, es kann sich aber trotzdem plötzlich inmitten von „Italia Italiaaaaa…" die Richtung ändern, wie in *Gabbla* (Dans les terres, Inland) von Tariq Teguia (Algerien 2008), wo der Landvermessungsingenieur im Bergland von Daïa sich forttragen lässt von der nomadischen Linie der schwarzen Frau auf dem Weg nach Europa, die ihn Richtung Südosten, durch die Wüste und diagonal zur algerisch-malischen Grenze zieht… Inmitten von hier aus weiter, fortgesetzt oder abgewendet. Als fortgesetzter Wirbel die Straße von Gibraltar ausfüllen statt durchqueren. Auch wenn diese Vektorlinien dort, wo die *harga*-Handyfilme auf dem Meer eine Spanne besetzen, einen *écart* ausfüllen – *fuck!* –, nicht kontinuierlich verlaufen, so lautet ihr Ziel doch ganz klar: die Schengener Grenze verbrennen – und zwar immer dort, wo sie sich aufrichtet. Wenn die *harraga* die Distanz verbrennen, die einen Abstand, einen messbaren Zwischenraum, eine Strecke generiert, dann ist dies – und insbesondere im Zuge der Deterritorialisierung und Digitalisierung der Grenze – nicht einfach eine Frage der Topographie oder der Geographie, sondern der Zeit und der Intensität. Im Insistieren auf der offenen See werden Entfernungen und Maßeinheiten relativ. Die *harraga*, die das Narrativ der Identität verbrennen, machen ihre Körper auf hoher See zu einer virtuellen Gegenwart – zu einem Segel, in das unterschiedliche Zeiten hineinfahren wie der Wind. Wie Attraktoren bieten sich die *harraga* in diesen Handyfilmen wieder und wieder der maschinischen Diskursivität der Kamera an. Sie haben die Idee eines souveränen Steuerungssubjektes verbrannt. Es ist eine absolute Deterrorialisierung,

---

die Zone des Lärms eintreten, aber sie werden das Boot nicht ausfindig machen können, sie werden es nicht orten können. Nein, das *grisgris* wird ihre Maschine verfälschen. Es verzerrt ihre Maschine. Die Maschine wird zwar den Lärm anzeigen, sie wird sehen, dass da ein Motor ist, aber sie werden keine Verbindung dazu herstellen können. Nun, sie werden sich sicher sein, dass sich in diesem und jenem Bereich ein Boot mit einem eingeschalteten Motor befindet, aber sie werden nicht wissen, ob es hier oder da ist. Und da das Meer groß ist, werden sie das Boot nicht lokalisieren. Aber sobald die *grisgris* entfernt werden, sobald du ankommst, werden sie dich sehen, sie werden das Boot sehen, aber so lange die *grisgris* an der Piroge festgemacht sind, werden sie die Piroge nicht sehen. Das *grisgris* wird aus einer schwarzen Katze gemacht, eine wie die, die vorhin dort lag [zeigt auf die Stelle]. […] Die Marabouts machen die *grisgris* aus der Haut von schwarzen Katzen oder Ziegen und legen die Opfer dahinein […] So ist das." (Meine Übersetzung aus meiner Gesprächstranskription)

Auch wenn einige der von mir gesichteten Handyfilme in ihrer Betitelung auf *YouTube* immer wieder auf die Orte der Abfahrt und der Ankunft verweisen, so etwa „départ jouanou ville - l'arrivée sardinya"/„Abfahrt Jouanou ville - Ankunft auf Sardinien" (Jouanouville ist eine Industriezone bei der Mündung des Oued Seybouse in Annaba), so kommen Landungen in den Aufnahmen, die ich visioniert habe, doch ganz selten vor; und rar sind auch Bilder einer Rettung auf hoher See, etwa durch die „guardia costa", das Rote Kreuz, welches Decken verteilt, oder durch ein größeres Fischerboot. Wenn die *YouTuberin* wie ich mit einem Clip in Europa ankommt, dann befindet sie sich meist bereits in einer Lager-Unterkunft - oder auf dem Weg vom Lager oder Hotspot aus weiter, tiefer nach Europa hinein.

die von diesen Handyfilmen ausgedrückt wird: *Harraga* bedeutet, sich gleichermaßen zum Geschoß machen wie schießen. *Harrag*-Sein ist eine Frage der absoluten Geschwindigkeit.

POLITIK DER UNWAHRNEHMBARKEIT

Es ist keineswegs so, dass die *harraga* sich dem öffentlichen Blick entziehen, sondern im Gegenteil erheben sie sogar Anspruch auf ihn. Sie sind nicht klandestin, verfolgen zugleich aber mit der Produktion und Distribution ihrer Handyfilme, sowie deren Vertonung und Weiterverarbeitung eine „Politik der Unwahrnehmbarkeit", die Elizabeth Grosz als Gegenteil zu Identitätspolitik und Politiken der Anerkennung bestimmt (Grosz 2002): „It is not a politics of visibility, of recognition and of self-validation, but a process of self-marking that constitutes oneself in the very model of that which oppresses and opposes the subject. The imperceptible is that which the inhuman musters, that which the human can sometimes liberate from its own orbit but not control or name as its own." (Ebd.: 471) Auch Papadopoulos/Stephenson/Tsianos sprechen von „impercetible politics" (2008: 71ff.). Und bei ihnen stehen diese Politiken ebenfalls im Kontrast zu den Identitäts-, Mikro- und kulturellen Politiken der Neuen Sozialen Bewegungen. Als Alltagspraxen und als Überschuss von Subjektivität charakterisiert kennzeichnen sie jene Momente, die über die herrschenden Mechanismen von Kontrolle und Einhegung im souveränistischen Doppel-R-Grundsatz von Rechten und Repräsentation hinaus gehen oder dazwischen hindurch gleiten (ebd.: 14). Dabei binden die Autor*innen die Unwahrnehmbarkeit ausdrücklich an eine immer historische und sozial situierte eigene Wahrnehmungsschwelle: „New tools of subversion are emerging, but they have not crystallized, they are ungraspable. This describes our encounter with imperceptible politics; [...]. Situated in the present historical regime of control, imperceptible politics involves *remaking the present by remaking our bodies*: the ways we perceive, feel, act." (ebd.: 73). Insofern die Politik der Unwahrnehmbarkeit gegenwärtig ist, ist auch die Unwahrnehmbarkeit selbst jetzig – etwa jene dieser *harraga*-Handyfilme, die weder bloß filmisch oder medial ist, noch sich einfach als eine Frage der Bildauflösung oder anderer klanglich-optischer Kalibrierungen der so genannt vorgefundenen Wirklichkeit stellt. Wie alle, wie irgendjemand sein. Dass die Bild- und Tonsequenzen der *harraga*-Handyfilme kein anderes Bild abwerfen und auch kein Bild des Anderen, ist ihre Politizität. Die Politik der Unwahrnehmbarkeit begegnet ihr nicht mittels Repräsentation, sondern mittels der Empirie der Affektik.[209]

---

209 | Papadopoulos/Stephenson/Tsianos bestimmen die Politik der Unwahrnehmbarkeit als genuin empirisch. Sie widerstrebe der Theoretisierung, weise aber drei charakteristische Dimensionen auf: Gegenstandslosigkeit („The object of its political practice is its own practices. In this sense, imperceptible politics is non-intentional [...]." (2008: 76)), Gesamtheit (Politiken der Unwahrnehmbarkeit adressieren die Gesamtheit eines

Die Aufnahmen der *harraga*-Handyclips sind Teil der ubiquitären Bildschirme und der nahezu allgegenwärtigen bewegten Bilder, etwa eines exzessiven *streams* wie auf der Videoplattform *YouTube*, wo die Unterscheidung zwischen signifikanten und nicht-signifikanten registrierten Momenten oft verschwimmt. Und überhaupt verschwimmt hier die Wahrnehmung einer Differenz zwischen dem Realen und seiner Aufzeichnung, welche doch während einer langen Zeit als grundlegend für die Idee der Dokumentation galt. Was wir das reale Leben nennen könnten, ist selbst so überaus verbildlicht und verbildschirmt, dass sich die Frage stellt, ob sich die, für die *film studies* so zentrale Kategorie der „nichtfilmischen" oder „vorfilmischen" Realität überhaupt noch aufrechterhalten lässt (Hohenberger 1988: 33).[210] Die *Cliffhanger-harraga*-Handyfilme sind Quasi-Dokumentationen ihres eigenen Filmemachens; sie zeigen und sagen für sich selbst genommen nichts Besonderes – außer sich selbst.[211] Die tausendste gefilmte Welle, die gleichermaßen Ort der Passage wie des

existierenden Kräftefeldes. Sie sind zugleich molar wie molekular, denn als lokal situierte Handlungen richten sie sich an die gesamte Ordnung der Kontrolle in einem bestimmten Bereich. „Imperceptible politics is located at the heart of a field of power and at the same time it opens a way to move outside this field by forcing the transformation of all this elements which are constitutive of this field." (Ebd.)) und Vertrauen („Imperceptible politics is driven by trust in something which seems to be absent from a parti-cular situation. Imperceptible politics operates around a void, and it is exactly the conversion of this void into everyday politics that becomes the vital force for imperceptible politics." (Ebd.: 77)) Anders als die Autor*innen, die der Empirie der Politiken der Unwahrnehmbarkeit auch einen „fictional and imaginary character" (ebd.: 81) zur Seite stellen, beziehe ich mich mit der Affektik auf das Wechselspiel und die Univozität von Virtuellem und Aktuellem, die beide vollkommen real sind.

210 | Ausführlicher zu den Kategorien der „nichtfilmischen" oder „vorfilmischen" Realität siehe auch das erste Kapitel in den Absätzen „Saeed und Abdelfattah" sowie „Sich an den Platz eines Anderen stellen - *speaking nearby* - gescheiterte Komplizenschaft". Zum Komplex filmische und außer- oder nichtfilmische Realität schreibt Hohenberger einige wichtige Sätze, deren Konsequenz sie an der Stelle leider nicht weiter auslotet. „Es scheint eine grundlegende Verschiebung stattzufinden im Verhältnis von Film- und Realgeschichte, die sich darin zeigt, dass der Film das Reale zu seinen auf den Film hin lediglich noch reaktiven Inszenierungen erweckt. [...] Das Verhältnis von Realem und Abbild verkehrt sich also: War einst das Reale Garant dafür, dass es ein Bild geben konnte, so bestätigt heute das Bild, dass das Reale überhaupt noch existiert. Wo keine Kamera steht, ereignet sich auch nichts mehr." (Hohenberger 1988: 32-33) Siehe zum Thema „Sichtbarkeit" im digitalen Zeitalter auch Steyerl/Poitras (2015).

211 | Wenn die Bildproduktion schlicht dazu dient, die Präsenz des oder der Filmenden zu markieren bzw. deren oder dessen körperliche Präsenz filmisch zu erweitern, dann habe dies eine zutiefst lokale Bedeutung, die nicht über den Moment der Produktion und der daran Beteiligten hinauszureichen vermöge, so Helen Grace, die im Zusammenhang mit solchen Amateur-Filmpraxen von einer „non-communicability of the image" spricht (Grace 2007: 470). Vergegenwärtigt man sich hingegen die Zahlen der Aufrufe der *harraga*-Handyclips, so scheinen mir Zweifel darüber geboten, ob die *harraga*-Handyfilme tatsächlich so wenig über den Augenblick der Produktion hinaus zu kommunizieren vermögen.

Verschwindens der *harraga* sein kann, der stolz vorgeführte zigste *Yamaha*-Außenbordmotor, von dem sich hoffen lässt, dass er nicht ausgefallen sein wird. Eher als das von der Kamera Eingefangene, ist es der Akt des Aufnehmens, welcher das Vorhandene zutage zu fördern und seine Gegenwart hier an meinem Schreibtisch oder in diesem Buch ins Dasein zu bringen scheint: Weniger ein dokumentiertes Ereignis also, als der öffentliche Akt des audiovisuellen Aufzeichnens, das Filmen selbst als das Verzeichnen eines affektiven Einsatzes, eines Ausdrucksmoments, eines puren Potenzials. Die Kamera, das Filmen werden zum Ereignisort der Virtualität.

KAPILLARE UND ZIELSUCHKÖPFE[212]

Sich auf *YouTube* in den Links und Strömen zwischen diesen Clips schauend zu verlieren, heißt, zwischen den scheinbaren Gegensätzen von Sichtbarkeit und Unsichtbarkeit hindurchzugehen und die Wahrnehmung jenseits des von der Optik des Sehsinns hergeleiteten Okularzentrismus (samt seinem notorischen komplementären Gegenspieler, dem blinden Seher) zu schärfen.[213] Diese Handyfilme als in sich vibrierende Vektoren oder Irr-Linien zu sehen, unterläuft die Unterscheidung zwischen *champ* und *hors-champ*. Zutreffender wäre es allerdings zu sagen, dass sie die Gewissheiten dieser voneinander geschiedenen Felder durchstechen, punktieren und so Kontakt-Punkte zwischen den beiden entstehen lassen, die eine Öffnung in die Welt, in der wir leben, schlagen. Sie segeln elegant über den Abgrund, das Chaos und die Inkommensurabilität, den zentrifugalen Sog, der vom schwarzen Loch ausgeht, vom alles verschlingenden Pol, hinweg und durch ihn hindurch. Sie gleiten über die Oberfläche der vollkommenen Sichtbarkeit der flachen weißen Wand, die sich aufwölbt unter ihrem Boot. Als Diagonalen sind sie sowohl der Horizontale wie

212 | Die Zielsuchköpfe heißen im Original bei Deleuze/Guattari „têtes chercheuses" (1980: 232).

213 | Bei der Unwahrnehmbarkeit geht es um relative Wahrnehmungsschwellen, sowohl in optischer als auch kategorischer Hinsicht (die Ununterscheidbarkeit, Unerreichbarkeit und Unteilbarkeit des Einen/Realen betreffend) als auch in psychischer/selbstreflexiver (Unpersönlichkeit). Insgesamt bezeichnet das Konzept der Unwahrnehmbarkeit bei Deleuze/Guattari die Tendenz des Werdens zu anorganischen, asubjektiven und asignifikanten Formen des Lebens – eine Tendenz, die von polizeilichen und staatlichen Agenten ständig unterlaufen wird. Als politischer Einsatz, ist die Unwahrnehmbarkeit (in Französisch „indiscernabilité" oder „imperceptibilité"), wie ich denke, wesentlich mit der Bewegung, die als solche nicht wahrnehmbar ist, verbunden, das heißt mit Verhältnissen von Langsamkeit, Schnelligkeit und Affekten. Das Unwahrnehmbare sei das *percipiendum*, schreiben Deleuze/Guattari. „Es ist der Organisations- und Entwicklungsplan, der Transzendenzplan, der etwas Wahrzunehmendes darstellt, ohne selbst wahrgenommen zu werden, ohne wahrgenommen werden zu können. Aber auf der anderen Ebene, der Immanenz- und Konsistenzebene, ist es das Kompositionsprinzip selber, das wahrgenommen werden muss, das nicht umhin kann, wahrgenommen zu werden, und zwar gleichzeitig mit dem, was es kombiniert oder ergibt." (Deleuze/Guattari 1992: 383)

der Vertikale untergeordnet, so dass sie immer sowohl unterminieren wie herausragen, nach oben und nach unten sticheln. Je länger und hartnäckiger sie auf ihrem Kurs insistieren, je tiefer ins europäische Territorium hinein die *harraga* die Grenze tragen, desto mehr bilden sich Kapillare, lang gestreckte minimale Hohlräume, filigrane Verkabelungsnetze, dünnste Verbindungskanäle, Fadennetze von kleinen Kontakten, feinst verästelte Vektorräume von Handys und kleinen Booten, welche die Sicht modulieren. Und wie bei Flüssigkeiten in haarlinienförmigen Röhrchen gibt es auch hier einen Effekt der Kapillarität.[214] Im Sehen steigt aus den Kapillaren das Bild eines Kaps hoch. Unscharf noch, zusammengesetzt vielleicht aus den vielheitlichen Vorsprüngen, von denen aus die *harraga* Europa in ein Archipel verwandeln, eine Inselwelt mit Eiländern, Holmen und Gewässern, die sich dazwischen hinziehen. Denn wie ihre Handyfilme so sind auch die *harraga* selbst „Zielsuchköpfe", die den Despotismus der Visualität (Mirzoeff 2011) ebenso sehr durchbohren wie jenen der *visibility* und der „disappearance of disappearance", ein Prozess, der es Individuen in der Kontrollgesellschaft zunehmend erschwere, anonym zu bleiben oder der Überwachung und Kontrolle durch soziale Institutionen zu entgehen, so Kevin D. Haggerty und Richard V. Ericson (2000: 619-620).

Es ist offenkundig, dass diese kleinen, mit einem hoch individualisierten Medium aufgenommenen Filme die Konnektivität/Disruptivität intensivieren, und dass sich für die *harraga* mit der Benutzung neuester Handytechnik ebenso das Risiko verbindet, von der Polizei geortet und zurückgeführt zu werden, wie die Chance, sich mitten auf dem Meer als Position bestimmbar zu machen und in der Folge gerettet werden zu können. Eine ähnliche Ambivalenz zeigt sich auch bezüglich der Frage der Identifizierung bzw. Identifizierbarkeit von *harraga*, wenn etwa Angehörige und Familien von Verschwundenen die Identifizierung bzw. die Herausgabe von Informationen wie Fingerabdrücken und anderer Daten, die der Identifikation dienen, fordern.[215] So hat das italienische feministische Kollektiv „Il Venticinque Undici" (der

214 | Der physikalische Effekt der Kapillarität hat mit dem Verhalten von Flüssigkeiten zu tun bzw. ihrer Oberflächenspannung und der Grenzflächenspannung zwischen Flüssigkeiten und festen Oberflächen. Eine Flüssigkeit, die in einer engen Röhre, in einer Spalte oder in einem Hohlraum eingeschlossen ist, wird ein Stück gegen die Gravitationskraft nach oben aufsteigen. Die hier angesprochene Kapillarität ist eine Art flutende, nichtwurzelnde Entsprechung des von Vorgängen im Erdgrund abgeleiteten rhizomatischen Raums, der sich mittels Stängeln und Stielen fortsetzt. Bei der Kapillarität handelt es sich immer um den Transport von Fluiden.

215 | Viele der illegalen *bordercrossers* nach Europa weigern sich, ihre Fingerabdrücke zu geben oder versuchen diese zu zerstören, da sie die Einschränkung ihrer weiteren Bewegungsfreiheit innerhalb von Schengen fürchten. So protestierten etwa 200 zumeist eritreische Geflüchtete Mitte Dezember 2015 in Lampedusa mit den Slogans: „We are human beings! No fingerprints! We want freedom! We want to move from the camps! Italia respect our rights!" (https://www.liveleak.com/view?i=3bc_1450375092; http://www.integrationarci.it/2015/12/18/lampedusa-profughi-in-sciopero-della-fame-no-fin-

25.11.) zusammen mit der Gruppe „Ponte dei tunisini in Italia“ (Brücke der Tunesier in Italien) die Kampagne „Da una sponda all'altra: vite che contano“ (von einem Ufer zum anderen – jedes Leben zählt) ins Leben gerufen, um eine Gruppe von tunesischen Müttern auf der Suche nach insgesamt 800 *harraga* im Alter zwischen 19 und 35 Jahren zu unterstützen, die im März 2011 verschwunden sind.[216] Wie die argentinischen Mütter von der Plaza de Mayo begannen diese damit, in der Öffentlichkeit mit den Fotografien ihrer Söhne zu protestieren und Auskunft über deren Verbleib zu fordern. – Allerdings handelt es sich im Fall der verschwundenen *harraga* um eine transnationale Praxis, bei der auf tunesische und italienische bzw. europäische Behörden zugleich Druck ausgeübt werden muss, damit die vorhandenen Daten zur Identifizierung und Ortung abgeglichen werden können.[217] Von 250 *harraga* gab es Spuren nach deren Ankunft in Italien: Die Mütter waren sich sicher, dass ihre Söhne auf der anderen Seite des Meeres angekommen sind, weil sie aus Europa angerufen haben. Manche Mütter wussten sogar über die Orte der Landung Bescheid. Einige haben ihre Kinder auf Videos, die diese ihnen zugeschickt haben, in europäischen Zeitungen oder im Fernsehen erkennen können. Erst danach hat nach Auskunft der Mütter diese unfassbare Stille um die Söhne Einzug gehalten, wobei sie von ihren Kindern als „Verschwundenen des Mittelmeeres“ sprechen. Mit Fotografien, Videos, Geburtsdaten und -dokumenten und weiteren Identitätsausweisen im Gepäck reiste im Februar 2012 eine Delegation der Mütter nach Italien, wo sie zunächst an die Pforten der tunesischen Konsulate klopfte, dann von einem *Centro di identificazione ed espulsione* (CIE) zum anderen reiste, von einer Polizeidirektion zur anderen, auf der Suche nach Daten und Antworten. Teilweise haben die Mütter Zugang erhalten,

gerprints-we-want-freedom/ [zuletzt gesehen am 30.12.2017]. Auch am 6. Januar 2016 kam es auf Lampedusa wieder zu Protesten gegen die Entnahme von Fingerabdrücken und gegen die Dublin Regulation: Der seit 2016 implementierte so genannte Hotspot-Approach der EU-Kommission interveniert in diese Dynamik. Vgl. Kuster/Tsianos 2016.

216 | Das Video der Kampagne „Da una sponda all'altra: vite che contano“„Appello per i migranti tunisini dispersi in Italia“ von 2012: https://www.youtube.com/watch?v=xrE6fTAv3L8&feature=youtu.be [zuletzt gesehen am 30.12.2017]. Neben den 2011 verschwundenen *harraga* geht es der Kampagne auch um die Verschwundenen eines gekenterten Schiffs vom 6. September 2012. Eine der treibenden Kräfte der Kampagne ist die Philosophin Federica Sossi von der Universität Bergamo. Vgl. auch die Dokumentation zur Kampagne, http://leventicinqueundici.noblogs.org/?page_id=354 [zuletzt gesehen am 30.12.2017]. Siehe zudem: Toro 2012.

217 | Die Forderung lautete zunächst auf einen Abgleich der Fingerabdruckdaten der *harraga*, die im Zusammenhang mit der Erstellung einer Identitätskarte beim tunesischen Innenministerium hinterlegt worden sind, mit den Fingerabdruckdaten italienischer Behörden. Dafür musste das tunesische Außenministerium einwilligen, die Daten an das italienische Innenministerium weiterzugeben. Im August 2013 schickten die Mütter, mittlerweile als Verein „La terre pour tous“ organisiert, eine Videobotschaft an Giusi Nicollini, die Bürgermeisterin von Lampedusa, damit diese den Protest und Appell der Mütter bei der EU stark machten möge. Das Video ist hier zu sehen: https://www.youtube.com/watch?t=71&v=hp4KqBEAvHM [zuletzt gesehen am 30.12.2017].

einige Spuren konnten gefunden werden, einige Datenabgleiche vollzogen, aber der Kampf geht bis heute weiter. 2013 wurde ein Appell an die Europäische Union gerichtet, der bis heute anhängig ist.[218] – Auch wenn den *harraga*-Handyvideos ein projektiver und projektilartig beschleunigender, fortreißender Charakter innewohnt, so lässt sich gleichwohl nicht ausschließen, dass die diesbezüglichen Politiken der Unwahrnehmbarkeit auch retroaktive, erinnernde Praxen des Sehens mit einschließen. Es ist, als ob diese Mütter ihren Erinnerungen und ihrem Wiedererkennen in der Praxis der Identifizierung einen Grund legen wollen – und dabei selber einbrechen, Löcher in eben diesem Grund hinterlassen oder Inseln erzeugen, Inseln der Wahrnehmung, die die Grundlegungen der Identifizierbarkeit als solcher wölben.

DAS EUROPA DER KOMMENDEN UND DIE *DESTINERRANCE*

In Französisch meint „faire cap" ein Gerichtetsein, es bedeutet, auf etwas Kurs zu nehmen. „Faire cap" ist gewissermaßen der Hoffnungsschimmer, an dem sich die *harga* orientiert, angesichts der schwarzen Löcher, des dunklen Sogs der Pole, dieser Abgründe der Repräsentation (Wolf 2013: 162-163). Unter der Überschrift „Das andere Kap" fragte Jacques Derrida in den frühen 1990ern nach einem heutigen Europa „jenseits aller erschöpften und erschöpfenden Programme des *Eurozentrismus* und des *Anti-Eurozentrismus*", die man allerdings beide nicht einfach so vergessen könne, weil sie einen umgekehrt auch nicht einfach vergessen würden (Derrida 1992: 14). Das von Derrida angesteuerte Kap bezieht sich auf „*die Idee der* europäischen *Idee*" (ebd.: 22) – Ende und zugleich Anfang, Grenze, Spitze. – Es geht also um einen Ort, an dem sich etwas sammelt und von dem etwas ausgeht. Derrida spricht ein solches Kap in und als Differenz an. Es geht ihm nicht bloß um einen anderen Kurs, der auf diesen vorgeschobenen Teil eines Kontinents genommen wird, nicht

---

218 | Inzwischen haben die Mütter für jeden einzelnen *harrag*-Fall folgende Daten gesammelt: Ort und Datum der Abfahrt, Ort, auf den Kurs genommen worden ist, mit welchen Schiffen, wie viele Personen pro Schiff, von welchen Telefonnummern aus während der Fahrt Anrufe getätigt worden sind, Datum und Uhrzeit der Anrufe, Telefonanbieter, italienische und französische Fernsehberichterstattungen, in denen manche der Familien ihre Söhne erkannten... Siehe zu den Forderungen des von 150 Müttern im März 2013 gezeichneten Appells an die Europäische Union http://leventicinqueundici.noblogs.org/?p=1528 [zuletzt gesehen am 30.12.2017]. Seit 2015 gibt es eine von der tunesischen Regierung beauftragte Untersuchungskommission, die sich am 23. Februar 2017 erstmals mit Vittorio Piscitelli, Special Commissioner of the Italian Government for Missing Persons getroffen hat. Man kam überein, eine gemischte technische und wissenschaftliche Kommission zu bilden, die die Informationen beider Regierungen vergleichen soll. „La terre pour tous" und die tunesischen Mütter sind mit diesem Ergebnis jedoch nicht zufrieden; sie fordern, dass die Familien der Vermissten und ihre Anwält*innen an dem Prozess beteiligt werden, und kritisieren die laxe Datenlage des tunesischen Staates über die Vermissten. Zudem fordern sie die Exhumierung der auf Lampedusa begrabenen Namenlosen, um sie zu identifizieren. (Manisera 2017)

bloß um ein anderes Gerichtetsein, sondern auch um das Kap des Anderen, ja, sogar um das Andere des (westlichen) Kaps überhaupt, dessen europäischer Diskurs überkommen sei, weil er von einem Augenblick herrühre, da Europa sich am Horizont selber erkenne, also an seine Grenze gelange (ebd.: 25). Derridas Text dreht sich um ein Denken, das sich bereit hält gegenüber einem vielleicht jenseits der modernen westlichen Tradition Liegenden: „eine andere Struktur des Randes, ein anderes Ufer" (ebd.: 26). Damit umreißt er ein Europa „ohne festgesetzte, vorgegebene Grenzen, ja ohne festgelegte Namen" (ebd.: 26), ein Richtungswechsel, eine andere Blickrichtung gegenüber diesem Europa, das sich für einen Fortschritt oder einen Vorstoß [hält], als solches [vor]rückt [...]" (ebd.: 38). Bereits im dritten Absatz des Textes stellt er fest: „Etwas Einzigartiges nimmt in Europa seinen Lauf, geht dort vor sich, wo man noch von Europa redet, mag man auch nicht mehr genau wissen, *was* oder *wer* so heißt." (Ebd.: 9) So fungiert Europa in Derridas Text als eine paleonymische Bezeichnung, als die strategische Notwendigkeit, einen alten Namen zu bewahren, wenn man einen neuen Begriff einführen will, als eine Art Pfropfung (ebd.: 26). „Faire cap" heißt in diesem Sinne auch, bis ans Ende der Gedanken zu wandern. Wie sich dorthin, an dieses Limit, an diese Öffnung auf das Unnennbare hin gelangen lässt, umreißt Derrida in nahezu methodischer Weise, wenn er sagt: „Ich möchte nicht nur mit den Mitteln der Forschung, der Analyse, des Wissens und der Philosophie jenes suchen, was sich bereits außerhalb Europas befindet; es geht mir vor allem darum, nicht im voraus der Zukunft des *Ereignisses* einen Riegel vorzuschieben: der Zukunft des *Kommenden*, der Zukunft dessen, was vielleicht kommt und was vielleicht von einem ganz anderen Ufer aus kommt." (Ebd.: 51)

Lässt sich das Europa der *harraga* mit Derrida, der sich selbst als einen „nicht eigentlich gebürtigen Europäer" (ebd.: 11) beschreibt, der „more than one shore" (Malabou/Derrida 2004: 89) entspringe, als dieses kommende Europa bestimmen? Sind es die *harraga*, die das europäische Kap zu öffnen begonnen haben bzw. die, mit Derrida gesprochen, dabei sind, das Ufer dieses Kaps[219] zu teilen und „auf jenes hin zu öffnen, was nie europäisch gewesen ist und was nie europäisch sein wird" (Derrida 1992: 56)? Kündet dies von dem Europa des Herannahenden (ebd.: 51), das an keinem Horizont erscheint, der auf griechisch die Grenze bezeichnet, wie Derrida betont (ebd.: 25), sondern Europa überkommt, aus Kapillaren aufsteigt und sich als ein „outre-horizon" öffnet?

---

219 | Derridas Text enthält auch eine Auseinandersetzung mit den Verbindungen zwischen „le cap" mit „caput", dem lateinischen Wort für Kopf, Haupt, „la capitale" (die Hauptstadt) und „le capital" (das Kapital), auf die ich hier nicht eingehen kann. Zur „nautischen Leitfigur" des Kapitäns und dessen Begriffsgeschichte siehe hingegen auch Burkardt Wolf 2013: 218ff. Wolf historisiert die Figur des Kaps, das er als „alteuropäische Obsession" bezeichnet (Wolf 2010: 376). Mit Bezug auf Derridas Text beschreibt Wolf das Kap als einen Ort der Selbstüberschreitung in der neuzeitlichen Globalisierung, als Vorhut und vorgeschobene Spitze, die in einer universalisierenden Logik *telos* und *arché* zugleich darstelle (ebd.: 360).

Das Kommende ist bei Derrida mit dem für ihn typischen Wortspiel um ein „à-venir" verbunden, welches nicht die Zukunft („avenir"), keine antizipierbare oder programmierbare Zeit meint, sondern die Zeit derer, die ankommen („ceux qui arrivent") und dessen, was geschieht („ce qui arrive") und somit immer unvorhergesehen.[220] „À venir", das Kommende, ist für Derrida etwas, „was noch gedacht werden muss und was noch *im Kommen bleibt*". Dies heißt nicht, dass einen dieses Kommende morgen mit Sicherheit erreichen wird („quelque chose qui reste à penser et *à venir* : non pas qui arrivera certainement demain", Derrida 1991: 76), denn das Kommende ist nicht bloß etwas in der Zukunft Gegenwärtiges. Vielmehr meint *à venir* etwas, das sich durch eine Struktur des Versprechens ausweisen müsse „und folglich durch das Gedächtnis dessen, was hier und jetzt zukunftsträchtig ist" (Derrida 1992: 57). In seinem letzten Interview bringt Derrida die Idee eines Europas, mit dem er keinesfalls die Europäische Gemeinschaft oder die so genannte Eurozone meint, sondern ein kommendes Europa, das sich noch sucht, in einen direkten Zusammenhang mit der Dekonstruktion: „Was ich ‚Dekonstruktion' nenne, ist, selbst wenn es gegen irgend etwas an Europa gerichtet ist, europäisch, es ist ein Produkt, ein Selbstbezug Europas als Erfahrung der radikalen Andersheit. Seit der Aufklärung ist Europa in permanenter Selbstkritik begriffen, und in diesem vervollkommnungsfähigen Erbe liegt eine Zukunftschance. Zumindest hoffe ich das, und genau dies nährt meinen Unwillen gegenüber Reden, die Europa definitiv verdammen, als wäre es einzig der Ort seiner Verbrechen." (Derrida/Birnbaum 2004 b: 13) Diese Engführung des Denkens einer europäischen Idee mit dem Konzept der Dekonstruktion ist sicherlich auch als ein Eingriff in die von Derrida diagnostizierte „*colonialité* essentielle [...] de la culture" (Derrida 1996: 47) zu verstehen. Die beiden Begriffe Kultur und Kolonie lassen sich nicht zufällig auf die selbe lateinische Wortwurzel zurückführen[221] und münden bei Derrida in den Gedanken, dass es keine Sprache der Herkunft („langue

220 | Das Unvorhergesehene entspricht dem „outre-horizon", der sich als jenseits des Horizonts auf Deutsch übertragen lässt, als über den Horizont hinaus, neben dem Horizont hindurch. Mit diesem Ausdruck, mit dem Jean-Luc Nancy (2008: 22) Derridas Denken charakterisierte, spielte dieser sicherlich auch auf den Begriff „outre-mer", Übersee, an. Algerien, der Geburtsort Derridas, war zu diesem Zeitpunkt „département français d'outre-mer". Derrida selbst setzt den Horizont in einen Gegensatz zum Ereignis: „Sobald es einen Horizont gibt bzw. in dem Maße, wie es einen Horizont gibt, vor dessen Hintergrund man etwas entgegenkommen sieht, kommt nichts, kommt nichts mehr, was den Namen ‚Ereignis' verdienen würde: Was horizontal entgegenkommt, was uns also frontal gegenübersteht und eben dort auf uns zukommt, wo wir es erwarten, kommt schlichtweg nicht. [...] Man darf es nicht kommen sehen – daher hat das Ereignis keinen Horizont; ein Ereignis gibt es nur da, wo es keinen Horizont gibt. Das Ereignis, sofern es überhaupt eines gibt, das rein ist und diesen Namen verdient, tritt uns nicht entgegen, sondern kommt senkrecht über uns: Es kann von oben kommen, von der Seite, von hinten, von unten, (von) dort jedenfalls, wo die Augen nicht mehr greifen, wo ihr vorgreifender, greifender oder befangener Zugriff abhanden kommt." (Derrida 2011: 328)

221 | Der Gedanke einer wesentlichen Verbindung zwischen Kolonialität und Kultur findet sich auch in „Das andere Kap", Derrida 1992: 11 bzw. Derrida 1991: 13: „les mots latins

de départ"), sondern bloß Sprachen der Ankunft („langues d'arrivée", ebd.: 117) gibt: „[J]e n'ai qu'une langue et ce n'est pas la mienne, ma langue ‚propre' m'est une langue inassimilable. Ma langue, la seule *que je m'entende parler et m'entende à parler*, c'est la langue de l'autre." (Ebd.: 47, H.d.A.) / „Ich habe nur eine Sprache, und das ist nicht die meinige, meine ‚eigentliche' Sprache ist eine Sprache, die ich mir nicht aneignen kann. Meine Sprache, die einzige, die ich zu sprechen verstehe, ist die Sprache des anderen." (Derrida 2003: 46)[222]

Mit Derrida noch immer, weiterhin mitten drin, mitten auf dem Meer. Erfahrung versteht Derrida als Durchqueren, als buchstäbliche Er-Fahrung, „d.h. im Hindurchgehen auf die Ankunft des Anderen hin, auf diese Ankunft hin, durch sie hindurch oder von ihr, von ihrer unvorhersehbaren Andersheit her. Es ist eine nichtplanbare Fahrt, eine Überfahrt, deren Kartographie niemals vorgezeichnet ist, eine Fahrt ohne *design*, ohne Absicht, Ziel und Horizont. [...] Die Fahrt, von der man den Ausgangs- und Endpunkt kennt, ist keine Fahrt: Sie ist schon vorbei, bevor sie erst begann." (Derrida 2011: 336) „Traversal" („La traversée") lautet denn auch der Titel des zweiten „Pathways" („voie") in *Counterpath: Traveling with Jacques Derrida* (*La Contre-allée : Voyager avec Jacques Derrida*), einem nach Bahnen oder Gleisen gegliederten Buch, das im Austausch mit Catherine Malabou entstanden ist. Auf Nebenfahrbahnen[223] folgt es Derridas Reisen, ja es handelt von dessen Obsession mit dem Reisen.

de *culture* et de *colonisation* ont une racine commune, là où justement il s'agit de ce qui arrive aux racines".

222 | Wiederholt und im Zusammenhang mit seiner jüdischen, franko-maghrebinischen Herkunft spricht Derrida in *Le monolonguisme de l'autre* von einem Aufruhr und einer Verwirrung der Identität („trouble d'identité"), die er allerdings nicht autobiographisch entschlüsselt, sondern auf etwas anderes verweisen lässt, die er anderswohin führt, „ailleurs, à autre chose, à une autre langue, à l'autre en général" (Derrida 1996: 55). Haraway etwa interpretiert Derridas Schreiben als „ausgehend von seinen vielen Nicht-Nativitäten" (Haraway 1995 b: 112-113). Robert J. C. Young wiederum sieht in der Dekonstruktion gar eine philosophische Rekonzeptualisierung des Verhältnisses der Schrift und der Zentralität bei Derrida, die er explizit als Reaktion auf die „écriture" als imperiale Praxis der Administration versteht (Young 2001: 417). So schreibt Young in seinem formal als Brief verfassten Text „Subjectivity and History: Derrida in Algeria": „The deconstruction of the many forms of centrism - phallo- or structural - only makes sense fully in the context of the extreme rationalization and centralization of the French administrative system. Four years after the French withdrawal from Algeria, Derrida was to propose, by means of his notion of *écriture*, the idea of a structure without a centre, or, if that was unthinkable, the problematic way in which in the human sciences, structures are always organized around centres, origins, points of presence and power, while their boundaries remain impermeable and open. Open to people like him. To those who cross borders – gypsies, nomads, tribals who dissolve the sedentary structures enforced by the state." (Young 2001: 417)

223 | Die „contre-allé" ist in französisch eine Nebenfahrbahn, eine seitlich der Hauptallee verlaufende parallele Spur. Der Begriff spielt natürlich auch auf das „aller contre" an, also das Angehen gegen etwas oder jemanden. Eine fast synonyme Rolle spielt im

Briefe und Postkarten, die Derrida zwischen Mai 1997 und 1998 von unterwegs an an Malabou schickt, sind Teil des Buches, darunter ganz zu Beginn eine Sendung aus Istanbul, wo er unter dem Titel „Pera Peras Poros. Espacement et temporalisation de l'étranger"[224] an einer Konferenz rund um sein Werk teilnimmt. Sie enthält die selbstironische Bemerkung: „You know why I pass for a philosopher specializing in the ‚question of borders.'" (Malabou/Derrida 2004: 21) Derrida identifiziert sich mit dem „Marrano" als einer Figur, die der Erinnerung an ihre eigene Filiation beinahe komplett beraubt ist, aber von einem Geheimnis verfolgt wird, das noch älter zu sein scheint als diese Filiation selbst und das in ihrem Körper eingeschlossen ist.[225] Ein solcherart originäres Exil als Ausgangspunkt des Schreibens wählend, fragt Derrida weniger nach dem Woher oder Wohin beim Reisen[226] – „no falling back in the house of being" (Malabou/Derrida 2004: 162) –, sondern nach dem Zusammentreffen mit dem Unbekannten, wenn er in einem Brief aus Istanbul vom 10. Mai 1997 fragt: *Mit wem* reisen? – „travel, yes, but first of all, with whom?" (Ebd.: 5) „What is traveling correctly speaking, once it no longer reduces to leaving arriving moving around moving on going coming budging crossing (yes, yes, there's something there perhaps, ‚crossing [*traverser*]'), or visiting exploring changing places? But if ‚voyage' is already hard to get hold on, then isn't ‚traveling with', isn't it... what? Isn't it precisely more obscure yet, quite impossible to grasp? Is it *viable*, *pathworthy*? Isn't it im-possible?" (Ebd.: 3)

Weiteren und insbesondere im Bezug auf die Frage nach dem Reisen *mit* jemandem in dem Buch auch der Begriff der „contrepartie", des Gegenstücks, Gegenübers, der Gegenleistung oder der Entschädigung.

224 | „Espacement et temporalisation de l'étranger" meint auf Deutsch etwa Abstand und Verzeitlichung des Fremden. Mit der Figur „Pera Peras Poros" (Deutsch etwa: Fernab, am Ende des Weges) bezieht sich Derrida deutlich auf einen maritimen, durch Porositäten charakterisierten Grenzbegriff (im Gegensatz zu einem, der sich von Landgrenzen ableitet): *pera*, Griechisch für: drüben, jenseits einer Linie, die insbesondere auch die Linie des Horizonts im Meer meint - *peras*, wörtlich der Pass, aber auch: Ende, Ziel, zu Ende geführt - *poros*: der Weg, Transit, Durchgang, aber auch der Hafen - und nicht zuletzt die Findigkeit oder Fähigkeit, einen Ausweg zu finden.

225 | Die Figur des Marrano, dieses „crypto-judaic" und „crypto-X in general" ist für Derrida jemand, die oder der dem Geheimnis, das in seinem oder ihrem Körper eingeschlossen ist, so treu bleibt, dass das Geheimnis sie oder ihn fest hält, noch bevor er oder sie das Geheimnis für sich behalten kann: „[...] I am one of those *marranos* who no longer say they are Jews even in the secret of their own hearts, not so as to be authenticated *marranos* on both sides of the public frontier, but because they doubt everything, never go to confession or give up enlightenment, whatever the cost, ready to have themselves burned, almost, at the only moment they write under the monstrous law of an impossible face-to-face." (Malabou/Derrida 2004: 90-91).

226 | Wiederholt und an unterschiedlichen Stellen verweist Derrida auf den gemeinsamen etymologischen Ursprung von „arriver" (anreisen, ankommen) und „dériver" (abschweifen, sich von etwas herleiten, von etwas kommen) im lateinischen Wort „rivus" (kleiner Fluss, Bach).

Die mit dem Reisen verbundene Erfahrung sei in einem vielleicht noch strengeren Sinne mit der Bewegung der *traversée* verbunden, so Derrida. Reisen heiße, sich navigierend vorwärts bewegen, durchquerend gehen, und daher eine Schranke oder eine Grenze überquerend (Derrida, im Interview mit Weber 1992: 387).[227] Er reise nie ohne den Gedanken, dass er sterben könnte, bevor er zurückkehre, so Derrida; deswegen sei die Frage nach dem Reisen-mit für ihn gleichbedeutend mit der Frage nach dem Sterben-mit. Dieses Mit hat für Derrida zudem eine Gültigkeit für alles, was er schreibt, zumindest das Veröffentlichte: „‚for whom' means ‚with whom?' ‚whom to share with?' ‚with which addressee?' ‚in view of which destination?'" (Malabou/Derrida 2004: 5)[228] Jede Begegnung mit einer oder einem anderen kann fehlschlagen, jede Adressierung kann ihre*n Empfänger*in verfehlen. Mit dem Gedanken eines „being-destined-to-wander and of destining itself" (ebd.: 16, 18) jeglicher Sendung, Botschaft oder Mitteilung tritt Derrida an, die Gewalt einer (kolonialen) Schrift und Kultur, die unbedingt erfassen und adressieren will, zu öffnen, zu destabilisieren und prägt dazu den Neologismus „destinerrance". In dem Begriff – in Deutsch als „Bestimmungsirrfahrt" übertragen – miteinander verschmolzen sind das Schicksal, die Bestimmung („destin"), der Bestimmungsort, das Ziel („destination") und das Irren, die Irrfahrt („errance"). In „Le facteur de la vérité" schreibt Derrida: „Nicht dass der Brief niemals ankommt am Schickungsort, sondern es gehört zu seiner Struktur, zu vermögen, immer, nicht dort anzukommen." (Derrida 1987 a: 220)[229] *La Contre-allée* widmet dem Konzept der *destinerrance* einen Absatz, der gleich zu Beginn die Komplexität der raumzeitlichen bzw. zeiträumlichen Dimension dieses der Iterabilität geschuldeten Prinzips aufscheinen lässt, bei dem der zeitliche Verzug oder Aufschub in einer Bedeutungsnähe zum Leid steht, und das Unheilbare zum Unersetzbaren, Nicht-Behebbaren, Nicht-Wiedergutzumachenden Schlimmsten – letztlich mit dem, was jeder Wieder-Vermittlung, dem Lateinischen *re-medium*, einem „remède" (Französisch für: Mittel, Gegenmaßnahme, Medizin) entgeht: „If the letter precedes every addressee, it can always not arrive (reach its shore), and is thus involved in a *destinerrance* or indeed an *adestinerrance* without end, an irremediable delay [souffrance] of destination." (Malabou/Derrida 2004: 192) / „Si la lettre

227 | Ü.d.A. Der Originaltext lautet: „L'expérience suppose évidemment la rencontre, la réception, la perception, mais cela indique, en un sens peut-être plus rigoureux, le mouvement de la traversée. Faire l'expérience, c'est avancer en naviguant, marcher en traversant. Et en traversant par conséquent une limite ou une frontière."

228 | In der französischen Textfassung ist der Bestimmungsort oder Zielpunkt ein*e personalisierbare Empfänger*in: „‚pour qui?' veut dire ‚avec qui ?', ‚avec qui partager ?', ‚avec quel destinataire?'" (Malabou/Derrida 2009: 15)

229 | Im Original lautet die Stelle: „Non que la lettre n'arrive jamais à destination, mais il appartient à sa structure de pouvoir, toujours, ne pas y arriver." (Derrida 1980 b: 472) In der englischen Fassung: „A letter does *not always* arrive at its destination, and from the moment that this possibility belongs to its structure one can say that it never truly arrives, that when it does arrive its capacity not to arrive torments it with an internal drifting." (Derrida 1987 b: 489)

précède tout destinataire, elle peut toujours ne pas (s')arriver, s'engageant ainsi dans une ,destinerrance' ou encore une ,adestinerrance' sans fin, une irrémédiable ,souffrance de la destination'." (Malabou/Derrida 2009: 189) In der *destinerrance* ist ein Paradox aufgehoben: Es besteht bei jeder Sendung, jeder Botschaft, jeder Mitteilung und jeder Mit-Reise die Möglichkeit, dass sie ihre Adressat*in(nen) verfehlt (Derrida 1980 a: 133). Gerade weil eine Sendung geteilt wird, indem sie mitteilt, kann sie sich immer von ihrer ursprünglichen Destination oder Adresse abkehren. Die Adressat*in ist einer Sendung niemals vorgängig und im Sinne dessen, dass ein Brief immer auch nicht bei seiner oder ihrer Adressat*in ankommen kann, kommt er niemals an. Das Begriffsbild der *destinerrance* als Irrfahrt schließt ebenso sehr an das Bilderrepertoire der Schifffahrt an wie an *Das andere Kap*.[230] Und in den Kontext der Bootsfahrten der *harraga* und der Kaps eines anderen Europas will ich abschließend die *destinerrance* setzen und fragen: Wie die unwahrnehmbaren Botschaften und Mitteilungen der Handy-Sendungen der *harraga* empfangen, wie die Aporie der *harraga-destinerrance* aus der im Kommenden begründeten Ferne grüßen? – „Comment *aborder* cette pensée aporétique?" – um Derridas Begrifflichkeit zu entleihen.[231]

Der US-amerikanische Literaturkritiker und Freund Derridas Joseph Hillis Miller bezeichnet die *destinerrance* als eine kleine Bombe, denn sie stifte eine nicht gerade harmlose Verwirrung zwischen nur scheinbar klar identifizierbaren und voneinander separierbaren Adressat*innen, (Ab-)Sender*innen, Empfänger*innen,

---

230 | Wolf (vgl. auch Fußnote 219) unterscheidet in seinem Text „Kap der Stürme" mehrere Sorten „Irrfahrten", deren eine – sie ist der *destinerrance* wohl am stärksten verwandt – er als „Fahrt in die Verschollenheit" bestimmt. Wenngleich eher an wirtschafts- und literaturhistorischen Überlagerungen orientiert als an medien- oder technoanalytischen und philosophischen wie Derridas *destinerrance* ist der Ausgangspunkt einer Fahrt in die Verschollenheit Wolf zufolge zwar ungewiss, lässt aber einen bestimmten Rest an Hoffnung zu – „eine Praxis, die einen rechtlichen Schwebezustand zwischen Leben und Tod kapitalisierbar macht und, im Falle einer betrügerischen Überversicherung von ,Seelenverkäufern', regelrechte ,Totenschiffe' hervorgebracht hat" (Wolf 2010: 373). Solchen Totenschiffen widmet Wolfs Buch *Fortuna di mare. Literatur und Seefahrt* ausführliche Beachtung (2013: 267-290). Vgl. zum Totenschiff B. Travens im Zusammenhang mit der Geschichte des Passes nach John Torpey auch die Absätze „Pass und *passing*" im ersten Kapitel. In Derridas *Das andere Kap* selbst wird der Begriff der *destinerrance* nicht verwendet. In seiner kurzen Einführung zur Derrida gewidmeten Spezialbeilage in *Le monde* von 2004 verwendet Jean Birnbaum die Begriffe Kap und *destinerrance* allerdings synonym. Und in der Tat liegt es mehr als nahe, das Kap, auf welches Kurs genommen wird, welches als Bestimmungsort angepeilt wird, und die das Kap riskierende Bestimmungsirrfahrt aufeinander zu beziehen.

231 | Auf Deutsch etwa: Wie diese Aporie, diese (Aus)-Weglosigkeit ansprechen, zur Sprache bringen? Zum Begriff „aborder" (oder Englisch „accost") als einer langsamen Annäherung zwischen Gestus und Diskurs, die den Rand oder die Kante („bord") nicht unbedingt berührt, siehe auch Malabou/Derrida2004: 167-168.

Leser*innen, Unterzeichnenden oder gesendeten Botschaften (2009: 32).[232] – Und leicht vertauscht sich in der *destinerrance* auch die Sicht vom Kap aus mit der Sicht aufs Kap hin. Die *destinerrance*, so Derrida, sei ein anderer Name für das postalische Prinzip, demgemäß es nicht möglich sei, *avant la lettre* zu sagen, dass der oder die Adressat*in existiere (Malabou/Derrida 2004: 193) – also etwa die unmögliche Möglichkeit eines Kaps. In *La carte postale*, einem Buch, das in Form von Postkarten beginnt – als „offener, aber unlesbarer Brief" (Derrida 1989: 18), „lesbar für den anderen, auch wenn er nichts begreift" (ebd.: 31) –, entwirft Derrida eine „allgemeine Theorie der Sendung" (ebd.: 7).[233] Die Tragödie des Bestimmungsortes ist die Unmöglichkeit einer unmittelbaren, direkten Adressierung (Derrida 1980 a: 27): „Le désastre, avant je disais le carnage, c'est cette maudite part de *par* en chaque mot." (Ebd.: 131) / „Das Desaster, zuvor sagte ich das Gemetzel, ist dieser verfemte Teil des *durch* in jedem Wort." (Ü.d.A.) Das Begehren, das unvermeidliche „princi-

---

232 | An einer anderen Stelle im selben Text variiert Miller das Bild der Bombe: Die *destinerrance* tauche in Derridas Gesamtwerk zu verschiedenen Zeiten, in unterschiedlichen Kontexten und thematischen Zusammenhängen auf; sie sei wie ein loser Faden in einem ineinander verhedderten Strang, von dem sich herausstelle, dass er in einen ganzen Fadenknäuel münde („a loose thread in a tangled skein that turns out to lead to the whole ball of yarn", Miller 2009: 29) und deshalb unendlich viele Kommentare zu generieren vermöge.

233 | „Envois" ist der erste Teil von *La carte postale*, die in der deutschen Übersetzung als zwei „Lieferungen" herausgeben wird und dort mit „Sendung" wiedergegeben wird. Der Konfusion zwischen einer Sicht *aufs Kap* und *vom Kap aus* entspricht in *La carte postale* die Dekonstruktion der Relation von Subjekt und Prädikat, das anhand des Verhältnisses zwischen Sokrates und Platon elaboriert wird: Wer wem diktiert hat, wer der beiden auf wen folgt und ob Sokrates tatsächlich nicht geschrieben hat. - Unabhängig von Derridas Ausführungen in der *Postkarte* lässt sich vor allem auch die Figur des Ins-Wasser-Schreibens, die zu Beginn des vorliegenden Kapitels evoziert wurde, mit der Figur von Sokrates und der fraglichen Kraftlosigkeit sowie reproduktiven Macht der Schrift verbinden. Allerdings geht es im entsprechenden Dialog zwischen Sokrates und Phaidros in Analogie zum Landbau um die Frage der Verschriftlichung von Ideen: „*Sokrates*: Nicht also im Ernst wird er sie ins Wasser schreiben, - wollte sagen, mit Tinte durch die Feder in Reden aussäen, die unvermögend sind, sich selber redend zu helfen, unvermögend auch, das Wahre genügend zu lehren." (Platon 1940: 476)

Im Verlaufe von *La carte postale* spielt Derrida - in Referenz auf Heidegger, den er wahlweise Martin und „den anderen Alten" nennt - auch mit den deutschen Worten „Geschick" („destin") und „schicken" („envoyer, expédier") und ihrer Nähe zu „destination" (Ziel), „destinée" und „sort" (Schicksal) (Derrida 1980 a: 70-71). Die literarische Form der Sendungen spielt zudem mit den Grenzen zwischen Fiktion und Zeugnis, Intimität und Öffentlichkeit, „semi-fictive, semelfactive" (Derrida 1980 a: 273), was für manche, Derrida nahestehende Personen, nur schwer erträglich gewesen sei, wie der Biograph Benoît Peeters zu berichten weiß. Bezeichnend ist in dem Zusammenhang auch das wiederkehrende Motiv des Kind-Machens (siehe hierzu Peeters 2013: 451, 509-10). Die Empfängerin wird in *La carte postale* immer wieder sehr deutlich heteronormativ erotisiert.

pe postal" (ebd.: 32) zu überwinden[234], wird vom Wunsch angetrieben, durch die oder den Anderen die Distanz zu bekommen, die einen selbst betrifft: „Der Wunsch, das postalische Prinzip zu besiegen: [...] damit mir, durch Dich, die Entfernung gegeben sei, die für mich in Betracht kommt." (Derrida 1989: 37)[235] Immer wieder enthalten die Sendungen Wendungen wie ‚Du kommst ja gleich', ‚Wenn du morgen hier ankommst' oder ‚Du wirst gleich auf dem Flughafen auf mich warten'. „Envois" ist nicht nur durchzogen von der Erinnerung an Zwischenfälle und verpasste Gelegenheiten, sondern auch von der Erfahrung des Getrenntseins und vor allem der Erwartung des Zusammenkommens mit der Geliebten, der beinahe endlosen Aufschiebung der Präsenz. Derrida versteht das postalische Prinzip keineswegs als Metapher, sondern ausdrücklich im Bezug auf die Institution und die Instanz der Post, und das heißt auch in Verbindung mit bestimmten Technologien sowie davon ausgehend in einem viel allgemeineren Sinne mit den Modi der Spur und des Wege-Bahnens.[236] Die *destinerrance* ist Bedingung und zugleich Chance des postalischen Prinzips, das jeglichen „*envoi* of the being" und jegliche „adestination of the letter" (Malabou/Derrida 2004: 156) betrifft, wegen all dieser Teilungen und Vervielfachungen, die mit solchen *envoyages*[237] verbunden sind: „Jedenfalls eine Chance [...]. Selbst indem er ankommt [...], entzieht sich der Brief *dem Ankommen*. Er kommt anderswo an, immer mehrere Male. Du kannst ihn nicht mehr nehmen. Es ist die Struktur des

234 | Zentrales Thema der an niemanden namentlich gerichteten (und zwischen dem 3. Juni 1977 und dem 30. August 1979 datierten) (Liebes-)Briefe, die manchmal mitten im Satz abbrechen, ist das Begehren bzw. eine Art heterosexuelles Befruchtungs-Begehren: „Stell dir den Tag vor, an dem man, wie ich es déjà gemacht habe, Sperma per Postkarte wird versenden können, ohne das über einen auf irgendeine Samenbank gezogenen Scheck abzuwickeln, und dass das lebendig genug bleibt, damit die künstliche Besamung zur Befruchtung führt, ja sogar zum Begehren." (Derrida 1989: 33)

235 | Im französischen Original: „Le désir de vaincre le principe postal : [...] pour que me soit donné, par toi, l'éloignement qui me regarde." (Derrida 1980 a: 32) – Das Verb „regarder" trägt hier die doppelte Bedeutung von anschauen und einen etwas angehen.

236 | Siehe auch das Wortspiel zwischen „le poste" (die Stelle, die Station, die Polizeiwache) und „la poste" (Post, Postwesen, Postamt) (Derrida 1980 a: 52). Am vielleicht deutlichsten spricht sich Derrida im Brief vom 6. September 1977 gegen die metaphorische Bedeutung des postalischen Prinzips aus (1989: 81-85 bzw. 1980 a: 71-75). Die Geschichte der Post bzw. die ‚moderne' postalische Epoche, wie er sie nennt, oder das Postalischwerden, das auf die Epoche der imperialen Territorien und der politisch-militärischen Investitionen seit den persischen oder römischen Weltreichen folgt, ist Derrida überaus wichtig. Und auch wenn er keine besonders große Hypothese zu den Zusammenhängen zwischen den Entwicklungen von Kapitalismus, Protestantismus und postalischem Rationalismus habe, so seien diese Dinge doch notwendigerweise miteinander verbunden, so betont er (Malabou/Derrida 2004: 116; Derrida 1980 a: 151 bzw. Derrida 1989: 172).

237 | Ein Wortspiel aus „en voyage" (auf der Reise) und „envoyer" (absenden, losschicken), das Derrida in nicht ganz korrekter Weise substantiviert und zum „envoi" macht.

Briefes [...], die das will [...].“ (Derrida 1989: 154)[238] Das postalische Prinzip ist eine differentielle Struktur, die *destinerrance*, eine Figur der vorgängigen, ja originären, der inneren Differenz[239], der *différance*. Sie trägt die Chance, das Unvorhergesehene, das Kommende, den Anderen in sich, aber auch die unumgängliche Reduktion einer immer kommenden, immer aufgeschobenen und zurückgestellten lebendigen Präsenz auf das Postalische, das technisch und institutionell Vermittelte, das historisch Spezifische.

„Im Anfang, im Prinzip war die Post, und darüber werde ich niemals hinwegkommen. [...] und das fängt an mit einer Schickung ohne Adresse, die Richtung ist nicht bestimmbar, schlussendlich. Es gibt keinen Schickungsort, mein süsses Schicksal

Du begreifst, im Inneren jedes Zeichens déjà, jedes Mals oder jedes Zugs, gibt es die Entfernung, die Post, das, was nottut, damit es lesbar sei von einem anderen, einer anderen als Dir oder mir, und alles ist im vorhinein futsch, Karten auf den Tisch. Die Gegebenheit dafür, dass das ankommt, ist, dass es aufhört oder sogar, dass es damit anfängt, nicht anzukommen. So liest sich das, und schreibt sich das, die Karte der Schickungslosigkeit.“ (Derrida 1982: 39)[240]

---

238 | Im Original lautet der entsprechende Ausschnitt aus dem *post scriptum* der Postkarte vom 13. Oktober 1977: „Enfin une chance [...]. Même en arrivant [...], la lettre se soustrait *à l'arrivée*. Elle arrive ailleurs, toujours plusieurs fois. Tu ne peux plus la prendre. C'est la structure de la lettre [...] qui veut ça [...].“ (zitiert nach Malabou/Derrida 2009: 188)

239 | Auf eine solche „innere Differenz“ (und unmögliche Identität mit sich selbst) als Intervall bezieht sich auch Minh-ha (vgl. hierzu vor allem die Absätze „Sich an den Platz eines Anderen stellen – *speaking nearby* – gescheiterte Komplizenschaft“ im ersten Kapitel, aber auch die Ausführungen zum Dritten Raum bei Bhabha im vorliegenden Kapitel). Über das Intervall sagt Derrida selbst: „Il faut qu'un intervalle le sépare [le présent] de ce qui n'est pas lui pour qu'il soit lui-même, mais cet intervalle qui le constitue en présent doit aussi du même coup diviser le présent en lui-même, partageant ainsi, avec le présent, tout ce qu'on peut penser à partir de lui, c'est-à-dire tout étant, dans notre langue métaphysique, singulièrement la substance ou le sujet. Cet intervalle se constituant, se divisant dynamiquement, c'est ce qu'on peut appeler *espacement*, devenir-espace du temps ou devenir-temps de l'espace (*temporisation*).“ (Derrida 1972: 13-14)

240 | Im Original: „Au commencement, en principe, était la poste, et je ne m'en consolerai jamais. [...] et ça commence par une destination sans adresse, la direction n'est pas situable au bout du compte. Il n'y a pas de destination, ma douce destinée

tu comprends, à l'intérieur de chaque signe déjà, de chaque marque ou de chaque trait, il y l'éloignement, la poste, ce qu'il faut que ce soit lisible par un autre, une autre que toi ou moi, et tout est foutu d'avance, cartes sur table. La condition pour que ça arrive, c'est que ça finisse et même que ça commence par ne pas arriver. Voilà comment ça se lit, et ça s'écrit, la carte de l'adestination.“ (Derrida 1980 a: 34-35)

Lässt sich so verstehen, wie die *harraga*-Handyfilme von einem Europa kundtun, auf das sie ihre Richtung einschlagen? – Derridas Brief vom 11. Juni 1977 fordert seine Empfängerin auf, sich eine Stadt, einen Staat vorzustellen, in dem die Personalausweise Postkarten wären... (Derrida 1980 a: 43) Derridas Vorstellung hierbei ist allerdings dystopisch, und er spricht von einer mit dem postalischen Prinzip einhergehenden Staatspolizei, die im Zuge des Fortschritts der Post Terrain gewinne und jeden Widerstand unmöglich mache... In meiner Vorstellung ist es eine Stadt, ein Land, *une terre*, in der eine *destinerrance* ‚mich' im Moment des Empfangens bestimmt, ‚mich' als ihre Adresse wählt, mir zufällt...

Je m'adresse à toi – Nous nous devons à la mort[241]

Den Begriff *destinerrance* verwendet Derrida auch im Umgang mit seinen eigenen Adressen; er benutzt ihn für das Nachdenken über seine Leser*innen, die er „die Leute" nennt (Derrida 1982: 304). Während die Lesbarkeit für ihn dem Tod gleichkommt, ist in der *destinerrance* das immer unvorhersehbare Moment der Passage des Geschriebenen aus dem Geschriebenen hinaus mit einbehalten. Und ein solcher Durchgang, eine solche Fülle – *poros* – ist der Unwahrscheinlichkeit einer unentbehrlichen und nicht antizipierbaren Gegen-Zeichnung geschuldet.[242] Jede Sendung eröffnet die Möglichkeit des Singulären und Akzidentellen, die Ankunft des Anderen als ein- oder ausbrechendes, singuläres Ereignis, immer unvorhersehbar und demzufolge eine passive Erfahrung, die einen völlig überraschend trifft, völlig unvorbereitet. Das radikale Ereignis ist das, was man sich weder auszudenken vermag, noch kommen sehen kann; es überkommt einen. Ein Ziel dagegen, ein Bestimmungsort ist immer der Tod, auch die Empfänger*innen einer Botschaft sind bereits tot – beides aber nicht im Sinne der Sterblichkeit unserer Existenzen, sondern:

---

241 | Deutsch etwa: Ich wende mich an dich – Wir haben dem Tod gegenüber eine Pflicht zu erfüllen, wir schulden, wir verdanken uns dem Tod. – Siehe zu Derridas „Nous nous devons à la mort" auch Oikonomou 2014. Oikonomou hebt hervor, dass es sich hierbei um einen „Zeitraum des Schuldens" handele: „Das Wesen des Unausweichlichen ist es, noch nicht eingetroffen zu sein, und daraus ergibt sich das ganze Gegenteil des Fatalismus, eine Hoffnung stattdessen, die sich [...] wie das Leben [...] gerade dem Tod schuldet."

242 | „Je m'adresse sans doute à des lecteurs dont je présume qu'ils pourront m'aider, m'accompagner, reconnaître, répondre. [...] Nous sommes là dans la topologie la plus obscure et la plus déroutante, déroutée, dans la déroute de la destination : de ce qu'il m'a paru commode de surnommer la destinerrance ou la clandestination. [...] C'est toujours une ouverture, à la fois au sens du système non clos, de l'ouverture laissée à la liberté de l'autre mais aussi de l'ouverture, de l'avance ou de l'invitation faite à l'autre. L'intervention de l'autre, qu'il ne faut peut-être plus appeler seulement ‚lecteur' est une contre-signature indispensable mais toujours improbable. Elle doit rester inanticipable. La chance de l'événement absolu, un fond sans fond d'initiative lui reste toujours, elle doit toujours lui revenir." (Derrida, im Interview mit Ewald 1992: 361)

„Nein, die Idee selbst der Schickung begreift analytisch die Idee des Todes ein, wie ein Prädikat (p) einbegriffen im Subjekt (S) der Schickung, dem Beschickten oder dem Schickenden. Und du, meine einzige Liebe, bist

der Beweis, aber der lebendige eben, dass ein Brief immer nicht am Schickungsort ankommen kann, und dass er also nie dort ankommt. Und das ist gut so, das ist kein Unglück, so ist das Leben, das lebendige Leben, geschlagen, die Tragödie, von dem noch überlebenden Leben. Dafür, für das Leben muss ich dich verlieren, für das Leben, und mich für dich unlesbar machen. J'accepte." (Derrida 1982: 44)[243]

Während Derrida die Postkarte der destinerrance anheim gibt und auf den kapillaren Weg der Unlesbarkeit schickt, auf dem die Sendungen zu Überbleibseln werden, zu spezifischen Spuren der Ausrichtung auf das Kommende, das Einzigartige und das Ereignishafte, auf welches jede Sendung als unendliches Versprechen verweist, greift der Derridaianer und Literaturwissenschaftler Joseph Hillis Miller die Figur des schwarzen Lochs auf, die Ende der 1960er Jahre in der Astrophysik entwickelt wurde, um den Begriff der „wholly others" zu veranschaulichen. Bei Miller geht es um ‚Andere' hinsichtlich ihrer Rassialisierung, Vergeschlechtlichung, Nationalität oder Klasse, die nicht analog zum je eigenen Wissen über sich selbst verstanden werden könne und mit denen dementsprechend keine Verhandlung möglich sei. Miller legt diese „ganz Anderen" in Abgrenzung zu den *cultural studies* an, in denen der „kulturell Andere" häufig als zu einer Art Verbund zugehörig gelte, in dem ein gemeinsames Konzept von Kultur als Prämisse vorausgesetzt werde. (Miller 2005: 380) Daher fragt Miller: „Could there be a cultural studies of the wholly others that [...] would respect the others' otherness? If so, this would generate an organization of the university radically different from one that presupposes transparency, reconciliation, or consensus as goal." (Ebd.) Und in Analogie zum schwarzen Loch überlegt er: „A black hole does not, strictly speaking, exist, if existence depends on being observable and measurable. Black holes cannot be observed because their gravity

243 | Im französischen Original: „Non, l'idée même de destination comprend analytiquement l'idée de mort comme un prédicat (p) compris dans le sujet (S) de la destination, la destinataire ou le destinateur. Et tu es, mon amour unique,

preuve, mais vivante justement, qu'une lettre peut toujours ne pas arriver à destination, et que donc jamais elle n'y arrive. Et c'est bien ainsi, ce n'est pas un malheur, c'est la vie, la vie vivante, battue, la tragédie, par la vie encore survivante. Pour cela, pour la vie je dois te perdre, pour la vie, et me rendre pour toi illisible. J'accepte." (Derrida 1980 a: 39)

Mit den Buchstaben „s" und „p", „s" und „P" oder auch „S" und „p" sowie „S" und „P" spielt Derrida in „Envois" nicht nur auf Subjekt und Prädikat und auf post scriptum an, sondern immer wieder auch auf die Herleitung von Gesprochenem und Geschriebenem bzw. auf das Verhältnis von Sokrates und Platon. Dieses ist wiederholt Gegenstand der Briefe und wird von einer Darstellung aus dem 13. Jahrhundert abgeleitet, die dem Buch als Frontispiz dient.

is so great no light emanates from them. That is why astronomers are so careful to remind us that no black hole has ever been observed. Black holes remain an unproved and perhaps unprovable hypothesis that explains certain observed celestial phenomena. Nevertheless, though it cannot be verified directly a black hole may be inferred from matter's violent perturbation in its vicinity and the consequent emission of signals at various frequencies. *Like black holes, the wholly others never manifest themselves directly. They give evidence of themselves in a variety of perturbations that can be registered.*
Perhaps my inner self, my conscience, presumed ground of my decisions and commitments, of all the speech acts I enunciate, may be ‚encountered' (though it is not really an encounter) as wholly other. Perhaps the wholly other might be an incomprehensible and unknowable otherness glimpsed when I come face to face with another person. Then perhaps the wholly other may be a power transcending cultural and personal difference [...]. *Such others come, as they say, ‚from beyond the world.'* Death, finally, [...] may be wrestled with as something wholly other [...], since death is that bourn from which no traveler returns. [...] Death, my death, the death that most matters to me and that I would most like to know, cannot be experienced. *Death is not the object of any ‚I's' experience. It is wholly other.*" (Miller 2005: 379-380, H.d.A.)
Das alles verschlingende schwarze Loch fungiert hier als der ‚Ort' des radikal Anderen, der vielleicht besser als Verunortung zu fassen wäre. Der, die oder das radikal Andere ist der, die oder das nicht aneignungsfähige Andere, nicht zu assimilieren, nicht einzuverleiben, nicht einzufangen, zu begreifen oder ergreifen.[244] „Der Andere ist das Unvorgreifliche." (Derrida 2011: 337) „Der radikal Andere ist die gesichtslose Gestalt, das nicht präsentierbare Antlitz des Ankommenden (Malabou/Derrida 2009: 231)[245] Nicht vom Horizont – *orio*[246] – her kommend, der eine visuelle Topologie einbegreift, sondern von jenseits, aus einer Hybris. Nahe von dort, wo der Tod kommt. Und wie die Schreiber*in von Postkarten oder die *harraga*-Handyfilmer*in versucht Miller, dieses lebendige *momentum* zu re/konstituieren, diese Einzigartigkeit einer Begegnung, einer Präsenz, die Zeit braucht, sich Zeit nimmt, sich in der Zeit ausbreitet und die sich deshalb nur sehr sehr schwer übertragen lässt. Für das,

244 | „Tout autre", „the wholly other" oder „the entirely other" sei nicht Gott oder Mann; er sei nicht Teil dieser Ontotheologie von Kategorien wie Subjekt, Frau, Mann, Bewusstsein, Selbst usw., so Derrida 2007: 46. Um jedoch gewissermaßen die *différance* von „der Andere" sichtbar zu machen, benutze ich hier alle dem Deutschen zur Verfügung stehenden Artikel.

245 | Ü.d.A. Die Stelle lautet auf Französisch: „Le tout autre est la figure sans figure, le visage imprésentable de l'arrivant." In der englischen Version heißt es: „The wholly other is a figure without a face [figure], with the unpresentable visage of the arrivant." (Malabou/Derrida 2004: 231)

246 | Während das griechische Wort *oros* für die Bedingung oder die Fundierung steht, fungiert *orio* als Eigenschaftswort für die Grenze. *Orio* beschreibt die topologische Linienführung eines Berges (*oros*) oder als *orizontas* (altgriechisch: *orizein*) auch die Linie, die das Meer vom Himmel trennt.

was nur einmal stattfindet, für diese Singularität führte Derrida in einem erstmals 1990 im Hessischen Rundfunk veröffentlichten Gespräch mit Elisabeth Weber als Beispiele die Zeit der Tränen, die Zeit des Lachens und den Gesang an – all das, was die Affektik antreibt. Alle drei seien tendenziell nicht lesbar, blieben ohne eine Verständlichkeit, die sich anderswohin transportieren lasse[247], und würden sich nur sehr schwer von einem bestimmten Ort wie Moment ablösen und wiederholen lassen. Und natürlich sei die Kategorie der Unlesbarkeit mit dem Wert des Opfers verbunden, so Derrida. Denn eine der Bedeutungen dessen, was man Opfer nenne, sei es, in seiner Bedeutung als Opfer ausgelöscht, getilgt zu werden. Und so sei das absolute Opfer ein Opfer, welches dagegen keinen Einspruch mehr erheben könne und welches man auf diese Weise nicht einmal als Opfer identifizieren könne. Das Opfer sei komplett ausgeschlossen oder überdeckt von der Sprache, ausgelöscht durch die Geschichte (Derrida, im Interview mit Weber 1992: 402-03). Und Derrida fährt fort: Über das Schreiben nachzudenken, bedeute gleichermaßen über das Ausradieren nachzudenken, denn die Produktion der Schrift sei sowohl ein System der Löschung, die Spur sei ebenso sehr das, was sich eintragen und festhalten lasse, wie das, was etwas forttrage, und dessen Einmaligkeit zerstöre, das, was vergehe und verlösche. Da es inskribierende und exkludierende Unlesbarkeit gäbe, bedeute das Sinnieren in der Schrift und über die Schrift, sich mit dem zu beschäftigen, was unlesbar mache und mit dem, was unlesbar geworden sei. Über diese absolute Schwäche nachzudenken, die man Opfer nenne, über diese (fast) erloschene Spur, dies sei die Versunkenheit des Schreibens (ebd.). Und wenn sich dabei Musik aus dem Text erhebe – „Die Irreduzierbarkeit des Gesangs oder des Klangs in einem Gedicht (*Gesang*), das ist der nicht semantische Charakter, die Nicht-Substituierbarkeit des Buchstabens, mit einem Wort, das, was mit dem Herzen verstanden werden muss." (Derrida, im Interview mit Ferraris 1992: 324)[248] –, dann signiere er sie nicht, sondern höre ihr zu. Denn in der Musik liege die freudigste wie qualvollste Erfahrung der Unmöglichkeit der Eigenverantwortung und der Aneignung (Derrida, im Interview mit Weber 1992: 409).[249] Das Zuhören, das Derrida hier beschreibt, scheint mir

247 | Derrida benutzt an der Stelle die reflexive Wendung „ne se dépêche pas". „Se dépêcher" heißt sich beeilen, kann aber auch sich entsenden bedeuten.

248 | Ü.d.A. Im französischen Original: „L'irréductibilité du chant ou de la consonance dans le poème (*Gesang*), c'est le caractère non sémantique, non substituable de la lettre, en un mot de ce qui doit s'apprendre par cœur."

249 | Die gesamte Stelle lautet im Original: „[...] je n'écris jamais sur elles [les voix en musique]. D'une certaine manière j'essaie de les laisser prendre la parole - et la garder - à travers moi, sans moi, au-delà du contrôle que je pourrais avoir sur elles. Je les laisse, j'essaie de les laisser parler. Et cette musique par conséquent, s'il y en a, je ne peux pas dire que je la signe. Je n'écris pas sur elle et quand elle surgit, si elle surgit, je dirais d'elle comme je l'ai écrit, je crois, à propos du poème d'ailleurs, qu'un poème je ne le signe jamais. La musique des voix, s'il y en a, je ne la signe pas. Je ne peux pas précisément en avoir la disposition ou la maîtrise. La musique, s'il y en a, et si elle arrive dans le texte, le mien ou d'autres, s'il y en a, la musique, d'abord je l'écoute. C'est l'expérience même

sehr nahe bei jener Improvisation zu liegen, die Stefano Harney und Fred Moten als von der „appositionality" der *homelessness* ausgehend beschreiben, eine Improvisation, vielleicht gar eine intuitive Musik, die von irgendwo auf der anderen Seite einer nicht gestellten Frage fortfahre, von wo aus sich weder Bewusstsein noch Erkenntnis über den Anderen entwickle (Harney/Moten 2009: 96).

* * *

Einer Schätzung im **Oktober 2013** zufolge haben seit 2008 40.000 Personen ihr Leben bei der Überquerung des Mittelmeers nach Europa gelassen.[250] Die nichtstaatliche internationale Organisation *Human Rights Watch* warnte vor drei Tagen, anlässlich eines EU Innenministertreffens: „this summer could become the season of mass drownings in the Mediterranean".[251] – **Heute, am 8. Juni 2014**, verzeichnet die Italienische Küstenwache innerhalb der letzten 36 Stunden 4000 Ankömmlinge per Boot. **Gestern** verweigerten in Hamburg die ersten Polizisten bei der Räumung eines Sitzstreiks von Geflüchteten über Lampedusa, den Befehl. – Dies schrieb ich, als ich die erste Fassung des vorliegenden Textes abzurunden versuchte. **Heute, Mitte April 2015**, tagt gerade ein Europäisches Innenministertreffen, um den Tod von hunderten von Flüchtlingen politisch zu beantworten, wobei diesmal Militäreinsätze in Erwägung gezogen werden, nicht etwa, um in Seenot Geratene zu retten, sondern um die Boote der Schlepper an der nordafrikanischen Küste zu ‚vernichten', wie es heißt. Ich schreibe weiter: Tatsächlich gibt es keine offiziellen Statistiken der Toten. Die Zahlen, die kursieren, stammen meist von der IOM, der *International Organization for Migration*, oder vom UNHCR, dem *United Nations High Commissioner for Refugees*. Dieser hat **gerade für das laufende Jahr** die Zahl von bisher 1727 Toten im Mittelmeer veröffentlicht. Diese Nummer geht auf nationale Erhebungen sowie vereinzelt auf Zeugenaussagen von Überlebenden zurück. Es werden allerdings auch alternative Statistiken etwa von unabhängigen Nichtregierungsorganisationen erstellt, so beispielsweise von *United for Intercultural Action* in London oder von *Fortress Europe* in Italien. *Migreurop* aus Frankreich zufolge sind die bisher genannten Zahlen der Toten zu verdoppeln. Die überwältigende Mehrheit der Opfer des Versuchs, die europäische Grenze zu überqueren, ertrinkt. 90% der Toten sind nicht identifiziert (Boff 2015). Während ich den Text überarbeite, trage ich diese Zählungen am Textende laufend nach. **Seit dem heutigen 12. Mai 2015** ist unter der Überschrift „Counting the Human Cost of Border Control" eine von Wissenschaftler*innen in Amsterdam

de l'appropriation impossible. La plus joyeuse et la plus tragique." (Derrida, im Interview mit Weber 1992: 409)

250 | http://vergessene-kriege.blogspot.de/2013/10/opferzahlen-bis-zu-40000-fluchtlinge.html [zuletzt gesehen am 23.12.2017].

251 | http://www.ansamed.info/ansamed/en/news/sections/politics/2014/06/05/hrw-and-amnesty-call-on-eu-to-support-italys-mare-nostrum_a9e120af-38db-4b10-a01a-d87ba9885a8b.html?idPhoto=1 [zuletzt gesehen am 23.12.2017].

erstellte Online-Datenbank zugänglich.[252] Sie wurde auf der Basis staatlicher Sterbeurkunden von Migrant*innen erstellt, die in den Jahren **1990-2013** an den üdlichen EU-Grenzen ums Leben gekommen sind und enthält individualisierende Informationen wie etwa Todesort, Todesursache, Geschlecht, Alter, Herkunft und Angaben darüber, ob die Person identifiziert werden konnte. Die Wissenschaftler*innen fordern die europäischen Staaten auf, die Datensammlung unter der Aufsicht einer im Rahmen des Europarats zu errichtenden Europäischen Beobachtungsstelle für den Tod von Migrant*innen fortzusetzen. Im **Juli 2015** lese ich, dass für das laufende Jahr 2015 bereits mehr als 100.000 Migrant*innen gezählt werden, die aus Nordafrika nach Südeuropa gelangt sind, manchmal bis zu 1000 pro Tag.[253] **Heute, am 4. August 2015**, veröffentlicht die IOM wieder eine Zahl für das laufende Jahr. Es ist von „bereits über 2000 toten Bootsflüchtlingen auf dem Seeweg von Nordafrika nach Europa" die Rede, das seien 400 mehr, als im August letzten Jahres gezählt worden seien.[254]

Wir schreiben inzwischen das Jahr **2017**. Am Osterwochenende rettete die italienische Küstenwache fast 8400 Menschen aus dem Mittelmeer.[255] Bis im Mai waren nach Angaben der UN bereits 1300 Flüchtlinge im Mittelmeer ertrunken. Von 37 Menschen, die die gefährliche Überfahrt wagten, sterbe einer, so schreiben die Zeitungen nach einer Sprecherin des UN-Flüchtlingshilfswerks (UNHCR) in Genf. Vor einem Jahr sei statistisch nur einer von 136 Flüchtlingen ertrunken.[256] Im Dezember zählt der UNHCR für das Jahr 2017 170.317 Ankünfte in Europa über das Meer und

---

252 | Siehe http://www.borderdeaths.org [zuletzt gesehen am 23.12. 2017]. Einer ähnlichen neoklassischen ökonomischen Logik folgen die Terminologien, die *Migrants' Files* (http://www.themigrantsfiles.com/ [zuletzt gesehen am 24.12.2017]) verwendet. Aus der Überzeugung, dass eine nicht durch Fakten gestützte Politik nicht optimal sein kann, wie sie schreiben, schlossen sich europäische Journalist*innen zu diesem durch den Journalismfund.eu finanzierten Projekt zusammen, um „The human and financial cost of 15 years of Fortress Europe" zu bemessen. Dazu gehört auch die systematische Sammlung und Analyse von Daten über Todesfälle des europäischen Grenzregimes seit 2000. Die Provenienz der Daten geht vor allem auf das Netzwerk *United for Intercultural Action* zurück, das von Gabriele del Grande gegründete Forum *Fortress Europe* und *Puls*, ein Projekt der Universität Helsinki im Auftrag des Joint Research Center der Europäischen Kommission.

253 | Zille, Helen (2015), „Was Europa von Südafrika lernen kann. Südafrika beherbergt mehr Asylbewerber als ganz Europa. Was läuft in Europa schief?" Gastkommentar, *Neue Zürcher Zeitung*, 20.07.2015, http://www.nzz.ch/meinung/kommentare/die-fluechtlings-krise-verlangt-nach-liberalen-loesungen-1.18582495 [zuletzt gesehen am 23.12.2017].

254 | http://www.dw.com/de/mehr-als-2000-bootsfl%C3%BCchtlinge-in-diesem-jahr-gestorben/a-18626078 [zuletzt gesehen am 23.12.2017].

255 | http://www.spiegel.de/politik/ausland/fluechtlinge-und-migration-eu-befuerchtet-drama-im-mittelmeer-a-1144227.html [zuletzt gesehen am 23.12.2017].

256 | https://www.abendblatt.de/politik/article210512457/250-Fluechtlinge-starben-in-vergangenen-Tagen-im-Mittelmeer.html [zuletzt gesehen am 23.12.2017].

geschätzte 3081 Tote oder Vermisste.[257] Die meisten Opfer sind auf der zentralen Mittelmeerroute von Nordafrika nach Italien zu verbuchen... Was bedeutet es, seit mehreren Jahren das Ende dieses Buches suchend, Nachbuchungen vorzunehmen, die doch offenkundig die Singularität des Sterbens an der europäischen Grenze, das schwarze Loch, das sich im Mittelmeer auftut, verfehlen? Niemals wird die Akkumulation dieser Zahlen den Tod dieser Leben bergen. Die *longue durée* des Schwarzen Mittelmeers[258], die historischen Kontinuitäten in der Fortsetzung imperialer europäischer Migrationspolitiken, die gegenwärtig in den Sahara-Raum auszugreifen versuchen – sie sind nicht die andere Seite dieses in Zahlenwerten ausgedrückten Sterbens und einer der abstrakten Humanität verpflichteten ethischen oder humanitären Empathie, Großherzigkeit oder Bewillkommnung.[259] Vielmehr entspricht die

---

257 | Siehe: http://data2.unhcr.org/en/situations/mediterranean [zuletzt gesehen am 23.12.2017].

258 | Der von Alessandra DiMaio geprägte Begriff des „schwarzen Mittelmeers", das den kulturellen Austausch ebenso akzentuiert wie die rassistische Gewalt, die Europa und Afrika miteinander verbinden, leitet zur Zeit eine in Italien beginnende Auseinandersetzung an um eine afro-europäische - oder englisch „Afropean" genannte - Geschichte zwischen relativ unaufgearbeiteten kolonialen Erinnerungen und neuen post-kolonialen Kämpfen. Sie bezieht sich vor allem auf Literatur, Musik und italienisches Nollywood-Kino. Siehe etwa: http://www.timothyraeymaekers.net/2015/01/working-the-black-mediterranean/ [zuletzt gesehen am 28.12.2017]. Diese Geschichte von Kontakt und kulturellem Austausch ließe sich allerdings auch bis auf die Geschichte des muslimischen Sklavenhandels im Mittelmeerraum seit dem 7. Jahrhundert ausdehnen. Analog zum Black Atlantic beschreibt das Schwarze Mittelmeer, wie es Woods/Saucier (2015), Sharpe (2016) und andere, in der Tradition eins *Radical Black Thought* stehende Autor*innen verwenden, aber auch die aktuellen Totenwelten, die in der historischen Kontinuität der Schuld und der dauerhaften Spannungen der Moderne stehen, die dem zeitgenössischen Europa zugrunde liegen, das heißt, es grundieren und bedingen.

259 | Tryon P. Woods und P. Khalil Saucier (2015) beleuchten die Katastrophen des Mittelmeeres als „Europe's ongoing confrontation with the world it created through African enslavement and colonial subjection for over five centuries" und stellen sie damit klar in den Kontext des Nachlebens der historischen Sklaverei. Ein Anzeichen dafür sei die Weise, in der Schwarzes Leid und Schwarzes Sterben im Mittelmeer die Europäische demokratische Gesellschaft stütze und belebe, wie sie schreiben. Im Sinne der „racial blindness" und einer verdeckten historischen Kontinuität, was die Sichtbarmachung, Lesbarmachung und Kohärenzbildung Schwarzen Leidens anbelangt, kritisieren die beiden Autoren etwa auch linke no-border-Politiken oder humanitaristische Anti-Trafficking-Diskurse und -Kampagnen: „The most ethical assessment of the Mediterranean crisis is not in the terms of what Italian Prime Minister Matteo Renzi and many others call the ‚new' or ‚modern-day' slave trade, but rather in terms of racial slavery's constitutive and consolidating role in the formation and functioning of Europe and modern society itself." (Ebd.) Diese Zusammenhänge bzw. Verleugnungen wurden im November 2017 deutlich, als ein CNN-Bericht über „Sklavereiauktionen" in Libyen kurzzeitig für weltweite Empörung sorgte, obwohl die unerhörten Bedingungen für Subsahara-Transmigrant*innen in Libyen sowie die Komplizenschaften Europas mit den Zuständen in Libyen bereits seit langem bekannt sind.

Gewalt der rechnenden Abstraktion, diese schauerliche Arithmetik dem schwarzen Loch; es ist die konstitutive andere Seite dieser Logik von gezählten, kalkulierten, kartographierten und optimierten Einhegungen, der Abgrund einer Singularität gegen den Staat, unsichere Null, Dunkelziffer.

***

„promener sa frontière sur celle d'autrui
c'est faire la guerre"[260]

***

„These are your borders, it's you they are defending.
These people are thus dying for you."[261]

DEVENIR, À VENIR – IRREN. ERSCHÜTTERUNGEN UND NACHLAUFSTRÖMUNGEN

Wiederholt sprechen Deleuze und Guattari von der Aufgabe der Dichtung oder auch des Kinos für und in Anrufung eines „peuple qui manque" zu schreiben bzw. Filme zu machen, zur Erfindung eines Volks beizutragen.[262] Niemals handelt es sich jedoch darum, ein ‚peuple qui vient' zu fabulieren. Das Volk, das fehlt, ist ein kein kommendes Volk, sondern ein Volk, das wird – und das Werden ist nicht zuletzt Sache der Kunst: Durch die Schrift wird man Tier, durch die Farbe unwahrnehm-

260 | Zwischentitel aus: *Tariq Teguia, Roma wa la N'touma* (Rome plutôt que vous) (Algerien 2006). Deutsch etwa: Seine Grenze auf der eine*r andern auszubreiten, bedeutet, Krieg zu führen. (Ü.d.A.)

261 | Zitat eines afghanischen Flüchtlings nach dem *YouTube*-Video „Counting the Human Cost of Border Control" von Pieter Boeles, 2014, https://www.youtube.com/watch?t=287&v=DxQr3gQGQQs [zuletzt gesehen am 24.12.2017].

262 | Entsprechende Stellen finden sich etwa in Deleuze 1997, Bd. 2 (*Das Zeitbild*): 282f., in Deleuze/Guattari 1992 (*Tausend Plateaus*): 472 oder in Deleuze 2005 („Was ist der Schöpfungsakt?"): 308; in *Was ist Philosophie?* sprechen die beiden Autoren schließlich von der Aufgabe der Philosophie, Konzepte zu erfinden, die ein „peuple qui manque" anzurufen vermögen: „[...] nous manquons de création. *Nous manquons de résistance au présent*. La création de concepts fait appel en elle-même à une forme future, elle appelle une nouvelle terre et un peuple qui n'existe pas encore. L'européanisation ne constitue pas un devenir, elle constitue seulement l'histoire du capitalisme qui empêche le devenir des peuples assujettis. L'art et la philosophie se rejoignent sur ce point, la constitution d'une terre et d'un peuple qui manquent, comme corrélat de la création. [...] Ce peuple et cette terre ne se trouveront pas dans nos démocraties. Les démocraties sont des majorités, mais un devenir est par nature ce qui se soustrait toujours de la majorité." (Deleuze/Guattari 1991/2005: 104)

bar, durch die Musik erinnerungslos (Deleuze/Guattari 1992: 257; Deleuze/Guattari 1980 [frz. Fassung]: 229-230). In politischer Hinsicht handelt es um die Erfindung eines minderen, eines kleinen Volks, eines Volks, das nicht die Herrschaft oder die Mehrheit erobert, sondern flieht.[263] Die Zeitlichkeit des Werdens hat nichts mit dem Herannahenden zu tun; Werden ist als eine fortgesetzt mutierende Linie gedacht, die sich der Geschichte geradezu kontrastiv entgegensetzt, sich von ihr abwendet, „transhistorisch" und im „Anti-Gedächtnis" (Deleuze/Guattari 1992: 397, 400, 403f., 406).[264] Das Werden verdankt sich weder einer Vergangenheit noch einer Zukunft, sondern geht zwischen diesen Temporalitäten hindurch, es ist Ereignis und immer mittendrin, „en plein milieu", auf Anhieb gegeben, singuläre Aktualisierung, von der Mitte aus, immer wieder vom Mit aus.[265] – Dieses Mit, das bei Deleuze und Guattari von einer mit Bergson gedachten virtuellen Koexistenz von Vergangenheit und Gegenwart getragen wird und immer sowohl Kon- als auch Disjunktion umfasst, Aus- und Einschwingen vielleicht auch, diese „sowohl stockende als auch reißende Mitte (Raunig 2015), ontologische Haltlosigkeit, immer auch Abgrund des Mit – ja, vielleicht sogar Mitte des Mittelmeers – ist Kontaktpunkt für Derridas Zögern und zitterndes Denken: „‚Traveling with': it is as if I were to accept in advance to share the instant of my death, or even my grave. [...] You can laugh Catherine, but it is as serious as that unknown quantity. [...] Those who don't realize that know nothing of my *cross-truths* [*transvérités*] [...]." (Malabou/Derrida 2004: 5) Dies schreibt Derrida im Mai 1997 an Catherine Malabou in dem bereits weiter oben zitierten Brief, der die Begriffe „convives" und „commourans" synonym verwendet. Derridas Verständnis von Gast sein, das sich aus dem Zusammenleben ergibt, ist ihm gleichbedeutend mit dem Zusammensterben, wobei ihn sein Neologismus „commourans" an den Namen eines Wasservogels erinnere, „sterbende Körper, die unter Wasser zu jagen verstehen. Zum Tode."[266] – Genauso wie das Leben und der Tod teilt Derridas Reise,

263 | „[...] ‚wie man die Mehrheit erobert', ist im Verhältnis zur Entwicklung des Unwahrnehmbaren völlig nebensächlich." (Deleuze/Guattari 1992: 398)

264 | Allerdings entfaltet sich das gesamte zehnte Plateau (Deleuze/Guattari 1992: 317ff.) ausgehend von Erinnerungen (die in der Tat Formen des Werdens sind), denen eines Kinogängers, eines Naturforschers, eines Zauberers, Theologen, Bergsonianers...

265 | Siehe zu dieser Mitte als Form des Sprechens und als filmische Form in Abgrenzung zum Interview, Schuss-Gegenschuss, Schlagabtausch oder der Befragung, die alle zwischen voneinander abgeschlossenen Sprech-Entitäten im Aus-Tausch ausgehen: Kuster 2014 b.

266 | Gemeint sind mit den Wasservögeln hier natürlich Kormorane, die ins Wasser tauchen und ihre Beute unter Wasser verfolgen, wobei sie manchmal in Gruppen jagen und die Fische zunächst einkreisen. Die zitierten Stellen lauten im Original: „‚Voyager avec' : comme si j'acceptais d'avance de partager l'instant de ma mort, voire une sépulture. [...] Riez, Catherine, mais c'est aussi grave que cette inconnue. [...] Ceux qui ne le savent pas, ils ignorent tout de mes ‚transvérités' [...]." Und: „*Les comourrans – ou les convives* (qui sont des commourans). Cela me ressemble à un nom d'oiseau marin, les corps mourants qui savent chasser sous l'eau. A mort." (Malabou/Derrida 2009: 15)

indem sie vervielfacht und multipliziert. Deswegen ist für ihn das Mit so zweifelhaft. Und als verräumlichte differentielle Struktur zwischen Weggehen und Ankommen ist die Reise wie die *différance* originäre Differenz. Ihr Zeitigungsprozess schiebt das Jetzt, eine mit sich selbst identische Zeit, endlos auf, stellt es zurück und macht es von der Wiederholung abhängig, die nie eingeholt werden wird. Das Jetzt, die Präsenz, zwischen einer nie gegenwärtigen Vergangenheit und einer nie gegenwärtigen Zukunft, lässt sich für Derrida immer nur über den Umweg, die Spur und die Vermittlung erreichen. Jedes gegenwärtige Element zerfällt in (räumliche) Entfernung und (zeitlichen) Aufschub, das ist das postalische Prinzip der *destinerrance*. Mit diesem konstitutiven, zugleich aber oszillierenden, ja gegenüber der muskulösen und zum System tendierenden Weise, in der Deleuze die „Differenz an sich selbst"[267] denkt, in der Schickung oder Ansteckung vibrierenden Differenzbegriff als *différance* versucht Derrida die einzelne Spur der *destinerrance* vor dem Abgrund im Verlöschen zu bewahren.[268] In Deleuze's Mitte dagegen, in der das Viele wimmelt, das Nicht-Ähnliche als konstitutives Moment einer Differenz, hinter der nichts steht, in dieser Mitte, die Deleuze auch als Un-Grund („sans fond") bezeichnet – was passiert dort mit der Differenz? Eine ebenso anschauliche wie schauerliche Antwort auf diese Frage liefert sein erstmals 1970 in der Zeitschrift *Critique* erschienene Text „Spalte und örtliche Feuer": „Weil wir ohne Ursprung und ohne Bestimmung denken, wird die Differenz zum höchsten Denken, aber wir können sie nicht *zwischen* zwei Dingen, zwischen einem Ausgangs- und einem Endpunkt denken. Die Differenz lässt sich nicht als solche behaupten, ohne die beiden Terme zu untergraben, die aufhören, sie zusammenzuhalten, ohne aufzuhören, selbst über benennbare Terme zu verlaufen. Die Differenz ist der wahre Logos, aber der Logos ist das Umherirren, das die Fixpunkte beseitigt, die Indifferenz ist ihr Pathos. Die Differenz entspringt und verschwindet in einer Spalte, die alle Dinge und Wesen verschlingt. Wohin geht die Differenz?" (Deleuze 2003 b: 231) In dieser Repetition von Entspringen und Verschwinden in der Spalte, in diesem schwarzen Loch, in diesem Abgrund, der sich auch als pures gleißendes Licht, als Blitz erweisen kann, versammelt sich das „formlose Sein aller Differenzen", diese ewige Wiederkunft trägt das ‚für sich' der Differenz. Und darin findet sich, folgen wir Deleuze, ein Kosmisch-Werden der Differenz, die er als „chaoerrance" (Chao-Erranz) bezeichnet (Deleuze 1997: 85, 84), ein Neologismus, der die

267 | Programmatisch und wie als Auftakt zu einem Belastungstest heißt es im Vorwort von *Differenz und Wiederholung*: „Wir wollen die Differenz an sich selbst und den Bezug des Differenten zum Differenten denken, unabhängig von den Formen der Repräsentation, durch die sie auf das Selbe zurückgeführt und durch das Negative getrieben werden." (Deleuze 1997: 11-12)

268 | Insofern die *différance* als ein zunächst ‚textueller' Prozess zu verstehen ist, der zwischen Prozess und Wirkung zeitigt, zwischen dem Bezeichneten und dem Bezeichnenden, ist er – im Gegensatz zum Deleuz'schen Begriff der Differenz – auch anschlussfähig an historische und Vermittlungs-Fragen. Das Zittern und Vibrieren im Denken verweist hier auf die Gespräche zwischen Édouard Glissant und Derrida über die „pensée du tremblement" (siehe hierzu weiter unten).

Begriffe „errance", „cohérence" und „chaos" bindet, ein Umherirren, dem die Macht eignet, die Divergenz und die Dezentrierung zu bejahen (Deleuze 2011: 131)[269] und bei dem – statt wie bei Derrida Schicksal und Bestimmungsort – Chaos und Kohärenz in einer monströsen und unvermittelten Weise auf dem Spiel stehen: „Die Welt ist weder endlich noch unendlich, wie in der Repräsentation: Sie ist vollendet und unbegrenzt. Die ewige Wiederkunft ist das Unbegrenzte des Vollendeten selbst, das univoke Sein, das sich von der Differenz aussagt. In der ewigen Wiederkunft steht die Chao-Erranz der Kohärenz der Repräsentation gegenüber [...]." (Ebd.)[270]
In dieser Chaoswelt des univoken Seins intensiviert sich das Werden zu einem Infinitiv, zu einer Temporalität, die Deleuze und Guattari als außerhalb der aufteilenden Zeit von Chronos, als außerhalb der historischen Zeitenfolge, als das Innere der Zeit oder Äon und im Bereich des Virtuellen ansiedeln, wo die Singularitäten „reine Ereignisse" sind (Deleuze/Guattari 1992: 356f.). Das reine Ereignis ist unabhängig sowohl von seiner räumlichen als auch von seiner zeitlichen Verwirklichung. Nicht unbedingt eine lebbare Form ist es zugleich ewig bevorstehend, ausstehend und immer bereits vergangen. – Zu früh und zu spät kommend wie der Augenblick, eine leere Form der Zeit, eine maßlose Zeit, die einen niederwirft, weil ‚man' *in* ihr ist, ein Reißen – lauter Geschwindigkeiten und Affekte –, das einen durchfährt. Wenn Deleuze das reine Ereignis konzipiert und Derrida *tout autre*, der, das oder die radikal Andere, dann besetzen diese Markierungen von äußersten Gradienten vielleicht eine ähnliche Stelle im Denken. Trotzdem aber unterscheiden sich ihre Temporalitäten. Die Zeit des radikal Anderen ist *à venir* und liegt als „avènement"[271] zwar ebenso wenig in der Zukunft oder chronischen Zeit, ist aber als eine „messianicité sans messianisme" zu verstehen, als eine Öffnung einer immer beginnenden Welt, voller Mittelbarkeiten, voller Mischungen, Unzulänglichkeiten und Unreinheiten, voller Vergegenwärtigungen und *destinérrance* der Ansprache des Andern an mich; eine Öffnung gegenüber der Ankunft des Anderen als Anbruch der Gerechtigkeit („avènement de la justice") (Malabou/Derrida 2009: 232).

269 | Diese Wendung ist der Anker der so genannten Umkehr des Platonismus, die Deleuze in dem Aufsatz „Platon und das Trugbild" (Deleuze 2011), der zum ersten Mal 1966 veröffentlicht wurde, vorschlägt.

270 | An dieser Stelle taucht bereits im Rückgriff auf James Joyce der Begriff „Chaosmos" auf, dem Guattari sein letztes Buch *Chaosmose* gewidmet hat. Deleuze bezeichnet Chaosmos in *Differenz und Wiederholung* auch als „innere Identität von Welt und Chaos" (Deleuze 1997: 371).

271 | Nach Derrida gibt es einen Zusammenhang von „événement" (Ereignis), „avènement", „avenir", „aventure" und „convention", der durch die Einzigartigkeit der – aleatorischen und (un)möglichen – Erfindung (des Anderen) gegeben sei (Derrida 2007: 6): „But for an invention to be an invention, to be *unique* (even if the uniqueness has to be repeatable), it is also necessary for the first time, this unique moment of origin, to be the last time: archaeology and eschatology acknowledge each other here in the irony of the *one and only* instant." (Ebd.)

In beiderlei Hinsichten, sowohl im Sinne der „restance"[272] angesichts des *à venir* als auch im Sinne des *devenir* mit und inmitten der Kräfte des Virtuellen würde diese Schrift gerne dazu beitragen haben, dass Europa durchlöchert wurde und ein ganz anderer Rand der Welt gewesen sein wird. Viele Verrücktheiten, Irrungen, Tränen und Erinnerungen sind zweifellos in die filmischen Spuren eingeflossen, die ich als Aktualisierungen von Trugbildgeneratoren in vor- und rückgreifenden Zeitigungsprozessen, als Bild-Ton-Sequenzen differentiellen Werdens aufgegriffen, hier ausgebreitet und weitergeschrieben habe. Und ich tendiere dazu, nicht im Angesicht der Chao-Erranz mit einer Bejahung enden zu wollen, deren kosmisch-vitalistische Brutalität mich erschüttert, sondern mit Derrida im Bevorstehenden, in der sicherlich auch drohenden Imminenz. Aber die Chance der *destinerrance* ist „chance (affirmation sans issue)" (Malabou/Derrida 2009: 189), Glück und Zufall und vor allem: eine ausweglose Affirmation.

***

Während bei Deleuze das Werden tendenziell als Beginn erscheint, als jene reißende Mitte, von der und durch die Anfänge hindurchgehen, und das schwarze Loch dagegen als Ort des Verschwindens, als Spalte oder Abgrund, in der sich die Differenz verliert, wird bei Édouard Glissant und im Kontext der kolonialen Differenz gerade der Abgrund der Mitte, der *middle passage* zum Ort eines Beginns. Die kreolischen Gesellschaften der Amerikas entstehen – Glissant spricht hierbei nicht von Genese, sondern von einer „digenèse"[273] – durch und im traumatischen ontologischen „gouffre" (Abgrund) der Versklavung des vom 16. bis zum 19. Jahrhundert andauernden „passage du milieu". Unter dem Titel „La barque ouverte" (das offene Boot) im ersten, mit dem Untertitel „un abord, mille passages" (ein Zugang, tausend Durchgänge) versehenen Teils seines dritten Bandes der „Poetik der Beziehung" beschreibt Glissant die dreifache Weise, in welcher der Abgrund mit dem Schrecken des Unbekannten verknüpft ist (Glissant 1990: 18ff.): Die erste Weise besteht in der Auflösung des Selbst im Schiffsbauch („ventre"), dieser Matrix des Abgrundes im Geschrei und in der Einstimmigkeit des Weinens, des Leidens und des Unbekannten, die einen verschlingen.[274] Der zweite Abgrund, den Glissant als Tautologie

272 | Der Neologismus der „restance" ist eine Art Spur *par excellence*, das was bleibt, ohne noch vorhanden zu sein: „Le reste n',est' pas, parce qu'il n'est pas ce qui demeure, dans la stance, la substance, la stabilité. Ce que j'appelle la restance ne vient plus modifier l'être ou la présence de l'être. Cela indique une répétition, une itérabilité plutôt, qui ne s'annonce plus seulement à partir de l'être ou de l'étantité." (Derrida, im Interview mit Ferraris 1992: 332-33)

273 | „La Genèse des sociétés créoles des Amériques se fond à une [...] obscurité [...] du ventre du bateau négrier. C'est ce que j'appelle une digenèse." (Glissant 1997: 36)

274 | Der Begriff „the hold" (Laderaum), wie ihn Stefano Harney und Fred Moten (2013) prägen, kann sicherlich als Weiterentwicklung dieses Abgrundes verstanden werden. In der Haptikalität des Laderaums, so Harney/Moten, wird ein neues Fühlen gestiftet, das

beschreibt, weil er ein enormer Anfang sei, entspricht dem Meeresschlund („abîme marin").[275] Die dritte Verkörperung der Kluft (Glissant spricht von einem Avatar) ist dem Bug des Sklavenschiffes weit vorgelagert und hat mit dem Imaginären zu tun, das sich parallel zur sich rundum ausbreitenden Wassermasse und den schwindenden Ufern formt. Glissants Konzeption folgt hier, wie mir scheint, einer Art Mutation des Sklavenschiffs zum Kinoraum, denn im Zuge dieser durch die Bewegung des Schiffes fortschreitenden – ich nenne es – kulturellen und existenziellen Blendung projiziert das Imaginäre ein umgekehrtes Bild: All das, was aufgegeben und zurückgelassen worden war und sich über Generationen hinweg bloß noch in den blauen Savannen der Erinnerung oder der mehr und mehr abgetragenen Vorstellungskraft wiederfinden lassen wird, taucht als Erscheinung auf.[276] Und so findet – vom Segel fortgetragen, in das der weiße Wind des Abgrundes fährt und die Vorstellungskraft durchflutet – die Verwandlung des absolut Unbekannten in Wissen statt – in eine Kenntnis des Ganzen, die in der Einkehr des Abgrundes wächst und im Ganzen

---

weder kollektiv noch individuell ist, sondern vielmehr ein „Gefühl für das Fühlen anderer, die dich fühlen." (Ebd.: 120) Harney und Moten beschreiben dieses Fühlen als „das aufständische Gefühl der Moderne" und als „das schreckliche Geschenk des Laderaums", das darin bestand, „gemeinsame enteignete Gefühle zusammenzubringen, in den Undercommons ein neues Gefühl zu schaffen." (Ebd.) Glissant formuliert etwas Ähnliches, wenn er schreibt: „Car si tu es seul dans cette souffrance, tu partages l'inconnu avec quelques-uns, que tu ne connais pas encore. Cette barque est ta matrice, un moule, qui t'expulse pourtant. Enceinte d'autant de morts que de vivants en sursis." (Glissant 1990: 18)

275 | „Le gouffre est de vrai une tautologie, tout l'océan, toute la mer à la fin doucement affalée aux plaisirs du sable, sont un énorme commencement, seulement rhythmé de ces boulets verdis." (Glissant 1990: 18) Eine solche Symbolik des Abgrundes als Beginn, als konvergierender Punkt zwischen Endlichkeit und Ewigkeit oder Grenzenlosigkeit findet sich in zahlreichen Kosmogonien, so etwa auch in den Prozessionen der muslimischen Mystik der Sahara: „La *hufra*, aboutissement du parcours, constitue une sorte d'antonyme symbolique à la montagne. Elle s'inscrit, tout naturellement, dans la symbolique de la grotte et de la caverne. C'est une sorte de vide rappelant la virtualité des origines, à partir duquel tout peut advenir. La *hufra* symbolise donc le passé à son degré zéro." (Moussaoui 2002: 96)

276 | Das selbe Bild findet sich auch in Glissants Roman *Mahagony*: „Auf beiden Seiten des Bootes sind die Ufer des Flusses verschwunden. Was aber ist dies für ein Fluss, der keine Mitte hat? Wird dieses Boot in die Ewigkeit hinein treiben, an die Grenzen der Nicht-Welt, in der es keinerlei Vorfahren gibt? Jene, die aus dem Abgrund wieder zurückgekommen sind, rühmen sich nicht damit, auserwählt zu sein. Sie leben ganz einfach die Verhältnisse, die sie sich herzurichten vermögen und in dem Maße, dass das Vergessen des Abgrundes sie überkommt, verstärken sich ihre Erinnerungen." (Ü.d.A.) Im französischen Original: „Des deux côtés de la barque ont disparu les rives du fleuve. Quel est donc ce fleuve qui n'a pas de mitan? Cette barque voguera-t-elle en éternité aux limites du non-monde, fréquenté de nul Ancêtre? Ceux-là qui sont remontés du gouffre ne se vantent pas d'être élus. Ils vivent simplement la relation, qu'ils défrichent, au fur et à mesure que l'oubli du gouffre leur vient et qu'aussi bien leur mémoire se renforce." (Glissant 1987: 216)

die Beziehung freigibt. (Ebd.: 20) Für Glissant ist das lokal beschränkte Herstellen einer Beziehung in und zu einer Totalität, zur Allwelt, *Tout-monde* nicht in der Wahrnehmung jenes mythischen Riesen gegeben, der die Grenze zu überblicken vermag, sondern von diesem angeleitet (vgl. hierzu die Absätze „'Sichtbarkeit' – eine Grenze ziehen und dagegen verstoßen" im ersten Kapitel). Es entsteht in einer „pensée du tremblement" als jener zitternden imaginären Intuition des Ganzen im Überschreiten einer Grenze – „ici-là".[277] Die „pensée du tremblement" (Erschütterungdenken) ist Glissant zufolge kein Gedanke, kein Konzept und schon gar keine Kategorie; sie entspringt keinem Denksystem und denkt nicht in Systemen, sondern sie richtet sich nach den Verirrungen und Unentwirrbarkeiten der Welt und deren Unaussprechlichkeit. Erschütterungsdenken geschieht weder in Furcht, noch aus Schwäche oder Zaghaftigkeit, sondern breitet sich – seiner topischen Behauptung folgend – aus, es zerspringt auf allen Horizonten und in alle Richtungen (Glissant 2006 b: 82, 84, 86).

„Sur nos lacs et sur nos mers, les oiseaux déploient le vent, irrué de partout. Nous ne saurions les dénombrer, notre travail est d'être fidèles au vent courant."[278]

***

Statt die Zählungen der unzählbaren Toten nachzubuchen dem Gang der Boote der *harraga* treu sein. In ihren Kielwassern *erschütterungsdenken*.

In ihrem Buch *In the Wake. On Blackness and Being* schreibt Christina Sharpe, dass man seit dem 16. Jahrhundert in der Schifffahrt Wege gesucht habe, um die Bugwellen zu verringern und somit letztlich auch die Heckwellen, diese deutlich sichtbaren Verwirbelungsspuren, die ein Schiff unweigerlich im Wasser hinterlässt (Sharpe 2016: 40). Der Effekt des Traumas der Sklaverei sei das Gegenteil, es maximiere die Heckwasser, die durch Wellen entstehen, die quer zum Schiff laufend nach hinten strömen. Und obwohl es so aussehe, als würden sie senkrecht zur Fahrtrichtung

277 | Glissant scheint mir ein wahrhafter Denker der offenen Grenze, ohne deren Beseitigung im zumeist letztlich liberalen Sinne zu meinen. Bei Glissant liegt die Grenze darin, dass man über sie hinausgeht. Das Maß der Grenze, das hierbei ohne Transzendenz zu übersteigen ist, besteht nicht aus Messeinheiten wie groß oder klein, Beschleunigung oder Zeitlupe, sondern es liegt in einer Veränderung im Ganzen, ohne dass das Ganze gegeben ist oder überhaupt gegeben werden kann. In den europäischen Sprachen, die eine vor allem imperiale Geschichte beerben, wird dieser Gedanke der Grenze im Darüberhinausgehen oder als Erfindung wohl nicht zufällig am ehesten durch den Begriff der Frontier ausgedrückt. Dagegen scheint diesen Sprachen ein Grenzdenken, ein Denken von *traversées*, welches das Überqueren als Quergehen versteht, noch recht neu...

278 | Glissant 2006 b: 85. Deutsch etwa: Auf unseren Seen und Meeren, stellen die Vögel den Wind zur Schau, der sich von überall her verströmt. Wir können sie nicht zählen, unsere Arbeit besteht darin, dem Gang des Windes treu zu sein. (Ü.d.A.)

des Schiffs verlaufen, seien diese Wellen in Wirklichkeit kreisförmig. Sie bilden einen Bogen, der sich aufs offene Meer hin öffnet. Hier, *in the wake* greift Sharpe – große poetisch-politische Bogen schlagend, vom *middle passage* über das aktuelle Sterben im Mittelmeer bis zu den staatlich sanktionierten Morden, den *stop-and-frisk* Polizeipraktiken oder der Gefängnisindustrie der USA – die Spuren der „paraontologischen Flüchtigkeit" (Moten 2017: 3) Schwarzen Lebens und Sterbens auf.[279] *In the Wake* folgt der Temporalität der fortlaufenden Katastrophe der Nachlebens der Sklaverei und der transatlantischen, ozeanischen Temporalität, in der Zeit nicht vergeht, sondern in der Vergangenheit und Gegenwart aneinander angrenzen. (Ebd.: 128) „In the wake, the past that is not past, reappears, always, to rupture the present." (Ebd.: 9) *In the wake* meint entsprechend nicht nur die Imminenz und Immanenz des Todes im Schwarzem (Über-)Leben und die analytische Arbeit, den Alltag unter diesen Konditionen aufzuzeichnen, zu kartieren und zu erfassen. Es meint nicht nur, die Spuren des materiellen und ästhetischen Widerstandes zu verfolgen, nachzuvollziehen (ebd.: 13) und die Weisen, in der die „insistence on existing" (ebd.: 11) mit diesen Konditionen bricht. Es meint auch das Bewusstsein eines unvollendeten Emanzipationsprojektes, es meint die kontinuierliche und veränderliche Präsenz der unbewältigten Abschaffung der Sklaverei, es meint die Totenwache als Ort gemeinsamen Trauerns und Erinnerns. Sharpe schreibt, ihr liege nicht daran, Schwarzes Leben für Kategorien wie jene des Menschen zu retten, da die Sprache und die materiellen Verhältnisse, welche die Kategorie Mensch reproduziere, weiterhin den Tod Schwarzen Lebens und die Leugnung eines Schwarzen Menschseins produziere. „I am interested in ways of seeing and imagining responses to the terror visited on Black life and the ways we inhabit it, are inhabited by it, and refuse it. I am interested in the ways we live in and despite that terror." (Ebd.: 116)

***

Wenn es scheint, als würden gegenwärtig an der europäischen Grenze und im Zuge ihrer kritischen Humanitarisierung ganz reale Diskussionen darum geführt, was die Menschheit ist. Wenn der vorliegende Text darauf hinschreibt, nicht einfach weiter zu machen mit der Logik von Anerkennung und Abweisung der Ankommenden durch ihre Qualifizierung und Individualisierung, die noch vor ihrem Tod nicht innehält. *Take it into account.* Wenn dieser Text sich nicht mehr der additiven Folgerichtigkeit unterwerfen will und statt dem Eine*r-nach-der/dem-Anderen die Durchlöcherung der zeit-räumlichen Aufspannungen des *Tout-monde* affirmiert, dann geht es ihm darum, die europäische Grenze auf etwas Grundlegenderes hin zu öffnen, auf das Unzählbare hin, auf die Grenze Europas hin. Es geht ihm um die Fähigkeit, sich zu

279 | Mit der paraontologischen Flüchtigkeit ist gemeint, dass die Authentizität der „blackness" nicht derjenigen der Schwarzen entspricht, oder anders: Die paraontologische Unterscheidung zwischen „blackness" und „black" löst die Frage und die Bedeutung des Seins von derjenigen der „blackness" ab (Moten 2013: 750).

verbinden, zu aggregieren, Engfügungen zu praktizieren, es geht ihm um uns, um sie, um das Kommende – *in the wake, à venir.*

„Notre monde se touche."[280]

280 | Derrida 2000: 67. Deutsch etwa: Unsere Welt berührt sich.

„Nous avions su qu'on peut vivre non pas hors du temps mais sans lui, du moins sans le besoin de le mettre en ligne réglée ou de le repartir en divisions inaltérables. Le temps qui passe n'était pas perdu, il s'était simplement démuni de la vie (et pourtant nous nous souvenions de tout, dans un désordre d'apparences) et la vie explosait non pas hors mais en travers du temps [...]."
Glissant 1997: 43

„Wir wussten, dass man nicht außerhalb der Zeit leben kann, aber ohne sie oder wenigstens, ohne sie in einen geregelten Verlauf zu bringen oder in unveränderliche Abschnitte aufzuteilen. Die Zeit, die vergeht, war nicht verloren, sie hat sich ganz einfach des Lebens entledigt (trotzdem jedoch erinnerten wir uns an alles, in ungeordneten Erscheinungsbildern), und das Leben brach aus, nicht außerhalb, sondern quer zur Zeit [...]."
(Ü.d.A.)

Literatur

Abdel-Hakim, Sahar (2011), „Destinotions. Arab Women on the Go", in: Interventions, International Journal of Postcolonial Studies, Vol. 13 (2), 299-317.

Ahmed, Aischa (2005), „,Na ja, irgendwie hat man das ja gesehen'. Passing in Deutschland – Überlegungen zu Repräsentation und Differenz", in: Eggers, Maureen Maisha, Kilomba, Grada Piesche, Peggy, Arndt, Susan (Hg.), Mythen, Masken und Subjekte. Kritische Weißseinsforschung in Deutschland, Münster: Unrast Verlag, 270-282.

AnArchitektur. Produktion und Gebrauch gebauter Umwelt, Nr. 3, Juli 2002, Grenzgeografie Sangatte.

Andreas, Michael (2010), „Copying Camouflage. In/visibility of Illegalized Immigration in Julio Cesar Morales' Series Undocumented Interventions", in: Bischoff, Christine, Falk, Francesca, Kafehsy, Sylvia (Hg.), Images of Illegalized Immigration. Towards a Critical Iconology of Politics, Bielefeld: transcript, 57-70.

Appadurai, Arjun (1996), Modernity at Large: Cultural Dimensions of Globalization, Minneapolis/London: University of Minnesota Press.

Appadurai, Arjun (2009), Die Geographie des Zorns, Frankfurt am Main: Suhrkamp.

„Ausländer im Teufelskreis" (1970), in: DER SPIEGEL, Nr. 32, 1970, 66-67.

Bal, Mieke (Hg.) (2008), 2 Move, Video, Art, Migration, Murcia: Cendeac.

Bal, Mieke (2011), „Heterochrony in the Act: The Migratory Politics of Time", in: Thamyris/Intersecting, Nr. 23, 211-237.

Balibar, Étienne (1993), Die Grenzen der Demokratie, Hamburg: Argument Verlag.

Balibar, Étienne (2002), „What is a Border?", in: Derselbe, Politics and the Other Scene, London/New York: Verso, 75-86.

Barrière, Louis-Augustin (1995), „Le puzzle de la citoyenneté en Algérie", in: GISTI (Hg.), Plein droit, Nr. 29-30, November, 92-95.

Bataille, Georges (1988), „Hegel, la mort et le sacrifice" (Année 1955), in: Derselbe, Œuvres complètes, vol. 12, Paris: Gallimard, 326-345.

Baudrillard, Jean (1981), Simulacres et Simulation, Paris: Éditions Galilée.

Bauer, Wolfgang (2014), Über das Meer – Mit Syrern auf der Flucht nach Europa, Frankfurt am Main: Suhrkamp.

Ben (2014), „Ben. Rester à bord encore un peu...", in: booklet zu *La traversée*, 42-58.

Benfodil, Mustapha (2012), „Voyage dans l'Algérie des immolés", in: Le Matin Algérie, 29.01.2012, http://www.lematindz.net/news/7182-voyage-dans-lalgerie-des-immoles.html [zuletzt gesehen am 29.12.2017].

Bennett, Juda (1996), The Passing Figure. Racial Confusion in Modern American Literature, New York: Peter Lang Publishing.

Bennington, Geoffrey, Derrida, Jacques (1991), Derridabase/Circonfession, Paris: Editions du Seuil.

Bensmaïa, Réda (1997), „Der ,beliebige Raum' als ,Begriffsperson', in: Fahle, Oliver, Engel, Lorenz (Hg.), Der Film bei Deleuze/Le film selon Deleuze, Weimar: Verlag der Bauhaus Universität/Presse de la Sorbonne Nouvelle, 153-164.

Berczeller, Paul (2004), „The man who lost his past", in: The Guardian, Montag, 6. September, online: http://www.theguardian.com/film/2004/sep/06/features.features11 [zuletzt gesehen am 29.12.2017].

Berg, Olaf, Schwenken, Helen (2010), „Masking, Blurring, Replacing: Can the Undocumented Migrant Have a Face in Film?", in: Bischoff, Christine, Falk, Francesca, Kafehsy, Sylvia (Hg.), Images of Illegalized Immigration. Towards a Critical Iconology of Politics, Bielefeld: transcript, 111-128.

Berger, John, Mohr, Jean (1975), A Seventh Man: Migrant Workers in Europe, Penguin Books.

Berger, John, Mohr, Jean (1976), Arbeitsemigranten. Erfahrungen, Bilder, Analysen, Reinbek: Rowohlt Verlag.

Bhabha, Homi K. (Hg.) (1990), „DissemiNation: time, narrative, and the margins of the modern nation", in: Derselbe (Hg.), Nation and Narration, London/New York: Routledge, 291-322.

Bhabha, Homi K., im Interview mit Rutherford, Jonathan (1990), „The Third Space", in: Jonathan Rutherford (Hg.), Identity: Community, Culture, Difference, London: Lawrence & Wishart, 207-221.

Bhabha, Homi K., im Gespräch mit Mitchell, W.J.T. (1995), „Translator translated", in: Artforum International Magazine, 33, Nr. 7 (März), 80-84. Online: http://prelectur.stanford.edu/lecturers/bhabha/interview.html [zuletzt gesehen am 29.12.2017].

Bhabha, Homi K. (2000), Die Verortung der Kultur, Tübingen: Stauffenburg Verlag.

Boehm, Gottfried (1994), „Die Wiederkehr der Bilder", in: Derselbe (Hg.), Was ist ein Bild?, München: Fink, 11-38.

Boehm, Gottfried (2011), „Ikonische Differenz", in: Rheinsprung 11. Zeitschrift für Bildkritik, 1 (2011), 170-176, online: https://rheinsprung11.unibas.ch/fileadmin/documents/Edition_PDF/Ausgabe1/glossar-boehm.pdf [zuletzt gesehen am 29.12.2017].

Boff, Céline (2015), „Migrants décédés en Méditerranée: D'où viennent les chiffres?", in: 20minutes.fr, 23.04.2015, online: http://www.20minutes.fr/monde/1594147-20150423-migrants-decedes-mediterranee-o-viennent-chiffres [zuletzt gesehen am 29.12. 2017].

Bonta, Mark, Protevi, John (2004), Deleuze and Geophilosophy: A Guide and Glossary, Edinburgh: Edinburgh University Press.

Bordier, Julien (2004), „Le naufragé du terminal 1", in: L'Express, 26.07.2004, online: http://www.lexpress.fr/actualite/societe/le-naufrage-du-terminal-1_488969.html [zuletzt gesehen am 29.12.2017].

Bourdieu, Pierre, Sayad, Abdelmalek (1964), „Paysans déracinés. Bouleversements morphologiques et changements culturels en Algérie", in: Études rurales, Nr. 12 (1964), 56-94.

Braidotti, Rosi (2006), „The Ethics of Becoming Imperceptible“: in Boundas, Constantin (Hg.), Deleuze and Philosophy, Edinburgh: Edinburgh University Press, 133-159. Zitiert nach der Online-Version unter: http://deleuze.tausend-plateaus.de/wp-content/uploads/2008/01/trent-final.pdf [zuletzt gesehen am 29.12.2017].

Brunkhorst, Hauke (2014), Das doppelte Gesicht Europas. Zischen Kapitalismus und Demokratie, Frankfurt am Main: Suhrkamp.

Castro Varela, María do Mar, Dhawan, Nikita (2005), Postkoloniale Theorie. Eine kritische Einführung, Bielefeld: transcript Verlag.

Ceyhan, Ayse (2008), „Technologization of Security: Management of Uncertainty and Risk in the Age of Biometrics“, in: Surveillance & Society, Nr. 5 (2), 102-123.

Chakrabarty, Dipesh (2002), „A Small History of Subaltern Studies“, in: Derselbe, Habitations of Modernity. Essays in the Wake of Subaltern Studies, Chicago/London: The University of Chicago Press, 3-19.

Chan, Sucheng (1991), „The exclusion of Chinese Women, 1870-1943“, in: Chan, Sucheng (Hg.), Entry Denied. Exclusion and the Chinese Community in America, 1882-1943, Philadelphia: Temple University Press, 94-146.

Chena, Salim (2009), „Exil et Nation. Saïd, Merleau-Ponty et les harraga“, in: Naqd: Revue d'études et de critique sociale, Nr. 26/27 (Herbst/Winter 2009).

Chow, Rey (2004), „Toward an Ethics of Postvisuality: Some Thoughts on the Recent Work of Zhang Yimou“, in: Poetics Today, Vol. 25, Nr. 4, Winter 2004, 673-688.

Claes, Thomas (2010), Passkontrolle! Eine kritische Geschichte des sich Ausweisens und Erkanntwerdens, Berlin: Vergangenheitsverlag.

Cockburn, Cynthia (1993), Blockierte Frauenwege, Hamburg: Argument-Verlag.

Colebrook, Claire (2000), „From Radical Representations to Corporeal Becomings: The Feminist Philosophy of Lloyd, Grosz, and Gatens“, in: Hypatia, Vol. 15, Nr. 2, Frühling, 76-93.

Comaroff, Jean, Comaroff, John L. (2002), „Alien Nation: Zombies, Immigrants, and Millennial Capitalism“, in: The South Atlantic Quarterly 101, Nr. 4, 779-805, online: http://complit.utoronto.ca/wp-content/uploads/COL1000-Week09_Nov11_JohnJeanComaroff.pdf [zuletzt gesehen am 29.12.2017].

Comaroff, Jean, Comaroff, John L. (2012), Der Süden als Vorreiter der Globalisierung, Frankfurt am Main und New York: Campus Verlag.

Comaroff, Jean, Comaroff, John L. (2013), „Hausgemachte Hegemonie“, in: Conrad, Sebastian, Randeria, Shalini, Römhild, Regina (Hg.), Jenseits des Eurozentrismus. Postkoloniale Perspektiven in den Geschichts- und Kulturwissenschaften, Frankfurt am Main/New York: Campus, 267-300.

Comolli, Jean-Louis (2000), „Der Umweg über das direct (1969)“, in: Hohenberger, Eva (Hg.), Bilder des Wirklichen. Texte zur Theorie des Dokumentarfilms, Berlin: Verlag Vorwerk, 242-265.

Comolli, Jean-Louis (2009), Cinéma contre Spectacle, Lagrasse: Éditions Verdier.

Cowie, Elizabeth (2003), „Dokumentarische Kunst. Das Reale begehren, der Wirklichkeit eine Stimme geben“, in: Gludovatz, Karin (Hg.), Auf den Spuren des

Realen. Kunst und Dokumentarismus, Wien: Museum Moderner Kunst Stiftung Ludwig Wien, MUMOK, 15-41.
Creischer, Alice, Hinderer, Max Jorge, Siekmann, Andreas (Hg.) (2010), The Potosí Principle. How Can We Sing the Song of the Lord in an Alien Land. Colonial Image Production in the Global Economy, Köln: Walter König.
Daum, Pierre (2015), „Einmal Harki, immer Harki", in: Le monde diplomatique (Mai), 18-19.
de Certeau, Michel (1988), Kunst des Handelns, Berlin: Merve Verlag.
de Certeau, Michel (1990), L'invention du quotidien, Bd. 1, Paris: Gallimard.
de Certeau, Michel (2007), L'écriture de l'histoire, Paris: Gallimard.
de Certeau, Michel (2010), Die mystische Fabel, Frankfurt am Main: Suhrkamp.
De Landa, Manuel (2006), A New Philosophy of Society. Assemblage Theory and Social Complexity, London/New York: Continuum.
Deleuze, Gilles, Guattari, Félix (1974), Anti-Ödipus. Kapitalismus und Schizophrenie I, Frankfurt am Main: Suhrkamp.
Deleuze, Gilles, Guattari, Félix (1975), „Ein allzu großer Ödipus. Doppelte Aufhebung: die gesellschaftlichen Dreiecke, die Tierverwandlungen", in: Dieselben, Kafka. Für eine kleine Literatur, Frankfurt am Main: Suhrkamp, 15-23.
Deleuze, Gilles, Guattari, Félix (1980), Capitalisme et Schizophrénie. Mille Plateaux, Paris: Les Éditions de Minuit.
Deleuze, Gilles (1981), „La Peinture et la question des concepts, Mars/Juin 1981 – Cours 14 à 21 (18 heures)", in: La voix de Gilles Deleuze en ligne, http://www2.univ-paris8.fr/deleuze/rubrique.php3?id_rubrique=7 [zuletzt gesehen am 29.12.2017].
Deleuze, Gilles (1982-83), „Cinéma : Une classification des signes et du temps, Novembre 1982/Juin 1983 – Cours 22 à 44 (56 heures)", in: La voix de Gilles Deleuze en ligne, http://www2.univ-paris8.fr/deleuze/rubrique.php3?id_rubrique=10 [zuletzt gesehen am 29.12.2017].
Deleuze, Gilles (1983/84), „Cinéma/vérité et temps – La puissance du faux, Novembre 1983/Juin 1984 – Cours 45 à 66 (55 heures)", in: La voix de Gilles Deleuze en ligne, http://www2.univ-paris8.fr/deleuze/rubrique.php3?id_rubrique=11 [zuletzt gesehen am 29.12.2017].
Deleuze, Gilles (1987), Foucault, Frankfurt am Main: Suhrkamp.
Deleuze, Gilles (1987 a), „Qu'est-ce que l'acte de création ?" Conférence donnée dans le cadre des mardis de la fondation Femis – 17/05/1987, online unter: https://www.webdeleuze.com/textes/134 [zuletzt gesehen am 29.12.2017].
Deleuze, Gilles, Guattari, Félix (1987), A Thousand Plateaus. Capitalism and Schizophrenia, Minneapolis/London: University of Minnesota Press.
Deleuze, Gilles, Guattari, Félix (1991/2005), Qu'est-ce que la philosophie ?, Paris: Les éditions de minuit.
Deleuze, Gilles, Guattari, Félix (1992), Kapitalismus und Schizophrenie. Tausend Plateaus, Berlin: Merve Verlag.

Deleuze, Gilles (1993 a), „Über Das Bewegungs-Bild", in: Derselbe, Unterhandlungen. 1972-1990, Frankfurt am Main: Suhrkamp, 70-85.

Deleuze, Gilles (1993 b), „Zweifel am Imaginären", in: Derselbe, Unterhandlungen. 1972-1990, Frankfurt am Main: Suhrkamp, 92-100.

Deleuze, Gilles (1993 c), „La littérature et la vie", in: Derselbe, Critique et clinique, Paris: Éditions de Minuit, 11-17.

Deleuze, Gilles (1993 d), „Bégaya-t-il...", in: Derselbe, Critique et clinique, Paris: Éditions de Minuit, 135-145.

Deleuze, Gilles (1997), Differenz und Wiederholung, München: Wilhelm Fink Verlag.

Deleuze, Gilles (1997, Bd. 1), Das Bewegungs-Bild. Kino 1, Frankfurt am Main: Suhrkamp.

Deleuze, Gilles (1997, Bd. 2): Das Zeit-Bild. Kino 2, Frankfurt am Main: Suhrkamp.

Deleuze, Gilles (2000 a), „Die Literatur und das Leben", in: Derselbe, Kritik und Klinik, Frankfurt am Main: Suhrkamp, 11-17.

Deleuze, Gilles (2000 b), „Stotterte er...", in: Derselbe, Kritik und Klinik, Frankfurt am Main: Suhrkamp, 145-154.

Deleuze, Gilles (2003 a), „Nomaden-Denken", in: Derselbe: Die einsame Insel. Texte und Gespräche von 1953-1974, Frankfurt am Main: Suhrkamp, 366-380.

Deleuze, Gilles (2003 b), „Spalte und örtliche Feuer" in: Derselbe, Die einsame Insel. Texte und Gespräche 1953-1974, Frankfurt am Main: Suhrkamp, 226-235.

Deuleuze, Gilles (2005), „Was ist der Schöpfungsakt?", in: Derselbe, Schizophrenie & Gesellschaft. Texte und Gespräche 1975-1995, Frankfurt am Main: Suhrkamp, 298-308.

Deleuze, Gilles (2007), Henri Bergson zur Einführung, Hamburg: Junius Verlag.

Deleuze, Gilles (2010), „Über das Zeit-Bild", in: Liebsch, Dimitri (Hg.), Philosophie des Films. Grundlagentexte, Paderborn: mentis, 150-154.

Deleuze, Gilles (2011), „Platon und das Trugbild", in: Alloa, Emmanuel (Hg.), Bildtheorien aus Frankreich. Eine Anthologie, München: Wilhelm Fink Verlag, 119-132.

del Grande, Gabriele (2011), Das Meer zwischen uns. Flucht und Migration in Zeiten der Abschottung, Karlsruhe: Loeper Literaturverlag.

Deligny, Fernand (2007), Oeuvres, Paris: L'Arachnéen.

Denzin, Norman K. (1997), Interpretive ethnography: Ethnographic practices for the 21st century, Thousand Oaks: SAGE Publications.

Derrida, Jacques (1972), „la différance", in: Derselbe, Marges de la philopsophie, Paris: Éditions de minuit, 1-29.

Derrida, Jacques (1980 a), „Envois", in: Derselbe, La carte postale de Socate à Freud et au-delà, Paris: Flammarion, 5-273.

Derrida, Jacques (1980 b), „Le facteur de la vérité", in: Derselbe, La carte postale, de Socrate à Freud et au-delà, Paris: Flammarion, 439-524.

Derrida, Jacques (1987 a), „Der Facteur der Wahrheit", in: Derselbe, Die Postkarte von Sokrates bis Freud und jenseits. 2. Lieferung, Berlin: Brinkmann & Bose.

Derrida, Jacques (1987 b), „Le facteur de la vérité“, in: Derselbe, The Postcard. From Socrates to Freud and Beyond, Chicago & London: The University of Chicago Press, 411-496.

Derrida, Jacques (1989), „Envois/Sendungen“, in: Derselbe, Die Postkarte von Sokrates bis an Freud und jenseits, 1. Lieferung , Berlin: Brinkmann & Bose.

Derrida, Jacques (1991), L'autre cap suivi de la démocratie ajournée, Paris: Les Éditions de Minuit.

Derrida, Jacques, im Interview mit Ewald, François (1992), „Une ‚folie‘ doit veiller sur la pensée“, in: Point de Suspension. Entretien, Paris: Éditions Galilée, 349-375.

Derrida, Jacques, im Interview mit Ferraris, Maurizio, (1992) „Istrice 2. Ick bünn all hier“, in: Point de Suspension. Entretien, Paris: Éditions Galilée, 309-336.

Derrida, Jacques, im Interview mit Weber, Elisabeth (1992), „Passages du traumatisme à la promesse“, in: Point de Suspension. Entretien, Paris: Éditions Galilée, 385-409.

Derrida, Jacques (1992), Das andere Kap. Die vertagte Demokratie. Zwei Essays zu Europa, Frankfurt am Main: Suhrkamp.

Derrida, Jacques (1996), Le monolonguisme de l'autre ou la prothèse d'origine, Paris: Éditions Galilée.

Derrida, Jacques, invité par Dufourmantelle, Anne (1997), De l'hospitalité, Paris: Calmann-Lévy.

Derrida, Jacques (2000), Le toucher, Jean-Luc Nancy, Paris: Galilée.

Derrida, Jacques (2003), Die Einsprachigkeit des Anderen oder die ursprüngliche Prothese, München: Fink.

Derrida, Jacques, Birnbaum, Jean (2004 a), „Je suis en guerre contre moi-même“, in: Le monde, 12. Oktober, VI-VII.

Derrida, Jacques, Birnbaum, Jean (2004 b), „Das Leben, das Überleben“, in: Lettre International, Heft 66, Herbst 2004, 10-13.

Derrida, Jacques (2007), „Psyche: Invention of the Other“, in: Derselbe: Psyche. Inventions of the Other, Volume I, (herausgegeben von Kamuf, Peggy, Rottenberg, Elizabeth), Stanford California: Stanford University Press 1-47.

Derrida, Jacques (2011) „Denken, nicht zu sehen“, in: Alloa, Emmanuel (Hg.), Bildtheorien aus Frankreich. Eine Anthologie, München: Wilhelm Fink Verlag, 322-346.

de Stoop, Chris (1996), Hol die Wäsche rein. Die Geschichte einer ganz gewöhnlichen Abschiebung, Frankfurt am Main: Fischer.

d'Hauteville, Laure (1995), „Algériens: feu la libre circulation“, in: GISTI (Hg.), Plein droit, Nr. 29-30, November, 87-89.

Drechsler, Michael (1980), Selbstorganisierte Medienarbeit in basisdemokratischen Initiativen. Die Filmprojekte im Märkischen Viertel Berlin, Wetzlar: Klaus Guhl.

Dupont, Joan (1994), „Black and White World of ‚Colonial‘ Movies“, in: International Herald Tribune, February 23, 1994.

Duras, Marguerite, Porte, Michelle (1977), Les lieux de Marguerite Duras, Paris: Éditions de Minuit.

Duras, Marguerite (1996), La mer écrite, Paris: Marval.

Edwards, Elizabeth (2003), „Andere ordnen. Fotografie, Anthropologie und Taxonomien", in: Wolf, Herta (Hg.), Diskurse der Fotografie. Fotokritik am Ende des fotografischen Zeitalters, Frankfurt am Main: Suhrkamp, 335-355.

eipcp (Hummer, Andrea, Mennel, Birgit, Minichbauer, Raimund, Mokre, Monika, Nowotny, Stefan, Raunig, Gerald) (Hg.) (2013), Flee erase territorialize, transversal 03, http://eipcp.net/transversal/0313 [zuletzt gesehen am 29.12.2017].

Elias, Norbert (1976), „Einleitung", in: Derselbe, Über den Prozess der Zivilisation. Soziogenetische und psychogenetische Untersuchungen. Erster Band. Wandlungen des Verhaltens in den westlichen Oberschichten des Abendlandes, Frankfurt am Main: Suhrkamp, VII-LXX.

Epstein, Jean (1975 a), „Le cinématographe vue de l'Etna, 1926", in: Derselbe, Écrits sur le cinéma. 1921-1953 (Édition chronologique en deux volumes), tome 1: 1946-1953, Paris: Éditions Seghers, 131-152.

Epstein, Jean (1975 b), „Grossissement" [1921], in: Derselbe, Écrits sur le cinéma. 1921-1953 (Édition chronologique en deux volumes), tome 1: 1946-1953, Paris: Éditions Seghers, 93-99.

Epstein, Jean (1975 c), „L'essentiel du cinéma 1923", in: Derselbe, Écrits sur le cinéma. 1921-1953 (Édition chronologique en deux volumes), tome 1: 1946-1953, Paris: Éditions Seghers, 119-120.

Epstein, Jean (1975 d), „Le cinéma du diable (1947)", in: Derselbe, Écrits sur le cinéma. 1921-1953 (Édition chronologique en deux volumes), tome 1: 1946-1953, Paris: Éditions Seghers, 335-410.

Eshun, Kodwo (2003), „Further Considerations on Afrofuturism", in: The New Centennial Review, Vol. 3, Nr. 2 (Sommer), 287-302.

Fabian, Johannes (1983), Time and the Other. How Anthropology Makes its Object, New York: Columbia University Press.

Fahle, Oliver (2000), Jenseits des Bildes. Poetik des französischen Films der zwanziger Jahre, Mainz: Theo Bendert Verlag.

Falk, Francesca (2010), „Invasion, Infection, Invisibility: An Iconology of Illegalized Immigration", in: Bischoff, Christine, Falk, Francesca, Kafehsy, Sylvia (Hg.), Images of Illegalized Immigration. Towards a Critical Iconology of Politics, Bielefeld: transcript, 83-99.

Fanon, Frantz (1952), Peau noire, masques blancs, Paris: Éditions du Seuil.

Fanon, Frantz (1966), Die Verdammten dieser Erde, Frankfurt am Main: Suhrkamp.

Fanon, Frantz (2002), Les damnés de la terre, Paris: Éditions La Découverte.

Fanon, Frantz (2015), Ecrits sur l'aliénation et la liberté, Paris: La Découverte; herausgegeben und kommentiert von Jean Khalfa und Robert Young.

Farouky, Saeed Taji (2005), „I See The Stars At Noon: filming Morocco's emigration hunger", online: http://www.opendemocracy.net/arts-Film/stars_at_noon_2973.jsp [zuletzt gesehen am 29.12.2017].

Forster, Edward Morgan (1960), Auf der Suche nach Indien, Frankfurt am Main und Hamburg: Büchergilde Gutenberg.

Foucault, Michel (1994), „La vie des hommes infâmes" [im Original 1977 erschienen], in: Derselbe, Dits et Écrits 1954-1988, Bd. 3 (1976-1979), Paris: Gallimard, 198-253.

Foucault, Michel (2001), Das Leben der infamen Menschen, Berlin: Merve Verlag.

Friese, Heidrun (2012), „Y'al babour, y'a mon amour. Raï-Rap und undokumentierte Mobilität", in: Dietrich, Marc, Seeliger, Martin (Hg.), Deutscher Gangsta-Rap. Sozial- und kulturwissenschaftliche Beiträge zu einem Pop-Phänomen, Bielefeld: transcript, 231-84.

Gaïdi, Mohamed Fawzi (2011), „Une vingtaine de harraga brûlent leur embarcation", in: El Watan, 18.01.2011, http://www.djazairess.com/fr/elwatan/307691 [zuletzt gesehen am 29.12.2017].

Gasser, Martin, Meier, Thomas Dominik, Wolfensberger, Rolf (Hg.) (1998), Wider das Leugnen und Verstellen. Carl Durheims Fahndungsfotografien von Heimatlosen 1852/53, Winterthur: Offizin Verlag.

Gast, M. (1994), „Cuirs et peaux", in: Encyclopédie berbère, Vol. 14, Conseil – Danse, Aix-en-Provence: Edisud, online: http://encyclopedieberbere.revues.org/2346 [zuletzt gesehen am 29.12.2017].

Gatti, Fabrizio (2010), Bilal. Als illegaler auf dem Weg nach Europa, München: Antje Kunstmann Verlag.

Geschiere, Peter (1997), The Modernity of Witchcraft: Politics and the occult in postcolonial Africa, Charlottesville/London: University Press of Virginia.

Ghambou, Mokhtar (2001), „A Critique of Post/Colonial Nomadism", in: Journal x: A Journal in Culture and Criticism, Vol. 6. Number 1 (2001): 63-77.

Ghambou, El Mokhtar (2001 a), Nomadism and its Frontiers, A dissertation submitted in partial fulfillment of Doctor of Philosophy, Department of Comparative Literature New York University, January 2001.

Gilman, Sander L. (1992), Rasse, Sexualität und Seuche. Stereotype aus der Innenwelt der westlichen Kultur, Reinbek: Rowohlt Verlag.

Glissant, Édouard (1987), Mahagony, Paris: Editions le Seuil.

Glissant, Édouard (1990), Poétique de la relation. Poétique III, Paris: Editions Gallimard.

Glissant, Édouard (1997), Traité du Tout-Monde, Poétique IV, Paris: Éditions Gallimard.

Glissant, Édouard (2006 a), „Il n'est frontière qu'on n'outrepasse", in: Le Monde Diplomatique, Nr. 631, Oktober.

Glissant, Édouard (2006 b), „La pensée du tremblement", in: Annali della Fondazione Europea del Disegno (Fondation Adami), Milano: Bruno Mondadori, 81-89.

Glissant, Édouard (2009), Philosophie de la relation, Paris: Gallimard.

Grace, Helen (2007), „Monuments and the face of time: distortions of scale and asynchrony in postcolonial Hong Kong", in: Postcolonial Studies, Vol. 10, Nr. 4, 467-483.

Grafe, Frieda (2006), Schnittstellen. Blick Bilder Körper Video Sprache Zeichnung Foto Film, Berlin: Verlag Brinkmann & Bose.

Griffin, John Howard (1996), Black Like Me, 35th Anniversary Edition (original: 1960), New York: Signet/Penguin Books.

Groebner, Valentin (2004), Der Schein der Person. Steckbrief, Ausweis und Kontrolle im Europa des Mittelalter, München: C.H. Beck Verlag.

Grosz, Elizabeth (1994), Volatile Bodies, Bloomington: Indiana University Press.

Grosz, Elizabeth (2002), „A politics of imperceptibility: A response to ‚Anti-racism, multiculturalism and the ethics of identification'" in: Philosophy & Social Criticism, Nr. 28, 463-472.

Guattari, Félix (1976), „Transversalität", in: Derselbe, Psychotherapie, Politik und die Aufgaben der institutionellen Analyse, Frankfurt am Main: Suhrkamp, 39-55.

Guattari, Félix (1981), „La pulsion. Le trou noir", Vorlesung vom 10/02/81, Transkription online auf: http://www.revue-chimeres.fr/drupal_chimeres/files/810210.pdf [zuletzt gesehen am 29.12.2017].

Guattari, Félix (1992), Chaosmose, Paris: Éditions Galilée.

Guattari, Félix (2014), Chaosmose, Wien: Turia + Kant.

Guenatri, Oulaya, Lafer, Farida, Moussaoui, Fatima Nabila, Hafdallah, Rafika, Khaled, Noureddine, Oussaad, Aziza, Peraldi, Michel (2008), „S'arracher : la harraga des mineurs en Algérie", in: Peraldi, Michel (Hg.), Les gamins des quais. Mineurs migrants dans l'espace euro-méditerranéen, Publikation im Rahmen des Forschungsprojektes „Prévention de la migration illégale des mineurs non accompagnés", DCI-Migr/2008/150-995, 138-154, online: http://www.minorimigranti.org/uploads/1/7/9/5/1795513/gamins_des_quais_web.pdf [zuletzt gesehen am 29.12.2017].

Gutberlet, Marie-Hélène (2007), „Der blinde Passagier", in: Pauleit, Winfried, Rüffert, Christine, Schmid, Karl-Heinz, Tews, Alfred & Bremer Symposium zum Film (Hg.), Traveling Shots. Film als Kaleidoskop von Reiseerfahrungen, Berlin: Bertz und Fischer, 163-175, online: http://www.bertz-fischer.de/travelingshots/pdf/travelingshotsgutberlet592.pdf [zuletzt gesehen am 29.12.2017].

Gutberlet, Marie-Hélène, Helff, Sissy (2011), „Einleitung", in: Dieselben, Die Kunst der Migration. Aktuelle Positionen zum europäisch-afrikanischen Diskurs, Bielefeld: transcript Verlag, 9-17.

Haggerty, Kevin D., Ericson, Richard V. (2000), „The surveillant assemblage", in: British Journal of Sociology, Vol. 51, Nr. 4, Dezember 2000, 605-622.

Hall, Stuart (2004), „Das Spektakel des ‚Anderen'", in: Derselbe: Ideologie. Identität. Repräsentation. Ausgewählte Schriften 4, Hamburg: Argument Verlag, 108-166.

Haneda, Masashi (1994), „Introduction. An Interpretation of the Concept of the ‚Islamic City'", in: Masashi, Haneda, Miura, Toru (Hg.), Islamic Urban Studies. Historical Review and Perspectives, London/New York: Kegan Paul International, 1-10.

Hanlon, Christopher (2000), „The Pleasures of Passing and the Real of Race", in: Journal x: A Journal in Culture and Criticism, Vol. 5, Nr. 1, 23-36.

Haraway, Donna (1988), „Situated Knowledges: The Science Question in Feminism and the Privilege of Partial Perspective", in: Feminist Studies, Vol. 14, Nr. 3 (Herbst), 675-599.

Haraway, Donna (1995 a), „Situiertes Wissen. Die Wissenschaftsfrage im Feminismus und das Privileg einer partialen Perspektive", in: Dieselbe, Die Neuerfindung der Natur. Primaten, Cyborgs und Frauen, Frankfurt am Main/New York: Campus, 73-97.

Haraway, Donna (1995 b), „‚Wir sind immer mittendrin'. Ein Interview mit Donna Haraway", in: Dieselbe, Die Neuerfindung der Natur. Primaten, Cyborgs und Frauen, Frankfurt am Main/New York: Campus, 98-122.

Haraway, Donna (1995 c), „Monströse Versprechen. Eine Erneuerungspolitik für un/an/geeignete Andere", in: Dieselbe, Monströse Versprechen. Die Gender- und Technologie-Essays, Hamburg: Argument Verlag, 11-80.

Haraway, Donna (1995 d), „Das Abnehmespiel: Ein Spiel mit Fäden für Wissenschaft, Kultur und Feminismus", in: Dieselbe, Monströse Versprechen. Die Gender- und Technologie-Essays, Hamburg: Argument Verlag, 136-148.

Haraway, Donna (1995 e), „Ein Manifest für Cyborgs", in: Dieselbe, Die Neuerfindung der Natur. Primaten, Cyborgs und Frauen, Frankfurt am Main/New York: Campus, 33-72.

Harney, Stefano, Moten, Fred (2013), The Undercommons. Fugitive Planning & Black Study, Wivenhoe/New York/Port Watson: Minor Compositions.

Harney, Stefano, Moten, Fred (2016), Die Undercommons. Flüchtige Planung und schwarzes Studium, Wien: transversal texts.

Haroun, Mahamat-Saleh, im Gespräch mit Gasperi, Walter (2011), „Tschad ist ein patriarchales Land", in: St. Galler Tagblatt, 20. Juli, online auf: http://www.tagblatt.ch/aktuell/kultur/tb-sk/Tschad-ist-ein-patriarchales-Land;art188,2618817 [zuletzt gesehen am 29.12.2017].

Heidenreich, Nanna (2014), V/Erkennungsdienste, das Kino und die Perspektive der Migration, Bielefeld: transcript.

Hohenberger, Eva (1988), Die Wirklichkeit des Films. Dokumentarfilm. Ethnographischer Film. Jean Rouch, Hildesheim/Zürich/New York: Georg Olms Verlag.

Holert, Tom, Terkessidis, Mark (Hg.), (1997), Mainstream der Minderheiten: Pop in der Kontrollgesellschaft, Berlin: ID Verlag.

Horn, Eva (2002), „Der Flüchtling", in: Horn, Eva, Kaufmann, Stefan, Bröckling, Ulrich (Hg.), Grenzverletzer. Von Schmugglern, Spionen und anderen subversiven Gestalten, Berlin: Kulturverlag Kadmos, 23-40.

Jay, Martin (1988), „Scopic Regimes of Modernity", in: Foster, Hal (Hg.), Vision and Visuality, Dia Art Foundation. Discussions in Contemporary Culture, Nr. 2, Seattle: Bay Press, 3-23.

Kafka, Franz (1917), Die Acht Oktavhefte, 13. Dezember 1917 (Das dritte Oktavheft), online: http://gutenberg.spiegel.de/buch/die-acht-oktavhefte-9772/4 [zuletzt gesehen am 29.12.2017].

Khalfa, Jean (2016), „Relire Fanon", in: Revista XIX: artes e técnicas em transformação, Nr. 3 (Usufruto, privações e repercussões: olhares sobre o colonialismo), online: http://periodicos.unb.br/index.php/revistaXIX/article/view/23312 [zuletzt gesehen am 29.12.2017].

Karakayali, Serhat, Tsianos, Vassilis (2007), „Movements that matter. Eine Einleitung", in: TRANSIT MIGRATION FORSCHUNGSGRUPPE (Hg.) (2007), Turbulente Ränder. Neue Perspektiven auf Migration an den Grenzen Europas, Bielefeld: transcript, 7-17.

Kazan, Elia (1964), Amerika, Amerika, Berlin/Darmstadt/Wien: Deutsche Buch-Gemeinschaft.

Kazan, Elia (2000), Interviews, edited by William Baer, Jackson, MS: University Press of Mississippi.

Kazan, Elia (2007), Filmarbeit. Amerika Amerika (Eine Filmerzählung) und zwei Gespräche über Schreiben, Regieführen und Schauspielen im Film (mit Jeff Young). Mit einem Vorwort von Fatih Akin, Berlin: Alexander Verlag.

Kemke, Michael (2010), „Teufelswerk der Tiefsee. Piraterie und die Repräsentation des Meeres als Raum im Recht", in: Baader, Hannah, Wolf, Gerhard (Hg.), Das Meer, der Tausch und die Grenzen der Repräsentation, Berlin/Zürich: diaphanes, 379-411.

Kenjar, Kevin (2007), „The Ineffable State of Transcendental Ecstasy. Kefi, Rebetiko and Sufi Mysticism", online auf: http://classics.uc.edu/~campbell/Kenjar/Ecstasy.pdf [zuletzt gesehen am 03.05.2015].

Kisaichi, Masatoshi (1994), „The Maghrib", in: Haneda, Masashi, Miura, Toru (Hg.), Islamic Urban Studies. Historical Review and Perspectives, New York, 11-82.

Konaté, Moussa (2012), „Pictures from here for the people over yonder. Photography in migratory circuits", in: Gutberlet, Marie-Hélène, Snyman, Cara (Hg.), Shoe Shop, Auckland Park (South Africa): Fanele, 75-85.

Krauss, Rosalind E. (2011), Das optische Unbewusste, Hamburg: Philo Fine Arts.

Kristeva, Julia (1982), Powers of Horror. An Essay on Abjection, New York: Columbia University Press.

Kromschröder, Gerhard (1983), Als ich ein Türke war: Reportagen, Frankfurt am Main: Eichborn.

Kuhn, Eva (2010), „Border: The Videographic Traces by Laura Waddington as a Cinematographic Memorial", in: Bischoff, Christine, Falk, Francesca, Kafehsy, Sylvia (Hg.), Images of Illegalized Immigration. Towards a Critical Iconology of Politics, Bielefeld: transcript, 129-142.

Kuster, Brigitta (2007), „Die Grenze filmen", in: TRANSIT MIGRATION Forschungsgruppe (Hg.), Turbulente Ränder. Neue Perspektiven auf Migration an den Grenzen Europas, Bielefeld: transcript, 187-201.

Kuster, Brigitta, im Gespräch mit Nowotny, Stefan (2008), „‚J'y étais'. Über das Weitersprechen von Zeugen des Jahres 1892", in: Buden, Boris, Nowotny, Stefan (Hg.), Übersetzung: Das Versprechen eines Begriffs, Wien: Turia + Kant, 217-230;

erschienen zudem auf: http://eipcp.net/transversal/0408/kuster/de [zuletzt gesehen am 29.12.2017].

Kuster, Brigitta (2010), „Tarzan and the Scream of Modernity. On the Postcolonial in Mohamed Osfour's Cinematic Works", in: von Osten, Marion, Karakayali, Serhat, Avermaete, Tom (Hg.), Colonial Modern. Aesthetics of the Past. Rebellions for the Future, London: Black Dog Publishing, 272-287.

Kuster, Brigitta (2011), „‚Détruire dit-elle'. Zur Flucht aus dem Politischen", (unpublizierter) Vortrag im Rahmen der Tagung Politik im Dokumentarfilm im Oktober 2011. Soundfile: http://www.dokumentarfilminitiative.de/index.php/component/content/article?id=210 [zuletzt gesehen am 29.12.2017].

Kuster, Brigitta (2013), „Rapports et déplacements – Bezüge und Verschiebungen – References and displacements", in: Gutberlet, Marie-Hélène (Hg.), The space between us, Bielefeld/Berlin: Kerber Verlag, 60-75 bzw. 76-88.

Kuster, Brigitta, Tsianos, Vassilis S. (2013 a), „How to liquefy a moving body: Eurodac und die Digitalisierung der Europäischen Grenze", in: Arbeitsgruppe Informatik in Bildung und Gesellschaft (Hg.), Biometrische Identitäten und ihre Rolle in den Diskursen um Sicherheit und Grenzen, Berlin: Humboldt Universität zu Berlin, 19-36. Online Publikation: http://edoc.hu-berlin.de/conferences/bioident/kuster-brigitta-19/PDF/kuster.pdf [zuletzt gesehen am 29.12.2017].

Kuster, Brigitta, Tsianos, Vassilis S. (2013 b): „Erase them! Eurodac und die digitale Deportabilität"/„Erase them! Eurodac and Digital Deportability", in: eipcp – Hummer, Andrea, Mennel, Birgit, Minichbauer, Raimund, Mokre, Monika, Nowotny, Stefan, Raunig, Gerald (Hg.), transversal/EIPCP multilingual webjournal, 03/13, flee erase territorialize, online: http://eipcp.net/transversal/0313/kuster-tsianos/de [zuletzt gesehen am 29.12.2017], http://eipcp.net/transversal/0313/kuster-tsianos/en [zuletzt gesehen am 29.12.2017].

Kuster, Brigitta, Sarreiter, Regina, Schmidt, Dierk (2013), „Fait accompli? In Search of Actions for Postcolonial Injunctions. An Introduction to the Special Issue ‚Afterlives' edited by Artefakte//anti-humboldt", in: Afterlives, darkmatter. In the ruins of imperial culture, Nr. 11, November 2013, online: http://www.darkmatter101.org/site/category/issues/11-afterlives/ [zuletzt gesehen am 29.12.2017].

Kuster, Brigitta (2014 a), „Grenzgang Ambivalenz", in: Mader, Rachel (Hg.), Radikal Ambivalent. Engagement und Verantwortung in den Künsten heute, Zürich/Berlin: Diaphanes, 175-191.

Kuster, Brigitta (2014 b), „parler film", in: Hering, Tobias, Der Standpunkt der Aufnahme, Berlin: Archive Books, 228-243.

Kuster, Brigitta, Tsianos, Vassilis S. (2014), „Eurodac reloaded. Vielseitig verwendbare Fingerabdrücke", in: Bürgerrechte & Polizei/CILIP, 105, April 2014, 20-28.

Kuster, Brigitta, Melitopoulos, Angela (2016), „Denkt euch doch selbst was aus! Ein Gespräch über Film und Migration zwischen Brigitta Kuster und Angela Melitopoulos", in: Frauen und Film, 67, 73-92.

Kuster, Brigitta (2016), Choix d'un passé. Transnationale Vergegenwärtigungen kolonialer Hinterlassenschaften, Wien: transversal texts. Online: http://transversal.at/books/choixdunpasse [zuletzt gesehen am 29.12.2017].

Kuster, Brigitta, Tsianos, Vassilis S. (2016), „Hotspot Lesbos", eine Publikation der Heinrich-Böll-Stiftung, August 2016, online: https://www.boell.de/sites/default/files/160802_e-paper_kuster_tsianos_hotspotlesbos_v103.pdf [zuletzt gesehen am 29.12.2017].

Kuster, Brigitta (2017), „Europas Grenzen und die mobile undercommons", in: Texte zur Kunst, Heft Nr. 105/March 2017 „Wir sind ihr/They are us", 118-125.

Laacher, Smaïn (2008), „Les indicibles étrangers", online: http://itinerairesud.unblog.fr/calais-no-comment/texte-de-smain-laacher/ [zuletzt gesehen am 29.12.2017].

Lagarde, Paul (1995), „Décolonisation et nationalité", in: GISTI (Hg.), Plein droit, Nr. 29-30, November, 83-86.

Larrouzé, Johanne (2006), l'exil a duré, Marseille: la compagnie.

Latour, Bruno (1986), „Visualization and Cognition: Thinking with Eyes and Hands", in: Knowledge and Society: Studies in the Sociology of Culture Past and Present, Vol. 6, 1-40.

Latour, Bruno (2006), „Drawing Things Together: Die Macht der unveränderlich mobilen Elemente", in: Belliger, Andréa, Krieger, David J. (Hg.), ANThology. Ein einführendes Handbuch zur Akteur-Netzwerk-Theorie, Bielefeld: transcript, 259-307.

Laurens, Sylvain (2008), „L'immigration: une affaire d'Etats. Conversions des regards sur les migrations algériennes (1961-1973)", in: Cultures & Conflits, 69 (Frühjahr 2008), 33-53.

Leeb, Susanne (2013), Die Kunst der anderen: „Weltkunst" und die anthropologische Konfiguration der Moderne, Inaugural-Dissertation zur Erlangung der Doktorgrades an der Kulturwissenschaftlichen Fakultät der Europa-Universität Viadrina Frankfurt/Oder, online: https://opus4.kobv.de/opus4-euv/frontdoor/index/index/docId/69 [zuletzt gesehen am 29.12.2017].

Le Tourneau, Roger, Paye, Lucien (1935), „La Corporation des tanneurs et l'industrie de la tannerie à Fès", in: Hespéris, 167-270.

Leuthold, Ruedi (2003), „Ein Mann von dieser Welt", in: Die Zeit (Nr. 46), 6. November. Online: http://www.zeit.de/2003/46/Flughafen-Exil [zuletzt gesehen am 29.12.2017].

Leuvrey, Elisabeth (2014), „Au cœur du va-et-vient", in: booklet zu La traversée, 3-5.

Liebsch, Dimitri (2010), „Philosophie und Film", in: Derselbe (Hg.), Philosophie des Films. Grundlagentexte, Paderborn: mentis, 7-26.

Lindner, Rolf (2004), Walks on the Wild Side. Eine Geschichte der Stadtforschung, Frankfurt am Main: Campus.

Luibhéid, Eithne (2002), Entry Denied: Controlling Sexuality at the Border, Minneapolis: University of Minnesota Press.

Mahmoud, Mahmoud Ben (2008), Gespräch anlässlich der Rencontres cinématographiques de Hergla: „Leçon de Cinéma de Mahmoud ben Mahmoud“, online unter: http://www.herglacinema.org/content/lecon-de-cinema-mahmoud-ben-mahmoud [zuletzt gesehen am 29.12.2017].

Makarius, Laura Levi (1974), Le sacré et la violation des interdits, Paris: Payot.

Malabou, Catherine, Derrida, Jacques (2004), Counterpath. Traveling with Jacques Derrida, Stanford, California: Stanford University Press.

Malabou, Catherine, Derrida, Jacques (2009), La contre-allée, Paris: La Quinzaine Littéraire/Louis Vuitton (collection voyager avec...).

Mammeri, Achira (2008), „Le nouveau Code pénal algérien prévoit des peines de prison contre l'immigration clandestine“, in: Magharebia, online: http://magharebia.com/fr/articles/awi/features/2008/09/04/feature-01 [zuletzt gesehen am 01.05.2015].

Manisera, Sara (2017), „Lost at sea? Tunisian mothers mourn their disappeared“, in: TheNewArab 27. April 2017, https://www.alaraby.co.uk/english/society/2017/4/27/lost-at-sea-tunisian-mothers-mourn-their-disappeared [zuletzt gesehen am 29.12.2017].

Manning, Erin (2010), „Das Ereignis des Schreibens. Brian Massumi und die Politik des Affekts“, in: Massumi, Brian, Ontomacht. Kunst, Affekt und das Ereignis des Politischen, Berlin: Merve Verlag, 7-23.

Marks, Laura M. (2000), The Skin of the Film. Intercultural Cinema, Embodiment, and the Senses, Durham and London: Duke University Press.

Marks, Laura M. (2017), „Archival Romances: Found, Compressed and Loved Again“, in: FKW//Zeitschrift für Geschlechterforschung und visuelle Kultur, Nr. 61, https://www.fkw-journal.de/index.php/fkw/article/view/1391 [zuletzt gesehen am 10.06.2017].

Massumi, Brian (2005) „The Future Birth of the Affective Fact“, in: Conference Proceedings: Genealogies of Biopolitics, online: http://browse.reticular.info/text/collected/massumi.pdf [zuletzt gesehen am 29.12.2017].

Massumi, Brian (2010), Ontomacht. Kunst, Affekt und das Ereignis des Politischen, Berlin: Merve Verlag.

Massumi, Brian (2013), „Kräfte des Widerstands – Ideologie und Affekt“, ein Interview mit Yubraj Aryal, in: springerin Nr. 2, 39-43.

Mbembe, Achille, Nuttall, Sarah (2008), „Introduction: Afropolis“, in: Nuttall, Sarah, Mbembe, Achille (Hg.), Johannesburg. The Elusive Metropolis, Johannesburg: Wits University Press, 1-33.

Mbembe, Achille (2008), „Aesthetics of Superfluity“, in: Nuttall, Sarah, Mbembe, Achille (Hg.), Johannesburg. The Elusive Metropolis, Johannesburg: Wits University Press, 37-67.

Mbembe, Achille (2011), „Nekropolitik“, in: Pieper, Marianne, Karakayali, Serhat, Tsianos, Vassilis (Hg.), Biopolitik in der Debatte, Verlag der Sozialwissenschaften, 63-96.

Melitopoulos, Angela (2003), „Vor der Repräsentation. Videobilder als Agenten in ,Passing Drama' und TIMESCAPES", in: transversal, Nr. 5: differences & representation, online: http://eipcp.net/transversal/1003/melitopoulos/de [zuletzt gesehen am 29.12.2017].

Mellah, Fawzi (2000), Clandestin en Mediterranée, Paris: le cherche midi éditeur.

Mennel, Birgit, Mokre, Monika (Hg.) (2015), Das große Gefängnis, Wien: transversal texts.

Merlau-Ponty, Maurice (1964), Le visible et l'invisible, suivi de Notes de travail, Paris: Gallimard.

Merleau-Ponty, Maurice (1986), Das Sichtbare und das Unsichtbare, gefolgt von Arbeitsnotizen, München: Wilhelm Fink Verlag.

Mezzadra, Sandro (2006), Diritto di fuga. Migrazioni, cittadinanza, globalizzazione, Verona: Ombre Corte.

Mezzadra, Sandro, Neilson, Brett (2013), Border as Method, Or, the Multiplication of Labor, Durham/London: Duke University Press.

Miliani, Hadj (2002), „De la nostalgie du local aux mythologies de l'exil : chanteurs et chansons dans l'émigration algérienne en France (des années 1920 au début des années 80)", in: Insaniyat, Revue algérienne d'anthropologie et des sciences sociales, Nr. 16, 209-228.

Miller, Christopher, L. (1993), „The Postidentitarian Predicament in the Footnotes of A Thousand Plateaus: Nomadology, Anthropology, and Authority", in: Diacritics, Vol. 23, Nr. 3, Histoires Coloniales (Herbst), 6-35.

Miller, J. Hillis (2005), „Literary Study in the Transnational University" (reprinted from Black Holes), in: Wolfreys, Julian (Hg.), The J. Hillis Miller Reader, Stanford: Standford University Press, 339-390.

Miller, Joseph Hillis (2009), For Derrida, New York: Fordham University Press.

Minh-ha, Trinh T. (1995), „Speaking Nearby. Interview von Nancy N. Chen mit Trinh T. Minh-ha", in: Saxenhuber, Hedwig, Bernstorff, Madeleine (Hg.), Trinh T. Minh-ha. Texte, Filme, Gespräche, München 1995, 59-77.

Minh-ha, Trinh T. (1999), „Beware of Wolf Intervals", in: Dieselbe, Cinema Interval, London/New York: Routledge, xi-xiv.

Minh-ha, Trinh T., Bhabha, Homi (1999), „Painted Power", in: Minh-ha, Trinh T., Cinema Interval, London/New York: Routledge, 17-32.

Minh-ha, Trinh T. (2000), „Die verabsolutierende Suche nach Bedeutung", in: Hohenberger, Eva (Hg.), Bilder des Wirklichen. Texte zur Theorie des Dokumentarfilms, Berlin: Verlag Vorwerk, 304-324.

Minh-ha, Trinh T. (2001), Trinh T. Minh-ha, Ausstellungskatalog anlässlich der Ausstellung in der Secession (7.3.-22.4.2001), Wien: Secession.

Mirzoeff, Nicholas (2011), „The Right to Look", in: Critical Inquiry, Vol. 37, Nr. 3 (Spring), 473-496.

Mitchell, W. J. T. (2010), „Migration, Law, and the Image: Beyond the Veil of Ignorance", in: Bischoff, Christine, Falk, Francesca, Kafehsy, Sylvia (Hg.), Images of Illegalized Immigration. Towards a Critical Iconology of Politics, Bielefeld: transcript, 13-30.

Moten, Fred (2013), „Blackness and Nothingness (Mysticism in the Flesh)“, in: The South Atlantic Quarterly, Fall 2013, 737-780.

Moten, Fred (2017), „Black Topological Existence“, in: Pressedossier der Ausstellung „Arthur Jafa: A Series of Utterly Improbable, Yet Extraordinary Renditions“, Serpentine Sackler Gallery London, 8. Juni 2017 – 10. September 2017, 1-9, online: http://www.serpentinegalleries.org/sites/default/files/press-releases/arthur_jafa_press_pack.pdf [zuletzt gesehen am 29.12.2017]

Moussaoui, Abderrahmane (2002), Espace et sacré au Sahara. Ksour et oasis du sud-ouest algérien, Paris: CNRS Éditions.

Moussaoui, Fatima Nabila (2009), „Al Harga, du déni à l'incrimination“, Vortragspapier anlässlich der Rencontre des jeunes chercheurs autour de la Méditerranée, Forli, März 2009.

Mulot, Tobias (2011), „Coyotismus: Die konstituierende Kraft der Flucht. Anmerkungen zu Escape Routes“, in: Sozial.Geschichte Online 6, 98-134.

Muñoz, José Esteban (1999), Disidentifications. Queers of Color and the Performance of Politcs, Minneapolis/London: University of Minnesota Press.

Nancy, Jean-Luc (2005), „Evidenz des Films“, in: Derselbe, Evidenz des Films. Abbas Kiarostami, Berlin: Brinkmann & Bose, 8-63.

Nancy, Jean-Luc (2008), „L'indépendance de l'Algérie, l'indépendance de Derrida“, in: Chérif, Mustapha (Hg.), Derrida à Alger. Un regard sur le monde. Essais, Arles: Actes Sud, 21-25.

Nasri, Foued (2009), „Les projets migratoires des jeunes Marocains“, Vortragspapier anlässlich der Rencontres Jeunes & sociétés en Europe et autour de la Méditerranée, 24 Seiten, http://insertion-professionnelle.org/wp-content/uploads/2014/04/16_Les-projets-migratoires-des-jeunes-marocains.pdf [zuletzt gesehen am 29.12.2017].

Niewerth, Gerd (2009), „Der Terminal-Mann will zurück“, in: Stuttgarter Nachrichten, 24.07., online: http://www.derwesten.de/waz-info/der-terminal-mann-id63626.html [zuletzt gesehen am 29.12.2017].

Nigro, Roberto, Raunig, Gerald (2011), „Transversalität“, in: Lorey, Isabell, Nigro, Roberto, Raunig, Gerald (Hg.), Inventionen 1, Zürich/Berlin: diaphanes, 194-196.

Nyamnjoh, Francis B. (2005), „Images of Nyongo amongst Bamenda Grassfielders in Whiteman Kontri“, in: Citizenship Studies, Vol. 9, Nr. 3, July, 241-269, online: http://www.nyamnjoh.com/files/nyamnjoh_nyongo.pdf [zuletzt gesehen am 29.12.2017].

Oikonomou, Maria (2009), „Zur Poetik der Auswanderung. Kazans America, America und Valtinos' Legende des Andreas Kordopatis“, in: Meurer, Ulrich, Oikonomou, Maria (Hg.), Fremdbilder. Auswanderung und Exil im internationalen Kino, Bielefeld: transcript, 67-85.

Oikonomou, Maria (2014), „Tier-Maschine auf delphischem Dreifuß: Athen, Jacques Derrida und seine Fototheorie“, Vortrag, Charim Gallerie, Wien, online:

http://mariaoikonomou.com/pdf/Oikonomou-Choregia.pdf [zuletzt gesehen am 29.12.2017].
Oliver, Kelly (2001), Witnessing Beyond Recognition, Minneapolis/London: University of Minnesota Press.
Ott, Michaela (2015), Dividuationen. Theorien der Teilhabe, Berlin: b_books.
Pandolfo, Stefania (2007), „‚The burning'. Finitude and the politico-theological imagination of illegal migration", in: Anthropological Theory, Vol. 7 (3), 329-363.
Papadopoulos, Dimitris, Tsianos, Vassilis (2007), „The Autonomy of Migration: The Animals of Undocumented Mobility", in: Hickey-Moody, Anna, Malins, Peta (Hg.), Deleuzian Encounters. Studies in Contemporary Social Issues, Basingstoke: Palgrave Macmillan, 223-235.
Papadopoulos, Dimitris, Stephenson, Niamh, Tsianos, Vassilis (2008), Escape Routes: Control and Subversion in the 21st Century, London: Pluto Press.
Papadopoulos, Dimitris, Tsianos, Vassilis (2011), „Die Autonomie der Migration und die Tiere der undokumentierten Mobilität", in: Bal, Gülsen (Hg.), Open space. Schnittpunkte aktueller Kunstpraxis, Wien: Open Space – Zentrum für Kunstprojekte, 116-124.
Papadopoulos, Dimitris, Tsianos, Vassilis S. (2013), „After citizenship: autonomy of migration, organisational ontology and mobile commons", in: Citizenship Studies, Vol. 17, Nr. 2, Special Issue: Immigrant Protest, 178-196.
Peeters, Benoît (2013), Jacques Derrida. Eine Biographie, Berlin: Suhrkamp.
Pennec, Marc (2010), „À la rencontre des SDF de l'aéroport de Roissy", in: Ouest-France. Justice et Liberté vom 16.01.2010, online: http://www.ouest-france.fr/la-rencontre-des-sdf-de-laeroport-de-roissy-81146 [zuletzt gesehen am 29.12.2017].
Pereira, Victor (2010), „Ni héros ni escrocs : les passeurs portugais (1957-1974)", in: Plein droit, Nr. 84, März („Passeurs d'étrangers"), 12-16.
Perera, Suvendrini (2007), „A Pacific Zone? (In)Security, Sovereignty, and Stories of the Pacific Borderscape", in: Rajaram, Pre Kumar, Grundy-Warr, Carl (Hg.), Borderscapes: Hidden Geographies and Politics and Territory's Edge, Minneapolis: University of Minnesota Press, 201-227.
Petropoulos, Elias (2002), Rebetiko. Die Musik der städtischen Subkultur Griechenlands, Heidelberg: Palmyra Verlag.
Pieper, Marianne, Kuster, Brigitta, Tsianos, Vassilis, (2011), „‚Making Connections': Skizze einer net(h)nografischen Grenzregimeanalyse", in: Leistert, Oliver, Röhle, Theo (Hg.), Generation Facebook, Bielefeld: transcript Verlag, 221-248.
Pike, David L. (2005), Subterranean Cities. The World beneath Paris and London, 1800-1945, Ithaca/London: Cornell University Press.
Piper, Adrian (1996), „Passing for White, passing for Black", in: Dieselbe, Out of Order, Out of Sight, Vol. I: Selected Essays in Meta-Art 1968-1992, Cambridge, Massachusetts: MIT Press, 75-94, online: http://www.adrianpiper.com/docs/Passing.pdf [zuletzt gesehen am 29.12.2017].

Platon (1940), „Phaidros", in: Derselbe, Sämtliche Werke, Band 2, Berlin, 411-482, online unter: http://www.zeno.org/nid/20009262660 [zuletzt gesehen am 29.12.2017].

Poe, Edgar Allan (1922), „Der Mann der Menge", in: Derselbe, Werke. Gesamtausgabe der Dichtungen und Erzählungen, Band 3: Verbrechergeschichte. Herausgegeben von Etzel, Theodor, Berlin: Propyläen-Verlag, 11-23, online: http://www.zeno.org/Literatur/M/Poe,+Edgar+Allan/Erz%C3%A4hlungen/Der+Mann+der+Menge [zuletzt gesehen am 29.12.2017].

Raunig, Gerald (1999), Charon. Eine Ästhetik der Grenzüberschreitung, Wien: Passagen Verlag.

Raunig, Gerald (2007), „eventum et medium. Ereignis und orgische Repräsentation im Medienaktivismus", in: eipcp multilingual webjournal, transversal 05/07: instituent practices, http://eipcp.net/transversal/0707/raunig/de [zuletzt gesehen am 29.12.2017].

Raunig, Gerald (2008), Tausend Maschinen, Wien: Turia + Kant.

Raunig, Gerald (2010) „Etwas Mehr als das Commune. Dividuum und Condividualität", in: Grundrisse, 35, www.grundrisse.net/grundrisse35/Etwas_Mehr_als_das_Commune.htm [zuletzt gesehen am 29.12.2017].

Raunig, Gerald (2010 a), „Das Dividuelle Begehren", Vorlesung, online: http://classic.skor.nl/id/4826.html [zuletzt gesehen am 05.11.2015].

Raunig, Gerald (2012 a), Fabriken des Wissens. Streifen und Glätten 1, Zürich: diaphanes.

Raunig, Gerald (2012 b), Industrien der Kreativität. Streifen und Glätten 2, Zürich: diaphanes.

Raunig, Gerald (2014), „Eine Linie wählen. Mannigfaltigkeit, Division, Eindeutigkeit", in: Mader, Rachel (Hg.), Radikal Ambivalent. Engagement und Verantwortung in den Künsten heute, Zürich/Berlin: Diaphanes, 75-88.

Raunig, Gerald (2015), Dividuum, Wien/Linz/Berlin/London/Zürich: transversal texts.

Reichard, Katja (2008), „Uffdecken der janz kleenen persönlichen Scheisse. Operative Medienpraxis, Projektarbeit und kollektive Organisierung im Märkischen Viertel der 70er Jahre", in: Kulturrisse, Nr. 2 (2008), online: http://transform.eipcp.net/Actions/exhibitions/networkconvention/reichard#redir [zuletzt gesehen am 29.12.2017].

Renzi, Matteo (2015), „Helping the Migrants Is Everyone's Duty", in: New Yorks Times (22.04.2015), online: http://www.nytimes.com/2015/04/23/opinion/matteo-renzi-helping-the-migrants-is-everyones-duty.html?_r=1 [zuletzt gesehen am 29.12.2017].

Rheinberger, Hans-Jörg (2005), „Epistemologica: Präparate", in: te Heesen, Anke, Lutz, Petra (Hg.), Dingwelten: das Museum als Erkenntnisort, Köln: Böhlau Verlag, 65-76.

Robinson, Amy (1994), „It takes one to know one: Passing and Communities of Common Interest", in: Critical Inquiry, Vol. 20, Nr. 4 (Summer 1994), 715-736.

Rodriguez, Julia (2004), „South Atlantic Crossings: Fingerprints, Science, and the State in Turn-of-the-Century Argentina", in: American Historical Review, April, 387-416.

Rouch, Jean (1979), „La caméra et les hommes", in: Pour une Anthropologie visuelle. Recueil d'articles publiés sous la direction de Claudine de France, Paris/ La Haye/New York: Mouton Éditeur und École des Hautes Études en Sciences Sociales, 53-71.

Ruby, Jay (1991), „Speaking For, Speaking About, Speaking With, or Speaking Alongside", in: Visual Anthropology Review, Vol. 7, Nr. 2 (Herbst 1991), 50-67.

Ruggiero, Kristin (2001), „Fingerprinting and the Argentine Plan for Universal Identification in the Late Ninetheenth and Early Twentieth Centuries", in: Caplan, Jane, Torpey, John (Hg.), Documenting Individual Identity. The Development of State Practices in the Modern World, Princeton and Oxford: Princeton University Press, 184-196.

Ruscio, Alain (2012), „L'origine du mot bougnole", online: http://mohamedghandi.skyrock.com/3118918079-l-origine-du-mot-bougnole.html [zuletzt gesehen am 29.12.2017].

Sabry, Tarik (2005), „Migration as Popular Culture", online: http://www.portalcomunicacion.com/bcn2002/n_eng/programme/prog_ind/papers/s/pdf/s007_sabry.pdf [zuletzt gesehen am 29.12.2017].

Sauvagnargues, Anne (2010), „Visagéité selon Deleuze-Guattari", online: http://jeancletmartin.blog.fr/2010/03/02/visageite-selon-deleuze-guattari-8100641 [zuletzt gesehen am 05.11.2015].

Schaffer, Johanna (2008), Ambivalenzen der Sichtbarkeit. Über die visuellen Strukturen der Anerkennung, Bielefeld: transcript.

Schiller, Nina Glick, Basch, Linda, Szanton-Blanc, Christina (1995), „From Immigrant to Transmigrant: Theorizing Transnational Migration", in: Anthropological Quarterly, Vol. 68, Nr. 1 (Januar), 48-63.

Schneider, Florian (2002), „Der Fluchthelfer", in: Horn, Eva, Kaufmann, Stefan, Bröckling, Ulrich, Grenzverletzer. Von Schmugglern, Spionen und anderen subversiven Gestalten, Berlin: Kulturverlag Kadmos, 41-57.

Schulz, Marlene (1985), „Mein Name ist Keskin" – Ich habe mich als Türkin verkleidet, Darmstadt: Selbstverlag.

Scott, James C. (1976), The Moral Economy of the Peasant. Rebellion and Subsistence in Southeast Asia, New Haven/London: Yale University Press.

Scott, James C (1998), Seeing like a State: How Certain Schemes to Improve the Human Condition Have Failed, Yale University Press.

Sekula, Alan (2003), „Der Körper und das Archiv" (Erstveröffentlichung als „The Body and the Archive" in: October, Nr. 39, Winter 1986), in: Wolf, Herta (Hg.), Diskurse der Fotografie. Fotokritik am Ende des fotografischen Zeitalters, Frankfurt am Main: Suhrkamp, 269-334.

Sharpe, Christina (2016), In the Wake. On Blackness and Being, Durham/London: Duke University Press.

Shohat, Ella, Stam, Robert (1994), Unthinking Eurocentrism: Multiculturalism and the Media, London & New York: Routledge.

Sieg, Katrin (2002), Ethnic Drag: Performing Race, Nation, Sexuality in West Germany, Ann Arbor: The University of Michigan Press.

Siegert, Bernhard (2003), Passage des Digitalen, Berlin: Brinkmann & Bose.

Siegert, Bernhard (2005), „Der Nomos des Meeres. Zur Imagination des Politischen und ihren Grenzen", in: Gethmann, Daniel, Stauff, Markus (Hg.), Politiken der Medien, Zürich/Berlin: diaphanes, 39-56.

Siegert, Bernhard (2006), Passagiere und Papiere. Schreibakte auf der Schwelle zwischen Spanien und Amerika, Paderborn/München: Wilhelm Fink Verlag.

Siegert, Bernhard (2010), „Kastell, Linie, Schwarm. Medien des Seekriegs zwischen Repräsentation und Rauschen", in: Baader, Hannah, Wolf, Gerhard (Hg.), Das Meer, der Tausch und die Grenzen der Repräsentation, Zürich/Berlin: diaphanes, 413-444.

Silverman, Kaja (1996), The Threshold of the Visible World, London/New York: Routledge Press.

Silverman, Kaja (1997), „Dem Blickregime begegnen", in: Kravagna, Christian (Hg.), Privileg Blick. Kritik der visuellen Kultur, Berlin: Edition ID-Archiv, 41-64.

Simon, Catherine (2011), Algérie, les années pieds-rouges (1962-1969), Paris: La Découverte.

Sinirlioglu, Levent (1987), „‚Vielleicht seinen Feinden ähnlich geworden'. SPIEGEL-Interview von H. Wieser und R. Traub mit dem Türken Levent Sinirlioglu über den Enthüllungsunternehmer Günter Wallraff", in: DER SPIEGEL, 25/1987 (15.06.1987), online: http://www.spiegel.de/spiegel/print/d-13524442.html [zuletzt gesehen am 29.12.2017].

Siopis, Penny (2008), „The hooks of history. Three films", in: Gutberlet, Marie-Hélène, Snyman, Cara (Hg.), Shoe Shop, Auckland Park: Fanele Publisher, 45-57.

Sir Alfred Mehran, unter der Mitarbeit von Donkin, Andrew (2004), Der Terminal Mann. 16 Jahre als Staatenloser auf dem Pariser Flughafen, Berlin: Ullstein Verlag.

Soja, Edward W. (1996), Thirdspace. Journeys to Los Angeles and Other Real-and-Imagined Places, Oxford: Blackwell Publishers Ltd.

Soja, Edward W., im Interview mit Borch, Christian (2002), „Thirdspace, Postmetropolis, and Social Theory" in: Distinktion: Scandinavian Journal of Social Theory, Nr. 4, 113-120.

Sonderegger, Ruth (2002), „Wie Kunst (auch) mit der Wahrheit spielt", in: Kern, Andrea, Sonderegger, Ruth (Hg.), Falsche Gegensätze. Zeitgenössische Positionen zur philosophischen Ästhetik, Frankfurt am Main: Suhrkamp, 209-238.

Spinoza, Benedictus de (2002), Die Ethik, Stuttgart: Reclam.

Spire, Alexis (2003), „Semblables et pourtant différents. La citoyenneté paradoxale des Français musulmans d'Algérie en métropole", in: Genèses, Nr. 53, Dezember, 48-68, online: http://www.cairn.info/revue-geneses-2003-4-page-48.htm [zuletzt gesehen am 29.12.2017].

Spivak, Gayatri Chakravorty (1988), „Can the Subaltern Speak?“, in: Nelson, Cary, Grossberg, Lawrence (Hg.), Marxism and the Interpretation of Culture, 271-313.

Spivak, Gayatri Chakravorty (2008), Can the Subaltern Speak? Postkolonialität und subalterne Artikulation, Wien: Turia + Kant.

Spivak, Gayatri Chakravorty (2008 a), „Ein Gespräch über Subalternität“, in: Dieselbe, Can the Subaltern Speak? Postkolonialität und subalterne Artikulation, Wien: Turia + Kant, 119-149.

Stephenson, Niamh, Papadopoulos, Dimitris (2006), Analysing Everyday Experience Social Research and Political Change, Houndmills, Basingstoke, Hampshire & New York: Palgrave Macmillan.

Steyerl, Hito (2009), „In Defense of the Poor Image“, in: e-flux Journal, Nr. 10, November 2009, http://www.e-flux.com/journal/10/61362/in-defense-of-the-poor-image/ [zuletzt gesehen am 29.12.2017].

Steyerl, Hito, Poitras, Laura (2015), „Techniques of the observer“, in: Artforum, Mai 2015.

Stiegler, Bernard (2014), „On Abbas Kiarostami's Close-Up“, in: Parrhesia, Nr. 20, 40-48.

Tactikollectif (Hg.) (2007), Origines controlées. Expressions artistiques de l'immigration, un patrimoine culturel et politique, Nr. 3, Herbst.

Tisdall, Caroline (1988), Joseph Beuys, Coyote, München: Schirmer-Mosel.

Toro, Anna (2012), „Desaparecidos del Mediterraneo. Le madri: ‚Dove sono i nostri figli?‘“, http://www.unimondo.org/Notizie/Desaparecidos-del-Mediterraneo.-Le-madri-Dove-sono-i-nostri-figli-134035 [zuletzt gesehen am 29.12.2017].

Torpey, John (2000), The Invention of the Passport. Surveillance, Citizenship and the State, Cambridge University Press.

Torpey, John (2001), „The Great War and the Birth of the Modern Passport System“, in: Caplan, Jane, Torpey, John (Hg.), Documenting Individual Identity. The Development of State. Practices in the Modern World, Princeton/Oxford: Princeton University Press, 256-270.

Tosquelles, François (1991), „Une politique de la folie“, in: Revue Chimères, Herbst 1991, Nr. 19, online: https://histoireetsociete.wordpress.com/2013/03/17/une-politique-de-la-folie-par-francois-tosquelles/ [zuletzt gesehen am 29.12.2017].

Tournier, Maurice (1992), „De quelques avatars d'arabe en langue française“, in: Mots, März 1992, Nr. 30, 110-114.

TRANSIT MIGRATION Forschungsgruppe (Hg.) (2007), Turbulente Ränder. Neue Perspektiven auf Migration an den Grenzen Europas, Bielefeld: transcript.

Tristan, Anne (1994), Clandestine, Paris: Éditions Stock.

Truffaut, François (1973), Mr. Hitchcock, wie haben Sie das gemacht?, München: Carl Hanser Verlag (aus dem Französischen von Frieda Grafe und Enno Patalas. Original: François Truffaut (1966), Le cinéma selon Hitchcock).

Tsianos, Vassilis, Hess, Sabine, Karakayali, Serhat (2009), „Turbulente Ränder revisited“, in: Kulturrisse, 01/2009.

Tsianos, Vassilis, Hess, Sabine, Karakayali, Serhat (2009 a), „Transnational migration theory and method of an ethnographic analysis of border regimes", University of Sussex, Sussex Centre for Migration Research, Working Paper No 55 (10 Seiten), online https://www.sussex.ac.uk/webteam/gateway/file.php?name=mwp55.pdf&site=252 [zuletzt gesehen am 29.12.2017].

Tsianos, Vassilis, Kuster, Brigitta (2012), Transnational digital networks, migration and gender, Deliverable Nr 6., Thematic Report Border Crossing. Online Publikation: http://www.mignetproject.eu/wp-content/uploads/2012/10/MIGNET_Deliverable_6_Thematic_report_Border_crossings.pdf [zuletzt gesehen am 10.11.2015].

Valéry, Paul (1921), „L'âme et la danse", online: http://ugo.bratelli.free.fr/ValeryPaul/ValeryAme_et_danse.pdf [zuletzt gesehen am 29.12.2017].

Valéry, Paul (1936), „Philosophie de la danse", in: Derselbe, Œuvres I, Variété, „Théorie poétique et esthétique", Paris: Gallimard (1957), 1390-1403. Zitiert nach der elektronischen Fassung, online: classiques.uqac.ca/classiques/Valery_paul/philosophie_de_la_danse/valery_philosophie_danse.pdf [zuletzt gesehen am 29.12.2017].

Valéry, Paul (1939), „Poésie et pensée abstraite", online: http://www.jeuverbal.fr/poesiepensee.pdf (1-13) [zuletzt gesehen am 29.12.2017].

Valéry, Paul (1973), „Die Seele und der Tanz" [orig. 1921], in: Derselbe, Eupalinos oder der Architekt. Eingeleitet durch „Die Seele und der Tanz" (übertragen von Rainer Maria Rilke), Frankfurt am Main: Suhrkamp, 5-53.

Valery, Paul (1974), „Art et esthétique", in: Derselbe, Cahiers II, Paris: Gallimard, 921-983.

Valéry, Paul (1991), „Dichtkunst und abstraktes Denken" [orig. 1939], in: Derselbe, Werke, Band 5. Zur Theorie der Dichtkunst und vermischte Gedanken (Herausgegeben von Jürgen Schmidt-Radefeldt), Frankfurt am Main: Insel Verlag, 141-171.

Valéry, Paul (1993), „Kunst und Ästhetik", in: Derselbe, Cahiers/Hefte, Bd. 6, 17-93.

Valéry, Paul (1995), Philosophie des Tanzes, in: Derselbe, Werke, Band 6. Zur Ästhetik und Philosophie der Künste (Herausgegeben von Jürgen Schmidt-Radefeldt), Frankfurt am Main: Insel Verlag, 243-257.

van der Ploeg, Irma (2005), The Machine-readable Body: Essays on Biometrics and the Informatization of the Body, Maastricht: Shaker Publishing.

Vautier, René (1998), Caméra Citoyenne, Rennes: Editions Apogée.

Vigo, Julian (2005), „Nomadic Sexualities and Nationalities: Postcolonial Performative Words and Visual Texts", in: Posner, Green, Vigo, Julian, Inscriptions in the Sand, Famagusta: Eastern Mediterranean University Press, 24-35.

Virlio, Paul (1980), Geschwindigkeit und Politik. Ein Essay zur Dromologie, Berlin: Merve Verlag.

Virilio, Paul (1989), „Das öffentliche Bild", in: Derselbe, Die Sehmaschine, Berlin: Merve Verlag, 83-198.

Walraff, Günther (1985), Ganz unten Beschreibung des Schicksals von illegal eingeschleusten Arbeitern, Köln: Kiepenheuer und Witsch.

Williams, Ben (2001), „Black Secret Technology. Detroit Techno and the Information Age", in: Nelson, Allondra, Linh N. Tu, Thuy, Hines, Alicia Headlam (Hg.), Technicolor. Race, Technology, and Everyday Life, New York/London: New York University Press, 154-176.

Wolbert, Barbara (1995), Der getötete Pass. Rückkehr in die Türkei. Eine ethnologische Migrationsstudie, Berlin: Akademie Verlag GmbH.

Wolbert, Barbara (2001), „The Visual Production of Locality: Turkish Family Pictures, Migration and the Creation of Virtual Neighborhoods", in: Visual Anthropolgy Review, Vol. 17, Nr. 1, 1-15.

Wolf, Burkhardt (2010), „Kap der Stürme. Der fliegende Holländer und die Irrfahrten maritimer Globalisierung", in: Baader, Hannah, Wolf, Gerhard (Hg.), Das Meer, der Tausch und die Grenzen der Repräsentation, Zürich/Berlin: diaphanes, 357-377.

Wolf, Burkhardt (2013), Fortuna di mare. Literatur und Seefahrt, Zürich-Berlin: diaphanes.

Woods, Tryon P., Saucier, P. Khalil (2015), „Slavery's afterlife in the Euro-Mediterranean basin", in: open Democracy, 19 June 2015, online: https://www.opendemocracy.net/beyondslavery/tryon-p-woods-p-khalil-saucier/slavery%E2%80%99s-afterlife-in-euromediterranean-basin [zuletzt gesehen am 29.12.2017].

Young, James E. (1997), Beschreiben des Holocaust. Darstellung und Folgen der Interpretation, Frankfurt am Main: Jüdischer Verlag im Suhrkamp Verlag.

Young, Robert J.C. (2001), Postcolonialism. An Historical Introduction, Malden, Oxford, Victoria: Blackwell Publishing.

Youngblood, Gene (1970), Expanded Cinema, New York: P. Dutton & Co., Inc.

Ziemer, Gesa (2013), Komplizenschaft. Neue Perspektiven auf Kollektivität, Bielefeld: transcript.

Filmographie

Abouna (Unser Vater), Mahamat-Saleh Haroun, Frankreich/Tschad, 2002.
Algérie année zéro, Marceline Loridan, Algerien/Frankreich, 1962.
Al-Ghorba – Les Passagers, Annie Tresgot, Frankreich, 1971.
America, America (Die Unbezwingbaren, The Anatolian Smile), Elia Kazan, USA, 1963.
Barça ou Barzhak (Barcelone ou la mort), Idrissa Guiro, Senegal/Frankreich, 2007.
Border, Laura Waddington, Frankreich/United Kingdom, 2004.
Cambeck, Binelde Hyrcan, Angola, 2010.
Clandestins, Denis Chouinard, Belgien/Kanada/Frankreich/Schweiz, 1997.
Close-Up, Abbas Kiarostami, Iran, 1990.
Chronique d'un été, Jean Rouch und Edgar Morin, Frankreich, 1961.
Corridor X, Angela Melitopoulos, Deutschland, 2006.
Cry Freetown, Sorious Samura, United Kingdom, 1999.
Dial M for Murder, Alfred Hitchcock, USA, 1954.
Diverse 8mm Amateurfilme aus dem Archiv Cinémémoire, Marseille, Zeitspanne: 1928-1967.
E la nave va, Federico Fellini, Italien, 1983.
El Berani, Aboubakar Hamzi, Algerien, 2010.
Elia Kazan. An Outsider, Annie Tresgot und Michel Ciment, Frankreich, 1982.
Enfin j'avais quitté le bled (Und schließlich bin ich abgehauen), aufenthaltsraum und Yassine Zaaitar, Österreich, 2013.
Evdokia, Alexis Damianos, Griechenland, 1971.
Exodus, Sorious Samura in Zusammenarbeit mit Donald Cannell, United Kingdom, 2001.
Expectations, Mahamat-Saleh Haroun, Frankreich/Tschad, 2008.
Film, Samuel Beckett, USA, 1965.
frontières fluides – fluid boundaries, Katrin Ströbel und Mohammed Laouli, Deutschland/Marokko, 2015.
Gabbla (Dans les terres, Inland), Tariq Teguia, Algerien, 2008.
Geschwister – Kardeşler, Thomas Arslan, Deutschland, 1997.
Haçla (La Clôture), Tariq Teguia, Algerien, 2004.
Handsworth Songs, John Akromfrah und Black Audio and Film Collective, United Kingdom, 1986.
Harraga, Merzak Allouache, Algerien, 2009.
Harraga Blues, Moussa Haddad, Algerien, 2013.
Here to Where, Glen Luchford, United Kingdom, 2001.
Ici et ailleurs, Jean-Luc Godard, Jean-Pierre Gorin und Anne-Marie Miéville, Frankreich, 1976.

I See the Stars at Noon, Saeed Taji Farouky, United Kingdom, 2004.
KingKong und die weiße Frau, Merian C. Cooper, USA, 1933.
La bataglia di Algeri (Schlacht um Algier), Gillo Pontecorvo, Italien/Algerien, 1966
L'Abécédaire de Gilles Deleuze, Michel Pamart (mit Claire Parnet), Frankreich, 1988.
L'ange de goudron, Denis Chouinard, Kanada, 2001.
La photo déchirée (Das zerrissene Foto), José Vieira, Frankreich, 2001.
La traversée, Elisabeth Leuvrey, Frankreich/Algerien, 2013.
La ville bidon, Jacques Barratier, Frankreich, 1971.
La zerda et les chants de l'oubli, Assia Djebar, Algerien, 1982.
Le Chevrier marocain, Louis Lumière, Marokko/Frankreich, 1897.
Le grand détour (Der weite Umweg), Ahmed Bedjaoui, Algerien, 1968.
Le marriage de Moussa, Tayeb Mefti, Algerien, 1982.
Le sang d'un poète, Jean Cocteau, Frankreich, 1930.
Le tempestaire, Jean Epstein, Frankreich, 1947.
Le testament d'Orphée, Jean Cocteau, Frankreich, 1960.
Les ‚bicots-nègres' vos voisins, Med Hondo, Frankreich, 1974.
Les cinq gentlemen maudits (Die fünf verfluchten Gentlemen), Julien Duvivier, Frankreich, 1931.
Les événements au Maroc, Kamera: Félix Mesguich, Produktion: Pathé, Frankreich, 1907.
Les trois cousins – eux et nous, René Vautier, Frankreich, 1970.
L'homme atlantique, Marguerite Duras, Frankreich, 1981.
L'important c'est d'aimer (Nachtblende), Andrzej Zulawski, Frankreich, 1975.
Lifeboat, Alfred Hitchcock, USA, 1944.
L'inferno, Giuseppe de Liguoro, Italien, 1911.
Living with Illegals, Sorious Samura, United Kingdom, 2006.
Loin (Weit weg), André Téchiné, Frankreich, 2001.
Mirages, Olivier Dury, Frankreich, 2007.
no comment, Nathalie Loubeyre und Joël Labat, Frankreich, 2008.
Paisà, Roberto Rosselini, Italien, 1946.
Parangelia!, Pavlos Tasios, Griechenland, 1980.
Pepe le Moko, Julien Duvivier, Frankreich, 1936.
Prends 10.000 balles et casse-toi, Mahmoud Zemmouri, Algerien/Frankreich, 1982.
Reassemblage, Trinh T. Minh-Ha, USA, 1982.
Rien ne vaut que la vie, mais la vie même ne vaut rien, Moïse Merlin Mabouna/Brigitta Kuster, Deutschland, 2002/03.
Roma wa la N'touma (Rome plutôt que vous), Tariq Teguia, Algerien, 2006.
Sanger fran andra vaningen (Songs from the Second Floor), Roy Andersson, Schweden, 2000.
Sir Alfred of Charles de Gaulle Airport, Hamid Rahmanian und Melissa Hibbard, USA, 2001.
S.- je suis, je lis à haute voix [passing for], Brigitta Kuster, Deutschland, 2005.
Stačka (Streik), Sergei Eisenstein, UdSSR, 1925.

Strangers on a Train, Alfred Hitchcock, USA, 1951.
S2E6 Trapped In The Airport, Thomas Quinn/Mike Levine, Folge der US-Serie Mostly True Stories: Urban Legends Revealed (2002-2004), ausgestrahlt 13. März 2003.
Tanger le rêve des brûleur, Leïla Kilani, Frankreich, 2002.
Tarzan, the Ape Man, W. S. Van Dyke, USA, 1932.
Ten, Abbas Kiarostami, Iran, 2002.
Terrain Vague, Marcel Carné, Frankreich, 1960.
The Lodger: A Story of London Fog, Alfred Hitchcock, United Kingdom, 1926.
The Obscure White Messenger, Penny Siopis, Südafrika, 2010.
The Terminal, Steven Spielberg, USA, 2004.
Through The Olive Trees, Abbas Kiarostami, Iran, 1994.
Traversées, Mahmoud Ben Mahmoud, Belgien/Tunesien, 1984.
Trésors de scopitones arabes kabyles et berbères, Michèle Collery/Anaïs Prosaïc, Frankreich, 1999.
Tombés du ciel, Philippe Lioret, Frankreich, 1993.
Touki Bouki, Djibril Diop Mambéty, Senegal, 1973.
Tourbillons, Alain Gomis, Frankreich/Senegal, 1999.
Underground, Emir Kusturica, Deutschland/Frankreich/Ungarn/Bundesrepublik Jugoslawien, 1995.
Vertigo, Alfred Hitchcock, USA, 1958.
VHS Kahloucha, Nejib Belkadhi, Tunesien, 2006.
Waiting at de Gaulle, Alexis Kouros, Finnland, 2000.
Zelig, Woody Allen, USA, 1983.

Appendix

Filmdokumente aus dem Archiv cinémémoire, Marseille[1]:

Nr. 171-140-F-01 von 1928, die Aufnahme einer Kleinfamilie samt *casque colonial* auf der Fähre von Alger nach Marseille

Nr. 323-422-F-10: Aufnahmen einer afrikanischen Kreuzfahrt von 1955.

Nr. 43-43-F-05 aus den 1950ern in Oran.

Nr. 227-267-F-03 aus den 1950er Jahren, auf der Fähre von Alger nach Marseille aufgenommen.

Nr. 344-456-F-14, ein 16mm Film aus den 1950er Jahren.

Nr. 204-229-F-05: Der Film aus den 1950er Jahren beginnt mit dem Titel „ce n'est qu'un au revoir".

Nr. 26-26-F-04 aus den 1950er Jahren.

Nr. 321-439-F-10 von 1960.

Nr. 237-321-F-01 von 1967: Erstaunlicherweise verläuft die Blickrichtung hier, 5 Jahre nach der Unabhängigkeit Algeriens, noch immer vom Süden nach Norden.

Ausgewählte Songtexte:

Cheikh Mohamed Ben Ahmed Younsi, *Passport lakhdar*, 1965

Online zirkuliert die folgende französische Übersetzung des Songtexts: Sans passport lakhdar / la carte de travail, l'emploi t'est interdit. / Si tu es embauché le matin, ils viendront te chasser le soir. / Avec le contrat, il te faut d'abord la visite médicale. / Va chez les médecins qui contrôleront tes yeux, et mesureront ta tension. / Toi tu es debout, tu les regardes, et tu peux rien dire. / Ils font une prise de sang de ton arme, tu es toujours debout et silencieux. / Le sang qu'ils ont pris c'est ta santé que tu as perdu. / S'ils te trouvent en parfaite santé, la somme 1500 Dh n'est pas suffisante. / Paye 1500 Dh, et tais toi car tout le monde l'a fait. / Tout ça pour le passport lakhdar, / la carte de travail. / J'ai laissé mon pays fort loin pour venir à Paris. Et me voilà au travail. / Pour devenir riche, avoir une auto, et moi aussi conquérir les belles. / Je travaillais les samedis et les dimanches, les vendredis et le jour de l'an. / J'ai beau préserver, mais les jours pèsent sur moi. / Douze années de travail à Paris, et ce n'est pas fini. / Trente cinq mille, je les gagne toutes les semaines. / Et toutes les fois je me dis: / C'est cette fois que j'aurai mon auto, parmi les meilleures. / Je ne m'arrête pas de me tracasser, de faire mes comptes, je suis effrayé. / Je joue au tiercé, j'éprouve ma chance pour gagner le million. / Mais le cheval que je joue gagnant, se retrouve

1 | Online: http://www.cinememoire.net/ [zuletzt gesehen am 29.12.2017].

parmi les derniers. / J'insiste encore une fois, peut-être aurais-je deux millions. / J'ai beau travailler en ce monde, je n'ai point de chance.

Slimane Azem, *Carte de résidence*, 1978

D'après ce qu'on nous annonce ça va dans un bon sens. / Faut pas prévoir à l'avance avant d'avoir la réponse / Avant d'avoir la réponse au sujet d'la résidence. / Khis ruh ken hen imenik ye la warlom di tmurt ik / Ad lumud at ik seltik kulass d'les conférences / Kulass d'les conférences pour étudier tous les sens. / C'est vraiment bien dommage le racisme et le chômage. / Heureusement qu'il y a des sages, c'est le prestige de la France. / C'est le prestige de la France, c'est la raison d'espérance. / Anda yi la l'kheddema I waren, d'immigré tti t'kavalen. / Yarna soussoum arkhissen, u qarness ‚tu as d'la chance'. / U qarness ‚tu as d'la chance' mi te trit la résidence. / Toujours des conversations, le chômage, l'immigration. / Après les négotiations, on attend qu'on nous annonce. / On attend qu'on nous annonce, chaque fois ça recommence. / Achral ayaki ne sbar fitmurt narziz'n em aruh. / Ma yi la n'zemer n ruh, ad zran la différence. / Ad zran la différence ma yi la ulac la résidence. / Le travail quand il est dur, c'est pour l'immigré biensûr. / Avec la conscience pure, l'dévouement et les souffrances. / Le dévouement et les souffrances, a mérite la récompense. / An ruh da n'kheddam cituh fika narziz'n em aruh. / Ma yi la n'zemer n ruh, il faut subir les conséquences. / Il faut subir les conséquences, y'aura plus de réminence. / Après tout ça m'f'ra du bien de retourner chez les miens. / Je suis un Africain, le soleil en permanence. / Le soleil en permanence, pour moi, ça a d'l'importance. / Anda n ruh yi la itaj, di kul tamurt ittdedjel. / Arbi dernen itt faridj, di romner n rich d'avance. / Di romner n rich d'avance, jusqu'à la fin de l'existence. / C'est avec grande joie qu'je vais rentrer chez moi. / C'est normal chacun chez soi, souvenirs d'notre enfance. / Souvenirs d'notre enfance avec toutes ces références. / Tu sais bien qu'la terrre est ronde, le soleil est pour tout l'monde. / Il brille à travers les hommes grâce à la Providence. / Grâce à la Providence qui domine toutes les puissances. / Mesdames, mesdemoiselles, messieurs, si j'dois vous dire adieu. / Sachez bien que mes aïeux ont combattu pour la France. / Ont combattu pour la France bien avant la résidence. / Mesdames, mesdemoiselles, messieurs si nous devons vous dire adieu / sachez bien que nos aïeux ont combattu pour la France. / Sachez bien que nos aïeux ont combattu pour la France.

Cheikh El-Hasnaoui, *Maison blanche*, 1948

Auf dem Netz zirkuliert die folgende französische Übersetzung des Songtexts: L'Algérie est dans tous ses états. / Une valise à la main, / chacun paraît décidé, / droit devant, sans se poser de questions, / vers ‚la maison blanche'. / Vers ‚la maison blanche'. / Les villages sont désertés par leurs habitants, / seules les femmes y demeurent. / Qui a un cœur sensible, / pire drame d'existe point ! / Pire drame n'existe point ! / La fuite a engendré la tragédie. / Qui, vêtu d'une grande gandoura, / qui, traînant une besace, / des taxis, soulevant la poussière,

/ vers ‚la maison blanche'. / Vers ‚la maison blanche'. / La séparation et les larmes dominent encore. / La tristesse sévit de jour comme de nuit. / Les femmes gardent les troupeaux / et les enfants sont devenus orphelins. / Et les enfants sont devenus orphelins.

Rachid Taha, *Ya rayah*, 1997

Auf dem Netz zirkuliert die folgende französische Übersetzung des Songtexts: Oh où vas-tu ? Ne te presse pas, tu reviendras un à ton point de départ. Comme tant d'autres ignorants avant toi. Comme tant d'autres ignorant avant moi, sont revenus. Combien de pays et de terres vides as-tu vu ? Combien de temps as-tu perdu? Combien encore en perdras-tu ? Oh émigré ! Sais-tu ce qui se passe ? Le destin et le temps suivent leur cours, mais tu l'ignores. Pourquoi ton cœur est-il si triste ?

Lotfi double kanon & Azzou, *Ah Ya Lebhar*, 2008

Auf dem Netz zirkuliert die folgende französische Übersetzung des Songtextes: Oh mer / Oh mer, / laisse-moi passer car ici je déprime ! / Oh mer, / laisse-moi seulement passer, car ici ce n'est pas la joie ! / A quatre heures du matin, rendez-vous dans le noir. / Le groupe attend et le bateau est déjà là. / Allez, vas-y ! Avant que le jour arrive ! / Fait tourner le moteur, vas-y, part, la mer. / Mon cœur est chaud, mon cœur est en ébullition et il a décidé. / Si je reste ici, je suis sûr de me suicider. / Bénit soit celui qui me tirera de l'injustice, / aussi bien mort dans une cabane ou la nuit avec les harragas. / Je suis fatigué, laisse-moi partir avec le GPS, / J'ai avec moi en chambre d'air et des pièces de rechange. / Si j'avais été bien, maintenant, je ne risquerais pas ma vie. / Nous sommes désespérés, les gens comme moi ont déjà décidé. / Nous sommes tous prêts, allez, allume ton moteur ! / Avant que nous rejoignons l'armée, la police et les gendarmes! / Avertis ma maison et apporte leur mes paroles. / Si Dieu le veut, quand j'arrive, j'appelle maman. / Oh mer, / laisse-moi passer, car ici je déprime! / Oh mer, / laisse-moi seulement passer, car ici ce n'est pas la joie ! / Aujourd'hui, on nous fait travailler comme des juifs, / ils ont fermé les frontières, et ils nous ont tiré dessus. / Heureusement, le bateau connaît des raccourcis / et te laisse partir sans visa, même sans avoir acheté ta place à l'ambassade (dans la queue pour une demande de visa). / Chaque matin, ils s'en vont par centaines, / ils font la traversée vers l'Italie et passent entre les rochers / pour prendre le contrôle de leur avenir / en s'appuyant à Dieu et aux prières de leurs parents. / Que faire d'autre, ce sont les conditions de vie du peuple. / Ils montent sur un bateau pour oublier un peu leur fatigue / jusqu'à ce que la mentalité ne changera pas. / Mais ensuite, la mer change et commence à monter, / la vague grossit jusqu'à te faire exploser le cœur. / Le bateau ondule et va bientôt chavirer. / Que puis-je te dire? Maudit soit la misère! / S'ils arrêtent le bateau, on continue à la nage jusqu'à Marseille. / [Refrain] / Et ne te plains pas pour ceux qui sont partis vers la mort. / On peut même vous tuer ici, soit tu manges soit ils te mangent. / Tu es étranglé par les dettes / ou tu deviens un gangster basé dans les prisons. / Les gens sont partis: les femmes et les hommes, / les enfants et les jeunes, les adultes et les mineurs, / le travailleur et le chômeur, le chanteur et le joueur, / le peintre et le chauffeur, l'avocat et l'ingénieur, / tout le monde s'est enfuit courant dans la nuit. / Ils ont acheté une place sur un bateau / pas peur du froid ni des vagues, / pas peur de la loi, ni des balles de la Marine. / Vraiment les yeux pleurent et tu es triste / pour tous ceux qui sont noyés, et qui sont rentrés dans un cercueil / et surtout pour ceux qui sont restés seuls. / Prie toujours pour eux et dis-toi: ‚Que Dieu ait pitié d'eux' / [Refrain].

Lotfi double kanon & Azzou, *Voyage I Sardiniya*, 2008)

Online zirkuliert eine englische Übersetzung des Songs: Harraga / We left harraga, exhausted from disgrace / and exhausted from misery, exhausted from contempt, from disgrace and from unemployment. / But you see we are in our country / yet we live without meaning, / the future is already lost. / My destiny is the boat, / but I leave reluctantly, / Forgive me mother, forgive me father, / My country, I love you, but God has decided for me. / This is a journey, / a journey to Sardinia. / Come and I'll tell you / how we almost didn't make it. / God saved us, / we saw death with our own eyes. / May the worms eat me and not the fish! / The doors are closed / and destiny is in ruins. / I said to myself: / ‚All that's left to do is to run away on a boat.' / We gathered together a group of ten / we bought a boat, / a motor and a GPS, / We chose risk, / because all of us were sad / to live in disgrace, / So, far from the beaches / we got together in the afternoon / in Oued Bouqrat. / We sat in the boat / face to face among ourselves, / with us we had oil bins and food. / The engine was hot, / but my heart was cold. / ‚My son - my mother called - / tell me my son.' / I was really sorry, / but now the boat was gone, / reminding me of what I went through in this life, / I was reminded of the diploma / with which I never worked, / that still hangs on the wall / and I cry just looking at it, / I was reminded of poverty / which I saw when I said: / ‚If I stay here I will become a thief.' / On the boat I read / what I knew of the Qur'an / for a while I forgot my misfortunes / and I forgot the past. / This is a journey, / a journey to Sardinia. / Come and I'll tell you / how we almost didn't make it. / God saved us, / we saw death with our own eyes. / May the worms eat me and not the fish! / Four hours that I tell you of in anger, / the sea was calm but then it swelled, / The waves came upon us / poor boat / it did not know what to do with us. / Were we weeping for her or was she weeping for us? / Let me tell you, / we saw the death between our eyes, / water had entered the boat / we threw it out using the bins, / the GPS had shut off, / the mobile phone had shut off. / Those from whom we were running away, now I hoped would come stop us, / the guys had taken our money / to send us to our deaths. / There I believed I was dead, / I said to myself ‚My life is gone' / and I thought of my parents / and asked for their forgiveness, / but luckily the Lord, praise be upon him, / did not forget us, / and our parents' prayers reached us, even without the GPS / We saw a ship coming from afar, / We cheered and we cried, / we said to ourselves: ‚New Hope' / and our soul returned to us. / We were boarded and we were fed, / we were treated and we were covered / and in Sardinia we were taken, / happy but not understanding anything. / Come and I'll tell you what happened / [Refrain] / We were washed like one washes a shovel, / and I cried watching the children of my country in this state, / they tied us like sheep / and took us to the centre, / Jugurtha weeps, Antar weeps, / yet I am Algerian and my heart is warm / I do not understand how it could throw me into the fire, / they tell me I am a harrag / But I'm the one that burned / and only those who went through it and tasted it can understand me. / Ten days went by in the centre / but you would have said ten years, / back home we were listed among the missing, / our parents did not know / if we were dead or alive, / and the pain burns stronger for the missing than for the dead. / An Italian comes to us / who speaks through gestures, / he turns to us from a distance / as if he were afraid of the plague. / There I understood, they collected us like one collects luggage / to be returned to our country. / Thanks be to God we were saved, / look at those who died, / their life is over without meaning, / A mother waits for her son / and a fish has eaten him. / Guys, if you are in trouble / return to God. / [Refrain].

Berücksichtigte *harraga-YouTube*-Filme, u.a.:

Handyfilme

„Harraga sardinia" [„voila 1video ki montre les algerien ki ont eu marre de la vie de chomeure et qui préfére combatre fel gorba ke de se faire battre fel bled....“], 2007, 37.160 Aufrufe, http://www.youtube.com/watch?v=Cn9TFiViVsw [zuletzt besucht am 29.12.2017].

„harraga algerien perdu" [Handyfilm, bei dem die Rettung durch ein Fischerboot zu sehen ist. Vom Fischerboot aus aufgenommen], 2008, 193.820 Aufrufe, http://www.youtube.com/watch?v=RIIVfolxzUo&NR=1 [zuletzt besucht am 29.12.2017].

„YouTube - HARAGA OUED RHIOU GUIDE YACINE (boudjellah).flv" [Fahren mit zwei Booten], 2010, 27.276 Aufrufe, http://www.youtube.com/watch?v=RTke5WpTB4&feature=related [zuletzt besucht am 29.12.2017].

„haraga" [Man rasiert sich auf dem Boot!], 2008, 596.244 Aufrufe, http://www.youtube.com/watch?v=Ww7iBTZxpSE [zuletzt besucht am 29.12.2017].

„harga d'oran vers l'espagne" [In den Kommentaren tritt ein „chercheur", ein Forscher auf, der ein Buch schreiben will über die *harga*, und Zeugen sucht – ihm hat offenbar niemals jemand geantwortet. Dieser Handyfilm hat eine Fortsetzung „haraga oran 2010(partie 02)"] 2009, 169.904 Aufrufe, http://www.youtube.com/watch?v=D6M2r2pBbpo&feature=related [zuletzt besucht am 29.12.2017].

„haraga oran 2010(partie 02)" [Ohne Ton. Singen, Lachen, Adressierung der Kamera], 2010, 27.330 Aufrufe, http://www.youtube.com/watch?v=b5ZaTNsBcuA&feature=related [zuletzt besucht am 29.12.2017].

„haraga oran 2010(partie03)" [Kommentar: „alahe yastarkoume wa thalou fi rwahkoume". GPS wird ganz lange in die Kamera gehalten – und Turnschuhe!] 09.05.2010, 3.083 Aufrufe, http://www.youtube.com/watch?v=qMw41qbyNLU&feature=related [zuletzt besucht am 29.12.2017].

„haraga oran 2010(partie04)" [Kommentar: „rabi satare.yarabi stourhoume"], 09.05.2010, 2.951 Aufrufe, http://www.youtube.com/watch?v=OfBDHOjZ5Rc&feature=related [zuletzt besucht am 29.12.2017].

„haraga oran 2010(partie05)" [Kommentar: „elhamdoulahe yarabi li waslou bkhire rahoume 3and espanyoule la karwa rouge". Man sieht die *harraga* mit Decken vom Roten Kreuz], 09.05.2010, 2.326 Aufrufe, http://www.youtube.com/watch?v=lU099raHGKI&feature=related [zuletzt besucht am 29.12.2017].

„haraga oran 2010(partie06)" [Kommentar: „rabi m3akoume. la mafia hamdoulah li wsaltou bkhire". Decken vom Roten Kreuz, die heiter der Kamera dargeboten werden. Man sieht ansatzweise das Lager], 09.05.2010, 2.659 Aufrufe, http://www.youtube.com/watch?v=yR6jAX1c-xI&feature=related [zuletzt besucht am 29.12.2017].

„haraga oran 2010(partie07)" [Kommentar: „la lébartie elhamdoulilah". Man befindet sich irgendwo auf einem Flur in einem Lager. Es wird getanzt. Die *harraga* inszenieren sich vor der Kamera und winken mit Papieren], 10.05.2010, 4.739 Aufrufe, http://www.youtube.com/watch?v=6is6psYL1c4&feature=related [zuletzt besucht am 29.12.2017].

„haraga oran 2010(partie08)" [Harraga sind angekommen und steigen in einen Bus ein; Handküsse in die Kamera. Kommentar: „la lébarti"], 10.05.2010, 11.477 Aufrufe, http://www.youtube.com/watch?v=ozQqaN5Z6Wk&feature=related [zuletzt besucht am 29.12.2017].

„haraga oran 2010(partie09)" [Lager-Unterkunft, mit Stockbetten. Kommentar: „el m3icha batale elhamdoulah rabi m3akoum wa thalou fi rwahkoum"], 10.05.2010, 3.873 Aufrufe, http://www.youtube.com/watch?v=RNcFFKzF1Yg&feature=relat ed [zuletzt besucht am 29.12.2017].

„haraga oran 2010(partie10)" [Kommentar: „la fiyasta alah ydawamha el farha ss-shabna", sitzen um einen Tisch, Fest], 10.05.2010, 6.655 Aufrufe, http://www.youtube.com/watch?v=2VMRzoqEhIA&feature=related [zuletzt besucht am 29.12.2017].

„haraga oran 2010 (fin)" [Kommentar: „sahbi thala fi rouhak chate da3awti lahgate hmd". Bus, öffentliche Verkehrsmittel], 10.05.2010, 3.102 Aufrufe, http://www.youtube.com/watch?v=BqThuJMvAS8&feature=relate [zuletzt besucht am 29.12.2017].

„haraga algerianne dans la nuit de matche de algerie egyot" [Ein toter *harrag* wird geborgen. Lokale TV Station], 27.12.2009, 1.240 Aufrufe, http://www.youtube.com/watch?v=Qu5GHm-YTKo&feature=related [zuletzt besucht am 29.12.2017].

„HARAGA HARAGA 100% ANNABA - tunisie - ITALIE .ılı.HAFFA.ılı..mp4" [Ankunft der guardia costa], 28.05.2010, 209.848 Aufrufe, http://www.youtube.com/watch?v=1pcxuaw3YhQ&feature=related [zuletzt besucht am 29.12.2017].

„omar zemri et ses amis2" [beten, Kamera adressieren], 02.20.2009, 18.492 Aufrufe, http://www.youtube.com/watch?v=T5edH4T3zHw&feature=related [zuletzt besucht am 29.12.2017].

„nadir et amou" [sehr lauter Ton vom Motorboot; es wird viel gesprochen; algerische Fahne; Singen; Koran in die Kamera zeigen und eine „boussole", Kompass], 16.02.2010, 2.532 Aufrufe, https://www.youtube.com/watch?v=WttXqWw3CaI&feature=related [zuletzt besucht am 29.12.2017].

„haraga wlad moulay bousselham" [Man sieht von einem Boot auf das andere. Es sind insgesamt drei Boote unterwegs, schnelle Schlauchboote], 05.06.2008, 36.875 Aufrufe, http://www.youtube.com/watch?v=-eff3TSxqDo&feature=related [zuletzt besucht am 29.12.2017].

„Haraga oran 2009.mp4" [eine ziemlich gute Aufnahme; Gespräche; kramen am Motor herum; zwei junge Frauen auf dem Boot], 05.06.2010, 705.524 Aufrufe, http://www.youtube.com/watch?v=6rHCgIy5ELw&feature=related [zuletzt besucht am 29.12.2017].

„haraga de oued rhiou3 04 -05 -09 *18 :04" [Singen, Datteln essen], 10.06.2009, 14.664 Aufrufe, http://www.youtube.com/watch?v=UrtvVmGTBYQ&feature=related [zuletzt besucht am 29.12.2017].

„oued rhiou haraga 04 -05 -09 *18 ;06" 10.06.2009, 18.568 Aufrufe, http://www.youtube.com/watch?v=1OuDIKeX5mM&feature=related [zuletzt besucht am 29.12.2017].

„HARAGA OUED RHIOU 2éme vague guide yacine" [„incha alah bon chance pour tout"], 03.08.2009, 14.151 Aufrufe, http://www.youtube.com/watch?v=MFfiOql9QRo [zuletzt besucht am 29.12.2017].

„haraga" [2 Frauen und ein Kind. Kommentar: „bardou constantine direction l'italie serdiniya"], hochgeladen von alikaci64 am 06.07.2009, 637 Aufrufe, http://www.youtube.com/watch?v=hFy-n4bETaw&feature=related [zuletzt besucht am 03.05.2014].

„La joie des harraga tunisiens sauvés en pleine mer par une vedette" [Reppublica TV. „La joie des harraga tunisiens sauvés en pleine mer par une vedette de la marine italienne. Ils séjournent actuellement dans la ville de Cagliari en Sardaigne. Hier 250 clandestins n'avaient pas eue la même chance : Ils ont péris noyés et mangés par les poissons"], 2011, 5.343 Aufrufe, 0.38 min., http://www.youtube.com/watch?v=3IIjbb-PLP4 [zuletzt besucht am 03.05.2014].

„Harraga" [passage de Zarzis, vom Handy aufgenommen, „La traversata del 13 maggio da Zarzis (Tunisia) a Lampedusa registrata con un telefonino da uno dei passeggeri"], 30.06.2011, 447 Aufrufe, 47. sec., http://www.youtube.com/watch?v=VoOlrD8_nno [zuletzt besucht am 29.12.2017].

„Des Jeune HARAGA en Direction D'Espagne" [Dramaturgisch sehr ausgearbeitet], 23.03.2014, 1.829 Aufrufe, https://www.youtube.com/watch?v=CP4HYPTzws4 [zuletzt besucht am 03.05.2014].

„HARAGA CHETTIA [...] 2014 PARTE 02" [Dramaturgisch ausgearbeitet, hohe Auflösung, toasten. Haben Bananenkiste mit Bananen dabei und sie machen sich lustig über „ya bon banania“ und kommentieren die Ausbeutung in Spanien. Einer zeigt einen Adidas Turnschuh in die Kamera.] 21.03.2014, 20.306 Aufrufe, https://www.youtube.com/watch?v=5UbHuYRZWPw [zuletzt besucht am 03.05.2014].

„Haraga 2014“ [Im Kommentar: la jeunesse perdue comme moi „L'algérie mon pays de merde“], 11.03.2014, 8.277 Aufrufe, https://www.youtube.com/watch?v=dyJWKi-O7qQ [zuletzt besucht am 03.05.2014].

Handyfilme mit Soundtrack

„Harraga“ [„Video ajoutée depuis mon téléphone mobile“ – Das Video ist geloopt! Zu dem in den Stadions gesungenen Lied „L'Algerie mon amour / Kalouha ness bakri / Sarka mazal /toujours / Haraga letranger / Italia haraga letranger / Italia ...Italia....Italia... / Wanaya manak3adch / Yal bahri yal bahri / Allah yarhamlek la-3joouz / Shab el3achria / Makhalawnish njouz / Loukene ya3tiwni nhar / N3adi el hamra pour toujours...“. Der Song wird offensichtlich auf dem Boot abgespielt. Es werden die Kanister gezeigt.], 2009, 26.511 Aufrufe, 2.43 min., http://www.youtube.com/watch?v=DSzooTq5L1g&NR=1 [zuletzt besucht am 29.12.2017].

„harraga 2.wmv“ [AZZOU RAP – Song Ah Ya Lebhar (2008) und Handyvideo *voyage a sardignia* zum Teil mit O-Ton], 2011, 894 Aufrufe, 5.44 min., http://www.youtube.com/watch?v=Ne1J8L9_y8E [zuletzt besucht am 29.12.2017].

„Gli ultimi immigrati“ [Lampedusa El Linosa (Agrigento, Sicilia), Raï-Song und Video mit O-Ton. Von „reporter.it“. „Video pubblicato su facebook di uno tra gli ultimi sbarchi avvenuti sull'isola di Linosa nell'estate 2010“], 22. Nov. 2010, 4.04 min., http://www.youreporter.it/video_Gli_ultimi_immigrati_1 [zuletzt besucht am 29.12.2017].

„harraga“ [eine Mischung aus Handyfilm und Musikvideo – Italia, Italiaaaa], 328 Aufrufe, http://www.dailymotion.com/video/x5wmxt_harraga-1_sport [zuletzt besucht am 29.12.2017].

„départ jouanou ville - l'arriveé sardinya“ [Es ist der selbe Clip wie „harraga sardinia“. Kommentar: „haraga départ jouanou ville annaba Algérie - l'arriveé sardinya Italie“], 25.10.2009, 69.635 Aufrufe, http://www.youtube.com/watch?v=t2fDGERFAC4&NR=1 [zuletzt besucht am 29.12.2017].

Medienwissenschaft

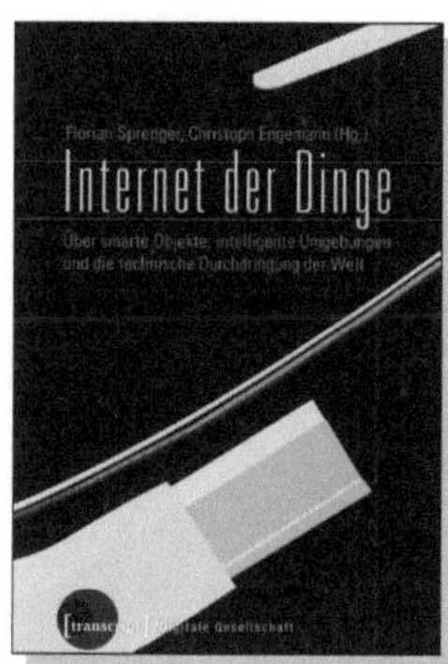

Florian Sprenger, Christoph Engemann (Hg.)

Internet der Dinge

Über smarte Objekte, intelligente Umgebungen und die technische Durchdringung der Welt

2015, 400 S., kart., zahlr. Abb.
29,99 € (DE), 978-3-8376-3046-6
E-Book
PDF: 26,99 € (DE), ISBN 978-3-8394-3046-0
EPUB: 26,99€ (DE), ISBN 978-3-7328-3046-6

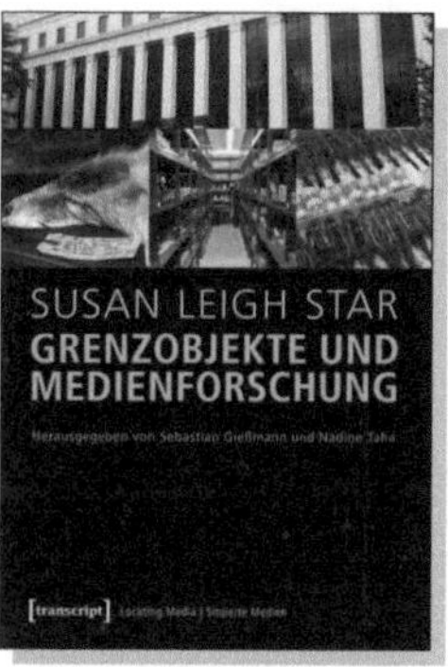

Susan Leigh Star

Grenzobjekte und Medienforschung

(hg. von Sebastian Gießmann und Nadine Taha)

Oktober 2017, 536 S., kart.
29,99 € (DE), 978-3-8376-3126-5
E-Book: kostenlos erhältlich als Open-Access-Publikation
PDF: ISBN 978-3-8394-3126-9
EPUB: ISBN 978-3-7328-3126-5

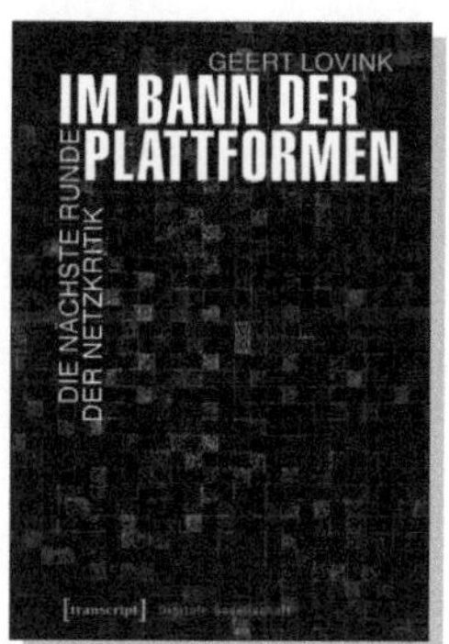

Geert Lovink

Im Bann der Plattformen

Die nächste Runde der Netzkritik

(übersetzt aus dem Englischen von Andreas Kallfelz)

Mai 2017, 268 S., kart.
24,99 € (DE), 978-3-8376-3368-9
E-Book
PDF: 21,99 € (DE), ISBN 978-3-8394-3368-3
EPUB: 21,99€ (DE), ISBN 978-3-7328-3368-9

Leseproben, weitere Informationen und Bestellmöglichkeiten finden Sie unter www.transcript-verlag.de

13749812

9805935